Dietrich Benner
Die Pädagogik Herbarts

Dietrich Benner

Die Pädagogik Herbarts

Eine problemgeschichtliche Einführung in die Systematik neuzeitlicher Pädagogik

Juventa Verlag Weinheim u. München 1986

Dietrich Benner, Dr. phil., ist Professor für Pädagogik an der Universität Münster. Neben Veröffentlichungen zur systematischen Pädagogik ist er als Leiter des Grundschulprojekts Gievenbeck hervorgetreten.

Das Titelbild zeigt Johann Friedrich Herbart in einem zeitgenössischen Stich nach einer Zeichnung von C. H. Steffens

CIP-Kurztitelaufnahme der Deutschen Bibliothek

Benner, Dietrich:
Die Pädagogik Herbarts: e. problemgeschichtl. Einf. in d. Systematik neuzeitl. Pädagogik / Dietrich Benner. – Weinheim; München: Juventa-Verlag, 1986.
ISBN 3-7799-0576-0

Umschlaggestaltung: Atelier Warminski, 6470 Büdingen 8
Printed in Germany
ISBN 3-7799-0576-0

Inhalt

Einleitung

Vorläufige Antwort auf die Frage, wie man einen Klassiker heute lesen kann

In der Sekundärliteratur und in Geschichten der Pädagogik wird Herbart immer wieder als Mitbegründer der neuzeitlichen Pädagogik angesehen. Auch die hier vorgelegte Arbeit vertritt diese Auffassung. Je nachdem aber, ob diese Auffassung nur historisch oder auch systematisch begründet wird, verbinden sich mit ihr ganz unterschiedliche Fragen. Daß Herbart in historischer Hinsicht zu den Mitbegründern neuzeitlicher Pädagogik und mithin zu deren Klassikern zu rechnen ist, ist unstrittig. Ob es aber in systematischer Hinsicht überhaupt noch Klassiker der Erziehungswissenschaft gibt, und ob Herbart ein solcher ist, muß zumindest als fraglich angesehen werden, denn in der heutigen Erziehungswissenschaft sind seine Arbeiten ebenso wie die Arbeiten anderer Klassiker der Pädagogik weitgehend in Vergessenheit geraten.

Viele Erziehungswissenschaftler kennen Rousseau und Kant, Pestalozzi und Fichte, Herbart und Schleiermacher, Humboldt und Hegel, um nur einige Autoren zu nennen, lediglich dem Namen nach. Wäre es dann nicht richtiger zu sagen, die heutige Erziehungswissenschaft habe keine Klassiker mehr, weil sie ihre eigenen Klassiker längst vergessen hat? Oder verhält es sich vielleicht so, daß die Autoren, die immer wieder als Klassiker der Pädagogik bezeichnet werden, Vertreter und Angehörige einer längst abgeschlossenen Epoche und daher gar nicht mehr Klassiker der heutigen Erziehungswissenschaft sind? Mit diesen Fragen stehen wir vor dem Problem, wie man heute einen wirklichen oder vermeintlichen Klassiker überhaupt lesen kann. Ich möchte auf diese Fragen mit drei kurzen Hinweisen eine vorläufige Antwort geben, die auf die Auseinandersetzung mit Herbarts Pädagogik vorbereiten soll und andeuten will, in welchem Sinne Herbart in der hier vorgelegten Arbeit historisch und systematisch als Mitbegründer der neuzeitlichen Pädagogik begriffen wird.

Erster Hinweis: Vorurteilsstruktur und Wirkungsgeschichte

Vorurteilslos kann sich niemand der klassischen Tradition nähern. Denn Vorurteile gibt es genug über sie, und wir können uns diese Vorurteile nicht einmal aussuchen. Der Grund hierfür ist, daß die Vorurteile nicht nur aus einer ungenauen oder gar mangelhaften Kenntnis der Tradition resultieren, sondern durch die Wirkungsgeschichte, welche die klassische Tradition bis in unsere Gegenwart hat, bedingt und vorgegeben sind. Über die Vernünftigkeit dieser Wirkungsgeschichte ist damit noch gar nichts ausgesagt. Aber ein Zugang zu den Klassikern unter Absehung von „ihrer" Wirkungsgeschichte ist nicht möglich (vgl. Gadamer 1972, S. 256ff., S. 284ff.; Brüggen 1983).

Selbst wer noch gar keine Klassiker gelesen hat, kennt vielleicht schon einige der Vorurteile über sie und hat womöglich gehört, Rousseau habe ein „Zurück zur Natur" (retour à la nature) propagiert, Pestalozzi sei der Begründer der Volksschule gewesen und auf Humboldt gehe das humanistische Gymnasium zurück. Und soweit überhaupt Meinungen über Herbart verbreitet sind, scheint dieser Anfang des 19. Jahrhunderts die Jugenderziehung durch Hauslehrer befürwortet und eine Pädagogik entwickelt zu haben, die die Ziele der Erziehung aus einer normativen Ethik, die Mittel pädagogischen Handelns aus einer mechanistischen Psychologie ableitete und dann später, in der zweiten Hälfte des 19. Jahrhunderts, die Didaktik des Schulunterrichts entscheidend beeinflußt hat.

Aussagen dieser Art werden nicht nur von Unkundigen vertreten, sondern finden sich auch noch in jüngsten wissenschaftlichen Publikationen. Es sind Aussagen über die Wirkungsgeschichte, die, was Herbart betrifft, über die wissenschaftliche und schulpraktische Tätigkeit anderer, die sich auf ihn beriefen und als sogenannte Herbartianer in die Geschichte eingegangen sind, vermittelt ist. Interessant an diesen Aussagen ist nun, daß sie, überprüft man sie an Herbarts eigenen Schriften, nahezu ausnahmslos falsch sind. Für die oben genannten Vorurteile über andere Klassiker trifft ähnliches zu. Zutreffend ist, daß sie im Sinne der Vorurteile, die über sie tradiert werden, gewirkt haben, daß man sich in dieser oder jener Weise auf sie berufen oder von ihnen distanziert hat. Falsch ist, daß die Wirkungsgeschichte so, wie sie verlaufen ist, von den Klassikern selbst antizipiert oder gar intendiert worden wäre. Denn Herbart wollte ebensowenig die Schulpädagogik in der zweiten Hälfte des 19. Jahrhunderts befruchten, wie Humboldt als Vater des humanistischen Gymnasiums in die Geschichte einzugehen beabsichtigte. Davon, die Rückkehr in einen außergesellschaftlichen Naturzustand propagiert zu haben, hatte sich Rousseau schon zu Lebzeiten erfolglos distanziert.

Die Unterscheidung zwischen den Entwürfen zu einer neuzeitlichen Pädagogik, die auf die Klassiker der Pädagogik zurückgehen, und der Wirkungsgeschichte, die ihren Theorien bis heute zukommt, gibt einen ersten Hinweis darauf, wie wir einen Klassiker lesen können. Wir sind der Wirkungsgeschichte und den über sie vermittelten Urteilen keineswegs schlechterdings ausgeliefert, sondern können in Auseinandersetzung mit den überlieferten Texten der Tradition und den Deutungen, die sie erfahren haben, Kontinuitäten und Diskontinuitäten herausarbeiten. In diesem Sinne versucht die hier vorgelegte Arbeit zu zeigen, daß die über die Wirkungsgeschichte Herbarts vermittelten Vorurteile keineswegs ein Indiz dafür sind, daß seine Pädagogik in der zweiten Hälfte des 19. Jahrhunderts realgeschichtlich bedeutsam geworden ist, sondern im Gegenteil darauf hinweisen, daß diese Pädagogik bisher noch gar nicht im eigentlichen Sinne wirksam werden konnte. Gerade weil die Rezeptionsgeschichte Herbart zum ersten Herbartianer verkürzt hat, können wir uns heute seine Pädagogik als eine Kritik ihrer bisherigen Rezeptionsgeschichte neu aneignen. Darauf, daß hierzu ein linearer Vergleich zwischen dem, „was Herbart wirklich sagte und meinte", und dem, was diejenigen, die sich auf ihn beriefen oder von ihm distanzierten, aus seiner

Pädagogik gemacht haben, keineswegs ausreicht, versucht der nächste Hinweis aufmerksam zu machen.

Zweiter Hinweis: Vom Gegenwartsbezug des Vorverständnisses

Unterstellen wir einmal, daß jemand von Herbart und seiner Pädagogik noch überhaupt nichts gehört hat, also weder um deren Wirkungsgeschichte im Sinne der oben genannten Vorurteile weiß, noch irgendeinen Text, den Herbart selbst verfaßt hat, kennt. Auch für diesen Fall, der ja zu Beginn einer Beschäftigung mit einem neuen, noch fremden Gegenstand immer angenommen werden muß, gilt, daß man sich nie vorurteilslos einer fremden, noch unbekannten Sache, sei diese ein Naturgegenstand, ein Kunstwerk, ein literarischer oder ein wissenschaftlicher Text, nähern kann. Um dies an einer zentralen Aussage der Pädagogik Herbarts anzudeuten, greife ich aus der Einleitung zu seiner „Allgemeinen Pädagogik" die These auf, mit pädagogischen Argumenten könne nur eine solche Erziehung anerkannt werden, die über Unterricht vermittelt ist, und umgekehrt nur ein solcher Unterricht legitimiert werden, der erzieht. Auch dann, wenn man Herbarts Pädagogik noch nicht kennt, kann man dieser These entnehmen, daß in ihr zwischen einer Erziehung ohne Unterricht, einem Unterricht ohne Erziehung und einer Erziehung durch Unterricht unterschieden und nur letzterer eine pädagogische Dignität zuerkannt wird. Was aber unter Erziehung ohne Unterricht, Unterricht ohne Erziehung und Erziehung durch Unterricht zu verstehen ist, geht aus Herbarts Abgrenzung selbst unmittelbar nicht hervor. Denn sobald wir uns irgendetwas unter dieser dreifachen Abgrenzung vorzustellen versuchen und Herbarts obige Unterscheidung mit Inhalten zu füllen beginnen, verstehen wir das, was Herbart mit ihr aussagte, nicht dadurch, daß wir unmittelbar begreifen, was er mit ihr meinte, sondern vermittelt über die Bedeutung, die Begriffe wie Erziehung und Unterricht einzeln und im Zusammenhang heute für uns haben. Gäbe es aber keinen wirkungsgeschichtlichen Zusammenhang zwischen dem, was Herbart meinte, und dem, was wir heute unter Erziehung, Unterricht und Erziehung durch Unterricht verstehen, so würden wir Herbarts Text nicht einmal auf heutige Situationen und Fragen applizieren können.

Es lassen sich somit zwei Vorurteilsdimensionen unterscheiden, die Wirkungsgeschichte im Sinne der Rezeptionsgeschichte und die Wirkungsgeschichte im Sinne des Gegenwartsbezugs unseres Vorverständnisses. Beide Dimensionen existieren freilich nie unabhängig voneinander, sondern sind vielfältig miteinander verknüpft. Die Rezeptionsgeschichte ist ja eine Geschichte von Rezeptionen, die zu ihrer Zeit jeweils gegenwartsbezogen waren, und in unser heutiges Vorverständnis geht die bisherige Rezeptionsgeschichte auch dann ein, wenn wir um sie nicht in einem expliziten Sinne wissen. Fassen wir nun beide Hinweise zusammen, so geht aus ihnen zunächst hervor, wie man einen klassischen Autor nicht lesen kann:

- Wir können Aussagen und Texte eines klassischen Autors nicht auf die Bedeutung reduzieren, die sie in ihrer bisherigen Rezeptionsgeschichte erhalten haben, denn dies hieße, jedweder Wirkungsgeschichte unkritisch zuzustimmen.
- Wir können aber auch nicht in eine originäre Begegnung mit einem klassischen Autor treten und ihn allein aus seinem Werk zu verstehen suchen, denn unser heutiges Vorverständnis geht in die Auseinandersetzung mit den Texten ein.
- Wir können folglich von einer erneuten Auseinandersetzung mit den Schriften eines klassischen Autors auch keine unmittelbare Korrektur der bisherigen Wirkungsgeschichte erwarten, wohl aber versuchen, die Wirkungsgeschichte klassischer Theorien selbst zum Problem zu erheben.

Dritter Hinweis: Problemgeschichtliche Perspektiven

Die Frage, wie ein klassischer Autor zu lesen sei, stellt sich nun in veränderter Form, denn jetzt scheiden zwei Betrachtungsweisen, die am häufigsten zur Interpretation klassischer Texte herangezogen werden, die nur ideengeschichtliche nämlich und die nur sozialhistorische, als ausschließliche oder vorrangige Zugriffsweisen aus. Der ideengeschichtliche Zugriff versucht einen Autor aus seinem Werk zu verstehen und mit Werkinterpretationen anderer Autoren in Beziehung zu setzen. Er unterstellt dabei zuweilen eine unmittelbare Gegenwartsbedeutung klassischer Texte und abstrahiert weitgehend von deren Wirkungsgeschichte, begibt sich also gleichsam auf ein extra-historisches Terrain. Dagegen versucht die sozialgeschichtliche Betrachtungsweise, soweit sie sich genauer mit klassischen Texten auseinandersetzt, diese von der ökonomischen, gesellschaftlichen und politischen Geschichte her zu verstehen. Sie tendiert eher dazu, die Wirkungsgeschichte im Sinne der Rezeptionsgeschichte nachzuzeichnen, und tritt dann an diese das Urteil über die mögliche aktuelle Bedeutung des jeweiligen Textes ab. Das Problem der Wirkungsgeschichte jedoch, auf welches die beiden bisherigen Hinweise aufmerksam machen sollten, ist weder ideengeschichtlich noch sozialhistorisch einzuholen. Die Ideengeschichte weiß zuweilen nicht einmal um die Wirkungsgeschichte der Theorien, die sie erörtert, und die Sozialgeschichte kennt oft nicht einmal die theoretischen Entwürfe der Tradition, sondern reduziert diese in ihrer Systematik oft auf das, was geschichtsmächtig geworden ist (vgl. hierzu die ausgezeichnete Einleitung zu der Herbart-Ausgabe von F. Hofmann 1976).

Statt einer ausschließlich ideengeschichtlichen oder einer ausschließlich sozialgeschichtlichen Zugriffsweise verfolgt die hier vorgelegte Herbartinterpretation problemgeschichtliche Perspektiven. Sie geht von Fragen aus, die sich uns heute stellen, und erörtert Herbarts Entwürfe zur Begründung der neuzeitlichen Pädagogik so, daß diese sich als klassische Texte gleichsam unter gegenwärtigen Fragen von neuem erweisen müssen und können. Das schließt die Möglichkeit ein, Herbarts Schriften anders, als dies in ihrer bisherigen Wirkungsgeschichte erfolgte, zu verstehen; das schließt zugleich ein, daß wir über den Umweg einer Auseinandersetzung mit seinen Schriften heutige Fragen anders zu stellen und anders zu beantworten lernen, als dies ohne einen solchen Umweg vielleicht möglich wäre.

Der Versuch, Ideen- und Sozialgeschichte problemgeschichtlich zusammenzuführen, steht freilich unter einer entscheidenden Voraussetzung, der Voraussetzung nämlich, daß Vergangenheit, Gegenwart und Zukunft pädagogischen Fragens einer gemeinsamen Problemgeschichte angehören und auch weiterhin angehören werden. Diese Voraussetzung aber ist nur haltbar, wenn es eine systematische Alternative jenseits eines Rückfalls in den Historismus und eines Sprungs in ein Zeitalter der Postmoderne gibt. Denn die problemgeschichtlichen Perspektiven entscheiden nicht nur darüber, ob ein Autor der Tradition aufgrund seines Werkes über die Grenzen der bisherigen Wirkungsgeschichte hinaus noch ein Klassiker der Problemgeschichte ist, der unsere Fragen angehören; die problemgeschichtlichen Perspektiven sind auch ihrerseits davon abhängig, daß sie gegenwärtig und künftig als Fragen anerkannt und ernstgenommen werden.

Was nun die problemgeschichtlichen Perspektiven selbst betrifft, so sind diese im Inhaltsverzeichnis und den einzelnen Kapiteln als programmatische Überschriften vorangestellt. In ihrem Zusammenhang verweisen sie auf systematische Fragen der neuzeitlichen Pädagogik, die die erziehungswissenschaftliche Diskussion der letzten zweihundert Jahre bestimmt haben und auch künftig bestimmen werden. Die Systematik neuzeitlicher Pädagogik ohne Rückgriff auf die Tradition zu entwickeln, war nicht das Anliegen dieser Arbeit, sondern wäre Aufgabe einer Allgemeinen Pädagogik, die den notwendigen Umweg über die Geschichte hinter sich hat und in sich zu bewahren weiß (vgl. Ruhloff 1986). Jede der problemgeschichtlichen Perspektiven erhebt Anspruch darauf, daß sich in ihr eine spezifische Frage neuzeitlichen pädagogischen Denkens artikuliert, dessen Wirkungsgeschichte zwar, vielfach gebrochen, bis in die älteste Tradition bürgerlicher Gesellschaften, die Stadtstaaten des antiken Griechenlands und die klassische Polis-Philosophie, zurückreicht, das gleichwohl seine moderne Form und Bestimmtheit allererst unter den Bedingungen der neuzeitlichen Wissenschaft und im Zusammenhang mit der Ausdifferenzierung und Verbesonderung der menschlichen Praxis in religiöse, ästhetische, ethische, pädagogische, politische und ökonomische Praxis erlangt hat (vgl. D. Benner 1983).

Herbarts Biographie und die Rezeptionsgeschichte seiner Pädagogik werden unter der Überschrift „Gesellschaftsreform durch Schulreform?" behandelt, welche in problemgeschichtlicher Hinsicht eine Perspektive formuliert, die eindeutig neuzeitlichen Datums ist, denn Konzepte, Gesellschaftsreform durch Schulreform zu stützen oder gar zu initiieren, waren in den vormodernen Gesellschaften unbekannt.

Herbarts „Erste Vorlesung über Pädagogik" wird dem Vermittlungsproblem von Theorie und Praxis zugeordnet, das seine neuzeitliche Fassung erst nach der Entwicklung der modernen Naturwissenschaft und der Verwendung der Mathematik zur Rationalisierung der gesamten Wirklichkeit erhielt, so daß sich problemgeschichtlich die Frage stellte, ob das Paradigma der rechnenden Naturwissenschaft konstruktiv auch auf die Erforschung menschlicher Lernprozesse angewandt werden kann.

Herbarts erste systematische Abhandlung, seine Schrift „Über die ästhetische Darstellung der Welt als das Hauptgeschäft der Erziehung", wird als Programm einer Theorie pädagogischen Wirkens vorgestellt, das einen neuen Kausalitätsbegriff entwikkelt, pädagogische Fragen aus ihrer traditionellen Abhängigkeit von vorgegebenen oder ideal antizipierten Ordnungsvorstellungen einer normativen Ethik, Theologie und Politik emanzipiert und die neuzeitliche Eigenständigkeit pädagogischen Denkens und Handelns begründet.

Herbarts pädagogisches Hauptwerk, seine „Allgemeine Pädagogik", wird als Systementwurf der Einheit neuzeitlichen pädagogischen Denkens und Handelns interpretiert, welcher die traditionellen Formen eines unmittelbaren Erfahrungs- und Umgangslernens, in denen die Pädagogik ein integrierter Teil anderer gesellschaftlicher Tätigkeiten war, in eine Dimensionierung der Pädagogik in Theorie und Praxis der Kinderregierung, des erziehenden Unterrichts und der Charakterbildung oder Selbsterziehung überführt und auf diese Weise die geschichtlich vorgegebenen Formen standesspezifischer Erziehung, Unterweisung und Sozialisation mit dem spezifisch neuzeitlichen Problem einer allgemeinen und universellen Menschenbildung konfrontiert.

Unter allen bisher genannten problemgeschichtlichen Perspektiven wird dann Herbarts „Allgemeine praktische Philosophie" als Entwurf zu einem System der menschlichen Gesamtpraxis gedeutet, in welchem Ethik, Pädagogik und Politik nicht mehr als hierarchisch gestufte und teleologisch aufeinander aufbauende, sondern als dialektisch aufeinander verwiesene Formen menschlichen Handelns begriffen werden.

Die Darstellung der Pädagogik Herbarts endet schließlich mit einer Würdigung jener Kritik, die Herbart Zeit seines Lebens an der Institutionalisierung allgemeinbildender Erziehungs- und Bildungsprozesse in staatlichen Schulen geübt hat. Dadurch schließt sich zugleich der Kreis der problemgeschichtlichen Perspektiven, die Herbarts Biographie und Wirkungsgeschichte unter die Frage „Gesellschaftsreform durch Schulreform?" stellen und die Theorie- und Handlungsrelevanz seiner Pädagogik mit dem Problem konfrontieren, unter welchen Bedingungen die Schule als die herausragende neuzeitliche Institution pädagogischen Handelns überhaupt eine pädagogische Institution sein kann.

Der Text dieser Herbartdarstellung entstand nach Abschluß der Arbeit an einem Quellentextband mit umfangreichen Kommentaren zur Pädagogik und Ethik Herbarts (vgl. Herbart 1986). Er ist aus einer Vorlesung an der Universität Münster und deren Überarbeitung zu drei Studienbriefen für die Fernuniversität Hagen hervorgegangen. Peter Zedler danke ich für Unterstützung, Hilfe und Rat bei der Fertigstellung der Studienbriefe, Anneli Witte für die Betreuung des Manuskripts und die Arbeit an der Druckvorlage.

Dietrich Benner

1. Gesellschaftsreform durch Schulreform?

Herbart als Neuhumanist und Außenseiter der Preußischen Schulreform zu Beginn des 19. Jahrhunderts

1.1. Kurzbiographie Herbarts

Zu Herbarts Biographie liegen zahlreiche Abhandlungen vor. Die folgenden Daten wurden aus Arbeiten von W. Asmus (1968 und 1970), Fr. Bartholomäi/E. von Sallwürk (1903 - 1906) und H.-D. Raapke (1976) zusammengestellt.

Herbart wurde am 4.5.1776 in Oldenburg geboren, im Jahr der Proklamation allgemeiner Menschenrechte in der Staatsverfassung, die sich die Vereinigten Staaten von Amerika mit ihrer Unabhängigkeitserklärung gaben. Er starb am 14.8.1841 in Göttingen, wo er bis zu seinem Tode als Professor für Philosophie tätig war.

Herbart war Sohn eines oldenburgischen Regierungsbeamten und einer Arzttochter. Von seiner Mutter lernte er Lesen und Schreiben. Als Kind besuchte er zunächst eine Tanzschule, um sich bürgerlich-aristokratische Anstandsformen anzueignen. Bei verschiedenen Lehrern erhielt er Privatunterricht in Musik, Geschichte, Geographie, Latein und Griechisch. 1789, im Jahr der Französischen Revolution, wurde er Schüler der Lateinschule in Oldenburg, an der er 1793, nachdem diese zuvor in ein Gymnasium umgewandelt worden war, das Abitur ablegte. Vom Sommersemester 1794 bis zum WS 1796/97 studierte er an der Universität Jena Philosophie und Rechtswissenschaft. Sein philosophischer Lehrer war Fichte, dessen Schüler in Jena einen demokratisch gesinnten Bund Freier Männer gegründet hatten, dem Herbart schon sehr bald beitrat. In Jena lernte er auch Schiller persönlich kennen, der dort im Semester vor Herbarts Studienbeginn seine letzten Vorlesungen, Vorlesungen über Ästhetik, gehalten hatte.

Von 1797 bis 1799/1800 hielt sich Herbart in der Schweiz auf. Er war dort als Hauslehrer im Dienst eines Altvogts namens Steiger tätig, dessen Söhne er erzog und unterrichtete. Den Berichten, die er über seine Arbeit für den Vater verfaßte, verdanken wir die ersten Dokumente zu Herbarts Pädagogik. In der Schweiz lernte Herbart Pestalozzi persönlich kennen, dem er 1802 seine erste wissenschaftliche Arbeit mit dem Titel „Pestalozzis Idee eines ABC der Anschauung" widmete, die er dann 1804 in der zweiten Auflage um seine erste größere systematische Abhandlung „Über die ästhetische Darstellung der Welt als das Hauptgeschäft der Erziehung" ergänzte, welche ihrem Titel und Inhalt nach, ohne daß Schillers Name in ihr vorkäme, an Gedanken aus dessen Briefen „Über die ästhetische Erziehung des Menschen", die 1795 in den Horen erschienen, anschloß.

Von 1800 bis 1802 lebte Herbart in Bremen und bereitete seine akademische Karriere vor, die 1802 an der Universität Göttingen begann, als er dort binnen zweier Tage vor der Philosophischen Fakultät die Disputationen zur Promotion und zur Verleihung der „licentia legendi" (Habilitation) bestand. Die Auflage der Fakultät, zwei Dissertationen nachzureichen, hat er nie erfüllt. Ihre Einhaltung wurde nicht angemahnt, weil Herbart in den folgenden Jahren umfangreiche wissenschaftliche Arbeiten publizierte. Vom WS 1802/1803 an war Herbart Privatdozent in Göttingen. Im ersten Semester hielt er Vorlesungen über Pädagogik, von denen die erste vollständig überliefert ist. Im SS 1803 las er über Praktische Philosophie, im WS 1803/1804 über Logik und in den folgenden Semestern mehrfach über Metaphysik. 1805 wurde er apl. Professor für Philosophie in Göttingen. Aus seinen ersten Vorlesungen gingen seine ersten umfangreicheren Veröffentlichungen hervor: 1806 seine „Allgemeine Pädagogik aus dem Zweck der Erziehung abgeleitet" und 1808 seine „Allgemeine Praktische Philosophie". Herbarts erste Göttinger Zeit endete, als er nach mehreren Berufungen 1808 einem Ruf nach Königsberg auf Kants Lehrstuhl, der in der Zwischenzeit mit dem Philosophen Krug besetzt gewesen war, annahm.

Für die Berufung des 32jährigen Herbart nach Königsberg hatten sich u.a. Süvern, ein Studienfreund aus Jena, und Nikolovius, ein Freund Pestalozzis, eingesetzt, die zusammen mit Humboldt die Preußische Schulreform Anfang des 19. Jahrhunderts einleiteten. 1809 nahm Herbart seine Tätigkeit in Königsberg auf, im gleichen Jahr also, in dem Humboldt sein Amt als Chef der Sektion des Kultus und Unterrichts in Preußen antrat. Herbart wurde in Zusammenhang mit seiner Ernennung zum Professor für Philosophie an der Universität Königsberg zugleich Mitglied der Wissenschaftlichen Deputation in Königsberg, welche für die Schulreform in dieser Region verantwortlich war. Er bemühte sich in seiner Königsberger Zeit um die Einrichtung eines pädagogischen Seminars, in dem Studierende, die zuvor an der Universität ihre Fachwissenschaften studiert und die theoretischen Grundlagen der Pädagogik sich angeeignet hatten, auf die praktische Arbeit mit Heranwachsenden vorbereitet werden sollten. Die Einrichtung eines solchen Seminars praktischer Lehrerausbildung gelang nur schrittweise und zog sich über ein Jahrzehnt hin. Unter den in Königsberg entstandenen pädagogischen Schriften Herbarts verdienen neben seinen Anträgen zur Einrichtung eines solchen Seminars und seinen Berichten über die in ihm geleistete Arbeit vor allem seine Abhandlungen für die Königsberger Deputation sowie sein Vortrag „Über Erziehung unter öffentlicher Mitwirkung" besondere Beachtung, den er 1810 vor der dortigen Deutschen Gesellschaft gehalten hat. Herbarts Hauptschriften aus seiner Königsberger Zeit sind einerseits der Psychologie, die er auf Erfahrung, Mathematik und Metaphysik zu gründen hoffte, andererseits der Metaphysik selbst gewidmet. In ihnen behandelte er Gebiete der Philosophie, die er schon in seinen letzten Vorlesungen in Göttingen vor der Berufung nach Königsberg gelehrt hatte.

1833 kehrte Herbart nach 25jähriger Tätigkeit in Königsberg nach Göttingen zurück, wo er bis zu seinem Tode als Professor für Philosophie auch pädagogische Veranstaltungen anbot. Aus seiner zweiten Göttinger Zeit stammen seine pädagogische Spätschrift „Umriß pädagogischer Vorlesungen" (1. Auflage 1835; 2. Auflage 1841) sowie die zu Lebzeiten unveröffentlichten „Pädagogischen Briefe oder Briefe über die Anwendung der Psychologie auf die Pädagogik" von 1832.

1.2. Das doppelte Mißverständnis der Pädagogik Herbarts

Die Rezeptionsgeschichte der Pädagogik Herbarts ist bis in unsere Zeit durch zwei Deutungen bestimmt, die in einem merkwürdigen Verhältnis zueinander stehen. Der einen Deutung zufolge wurde Herbarts Pädagogik immer wieder als eine Hauslehrerpädagogik, als eine Pädagogik für Hauslehrer, verstanden. Diese Interpretation ist wirkungsgeschichtlich nicht relevant geworden, sondern stellt ein ideengeschichtliches Mißverständnis dar. Die andere Deutung dagegen hat die Rezeption der Pädagogik Herbarts nachhaltig bestimmt. In der Wirkungsgeschichte der Pädagogik Herbarts haben sich nicht Hauslehrer, sondern gerade Schulpädagogen, die sogenannten Herbartianer, auf Herbart berufen, als sie seine Pädagogik in der zweiten Hälfte des 19. Jahrhunderts als eine normative Pädagogik im Sinne eines christlichen Gesinnungsunterrichts interpretierten, welche die Ziele der Erziehung aus einer normativen Ethik und die Mittel pädagogischer Beeinflussung aus einer deterministischen Psychologie abzuleiten suchte. Beide Interpretationen finden sich in verschiedenen Geschichten der Pädagogik. Herwig Blankertz hat sie, die Möglichkeit eines anderen Herbartverständnisses durchaus offen haltend (1982, S. 149), unter der Überschrift „Hauslehrerpädagogik als Schulpädagogik" in eine Synthese überführt, von der im folgenden ausgegangen wird, weil sich im Ausgang von ihr Herbarts Stellung als Neuhumanist und Außenseiter der Preußischen Schulreform verdeutlichen läßt.

Nach Blankertz (1982, S. 143-155) strebte Herbart mit seiner Pädagogik die Begründung einer Berufswissenschaft für Hauslehrer an, die, wie Ärzte und Juristen, ihre Klientel nach Art eines freien Berufs außerhalb staatlichere Einrichtungen um sich scharen und ihre professionelle Praxis mit wissenschaftlichem Sachverstand ausüben sollten. Den wissenschaftlichen Sachverstand in Fragen der Erziehung und Unterweisung von Kindern und Jugendlichen soll Herbart dabei - im Gegensatz zu Humboldt und Schleiermacher - unpolitisch auf eine ethische Normwissenschaft, zuständig für die Ermittlung der Ziele der Erziehung, und eine kausalanalytische Psychologie, zuständig für die Bereitstellung der Erziehungsmittel und -methoden, zu gründen versucht haben. Die Herbartianer brauchten der Synthese zufolge, die Blankertz zwischen dem Hauslehrerpädagogen Herbart und dessen schulpädagogischer Wirkungsgeschichte herstellt, Herbarts auf die Erziehung einzelner Individuen durch Hauslehrer ausgerichtete Konzeption später nurmehr auf das staatliche Schulwesen anzuwenden, um ihre Intentionen eines christlichen Gesinnungsunterrichts scheinbar wissenschaftlich abzusichern. Gerade Herbarts unpolitische Denkungsart und die strikte Trennung, die er zwischen Pädagogik und Politik vornahm, habe seiner als Hauslehrerpädagogik konzipierten Berufswissenschaft zum schulpädagogischen Durchbruch verholfen, so daß „seine Pädagogik dem Kontext, in dem sie entstanden ist, nicht voll zugerechnet werden (könne). Sie (sei) vielmehr repräsentativ für Mitte und zweite Hälfte des 19. Jahrhunderts" (ebd., S. 143).

Herwig Blankertz stellt Herbart hier als einen unpolitischen Pädagogen in einer zur Zeit der Preußischen Reformen zu Beginn des 19. Jahrhunderts politisch bewegten Epoche dar, dessen Bemühungen um eine wissenschaftliche Begründung der Hauslehrererziehung scheitern mußten, weil diese Form der pädagogischen Praxis historisch angesichts der bevorstehenden Industrialisierung der Arbeitsvollzüge und -verhältnisse überholt gewesen sei, dessen Konzeption der Pädagogik im historischen Kontext der Industrialisierung dann jedoch breite Anerkennung gefunden habe, als seine Theorie in einer inzwischen unpolitisch gewordenen affirmativen Schulpädagogik habe praktisch wirksam werden können. Wirkungsgeschichtlich muß man dieser Deutung zustimmen. Problemgeschichtlich in dem in der Einleitung angedeuteten Sinne drängt sich jedoch eine andere Interpretation auf. In problemgeschichtlicher Sicht konnte Herbart als Systematiker der Pädagogik von den Herbartianern erst schulpädagogisch mißverstanden werden, nachdem seine Pädagogik zuvor als Hauslehrerpädagogik mißverstanden worden war.

Indem Blankertz das ideengeschichtliche Mißverständnis der Pädagogik Herbarts als Hauslehrerpädagogik in eine Synthese mit der Rezeption seiner Pädagogik als Schulpädagogik bringt, wiederholt sich in dieser wirkungsgeschichtlichen Synthese noch einmal die Verkürzung Herbarts als eines Theoretikers und Systematikers der Allgemeinen Pädagogik zum ersten Herbartianer. Dabei verschweigt Blankertz keineswegs, daß Herbart zu seiner Zeit durchaus ein Kritiker staatlich institutionalisierter und verordneter Lehr- und Lernprozesse in Schulen war. In problemgeschichtlicher Hinsicht kann dieser Synthetisierungsversuch vorliegender Deutungen Herbarts Schulkritik jedoch nicht in ihrer vollen Schärfe entfalten, weil er Herbarts Pädagogik der zweiten Hälfte des 19. Jahrhunderts zurechnet und ihre Schulkritik nicht auf die Preußische Schulreform bezieht, sondern als Schulkritik eines Hauslehrerpädagogen darstellt.

Die Ironie, die in der Überschrift, welche Blankertz seiner Herbartinterpretation durch den Titel "Hauslehrerpädagogik als Schulpädagogik" gegeben hat, durchaus zum Ausdruck kommt (vgl. Blankertz 1982, S. 150), haben W. Fischer und J. Ruhloff auf den Begriff gebracht, indem sie Herbart in die Reihe der Schulkritiker von Seneca bis hin zu „Pestalozzi, Fröbel, Schleiermacher ... und Humboldt" einordnen (W. Fischer 1972, S. 11 u. S. 39ff.) und ausdrücklich feststellen (J. Ruhloff 1972, S. 66f.; s. auch ebd., Anm. 42).

„Es ist ein ... bislang kaum beachteter Fall von historischem Sarkasmus, daß ausgerechnet ein Theoretiker, der die pädagogische Potenz staatlicher Schulen von Anfang an in begründeten Zweifel gezogen hat, den deutschen Schulmeistern für ein gutes halbes Jahrhundert das Rückgrat leihen mußte. Daß Herbarts Theorie wie keine andere in der zweiten Hälfte des 19. Jahrhunderts die Schulpädagogik in Deutschland und darüber hinaus beeinflußte, ist unumstritten. Wenig untersucht ist hingegen, was auch jetzt nur als Frage formuliert werden kann: Welche Gründe führten und welche Ursachen zwangen die schulpädagogischen Herbart-Epigonen dazu, dessen schulkritische Argumente unwirksam werden zu lassen? Eine hypothetische Antwort wäre etwa so zu formulieren: Die schulkritischen Knochen mußten aus Herbarts pädagogischer Systematik herausgelöst werden, damit der unterrichtsmethodische Kadaver, der für das staatliche Herrschaftsinstrument Schule vorzüglich taugte, zu gewinnen war."

Herbart war gleichermaßen, wenn auch mit unterschiedlichem Akzent, ein Kritiker der Schulpädagogik wie ein Kritiker der Hauslehrererziehung. An der Hauslehrererziehung beklagte er, daß sie zum Zwecke des bloßen Broterwerbs von Studierenden ausgeübt werde, die dadurch einerseits in ökonomische Abhängigkeit von der Familie ihrer Zöglinge und Schüler gerieten und andererseits an einem planvollen und intensiven Studium bei ihren Universitätslehrern gehindert würden (Herbart A III, S. 41ff.). An der schulischen Erziehung und am schulischen Unterricht kritisierte er, daß die Schule die Heranwachsenden in Massen einer äußerlichen Disziplinierung und mechanischen Unterweisung unterwerfe, die Lehrer in allzu große Abhängigkeit vom Staat bringe, der an der Bildung der Einzelnen als Individuen weniger interessiert sei als an dem „Vorteil", den er aus einer staatlich institutionalisierten Erziehung und Unterweisung für sich gewinnen kann:

„In unserem Zeitalter der Verwechslungen und Paralogismen aber stehen die beiden Sätze: 'Dem Staate bringt die richtige Erziehung Vorteil' und 'Die Erziehung ist um desto richtiger, je mehr Vorteil sie dem Staate bringt' einander viel zu nahe, als daß nicht der eine wahre mit dem anderen falschen in den Köpfen der Menchen, wie sie sind, häufig genug zusammenschließen sollte. Wer hat denn Schulen eingerichtet? Der Staat. Für wen hat er sie eingerichtet? Für sich. Wer benutzt aber die Schulen? Die Familien. Also fällt hier der Nutzen der Familien dergestalt in den Zweck des Staats hinein wie etwa bei dem Postwesen. Denn zuerst soll die Post den Behörden ihre Dienste leisten; alsdann aber wird auch dem Publikum angeboten, sowohl die Bequemlichkeiten als die Kosten der Anstalt zu teilen ... An den Vorteilen des Staats haben einige mehr Anteil, andere minder; und in diesem Mehr und Minder herrscht ein beständiger Wechsel, den keine Staatskunst, wenn sie schon wollte, zur Gleichförmigkeit bringen kann. Allerdings ist der Staat ein Verein aller Familien; aber nicht unmittelbar, sondern so, daß die Familien erst nach Ständen und Lebensarten, nach Vermögen, Ansprüchen, Bedürfnissen in verschiedene Klassen zerfallen und solcher Gestalt klassenweise dem Ganzen angehören. Die eine Klasse soll nach Absicht des Staates lernen, was zum Gewerbe, die andere, was zur Landesverteidigung, eine dritte, was zum Beamtenstande, eine vierte, was zur Kultur der Wissenschaften und Künste gehört. Nach solchen Gesichtspunkten werden verschiedene Schulen gestiftet. Aber die Verschiedenheit der Individuen liegt tiefer, als daß sie nach diesen Betrachtungen bloßer Tauglichkeit könnte richtig aufgefaßt werden; und wenn die Väter durch die Sorge für das Fortkommen ihrer Söhne sich verleiten lassen, hiernach die Anlage der Ihrigen zu beurteilen, so muß die Pädagogik sie vollständiger belehren. Sie kann sie zuvörderst erinnern, daß der Staat sich um den minder Tauglichen auch minder bekümmert. Seine Schulen sollen ihm die Subjekte liefern, die er braucht. Er wählt die brauchbarsten, die übrigen mögen für sich sorgen!" (Herbart A II, S. 165f.; B, S. 253f.).

Herbarts doppelte Kritik der privaten Hauslehrererziehung und der öffentlichen, staatlichen Erziehung steht einerseits in der Tradition jener Kritik, die zuvor schon Kant in seinen „Vorlesungen über Pädagogik" und Humboldt in seinen „Ideen zu einem Versuch, die Grenzen der Wirksamkeit des Staates zu bestimmen" am Anspruch des absolutistischen Staates geübt hatten, gesellschaftlichen Fortschritt von oben einleiten zu können. Kant hatte im einleitenden Teil seiner Vorlesungen sowohl den Eltern als auch den Fürsten die Kompetenz abgesprochen, „das Weltbeste und die Vollkommenheit, dazu die Menschheit betimmt ist, und wozu sie auch die Anlage hat", durch Erziehung fördern zu können, und seine diesbezügliche Skepsis damit begründet, daß „Eltern ... gemeiniglich nur dafür (sorgen), daß ihre Kinder gut in der Welt (, wie sie ist, D.B.) fortkommen", derweil „Fürsten ... ihre Untertanen nur wie Instrumente zu ihren Absichten (betrachten)" (Kant 1803, A 17ff.).

Und Humboldt hatte in seinen „Ideen" nachzuweisen versucht, daß eine vom absolutistischen Staat gelenkte „öffentliche, d.i. vom Staat angeordnete oder geleitete Erziehung wenigstens von vielen Seiten bedenklich sei", weil sie die Heranwachsenden in eine im vorhinein „bestimmte Form" zu bringen trachte und eine Identität von Mensch und Bürger anstrebe, welche den gesellschaftlich brauchbaren Staatsbürger zum Ideal des Menschen erkläre: „Jede öffentliche Erziehung aber, da immer der Geist der Regierung in ihr herrscht, gibt dem Menchen eine gewisse bürgerliche Form." Dagegen „müßte, meiner Meinung zufolge, die freieste, sowenig als möglich schon auf die bürgerlichen Verhältnisse gerichtete Bildung des Menschen überall vorangehen. Der so gebildete Mensch müßte dann in den Staat treten, und die Verfassung des Staats sich gleichsam an ihm prüfen. Nur bei einem solchen Kampfe würde ich wahre Verbesserung der Verfassung durch die Nation mit Gewißheit hoffen, und nur bei einem solchen schädlichen Einfluß der bürgerlichen Einrichtung auf den Menschen nicht besorgen" (Humboldt 1792, S. 105ff.).

Darin, daß der absolutistische Staat nicht befugt sei, eine über die Schranken der überkommenen Ständegesellschaft hinausführende, nicht an der gesellschaftlichen Brauchbarkeit der Einzelnen, sondern an der allseitigen Bildung aller Individuen ausgerichtete Erziehung zu institutionalisieren, stimmt Herbart mit Humboldt völlig überein. Was Herbart als Neuhumanisten auszeichnet, ist, daß er an Humboldts These, „soll die Erziehung ..., ohne Rücksicht auf bestimmte, den Menschen zu erteilende bürgerliche Formen, Menschen bilden: So bedarf es des Staates nicht", „öffentliche Erziehung scheint ... daher ganz außerhalb der Schranken zu liegen, in welchen der Staat seine Wirksamkeit halten muß" (ebd., S. 108f.), auch zur Zeit der Preußischen Schulreform festgehalten hat. Und hieraus resultierte nun andererseits jene Außenseiterposition, die Herbart unter den Preußischen Schulreformern einnahm und auf welche Herwig Blankertz zurecht hingewiesen hat. Die Sonderstellung, welche Herbart im zweiten Jahrzehnt des 19. Jahrhunderts einnahm, basiert jedoch nicht auf einer pädagogischen Denkungsart eines Hauslehrerpädagogen, sie verweist auch nicht auf seine spätere Wirksamkeit bei den Herbartianern in der zweiten Hälfte des 19. Jahrhunderts, sondern sie zeichnet Herbart als einen Kritiker der Preußischen Schulreform aus, der die von Humboldt aufgezeigten „Grenzen der Wirksamkeit des Staates" auf die Preußische Schulreform auslegte und diese mit der unbequemen Frage konfrontierte, ob und inwieweit Gesellschaftsreform als eine politische Höherentwicklung der Menschheit durch Schulreform möglich sei (vgl. Kemper 1984, S. 28ff.).

1.3. Herbart als Systematiker der Allgemeinen Pädagogik

Für das Verständnis der Pädagogik Herbarts in ihrer gegenwartsbezogenen Bedeutung ist es wichtig, zu beachten, daß Herbart als Kritiker der Reform keineswegs zu deren Gegnern zu zählen ist, sondern von Anfang an auf immanente Durchführungsschwierigkeiten der Preußischen Schulreform aufmerksam machte, die, historisch gesehen, im 19. Jahrhundert dann dazu führten, daß die Staatsschule nicht zu einer Institution allgemeiner und freier Menschenbildung, sondern zu einer Einrichtung zur Beförderung gesellschaftlich nützlicher Qualifikationsanforderungen und Selektionsprozesse wurde.

Schon früh erkannte Herbart, daß die Preußische Schulreform an drei Instanzen scheitern konnte, an der fehlenden Abstimmung mit der Familienerziehung, an der mangelnden pädagogischen Qualität von Lehrern und Schulen und am dauerhaft nicht verläßlichen Interesse des Staates, einer allgemeinen Menschenbildung den Vorrang gegenüber einer auf unmittelbare Brauchbarkeit der Einzelnen ausgerichteten Ausbildung zu gewähren.

An der Verbesserung der Lehrerausbildung suchte Herbart mitzuwirken, indem er ein Modell zur Vermittlung von Theorie und Praxis entwarf, das sowohl für die Ausbildung der Lehrer, d.h. für den Zusammenhang von wissenschaftlicher Lehrerausbildung und der späteren Praxis der Lehrer, als auch für die allgemeine Menschenbildung, d.h. den Zusammenhang von Lernen und Handeln der lernenden Schüler und Zöglinge, Geltung beanspruchte. Dieses Modell wird im zweiten Abschnitt vorgestellt.

Den Zusammenhang zwischen Familienerziehung, schulischer Erziehung und der späteren, selbstverantworteten Praxis der Heranwachsenden suchte Herbart durch eine Theorie pädagogischen Wirkens zu klären, welche die von den Neuhumanisten entwickelte Konzeption einer allgemeinen und universellen Menschenbildung mit den Bedingungen der realen Möglichkeit von Erziehung und Bildung abstimmte. Diese Theorie wird im dritten Abschnitt analysiert.

Eine Dimensionierung der pädadogogischen Praxis, die über die Trennungen von familiärer und schulischer Erziehung, schulischem und außerschulischem Lernen, Allgemeinbildung und beruflicher Bildung hinausweist, entwickelte Herbart in seiner Allgemeinen Pädagogik, die zugleich die Kompetenzen bestimmt, die für ein professionelles pädagogisches Handeln erforderlich sind. Herbarts Allgemeine Pädagogik wird im vierten Abschnitt behandelt.

Eine Systematisierung des Zusammenhangs von Politik, Pädagogik und Ethik, welche eine bloße Inanspruchnahme der Pädagogik durch die Politik ebenso wie eine lineare Ableitung vernünftiger Politik aus den erhofften Resultaten einer allgemeinen Menschenbildung ablehnte, entwickelte Herbart in seiner Allgemeinen praktischen Philosophie, in welche der fünfte Abschnitt einführt.

Der sechste und letzte Abschnitt stellt dann abschließend Herbart als einen Theoretiker und Kritiker der Schulpädagogik dar und bestimmt seine Außenseiterrolle innerhalb der Preußischen Schulreform, auf die bisher nur hingewiesen wurde, im Zusammenhang der systematischen Fragen, die seine pädagogischen Hauptschriften erörtern.

Daß Herbart - in problemgeschichtlicher Sicht - weder ein Erneuerer der Hauslehrerpädagogik noch ein Begründer der Schulpädagogik war, dürfte zumindest ansatzweise schon deutlich geworden sein. Daß er zudem keineswegs die Auffassung vertrat, die Ziele der Erziehung ließen sich durch eine normative Ethik vorgeben und die Mittel zu deren Erreichung durch eine deterministische Psychologie bereitstellen, kann erst aus der genaueren Analyse seiner Schriften entwickelt werden.

2. Zum Verhältnis von Theorie und Praxis

Herbarts „Erste Vorlesung über Pädagogik" (1802)

2.1. Modelle der Theorie-Praxis-Vermittlung

Unter problemgeschichtlichen Perspektiven eröffnet Herbarts „Erste Vorlesung über Pädagogik" auch heute noch einen interessanten Einstieg in seine Pädagogik. In dieser Vorlesung geht Herbart ganz von der Erwartungshaltung und dem Vorverständnis seiner Hörer aus, und fordert diese, statt systematische Aussagen seiner Pädagogik zu entwickeln, „einfach" dazu auf, mit ihm über das Verhältnis von Theorie und Praxis nachzudenken. Über das Verhältnis zwischen Pädagogik als Theorie oder Wissenschaft und Pädagogik als Praxis oder pädagogischem Handeln nachzudenken, schließt auch heute noch die Frage ein, welche Bedeutung die Erziehungswissenschaft für die pädagogische Praxis und welche Bedeutung umgekehrt die pädadgogische Praxis für die Erziehungswissenschaft beanspruchen darf, kann oder muß.

Diese so einfach klingende Frage impliziert von Anfang an bestimmte Unterscheidungen, ohne welche das Verhältnis von Wissenschaft und Praxis gar nicht bedacht und befragt werden könnte. Wer „nur" pädagogisch handelt, der kann gar nicht nach dem Verhältnis zwischen Pädagogik als Wissenschaft und seinem eigenen Handeln fragen, der weiß vielleicht in einem expliziten Sinne nicht einmal, ob und inwiefern er pädagogisch handelt. Nach dem Verhältnis von Theorie und Praxis zu fragen, setzt immer schon voraus, daß bereits zwischen Wissenschaft und Praxis unterschieden wird. Und darum fordert Herbart seine Hörer, die die Vorlesung ja als eine wissenschaftliche Veranstaltung besuchen und nicht, um in ihr pädagogisch zu handeln, auf: „Unterscheiden Sie zuvörderst die Pädagogik als Wissenschaft von der Kunst der Erziehung. Was ist der Inhalt einer Wissenschaft? Eine Zusammenordnung von Lehrsätzen, die ein Gedankenganzes ausmachen. ... Was ist eine Kunst? Eine Summe von Fertigkeiten, die sich vereinigen müssen, um einen gewissen Zweck hervorzubringen" (A I, S. 124; B, S. 55).

In einem zweiten Schritt weist Herbart darauf hin, daß mit der Unterscheidung zwischen Pädagogik als Wissenschaft und Pädagogik als Praxis immer schon eine weitere Unterscheidung verbunden ist. Zwischen der Wissenschaft von einer Praxis und der Praxis selbst kann nämlich grundsätzlich nur unterschieden werden, wenn zugleich in der Praxis selbst unterschieden wird zwischen einer eher gekonnten, gelungenen Ausübung der pädagogischen Praxis und einer weniger gekonnten oder gar mißlingenden Ausübung. Darum fordert Herbart seine Hörer auf, auch die folgende Unterscheidung zu treffen: „Unterscheiden Sie weiter die Kunst des ausgelernten Erziehers von der einzelnen Ausübung dieser Kunst. Zu jener gehört, daß man jedes Naturell und Alter zu behandeln wisse; diese kann gelingen durch Zufall, durch Sympathie, durch Elternliebe" (ebd.).

Von diesen beiden Unterscheidungen ist diejenige zwischen der mehr und weniger gekonnten Ausübung der pädagogischen Praxis viel älter als diejenige zwischen Wissenschaft und Praxis. Zwischen mehr oder weniger gelungenen Handlungsvollzügen unterscheiden zu können, zeichnet nämlich alles menschliche Handeln aus, und dies verweist auf einen pragmatischen Ursprung der Wissenschaften. So ist die Bearbeitung der Natur durch den Menschen älter als Naturwissenschaft und Ökonomie; ebenso sind Sitten und Gebräuche älter als wissenschaftliche Ethik und Politik, Kunst und Religion älter als Kunstwissenschaft und Religionswissenschaft. Für die Pädagogik gilt dies zunächst in gleicher Weise.

Die Unterscheidung zwischen Wissenschaft und Praxis tritt jedoch nicht einfach zu der älteren Unterscheidung hinzu, sondern sie erweitert zugleich diejenige zwischen einer mehr oder weniger gelingenden Praxis um die Frage, was denn Wissenschaft zum besseren Gelingen von Praxis beitragen und wie gelingende Praxis zu einer Erkenntnisquelle der Wissenschaft werden könne. Für die Pädagogik ist diese Frage von ganz besonderer Relevanz, weil sie von der

Verwissenschaftlichung aller Lebensbereiche, die sich in der Neuzeit schrittweise vollzogen hat, in zweifacher Weise betroffen ist. Die Frage nach der Handlungsrelevanz von Wissenschaft und der Erkenntnisrelevanz gelingender Praxis stellt sich nämlich in der Pädagogik einmal im Hinblick auf das pädagogische Handeln und sein Verhältnis zur Pädagogik als Wissenschaft, dann aber auch im Hinblick auf alle anderen Praxisformen und ihr Verhältnis zu den jeweiligen Bezugswissenschaften. Um diese These zu verdeutlichen, möchte ich im folgenden einige Bemerkungen zur Geschichtlichkeit der Differenz von Theorie und Praxis voranschicken und dann die von Herbart in seiner ersten Vorlesung über Pädagogik behandelten Modelle zur Vermittlung von Theorie und Praxis problemgeschichtlich interpretieren.

Vor der historisch-gesellschaftlichen Herausbildung der Differenz von Wissenschaft und Praxis war das Erlernen der Arbeitsvollzüge, der Sitten und Konventionen, der politischen Ordnung, der ästhetischen Ausdrucks- und Darstellungsweisen und der religiösen Praxis ein Moment dieser Praxisformen selbst, an deren Ausübung die nachwachsende Generation schrittweise beteiligt wurde, so daß das pädagogische Handeln ausschließlich oder zumindest weitgehend als ein integraler Bestandteil dieser gesellschaftlichen Tätigkeiten ausgeübt werden konnte. Mit der Entwicklung der neuzeitlichen Wissenschaften und der Verwissenschaftlichung aller Lebensbereiche verbesonderte sich das pädagogische Handeln zu einer zunehmend professionell ausgeübten Praxis, die einerseits einer für sie zuständigen wissenschaftlichen Disziplin, der Pädagogik als Wissenschaft, bedurfte, und andererseits die gesellschaftliche Aufgabe übernahm, die nachwachsende Generation mit den Anfangsgründen der Wissenschaften vertraut zu machen. Die Frage nach der Handlungsrelevanz der Wissenschaften und der Erkenntnisrelevanz der Praxis stellt sich in der neuzeitlichen Pädagogik sowohl für das Verhältnis von Erziehungswissenschaft und Erziehungspraxis, also im Hinblick auf das Erlernen von pädagogischer Handlungskompetenz, also auch für die Vermittlung der anderen Wissenschaften und die Einführung der nachwachsenden Generation in die zunehmend durch wissenschaftliche Rationalität bestimmten Tätigkeiten in den nicht-pädagogischen Praxisbereichen.

Das Bedeutende an Herbarts erster Vorlesung über Pädagogik ist nicht allein, daß in ihr zwischen Wissenschaft und Praxis einerseits sowie zwischen mehr oder weniger gelingender Praxis andererseits unterschieden wird; problemgeschichtlich bedeutsam ist Herbarts erste Vorlesung gerade deshalb, weil in ihr alle bis heute bekannten Antworten auf die Frage nach der Handlungsrelevanz von Wissenschaft und der Erkenntnisrelevanz von Praxis skizziert und mit höchst einfachen Mitteln auf ihren Wahrheitsgehalt geprüft werden. Das Prüfkriterium, von dem Herbart ausgeht, ohne es explizit zu nennen, ist, ob durch die jeweilige Antwort die neuzeitliche Differenz von Wissenschaft und Praxis und mithin die Frage nach dem Verhältnis von Theorie und Praxis als Problem verschwindet oder erhalten bleibt. Antworten, die dieses Problem unterbieten, weil sie es nicht erkennen, schließen sich danach ebenso aus einer sachadäquaten Erörterung des Verhältnisses von Theorie und Praxis aus wie Antworten, die den Anspruch erheben, das Problem zu lösen, in dem sie es gleichsam zum Verschwinden bringen. Insgesamt erwähnt Herbart vier Theorie-Praxis-Modelle, die hier in der Reihenfolge, in der sie sich finden, zunächst kurz in seiner ersten Vorlesung vorgestellt werden sollen.

Das erste Modell, das Herbart erwähnt, kennt die Differenz von Wissenschaft und Praxis nur in der Art, daß die Praxis die Wissenschaft ignoriert. Es beschreibt die mögliche Einstellung von Praktikern zur Wissenschaft, die ihre Tätigkeit ohne wissenschaftliche Anleitung ausüben: „sie lieben es weit mehr, das Gewicht ihrer Erfahrungen und Beobachtungen gegen jene (der Wissenschaft) gelten zu machen. Dagegen ist denn aber auch schon bis zur Ermüdung oft und weitläufig bewiesen, auseinandergesetzt und wiederholt, daß bloße Praxis eigentlich nur Schlendrian, und eine höchst beschränkte, nichts entscheidende Erfahrung gebe ... Die Tätigkeit des Erziehers geht hier unaufhörlich fort, auch wider seinen Willen wirkt er gut oder schlecht ... und ebenso unaufhörlich kehrt die Rückwirkung, kehrt der Erfolg seines Handelns zu ihm wieder, aber ohne ihm zu zeigen, was geschehen wäre, wenn er anders gehandelt, welchen Erfolg er gehabt hätte, ... wenn er pädagogische Mittel, deren Möglichkeit ihm nur nicht träumte, in seiner Gewalt gehabt hätte. Von allem diesem weiß seine Erfahrung nichts; er erfährt nur sich, nur sein Verhältnis zu den Menschen, nur das Mißlingen seiner Pläne, ohne Aufdeckung der Grundfehler, nur das Gelingen seiner Methode, ohne Vergleichung mit den vielleicht rascheren und schöneren Fortschritten besserer Methoden" (A I, S. 125; B, S. 55f.).

Dieses Modell ist letztlich noch gar kein Modell zur Vermittlung von Theorie und Praxis, denn in ihm bewegt sich die Praxis im Zirkel ihrer eigenen Erfahrungen, ohne irgendeinen Begriff von ihren vielleicht besseren Möglichkeiten zu haben. Je nachdem nun, welche Erfahrungen die Handelnden im praktischen Zirkel machen, können durchaus unterschiedliche Formen der Ausübung der jeweiligen Praxis gleichzeitig nebeneinander stehen oder geschichtlich aufeinander folgen. Wird um die Verschiedenheit solcher Erfahrungen gewußt, so kann das Wissen um die synchrone und diachrone Vielfalt von Handlungsmöglichkeiten einen ersten Schritt über die Praxis im Zirkel ihrer eigenen, begrenzten Erfahrungen hinausführen. Dies verweist dann auf ein zweites Modell, das Herbart so umschreibt: „Jede Nation hat ihren Nationalkreis, und noch weit bestimmter jedes Zeitalter seinen Zeitkreis, worin der Pädagoge so gut wie jedes andere Individuum mit allen seinen Ideen, Erfindungen, Versuchen und daraus hervorgehenden Erfahrungen eingeschlossen ist. Andere Zeiten erfahren etwas anderes, weil sie etwas anderes tun" (ebd.).

Wer um die historisch-gesellschaftliche Bedingtheit und Vermitteltheit seines Denkens und Handelns weiß, der bewegt sich zwar immer noch im Zirkel seiner Erfahrungen, ist über den Zirkel bloßer Praxis jedoch insoweit schon hinaus, als das Wissen um die geschichtlich-soziale Relativität allen Nachdenkens und Handelns eine erste Distanz zu seinem eigenen Handeln eröffnet. Die Praxis befindet sich nun nicht mehr nur im Zirkel eigener, sondern auch fremder Erfahrungen, und das Modell des praktischen Zirkels erweitert sich zu demjenigen des hermeneutischen Zirkels. Die Einsicht, daß andere Zeiten etwas anderes erfahren, weil sie etwas anderes tun, weist zugleich ansatzweise über die historisch-gesellschaftliche Vermitteltheit der Praxis hinaus. Das theoretische Wissen um die Historizität der Praxis ist zwar zunächst nur retrospektiv aufklärend, und im Verstehen der eigenen Gechichtlichkeit bleibt die Praxis noch an die Tradition, der sie verpflichtet ist, gebunden. Die gewonnene Einsicht läßt jedoch schon nach Art eines Umkehrschlusses die Hypothese zu: Würden wir anders handeln, so machten wir auch andere Erfahrungen; hätten wir bereits anders gehandelt, so lägen auch andere Erfahrungen vor.

Während die Praxis im praktischen Zirkel sich auf ihre Erfahrungen beruft, ohne darum zu wissen, daß diese von ihr selbst hervorgebracht sind, und während die Praxis im hermeneutischen Zirkel um die vorgegebene Bestimmtheit ihrer Erfahrungen durch vorausgegangene Handlungen und deren Erfahrungen weiß, ohne jedoch begründet durch neue Handlungen neue Erfahrungen hervorzubringen, strebt das dritte Modell, das Herbart nur in einem Nebensatz erwähnt, eine prospektive Vermittlung von Theorie und Praxis an. Diesem Modell zufolge darf „eine vollkommen durchgeführte Theorie ... sich rühmen ..., bei strenger Konsequenz und in völliger Besonnenheit an die Regel, zugleich die wahre Forderung des individuellen Falles ganz und gerade zu treffen" (A, S. 126; B, S. 56). Das Modell, von dem hier die Rede ist, ist dasjenige der mathematischen Naturwissenschaft, welche seit der Begründung der klassischen Mechanik durch Galilei die Gesetze der Natur nicht mehr induktiv durch Versuch und Erfahrung zu erkennen, sondern deduktiv durch theoriegeleitete Experimente und wissenschaftliche Erfahrung zu konstruieren sucht. Der Zusammenhang von Theorie und Praxis ist hier ein hypothetischer. Die Theorie entwirft Hypothesen über Ursache-Wirkungs-Zusammenhänge zur Erklärung von Naturvorgängen, und die Praxis verwendet das von der Theorie konstruierte und im wissenschaftlichen Experiment bewährte Wissen, indem sie die Natur mit den Mitteln wissenschaftlicher Rationalität menschlicher Herrschaft unterwirft. Herbart lehnt dieses Modell zur Vermittlung von Theorie und

Praxis für die Bestimmung des Verhältnisses von Pädagogik als Wissenschaft und pädagogischer Praxis mit der Begründung ab, es lasse sich nur unter Voraussetzung eines „übermenschlichen Wesens" auf die Erforschung und Regelung praktischen Handelns anwenden. Da in allen Bereichen menschlicher Interaktion - im Unterschied zur Bearbeitung der Natur - die „wahre Forderung des individuellen Falles" niemals durch eine bloße Anwendung einer „Regel" oder wissenschaftlich hervorgebrachten Gesetzmäßigkeit erkannt und beachtet werden könne. In der Einleitung zur Allgemeinen Pädagogik führt Herbart den Gedanken weiter und stellt fest, das Individuum könne nicht deduziert, sondern nur gefunden werden (A II, S. 22; B, S. 75). Dabei betont er die Nichtübertragbarkeit des Paradigmas neuzeitlicher Wissenschaft auf die Pädagogik, indem er ausdrücklich den Vergleich zum physikalischen und chemischen Experiment heranzieht:

„Möchten diejenigen, welche die Erziehung so gern bloß auf Erfahrung bauen wollen, doch einmal aufmerksam hinüberblicken auf andere Erfahrungswissenschaften, möchten sie bei der Physik, bei der Chemie sich zu erkundigen würdigen, was alles dazu gehört, um nur einen einzigen Lehrsatz im Felde der Empirie soweit festzustellen, wie es in diesem Felde möglich ist. Erfahren würden sie da, daß man aus einer Erfahrung nichts lernt und aus zerstreuten Beobachtungen ebensowenig, daß man vielmehr denselben Versuch mit zwanzig Abstufungen zwanzigmal wiederholen muß, ehe er ein Resultat gibt, das nun noch die entgegengesetzten Theorien jede nach ihrer Art auslegen. Erfahren würden sie da, daß man nicht eher von Erfahrung reden darf, bis der Versuch beendigt ist, bis man vor allen Dingen die Rückstände genau geprüft, genau gewogen hat. Der Rückstand der pädagogischen Experimente sind die Fehler des Zöglings im Mannesalter. Der Zeitraum für ein einziges dieser Experimente ist also aufs wenigste ein halbes Menschenleben! Wann dann wohl ist man ein erfahrener Erzieher?" (A II, S. 19f.; B, S. 73f.).

Aus dieser Würdigung der theoretisch-hypothetischen und experimentellen Forschungsmethode der Naturwissenschaften und aus der Einsicht in deren Nichtübertragbarkeit auf die Pädagogik entwickelt Herbart als viertes Modell zur Theorie-Praxis-Vermittlung sein eigenes, welches am hypothetischen Charakter von Wissenschaft ebenso wie an der Erfahrung als Prüfstein der Theorie festhält, der wissenschaftlichen Pädagogik jedoch die Aufgabe zuweist, praktische statt theoretisch-technische Hypothesen zu entwickeln und Regeln für das praktische Experiment pädagogischer Interaktion aufzustellen. Dieses praktische Experiment zeichnet sich dadurch aus, daß in ihm die Entwicklung der Individualität des pädagogisch Handelnden (Erzieher/Lehrer) ebensowenig wie die des vermittels pädagogischer Einwirkungen Lernenden (Zögling/Schüler) deduziert, sondern nur gefunden, d.h. gebildet werden kann (vgl. hierzu Benner 1978, S. 319ff.). Im praktischen Experiment ist die Erfahrung durchaus Prüfstein der Theorie, geht also Theorie wie im naturwissenschaftlichen Experiment der Erfahrung voraus, erfolgt jedoch die Applikation der Theorie auf konkrete Handlungssituationen nicht im Sinne einer Anwendung feststehender gesetzmäßiger Ursache-Wirkungs-Zusammenhänge, sondern vermittelt über einen Entwurf von Handlungssituationen, der theoretisch orientiert und angeleitet, aber gerade nicht aus der Theorie deduziert ist. Dieses vierte Theorie-Praxis-Modell beschreibt Herbart folgendermaßen:

„Nun schiebt sich aber bei jedem noch so guten Theoretiker, wenn er seine Theorie ausübt, ... zwischen die Theorie und die Praxis ganz unwillkürlich ein Mittelglied ein, ein gewisser Takt nämlich, eine schnelle Beurteilung und Entscheidung, die nicht, wie der Schlendrian, ewig gleichförmig verfährt, aber auch nicht, wie eine vollkommen durchgeführte Theorie wenigstens sollte, sich rühmen darf, bei strenger Konsequenz und in völliger Besonnenheit an die Regel, zugleich die wahre Forderung des individuellen Falles ganz und gerade zu treffen. ... (I)ch kehre zu meiner Bemerkung zurück, daß unvermeidlich der Takt in die Stellen eintrete, welche die Theorie leer ließ, und so der unmittelbare Regent der Praxis werde. Glücklich ohne Zweifel, wenn dieser Regent zugleich ein wahrhaft gehorsamer Diener der Theorie ist, deren Richtigkeit wir hier voraussetzen. Die große Frage nun, an der es hängt, ob jemand ein guter oder schlechter Erzieher sein werde, ist einzig diese: wie sich jener Takt bei ihm ausbilde, ob getreu oder ungetreu den Gesetzen, welche die Wissenschaft in ihrer weiten Allgemeinheit ausspricht?" (A I, S. 126; B, S. 56f.)

Gegenüber den ersten drei Theorie-Praxis-Modellen zeichnet sich das vierte Modell dadurch aus, daß es die Vermittlungsproblematik von Theorie und Praxis weder, wie das des praktischen Zirkels, praktizistisch unterläuft und einer bloßen Praxis den Vorrang vor aller Theorie einräumt, noch, wie das des hermeneutischen Zirkels, der Theorie lediglich eine nachträgliche und zurückblickende Aufklärungskraft beimißt, noch die Praxis, wie das dritte Modell neuzeitlicher Wissenschaft und Technologie, zu einem Anwendungsfall theoretisch-hypothetischen Wissens erklärt. Das vierte Modell erkennt die Differenz von Wissenschaft und Praxis als theoretisch nicht überbrückbare Differenz an und erklärt die Frage nach der Handlungsrelevanz von Wissenschaft und der Erkenntnisrelevanz von Praxis zu einer Frage sowohl der Wissenschaft als auch der Praxis.

Diese Frage stellt sich nun jedoch angesichts der theoretisch unüberbrückbaren Differenz von Wissenschaft und Praxis innerhalb der Theorie auf andere Weise als innerhalb der Praxis. Die Theorie kann nämlich Handlungsrelevanz im Sinne des vierten Theorie-Praxis-Modells nur über einen Anspruch auf Gültigkeit erheben, der die besondere Handlungssituation nicht einfach unter theoretische Regeln und Gesetzmäßigkeiten subsumiert, sondern als der unmittelbaren Beurteilung durch Theorie grundsätzlich unverfügbar anerkennt; und die Praxis kann Anspruch auf Erkenntnisrelevanz nur erheben, wenn sie die ihr eigene Anerkennung der Individualität der miteinander interagierenden Personen auch für jede andere Praxissituation postuliert und deshalb auf eine unmittelbare Übertragbarkeit ihrer Erfahrungen ausdrücklich verzichtet.

Theorie und Praxis stehen somit in dem vierten Modell in einer doppelten praktischen oder pädagogischen Differenz (vgl. hierzu Benner/Schmied-Kowarzik 1967, S. 125ff.; Schmied-Kowarzik 1974, S. 133ff.; Benner 1978, S. 13ff. u. 322ff.). Weder läßt sich pädagogische Theorie an der Praxis verifizieren, noch pädagogische Praxis durch Theorie legitimieren. Vermittlungsinstanz von Theorie und Praxis kann nun weder die Theorie selbst noch die einzelne Praxis sein, sondern nur die Handlungskompetenz des pädagogisch Handelnden oder das gebildete Gewissen pädagogischer Verantwortlichkeit, welches Herbart mit dem Begriff „Takt" umschreibt. Dieser Begriff bezieht sich nicht nur auf die durch Pädagogik als Wissenschaft zu fordernde Urteils- und Handlungskompetenz professioneller Pädagogen, sondern zugleich auf die durch pädagogisches Handeln zu ermöglichende Urteils- und Handlungskompetenz der Heranwachsenden. Dies versuchen die beiden folgenden Abschnitte problemgeschichtlich zu verdeutlichen, indem sie den pädagogischen Takt des Pädagogen mit dem sittlichen Takt des Gebildeten in Beziehung setzen.

2.2. Der pädagogische Takt des Pädagogen

In der zuletzt zitierten Stelle aus Herbarts erster Vorlesung fanden sich zwei Aussagen, die im Zusammenhang gelesen werden müssen. Die eine besagt, daß der Takt als unmittelbarer Regent der Praxis ein gehorsamer Diener der Theorie sein solle, die andere, daß die Richtigkeit der Theorie hier vorausgesetzt werde und es einzig darauf ankomme, wie sich dieser Takt ausbilde. Geht man nur von der letzten Aussage aus, so könnte der Eindruck entstehen, Herbart wähnte sich im Besitz einer unabhängig von der Praxis vorgegebenen richtigen Theorie, die den angehenden Lehramtsstudenten nur adäquat beigebracht werden müsse, um die Praxis auf eine wissenschaftliche Grundlage zu stellen. Diese Lesart hat zum Mißverständnis der Pädagogik Herbarts als einer normativen Berufswissenschaft auf technologischer Grundlage wesentlich beigetragen und ist der Unterscheidung der zuvor skizzierten vier Theorie-Praxis-Modelle völlig unangemessen. Nimmt man nämlich die erste Aussage hinzu, so muß nachdenklich stimmen, daß der pädagogische Takt und keineswegs die Pädagogik als Wissenschaft zum „unmittelbaren" Regenten der Praxis erklärt wird und daß der Takt gehorsam einer Theorie gegenüber sein soll, die einerseits als gegeben vorausgesetzt, andererseits aber einzig darauf ausgerichtet ist, wie sich dieser Takt ausbilde.

Zusammengenommen formulieren die beiden, nur in ihrer Beziehung zueinander zu verstehenden Aussagen die grundlegende These der gesamten Pädagogik und praktischen Philosophie Herbarts. Wissenschaftliche Theorien über die menschliche Praxis im allgemeinen und die pädagogische im besonderen sind aus prinzipiellen Gründen nur legitim, wenn sie die praktische Differenz von Wissenschaft und Praxis anerkennen. Dies aber besagt für die Wissenschaft, daß sie der Bildung einer Handlungskompetenz dienen soll, die weder durch Wissenschaft, noch durch Praxis unmittelbar herbeigeführt oder gesichert werden kann, sondern letztlich auf einer praktischen Vermittlungsleistung von Theorie und Praxis basiert, die erst im Handeln selbst zu erbringen ist. Zum gehorsamen Diener der Theorie kann darum der Takt oder die pädagogische Verantwortung des handelnden Pädagogen gerade nicht dadurch werden, daß theoretische Aussagen und Konstrukte der Wissenschaft, in Verkennung der Differenz von Theorie und Praxis, einfach in der Praxis angewendet, sondern nur dadurch, daß wissenschaftlich ermöglichte Einsichten in der Praxis durch eine vom Handelnden selbst zu verantwortende Beurteilung und Entscheidung praktisch werden.

Damit ist, was den Zusammenhang von Theorie und Praxis betrifft, durchaus eine paradoxe Situation umschrieben. Die Pädagogik als Wissenschaft soll zum Zwecke ihrer „Richtigkeit" darauf zielen, daß sich eine pädagogische Verantwortung des praktisch Handelnden bildet, und ist zugleich doch davon abhängig, ob „jemand ein guter oder schlechter" Pädagoge in praxi werde; sie soll als Wissenschaft eine praxisanleitende Relevanz beanspruchen und zugleich eingestehen, daß sie die Bildung des Takts in der Praxis gar nicht unmittelbar herbeiführen und reglementieren kann, sondern als unabnehmbare Aufgabe der Praxis selbst anerkennen muß. Von der Paradoxie, durch wissenschaftliche Studien eine pädagogische Handlungskompetenz zu befördern, die durch das Studium der Wissenschaft gar nicht erlernt, sondern allererst in der Ausübung der Praxis angeeignet werden kann, ist seit der beginnenden Verwissenschaftlichung aller Lebensbereiche die Ausbildung von Pädagogen gekennzeichnet.

Daß niemand schon durch das Studium seiner Fachwissenschaften und der Pädagogik als Bezugswissenschaft Lehrer wird, ist uns heute so geläufig und selbstverständlich wie die Tatsche, daß es für die Mediziner neben einem wissenschaftlichen Studium eine praktische Ausbildungsphase gibt, in der schrittweise die zur Ausübung des Berufs erforderliche Kompetenz angeeignet wird. Wir können darum die Paradoxie, vermittelt über wissenschaftliche Studien, eine Handlungskompetenz zu erlernen, die gerade nicht durch die Wissenschaft, sondern erst in der Ausübung der Praxis angeeignet werden kann, erst nachvollziehen, wenn wir uns gleichsam in die Zeit vor der Verwissenschaftlichung aller Lebensbereiche zurückversetzen. Denn auch vor dieser Zeit läßt sich eine Paradoxie menschlichen Lernens ausmachen, die freilich von derjenigen, die Herbarts viertes Theorie-Praxis-Modell umschreibt, zu unterscheiden ist, da sie sich auf die paradoxe Struktur eines Lernens im praktischen Zirkel der eigenen Erfahrung, also auf das erste der vier Theorie-Praxis-Modelle Herbarts, bezieht. Die Paradoxie des Lernens im praktischen Zirkel ist uns heute noch bekannt, weil dieses Lernen niemals vollständig in die anderen Theorie-Praxis-Modelle überführbar ist, sondern nur um andere Modell ergänzt und erweitert, nicht aber als solches völlig suspendiert werden kann. Die paradoxe Struktur des Lernens aus Erfahrung hat bereits Aristoteles auf den Begriff gebracht. Der Kontext, in dem er innerhalb seiner Metaphysik und zu Beginn des zweiten Buches der Nikomachischen Ethik auf das Lernen im praktischen Zirkel zu sprechen kommt, paßt vorzüglich zu unseren bisherigen Überlegungen zur Vermittlungsproblematik von Theorie und Praxis, denn an ihm läßt sich die problemgeschichtliche Leistung des von Herbart skizzierten vierten Modells verdeutlichen.

Dem Modell des praktischen Zirkels folgt nach Aristoteles das Lernen sowohl bei der Aneignung von Weltstrukturen als auch bei der Aneignung von Haltungen. Bei der Aneignung von Weltstrukturen führt das Lernen von der sinnlichen Wahrnehmung über die Erinnerung an das Wahrgenommene zum Besitz von Erfahrungen und schreitet von dort zur Erkenntnis der Ursachen fort, welche jedoch nun nicht mehr im Zirkel der eigenen Erfahrungen eingesehen werden können, sondern nur wissenschaftlich und philosophisch zu erkennen sind. Darum trennt Aristoteles streng zwischen den Erfahrenen und den wissenden Künstlern. Die Erfahrenen sind z.B. die Handwerker und Lohnarbeiter, die nur aus eigener Erfahrung lernen und ihre Erfahrungen keineswegs lehren, sondern nur im praktischen Zirkel des Erfahrungslernens an andere weitergeben können. Die Erfahrenen taugen für die Arbeit und die Versorgung der Polis mit lebensnotwendigen Gütern, die Wissenden taugen für Wissenschaft und Philosophie und haben als freie Bürger ein Recht auf Muße, d.h. Freiheit von der Notwendigkeit zu arbeiten. Die Erfahrenen und die Wissenden verfügen demnach über verschiedene Kompetenzen. Die ersteren sind geschickt, ihr sich auf einer mittleren Abstraktionsstufe bewegendes Wissen auf einzelne Fälle und Situationen anzuwenden, bleiben aber ungeschickt zur wissenschaftlichen Erkenntnis; die Wissenschaftler dagegen verfügen über den allgemeinen Begriff dessen, was die Arbeitenden nur aus eigener Erfahrung kennen, sind aber ihrerseits ungeschickt dazu, ihr Wissen auf konkrete Arbeitsvollzüge anzuwenden, und besitzen stattdessen die Kompetenz, ihr Wissen lehren zu können. Im ersten Buch seiner Metaphysik verdeutlicht Aristoteles dies am Handwerk des Arztes und zieht dann weitreichende Schlüsse (Metaphysik 981 a 20 - b 10):

„Wenn nun jemand den Begriff besitzt ohne Erfahrung und das Allgemeine weiß, das darin enthaltene Einzelne aber nicht kennt, so wird er das rechte Heilverfahren oft verfehlen; denn Gegenstand des Heilens ist vielmehr das Einzelne. Dennoch aber schreiben wir Wissen und Verstehen mehr der Kunst zu als der Erfahrung und sehen die Künstler für weiser an als die Erfahrenen, indem Weisheit einem jeden vielmehr nach dem Maßstabe des Wissens zuzuschreiben sei. Und dies deshalb, weil die einen die Ursache kennen, die anderen nicht. ... Deshalb stehen auch die leitenden Künstler in jedem einzelnen Gebiete bei uns in höherer Achtung, und wir meinen, daß sie mehr wissen und weiser sind als die Handwerker, weil sie die Ursachen dessen, was hervorgebracht wird, wissen, während die Handwerker manchen leblosen Dingen gleichen, welche zwar etwas hervorbringen, z.B. das Feuer Wärme, aber ohne das zu wissen, was es hervorbringt; wie jene leblosen Dinge nach einem natürlichen Vermögen das hervorbringen, was sie hervorbringen, so die Handwerker durch Gewöhnung. Nicht nach der größeren Geschicklichkeit zum Handeln schätzen wir dabei die Weisheit ab, sondern darum bezeichnen wir die leitenden Künstler als weiser, weil sie im Besitz des Begriffes sind und die Ursachen kennen. Überhaupt ist es ein Zeichen des Wissens, daß man den Gegenstand lehren kann, und darum sehen wir die Kunst mehr für Wissenschaft an als die Erfahrung; denn die Künstler können lehren; die Erfahrenen aber nicht."

Die hier deutlich werdende Hierarchie der Lernmodelle des Lernens im praktischen Zirkel und des wissenschaftlichen Lehrens und Lernens wiederholt sich nach Aristoteles im Bereich der Aneignung der Tugend und der Erkenntnis der Tugend. Auf der untersten Stufe siedelt Aristoteles Tugenden wie z.B. Besonnenheit und Mäßigung an, welche alle Angehörigen der Polis besitzen müssen und die insbesondere die Arbeitenden auszeichnen, auf einer mittleren Stufe folgen dann die eigentlich ethischen Tugenden des freien Bürgers von der Tapferkeit bis hin zur Gerechtigkeit, und auf einer höchsten Stufe siedelt Aristoteles schließlich die dianoetischen Tugenden der Weisheit an. Nur letztere erfordern eine wissenschaftliche, über Theorie vermittelte Aneignung, derweil die ethischen Tugenden durch Gewöhnung nach dem Modell des praktischen Zirkels erlernt werden. Ausdrücklich stellt Aristoteles zu Beginn des zweiten Buches seiner Nikomachischen Ethik (vgl. 1103a - 1004a) fest: Die ethischen Tugenden „gewinnen wir aus vorausgehender Betätigung, so wie es sonst beim Handwerk ist. Denn was man erst ausführen kann, wenn man es gelernt hat, das lernt man nur in der Ausübung. So werden wir durch Bauen ein Baumeister und nur durch Zitherspielen ein Zitherspieler. Ebenso können wir nur durch gerechte Taten gerecht werden, durch tapfere tapfer, durch Beweise der Mäßigung mäßig".

An dieser Stelle spricht Aristoteles die Paradoxie des Lernens im praktischen Zirkel deutlich aus. Diese beruht auf der wechselseitigen Voraussetzung von Ausübung einer Tätigkeit und Erlernen dieser Tätigkeit: Man kann nur etwas ausüben, was man schon gelernt hat; man kann - diesem Modell zufolge - jedoch nur etwas lernen, indem man es ausübt. Daß dieses Modell um andere zu erweitern ist, aber als solches grundsätzlich nicht suspendiert werden kann, bringt Aristoteles zum Ausdruck, wenn er es als unverzichtbar für das Erlernen und die Ausübung der arbeitsbezogenen Wissensstrukturen und Fertigkeiten der Handwerker und Lohnarbeiter, aber darüber hinaus auch als unverzichtbar für das Erlernen der ethischen Tugenden der freien Bürger bezeichnet. Auch heute erlernen wir vieles nach diesem Modell. Seine Paradoxie gilt z.B. gleichermaßen für das Erlernen der Muttersprache wie für das Sehen-, Greifen- und Gehenlernen oder das Erlernen eines Musikinstruments. Und dennoch bestehen zwischen der Bedeutung, die Aristoteles und Herbart dem Lernen im praktischen Zirkel zuweisen, weitreichende Differenzen, die zu beachten sind, um einzusehen, welchen Wandel in der Fragestellung und welche grundsätzliche Veränderung in der Bestimmung der pädagogischen Praxis Herbart mit seinem Entwurf eines vierten Modells zur Vermittlung von Theorie und Praxis eingeleitet hat.

Aristoteles wies dem Lernen aus Erfahrung sowohl im Bereich der Aneignung von Wissensstrukturen als auch im Bereich der Aneignung von Haltungen und Tugenden eine zwar unverzichtbare, gleichwohl unterschiedliche Bedeutung zu. Während er die Kenntnisse der Arbeitenden gering einstufte, weil sie nur auf die Ausübung bestimmter Arbeitsprozesse abzielen, nicht theoretisch-wissenschaftlich begriffen und gelehrt, sondern nur im einfachen Vollzug angewandt und weitergegeben werden können, wies er dem Lernen durch Erfahrung im Bereich der bürgerlichen Tugenden keineswegs eine niedere, in höhere Formen des Lehrens und Lernens überführbare, sondern eine prinzipiell nicht überbietbare Bedeutung zu. Dieselbe Paradoxie von Erlernen und Vollzug einer Tätigkeit, die er im

Bereich der produktiven, etwas herstellenden Tätigkeiten als niedere, den Menschen mit dem Tierreich verbindende und mit „manchen leblosen Dingen" vergleichbare Bestimmung einstuft, wertet er im Bereich der ethischen Handlungsvollzüge und Lernprozesse auf. Ganz anders Herbart! Er vergleicht das Lernen im praktischen Zirkel mit dem Schlendrian eines ewig gleichförmig handelnden Schulmeisters, der nichts erfährt, weil er nur sich erfährt, und weist dem nach Aristoteles niederen Modell des Erfahrungslernens im Bereich des theoretischen Erlernens von Kenntnissen und Fertigkeiten keineswegs eine andere Stellung als im Bereich des praktischen Erlernens von Haltungen und Tugenden zu. Vor allem aber stuft Herbart weder bezogen auf die Aneignung von Wissensstrukturen, noch bezogen auf die Aneignung von Haltungen und Tugenden die reine Wissenschaft und Theorie und die Weisheit im Sinne der dianoetischen Tugenden des Aristoteles hierarchisch höher als irgendwelche niederen Formen des Wissens oder Sich-Verhaltens ein. Mit seinem vierten Theorie-Praxis-Modell konzipiert er vielmehr ein nicht-hierarchisches Verhältnnis von Erfahrungslernen und wissenschaftlichem Lernen, welches die widersprüchliche Stellung, die Aristoteles dem Erfahrungslernen im Bereich der Kenntnisse und Fertigkeiten und im Bereich der Tugenden und Haltungen zuwies, überwindet und den Vorrang, den Aristoteles der reinen Theorie gegenüber der Praxis und dieser gegenüber den herstellenden Tätigkeiten einräumte, aufhebt.

Wenden wir uns darum zunächst den Schlußpassagen aus Herbarts erster Vorlesung über Pädagogik zu, um danach die gesellschaftstheoretischen und politischen Implikationen herauszuarbeiten, die in Herbarts Begriff des „pädagogischen Takts" enthalten sind. An die zuletzt zitierte Stelle aus Herbarts Vorlesung schließt unmittelbar die folgende Aufforderung an seine Hörer an:

„Lassen Sie uns ein wenig weiter nachsinnen, auf welche wirkenden Ursachen, auf welche Einflüsse es denn ankomme, wie sich jener Takt in uns festsetzen werde. - Er bildet sich erst während der Praxis; er bildet sich durch die Einwirkung dessen, was wir in dieser Praxis erfahren, auf unser Gefühl; diese

Einwirkung wird anders und anders ausfallen, je nachdem wir selbst anders oder anders gestimmt sind; auf diese unsere Stimmung sollen und können wir durch Überlegung wirken; von der Richtigkeit und dem Gewicht dieser Überlegung, von dem Interesse und der moralischen Willigkeit, womit wir uns ihr hingeben, hängt es ab, ob und wie sie unsere Stimmung vor Antretung des Erziehungsgeschäfts, und folglich ob und wie sie unsere Empfindungsweise während der Ausübung dieses Geschäfts und mit dieser endlich jenen Takt ordnen und beherrschen werde, auf dem der Erfolg oder Nichterfolg unserer pädagogischen Bemühungen beruht. Mit anderen Worten: durch Überlegung, durch Nachdenken, Nachforschung, durch Wissenschaft soll der Erzieher vorbereiten - nicht sowohl seine künftigen Handlungen in einzelnen Fällen als vielmehr sich selbst, sein Gemüt, seinen Kopf und sein Herz zum richtigen Aufnehmen, Aufpassen, Empfinden und Beurteilen der Erscheinungen, die seiner warten, und der Lage, in die er geraten wird. Hat er sich im voraus in weite Pläne verloren, so werden die Umstände seiner spotten; aber hat er sich mit Grundsätzen gerüstet, so werden ihm seine Erfahrungen deutlich sein und ihn jedesmal belehren, was jedesmal zu tun sei. ... Es gibt also - das ist mein Schluß - es gibt eine Vorbereitung auf die Kunst durch die Wissenschaft, eine Vorbereitung des Verstandes und des Herzens vor Antretung des Geschäfts, vermöge welcher die Erfahrung, die wir nur in der Betreibung des Geschäfts selbst erlangen können, allererst belehrend für uns wird. Im Handeln nur lernt man die Kunst, erlangt man Takt, Fertigkeit, Gewandtheit, Geschicklichkeit; aber selbst im Handeln lernt die Kunst nur der, welcher vorher im Denken die Wissenschaft gelernt, sie sich zu eigen gemacht, sich durch sie gestimmt und die künftigen Eindrücke, welche die Erfahrung auf ihn machen sollte, vorbestimmt hatte" (A I, S. 126f.; B, S. 57).

Lernen durch eigene Erfahrung und Lernen durch Wissenschaft stehen hier nicht, wie bei Aristoteles, in einer hierarchischen Ordnung, sondern in einem dialektischen Zusammenhang wechselseitiger Durchdringung, demzufolge das Lernen aus Erfahrung, weil es über wissenschaftliche Anleitung, Aufklärung und Orientierung vermittelt ist, seine zirkuläre Befangenheit aufgeben und Wissenschaft auf den Anspruch, im theoretischen Durchschauen der Zusammenhänge überlegen zu sein und hierin die alleinige Kompetenz zu besitzen, verzichten kann. Die aristotelische Bewegung (epagogé) von der Wahrnehmung über die Erinnerung zur Erfahrung und über diese hinaus zur Wissenschaft ist nun nicht mehr auf verschiedene Subjekte, die unterschiedlichen Statusgruppen oder Ständen einer Gesellschaft angehören, verteilt, sondern in jedes lernende Subjekt verlegt. Sie beginnt auch nicht mehr linear bei der Wahrnehmung und führt auch nicht über die Erfahrung allein zur Wissenschaft, sondern sie beginnt ebenso bei der Wissenschaft und führt über die Praxis zu neuen Erfahrungen, die im praktischen Zirkel nicht erlernbar und durch eine sich als Spitze der Weisheit wähnende Wissenschaft nicht zu vermitteln wären (vgl. hierzu: Benner 1984; Schmied-Kowarzik 1974).

Die schon für das Lernen im praktischen Zirkel nachgewiesene Paradoxie, nur etwas vollbringen zu können, was schon erlernt ist, und das Zu-Vollbringende nur lernen zu können, indem es vollbracht wird, löst sich bei dieser Aufhebung der hierarchischen Anordnung von Lernen durch Erfahrung und Lernen durch Wissenschaft nicht einfach auf, sondern nimmt nun jene Form an, die wir bereits an Herbarts viertem Modell aufgezeigt haben. Die paradoxe Struktur des Lernens im praktischen Zirkel führt in die Aporie, wie denn angesichts dieses Voraussetzungsverhältnisses überhaupt Neues, bisher Unbekanntes erlernt und angeeignet werden könne. Diese Aporie wird durch Herbarts viertes Modell keineswegs aufgelöst, sondern sogar verschärft. Denn in ihm beansprucht die Wissenschaft keineswegs eine hierarchisch höherstehende, schon gesicherte Urteilskompetenz, sondern soll Wissenschaft der Ermöglichung eines Fortschritts im Erkennen und Handeln dienen, der ohne Wissenschaft nicht erreichbar wäre, durch Wissenschaft unmittelbar aber nicht herbeiführbar ist, sondern allerst in der Praxis selbst erreicht werden kann. Die Frage, die sich hier nun stellt, ist diese: Woher weiß denn die Wissenschaft um die besseren Möglichkeiten der Praxis, wenn diese weder durch die Wissenschaft, noch im praktischen Zirkel unmittelbar hervorgebracht werden können, und wie soll die Praxis mit Hilfe der Wissenschaft Fortschritte im Erkennen und Handeln erzielen, wenn diese aus bloßer Praxis ebenso wenig wie aus reiner Wissenschaft zu gewinnen sind?

Fragen dieser Art lassen sich nur im Kontext des vierten Theorie-Praxis-Modells stellen, dessen Rationalitätsstruktur, wie bereits angezeigt, gerade darauf basiert, daß von ihm her alle Antworten, die die Differenz von Wissenschaft und Praxis verkennen, einebnen oder nivellieren, als untauglich zur Bestimmung des Verhältnisses von Theorie und Praxis anzusehen sind. Damit stellt dieses vierte Theorie-Praxis-Modell uns nicht, wie eine oberflächliche Deutung vielleicht vermuten könnte, vor die Aufgabe, die Frage nach der Handlungsrelevanz von Wissenschaft und der Erkenntnisrelevanz von Praxis außerhalb der anzustrebenden Wechselwirkung von Theorie und Praxis zu beantworten, sondern verlangt geradezu, die Paradoxie handlungsorientierender Theorie im Primat der Praxis auszuhalten und danach zu fragen, wie denn nun eine Wissenschaft vom pädagogischen Handeln bestimmt sein müsse, die in ihrer eigenen Theorie- und Fragestruktur die Differenz zwischen Praxis und Wissenschaft beachtet.

Die Paradoxie handlungsorientierender Theorie im Primat der Praxis muß freilich nicht nur von der Wissenschaft, sondern auch von der Praxis selbst ausgehalten werden. Die Wissenschaft kann auf reflektiertes pädagogisches Handeln in der Praxis nur vorbereiten, wenn die Praxis sich auch tatsächlich zu einem Raum reflektierter pädagogischer Praxis weiterentwickelt. Hierzu reicht eine wissenschaftliche Ausbildung zum Lehrerberuf nicht aus. Darum gründete Herbart, wie in der Kurzbiographie schon angedeutet, in Königsberg ein Pädagogisches Seminar, an dem die angehenden Lehrer während ihres Studiums der Fachwissenschaften und der Pädagogik als Bezugswissenschaft erste eigene Erfahrungen in der Erziehung und Unterweisung von Kindern und Jugendlichen machen sollten, um später, sowohl wissenschaftlich als auch praktisch ausgebildet, selbstverantwortlich als Pädagogen tätig werden zu können. Im „Entwurf zu einem Reglement für das Pädagogische Seminar" vom 7.2.1821 heißt es:

§1. Das Pädagogische Seminar ist eine Anstalt für Studierende, worin sie die schwierigsten und schwersten Teile der Erziehungskunst durch Anschauung und eigene Übung sollen kennenlernen.
§2. Diese Anstalt steht in unzertrennlicher Verbindung einerseits mit den philosophischen und pädagogischen Vorträgen des akademischen Lehrers, der ihr Vorsteher ist, andererseits mit einer kleinen im Hause desselben befindlichen Pensionsanstalt" (A III, S. 24).

Herbarts viertes Theorie-Praxis-Modell entwickelt keineswegs nur eine Konzeption zur Vermittlung von Theorie und Praxis in einer wissenschaftlichen und praktischen Lehrerausbildung, sondern hat eine viel weiterreichende Bedeutung. Wir werden ihm immer wieder begegnen, so z.B. in der Theorie pädagogischen Wirkens, in der Allgemeinen Pädagogik und deren Bestimmung des Zusammenhangs von Regierung, Unterricht und Zucht, aber auch in Herbarts Allgemeiner praktischer Philosophie und deren Erörterung des Verhältnisses von Ethik und sittlicher Praxis. Ohne auf Überlegungen vorzugreifen, die erst im Zusammenhang mit diesen Schriften entwickelt werden können, soll die weiterreichende Bedeutung des vierten Theorie-Praxis-Modells im folgenden Abschnitt wenigstens kurz angedeutet werden.

2.3. Der sittliche Takt des Gebildeten

Die vier Theorie-Praxis-Modelle Herbarts lassen sich, je nach ihrer Dominanz, verschiedenen Formen der Vergesellschaftung zuordnen. Dasjenige des Lernens im praktischen Zirkel gilt, sofern es dominant ist, insbesondere für bäuerlich-handwerkliche Produktionsformen. Dasjenige des hermeneutischen Zirkels ist überall dort anzutreffen, wo Traditionen nicht unmittelbar oder naturwüchsig tradiert, sondern in bewußter Auseinandersetzung in einer sich verändernden Gegenwart erinnert werden. Das Modell neuzeitlicher Wissenschaft und Technologie ist an den Kontext der Entstehung und Ausbreitung der mathematischen Naturwissenschaft und die Verwissenschaftlichung aller Lebensbereiche gebunden, welche in Europa seit der Renaissance eingeleitet wurde und heute unser aller Leben bestimmt. Das Modell handlungsorientierender Theorie im Primat der Praxis läßt sich zwar bis in die Fragen, die Sokrates in den platonischen Frühdialogen aufwirft, zurückverfolgen, es erhielt seine neuzeitliche Bedeutung jedoch erst durch die kritische Begrenzung, die sich von ihm her für das Modell neuzeitlicher Wissenschaft und Technologie ergibt. Die Reichweite des vierten Modells läßt sich an der Stellung aufzeigen, die in ihm, abweichend von den anderen Modellen, der „Gebildete", der um den komplexen Zusammenhang von Theorie und Praxis weiß, einnimmt.

Das Modell des praktischen Zirkels kennt noch keine Arbeitsteilung zwischen Wissenden und Nicht-Wissenden. Lernen ist in ihm vor allem eine Aufgabe der nachwachsenden Generation, die durch eine schrittweise Beteiligung an den gesellschaftlich notwendigen Tätigkeiten jene Handlungskompetenz sich aneignet, über die die Erwachsenen schon verfügen. Dabei besitzt dieses Modell eine gewisse Affinität zu ständisch nach Berufsgruppen gegliederten Gesellschaften, in denen jede Berufsgruppe durch das ihr eigene Wissen und Können Güter herstellt, die nicht nur für den eigenen Gebrauch, sondern darüber hinaus auch zur Verwendung durch höherstehende Stände bestimmt sind. Die Reflexion auf den Gesamtzusammenhang der hierarchisch geordneten Arbeitsteilung kann dabei in keiner der speziell ausgeübten Tätigkeiten vollzogen werden, sondern ist nur außerhalb der praktischen Zirkel einzelner Stände möglich. Dies meinte Aristoteles, wenn er vom gesellschaftlichen Ganzen und auf dieses hin der philosophischen und im philosophischen Sinne wissenschaftlichen Reflexion den höheren Rang im Vergleich zu den nur „Erfahrenen" einräumte.

Platon und Aristoteles konzipierten mit ihrer Philosophie einen Ordnungsentwurf für eine Gesamtgesellschaft, in der jeder Stand bestimmte Güter hervorbringt, ohne jedoch über den weiterreichenden sinnvollen Gebrauch der jeweiligen Güter zu verfügen, da dieser in die Urteilskompetenz des nächst höheren Standes fällt. Sklaven und Lohnarbeiter taugen dabei zur Arbeit in Ländereien und Bergwerken, Handwerker zur Bearbeitung von Naturmaterialien und zur Anfertigung von Gebrauchsgütern, von der Arbeit freigestellte Bürger schließlich zur Regelung der öffentlichen Angelegenheiten in den Bereichen der Justiz und Politik. Dieser hierarchische Aufbau gilt auch innerhalb der Kompetenzen der freien Bürger. Diese verwenden z.B. den vom Sattler gefertigten Sattel, um ein Pferd kunstgerecht zu reiten, und werden dabei im Kampf gegen einen Feind der eigenen Polis von einem Strategen geleitet und geführt, der geschickt ist, den Sieg zu erringen, aber mit dem Frieden nichts anzufangen weiß, weshalb „die Heerführer, wenn sie eine Stadt erjagt haben oder ein Heer ... es ... auf dieselbe Weise den Staatsmännern (übergeben, wie der Sattler den Sattel dem Reiter und dieser sich dem Feldherrn übergibt, D.B.). Denn sie selbst wissen das nicht zu gebrauchen, was sie erjagt haben, eben wie die Wachtelfänger, meine ich, den Wachtelmästern ihren Fang übergeben" (Platon: Euthydemos 290 d; vgl. auch 288 d - 290 c).

In dieser teleologischen, auf den Gesamtzweck der Polis, das Wohlergehen des Ganzen und aller seiner Mitglieder ausgerichteten Ordnung der Tätigkeiten nehmen Philosophie und Wissenschaft den höchsten Rang ein, weil sie, außerhalb des praktischen Zirkels stehend, als einzige um den Gesamtzusammenhang wissen. Gebildet im vollen Sinne sind dabei nur die Philosophen als wahrhaft Wissende, was Platon an der eben zitierten Stelle veranlaßt, das Verhältnis von Feldherrn und Staatsmännern, dabei ironisch auf Verfallserscheinungen der griechischen Polis hinweisend, mit dem des Wachtelfängers und des Wachtelmästers zu vergleichen.

Um zu begreifen, welcher Wandel im Verhältnis von Theorie und Praxis mit der neuzeitlichen Wissenschaft verbunden ist, muß beachtet werden, daß Wissenschaft bei den Griechen etwas ganz anderes als in der Neuzeit bezeichnet. Eindrucksvoll zeigt sich dies am antiken Wissenschaftsverständnis der Mathematik. Bei den Ägyptern und Babyloniern hatten mathematische Funktionszusammenhänge durchaus pragmatische Bedeutung. Die Griechen entwickelten daraus eine höchst differenzierte Mathematik, die sie jedoch, sieht man von Archimedes ab, als reine philosophische Wissenschaft verstanden und nicht zu einer Rationalisierung der Arbeitsvollzüge und Arbeitsmittel verwandten. Aus teleologischen, auf den Zweck der Polis bezogenen Gründen, nicht aber aufgrund eines wissenschaftlich-rationalen Herrschaftswissens, beanspruchten Aristoteles und Platon für Philosophie und Wissenschaft den höchsten Rang.

Ganz anders ist das Verhältnis von Theorie und Praxis bestimmt, welches für die neuzeitliche Wissenschaft charakteristisch ist. Mit dem Anspruch, Wirklichkeit mathematisch konstruieren und Technologien entwickeln zu können, mittels welcher sich die wissenschaftliche Welterklärung bis in die letzten Arbeitsvollzüge hinein durchsetzen läßt, erhebt die rechnende Naturwissenschaft einen universellen Geltungsanspruch, der sich nun nicht mehr auf die Ordnung und Vernünftigkeit der Zwecke und die Teleologie des Ganzen, sondern auf die Rationalität der Mittel erfolgskontrollierten Handelns bezieht. Damit aber verlieren die beiden von Platon und Aristoteles genannten Modelle des Lernens, dasjenige des Lernens im Zirkel der eigenen Erfahrung und dasjenige des wissenschaftlichen Erkennens teleologischer Zusammenhänge, an Bedeutung. Denn mit der fortschreitenden Verwissenschaftlichung aller Lebensbereiche wird dem Lernen aus Erfahrung die Stellung entzogen, die ihm innerhalb der teleologisch geordneten Tätigkeiten einer Ständegesellschaft zukam. Und das Erlernen der neuzeitlichen Wissenschaft vermittelt nun nicht mehr eine Einsicht in die Teleologie des Ganzen, sondern begründet eine Zweck-Mittel-Rationalität technologischen Handelns, welche über die praktische Qualität der Zwecke keine fundierten Aussagen mehr machen kann. Damit aber büßt die neuzeitliche Wissenschaft zugleich den Rang ein, den die Philosophie in der Antike als oberste Reflexionsinstanz beansprucht hatte.

Auf Einsicht in den Gesamtzusammenhang aller gesellschaftlich notwendigen Einzeltätigkeiten kann Wissenschaft als mathematische Berechnung und Konstruktion von Wirklichkeit nun ebensowenig Anspruch erheben wie die aus dem Lernen im praktischen Zirkel hervorgehende Erfahrung. Erstere ist zu abstrakt, denn sie entwickelt nach der Auflösung der Einheit von Philosophie und Wissenschaft keinen „Begriff" der Sache selbst, sondern eine Erklärung ihrer Erscheinungsformen; und letztere verliert im Kontext der Verwissenschaftlichung der Arbeitsvollzüge ihre teleologische, auf die Hierarchie von Gütern bezogene Struktur und Bedeutung. Darum lehnt Herbart als Modelle für eine reflektierte Vermittlung von Wissenschaft und Praxis sowohl das des praktischen Zirkels, welches keinen Zugang zur Wissenschaft hat, als auch das der neuzeitlichen Wissenschaft, welches über sein technisches Wissen hinaus keine handlungsorientierende Kraft entwickelt, als auch das des hermeneutischen Zirkels ab, welches zwar zur Einsicht in den Wandel, der mit der Entwicklung der neuzeitlichen Wissenschaft gegeben ist, verhelfen, nicht jedoch ein dieser Wissenschaft angemessenes Modell zur Vermittlung von Theorie und Praxis entwerfen kann.

Herbarts viertes Modell handlungsorientierender Theorie im Primat der Praxis ist im Zusammenhang der angesprochenen Fragen mehr als eine Konzeption zu einer wissenschaftlichen Lehrerausbildung, derzufolge die angehenden Lehrer u.a. auch die neuzeitliche Wissenschaft sich aneignen, ihre eigene Praxis aber nicht nach dem Modell neuzeitlicher Wissenschaft interpretieren. Herbarts viertes Modell entwirft darüber hinaus zugleich eine Konzeption für die Bildung eines sittlichen Takts humaner Verantwortlichkeit im Zeitalter moderner Wissenschaft und Technologie. Den Begriff Takt verwendet Herbart nämlich keineswegs nur zur Bezeichnung des pädagogischen Gewissens bzw. der pädagogisch professionellen Handlungsverantwortung, sondern darüber hinaus auch zur Bezeichnung einer auf den Gesamtzusammenhang der gesellschaftlich notwendigen Tätigkeiten bezogenen Verantwortung. Nachdem diese nicht mehr auf ständisch gegliederte Tätigkeitsgruppen der sogenannten „Erfahrenen" verteilt und von philosophisch Gebildeten, sogenannten „Wissenden", ausgeübt werden kann, scheidet die aristotelisch-platonische Ordnung der Praxis von den ökonomischen Tätigkeiten der Lohnarbeiter über die handwerklichen Tätigkeiten der „Erfahrenen" bis hin zu den aus philosophischen Gründen „Wissenden" als Modell der Gesamtpraxis aus. Gebildet kann nun niemand mehr aufgrund seines Status und an diesem ausgerichteter Lernprozesse sein. Bildung richtet sich nun an das Individuum, und zwar nicht an ein Individuum, auch nicht an eine Gruppe von Individuen, sondern an jedes Individuum und damit der Tendenz nach an alle.

Daß Herbart - wie zuvor schon Rousseau, Kant und Humboldt - die Frage nach der Bestimmung des Menschen und der Ordnung des Zusammenhangs aller menschlichen Tätigkeiten an der Bildung des Individuums ausrichtet, stellt keineswegs eine individualistische Antwort auf die zunehmende Verwissenschaftlichung aller Lebensbereiche und die steigende Komplexität des gesamtgesellschaftlichen Zusammenhangs aller Einzeltätigkeiten dar, sondern ist vielmehr ein Versuch, dieser zunehmenden Komplexität Rechnung zu tragen. Nachdem der Gesamtzusammenhang der Praxis vor dem Hintergrund der beginnenden Verwissenschaftlichung aller Lebensbereiche weder standesspezifisch - gleichsam von unten nach oben -, noch vom absolutistischen Staat - gleichsam von oben nach unten - gewährleistet werden kann, wird jeder Einzelne zum Adressaten und zum Subjekt einer Bildung, die über jede Hierarchie niederer und höherer Tätigkeiten hinausweist und an die Stelle einer teleologischen Ordnung standesspezifischer Tätigkeiten diejenige einer von allen Individuen verantworteten Praxis setzt. Im Hinblick auf die Frage nach der dem Menschen möglichen Bildung sagt Kant in der Einleitung zu seiner Vorlesung über Pädadagogik:

„Vormals hatten die Menschen keinen Begriff einmal von der Vollkommenheit, die die menschliche Natur erreichen kann. Wir selbst sind noch nicht einmal mit diesem Begriffe auf dem reinen. Soviel ist aber gewiß, daß nicht einzelne Menschen, bei aller Bildung ihrer Zöglinge, es dahinbringen können, daß dieselben ihre Bestimmung erreichen. Nicht einzelne Menschen, sondern die Menschengattung soll dahingelangen" (1803, S. 12). Und was die Schwierigkeit, diese Aufgabe zu bewältigen, betrifft, heißt es in Kants Einleitung zu der oben zitierten Vorlesung: „Daher ist die Erziehung das größeste Problem, und das schwerste, was dem Menschen kann aufgegeben werden. Denn Einsicht hängt von der Erziehung, und

Erziehung hängt wieder von der Einsicht ab. Daher kann die Erziehung auch nur nach und nach einen Schritt vorwärts tun, und nur dadurch, daß eine Generation ihre Erfahrungen und Kenntnisse der folgenden überliefert, diese wieder etwas hinzutut, und es so der folgenden übergibt, kann ein richtiger Begriff von der Erziehungsart entspringen. Welche große Kultur und Erfahrung setzt also nicht dieser Begriff voraus? Er konnte demnach auch nur spät entstehen, und wir selbst haben ihn noch nicht ganz ins reine gebracht" (Kant 1803, S. 14f.).

Vergleichen wir die Aufgaben, die mit der Bildung des Individuums verbunden sind, mit denjenigen, die eine standesspezifische Unterweisung und Erziehung verfolgt, so wird die Revolution der Denkungsart deutlich, welche für die Neubegründung der Pädagogik Ende des 18. und Anfang des 19. Jahrhunderts maßgeblich ist. Zielte standesspezifische Unterweisung als Lernen durch Erfahrung auf eine gewisse Einseitigkeit der einzelnen Subjekte, die diese an den Stand ihrer Herkunft bindet und ihnen in der Ordnung der Stände eine begrenzte Urteilskompetenz zuerkennt, so zielt die Bildung des Individuums auf die Erweiterung standesspezifischer Erfahrungskontexte zu einer Vielseitigkeit, die den einzelnen keinem bestimmten Stand mehr verbindet, sondern ihn lehrt, in erster Linie Mensch zu werden (vgl. Rousseau 1762). Und während standesspezifische Erziehung, gleich welchem Stand sie verpflichtet ist, die Heranwachsenden in die jeweilige Moral seines Herkunftsstandes einführt, zielt die Bildung des Individuums auf eine Überwindung der Ordnung standesspezifischer Moralen, auf ihre Erweiterung zur humanen Moralität im Sinne einer gegenseitigen Anerkennung aller Subjekte als Person und Selbstzweck (vgl. Kant 1785).

Im Unterschied zu den standesspezifischen Moralen und Fertigkeiten der „Erfahrenen" und „Wissenden" ist die Vielseitigkeit und menschheitliche Moralität nichts vorgegeben Erfahrbares und Wißbares, auf das einfach hin erzogen und dem die zu erlernenden Kenntnisse unmittelbar entnommen werden könnten, sondern etwas Aufgegebenes, das allererst durch die Bildung der Individuen und ihre gemeinsame Praxis hervorgebracht werden kann. Darum richtet sich die

Aufgabe der vielseitigen Bildung des Individuums zu einer menschheitlichen Moralität auch nicht allein an die lernenden Heranwachsenden, sondern zugleich an die lehrenden Erwachsenen. Der pädagogische Takt ist ebensowenig vorgegeben wie der sittliche Takt des Gebildeten.

Damit sind wir bei einer letzten Paradoxie angelangt, derjenigen, daß die pädagogische Praxis die Lehrenden und Lernenden in der Aufgabe der Bildung so verbindet, daß die Erziehenden und Unterrichtenden nicht mehr auf eine von ihnen selbst schon erreichte Mündigkeit Anspruch erheben können, die der nachwachsenden Generation einfach beizubringen wäre, sondern im eigenen Streben nach Bildung gegenüber den Heranwachsenden auf eine Kompetenz zur pädagogischen Praxis vertrauen müssen, die sich in ihnen selbst allererst vermittelt über ihre eigene Bildung entwickeln kann. Mit der Formulierung dieser Paradoxie sind wir bereits beim Thema jener Schrift Herbarts angelangt, die den Titel trägt: „Über die ästhetische Darstellung der Welt als das Hauptgeschäft der Erziehung". In ihr erörtert Herbart, welche Konsequenzen die aufgezeigte Revolution der Denkungsart für die Frage nach den theoretischen und praktischen Möglichkeiten des pädagogischen Wirkens einerseits und den Zusammenhang von pädagogischem und sittlichem Handeln andererseits hat.

3. Zur Theorie pädagogischen Wirkens

Herbarts Abhandlung „Über die ästhetische Darstellung der Welt als das Hauptgeschäft der Erziehung" (1804)

Nach W. Asmus (1968, S. 181) hat Herbart das Manuskript „Über die ästhetische Darstellung der Welt als das Hauptgeschäft der Erziehung" bereits 1802, also im gleichen Jahr, aus dem seine erste Vorlesung über Pädagogik stammt, fertiggestellt. Er veröffentlichte es 1804 als Anhang zur zweiten Auflage einer Abhandlung über Pestalozzi und maß dabei dem Anhang eine viel weiterreichende Bedeutung als dem ganzen Band über Pestalozzi bei. Dies wird verständlich, wenn man diese Abhandlung in Beziehung zu den späteren Schriften Herbarts setzt. Sie enthält nämlich im Kern bereits die systematischen Entwürfe zur Allgemeinen Pädagogik von 1806 und zur Allgemeinen praktischen Philosophie von 1808 und gibt damit Auskunft darüber, was Herbart unter pädagogischer Theorie in seiner ersten Pädagogikvorlesung verstand.

Vor der Niederschrift der Allgemeinen Pädagogik und der Allgemeinen praktischen Philosophie setzte sich Herbart intensiv mit der kritischen Philosophie Kants auseinander. Über Kant gelangte Herbart zu seiner eigenen systematischen Position. Angelpunkt der Auseinandersetzung mit Kant war die Frage, was unter einer Theorie pädagogischen Wirkens zu verstehen ist und wodurch pädagogische Wirkungen von Wirkungszusammenhängen anderer Art zu unterscheiden sind. Herbart verstand Kant von Anfang an so, daß dessen kritische Philosophie zu einer Neubestimmung der pädagogischen Praxis und Theorie geradezu herausfordere, selber aber die sich auf ihrem Boden stellende Frage nach der Eigenart pädagogischen Wirkens in einem merkwürdigen Sinne unbeantwortet lasse. Die Antwort, welche Herbart auf die in der Philosophie Kants angelegte Frage nach der Kausalität pädagogischer Wirkungen zu geben versuchte, ist im Titel der Abhandlung des Jahres 1804 auf einen Begriff gebracht: „Hauptgeschäft der Erziehung" ist „die ästhetische Darstellung der Welt" (vgl. hierzu

Döpp-Vorwald 1962; Herbart 1986, Abschnitte 2.2 und 3.2 der Quellentextausgabe).

In vier Schritten wird im folgenden Herbarts Position am Text der Abhandlung des Jahres 1804 rekonstruiert. Zunächst wird die Ausgangsfragestellung Herbarts, ob es nur einen Begriff des höchsten Zwecks der Erziehung oder einen Begriff des ganzen Zwecks der Erziehung gebe, erläutert (3.1.); dann wird in Herbarts Auseinandersetzung mit Kant eingeführt (3.2.); aus dieser Auseinandersetzung wird Herbarts Begriff pädagogischen Wirkens entwickelt (3.3.); und schließlich wird aufgezeigt, inwieweit die Abhandlung des Jahres 1804 die Systementwürfe zur Allgemeinen praktischen Philosophie und zur Allgemeinen Pädagogik enthält (3.4.).

3.1. Moralität als höchster oder ganzer Zweck des Menschen und seiner Erziehung

Herbart beginnt seine Abhandlung von 1804 mit allgemeinen Überlegungen zum Ziel oder Zweck der Erziehung. In dem folgenden Zitat sind, ohne daß Kant erwähnt würde, gleich mehrere Fragen formuliert, die auf Herbarts Auseinandersetzung mit Kant hinweisen. In diesem Zitat wird unterschieden zwischen Moralität als höchstem und ganzem Zweck der Erziehung; in ihm wird die Notwendigkeit einer Erweiterung des Begriffs der Moralität angedeutet; und in ihm wird schließlich betont, ein erweiterter Begriff von Moralität als nicht nur höchstem, sondern ganzem Zweck der Erziehung lasse sich erst über eine Bestimmung der Bedingungen der realen Möglichkeit von Moralität gewinnen:

„Man kann die eine und ganze Aufgabe der Erziehung in den Begriff ‚Moralität' fassen. Man könnte und dürfte auch so viele Aufgaben der Erziehung annehmen, als es erlaubte Zwecke des Menschen gibt. ... Soll es möglich sein, das Geschäft der Pädagogik als ein einziges Ganzes durchgreifend richtig zu durchdenken und planmäßig auszuführen, so muß es vorher möglich sein, die Aufgabe der Erziehung als eine einzige aufzufassen. Moralität als höchster Zweck des Menschen und folglich der Erziehung ist allgemein anerkannt. Wer dies leugnete, müßte wohl nicht eigentlich wissen, was Moralität ist; wenigstens hätte er kein Recht, hier mitzusprechen. Aber Moralität als ganzen Zweck des Menschen und der Erziehung aufzustellen, dazu bedarf es einer Erweiterung des Begriffs derselben, einer Nachweisung seiner notwendigen Voraussetzungen als der Bedingungen seiner realen Möglichkeit" (A I, S. 105; B, S. 59).

Wenden wir uns der Reihe nach den drei in diesem Zitat enthaltenen Fragen bzw. Thesen zu, und beginnen wir mit der Unterscheidung zwischen Moralität als höchstem und ganzem Zweck des Menschen und seiner Erziehung. Worin der von Herbart behauptete Unterschied zwischen diesen beiden Begriffen von Moralität liegt, ist bereits in der Interpretation seiner ersten Pädagogik-Vorlesung deutlich geworden. Dort wurden zwei Konzeptionen vorgestellt, auf die diese Unterscheidung zutrifft, nämlich die Gesellschaftsordnung der antiken Polis im Sinne der Philosophie des Platon und Aristoteles und die Ständegesellschaft im absolutistischen Staat. Sowohl für die Ständegesellschaft der Antike als auch für die Ständegesellschaft im absolutistischen Staat gilt, daß der Gesamtzweck aller menschlichen Tätigkeiten sich auf den Staat, nicht aber unmittelbar auf die einzelnen, standesspezifischen Tätigkeiten bezieht und daß Moralität nicht als ganzer Zweck jedes Menschen und aller menschlichen Tätigkeiten, sondern als höchster Zweck begriffen wird.

Ist aber Moralität nur höchster Zweck, so gibt es zugleich andere Zwecke, die selber nicht moralische Zwecke sind. Hierunter faßte die antike Philosophie insbesondere die Arbeit, welche Sklaven verrichteten, die als sogenannte beseelte Werkzeuge und als unmündige Teile der Polis angesehen wurden. Der Zusammenhang zwischen den niederen und den höheren Zwecken wurde durch eine hierarchisch gestufte Rangordnung von Zielen und Zwecken gesichert, derzufolge nur die höheren Tätigkeiten und Tugenden über die Einsicht in den richtigen Gebrauch der von niederen Tätigkeiten hervorgebrachten Güter verfügen. Analoges trifft auch für die Ständegesellschaft im absolutistischen Staat des 17. und 18. Jahrhunderts zu, denn die Kompetenz, den Ordnungszusammenhang aller Tätigkeiten zu bestimmen, liegt hier beim Staat, der den Anspruch erhebt, von oben nach unten den Gesamtzusammenhang der standesspezifisch geordneten Tätigkeiten zu regeln. Mündig ist dabei in letzter Instanz nur der Monarch, der seine Machtfülle - nun im Unterschied zur antiken Polis - aus einem quasigöttlichen Recht ableitet. Mit der Entwicklung der neuzeitlichen Wissenschaft und einer auf Geldwirtschaft basierenden Arbeitsteilung verlor diese teleologische Struktur zunehmend an Bedeutung. Die handwerkliche Produktion und die Arbeit in Manufakturen einerseits und der Warenhandel andererseits folgen Rationalitätsstrukturen, die nicht mehr an der konkreten Produktion von Gütern und den für diese zweckmäßigen Tugenden ausgerichtet sind, sondern auf größtmöglichen Gewinn bei geringstem Einsatz von Mitteln zielen und von den Arbeitenden, anstelle arbeitsbezogener Besonnenheit in der Güterproduktion, Selbstdisziplinierung im Dienste der Warenproduktion verlangen (vgl. Göstemeyer 1986).

Innerhalb der teleologischen Ordnung menschlicher Tätigkeiten gemäß einer Hierarchie der von den Einzeltätigkeiten hervorgebrachten Güter konnte Moralität zugleich als Ziel der Erziehung des höchsten Standes und als Zweck der gesamten Polis gefaßt werden. Denn die Urteils- und Handlungskompetenz der freien Bürger bezog sich auf den Zweckzusammenhang aller niederen und höheren Tätigkeiten und beanspruchte darum für sich nicht nur den höchsten Rang, sondern zugleich die Einsicht in den Ordnungszusammenhang aller gesellschaftlichen Tätigkeiten. Der Verlust dieser teleologischen Ordnung im Kontext der beginnenden Verwissenschaftlichung aller Lebensbereiche und der Ablösung einer güterproduzierenden Wirtschaftsform durch die Warenproduktion in Manufakturen und später in der großen Industrie führte dazu, daß Moralität als Ziel der Erziehung eines höchsten Standes keinen Anspruch mehr auf die Einsicht in das Ganze erheben konnte. In der bürgerlichen Gesellschaft der Neuzeit - und das unterscheidet diese von der bürgerlichen Gesellschaftsordnung der Antike - muß jeder Einzelne der Tendenz nach seinen Lebensunterhalt durch Arbeit verdienen, sich zum Mittel für die Zwecke der Anderen machen und sich Zwecke setzen, die er nur erreichen kann, indem er die Anderen als Mittel gebraucht. Die Frage, die sich auf dem Boden der bürgerlichen Gesellschaft der Neuzeit stellte, lautete, ob nach dem Verlust des teleologischen Ordnungszusammenhangs menschlicher Praxis überhaupt noch ein Begriff von Moralität möglich sei, der sich auf den Gesamtzusammenhang aller Tätigkeiten bezieht.

Daß Moralität als höchster Zweck nicht mehr eine Einsicht in den Zweck des Ganzen verbürge, daß sie nurmehr als ganzer Zweck gedacht werden könne, wenn sie sich auf die Tätigkeit jedes Einzelnen beziehe, ist die erste These, die Herbart in der oben zitierten Stelle formuliert. Welch weitreichende Forderungen mit ihr verbunden sind, wird deutlich, wenn wir sie mit folgender Formulierung des kategorischen Imperativs aus Kants Grundlegung zur Metaphysik der Sitten (A/B 66f.) vergleichen: „Handle so, daß du die Menschheit, sowohl in deiner Person, als in der Person eines jeden andern, jederzeit zugleich als Zweck, niemals bloß als Mittel brauchtest."

In dieser Fassung erkennt Kant durchaus an, daß sich die Subjekte der bürgerlichen Gesellschaft nach dem Verlust der teleologischen Ordnung der menschlichen Gesamtpraxis gegenseitig als Mittel gebrauchen müssen, um Waren herstellen, verkaufen und kaufen zu können. Das kategorische Gebot moralischen Handelns, welches Kant hier formuliert, gebietet zugleich, daß sich die Subjekte nicht nur als Mittel für ihre Zwecke gebrauchen dürfen, sondern auch gegenseitig als Selbstzweck, als Person, anerkennen sollen. Hierin stimmt Herbart mit Kant überein. Die Frage, die er mit seiner Unterscheidung zwichen Moralität als höchstem und ganzem Zweck des Menschen aufwirft, bezieht sich auf das „zugleich" in der oben zitierten Formulierung des kategorischen Imperativs, richtet sich also auf den Zusammenhang der Tätigkeiten, in denen die Subjekte sich als Mittel gebrauchen, mit denjenigen Akten, in denen sie sich und die Anderen als Person anerkennen. Würde man, das ist der Kern der ersten Aussage Herbarts, den Zusammenhang der Tätigkeiten nun so ordnen, daß man denjenigen, in welchen sich die Subjekte als Mittel gebrauchen, eine niedere Wertigkeit beimißt, und denjenigen, in denen sie sich als Person anerkennen, eine höhere Wertigkeit zuerkennt, so würde Moralität als höchster Zweck des Menschen nicht mehr Begriff des Gesamtzusammenhangs aller menschlichen Tätigkeiten sein.

An dieser Stelle geht die erste Aussage aus dem Zitat der Abhandlung von 1804 in deren zweite und dritte These über. Soll das vom kategorischen Imperativ ausgesprochene Gebot, die Würde der eigenen Person und die Würde der Person jedes Du zu achten, tatsächlich anerkannt werden, so darf das „zugleich", mit dem im kategorischen Imperativ instrumentelle Handlungen des gegenseitigen Gebrauchs als Mittel und moralische Handlungen gegenseitiger Anerkennung als Person verknüpft werden, weder im Sinne eines gleichberechtigten Nebeneinander beider Handlungsformen, noch hierarchisch dahingehend gedeutet werden, als beträfen die moralischen Handlungen den höchsten Zweck des Menschen, die instrumentellen dagegen niedere Zwecke. Die im kategorischen Imperativ formulierte Aufgabe gegenseitiger Anerkennung als Person kann nur beachtet werden, wenn sie sich auf alle Handlungen bezieht und Moralität als ganzen, nicht nur als höchsten Zweck des Menchen faßt.

Mit seiner Erweiterung des Begriffs der Moralität versucht Herbart, die in Kants kategorischem Imperativ zumindest angelegte Einengung der Sittlichkeit auf besondere Akte gegenseitiger Anerkennung der Personen als Selbstzweck zu überwinden und Moralität als ganzen Zweck, d.h. als Zweck aller menschlichen Tätigkeiten, zu bestimmen. Zweck aller menschlichen Tätigkeiten aber kann Moralität nur sein, wenn sie zugleich Zweck der Erziehung und die pädagogische Praxis weitaus mehr als ein Mittel zur Moralisierung ist. Herbarts systematische Erweiterung von Kants Begriff der Moralität bezieht sich nicht nur auf das Verhältnis von Ökonomie und Ethik, sondern ebenso auf das Verhältnis von moralischer und pädagogischer Praxis. Das läßt sich insbesondere an Herbarts Auseinandersetzung mit Kants Unterscheidung zwischen einem empirischen und einem intelligiblen Charakter des Menschen und deren Verhältnis zum Begriff der Erziehung aufzeigen.

3.2. Kants Unterscheidung zwischen empirischem und intelligiblem Charakter und Herbarts pädagogische Erweiterung des Begriffs der Moralität

Kant hatte in seiner Kritik der reinen Vernunft eine Begrenzung der Gültigkeit neuzeitlicher Wissenschaft, des dritten von Herbart unterschiedenen Theorie-Praxis-Modells also, vorgenommen, welche das Ziel verfolgte, die Möglichkeit menschlicher Freiheit und eines auf praktischer Vernunft basierenden Begriffs von Moralität offenzuhalten. Würde es der neuzeitlichen Wissenchaft gelingen, das war die Ausgangsfragestellung Kants, jede Weltbegebenheit als eine Wirkung von Ursachen zu erklären, so wäre für das, was in der Tradition der praktischen Philosophie seit der Antike unter Freiheit verstanden wurde, kein Raum mehr. Denn wenn jede Weltbegebenheit in der Natur und im Handeln der Menschen eine Wirkung bestimmender Ursachen ist, die ihrerseits wieder Wirkungen vorausgegangener Ursachen sind, dann wäre alles, was überhaupt ist, kausal determiniert und „Freiheit nicht zu retten":

„Alsdann ist Natur die vollständige und an sich hinreichend bestimmende Ursache jeder Begebenheit, und die Bedingung derselben ist jederzeit nur in der Reihe der Erscheinungen enthalten, die samt ihrer Wirkung unter dem Naturgesetze notwendig sind. Wenn dagegen Erscheinungen für nichts mehr gelten, als sie in der Tat sind, nämlich nicht für Dinge an sich, sondern bloße Vorstellungen, die nach empirischen Gesetzen zusammenhängen, so müssen sie selbst noch Gründe haben, die nicht Erscheinungen sind. Eine solche intelligible Ursache aber wird in Ansehung ihrer Kausalität nicht durch Erscheinungen bestimmt, obzwar ihre Wirkungen erscheinen und sie durch andere Erscheinungen bestimmt werden können. Sie ist also samt ihrer Kausalität außer der Reihe, dagegen ihre Wirkungen in der Reihe der empirischen Bedingungen angetroffen werden. Die Wirkung kann also in Ansehung ihrer intelligiblen Ursache als frei und doch zugleich in Ansehung der Erscheinungen als Erfolg aus denselben nach der Notwendigkeit der

Natur angesehen werden" (Kant: Kritik der reinen Verunft, B 564f.)

Mit dieser Unterscheidung zwischen der Erklärung aller Weltbegebenheiten in der Reihe ihrer Erscheinungen durch neuzeitliche Wissenschaft und dem Ding an sich dieser Weltbegebenheiten als einer jeglicher Erkenntnis vorausgesetzten und in dieser nicht zu vermittelnden Wirklichkeit hoffte Kant zweierlei zu leisten. Zum einen sollte dadurch die neuzeitliche Wissenschaft und die Revolution der Denkungsart eines hypothetisch-deduktiven Denkens grundsätzlich anerkannt werden, welches die Gesetze der Natur nicht mehr induktiv durch einen Aufstieg von der Erfahrung zum Wissen ermittelt, sondern der Natur ihre Gesetze zunächst hypothetisch vorschreibt, um diese in wissenchaftlicher Erfahrung zu überprüfen. Zum andern sollte zugleich die Gültigkeit dieses wissenschaftlichen Wissens begrenzt werden. Da es sich um ein vom Menschen selbst entworfenes, konstruiertes und überprüftes Wissen handelt, wird von ihm nur die Erscheinungsform der Weltbegebenheiten erklärt. Die Welt selbst kann nun gleichzeitig in ihren Erscheinungen als Wirkung empirisch überprüfbarer Ursachen und in ihrer uneinholbar vorausgesetzten Existenz als Schöpfung gedacht werden, und die sich auf den Menschen beziehenden Weltbegebenheiten können nun einerseits als kausaldeterminiert in der Reihe ihrer Erscheinungen, andererseits als außerhalb dieser Reihe existierend und frei vom Menschen hervorgebracht gedacht werden.

Was den Menschen und seine Handlungen betrifft, faßte Kant den Menschen als „Bürger zweier Welten" mit einem empirischen, der mechanischen Erklärung der Handlungen in der Erscheinungswelt zugänglichen, also determinierten Charakter und einem intelligiblen, dem Menschen als Existenz oder Ding an sich eigenen, freien Charakter. Das Verhältnis beider Charaktere stellte sich Kant so vor:

„Wenn wir aber eben dieselben Handlungen in Beziehung auf die Vernunft erwägen, und zwar nicht die spekulative, um jene ihrem Ursprunge nach zu erklären, sondern ganz allein, sofern Vernunft die Ursache ist, sie selbst zu erzeugen (, d.h.) ... in praktischer Absicht, so finden wir eine ganz andere Regel und Ordnung, als die Naturordnung ist. Denn da (in einer praktischen Überprüfung unserer Handlungen, D.B.) sollte vielleicht alles das nicht geschehen sein, was doch nach dem Naturlaufe geschehen ist, und nach seinen empirischen Gründen unausbleiblich geschehen mußte. Bisweilen aber finden wir, oder glauben wenigstens zu finden, daß die Ideen der Vernunft wirklich Kausalität in Ansehung der Handlungen des Menschen, als Erscheinungen, bewiesen haben, und daß sie darum geschehen sind, nicht weil sie durch empirische Ursachen, nein, sondern weil sie durch Gründe der Vernunft bestimmt waren" (Kant: Kritik der reinen Vernunft, B 578).

Während bei der Erklärung der den Menschen betreffenden Weltbegebenheiten, also seiner Handlungen und Verhaltensweisen, neuzeitliche Wissenschaft der Tendenz nach alles ohne Ausnahme als kausal determiniert zu entschlüsseln trachtet und den empirischen Charakter des Menschen als kausal determiniert unterstellt, urteilt die praktische Vernunft ganz anders, indem sie zuweilen Handlungen, die in empirischer Hinsicht notwendig erfolgten, die aber eigentlich nicht hätten „geschehen" sollen, als verwerflich einstuft, oder auch Handlungen, die vielleicht aus empirischen Gründen gar nicht erklärt werden können, eine Ursache zuerkennt, die gerade nicht durch die Reihe der vorausgegangenen Handlungen kausal determiniert ist, sondern auf freiem Willen beruht. Demnach gibt es verschiedene Möglichkeiten des Zusammenstimmens oder des Widerspruchs von empirisch-determiniertem und freiem-intelligiblem Charakter des Menschen. Handlungen können empirisch determiniert und in ethischer Hinsicht gutgeheißen werden; sie können aber auch empirisch-determiniert und in ethisch-intelligibler Hinsicht als nicht-sein-sollend erkannt werden. Für den ersten Fall gibt es keinerlei Abstimmungsprobleme zwischen empirischem und intelligiblem Charakter: Ein und dieselbe Handlung ist einerseits auf Naturkausalität, d.h. eine Bedingtheit durch vorausgegangene Ursachen, und andererseits auf eine freie Entscheidung des handelnden Subjektes zurückzuführen. Für den anderen Fall jedoch gibt es das Problem des Zusammenhangs von empirischem und intelligiblem

Charakter, denn nun ist ein und dieselbe Handlung einerseits nach Naturgesetzen kausal determiniert, hätte aber andererseits ihrer intelligiblen Ursache zufolge besser unterbleiben als geschehen sollen. Bei Handlungen dieser Art, die wir aus praktischer Vernunft ablehnen müssen, stellt sich nun die Frage, warum sie denn nicht unterblieben sind und weshalb an ihrer Stelle nicht bessere Handlungen vollzogen wurden. Auf diese Frage gibt Kant die folgende merkwürdige Antwort:

„Sie, die (praktische, D.B.) Vernunft, ist allen Handlungen des Menschen in allen Zeitumständen gegenwärtig und einerlei, selbst aber ist sie nicht in der Zeit, und gerät etwa in einen neuen Zustand, darin sie vorher nicht war; sie ist bestimmend, aber nicht bestimmbar in Ansehung desselben (empirischen Zustands, D.B.). Daher kann man nicht fragen: warum hat sich nicht die Vernunft anders bestimmt? sondern nur: warum hat sie die Erscheinungen durch ihre Kausalität nicht anders bestimmt? Darauf aber ist keine Antwort möglich. Denn ein anderer intelligibler Charakter würde einen anderen empirischen gegeben haben" (ebd. B 584).

Mit dieser Antwort verbietet Kant jeden Rückschluß vom empirischen Charakter des Menschen, d.h. der Erklärung seines Verhaltens durch empirische Wissenschaften, auf den intelligiblen Charakter des Menschen, d.h. die Möglichkeit, aus Freiheit moralisch zu handeln. Der empirische Charakter ist determiniert durch die zeitliche Folge von Ursachen und Wirkungen, der intelligible „befindet" sich außerhalb dieser Zeitreihe und ist dadurch bestimmt, eine Reihe von Handlungen spontan, d.h., ohne durch eine vorausgegangene empirische Ursache bedingt zu sein, beginnen zu können. Prüfkriterien des intelligiblen Charakters soll nicht die Stimmigkeit empirischer Ursachen und Wirkungen, sondern einzig der kategorische Imperativ sein, welcher gebietet, die Maximen des eigenen Handelns daraufhin zu prüfen, ob durch sie die von diesem Handeln betroffenen Mitmenschen nur als Mittel gebraucht, oder aber als Selbstzweck anerkannt werden. Brauchen wir in einer Handlung ein Du als bloßes Mittel, ohne dieses als Selbstzweck zu mißachten, so ist die Handlung sittlich neutral, mißachten wir es dabei aber als Person, so ist die Handlung sittlich abzulehnen, achten wir das jeweilige Du jedoch als Person in unserer Handlung, so ist diese sittlich.

Für den Fall also, daß eine Handlung sittlich geboten oder ethisch neutral ist, kann zwischen empirischem und intelligiblem Charakter gar kein Widerspruch bestehen, weil die Handlung sowohl in der Zeitreihe empirisch-kausal erklärbar als auch auf eine intelligible, der Spontaneität des Menschen eigenen Ursache zurückzuführen ist. Für den anderen Fall jedoch, daß eine geschehene Handlung sittlich verwerflich ist, ergibt sich das schon angedeutete Problem. Und hier begibt sich Kant mit seiner Trennung zwischen empirischem und intelligiblem Charakter in der eben zitierten Stelle in einen merkwürdigen Widerspruch. Einerseits soll ein und dieselbe Handlung in der Erscheinung durch den empirischen Charakter determiniert, ihrem intelligiblem Charakter nach aber durch einen Akt der Spontaneität begründet sein, andererseits soll dieselbe Handlung, obgleich sie in empirischer Hinsicht determiniert ist, in intelligibler Hinsicht auch anders bestimmbar gewesen sein: „Denn ein anderer intelligibler Charakter würde einen anderen empirischen gegeben haben".

Gerade wenn man dieser Aussage Kants zustimmt und anerkennt, daß das, was empirisch als kausal erklärbar in der Zeitreihe erscheint, seinerseits von intelligiblen Ursachen abhängt, die zwar in der Zeitreihe erscheinen, aber nicht durch sie bestimmt sind, wird man sich nicht damit begnügen können, eine sittlich verwerfliche Handlung in der Zeitreihe als kausal determiniert, in ihrer intelligiblen Ursache dagegen als vermeidbar zu erklären. Denn ein und dieselbe Handlung kann intelligibel nur vermeidbar sein, wenn sie auch ihrer kausalen Determination nach in der zeitlichen Reihe von Ursachen und Wirkungen vermeidbar gedacht wird. Und gerade hier setzt Herbarts pädagogische Erweiterung von Kants Begriff der Moralität ein. Gerade weil nach Kant ein anderer intelligibler Charakter auch einen anderen empirischen zur Folge hätte, kann die Spontaneität des intelligiblen Charakters sich nicht außerhalb jeglicher Zeitlichkeit bewegen und die empirische Bestimmtheit des Charakters nicht an eine bloße zeitliche Reihenfolge kausal determinierter Ursachen und Wirkungen gebunden sein. Herbarts pädagogische Erweiterung des Begriffs der Moralität zielt auf die Überwindung von Kants Unterscheidung zwischen empirischem und intelligiblem Charakter, auf einen Begriff der zeitlichen Konstitution des Charakters überhaupt, welche sich nicht nur auf den empirischen, sondern auch auf den intelligiblen bezieht und eine Theorie pädagogischen Wirkens begründet, die die Idee der Freiheit mit der Idee einer Erziehung zur Freiheit versöhnt.

In seinen Schriften zur Praktischen Philosophie hatte Kant den Begriff der Kausalität aus Freiheit soweit eingegrenzt, daß letztlich nur der Handelnde selbst darum wissen kann, ob er als empirisches Subjekt vorrangig einer äußeren Kausalität oder als intelligibles der Pflicht folgt, d.h. aus der unbedingten Anerkennung des Du als Person handelt. In der Kritik der reinen Vernunft ging er sogar so weit, die „eigentliche Moralität der Handlungen" als etwas zu bestimmen, das uns letztlich „gänzlich verborgen" bleibe, weil „(u)nsere Zurechnungen ... nur auf den empirischen Charakter bezogen werden" können (vgl. die Anmerkung in der Kritik der reinen Vernunft, B 579). Zugleich gestand Kant ein, daß durch seine Unterscheidungen zwischen der Welt der Erscheinungen und den Dingen an sich, zwischen empirischem und intelligiblem Charakter, zwischen Naturkausalität und Kausalität aus Freiheit „nicht die Wirklichkeit der Freiheit", ja „nicht einmal die Möglichkeit der Freiheit" erwiesen, sondern lediglich gezeigt worden sei, daß die Idee der Freiheit sich nicht im Widerspruch befinde mit jener Form von Naturkausalität, welche neuzeitliche Wissenschaft erforsche, d.h. konstruiere, berechne und in wissenschaftlichen Erfahrungen überprüfe (ebd., B 586).

Diesem Resultat der kritischen Philosophie stimmte Herbart, weil er in ihm nicht die Grenzen der Vernunft, sondern die Grenze der Transzendentalphilosophie erblickte, durchaus zu. Herbarts Erweiterung des transzendentalen Begriffs von Moralität versucht nicht allein die Sittlichkeit des intelligiblen, bestenfalls dem Subjekt selber erkennbaren, sondern zugleich auch die des empirischen, intersubjektiv wahrnehmbaren und beurteilbaren Charakters „zu retten" und strebt eine Ethik an, die sich nicht ausschließlich an das individuelle Gewissen, den „guten Willen", sondern zugleich an den intersubjektiven Dialog der Miteinander-Handelnden richtet. Die Erweiterung des transzendentalen Begriffs der Moralität zum Begriff einer real möglichen Moralität nahm Herbart vor, indem er auch den intelligiblen Charakter, den Kant gänzlich außerhalb der Zeit als ein Vermögen angesiedelt und als ein Vermögen bestimmt hatte, eine Reihe von Handlungen spontan zu beginnen, in die Zeit hineinstellte, also nicht nur dem empirischen, sondern auch dem intelligiblen Charakter eine zeitliche Konstitution zuerkannte:

„Kann der Erzieher mit dieser Vorstellungsart (eines empirischen Charakters in der Zeit und eines intelligiblen außerhalb der Zeit, D.B.) ... etwas anfangen? ... Findet auch er den guten Willen vor, so daß er denselben nur gegen die Neigungen zu richten, nur auf die rechten Gegenstände durch den Vortrag der Moral hinzuweisen brauchte? Fließt etwa auch ihm die intelligible Quelle, darf auch er den Strom, dessen Ursprung er nicht weiß, getrost vom Himmel ableiten? In der Tat, für denjenigen, der unseren neueren Systemen anhängt, ist nichts konsequenter, als ruhig zu erwarten, daß sich wohl etwa ganz von selbst das radikale Gute - oder vielleicht auch das radikale Böse - bei seinem Zögling äußern werde, nichts konsequenter, als die Freiheit, die er in demselben als in einem Menschen doch voraussetzen muß, still zu respektieren, sie nur durch gar keine verkehrte Mühe zu stören - wobei man fragen müßte, ob die Freiheit denn überhaupt gestört werden könne - und so den wichtigsten Teil seines Geschäfts ganz aufzugeben, und am Ende seine ganze Sorge auf bloße Darreichung von Notizen zu beschränken. Auch ist etwas Ähnliches von einem Anhänger jener Systeme einmal wirklich und im Ernst behauptet worden" (Herbart A I, S. 106; B, S. 59f.).

Der letzte Satz dieser Stelle richtet sich nicht gegen Kant, sondern gegen einige Schüler Fichtes. Gleichwohl geht aus diesem Zitat hervor, welche

Konsequenzen Herbart aus seiner Kant-Kritik zog. Wenn die starre Abgrenzung zwischen empirischem und intelligiblem Charakter aufgegeben und auch dem intelligiblen Charakter eine Genese in der Zeit zugestanden werden soll, dann muß dieser so gedacht werden, daß teils von ihm Wirkungen ausgehen, teils auf ihn Ursachen einwirken. Soll Freiheit und Moralität im Charakter des Menschen real möglich sein, so darf dieser nicht mehr in einen empirischen und intelligiblen getrennt werden, wobei die auf den empirischen Charakter einwirkenden Ursachen nach dem Modell der klassischen Mechanik und die vom intelligiblen Charakter ausgehenden Wirkungen als Akte einer reinen Spontaneität gedacht werden müßten. Vielmehr ist ein ganz anderes Verhältnis von Ursachen und Wirkungen anzusetzen, welches weder dem Modell neuzeitlicher Wissenschaft nach dem Vorbild der klassischen Mechanik folgt, noch eine reine, durch nichts zu beeinflussende Spontaneität unterstellt. Von diesem ganz anderen Verhältnis von Ursache und Wirkung aber hängt die reale Ermöglichung von Moralität durch Erziehung entscheidend ab, welcher Kant weder in seiner theoretischen, noch in seiner praktischen Philosophie eine Grundlage verschaffen konnte.

3.3. Zum Begriff einer interaktiven, d.h. praktischen oder ästhetischen Kausalität

Seinen eigenen Versuch, Kants Trennung zwischen empirischem und intelligiblem Charakter zu überwinden, stellt Herbart folgendermaßen vor:

„Dem Erzieher ist die Sittlichkeit ein Ereignis, eine Naturbegebenheit, die in der Seele seines Zöglings sich zwar, wie man annehmen kann, schon in einzelnen Augenblicken einem kleinen Teil nach zufällig hat blicken lassen, die sich aber in ihrem ganzen Umfange zutragen und dauern und alle die übrigen Ereignisse, Gedanken, Phantasien, Neigungen, Begierden in sich nehmen, in Teile von sich selber umwandeln soll ... In der ganzen Bestimmtheit, womit es geschieht, geschieht es notwendig, als ein unfehlbarer Erfolg gewisser geistiger Ursachen, ebenso notwendig als jeder Erfolg in der Körperwelt; nur aber durchaus nicht nach materiellen Gesetzen der Schwere, des Stoßes u.s.f., die mit den Gesetzen geistiger Wirkung nicht die geringste Ähnlichkeit haben. Der Erzieher mutet sich den Versuch an ... durch richtiges Fragen der Natur und durch genaue und lange genug fortgeführte Schlußreihen endlich dem Gange der vor ihm liegenden Erscheinungen seine Gesetzmäßigkeit abzuforschen und somit auch zu entdecken, wie sich derselbe nach Absicht und Plan modifizieren lasse. Diese realistische Ansicht leidet nun auch nicht die mindeste Einmengung der idealistischen. ... Was finge er doch an mit den gesetzlosen Wundern eines übernatürlichen Wesens, auf dessen Beistand er nicht rechnen, dessen Störungen er nicht vorhersehen, noch ihnen vorbauen könnte? Etwa Veranlassungen geben? Hindernisse entfernen? - Also war das absolute Vermögen gehindert? Also gibt es für dasselbe Veranlassungen außer seinem eigenen, rein ursprünglichen Anfangen? Also ist das Intelligible wieder mitten im Mechanismus der Naturdinge befangen? - Die Philosophen besinnen sich hoffentlich besser auf ihren eigenen Begriff! - Transzendentale Freiheit darf und kann auch durchaus nicht im Bewußtsein, gleich einer inneren Erscheinung, sich betreffen lassen. Hingegen diejenige Freiheit der Wahl, die wir alle in uns finden, welche wir als die schönste Erscheinung unserer selbst ehren und welche wir unter den anderen Erscheinungen unserer selbst hervorheben möchten, - diese ist es gerade, welche der Erzieher zu bewirken und festzuhalten trachtet.

Machen, daß der Zögling sich selbst finde, als wählend das Gute, als verwerfend das Böse: dies oder nichts ist Charakterbildung! Diese Erhebung zur selbstbewußten Persönlichkeit soll ohne Zweifel im Gemüt des Zöglings selbst vorgehen und durch dessen eigene Tätigkeit vollzogen werden; es wäre Unsinn, wenn der Erzieher das eigentliche Wesen der Kraft dazu erschaffen und in die Seele eines anderen hineinflößen wollte. Aber die schon vorhandene und ihrer Natur notwendig getreue Kraft in eine Lage zu setzen, daß sie jene Erhebung unfehlbar und zuverlässig gewiß vollziehen müsse: das ist es, was sich der Erzieher als möglich denken, was er zu erreichen, zu treffen, zu ergründen, herbeizuführen, fortzuleiten als die große Aufgabe seiner Versuche ansehen muß" (Herbart A I, S. 107f.; B, S. 60f.).

An die Stelle mechanischer Ursachen im empirischen und abolut spontaner Ursachen im intelligiblen Charakter setzt Herbart eine interaktive Kausalität oder Wechselwirkung, derzufolge die Entwicklung des empirischen Charakters weder äußeren Einwirkungen noch die Selbstbildung des intelligiblen Charakters rein-spontanen Akten überlassen bleibt. Denn ohne Annahme einer interaktiven Kausalität ließe sich Charakterbildung gar nicht erklären, wäre sie letztlich undenkbar. Eine nur mechanisch bewirkte Entwicklung des Charakters führte nämlich zur Unfreiheit statt zu Freiheit und Moralität, eine nur intelligible Selbstbildung dagegen bewegte sich gleichsam außerhalb aller Zeitlichkeit und bestünde aus lauter Akten einer Spontaneität, die, um wirklich „frei" zu sein, nicht einmal untereinander in Beziehung stehen dürften. Die Frage, die sich hier nun stellt, ist die, worin denn jene interaktive Kausalität, die Herbart anstrebt, bestehe und wodurch sie sich von den anderen Kausalitäten, der mechanischen Naturkausalität und der intelligiblen Spontankausalität, unterscheide.

Seine Antwort auf die Frage nach der gesuchten dritten Kausalität, dergemäß Moralität sich in der Zeit bildet und in ihrer Konstitution beeinflußt werden kann, entwickelt Herbart, indem er zwischen zwei Bedingungen der realen Möglichkeit von Sittlichkeit unterscheidet, die gleichermaßen beachtet werden müssen und mit der gesuchten dritten Kausalität zusammenhängen. Dabei knüpft Herbart wiederum an Kant an, der Sittlichkeit als eine Selbstgesetzgebung der Vernunft definiert hatte, derzufolge die empirischen Handlungsantriebe nicht unmittelbar den Willen bestimmen, sondern einer vernünftigen Beurteilung unterzogen werden:

„Gehorsam ist das erste Prädikat des guten Willens. Ihm gegenüber muß ein Befehl stehen oder muß wenigstens irgendetwas als Befehl erscheinen können. Der Befehl hat etwas Befohlenes zum Gegenstande. Aber nicht jeder Gehorsam gegen den ersten besten Befehl ist sittlich. Der Gehorchende muß den Befehl geprüft, gewählt, gewürdigt, das heißt, er selbst muß ihn für sich zum Befehl erhoben haben. Der Sittliche gebietet sich selbst" (Herbart A I, S. 108; B, S. 61).

Damit sind die beiden Bedingungen der realen Möglichkeit von Sittlichkeit genannt. Die erste Bedingung ist ein einsichtiger Wille, dessen Handlungsantriebe geprüft worden sind, die zweite ist der Gehorsam einem solchen Willen gegenüber. Real wirklich ist Sittlichkeit niemals schon im einsichtigen Willen, auch nicht im bloßen Gehorsam irgendeinem Willen gegenüber, sondern nur in der praktischen Synthesis von einsichtigem Willen und Gehorsam im Handeln. Die Frage nach der dritten Kausalität stellt sich nunmehr so: Von welcher Art ist die Kausalität, mit der der Sittliche seinem einsichtigen Willen folgt, wie wird das Urteil über vorgegebene Handlungsantriebe bewirkt und wie bewirkt dieses Urteil den Gehorsam?

„Der Gehorchende würdigt den Befehl: das heißt, er erzeugt ihn wenigstens als Befehl. Wie muß er wohl hier sich selbst erscheinen? Als aufstellend den Machtspruch? Oder als findend eine vorliegende Notwendigkeit? ... Als aufstellend den Machtspruch darf er sich nicht erscheinen. Denn das Erste der Sittlichkeit, der Gehorsam, ist vernichtet, es ist eine Willkür an die Stelle der anderen gesetzt, sobald, in irgendeinem Sinn, Wille sich als Grund des Befehls zeigt ... Also als findend eine Notwendigkeit erscheint er sich ... (W)elche Notwendigkeit wird gefunden? Keine theoretische; man kennt den Unterschied zwischen sollen und müssen, und einen Befehl würdigen heißt nicht, sich nach dem Unabänderlichen bequemen. Also auch keine logische; denn diese ist an sich ebenfalls ein Müssen. ... Also nichts Geschlossenes, nichts Gelerntes, nichts in der Erfahrung Gegebenes oder durch die Naturlehre Erforschtes! Soweit behält Kant durchaus recht, der das Empirische der reinen Vernunft streng entgegensetzt. Man wird aber hoffentlich hier nicht etwa antworten: eine moralische Notwendigkeit! Denn es ist nur eben zuvor gezeigt, daß wir hier ganz außer dem Gebiet der Moral sind. Die Rede ist von dem ursprünglich Notwendigen, was erst dann etwa sittlich-notwendig werden wird, wenn es, im Gegensatz gegen die Neigung, den Gehorsam regiert. Unter den bekannten Notwendigkeiten ist nur noch die ästhetische übrig" (Herbart A I, S. 110; B, S. 63).

Den Begriff der gesuchten dritten Form der Kausalität, durch welche das Urteil über die empirischen Handlungsantriebe gefällt und Gehorsam dem einsichtigen, geprüften Willen gegenüber aufgebracht wird, so daß der Handelnde schließlich seinem einsichtigen Willen tätig folgt, entwickelt Herbart schrittweise. Zunächst scheidet er die Möglichkeit aus, daß der „Wille" selbst oder die zu beurteilenden Handlungsantriebe Ursache des Urteils, des Befehls und schließlich der Handlung sein könnten. Zwei Gründe führt er an, weshalb eine solche Annahme unzulässig ist. Durch sie würde „das Erste der Sittlichkeit, der Gehorsam ... vernichtet"; durch sie würde zugleich nur „eine Willkür an die Stelle der anderen" gesetzt. Um zu verstehen, was mit dieser doppelten Begründung gemeint ist, sei noch einmal an die zuvor genannten beiden Bedingungen der realen Möglichkeit von Sittlichkeit und ihr Verhältnis zur realen Wirklichkeit der Sittlichkeit im Handeln erinnert.

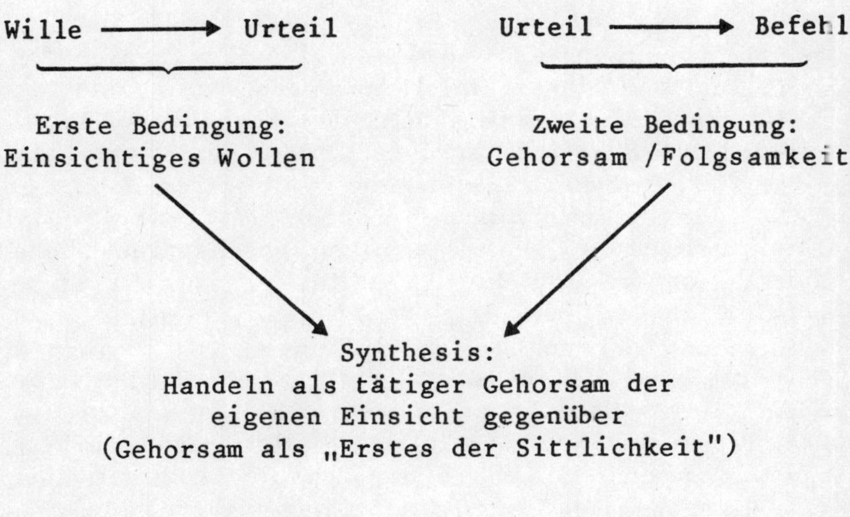

Das Schema zeigt, daß Herbart zwischen dem Gehorsam, der als zweite Bedingung der realen Möglichkeit von Sittlichkeit zu deren erster Bedingung hinzukommen muß, und dem Gehorsam als dem Ersten der Sittlichkeit, d.h. als Tat oder Vollzug der Sittlichkeit im Handeln, unterscheidet. Das erste Argument lautet somit, die sittliche Praxis sei vernichtet, sobald der „Wille" zum Grund des Befehls und Handelns erhoben wird. Denn von Handeln in einem überlegten, reflektierten Sinne kann dann gar nicht mehr gesprochen werden, wenn ein Wille uns unmittelbar in unserem praktischen Verhalten bestimmt. Wer auf die von ihm selbst oder von einem anderen gestellte Frage, warum er so und nicht anders gehandelt habe, nur zu sagen weiß: „Ich habe dies gewollt!", und wer auf weitere Fragen nur diesen Satz wiederholen kann, der gibt letztlich zu erkennen, daß er zwanghaft irgendeinem Willen gefolgt ist, seinen Willen nicht beurteilen kann und folglich keinerlei Freiheit gegenüber seinen Handlungsantrieben besitzt. Das leitet nun zu dem zweiten Argument über, den „Willen" nicht als Ursache des Befehls und der Aufforderung zum Gehorsam im sittlichen Handeln zu fassen. Wer sich nur auf seinen Willen beruft, der beruft sich letztlich auf bloße Willkür, und dies auch dann, wenn sich in ihm unter mehreren zur „Tat" drängenden Antrieben ein bestimmter Wille durchgesetzt hat, denn auch dann ist nur „eine Willkür an die Stelle der anderen gesetzt".

Zusammengenommen besagen diese beiden Argumente, daß niemand auf Willensfreiheit Anspruch schon dadurch erheben kann, daß er seinen Willen geltend macht, daß folglich Moralität auch nicht auf der Herrschaft eines Willens über einen anderen Willen beruhen kann, nicht einmal auf der Herrschaft eines sogenannten guten Willens über einen sogenannten bösen Willen, sondern daß die reale Möglichkeit von Sittlichkeit an die Freiheit vom bloßen Willen, d.h. an das Urteil über den Willen gebunden ist. Nicht der Wille selbst, sondern das Urteil über ihn kann erst in sittlicher Hinsicht bestimmen, was jeweils zu tun ist. Der Sittliche gebietet sich also nicht selbst, indem er seinem Willen folgt, sondern indem er frei über seinen Willen urteilt und diesem Urteil folgt.

Auf die Frage, wie denn die gesuchte dritte Kausalität bestimmt sein müsse, ist damit eine erste Antwort gefunden. Es kann keine Kausalität sein, welche vom Willen und den Handlungsantrieben unmittelbar ausgeht, auch keine Kausalität, mit der ein neuer intelligibler Wille gleichsam spontan hervortritt, um über die empirischen Handlungsantriebe zu herrschen, sondern es kann nur eine solche Kausalität sein, die über Urteilskraft vermittelt ist.

Die Frage nach der dritten Kausalität nimmt damit die Form an, kraft welcher Kausalität Urteile über Handlungsantriebe getroffen, zum Befehl erhoben und im Handeln befolgt werden. Unter dieser Fragestellung prüft Herbart der Reihe nach vier verschiedene Begriffe von Kausalität daraufhin, ob ihnen eine Kausalität der Urteilskraft eigen ist. Dabei scheidet er die Begriffe einer theoretischen, einer logischen und einer moralischen Kausalität aus, um dann einzig eine ästhetische Notwendigkeit als Kausalität der Urteilskraft in praktischen Fragen der Beurteilung des Willens anzuerkennen.

Den Begriff der theoretischen Notwendigkeit, welcher dem Kausalitätsverständnis der neuzeitlichen Wissenschaft zugrundeliegt, scheidet Herbart sogleich aus, weil er eine Form theoretischer Urteilskraft des Menschen über Ursache-Wirkungs-Zusammenhänge innerhalb der Naturerscheinungen darstellt, welche der Natur selbst keine Urteilskraft beimißt. Theoretische Urteilskraft bezieht sich auf ein Subjekt-Objekt-Verhältnis, in dem das Subjekt der denkende und die Erscheinungen der Natur ordnende Mensch und das Objekt nicht der denkende und ordnende Mensch, sondern die Naturerscheinungen sind. Die sich auf den Willen beziehende Urteilskraft kann jedoch nur eine solche sein, die nicht allein der Wissenschaft, sondern zugleich dem Objekt der Wissenschaft, nämlich dem Menschen als Subjekt, das seinen Willen beurteilt, zukommt. Die gesuchte Urteilskraft soll sich also auf ein Subjekt-Objekt-Verhältnis beziehen, in dem der denkende und ordnende Mensch über sich selbst und seine Handlungsantriebe urteilt, in dem also Subjekt und Objekt des Urteils identisch sind.

Für eine solche Urteilskraft scheidet als Kriterium auch die logische Notwendigkeit aus, welche Schlüsse über Aussagen daraufhin prüft, ob sie mit höheren und allgemeineren Aussagen vereinbar sind. Die Beurteilung des Willens kann nicht nach dem Schema erfolgen: „An die Götter zu glauben, ist gut; Sokrates glaubt/glaubt nicht an die Götter; also ist Sokrates ein guter/ein böser Mensch". Denn so ließe sich allenfalls ein bestimmter Wille und ein bestimmtes Urteil über diesen auf ihre Vereinbarkeit mit einem allgemeinen Begriff dieses Willens und einem allgemeinen Urteil über diesen Willen vergleichen; die Frage nach der Stimmigkeit des besonderen Urteils verschöbe sich aber nur auf die Frage, wie und warum denn das allgemeine Urteil notwendig sei.

Als nächstes scheidet Herbart, sicherlich nicht nur zur Verwunderung seiner damaligen, sondern auch seiner heutigen Leser, auch noch die „moralische Notwendigkeit" als Kriterium praktischer Urteilskraft aus und begründet dies damit, es sei „nur eben zuvor gezeigt, daß wir hier ganz außer dem Gebiet der Moral sind. Die Rede ist von dem ursprünglich Notwendigen, was erst dann etwa sittlich notwendig werden wird, wenn es, im Gegensatz gegen die Neigung, den Gehorsam regiert". Damit ist folgendes gemeint: Um der möglichen Moralität von Handlungen willen, die erst dort wirklich wird, wo der Handelnde seiner Einsicht tätig folgt, können weder das Urteil über die Handlungsantriebe, noch seine Erhebung zum Befehl und Gebot, noch der Schritt zu seiner praktischen Anerkennung selber einer moralischen Notwendigkeit folgen. Wollte man nämlich von einer solchen Notwendigkeit sprechen und die inhaltliche Bestimmtheit einer Handlung aus dieser ableiten, so würde man materiale Maximen mit einer Geltung ausstatten, die keineswegs begründet, sondern erschlichen ist. Anspruch darauf, moralische Notwendigkeiten zu formulieren, könnten z.B. material bestimmte Normen erheben, die vorschreiben, was moralisch erlaubt bzw. verboten ist. Fragt man nun, warum das von einer Norm Gebotene moralisch geboten ist, und antwortet man, aus der moralischen Notwendigkeit, welche die Norm ausspricht, so bewegt man sich im Zirkel und gibt etwas, was allererst begründet werden müßte, als Grund seiner Begründung aus.

In seiner Kritik einer theoretischen, logischen oder moralischen Notwendigkeit als Urteilskriterium praktischer Vernunft beruft sich Herbart ausdrücklich auf Kant, der „soweit" recht behalte. Um dies an einem Beispiel zu verdeutlichen, sei kurz auf das vierte Gebot des Decalogs des Mose in seiner säkularisierten Fassung erinnert. Diese lautet bekanntlich: „Du sollst Vater und Mutter ehren, auf daß es Dir wohlergehe und Du lange lebest auf Erden". Nach dem Modell der theoretischen Notwendigkeit interpretiert, würde dieses Gebot besagen, daß jeder, der lange und gut leben will, seine Eltern ehren müsse. Als hypothetischer Imperativ in einer Gesellschaft, die von der älteren oder vielleicht sogar jeweils ältesten Generation geführt wird, kann eine solche Maxime durchaus Stimmigkeit beanspruchen. Im Kontext des neuzeitlichen Problems der Moralität formuliert sie jedoch nur eine „Regel der Geschicklichkeit" und sagt nichts darüber aus, was unter einem guten Leben und der richtigen Anerkennung der Eltern zu verstehen ist. Um diesem Gebot die Form einer logischen Allgemeinheit geben zu können, müßten wir einen quasi-naturrechtlichen Obersatz aufstellen und behaupten, daß es das unbedingte Recht der Erwachsenen sei, über Art und Dauer des Lebens der Nachkommen danach zu entscheiden, ob diese sie ehren oder nicht. Alsdann ließe sich eine besondere Aussage wie „X ehrt seine Eltern" bzw. „X ehrt seine Eltern nicht" nach Maßgabe des Obersatzes beurteilen, ohne daß freilich dabei der Obersatz selbst eine Rechtfertigung erhielte. Eine aus der Moral selbst folgende Notwendigkeit kann schließlich die säkularisierte Fassung des vierten Gebots nur beanspruchen, wenn es eine in der Sitte verankerte Bestimmung der richtigen Anerkennung der Eltern durch die nachwachsende Generation gibt und wenn die Normen dieser Sitte im unmittelbaren Zusammenleben und Handeln, also im Zirkel der alltäglichen Erfahrung, auch tatsächlich tradiert werden. Auf eine solche Notwendigkeit erhob jedoch die mosaische Fassung des Gebots zur Sittlichkeit des Generationenverhältnisses keinen Anspruch, denn sie verwies auf eine durchaus ungewisse, nicht unmittelbar aus dem Zusammenleben und Handeln hervorgehende Zukunft und lautet: „Du sollst Deinen Vater und Deine Mutter ehren, auf daß du lange lebest in dem Lande, das dir der Herr, dein

Gott geben wird" (2. Mose 20, 12). Hermeneutisch gesehen verweist diese Fassung darauf, daß dem vierten Gebot urpsrünglich wohl die Bedeutung zukam, im wandelnden Volk Gottes, dessen Sitten vom Verfall bedroht waren, die Erinnerung an ein intaktes Generationsverhältnis wachzuhalten, welche ihre handlungsorientierende Kraft keineswegs aus einer gegebenen, sondern aus einer zukünftigen Hoffnung bezog.

Wollte man nun jedoch, über die bisherigen Deutungen hinaus, dem vierten Gebot in seiner säkularisierten Fassung eine Urteilskraft im Sinne moralischer Kausalität beimessen, derzufolge ihm in Situationen, in denen begründet danach gefragt wird, was unter richtiger Eltern- und Kinderliebe und gegenseitiger Anerkennung zu verstehen ist, die richtige Antwort zu entnehmen sei, so könnte das Gebot der Elternverehrung, statt eine sittliche Maxime zu formulieren, womöglich sogar die Gestalt eines Gebotes zur Unsittlichkeit annehmen. Dies etwa dann, wenn es dahingehend ausgelegt würde, man solle seine Eltern - wie sehr deren Verehrungswürdigkeit auch immer fraglich geworden sein möge - ehren, ganz gleich, ob ihnen diese Ehre gebührt oder nicht.

Mit seiner Kritik der theoretischen, logischen oder moralischen Notwendigkeit als Prüfinstanz praktischer Vernunft steht Herbart in der Tradition der praktischen Philosophie Kants. Ausdrücklich bekennt Herbart sich zu Kant, wenn er feststellt: „Soweit behält Kant durchaus recht, der das Empirische der reinen Vernunft streng entgegensetzt". Insofern ist Herbart also durchaus Kantianer. Kant hatte an die Stelle aller hypothetisch-technischen Regeln der Geschicklichkeit, materialen Bestimmungen einer Sitte, Bräuche und Konventionen eines Standes oder eines Landes einzig den kategorischen Imperativ als Prüfkriterium praktischer Vernunft gesetzt. Dem kategorischen Imperativ zufolge muß der moralisch Handelnde seine Handlungsmaximen danach prüfen, ob durch sie die eigene Person und die jedes anderen als Selbstzweck anerkannt oder aber als bloßes Mittel „gebraucht" wird. Das von Kant Gemeinte läßt sich ebenfalls am vierten Gebot verdeutlichen, denn der kategorische Imperativ setzt dieses keineswegs außer kraft, sondern führt zu weitreichenden Unterscheidungen. Wer seine Eltern ehrt und sie als Mittel für das eigene Wohlergehen gebraucht, dabei aber weder sich noch die eigenen Eltern als Selbstzweck und Person mißachtet, der handelt pragmatisch in einem moralisch neutralen Sinne; wer seine Eltern so ehrt und als Mittel für das eigene Wohlergehen gebraucht, daß dabei die eigene Person und/oder die der Eltern als Person mißachtet und den Eltern z.B. Zuneigung vorgetäuscht wird, um das Erbe zu erschleichen, der handelt moralisch unsittlich; wer schließlich seine Eltern in einer Weise als Person anerkennt, daß er zugleich sich selbst als Person anerkennt, der handelt moralisch.

Einer solchen Deutung der im vierten Gebot ausgesprochenen Handlungsmaxime mit Hilfe des kategorischen Imperativs Kants würde Herbart durchaus zugestimmt haben. Seine Kritik an Kant richtete sich nicht gegen die im kategorischen Imperativ zumindest schon angelegte Dialektik gegenseitiger Anerkennung der miteinander interagierenden Individuen, sondern bezieht sich auf die Frage, wie sich der kategorische Imperativ auf besondere Handlungssituationen applizieren lasse und ob zur Beurteilung von Handlungsantrieben ein einziger Imperativ ausreiche. An die Stelle der logischen Allgemeinheit des kategorischen Imperativs als eines Obersatzes und Prüfkriteriums material-inhaltlicher Maximen - wie z.B. das vierte Gebot - setzt Herbart, und hier geht er über Kant hinaus, den Begriff der ästhetischen Notwendigkeit als Kriterium praktischer Urteilskraft. Was ist hierunter zu verstehen? Um den Begriff der ästhetischen Notwendigkeit zu fassen, müssen wir nun zwischen ihm und jener Erweiterung des Begriffs Moralität, die Herbart anstrebte und von der bereits die Rede war, eine Beziehung herstellen.

Herbarts weitgefaßter Begriff der Moralität zielte darauf, Kants Trennung zwischen empirischem und intelligiblem Charakter zu überwinden, Moralität nicht als ein Herrschaftsverhältnis des sittlichen Willens über andere Willen zu fassen, sondern als ganzen Zweck des Menschen so zu begreifen, daß dadurch einerseits das Erlernen von Moralität und andererseits das pädagogische Bewirken entsprechender Lernprozsse als real möglich gedacht werden kann. Der fundierende Begriff für dieses Programm ist nun der schon erwähnte Begriff der „ästhetischen Notwendigkeit". Das Wort „ästhetisch" verwendet Herbart im Sinne des griechischen Wortes „aisthesis", welches sowohl die sinnliche als auch die geistige Wahrnehmung bezeichnet und keineswegs auf die Ästhetik des Kunst-Schönen eingegrenzt ist. Mit dem Begriff der ästhetischen Notwendigkeit konzipiert Herbart ein Programm zur Förderung von Moralität, welches auf eine Bildung universeller Urteils- und Handlungskompetenz in jedem einzelnen Heranwachsenden zielt. Jeder soll sich über die Grenzen des Standes seiner Herkunft hinaus für die Erkenntnis aller Weltbegebenheiten interessieren und in sich eine Vielseitigkeit ausbilden, die ihn davor bewahrt, als bloßes Mittel für die Zwecke anderer in der Form von Lohnarbeit gebraucht zu werden. Jeder soll sich über die Schranken der Moral seines Standes dadurch erheben, daß er sich in eine Beurteilung aller menschlichen Verhältnisse einübt, welche die gegenseitige Anerkennung der miteinander handelnden Individuen zum Prüfstein der Beurteilung menschlicher Praxis erhebt. Jeder soll frei von der Notwendigkeit, eine bestimmte, standesspezifische Tätigkeit auszuüben, sich für die eigene Mitwirkung an allen gesellschaftlich notwendigen Tätigkeiten qualifizieren. Dies aber ist nur durch ein interaktives und intergenerationelles Lernen möglich. So gesehen begründet der Begriff der ästhetischen Notwendigkeit eine Theorie des Lehrens und Lernens, welche die Erweiterung des Bewußtseins und die Entwicklung von wissenschaftlich-theoretischer und moralisch-praktischer Urteils- und Handlungskompetenz zur Grundlage jeder Beförderung individueller Bildung und gesellschaftlichen Fortschritts erhebt.

Was Herbart unter ästhetischer Notwendigkeit versteht, wird in der Schrift des Jahres 1804 eher angedeutet als ausgeführt. Gleichwohl ist in diesem Begriff das gesamte Programm seiner späteren Pädagogik und Ethik formuliert. Zu zeigen, wie sich ein nicht hierarchisch-teleologischer Ordnungszusammenhang aller menschlichen Tätigkeiten ethisch und politisch begründen läßt, ist Aufgabe und Anliegen der Allgemeinen praktischen Philosophie. Diese führt den Begriff der ästhetischen Notwendigkeit im Hinblick auf die angestrebte Erweiterung des Verständnisses von Moralität zum ganzen, statt zum höchsten Zweck des Menschen aus. Zu zeigen, wie sich mit ästhetischer Kausalität eine über Standesgrenzen hinausführende universelle Vielseitigkeit sowie eine auf den Gesamtzusammenhang aller menschlichen Tätigkeiten bezogene Urteilskompetenz entwickeln läßt, ist Thema und Anliegen der Allgemeinen Pädagogik.

3.4. Systementwurf der Praktischen Philosophie und Allgemeinen Pädagogik

Wenn die Beurteilung von Handlungsantrieben weder nach Maßgabe einer theoretischen Kausalität, wie sie der Erklärung der Naturerscheinungen zugrunde liegt, noch nach Maßgabe einer logischen Kausalität, welche das Verhältnis zwischen Ober- und Untersätzen in der formalen Logik regelt, noch nach Maßgabe einer moralischen Kausalität erfolgen kann, da Moralität ein Prädikat des Handelns, nicht aber der Urteile über den Willen ist, welcher Art soll denn dann die Notwendigkeit sein, an der sich die Beurteilung des Willens zuverlässig ausrichten läßt? Wäre keine Notwendigkeit aufweisbar, so urteilte weiterhin ein jeder nach seinem Vorverständnis, den Sitten und Konventionen seines Standes oder seiner Nationalität, und die praktische Philosophie könnte zwar die Beliebigkeit, Willkür und Fraglichkeit solcher Urteilskriterien erweisen, selber aber keine Einsicht in bessere Kriterien vermitteln.

Bessere Kriterien können nur gefunden werden, wenn diese nicht einfach gegen vorgegebene Normen und Regeln ausgetauscht werden, um an deren Stelle dem Urteilenden die Beurteilung seines Willens abzunehmen, sondern nur dann, wenn sie sich als Kriterien erweisen, die zu eigenem Urteil befähigen. Befähigung zur Selbstbeurteilung und -prüfung nach Kriterien der Praktischen Philosophie ist aber nur denkbar, wenn das Urteil über den eigenen Willen vom Urteilenden selber getroffen wird und die Kriterien, welche die Praktische Philosophie hierzu anbietet, vom Urteilenden selbst durch die Art und Weise, wie sie dessen Selbstwahrnehmung und Wahrnehmung des Du beeinflussen, auf die jeweilige Handlungssituation bezogen werden. Nur über ihre Wirkungen auf die Selbst- und Fremdwahrnehmung des Urteilenden also können Kriterien der Praktischen Philosophie den Anspruch erheben, Regulative praktischer Urteilskraft zu sein. Die ihnen eigene Kausalität kann nur eine wahrnehmungsbezogene, also eine ästhetische sein. Diese umschreibt Herbart in der Schrift des Jahres 1804 folgendermaßen:

„(Die ästhetische Notwendigkeit) charakterisiert sich dadurch, daß sie in lauter absoluten Urteilen, ganz ohne Beweis, spricht, ohne übrigens Gewalt in ihre Forderung zu legen. Auf die Neigung nimmt sie gar keine Rücksicht, sie begünstigt und bestreitet sie nicht. Sie entsteht beim vollendeten Vorstellen ihres Gegenstandes. Für verschiedene Gegenstände gibt es ebenso viele ursprüngliche Urteile, die sich nicht etwa aufeinander berufen, um logisch auseinander abgeleitet zu werden. Höchstens findet es sich, daß nach Absonderung alles Zufälligen bei verschiedenen Gegenständen ähnliche Verhältnisse sich wiederfanden und daß diese natürlich ähnliche Urteile erzeugten. ...
Findend eine ursprünglich-praktische, also ästhetische Notwendigkeit biegt der Sittliche sein Verlangen, um ihr zu gehorchen. ...
Wollte man nun diejenigen ästhetischen Urteile, welche sich auf den Willen richten, kennenlernen, d.h. wollte man eine praktische Philosophie aufstellen, so müßte man vor allem die Idee eines höchsten Sittengesetzes als einzigen Spruches der reinen Vernunft, von welchem alle anderen Sittenregeln nur Anwendungen wären, ganz und gar aufgeben. Vielmehr, indem man den Willen nach und nach in den einfachsten denkbaren Verhältnissen betrachtete, die aus seinen Richtungen auf sich selbst, auf andere Willen und auf Sachen hervorgehen können, würde für jedes dieser Verhältnisse auch ein ursprüngliches, absolut unabhängiges ästhetisches Urteil von ganz eigentümlicher Beschaffenheit mit unmittelbarer Evidenz hervorspringen. Man hätte nachher die so erhaltenen Urteile zu konstruieren, eine Lebensordnung daraus zu bilden" (Herbart A I, S. 110f.; B, S. 63f.).

Das Urteil über den eigenen Willen kann der Revolution der Denkungsart innerhalb der Praktischen Philosophie zufolge, welche Kant einleitete, als er ausschließlich das individuelle Gewissen als Richterinstanz zur Beurteilung von Handlungsantrieben anerkannte, nur der Urteilende selbst treffen. Der Praktischen Philosophie fällt, falls sie überhaupt eine Aufgabe hat, diejenige zu, das dem Urteilenden unabnehmbare Urteil an einem Begriff praktischer Urteilskraft zu orientieren, die ihre Kraft ästhetisch durch Wirkungen erzielt, die sie allererst in der Selbstbeurteilung des seine Beweggründe prüfenden Subjekts erreicht. Dies aber kann nach Herbart nur gelingen, wenn die praktische Philosophie auf die Formulierung „eines höchsten Sittengesetzes", wie es seiner Meinung nach der kategorische Imperativ Kants darstellt, verzichtet und stattdessen so viele Elementarurteile oder sittliche Imperative zur Beurteilung von Handlungsantrieben aufstellt, wie es voneinander abgrenzbare Urteilssituationen oder Verhältnisse zum eigenen und fremden Willen gibt. Herbarts Allgemeine praktische Philosophie ist in diesem Sinne als ein System von Elementarurteilen zu verstehen, welches den kategorischen Imperativ Kants für alle nur denkbaren Willensverhältnisse und Handlungssituationen auslegt und eine Theorie moralischer Subjektivität und Intersubjektivität begründet, die sich auf sittliches Handeln im engeren Sinne ebenso wie auf gesellschaftliches Handeln und politische Praxis bezieht (vgl. Abschnitt 5).

Der Begriff der ästhetischen Notwendigkeit schließt noch zwei weitere Bedeutungen ein, die sich, wie schon angedeutet, auf die Entwicklung moralischer Urteils- und Handlungskompetenz in der Zeit und die Frage, was unter pädagogischen Wirkungen zu verstehen ist, beziehen. Kant hatte mit seiner Unterscheidung zwischen empirischem und intelligiblem Charakter dem empirischen eine zeitliche Konstitution zuerkannt, den intelligiblen aber als reines Vermögen der Spontaneität bestimmt. An diesem Begriff der Identität des Menschen als Bürger zweier Welten kritisierte Herbart, daß mit ihm die Erziehungstatsache und die Frage nach dem richtigen pädagogischen Handeln unvereinbar sei. Denn der empirische Charakter ist nach Kant gefesselt an die Kette von Ursachen und Wirkungen und kann auf Freiheit und Selbstbildung keinerlei Anspruch erheben. Dem intelligiblen Charakter dagegen wird absolute Spontaneität zuerkannt, aber aufgrund seiner Trennung vom empirischen jede Entwicklung in der Zeit abgesprochen. Im Hinblick auf den empirischen Charakter könnte Erziehung nur Fremdbestimmung und Manipulation sein, im Hinblick auf den intelligiblen wäre Erziehung ebenso unmöglich wie unnötig. Soll Moralität jedoch real möglich sein, so muß auch die Bildung eines sittlichen Charakters in der Zeit möglich sein. Die Urteilskompetenz, welche praktische Philosophie in ihrem Elementarurteilen zu begründen hofft, verlangt also geradezu einen Begriff der zeitlichen Konstitution solcher Urteilskompetenz. Diese bestimmt Herbart im Hinblick auf die zuvor schon unterschiedenen beiden Bedingungen der realen Möglichkeit von Moralität, indem er sowohl einen Begriff der Entwicklung eines einsichtigen Willens in der Zeit als auch einen Begriff der zeitlichen Entwicklung des Gehorsams begründet. Für beide Begriffe aber ist wiederum derjenige der ästhetischen Notwendigkeit von fundamentaler Bedeutung.

Was die zeitliche Entwicklung eines einsichtigen Willens betrifft, so ist diese, soll sie den Lernenden zur Mündigkeit bestimmen, nur denkbar als eine Entwicklung des Bewußtseins, die im Lernenden vor sich geht und vom Lernenden hervorgebracht wird. Ihr liegt also insofern eine ästhetische Notwendigkeit zugrunde, als sie Gesetzen folgt, welche die Entwicklung aller sinnlichen und geistigen Wahrnehmung bestimmen. Was aber die pädagogischen Wirkungen betrifft, durch welche Einfluß auf die Entwicklung eines einsichtigen Willens genommen werden kann, so müssen diese einerseits auf die Entwicklung der Beweggründe selbst, andererseits auf deren Beurteilung ausgerichtet sein.

Pädagogisch so zu wirken, daß sich vielseitige Handlungsantriebe und eine einsichtige Beurteilung derselben im Heranwachsenden bildet, heißt gleichermaßen darauf zu verzichten, den empirischen Charakter durch mechanisches Lehren und Lernen zu bestimmen, wie auf Akte einer reinen Spontaneität seitens der Lernenden zu hoffen. Die Möglichkeiten eines pädagogischen, über den Aufbau von Bewußtseinsstrukturen vermittelten Wirkens gründet Herbart wiederum auf eine mittlere Wirkungsmöglichkeit zwischen Naturkausalität und absoluter Spontaneität, indem er den Begriff der ästhetischen Notwendigkeit nicht nur zum Fundament seiner Ethik, sondern auch zur Grundlage seiner Pädagogik erhebt. Die Antwort auf die Frage, wie pädagogisches Wirken möglich sei, gibt der Titel der Schrift des Jahres 1804, welcher die ästhetische Darstellung der Welt zum Hauptgeschäft der Erziehung erklärt. Was hierunter im einzelnen zu verstehen ist, führt Herbart in seiner Allgemeinen Pädagogik des Jahres 1806 systematisch aus. Der Begriff der ästhetischen Notwendigkeit erfährt dabei seine Präzisierung im Hinblick auf die beiden Bedingungen der realen Möglichkeit von Moralität und Erziehung. Denn in seiner Allgemeinen Pädagogik unterscheidet Herbart zwischen einem pädagogischen Wirken, welches sich auf die Entwicklung eines einsichtigen Willens in der Zeit bezieht und den erziehenden Unterricht als ästhetische Darstellung der Welt auszeichnet, und einem zweiten pädagogischen Wirken, das sich auf die ästhetische Provokation des Gehorsams gegenüber der eigenen Einsicht, die zweite Bedingung von Moralität also, richtet und eine Theorie der Charakterbildung begründet.

Wenden wir uns daher jetzt Herbarts Allgemeiner Pädagogik von 1806 zu, welche das bisher skizzierte Programm für eine Erziehung zu Moralität und Mündigkeit als ganzem Zweck des Menschen und seiner Erziehung systematisch ausführt.

4. Zur systematischen Einheit pädagogischen Denkens und Handelns

Herbarts „Allgemeine Pädagogik aus dem Zweck der Erziehung abgeleitet" (1806)

Die Einheit pädagogischen Denkens und Handelns suchte Herbart in zweifacher Hinsicht systematisch zu begründen: einmal durch eine universelle Bestimmung des Zwecks der Erziehung und zum andern durch eine Bestimmung der besonderen Kausalität pädagogischen Wirkens. Den Zweck der Erziehung gründete er auf einen Begriff der Moralität als nicht nur höchsten, sondern zugleich ganzen Zweck des Menschen und seiner Erziehung; die besondere Kausalität pädagogischen Wirkens bestimmte er in Abgrenzung zu den Begriffen einer theoretischen, logischen oder moralischen Kausalität durch den Begriff einer ästhetischen Notwendigkeit.

Herbarts Allgemeine Pädagogik von 1806 hat den Untertitel: „aus dem Zweck der Erziehung abgeleitet". Mit diesem Untertitel wollte Herbart den Zusammenhang zwischen seiner Allgemeinen Pädagogik und jener Erweiterung des Begriffs der Moralität betonen, die er systematisch in der Allgemeinen praktischen Philosophie von 1808 ausführte. In seinem pädagogischen Spätwerk, im Umriß pädagogischer Vorlesungen von 1841 (zweite vermehrte Ausgabe), hat Herbart den Begründungszusammenhang zwischen Pädagogik als Wissenschaft, praktischer Philosophie und der Kausalität der Entwicklung von Urteilskraft so bestimmt: „Pädagogik als Wissenschaft hängt ab von der praktischen Philosophie und Psychologie. Jene zeigt das Ziel der Bildung, diese den Weg, die Mittel und die Hindernisse" (Herbart A III, S. 165).

Auch wenn Herbart im Titel der Allgemeinen Pädagogik nur den Zusammenhang zwischen Pädagogik und praktischer Philosophie betont und in der Einleitung zur Allgemeinen Pädagogik sogar feststellt, er habe in dieser Schrift nur die auf den Zweck der Erziehung, den erweiterten Begriff von Moralität, abgestimmte Grundlegung der Pädagogik als Wissenschaft, noch nicht jedoch die auf die Mittel pädagogischen Wirkens ausgerichtete Begründung der Erziehungswissenschaft vorgelegt, wird im folgenden Herbarts Allgemeine Pädagogik sowohl im Hinblick auf die Zweckbestimmung der Erziehung im erweiterten Begriff der Moralität als auch im Hinblick auf die besondere Kausalität pädagogischen Wirkens interpretiert. Denn Herbarts Allgemeine Pädagogik ist keineswegs nur aus dem Zweck der Erziehung abgeleitet, sondern enthält zugleich einen differenzierten Begriff pädagogischen Wirkens, welcher die Mittel und Maßnahmen pädagogischen Handelns grundlegt. Dies geht schon aus der Gliederung der Allgemeinen Pädagogik hervor. Deren Einteilung in drei Bücher verweist auf den engen Zusammenhang zwischen Allgemeiner Pädagogik und Allgemeiner praktischer Philosophie, und die Untergliederung der drei Bücher in einzelne Kapitel steht in enger Beziehung zu Herbarts Begriff pädagogischen Wirkens und der Entwicklung von Urteilskraft auf der Grundlage einer ästhetischen, durch die Veränderung von Wahrnehmungsperspektiven entstehenden Kausalität (vgl. hierzu: Benner/Schmied-Kowarzik 1967; Geißler 1970; Lingelbach 1985; siehe auch Abschnitt 3.3.).

4.1. In welchem Sinne erhebt Herbarts Allgemeine Pädagogik Anspruch auf Allgemeinheit oder Allgemeingültigkeit?

Allgemeingültigkeit im Sinne einer Normierung der Ziele der Erziehung durch die praktische Philosophie und einer Ableitung der Mittel aus einer technologischen Psychologie strebte Herbarts Pädagogik nicht an. Denn in der praktischen Philosophie war Herbart Kantianer. Und was die Rationalität der Mittel pädagogischen Handelns betrifft, setzte er gerade nicht auf eine theoretisch-technologische, sondern auf eine ästhetisch-praktische Kausalität pädagogischen Wirkens. Daß die praktische Philosophie „das Ziel der Bildung" zeigt, besagt gerade nicht, daß sie der pädagogischen Praxis die Ziele normativ vorgibt, sondern verweist darauf, daß Herbarts erweiterter

Begriff der Moralität die Tatsache, daß moralische Urteilskraft und Handlungskompetenz erlernt werden muß, als konstitutives Moment des Begriffs der Moralität anerkennt. Ebenso verweist die Aussage, daß eine wissenschaftliche Psychologie „den Weg, die Mittel und die Hindernisse" der Bildung des Menschen aufzeigen könne, nicht auf eine instrumentelle, sondern auf eine interaktive Bestimmung pädagogischen Wirkens, welche den Lernenden weder als ein empirisches, heteronomer Naturkausalität unterworfenes Objekt, noch als ein intelligibles, außerzeitliches und absolut spontanes Subjekt, sondern als ein an seinem Lernprozeß mitwirkendes Subjekt begreift.

In seiner Allgemeinen praktischen Philosophie stellt Herbart ausdrücklich fest, diese urteile nicht stellvertretend für das individuelle Gewissen, sondern „mache urteilen" (Herbart B, 192). Analoges gilt für die Allgemeine Pädagogik. Diese erhebt weder in der Ermittlung der Ziele pädagogischer Interaktion noch in der Bestimmung der Mittel pädagogischen Handelns den Anspruch, stellvertretend für die pädagogisch Handelnden allgemeingültige Aussagen machen und Entscheidungen treffen zu können. Herbarts Allgemeine Pädagogik entwickelt vielmehr eine Theorie pädagogischer Urteils- und Handlungskompetenz, die die pädagogische Praxis an der Aufgabe und den Möglichkeiten ausrichtet, die Heranwachsenden zu einer universellen Urteils- und Handlungskompetenz zu befähigen. In dieser Begründungsabsicht erhebt Herbarts Pädagogik allerdings für die pädagogische Praxis ebenso wie seine praktische Philosophie für die sittliche und politische Praxis einen Anspruch auf Allgemeingültigkeit. Dieser ist jedoch dem Modell handlungsorientierender Theorie im Primat der Praxis aus Herbarts erster Pädagogik-Vorlesung verpflichtet.

Von welcher Art ist nun dieser nicht-normative Anspruch auf Allgemeingültigkeit? Allgemeine Grundsätze zur Bestimmung des Ziels und der Mittel der Erziehung aufzustellen, bedeutete für Herbart wie für die anderen Neuhumanisten zu Beginn des 19. Jahrhunderts, die pädagogische Praxis nicht mehr standesspezifisch in eine Erziehung der Bauern, Handwerker und Adeligen zu gliedern, sondern Grundsätze, Regeln und Maximen zu begründen, die der Bildung jedes Einzelnen zum Menschen dienen. Hierzu führt Herbart in der Einleitung zur Allgemeinen Pädagogik aus: „Welche Künste und Geschicklichkeiten ein junger Mensch um des bloßen Vorteils willen von irgendeinem Lehrmeister lernen möge, ist dem Erzieher an sich ebenso gleichgültig, als welche Farbe er zum Kleide wähle. Aber wie sein Gedankenkreis sich bestimme, das ist dem Erzieher alles, denn aus Gedanken werden Empfindungen und daraus Grundsätze und Handlungsweisen" (A II, S. 22f.; B, 75). Die allgemeine, für die Erziehung aller Subjekte geltende, und zugleich allgemeingültige, für alle nur denkbaren Formen pädagogischen Handelns geltende Perspektive ist also, die künftige Bestimmung der Heranwachsenden nicht mehr nach dem Stand ihrer Herkunft zu bemessen und die Formen und Mittel pädagogischen Handelns nicht mehr dem praktischen Zirkel standesspezifischer Erziehung und Unterweisung zu entlehnen, sondern in jedem Individuum einen möglichst weiten Gedankenkreis auszubilden, damit sich daraus und nicht nach Maßgabe herkunftsbezogener Kenntnisse, Fertigkeiten und Verhaltensweisen seine künftige Bestimmung und Stellung in der Gesellschaft ergebe.

Diesen Anspruch auf Allgemeinheit und Allgemeingültigkeit differenziert Herbart in dreifacher Hinsicht. An die Stelle der gesellschaftlichen Zwänge, welche innerhalb der Ständegesellschaft die künftige Bestimmung der Einzelnen weitgehend von Geburt her festlegten, tritt eine Neubestimmung der Legitimität pädagogischer Gewalt über Heranwachsende, deren Aufgaben und Maßnahmen das erste Buch der Allgemeinen Pädagogik im Kapitel „Regierung der Kinder" erläutert. An die Stelle standesspezifischer Unterweisung, welche den Einzelnen auf den von seiner Herkunft her vorbestimmten Beruf vorbereitet, tritt eine „Erziehung durch Unterricht", welche jeden Einzelnen von seinem Stand insoweit emanzipiert, als sie in ihm eine möglichst große Vielseitigkeit entwickelt. Den Begriff eines erziehenden Unterrichts entwickelt das zweite Buch der Allgemeinen Pädagogik. Und an die Stelle der Einführung der Einzelnen in die ihnen geburtsständisch vorbestimmten Standesmoralen tritt eine universelle moralische und politische Erziehung, welche keiner teleologischen

Struktur und Unterscheidung zwischen Herrschenden und Dienenden, höheren und niederen Ständen folgt, sondern auf eine bürgerliche Öffentlichkeit zielt, in der alle größtmögliche Urteils- und Handlungskompetenz besitzen. Die Aufgaben und Maßnahmen einer solchen allgemeinen, nicht standesspezifischen Moralerziehung entwickelt Herbart im dritten Buch seiner Allgemeinen Pädagogik.

Dieser dreifache Anspruch auf Allgemeinheit und Allgemeingültigkeit, der sich auf eine Begrenzung erlaubter gesellschaftlicher Gewalt über die zukünftige Bestimmung der Einzelnen, auf die Bildung größtmöglicher Vielseitigkeit und die Entwicklung einer nicht mehr standesspezifischen, sondern allgemein-menschlichen, universellen Moralität bezieht, basiert auf jener Verbindung, in der Herbarts Allgemeine Pädagogik einerseits zum erweiterten Begriff der Moralität der praktischen Philosophie und andererseits zu der für pädagogisches Wirken grundlegenden interaktiven oder ästhetisch-praktischen Kausalität steht. Der erweiterte Begriff der Moralität bestimmt die menschliche Freiheit als Freiheit vom Willen und stützt sich auf zwei Bedingungen der realen Möglichkeit von Sittlichkeit, auf den einsichtigen, geprüften und beurteilten Willen sowie auf den Gehorsam der Einsicht gegenüber. Das erste Buch der Allgemeinen Pädagogik handelt von der Aufgabe, Freiheit vom Willen durch Maßnahmen einer Regierung der Kinder zu sichern, das zweite von der Aufgabe, einen einsichtigen Willen durch erziehenden Unterricht zu ermöglichen, und das dritte von der Aufgabe, die Heranwachsenden zum tätigen Gehorsam der eigenen Einsicht gegenüber anzuhalten.

Mit dieser Bestimmung der Aufgaben pädagogischen Handelns und Maßnahmen pädagogischen Wirkens hat Herbart eine Dimensionierung der pädagogischen Praxis begründet, welche zwischen Kinderregierung oder Erziehung als einem „Gewalt"-Verhältnis über Heranwachsende, erziehendem Unterricht und Zucht im Sinne von Aufforderung zur Selbsterziehung unterscheidet. Die folgenden Abschnitte stellen diese Dimensionen einzeln vor und zeigen auf, daß sie in ihrer Abgrenzung voneinander und in ihrer Beziehung zueinander die Systematik der Pädagogik der Neuzeit auf den Begriff bringen.

4.2. Aufgaben und Maßnahmen der Kinderregierung: Zur Legitimation der pädagogischen Praxis als eines stellvertretenden Gewaltverhältnisses über Heranwachsende

Um Herbarts Ausführungen zur Kinderregierung problemgeschichtlich zu würdigen, ist es zweckmäßig, sie einerseits mit Rousseaus und Kants Aussagen zur Erziehung als Gewaltverhältnis Erwachsener über Heranwachsende zu vergleichen und andererseits auf die gesellschaftlich vorherrschenden Formen pädagogischer Gewalt Anfang des 19. Jahrhunderts zu beziehen.

Rousseau hatte 1762 in seinem Emile die Konzeption für eine Erziehung zur Freiheit vorgestellt, welche Freiheit nicht als ein spätes Resultat der Erziehung und Bildung auffaßt, sondern schon das Kleinkind, das aufgrund seiner relativen Schwäche nicht einmal seine elementaren Bedürfnisse selber befriedigen kann, als ein der Freiheit fähiges Wesen anerkannt. Eine zentrale Frage Rousseaus lautete, wie Kindern trotz der Übermacht der Erwachsenen die Freiheit zur Selbstbildung gewährt werden könne, ohne ihren noch unvernünftigen Willen unter den schon vernünftigen Willen der Erwachsenen zu unterwerfen und ohne eine Herrschaft von Kindern über Erwachsene zu begünstigen. Rousseaus Antwort auf diese Frage wird aus dem folgenden Zitat, das dem ersten Buch des Emile entnommen ist, deutlich:

„Die ersten Tränen des Kindes sind Bitten; wenn man sich nicht vorsieht, werden es bald Befehle. Anfangs lassen sie sich helfen und zum Schluß bedienen. So bildet sich aus ihrer eigenen Schwäche, aus der zunächst das Gefühl der Abhängigkeit entsteht, schließlich die Vorstellung ihrer Herrschaft und Überlegenheit. Da aber diese Vorstellung weniger durch ihre Bedürfnisse als durch unsere Dienste

ausgelöst wird, machen sich nun die moralischen Effekte bemerkbar, deren unmittelbare Ursache nicht in der Natur (des Kindes, D.B.) liegt, und man sieht schon, warum es in diesem zarten Alter so wichtig ist, die verborgene Absicht herauszufinden, die hinter dem Schreien oder der Gebärde steckt.
Wenn das Kind in stummer Anstrengung die Hand ausstreckt, glaubt es, den Gegenstand greifen zu können, weil es die Entfernung nicht abschätzen kann; es täuscht sich also. Jammert und schreit es aber hierbei, täuscht es sich nicht mehr über die Entfernung, es befiehlt dem Gegenstand, zu ihm zu kommen, oder Euch, ihn zu ihm zu bringen. Im ersteren Fall bringt es langsam und mit kleinen Schritten zu dem Gegenstand hin; im zweiten tut gar nicht erst, als hörtet Ihr es; je mehr es schreit, um so weniger Gehör schenkt ihm. Es ist wichtig, es frühzeitig daran zu gewöhnen, daß es nicht zu befehlen hat: weder den Menschen, denn es ist nicht ihr Herr, noch den Dingen, denn sie hören es nicht. Wenn also ein Kind etwas haben möchte, das es sieht und das man ihm geben will, so ist es besser, es zu diesem Gegenstand hinzubringen als ihn ihm herzubringen. Aus diesem Verfahren zieht es einen seinem Alter entsprechenden Schluß, und es gibt keine andere Möglichkeit, es ihm zu suggerieren" (Rousseau 1762, S. 165).

Klug geregelte Freiheit und weitgehende Vermeidung, Macht über den kindlichen Willen ausüben zu müssen oder diesem Macht über den Willen anderer zu gewähren, ist die Maxime, welche Rousseau für die Erziehung im frühen Kindesalter aufstellte. Um sie befolgen zu können, dachte er sich eine Umgebung, in der das kleine Kind sich frei bewegen kann und alle nur denkbaren Vorkehrungen dafür getroffen sind, daß die Einrichtungen der Erwachsenen das Kind nicht gefährden, noch dieses jene beschädigt.

Innerhalb einer eigens für die pädagogische Praxis ausgedachten pädagogischen Provinz, wie sie Rousseau in den ersten Büchern des Emile zeichnet, mag eine solche Auflösung der Dialektik von Herrschaft und Knechtschaft möglich sein. Wie aber läßt sich in realen Situationen des alltäglichen Zusammenlebens, die keineswegs ohne weiteres einen Ausstieg in eine pädagogische Provinz erlauben, weil in ihnen die Möglichkeiten pädagogischen Handelns gesellschaftlich determiniert sind durch die Zwänge, unter denen die Erwachsenen selber leben, wie läßt sich in solchen realen gesellschaftlichen Situationen vermeiden, daß Erwachsene Gewalt über Kinder ausüben und dadurch in diesen das Bedürfnis wecken, einst auch Gewalt über andere auszuüben? Auf diese sich von Rousseaus Konzept einer Erziehung zur Freiheit her stellende Frage hat Kant in der Einleitung zu seiner Vorlesung „Über Pädagogik" so zu antworten versucht:

„Eines der größesten Probleme der Erziehung ist, wie man die Unterwerfung unter den gesetzlichen Zwang mit der Fähigkeit, sich seiner Freiheit zu bedienen, vereinigen könne. Denn Zwang ist nötig! Wie kultiviere ich die Freiheit bei dem Zwange? Ich soll meinen Zögling gewöhnen, einen Zwang seiner Freiheit zu dulden, und soll ihn selbst zugleich anführen, seine Freiheit gut zu gebrauchen. Ohne dies ist alles bloßer Mechanism, und der der Erziehung Entlassene weiß sich seiner Freiheit nicht zu bedienen. Er muß früh den unvermeidlichen Widerstand der Gesellschaft fühlen, um die Schwierigkeit, sich selbst zu erhalten, zu entbehren und zu erwerben, um abhängig zu sein, kennenzulernen.
Hier muß man folgendes beobachten: 1) daß man das Kind, von der ersten Kindheit an, in allen Stücken frei sein lasse (ausgenommen in den Dingen, wo es sich selbst schadet, z.E. wenn es nach einem blanken Messer greift), wenn es nur nicht auf die Art geschieht, daß es anderer Freiheit im Wege ist, z.E. wenn es schreiet, oder auf eine allzulaute Art lustig ist, so beschwert es andere schon. 2) Muß man ihm zeigen, daß es seine Zwecke nicht anders erreichen könne, als nur dadurch, daß es andere ihre Zwecke auch erreichen lasse, z.E. daß man ihm kein Vergnügen mache, wenn es nicht tut, was man will, daß es lernen soll etc. 3) Muß man ihm beweisen, daß man ihm einen Zwang auflegt, der es zum Gebrauche seiner eigenen Freiheit führt, daß man es kultiviere, damit es einst frei sein könne, d.h. nicht von der Vorsorge anderer abhängen dürfe. Dieses letzte ist das späteste. Denn bei den Kindern kommt die Betrachtung erst spät, daß man sich z.E. nachher selbst um seinen Unterhalt bekümmern müsse. Sie

meinen, das werde immer so sein, wie in dem Hause der Eltern, daß sie Essen und Trinken bekommen, ohne daß sie dafür sorgen dürfen" (Kant 1803, A 32ff.).

Die Größe und Weite des Problems einer Erziehung zur Freiheit im Kontext einer auf Erwerbsarbeit basierenden Gesellschaft wird bei Kant deutlicher als in Rousseaus fiktivem Bericht aus der pädagogischen Provinz. Kant weiß darum und erkennt an, daß Kinder in der bürgerlichen Gesellschaft von früh an lernen müssen, die Zwecke anderer zu beachten, um überhaupt eigene Zwecke verfolgen zu können. Er legitimiert darum Gewaltmaßnahmen, die Erwachsene ergreifen, um stellvertretend Kinder vor Gefahren zu schützen, in die sie sich begeben könnten (vgl. das „blanke Messer"), ebenso wie die Formen einer stellvertretenden Gewalt, die Erwachsene über Kinder ausüben, um diese dazu zu zwingen, nicht nur andere für sich in Anspruch zu nehmen, sondern auch selbst ein für andere nützliches Mitglied der Gesellschaft zu werden (vgl. die Bemerkung zum allzu lauten Verhalten von Kindern).

Vergleichen wir Rousseaus rigorose Negation jeglicher Gewalt von Erwachsenen über Kinder bzw. von Kindern über Erwachsene mit Kants realistischer Ansicht, daß aller Kultivierung, Zivilisierung und Moralisierung eine Disziplinierung der Kinder vorausgehen müsse, so läßt sich die Antinomie einer Erziehung zur Freiheit noch deutlicher fassen, als dies an den Textauszügen von Rousseau und Kant, jeden für sich genommen, bisher möglich war. Denn Rousseau versuchte durch seine Konzeption einer auf klug geregelter Freiheit basierenden Erziehung gerade zu vermeiden, daß Erwachsene überhaupt Gewalt über Kinder ausüben (müssen), während umgekehrt Kant die Notwendigkeit einer Disziplinierung von Kindern ausdrücklich in Rechnung stellte, damit diese zunächst einmal die Zwecke anderer beachten, dann eigene, mit den Zwecken anderer vereinbare Zwecke verfolgen und schließlich lernen, sich und andere als Selbstzweck anzuerkennen. Die angedeutete Differenz zwischen Rousseau und Kant, welche beide eine Theorie der Erziehung zur Freiheit zu begründen hofften, hängt damit zusammen, daß Rousseau seine Überlegungen noch im Hinblick auf eine der Subsistenzsicherung und Bedürfnisbefriedigung dienende Arbeitsteilung formulierte, während Kant an der Wende vom 18. zum 19. Jahrhundert seine Überlegungen zu einer Erziehung zur Freiheit bereits im Kontext einer warenproduzierenden bürgerlichen Gesellschaft entwickelte.

Bevor wir Herbarts Konzeption der Kinderregierung in ihrem Verhältnis zu Rousseau und Kant vorstellen und würdigen können, muß zumindest kurz auf jene Formen gesellschaftlicher Gewalt über Kinder und Jugendliche hingewiesen werden, mit denen sich Anfang des 19. Jahrhunderts Herbarts pädagogische Legitimation der Kinderregierung kritisch auseinandergesetzt hat. Herbart hatte insbesondere zwei Formen von Gewalt im Auge, von denen die eine innerhalb der Familien, die andere in der Schule ausgeübt wurde. Innerhalb der Familien nahm die pädagogische Praxis überall dort den Charakter eines Gewaltverhältnisses an, wo das gegenwärtige Verhalten und die künftige Bestimmung der Einzelnen, bis hin zur „Wahl" des Berufs und des Ehepartners, nach den Regeln standesspezifischer Moral normiert wurde, und in der Schule wurde Gewalt über Kinder und Jugendliche vor allem durch strenge Disziplin ausgeübt. Der folgende Textauszug aus Jürgen Schlumbohms Abhandlung „Straße und Familie" beschreibt dies für die „Sozialisation im kleinen und im gehobenen Bürgertum Deutschlands um 1800" eindrucksvoll:

„Wo davon die Rede ist, daß die Familien der einfachen Leute dieser Zeit sich ausdrücklich mit ihren Kindern befaßten, da wird in der Mehrzahl der Fälle von einem strengen und nicht selten gewaltsamen Erziehungsstil berichtet. ‚Prügel' waren eine regelmäßige Erfahrung in der Kindheit der ‚arbeitenden Klassen' ... Sofern solche Äußerungen elterlicher Gewalt einem konsistenten Zweck zuzuordnen waren, verfolgten sie in erster Linie das Ziel, die Kinder zur Mitarbeit in Haushalt und Beruf anzuhalten, um so die durch die Kinder verursachten Netto-Kosten möglichst gering zu halten.... Die Leistung eines bestimmten Quantums Arbeit, die allgemein schon von recht kleinen Kindern erwartet wurde (beim Spinnen etwa schon von sechsjährigen), wurde z.T. durch grausame Strafen erzwungen: verschiedentlich wird

z.B. berichtet, daß einem Kind, das sein tägliches Quantum Garn nicht gesponnen hatte, ein Faden um den Finger gewickelt und angezündet wurde. ... Die Schule hatte für die Kinder des kleineren Bürgertums in dieser Zeit in der Regel eine recht begrenzte Bedeutung. Von einer faktischen Durchsetzung der allgemeinen Schulpflicht konnte noch keine Rede sein. Wenn auch die Bemühungen aufgeklärter Verwaltungen gerade im 18. Jahrhundert hier einige Fortschritte brachten, so gingen doch selbst in Mainz, der Residenzstadt eines relativ aufgeklärten Fürstenbischofs, im Jahre 1785 nur gut die Hälfte der schulpflichtigen Kinder in die Schule ... Als soziale Institution aber war die Schule nicht minder autoritär strukturiert als die Familie. Der Lehrer herrschte buchstäblich mit Rute und Stock ... ,Still sitzen' lernen war, zumindest für die jüngeren Jahrgänge, ein ebenso wichtiges Lernziel wie Fortschritte im kognitiven Bereich. ...
(Auch im gehobenen Bürgertum war, D.B.) ein Ziel der Erziehung ..., den ,Eigenwillen' des Kindes, der sich nicht den gesetzten Verhaltensnormen fügte, zu ,brechen'. Als Mittel spielten dabei Prügel auch in dieser Schicht ... eine beträchtliche Rolle. ... Im Vergleich zu den ,Familien aus den unkultivierten Klassen' war jedoch bei den ,Gebildeten und Aufgeklärten' die Tendenz unverkennbar, ,körperliche Züchtigungen' einzuschränken. ... Nicht selten waren die gebildeten Eltern selber die ersten Lehrer ihrer Kinder; Privatlehrer und öffentliche Schulen kamen hinzu. Entsprechend der Erwartung, daß der Sohn den sozialen Status des Vaters realisieren sollte, nahm der Unterricht im gehobenen Bürgertum einen sehr viel höheren Rang und sehr viel mehr Zeit ein als beim Durchschnitt des kleineren Bürgertums. Die körperlichen Disziplinierungseffekte der Schule, das ,stillsitzen'-Lernen usw., wurden auch hier geschätzt. ... Das Verhalten, das in der Schule gelehrt wurde, war geprägt durch die autoritäre Person des Lehrers und die hierarchische Ordnung zwichen den Schülern. Es orientierte sich an den Erwartungen des Lehrers, an seinem Lob oder Tadel und Strafe" (Schlumbohm 1979, S. 703-715).

Beziehen wir zunächst Rousseaus und Kants Positionen zum Problem der Erziehung als eines stellvertretenden Gewaltverhältnisses Erwachsener über Kinder auf die von Jürgen Schlumbohm bechriebene Disziplinierungspraxis im niederen und gehobenen Bürgertum, um dann Herbarts differenzierte Bestimmung dieser Dimension pädagogischen Handelns zu entwickeln. Rousseaus Kritik der Erziehung als eines Gewaltverhältnisses ging soweit, daß sie selbst Strafe und Belohnung, Tadel und Lob, als Erziehungsmittel ablehnte und die Erziehenden vor die Aufgabe stellte, die Lernsituationen von Kindern so zu planen, daß Anerkennung und Kritik sich im Lernprozeß unmittelbar und ohne erkennbaren Eingriff der Erwachsenen als Erfolg oder Mißerfolg des eigenen Lernens einstellen. Von daher ist klar, daß Rousseau die im oben zitierten Text beschriebene Praxis des kleinen ebenso wie die des gehobenen Bürgertums als ein pädagogisch nicht zu legitimierendes Handelns kritisiert hätte. Kants Frage dagegen, wie sich die Freiheit bei dem notwendigen Zwange kultivieren lasse, richtet sich, beziehen wir sie auf die im Text von J. Schlumbohm beschriebene Praxis, vorrangig gegen die Strafpraxis im niederen Bürgertum und ließe sich, genauer betrachtet, als eine Frage deuten, die innerhalb des pädagogischen Denkens und Handelns des gehobenen Bürgertums ihren Ort hat. Herbarts Bestimmung der Ziele und Maßnahmen der „Kinderregierung", die im folgenden vorgestellt wird, nimmt eine mittlere Stellung ein. Sie enthält - und das verbindet sie mit Rousseau - eine grundsätzliche Kritik der Erziehung als eines Gewaltverhältnisses, welche sich gleichermaßen auf die Strafpraxis des niederen und höheren Bürgertums wie auf diejenige innerhalb der Familien- und Schulerziehung bezieht. Sie hält zugleich an Kants Frage fest, wie sich eine Erziehung zur Freiheit mit dem notwendigen Zwang, den Erwachsene über Kinder ausüben, verbinden lasse, und entwickelt eine Antwort, welche die Legitimität von Gewalt über Heranwachsende an besondere Kriterien bindet. Den „Zweck der Kinderregierung" bestimmt Herbart folgendermaßen:

„Willenlos kommt das Kind zur Welt, unfähig demnach jedes sittlichen Verhältnisses. So können die Eltern, teils freiwillig, teils auf die Forderung der Gesellschaft, sich seiner wie einer Sache bemächtigen. Zwar wissen sie wohl, daß in dem Geschöpf,

welches sie jetzt, ohne es zu fragen, nach Gutfinden behandeln, sich mit der Zeit ein Wille hervortun wird, den man gewonnen haben muß, wenn Mißverhältnisse eines von beiden Seiten unstatthaften Streits vermieden bleiben sollen. Aber es ist lange bis dahin; zunächst entwickelt sich in dem Kinde statt eines echten Willens, der sich zu entschließen fähig wäre, nur noch ein wilder Ungestüm, der hierhin und dorthin treibt, der ein Prinzip der Unordnung ist, die Einrichtungen der Erwachsenen verletzt und die künftige Person des Kindes selbst in mannigfaltige Gefahr setzt. Dieser Ungestüm muß unterworfen werden, oder die Unordnung würde den Erhaltern des Kindes als ihre Schuld zuzurechnen sein. Unterwerfung geschieht durch Gewalt, und die Gewalt muß gerade stark genug sein und sich oft genug wiederholen, um vollständig zu gelingen, ehe sich Spuren eines echten Willens beim Kinde zeigen. So fordern es die Grundsätze der praktischen Philosophie. ...
Man sieht, daß der Zweck der Kinderregierung mannigfaltig ist, teils Vermeidung des Schadens für andere und für das Kind selbst, sowohl jetzt als künftig, teils Vermeidung des Streits als Mißverhältnis an sich, teils endlich Vermeidung der Kollision, in welcher die Gesellschaft zum Streit, ohne vollkommen befugt zu sein, sich genötigt finden würde.
Aber alles kommt darin zusammen, daß diese Regierung keinen Zweck im Gemüte des Kindes zu erreichen hat, sondern daß sie nur Ordnung schaffen will" (Herbart A II, S. 31f.; B, S. 79f.).

Auf die schon von Kant formulierte Frage, wie Freiheit und Zwang in der Erziehung miteinander zu vereinbaren sind, gibt Herbart eine in der praktischen Philosophie begründete, präzise Antwort. Damit sich weder die Eltern noch die Gesellschaft der Kinder „wie einer Sache bemächtigen", ist Erziehung als Gewaltverhältnis sittlich nur erlaubt, solange sich - vom lernenden Kind her gesehen - noch keine Spuren eines echten, d.h. vom Lernenden begründeten Willens zeigen und sofern - vom pädagogischen Handelnden her gesehen - die Gewaltmaßnahmen „keinen Zweck im Gemüte des Kindes zu erreichen" suchen.

Die Kinderregierung bezieht nach Herbart ihre pädagogische Legitimation allein daraus, daß sie keine

Gewalt über den Willen von Kindern ausübt, sondern einzig den Zweck verfolgt, keine Zwecke im Hinblick auf den kindlichen Willen zu verfolgen, und so die notwendige Voraussetzung dafür schafft, daß sich im Kind ein eigener Wille entwickeln kann. Gewalt über Kinder beansprucht solche Kinderregierung also gerade nicht im Sinne eines politischen Machtverhältnisses, auch nicht im Sinne eines den Willen des Kindes stellvertretend beurteilenden, vermeintlich pädagogischen Willensverhältnisses, sondern im Sinne einer nur an uneinsichtigem Handeln hindernden pädagogischen Vorsorge. Herbart begrenzt also die Erziehung als Gewaltverhältnis in doppelter Hinsicht, im Hinblick auf den Willen des Kindes und im Hinblick darauf, daß positive Zwecke durch Gewalt zu verfolgen, schlechthin untersagt wird. Nur dort, wo ein Kind noch nicht an seinen eigenen Lernprozessen selbsttätig mitwirken kann, ist Gewaltausübung als Form pädagogischen Handelns erlaubt, und dies auch nur dann, wenn durch sie keine positive Bestimmung des Verhaltens des Kindes angestrebt, sondern dieses lediglich am Handeln gehindert wird.

Diese negative Zweckbestimmung der Kinderregierung entspringt nach Herbarts eigenen Worten aus Forderungen, die in Grundsätzen der praktischen Philosophie begründet sind. Da Herbarts Allgemeine praktische Philosophie erst im folgenden Kapitel vorgestellt wird, läßt sich dieser Begründungszusammenhang hier nur kurz andeuten. Kants kategorischer Imperativ, jedes Du als Selbstzweck anzuerkennen und niemals nur als Mittel zu gebrauchen, wird von Herbart zum Prüfkriterium für die Beurteilung aller nur denkbaren Willensverhältnisse erhoben. Für das Verhältnis eines sich pädagogisch legitimierenden Willens zu dem sich erst entwickelnden, zunächst noch unbekannten Willen des Kindes ergibt sich daraus die Weisung, daß Gewalt über Kinder niemals als bloßes Mittel, um bestimmte Zwecke zu erreichen, legitimiert werden kann. Vielmehr ist Gewalt über Kinder pädagogisch-sittlich nur dann erlaubt, wenn sie der Anerkennung der noch unbekannten, sich erst entwickelnden Person des Kindes dient. Dies aber ist nur dann der Fall, wenn die Gewalt weder das gegenwärtige, noch das künftige Handeln der Kinder inhaltlich und positiv normiert, sondern wenn sie nur vorbeugend, hindernd, nicht aber bestimmend wirkt.

Die pädagogische Grundnorm, das unmündige Kind als mündig zur Mitwirkung an seinen Lerprozessen anzuerkennen und Gewalt über es nur auszuüben, wenn keine positiven Zwecke im Hinblick auf seine Lernprozesse verfolgt werden, zeichnet alle Maßnahmen aus, die Herbart der Kinderregierung zuordnet:

„Drohung, in Notfällen durch Zwang bewährt, Aufsicht, die im allgemeinen weiß, was den Kindern begegnen könnte, Autorität und Liebe verbunden, diese Kräfte werden ziemlich leicht bis auf einen gewissen Grad sich der Kinder versichern; aber je höher die Saite schon gespannt ist, desto mehr Kraft braucht es verhältnismäßig, um sie noch vollends zum rechten Ton hinaufzutreiben. Den pünktlichen Gehorsam, der auf der Stelle und mit ganzer Willigkeit folgt und welchen die Erzieher nicht ganz ohne Grund als ihren Triumph ansehen, wer wollte diesen durch lauter einengende Maßregeln, vollends durch militärische Strenge von den Kindern erpressen? Vernünftigerweise kann man ihn nur an ihren eigenen Willen knüpfen; dieser aber ist nur als Resultat einer schon etwas vorgerückten echten Erziehung zu erwarten" (Herbart A II, S. 35f.; B, S. 82).

Die pädagogische Praxis kann auf Maßnahmen der Kinderregierung nicht vollständig verzichten. Wir drohen einem Kind z.B. mit der Gefahr, in die es sich begibt, wenn es zu weit in das ihm noch nicht bekannte tiefere Wasser läuft, wir beaufsichtigen es, ob es unsere Warnung beherzigt oder nicht, wir berufen uns auf unsere Autorität, stellvertretend für es die Gefahr vorherzusehen, und wir wünschen vielleicht, es möge unserer Maßregelung - wenn schon nicht aus Einsicht in die Gefahr - aus Liebe und Zuneigung zu uns gehorchen. Dabei garantieren solche Maßnahmen der Drohung und Aufsicht, Autoritätsbeanspruchung und Folgsamkeitserwartung niemals ihren Erfolg. Wäre dies nämlich der Fall, so wären die regierenden, vorbeugenden und vorsorgenden Maßnahmen nicht mehr Maßnahmen einer Erziehung zur Freiheit, sondern solche einer Erziehung zur Unterwerfung der

Kinder unter den Willen der Erwachsenen und die Ordnung der Gesellschaft.

So sind regierende Maßnahmen zwar notwendig, in ihrer propädeutischen Funktion aber nicht notwendig erfolgreich, denn ihr Erfolg kann nicht durch sie selbst bewirkt werden, sondern ist von einem Lernen abhängig, das erst dort stattfindet, wo der Lernende nicht mehr regiert wird, sondern selbsttätig an der Erweiterung seiner Erfahrungen mitwirkt. In diesem Sinne befürwortet Herbart die Maßnahmen der Kinderregierung und begrenzt sie zugleich durch den „Gedanken, daß Knaben und Jünglinge gewagt werden müssen, um Männer zu werden" (Herbart A II, S. 32; B, S. 80). Selbsttätige Lernprozesse werden durch regierende Maßnahmen nur dann begünstigt, wenn diese anerkennen, daß selbstständiges Lernen ohne sie zwar unmöglich wäre, durch sie aber nicht bewirkt werden kann. Nur aufgrund dieser paradoxen Struktur sind regierende Maßnahmen pädagogisch erlaubt: Drohung, die eine Gefahr den Lernenden vor Augen stellt und doch darum weiß, daß der Lernende sich in die Gefahr begeben muß, um sie zu meistern; Aufsicht, die nicht den Lernenden allein, sondern das Wagnis der Erziehung beaufsichtigt und den Lernenden von der Notwendigkeit einer Beaufsichtigung freizusetzen sucht; Autorität, die nicht zur Anerkennung fremder Autoritäten verführt, sondern die Selbstübernahme von Autorität durch den Lernenden anstrebt; Liebe, die nicht unmittelbar, sondern „mittelbar" wirkt und dem Kinde zugesteht, „eigene Kraft in das Verhältnis" zu legen (vgl. E. Schütz 1971).

Von den im oben zitierten Text von Jürgen Schlumbohm beschriebenen und in modifizierter Form bis heute verbreiteten Erziehungspraktiken unterscheiden sich Herbarts Zweckbestimmung und Maßnahmen der Kinderregierung dadurch, daß sie weder auf eine normierte Veränderung der Einsicht des Kindes noch auf dessen Gehorsam zielen. Die Einsicht und das Urteil über den eigenen Willen betreffende Maßnahmen ordnet Herbart der zweiten Dimension pädagogischen Handelns, dem Unterricht, zu. Entsprechend faßt er alle den Gehorsam betreffenden Maßnahmen in der dritten Dimension pädagogischen Handelns, derjenigen der Zucht, zusammen, welche den Heranwachsenden zum

Gehorsam eigener Einsicht gegenüber, mithin zur Selbsterziehung, auffordert.

Die Ziele und Maßnahmen pädagogischen Handelns unterscheiden sich nach ihrer Zugehörigkeit zu einer der drei Dimensionen pädagogischen Handelns. Zwischen diesen gibt es keine Übergänge. So gibt es beispielsweise keine Mischform zwischen der pädagogischen Argumentationslogik im Bereich der Kinderregierung und im Bereich der Zucht oder Selbsterziehung. Erstere verfolgt keine Zwecke im Gemüt des Kindes, letztere verfolgt solche Zwecke, indem sie den Lernenden zum Handeln eigener Einsicht gemäß auffordert. Ungeachtet dieser Abgrenzung nach der jeweiligen Logik ihrer Argumentation treten in der Praxis die Dimensionen pädagogischen Handelns nicht getrennt auf. Wir drohen z.B. einem Kind, das ins tiefe Wasser zu laufen beginnt, mit der Gefahr, in die es sich begibt (Regierung), wir sprechen dann mit ihm darüber, wie es sich sicher in einer seinem Können entsprechenden Weise im Wasser bewegen kann (Unterricht) und wir verfolgen anschließend, vielleicht indem wir mit ihm im Wasser spielen, ob es sich einsichtig verhält (Zucht). Die auf die Förderung von Freiheit, Urteils- und Handlungskompetenz zielende Logik pädagogischen Denkens und Handelns in den drei Dimensionen pädagogicher Praxis einzuhalten und zugleich Situationen zu schaffen, in denen der Lernende Erfahrungen machen kann, die quer zu diesen Dimensionen liegen, ist die ebenso anspruchsvolle wie schwierige Aufgabe der pädagogischen Praxis.

Daß Herbart nur von Knaben und Jünglingen sagt, sie müßten gewagt werden, daß er unter den Maßnahmen der Kinderregierung nur Drohung und Aufsicht nicht geschlechtsspezifisch definiert, Autorität dagegen beim Vater, Liebe bei der Mutter verankert, sei nur am Rande vermerkt. Gründe hierfür lassen sich weder aus seiner Allgemeinen praktischen Philosophie, noch aus seinem Begriff pädagogischen Wirkens gewinnen. In systematischer und problemgeschichtlicher Hinsicht sind solche Konkretisierungen bzw. Beschränkungen unhaltbar; in sozialhistorischer Hinsicht mögen sie gleichwohl von Interesse sein, weil sich an ihnen ablesen läßt, inwiefern Herbart, obwohl seine Theorie bis heute Anspruch auf Gültigkeit erheben kann, zugleich ein Kind seiner Zeit war. Daß man die pädagogische Praxis nicht in eine solche für das weibliche und in eine solche für das männliche Geschlecht gliedern kann, dessen war sich Herbart durchaus bewußt. In einer Replik auf eine verspätete Rezension seiner Allgemeinen Pädagogik stellte er 1814 fest: „Es hängt alles davon ab, daß man stets das nämliche Gleichmaß in den verschiedenen Arten des Interesses zu erreichen suche, bei aller Verschiedenheit der Umstände und des danach eingerichteten Verfahrens. Diese Regel ist so allgemein, daß sie die Bildung des weiblichen wie des männlichen Geschlechts umfaßt, obgleich die Gegenstände, wodurch man (die) ... Interessen aufregen soll, ... sehr verschieden ausfallen können" (Herbart A II, S. 264).

4.3. Lernen als Entwicklung eines vielseitigen Interesses: Herbarts Theorie des erziehenden Unterrichts

Die Begriffe „Erziehung" und „Unterricht" bezeichnen heute im alltäglichen wie im wissenschaftlichen Sprachgebrauch oft Unterschiedliches: Erziehung zielt auf das Erlernen von Haltungen und Einstellungen, Unterricht auf Erkenntnis- und Wissenserwerb. Ein Mathematiklehrer ist ein Lehrer der Mathematik, aber nicht Erzieher; und ein Erzieher im Kindergarten ist Pädagoge für soziales Lernen, aber nicht Lehrer. Nimmt man die heutige Arbeitsteilung der praktizierenden Pädagogen in Einzelfach- und Stufenlehrer, Erzieher im Kindergarten und Sozialpädagogen im Dienste staatlicher und freier Träger als unhinterfragbare Tatsache an, so muß man zugleich zugestehen, daß es eine allgemeine Pädagogik für diese arbeitsteiligen Formen professionalisierter pädagogischer Berufstätigkeit nicht mehr geben kann. Der Grund dafür ließe sich im Sinne Herbarts etwa so formulieren: Wenn die Einheit der Aufgabe pädagogischen Wirkens sich auflöst in eine Vielheit von Zielen und Zwecken, die die pädagogische Interaktion nach den Gebieten des Wissens und nach den verschiedenen Bereichen wünschenswerten Verhaltens einteilen, dann gibt es nurmehr Speziallehrer für einzelne Wissensgebiete und Spezialisten für Verhaltensmodifikation. Die spezialisierten pädagogischen Professionen arbeiten dann gleichsam Hand in Hand; jeder der Spezialisten weiß, was er seinem Schüler oder Klienten beibringen will, aber niemand von ihnen ist für den Zusammenhang des Lehrens und Lernens, Erziehens und Unterrichtens verantwortlich.

Herbart schwebte eine ganz andere Professionalisierung der pädagogischen Praxis vor. In seiner Replik auf eine späte Rezension der Allgemeinen Pädagogik, welche deren Autor vorhielt, mit der Dimensionierung der pädagogischen Praxis in Kinderregierung, Unterricht und Zucht, die Ziele der Erziehung und des Unterrichts nicht genügend dargelegt zu haben, verteidigte er sich so:

„Man frage nun nicht nach einer positiven Definition, welche den Zweck der Regierung der Kinder feststelle! Bildung und Nicht-Bildung, das ist der kontradiktorische Gegensatz, welcher die eigentliche Erziehung von der Regierung scheidet. ... Regierung, Unterricht und Zucht, das sind demnach die drei Hauptbegriffe, nach welchen die ganze Erziehungslehre abzuhandeln ist. Das erste der hieraus entstehenden drei Fächer auszufüllen ist für den, der mit Kindern umzugehen weiß, ziemlich leicht, nachdem einmal der Begriff selbst gehörig gefaßt ist ... Bei weitem größere Schwierigkeiten ergeben sich bei der Unterrichtslehre. Dieselbe kann nicht eingeteilt werden nach den auszubildenden Seelenvermögen; denn das sind Undinge, noch auch nach den zu lehrenden Wissenschaften; denn die sind hier nur Mittel zum Zweck, welche wie die Nahrungsmittel nach den Anlagen und Gelegenheiten müssen gebraucht und überall wie ein völlig geschmeidiger Stoff nach den pädagogischen Absichten gestaltet werden. Es war mein wesentliches Augenmerk bei meinem Buche, eine Pädagogik aufzustellen, die frei wäre von den Irrtümern der alten Psychologie und frei von den Gewöhnungen der Gelehrten, die ihr Wissen unbedingt so wiederzugeben pflegen, wie sie es sich zum gelehrten Gebrauche geordnet und geformt haben" (Herbart A II, S. 263f.).

Die Professionalität des Pädagogen gründet für Herbart nicht nur darauf, so zu regieren und Gewalt über Heranwachsende auszuüben, daß dabei keinerlei positive Zwecke verfolgt werden, sondern zugleich darauf, so zu lehren und zu unterrichten, daß Unterricht bildet. Unterrichtsinhalte nach Seelenvermögen oder menschlichen Grundkräften zu sortieren und z.B. Mathematik und Physik der Entwicklung des Erkenntnisvermögens, Musik und Kunst der Entwicklung des Gefühls und Geschichte und Geographie der Entwicklung praktischer Urteilskraft zuzuordnen, hielt Herbart für ein Unding, weil dadurch weder ein Begriff der Identität der Person noch ein Begriff der Aufgabe der Bildung des ganzen Menschen zu gewinnen sei. Die Frage, die sich schon zu Herbarts Zeit stellte und noch dringlicher heute stellt, ist die, was denn unter einem Unterricht, der erzieht, zu verstehen ist. Auf diese Frage gab Herbart in der Einleitung zu seiner Allgemeinen Pädagogik folgende vorläufige Antwort:

„Um ... den allgemeinen Gedanken ‚Erziehung durch Unterricht' mehr hervorzuheben, verweilen wir bei dem Entgegengesetzten: Erziehung ohne Unterricht! Beispiele davon sieht man häufig. Die Erzieher sind überhaupt genommen nicht eben diejenigen, welche die meisten Kenntnisse haben. Aber es gibt deren ..., die so viel wie gar nichts wissen, oder was sie wissen, so viel wie gar nicht pädagogisch zu gebrauchen verstehen, und die dennoch mit großem Eifer an ihr Geschäft gehen. Was können sie tun? Sie bemächtigen sich der Empfindungen des Zöglings; an diesem Bande halten sie ihn und erschüttern unaufhörlich das jugendliche Gemüt dergestalt, daß es seiner selbst nicht inne wird" (Herbart A II, S. 23; B, S. 76).

Im Zusammenhang mit der aus der Erwiderung auf eine Rezension zitierten Stelle macht dieses Zitat deutlich, daß Herbart den erziehenden Unterricht gleichermaßen von bloßer Erziehung als einer Form von Verhaltenskonditionierung wie reiner Wissensvermittlung als bloßem Unterricht abgrenzt. Bloße Erziehung beachtet nicht die Grenzen, innerhalb derer regierende Maßnahmen erlaubt sind, und verfolgt positive Zwecke, ohne die Lernenden aufzuklären. Bloße Wissensvermittlung behandelt den Lernenden wie jemanden, in dessen Kopfe Wissensbestände sortiert eingegeben und aufbewahrt werden sollen, ohne daß dieser „seiner selbst ... inne wird". Von diesen beiden, auch heute weit verbreiteten Fehlformen pädagogischen Handelns unterscheidet sich erziehender Unterricht dadurch, daß er Erziehung durch Unterricht ist und Unterricht so gestaltet, daß dieser „bildet". In diesem Sinne bedeutet erziehender Unterricht zunächst einmal, auf alle pädagogisch nicht legitimierbaren Maßnahmen der Kinderregierung oder der Gewaltausübung über Heranwachsende zu verzichten, welche das Verhalten und die Einstellungen des Lernenden unmittelbar positiv zu beeinflussen suchen. Erziehender Unterricht bedeutet sodann, die Lernprozesse der Heranwachsenden durch Unterricht so zu beeinflussen, daß diese zusammen mit der Aneignung des jeweiligen Zu-Lernenden zugleich ihrer selbst innewerden, d.h. in sich ein Selbstverhältnis zum Gelernten, eine Urteilskompetenz angesichts des Gelernten, entwickeln.

Mit dieser Bestimmung der ersten Aufgabe der eigentlichen Erziehung distanziert sich Herbart gleichermaßen von nur erziehenden wie von nur lehrenden pädagogischen Berufen, welche beide nicht der Bildung, sondern der Nicht-Bildung Heranwachsender dienen. Um Herbarts Begriff des erziehenden Unterrichts genauer bestimmen zu können, müssen wir im folgenden dessen auf den ganzen Zweck des Menschen und seiner Erziehung ausgerichtete Zielbestimmung sowie die dieser entsprechenden Merkmale und Maßnahmen eines erziehenden Unterrichts entwickeln.

Einziges Ziel des erziehenden Unterrichts ist es, in jedem Heranwachsenden eine größtmögliche Vielseitigkeit des Interesses auszubilden. Nur dem Vielseitigen sprach Herbart die Chance zu, sich nicht als Mittel für die Zwecke anderer gebrauchen zu lassen, sondern sich und andere als Selbstzweck anerkennen zu können.

Den Begriff der Vielseitigkeit des Interesses entwickelt Herbart, indem er die Frage erörtert, ob wir die „Zwecke des künftigen Mannes vorauswissen (können), welche, frühzeitig statt seiner ergriffen und in ihm selber verfolgt zu haben, er uns einst danken wird". Die Antwort auf diese Frage findet Herbart, indem er zwischen „bloß möglichen künftigen Zwecken des Zöglings" und „den notwendigen Zwecken des Zöglings" unterscheidet: es „sondert sich uns ... das Reich der künftigen Zwecke des Zöglings in die Provinz der bloß möglichen Zwecke, die er vielleicht einmal ergreifen und in beliebiger Ausdehnung verfolgen möchte, und in die davon abgetrennte Provinz der notwendigen Zwecke, welche außer acht gelassen zu haben er sich nie verzeihen könnte; mit einem Wort, der Zweck der Erziehung zerfällt nach den Zwecken der Willkür (nicht des Erziehers, noch des Knaben, sondern des künftigen Mannes) und den Zwecken der Sittlichkeit" (Herbart A II, S. 39ff.; B, S. 84f.).

Um nachvollziehen zu können, was diese Unterscheidungen, die bis heute nicht an Relevanz verloren haben, problemgeschichtlich bedeuten, müssen wir uns neuerlich auf den historisch-gesellschaftlichen Kontext besinnen, in welchem Herbart diese Unterscheidungen einführte. Die überkommene Ständegesellschaft kannte die Unterscheidung zwischen gegenwärtigen und künftigen sowie möglichen und notwendigen Zwecken noch nicht als allgemeines Prinzip pädagogischer Reflexion. Denn die möglichen künftigen Zwecke waren weitgehend identisch mit den notwendigen Zwecken, die jedem Einzelnen in der Regel von Geburt her vorbestimmt waren durch die objektiven Zwecke des Standes, in den er hineingeboren wurde. In der bürgerlichen Gesellschaft wurde die künftige Bestimmung der Einzelnen zunehmend weniger geburtsständisch bestimmt. Die aufkommende bürgerliche, industrielle Produktionsweise veränderte nicht nur die Arbeitsteilung der Ständegesellschaft, indem sie zunehmend die Teilung der Arbeit mechanisierte; sie veränderte auch die Form der Arbeit und den Zusammenhang, in dem die arbeitsteilig durchgeführten Einzeltätigkeiten zueinander stehen. An die Stelle pragmatischer Rationalität handwerklicher Produktionsformen, in welchen der Zusammenhang der speziellen Tätigkeiten durch Arbeit vermittelt wurde, die sich freilich schon seit dem Mittelalter durch eine weitreichende Spezialisierung auszeichnete, trat eine theoretisch-technische Rationalität der Produktion, welche den

Zusammenhang der Einzeltätigkeiten wissenschaftlich plant und bürokratisch kontrolliert. Aufgrund dieser Veränderung in der Teilung der Arbeit waren die möglichen Zwecke, auf deren Anforderungen die Einzelnen hin zu erziehen sind, nicht mehr identisch mit den notwendigen Zwecken, welche die Ständegesellschaft den einzelnen Ständen und Berufstätigkeiten innerhalb der Stände zuordnete. In der bürgerlichen Gesellschaft muß grundsätzlich jeder lernen, aufgrund eigener Willkür selber mögliche Zwecke zu verfolgen und seine Bestimmung durch eigene Leistungen zu finden. Damit trennte sich die allgemeine von der beruflichen Bildung. Die Kompetenz, als Individuum der Gesellschaft anzugehören, konnte nicht mehr im Zuge einer ständischen Erziehung erworben werden, sondern mußte aufgrund der Ungewißheit der über eigene Willkür und den Markt vermittelten späteren Bestimmung der Einzelindividuen allgemein erworben werden. Die spezielle Berufsausbildung schließt in der bürgerlichen Gesellschaft nicht mehr die in der Ständegesellschaft auf den Stand bezogene allgemeine Bildung ein; der bürgerliche Beruf verlangt vielmehr i.U. zur bäuerlich-handwerklichen Tätigkeit in der Ständegesellschaft eine allgemeine Bildung, der die spezielle Berufsausbildung folgt:

„Die menschliche Gesellschaft hat längst Teilung der Arbeit nötig gefunden, damit jeder das, was er fertigt, recht machen könne. Aber je eingeschränkter, je verteilter das Fertigen, desto vielfältiger das Empfangen eines jeden einzelnen von allen übrigen. Da nun die geistige Empfänglichkeit auf Geistesverwandtschaft und diese auf ähnlichen Geistesübungen beruht, so versteht sich, daß im höheren Reiche der eigentlichen Menschheit die Arbeiten nicht bis zur gegenseitigen Unkunde vereinzelt werden dürfen. Alle müssen Liebhaber für alles, jeder muß Virtuose in einem Fache sein. Aber die einzelne Virtuosität ist Sache der Willkür; hingegen die mannigfaltige Empfänglichkeit, welche nur aus mannigfaltigen Anfängen des eigenen Strebens entstehen kann, ist Sache der Erziehung. Daher nennen wir als ersten Teil des pädagogischen Zwecks ‚Vielseitigkeit des Interesses'" (Herbart A II, S. 42; B, S. 86).

Die Vielseitigkeit des Interesses als erster Teil des pädagogischen Zwecks der Moralität oder Mündigkeit zielt also auf zweierlei. Zum einen trägt sie der historischen Entwicklung Rechnung, daß in der sich auflösenden Ständegesellschaft die künftige Bestimmung der Einzelnen nicht mehr geburtsständisch vorherzusagen war; zum andern versucht sie der Gefahr vorzubeugen, daß die noch ständisch erzogenen und unterwiesenen Individuen nach dem Verlust der standesspezifischen Einheit von beruflicher und allgemeiner Bildung auf die Stufe von Lohnarbeitern herabsinken, die nur mehr als Mittel für die Zwecke anderer zu gebrauchen sind, ohne selbst eigene Zwecke verfolgen und diese am allgemeinen Zweck der Moralität, d.h. an der gegenseitigen Anerkennung der Einzelnen als Personen, ausrichten zu können. Vielseitigkeit des Interesses an Stelle der Identität von Berufs- und Allgemeinbildung in der Ständegesellschaft ist der erste Teil der Aufgabe pädagogischen Handelns in der bürgerlichen Gesellschaft. Der zweite Teil resultiert aus der Frage, woran denn die anzustrebende Vielseitigkeit sich orientieren und ausrichten solle, nachdem die Identität der Einzelnen mit dem Stand ihrer Herkunft als Merkmal ihrer Bestimmung in Auflösung begriffen ist. Diesen zweiten Teil der pädagogischen Aufgabe bezeichnet Herbart mit „sittlicher Bildung":

„(D)aß die Ideen des Rechten und Guten, in aller ihrer Schärfe und Reinheit, die eigentlichen Gegenstände des Willens werden, daß ihnen gemäß sich der innerste reelle Gehalt des Charakters, der tiefe Kern der Persönlichkeit bestimme mit Hintansetzung aller anderen Willkür, das und nichts minderes ist das Ziel der sittlichen Bildung" (Herbart A II, S. 43; B, S. 87).

In der bürgerlichen Gesellschaft kann der Einseitige insofern nicht mehr sittlich sein, weil er ausschließlich als Lohnarbeiter für die Zwecke anderer brauchbar ist, also keinen Anspruch erheben kann, als Selbstzweck geachtet zu werden und sich selber zu achten. Der Vielseitige dagegen besitzt die Fähigkeit, sich selber Zwecke zu setzen, kann dieser Fähigkeit wegen jedoch unmittelbar noch keinen Anspruch auf Mündigkeit im Sinne von Moralität, d.h.

eigener Anerkennung und Anerkennung anderer als Selbstzweck, erheben. Denn Vielseitigkeit ist zwar notwendige, nicht aber schon zureichende Voraussetzung von Moralität und Mündigkeit. Zur bloßen Vielseitigkeit, welche für sich genommen ein Mittel zur Herrschaftsausübung über andere sein könnte, muß die Bereitschaft und Fähigkeit hinzukommen, die eigene Vielseitigkeit gerade nicht nach Maßgabe eigener Willkür, sondern aus dem Horizont einer Gesamtverantwortung zu gebrauchen, die weder standesspezifisch noch egoistisch bestimmbar ist.

Während der einseitig im Sinne der beschränkten Erfahrungen und des begrenzten Umgangs seines Standes Erzogene der Moral seines jeweiligen Standes anhängen mag, steht für den Vielseitigen keine bestimmte Form von Moralität bereit. Er „hat kein Geschlecht, keinen Stand, kein Zeitalter", aus denen er seine Identität beziehen könnte. Liberalität im Sinne einer bloßen Ablehnung von „Intoleranz" kann ebensowenig die der Vielseitigkeit affine Moralität auszeichnen, denn dann erschöpfte sich diese darin, ein „Kanal für alle Empfindungen" und damit ein „Mittelpunkt der Widersprüche" zwischen den gesellschaftlich beschränkten Interessen und Moralen einzelner Stände zu sein (Herbart A II, S. 47f.; B, S. 89). Die der Vielseitigkeit affine Moral muß ebenso universell wie die Vielseitigkeit selbst, muß mithin eine allgemeine, eine menschheitliche sein.

Hieraus nun erwächst dem erziehenden Unterricht seine eigentliche Aufgabe, eine Vielseitigkeit von Urteils- und Handlungskompetenz so zu bilden, daß diese zugleich auf den einen und ganzen Zweck der Erziehung ausgerichtet ist, nämlich auf den Zweck, eine menschheitliche, die Grenzen der Standesmoralen überschreitende Moralität zu fördern. Zur bloßen Vielseitigkeit muß das menschheitliche Interesse hinzukommen, den Gebrauch der erworbenen Vielseitigkeit an der Aufgabe der praktischen Hervorbringung einer universellen Moral zu orientieren und dadurch die Willkür, zu der Vielseitigkeit die Einzelnen befähigt, zu begrenzen.

Die Bestimmung des erziehenden Unterrichts ist damit über den eingangs dargelegten vorläufigen Begriff einer Erziehung durch Unterricht bzw. eines Unterrichts, der erzieht, d.h. bildet, genauer bestimmt: Erziehender Unterricht verfolgt das Ziel, die Heranwachsenden durch Unterricht aus dem praktischen Zirkel standesspezifischer Welterfahrung und standesspezifischen Umgangs der Menschen zu befreien, indem er ihnen eine Vielseitigkeit entwickelt, die an der Idee einer menschheitlichen Praxis gegenseitiger Anerkennung interessiert ist. Was den Zusammenhang von Allgemeiner praktischer Philosophie und Allgemeiner Pädagogik betrifft, ist mit dieser Bestimmung des erziehenden Unterrichts der erste Teil des Programms der Abhandlung über die ästhetische Darstellung der Welt als das Hauptgeschäft der Erziehung eingelöst, welches zwischen zwei Bedingungen der realen Möglichkeit von Moralität, dem einsichtigen Willen und dem Gehorsam gemäß eigener Einsicht, unterschied, und die Förderung der ersten Bedingung dem Unterricht, die Förderung der zweiten Bedingung der Charakterbildung oder Selbsterziehung zuwies. Denn die Vielseitigkeit des Interesses stellt das pädagogische Korrelat zum ethischen Begriff des einsichtigen Willens als der ersten Bedingung von Moralität und Mündigkeit dar. Einen einsichtigen Willen zu bilden, ist die von der Allgemeinen praktischen Philosophie dem erziehenden Unterricht gestellte Aufgabe; und die Vielseitigkeit des Interesses zu entwickeln, ist umgekehrt die von der Allgemeinen Pädagogik her zu leistende Bestimmung der Konstitution des einsichtigen Willens in der Zeit.

Somit können wir feststellen, daß es Aufgabe des erziehenden Unterrichts ist, den einsichtigen Willen der Heranwachsenden durch die Entwicklung eines vielseitigen Interesses zu bilden. Nachdem damit die aus dem Zweck der Erziehung abgeleitete Bestimmung des erziehenden Unterrichts vorgestellt ist, gilt es nun auch jene Bestimmungen in den Blick zu bringen, die in enger Beziehung zu Herbarts Theorie pädagogischen Wirkens stehen und die zeitliche Genese der Bildung des einsichtigen Willens durch erziehenden Unterricht betreffen.

Die Verbindung zwischen der anzustrebenden Vielseitigkeit des Interesses als dem pädagogischen Korrelat zum Begriff des einsichtigen Willens und seiner

Theorie pädagogischen Wirkens stellt Herbart her, indem er zunächst eine formale, dann eine materiale und schließlich eine interaktive Bestimmung der Bildung des vielseitigen Interesses in der Zeit entwickelt, die zusammengenommen den „genetischen" Teil der Allgemeinen Pädagogik entfalten (Herbart A II, S. 286).

In formaler Hinsicht konkretisiert Herbart seinen Begriff einer ästhetischen Kausalität menschlichen Lernens, indem er deren Form durch ein Verhältnis des Lernenden zu sich selbst und zum jeweiligen Lerngegenstand definiert. Diese Konkretisierung führt er sowohl für die zeitliche Genese der Vielseitigkeit als auch für die Genese des Interesses durch, wobei er für beide Genesen zwischen Stufen, die das Verhältnis des Lernenden zum jeweiligen Lerngegenstand betreffen, und solchen, die sein Selbstverhältnis angehen, unterscheidet. Die Entwicklung der Vielseitigkeit verläuft von der Einseitigkeit zur Vielseitigkeit, indem der Lernende sich zunächst in die jeweils anzueignende Sache vertieft und sich dabei seine begrenzten, zunächst einzeln klaren Vorstellungen vom Lerngegenstand bewußtmacht, um sie dann in Beziehung zueinander zu setzen, d.h. miteinander zu verknüpfen. Diese auf die Entwicklung der Vielseitigkeit bezogene Stufe des Lernens nennt Herbart Vertiefung in das Zu-Lernende, die er wiederum unterteilt in die Unterstufen der Klarheit einzelner Merkmale und der Assoziation oder Verknüpfung verschiedener Merkmale. Um dies an einem Beispiel zu verdeutlichen, greife ich auf eine Sprachschöpfung eines meiner Kinder zurück, welches nach dem Besuch eines Vogelparks fragte: „Wann gehen wir wieder in den Zogelvoo?" Zuvor hatten wir den Münsteraner Zoo besucht, Monate später machten wir dann einen Ausflug in die Meteler Heide, in der sich ein Vogelpark befindet. In der oben genannten Frage sind Vorstellungen von der Tierhaltung von Löwen, Elefanten und Affen im Zoo assoziiert mit Vorstellungen von Vögeln, die in Großkäfigen getrennt nach Arten und Rassen gehalten werden. Dieses Beispiel habe ich herangezogen, um zunächst an ihm zu belegen, daß die Klarheit einzelner Vorstellungen (Zoo und Vögel) und deren Verknüpfung (Vogelzoo) auf Erkenntnis- und Lernleistungen basiert, die vom Lernenden selbst in der Vertiefung in die jeweils von ihm erfahrene Wirklichkeit sprachlich vollzogen werden. Gerade kindliche Wortschöpfungen, die von der Normalsprache abweichen, machen die kreative Struktur sichtbar, die alles Lernen und Sprechen auszeichnet.

Die zweite Stufe der Entwicklung von Vielseitigkeit bezeichnet Herbart mit Besinnung. Sie bezieht sich nicht mehr unmittelbar auf die Aneignung von Weltinhalten im Sinne der Klarheit einzelner Vorstellungen und ihrer Verknüpfung oder Assoziation, sondern kennzeichnet das Selbstverhältnis des Lernenden zum Gelernten. So basiert die oben genannte Sprachschöpfung ja nicht nur auf einer beliebigen Verknüpfung einzelner Vorstellungen, sondern enthält, sobald der Lernende sich - vielleicht in Konfrontation mit einer Bezeichnung desselben Sachverhalts durch einen anderen sprachlichen Begriff - auf sie zurückbesinnt, eine Strukturierung oder Systematisierung eigener Erfahrung, die offen ist für künftige Erfahrungen, Korrekturen, Erweiterungen und neue Systematisierungen des eigenen „Gedankenkreises". Die Besinnung oder Selbstreflexion des Lernenden angesichts des Gelernten unterteilt Herbart in die Unterstufen des Systems und der Methode. Es ist wichtig, darauf zu achten, daß die Unterstufe der Systematisierung derjenigen der Methode vorausgeht und nicht etwa folgt. Die methodische Offenheit, neue Vorstellungen mit schon angeeigneten zu verknüpfen (Assoziation) und zu systematisieren (System), führt im Lernen nicht zu einem geschlossenen Gedankenkreis, sondern bleibt offen für neue Erfahrungen. Solche Offenheit zeichnet den Vielseitigen gegenüber dem Einseitigen aus.

Analog zur zeitlichen Konstitution der Vielseitigkeit in den Stufen der Vertiefung (Klarheit, Assoziation) und der Besinnung (System/Methode) bestimmt Herbart seinen Begriff der zeitlichen Entwicklung des Interesses, welcher sich nun nicht auf das Verhältnis des Lernenden zum Lerngegenstand oder zu sich selbst angesichts des Gelernten, sondern auf die jeweilige Intentionalität bezieht, welche den Lernenden mit sich selbst und anderen verbindet. Parallel zu den beiden Stufen der Vertiefung in das Zu-Lernende und der Besinnung auf den eigenen Lernprozeß differenziert Herbart die Bildung des Interesses in zwei Stufen, von denen er die erste wiederum als Interesse, die zweite als Begehrung bezeichnet. Die erste Stufe meint das interessenlose Interesse des Lernenden in der Vertiefung in einen Lerngegenstand (lateinisch: inter-esse, d.h. unter den Dingen sein); sie gliedert er in die Unterstufen des Merkens und Erwartens. Die zweite Stufe der Entwicklung des Interesses, diejenige der Begehrung, meint das interessierte Interesse des Lernenden in der Besinnung auf zurückliegende Erfahrungen oder im Entwurf künftiger Lernprozesse; sie gliedert sich in die beiden Unterstufen des Forderns und Handelns.

Diese Strukturierung der Entwicklung des Interesses im Lernprozeß läßt sich ebenfalls am Beispiel der oben erwähnten Sprachschöpfung verdeutlichen. Um die Wortschöpfung „Vogelzoo" überhaupt spontan aus der Rezeption der Weltinhalte „Vogel" und „Zoo" bilden zu können, mußten die einzelnen klaren Merkmale zunächst gemerkt (Merken) und dann erinnert (Erwarten) werden. Dem Merken und Erwarten korrespondiert angesichts der Systematisierungsleistung in der Wortschöpfung sowie in der Erfahrung, diese Systematisierung selber hervorgebracht zu haben (Methode), das interessierte Interesse, welches nun Forderungen formuliert und in eigenes, interaktives Handeln übergeht. Die Frage: „Wann gehen wir wieder in den Vogelzoo?" verweist keineswegs nur auf eine Verknüpfung einzeln klarer Vorstellungen, auch nicht allein auf das Bewußtsein, solche Verknüpfungen vornehmen zu können (System/Methode), sondern verdeutlicht zugleich, daß rezeptiv-spontane Lernleistungen in der Aneignung von Weltinhalten mit einer Artikulation eigener Interessen und Begehrungen oder Wünsche zusammenhängen. Wenn ein Kind die Frage „Wann gehen wir wieder in den Vogelzoo?" stellt, dann hat es sich nicht nur einzelne klare Vorstellungen gemerkt und in der Erwartung einer handlungsbezogenen Stimmigkeit miteinander verknüpft, sondern zugleich eine Forderung an die Gestaltung des gemeinsamen Lebens aktiv formuliert, welche gleichermaßen von seinen vorausgegangenen Erkenntnisleistungen wie von der durch diese angebahnten Kompetenz zur Beratung und Mitwirkung an alltäglichen Entscheidungsprozessen zeugt.

Faßt man diese Stufen der zeitlichen Entwicklung der Vielseitigkeit des Interesses zusammen, so kann man sie als Stufen interessenloser Vertiefung in den jeweiligen Gegenstand und interessierter Besinnung auf das Gelernte bezeichnen, welche zeitlich nicht linear aufeinander folgen, sondern sich gegenseitig voraussetzen. Die Entwicklung des vielseitigen Interesses basiert danach auf einer permanenten Wechselwirkung zwischen interessenbezogener Besinnung und interessenloser Vertiefung, interessenloser Vertiefung und interessenbezogener Besinnung. Diesen Zusammenhang verdeutlicht die Tafel, welche alle bisher unterschiedlichen Tätigkeiten des lernenden Subjekts ordnet und so Herbarts Begriff der zeitlichen Entwicklung der Vielseitigkeit des Interesses graphisch darstellt:

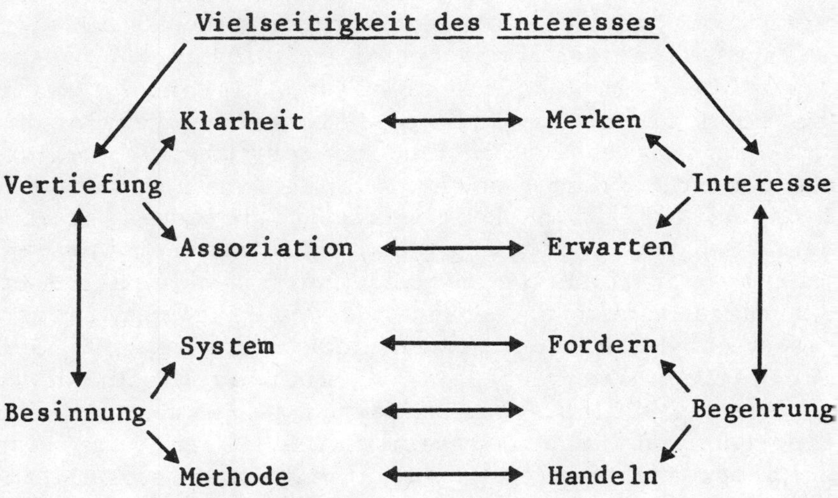

Die oben genannten Begriffe entwickeln die Formstruktur der Entwicklung des vielseitigen Interesses in der Zeit. Sie betonen, daß alles menschliche Lernen auf einer Aktivität des lernenden Subjekts beruht, welche von diesem ausgeht und auf dieses zurückwirkt. Herbarts Annahmen zur zeitlichen Konstitution von Bewußtsein und Selbstbewußtsein sind heute durch die Entwicklungstheorie Piagets bestätigt, welche die Wechselwirkung von interessenloser Vertiefung in Weltinhalte und interessenbezogener Besinnung, ohne ausdrücklich an Herbart anzuknüpfen, zu einer genetischen Erkenntnistheorie weiterentwickelt hat. Wie aktuell Herbarts Begriff der zeitlichen Konstitution des vielseitigen Interesses ist, mag das folgende Zitat belegen: „Um ... Objekte zu erkennen, muß das Subjekt auf sie einwirken und infolgedessen transformieren: Es muß sie von der Stelle bewegen, verbinden, in Beziehung zueinander setzen, auseinandernehmen und wieder zusammensetzen" (Piaget 1983, S. 25).

Der formale Begriff der Entwicklung des vielseitigen Interesses betont die Mitwirkung des Lernenden am eigenen Lernprozeß, gibt jedoch noch nicht an, wodurch sich die Vielseitigkeit des Interesses in materialer Hinsicht auszeichnet. Um die Merkmale vorstellen zu können, welche nach Herbart die Maßnahmen eines erziehenden Unterrichts begründen, muß zuvor noch geklärt werden, wodurch sich ein vielseitiges Interesse in materialer Hinsicht ausweist.

Die Inhalte oder Gegenstände des vielseitigen Interesses in materialer Hinsicht zu bestimmen, bereitet bis heute Schwierigkeiten. Wollte man sie aus dem formalen Begriff des vielseitigen Interesses unmittelbar ableiten, so ginge der Gegenstand der Vertiefung, die Weltinhalte nämlich, verloren. Wollte man stattdessen die Gegenstände des vielseitigen Interesses enzyklopädisch ordnen nach einzelnen Partien oder Seiten des vielseitigen Interesses, so reduzierte man dieses letztlich auf eine Summe oder ein Aggregat von lauter Einseitigkeiten, löste sie auf in „interessante Dinge" oder in einen „Katalog nützlicher Lektionen". Bei einer solchen Anordnung ginge die Identität des vielseitig Interessierten verloren. Aus dieser Schwierigkeit zieht Herbart den folgenden Schluß: „Man vergesse nicht über dem Interessanten das Interesse; man klassifiziere nicht Gegenstände, sondern Gemütszustände" (Herbart A II, S. 57; B, S. 97f.).

Unter Gemüt versteht Herbart nicht ausschließlich die Gefühlsseite der Psyche, sondern die Identität des Subjekts im Hinblick auf alle nur möglichen Weltinhalte. Seine Forderung, nach Gemütszuständen zu klassifizieren, will vermeiden, daß die Gegenstände oder Inhalte des vielseitigen Interesses nach

Vermögen bzw. Kräften des Subjekts - unter Vernachlässigung aller Weltinhalte - oder nach Wirklichkeitsausschnitten im Sinne eines „Katalogs nützlicher Lektionen" - unter Vernachlässigung der Identität des Subjekts - klassifiziert werden. Herbart unterscheidet zwischen zwei Gemütszuständen, demjenigen der „Erkenntnis" und demjenigen der „Teilnahme". Alle Erkenntnis beginnt mit der alltäglichen Erfahrung und differenziert sich von dort einerseits in die verschiedenen Wissenschaften (Spekulation), andererseits in die verschiedenen Künste (Geschmack). Alle Teilnahme beginnt mit dem zwischenmenschlichen Umgang und gliedert sich, die Sphären des unmittelbaren Umgangs überschreitend, in eine Teilnahme an der Gesellschaft (Politik) und in Religion. Hieraus ergibt sich das folgende Schema zur Strukturierung der Gegenstände des vielseitigen Interesses:

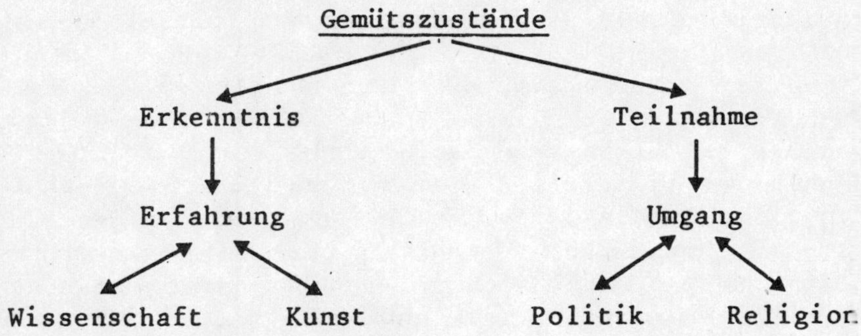

Dieses Schema beschreibt die zeitliche Entwicklung des vielseitigen Interesses in materialer Hinsicht. Was die Inhalte des Lernens betrifft, beginnt alles Lernen in der Reihe der Welterkenntnis mit alltäglichen Erfahrungen, in der Reihe der Teilnahme im alltäglichen Umgang der Menschen untereinander. In der Ständegesellschaft waren die Erfahrungs- und Umgangshorizonte standesspezifisch geordnet und bestimmt. Aus der Überwindung der Standesgrenzen soll nun eine bürgerliche Öffentlichkeit entstehen, in der die begrenzten Erfahrungshorizonte durch wissenschaftliche Welterkenntnis und Kunst, die begrenzten Umgangs- und Verkehrsformen durch öffentliche Politik und Religion erweitert werden.

Wissenschaftliche Erfahrung zeichnet sich gegenüber standesspezifischen Erfahrungen in der Bearbeitung der Natur dadurch aus, daß sie einen Anspruch auf Allgemeinheit in der Erklärung der Naturvorgänge erhebt, welcher losgelöst von der Teilung der Arbeit im Sinne handwerklicher Produktionsformen die Einzelnen in die Lage versetzt, sich allgemeine Kenntnisse von der Natur und ihrer wissenschaftlich begründeten Bearbeitung anzueignen, die dann im Unterschied zu den handwerklichen Qualifikationen für besondere Tätigkeiten nicht mehr standesspezifisch sind, sondern allgemein gelten. Analog zeichnet sich die bürgerliche Kunst - man denke z.B. an Lessings Nathan von 1779 oder an Schillers Kabale und Liebe von 1784 - gegenüber standesspezifischen Kunstformen dadurch aus, daß sie Deutungs- und Interaktionszusammenhänge im handlungsentlasteten Medium von Literatur so darstellt, daß dabei Aufgaben und Schwierigkeiten der Entwicklung einer klassenlosen menschheitlichen Moralität ästhetisch wahrnehmbar werden.

In diesem Sinne stellt die Wissenschaft für Herbart eine Quelle theoretischer, die Kunst eine Quelle praktischer Erkenntnis dar, welche beide der Erweiterung der Erfahrung dienen und im Medium der Kunst zugleich auf die Aufgabe verweisen, auch im Bereich des zwischenmenschlichen Umgangs Standesschranken zu überwinden. Gleichberechtigt nebeneinander verweist Herbart hier auf Politik und Religion, welche aus ihrer Einseitigkeit, standesspezifische oder konfessionelle Interessen zu vertreten, befreit werden sollen. Im Umriß pädagogischer Vorlesungen von 1835/1841 stellt Herbart hierzu fest:

„Das sympathische Interesse wird einseitig, wenn der Mensch nur mit seinen Standesgenossen oder nur mit Landsleuten oder nur mit seinen Familienmitgliedern leben mag, für alle anderen Menschen aber kein Mitgefühl hat.
Das gesellschaftliche Interesse wird einseitig, wenn einer nur seiner politischen Partei hingegeben ist und alles Wohl und Wehe nur nach deren Vorteilen abmißt.
Das religiöse Interesse wird einseitig nach Verschiedenheit der Dogmen und Sekten, denen es huldigt, mit Geringschätzung der Andersdenkenden.

Manche dieser Einseitigkeiten führt im späteren Leben der Beruf herbei, aber der Beruf soll den Menschen nicht isolieren. Er würde es tun, wenn schon in den Jugendjahren eine solche Beschränktheit sich geltend machte" (Herbart A III, S. 194).

Mit dieser Differenzierung des vielseitigen Interesses in das empirische, das spekulativ-wissenschaftliche und das ästhetische als Interessen der Erkenntnis und das auf den unmittelbaren Umgang bezogene sympathische, das gesellschaftlich-politische und das religiöse als Interessen der Teilnahme umschreibt Herbart die Gegenstandsbereiche eines vielseitigen Interesses, in welche jeder Heranwachsende eingeführt werden soll. Während die formalen Stufen des vielseitigen Interesses eine zeitliche Strukturierung vorgeben, stellen die oben genannten sechs Hauptklassen des Interesses „nur Unterschiede des Gleichzeitigen, nicht aber eine deutliche Stufenfolge" dar. Nachdem mit ihnen auch die materiale Bestimmung des vielseitigen Interesses vorgestellt ist, können nun abschließend jene Merkmale des erziehenden Unterrichts genannt werden, die sich aus der formalen und materialen Bestimmung des vielseitigen Interesses ergeben.

Das erste Merkmal eines erziehenden Unterrichts ist, daß er die Hauptklassen des Interesses gleichzeitig beachtet und Lernprozesse in der Reihe der Erkenntnis mit solchen in der Reihe der Teilnahme verbindet. Erziehender Unterricht muß dabei an den schon erworbenen Wissenszusammenhang der Lernenden und deren Erfahrungen im zwischenmenschlichen Umgang anknüpfen und die Schranken standesspezifischer Erziehung und Unterweisung zu erweitern suchen. Die angestrebte Erweiterung stellte sich Herbart nicht nach dem Modell eines unmittelbaren Lernens aus Welterfahrung im zwischenmenschlichen Umgang vor, denn dieses Modell war ja gerade das vorherrschende innerhalb der verschiedenen Formen standesspezifischer Erziehung und Unterweisung. In seiner zeitlichen Struktur folgt erziehender Unterricht, und hierin liegt sein zweites Merkmal, den formalen Stufen der Wechselwirkung von interessenloser Vertiefung und interessenbezogener Besinnung. Dies führt Herbart im einzelnen aus, indem er den formalen Stufen der Vielseitigkeit: „Klarheit/Assoziation/System/Methode" die unterrichtlichen Aktivitäten: „zeigen/verknüpfen/lehren/philosophieren" und den formalen Stufen des Interesses: „Merken/Erwarten/Fordern/Handeln" als Bestimmungen eines erziehenden Unterrichts die Prädikate: „anschaulich/kontinuierlich/erhebend/in die Wirklichkeit eingreifend" zuordnet. Parallel zum Schema von S. 117 ergibt sich damit folgende Bestimmung der zeitlichen Struktur des erziehenden Unterrichts:

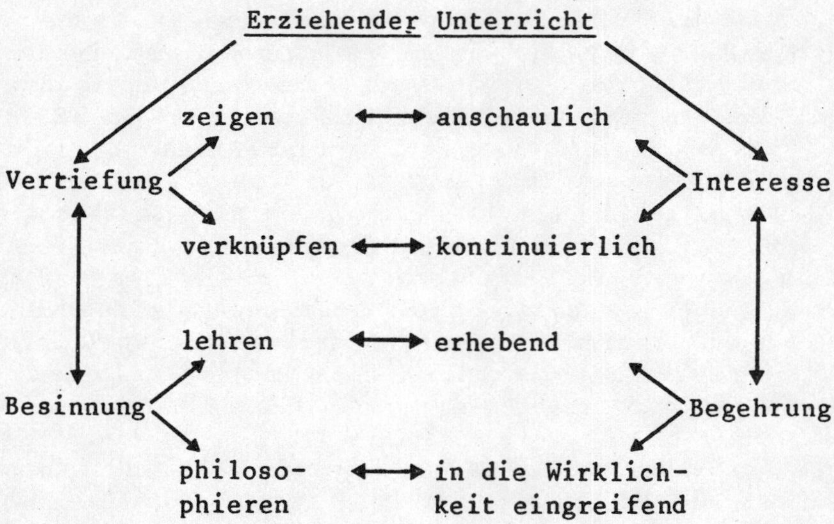

Um dieses Schema richtig zu begreifen, ist es wichtig, die Tätigkeiten in der linken Spalte (zeigen, verknüpfen, lehren, philosophieren) nicht ausschließlich als Tätigkeiten des Lehrers, sondern immer auch als Tätigkeiten des Lernenden aufzufassen, und die Bestimmungen der rechten Spalte (anschaulich, kontinuierlich, erhebend, in die Wirklichkeit eingreifend) nicht nur als Bezeichnungen des Lehrerhandelns, sondern als Kennzeichnung aller im Unterricht stattfindenden Tätigkeiten, mithin als Bestimmungen der gemeinsamen Interaktionen von Lehrer und Schüler in der Auseinandersetzung mit einem Lerngegenstand aufzufassen. Der Lehrer zeigt etwas anschaulich, der Lernende vertieft sich in den Lerngegenstand; der Lehrer bemüht sich um Kontinuität im

Lehr-Lernprozeß, der Schüler verknüpft seine eigenen Vorstellungen zu komplexeren Vorstellungen vom Lerngegenstand. Der Lehrer regt zur Besinnung auf schon Gelerntes an, der Schüler besinnt sich auf das Gelernte, der Lehrer versucht den Lernprozeß methodisch offen für neue Vertiefungen zu halten; der Schüler reflektiert seine eigene Lernerfahrung (philosophieren) und gewinnt dadurch die Freiheit für weiteres Lernen und faßt Mut, das Gelernte, in die Wirklichkeit eingreifend, weiterzuentwickeln, sei es im Gespräch, in der gemeinsamen Beratung, sei es im selbstverantworteten Handeln.

Damit haben wir das dritte Merkmal des erziehenden Unterrichts erreicht. Dieses zeichnet Erziehung durch Unterricht als einen interaktiven Prozeß in der Auseinandersetzung mit Lerngegenständen aus, welche sich der Lernende in diesem Prozeß so aneignet, daß er sich dabei nicht nur eine Urteilskompetenz über die jeweils zu lernende Sache erwirbt, sondern zugleich ein Interesse entwickelt, das Gelernte in außerunterrichtlichen Situationen zu gebrauchen. Die hierfür erforderliche Handlungskompetenz kann durch erziehenden Unterricht gefördert, nicht jedoch unmittelbar herbeigeführt werden, denn sie bildet sich erst in einem Handeln, welches außerhalb der Sphäre des eigentlichen Unterrichts liegt. Begriff und Maßnahmen pädagogischen Handelns, die über unterrichtliche Interaktionen hinausgehen, behandelt Herbart im dritten Buch seiner Allgemeinen Pädagogik. Bevor wir uns diesem zuwenden, in welchem Herbart seine Theorie der Charakterbildung vorstellt, soll der bisher entwickelte Gedankengang zum erziehenden Unterricht abschließend an zwei Beispielen verdeutlicht werden.

Im Mathematik- und Sachkundeunterricht der Grundschule, gelegentlich beteiligt sich hier auch der Kunstunterricht, wird immer wieder die Uhr behandelt. Je nachdem, ob ein Lehrer ein additives Konzept von Erziehung und Unterricht verfolgt oder, im Sinne Herbarts, den Ansprüchen eines erziehenden Unterrichts gerecht zu werden versucht, wird die Vorbereitung und Gestaltung des Unterrichts anders ausfallen.

Einem additiven Konzept von Erziehung und Unterricht zufolge zielt Unterricht auf die Vermittlung der Sachstruktur der Uhr, etwa der Einteilung der Zeit in 2 x 12 Stunden zu je 60 Minuten, die sich wieder in halbe, viertel Stunden usw. unterteilen lassen. Erziehung findet in solchem Unterricht dann statt, wenn der Lehrer auf Pünktlichkeit beim Betreten des Schulhofes, des Klassenraums, bei der Einhaltung von Pausenzeiten usw. achtet. Diesem Konzept zufolge ist der Pädagoge als Gestalter von Sach- und Mathematikunterricht ausschließlich Lehrer, als Aufsichtsperson dagegen Erzieher. Als Lehrer hat er darauf zu achten, daß sich seine Schüler das geforderte Wissen sachstrukturell richtig aneignen; als Erzieher hat er sich darum zu bemühen, daß sich seine Zöglinge gemäß sogenannten Wertmaßstäben der Pünktlichkeit und des Gehorsams im Sinne einer Unterwerfung unter geltende Zeitvorschriften verhalten.

Ein integriertes Konzept von Erziehung und Unterricht unterscheidet sich von einer solchen Praxis nicht dadurch, daß es den handelnden Pädagogen vor die Aufgabe stellt, beide Rollen gleichzeitig wahrzunehmen. Denn es verlangt vom Lehrer nicht, etwa darauf zu achten, daß schon beim Erlernen der Sachgesetzlichkeiten der Uhr der Wertmaßstab der Pünktlichkeit eingehalten wird und schneller und langsamer lernende Schüler ihre individuellen Lernleistungen zu dem ihnen jeweils angemessenen Zeitpunkt pünktlich erbringen. Ein integriertes Konzept von Erziehung und Unterricht hebt sich von einem additiven Verständnis von Erziehung und Unterricht vielmehr dadurch ab, daß in ihm die Aneignung der Einteilung der Zeit in der Reihe der Erkenntnins mit der Aneignung von Urteils- und Handlungskompetenz, an der Gestaltung der Zeit selbsttätig mitzuwirken, also mit der Reihe der Teilnahme, verbunden ist.

Erziehender Unterricht folgt weder einfach sachstrukturellen Gesetzlichkeiten eines Lehrstoffes noch verbindlichen Normvorstellungen der Erwachsenen. Er transformiert vielmehr die anzueignende Sache und ihre Struktur ebenso wie die vorgegebenen Normen der Erwachsenen in Handlungsvollzüge des Lernenden. Das kognitive Lernziel „Einteilung der Zeit in Stunden, Minuten, Sekunden" transformiert er in die Frage: „Wie läßt sich die Zeit einteilen?", und die Verhaltensnorm, die Uhr als bloßes Mittel fremdbestimmter Zeiteinteilung zu verwenden, transformiert er in die Aufgabe: „Wie können wir unsere Zeit individuell und gemeinsam gestalten?" Erziehender Unterricht erhebt so die Frage nach der Einteilung (Reihe der Erkenntnis) und der Gestaltung (Reihe der Teilnahme) der Zeit sowohl in den sachstrukturellen Merkmalen, was die mathematisierte Zeit, die die Uhr anzeigt, betrifft (Stufe der Vertiefung), als auch im Hinblick auf das Selbstverhältnis des Lernenden zur Zeit (Stufe der Besinnung), zum Gegenstand des Unterrichts. Er knüpft an die Fragen und Vorstellungen der Lernenden, wie man die Zeit einteilen und miteinander gestalten kann, an und erweitert deren Erfahrung und Umgang mit der Einteilung und Gestaltung von Zeit. Er verbindet das Erlernen der Uhrzeit mit der Förderung von Handlungskompetenz, was die Teilnahme der Lernenden an der gemeinsamen Gestaltung der Zeit betrifft. Solcher Unterricht ist am ganzen Zweck der Erziehung, der Moralität und Mündigkeit, ausgerichtet. Für ihn wäre es völlig abwegig, Kindern die Uhr „beizubringen", ihnen aber Mitwirkungsmöglichkeiten an einer gemeinsamen Gestaltung der Zeit - nicht zuletzt auch in der Schule - vorzuenthalten und ihr Verhalten sogenannten verbindlichen Wertmaßstäben oder Normen - in Überschreibung der erlaubten Maßnahmen der Kinderregierung - zu unterwerfen. Stattdessen versucht erziehender Unterricht die gemeinsame Beratung mit den Kindern, wie die Zeit in der Schule sinnvoll gestaltet werden kann, in das Zentrum der Betrachtungen zu rücken und führt in den richtigen Gebrauch der Uhr ein, indem er die Kinder an der Gestaltung der Zeit teilnehmen läßt.

Ich habe dieses Beispiel, das der Praxis einer Münsteraner Versuchsschule entlehnt ist, hier aufgegriffen, um an ihm zu verdeutlichen, wie schwierig es ist, die Anforderungen, die an einen erziehenden Unterricht zu stellen sind, in der Praxis zu erfüllen (vgl. Benner/Ramseger 1981; Benner 1985). Hierauf weist auch das zweite Beispiel hin, welches von dem „Herbartianer" Ufer stammt. Auf es haben B. Schwenk (1964) und H. Blankertz (1982, S. 153) verwiesen, um an ihm zu verdeutlichen, zu welchen absurden Konstruktionen ein Unterricht Zuflucht nehmen kann, der die von Herbart unterschiedenen sechs Hauptklassen des Interesses additiv und normativ in Beziehung zueinander setzt. Um religiöse und politische Unterrichtsinhalte aus der Reihe der Teilnahme (Umgang/Politik/Religion) mit naturkundlichen und literarischen Unterrichtsinhalten aus der Reihe der Erkenntnis (Erfahrung/Wissenschaft/Kunst) nicht losgelöst voneinander, sondern „ganzheitlich" aufeinander abgestimmt im Unterricht zu vermitteln, hat Christian Ufer 1868 vorgeschlagen, im sechsten Schuljahr im Religionsunterricht das Leben Jesu und den im Evangelium enthaltenen Auftrag zur Missionierung der ganzen Welt durch das Christentum zu behandeln, im Geographieunterricht am Beispiel des Kolumbus die Entdeckungsreisen und die Gründung von Kolonien durchzunehmen, im naturkundlichen Unterricht an den Eigenschaften des Meerwassers, das Kolumbus durchfuhr, das archimedische Prinzip des Auftriebs einzuführen und im Deutschunterricht, damit sich das Interessengebiet der Kunst allenfalls in diesen Zusammenhang einfüge, Schillers Ballade „Der Taucher" zu besprechen.

Dieses Beispiel verdeutlicht, in welche Aporien eine „ganzheitliche" Pädagogik führen kann, welche den Begriff der Moralität ohne Berücksichtigung der problemgeschichtlichen Hintergründe zum vermeintlich ganzen Zweck der Erziehung erhebt, denn in ihm wird das Christentum zur ideologischen Rechtfertigung des Kolonialismus verkürzt und ein willkürlicher Zusammenhang zwischen einer Ballade und einem Gesetz der Mechanik hergestellt bzw. konstruiert und dann als Musterbeispiel ganzheitlichen Lernens ausgegeben.

Dieses zweite Beispiel habe ich nicht erwähnt, um mit seiner Hilfe jeden Versuch, Sinnbezüge über die Grenzen einzelner Lernbereiche und Unterrichtsfächer hinweg herzustellen und zum Gegenstand des Unterrichts zu machen, als absolet zu erweisen, sondern um mit seiner Hilfe zu verdeutlichen, daß Herbarts analytische Gliederung der Lehr-Lernprozesse in eine Reihe der Erkenntnis und eine Reihe der Teilnahme und die dieser Gliederung affine Unterscheidung zwischen sechs Hauptklassen des Interesses zwar zu einem Begriff von Moralität als ganzem Zweck des

Menschen und seiner Erziehung führt, nicht jedoch schon die Lösung der sich mit dieser Aufgabe verbindenden gesellschaftlichen Aporien enthält. Es zeugt von der Größe Herbarts, daß er hierum ansatzweise bereits Anfang des 19. Jahrhunderts gewußt hat. Dies jedenfalls belegt sein Versuch, eine Theorie der Charakterbildung im Sinne des Humanitätsideals gegenseitiger Anerkennung aller Menschen zu begründen, welchen er im dritten Buch der Allgemeinen Pädagogik vorstellt.

4.4. Lernen als Entwicklung der Charakterstärke der Sittlichkeit: Herbarts Theorie der Selbsterziehung (Zucht)

Für Herbarts Theorie der Charakterbildung und Selbsterziehung gilt, was den Zusammenhang von Allgemeiner Pädagogik, Allgemeiner praktischer Philosophie und psychologisch-interaktivem Begriff pädagogischen Wirkens betrifft, dasselbe wie für seine Theorie des erziehenden Unterrichts: Die Zweckbestimmung des sittlichen Charakters folgt aus der praktischen Philosophie, die Theorie der Entwicklung des sittlichen Charakters wird im Hinblick auf den Begriff einer ästhetisch-interaktiven Kausalität pädagogischen Wirkens begründet. Während erziehender Unterricht das Ziel verfolgt, durch die Entwicklung eines vielseitigen Interesses einen einsichtigen Willen zu bilden, ist es Ziel der Charakterbildung, darauf hinzuwirken, daß die Heranwachsenden lernen, über die Grenzen der Standesmoralen ihrer Herkunft hinaus sich gegenseitig als Personen anzuerkennen, d.h. gemäß eigener Einsicht zu handeln und Gehorsam nicht fremden Autoritäten, sondern dem eigenen, einsichtigen Willen gegenüber aufzubringen.

Als erstes entwickelt Herbart einen formalen Begriff der Entwicklung des Charakters, der seine schon erwähnte Kritik an Kants Unterscheidung zwischen intelligiblem und empirischem Charakter (vgl. S. 64ff.) konstruktiv wendet. Dabei versucht er aufzuzeigen, daß die Bildung des Charakters weder mechanischen Gesetzen einer heteronomen Determination des empirischen Charakters folgt, noch aus absolut spontanen Äußerungen eines intelligiblen Charakters hervorgeht, sondern mit ästhetisch-interaktiver, also praktischer Kausalität bewirkt werden kann.

Den formalen Begriff der zeitlichen Konstitution der Charakterstärke der Sittlichkeit stellt Herbart auf, indem er zunächst den Begriff des Charakters in die Begriffe des objektiven und des subjektiven Charakters, dann den Begriff der Sittlichkeit in die Begriffe eines positiven und eines negativen Teils der Sittlichkeit differenziert und anschließend jede dieser vier Stufen nochmals in jeweils zwei Unterstufen gliedert. Daraus ergibt sich, analog zum Schema der Entwicklung der Vielseitigkeit des Interesses in der Zeit (vgl. S. 117), für die Entwicklung der Charakterstärke der Sittlichkeit das folgende Strukturschema:

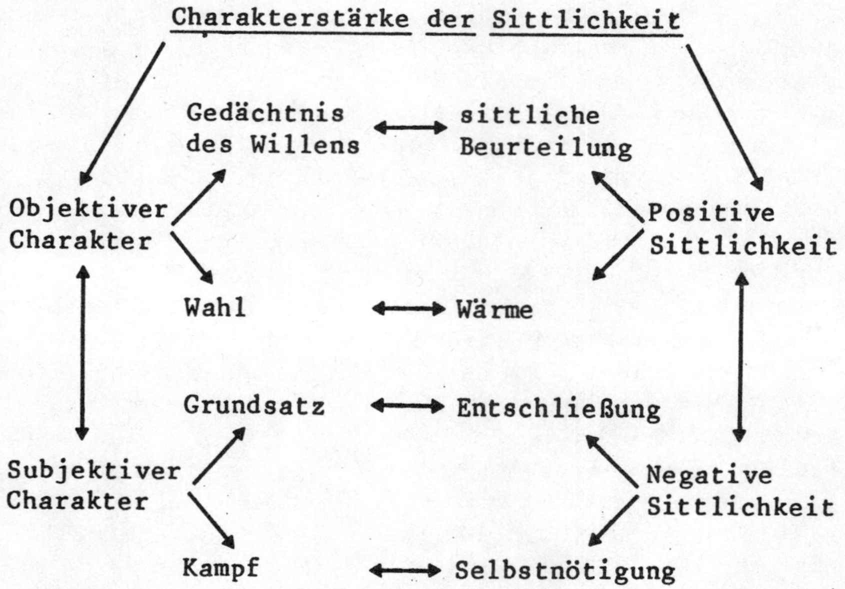

Die beiden linken, vertikalen Spalten dieses Schemas beziehen sich auf die Entwicklung des Charakters überhaupt, die beiden rechten enthalten Zusatzbestimmungen, welche die Entwicklung des sittlichen

Charakters betreffen. Wenden wir uns daher zunächst den linken Spalten zu.

Als objektiven Charakter bestimmt Herbart den Charakter, den ein Mensch aufgrund seiner Handlungen bereits erworben hat. Da diese Handlungen immer schon vergangen und abgeschlossen sind, kann kein Mensch sich seinen Charakter nach Belieben aussuchen, hat vielmehr jeder einen Charakter, der seinen bisherigen Handlungen entspricht. Dies bringt Herbart zum Ausdruck, wenn er den objektiven Charakter im Hinblick auf die ihm zugrunde liegenden vergangenen Handlungen als Gedächtnis des Willens bezeichnet, in welchem die zurückliegenden Taten in ihren Wirkungen, die sie auf die Bildung des Charakters haben, aufbewahrt sind.

Der objektive Charakter bestimmt die Identität des Menschen nicht nur, was die vergangenen, sondern auch, was die künftigen Handlungen betrifft, indem er Prädispositionen dafür vorgibt, wie sich der Einzelne in Zukunft entscheiden wird, wenn er vor die Wahl gestellt ist, unter verschiedenen Handlungsalternativen einer den Vorzug zu geben. Wichtig ist in diesem Zusammenhang, daß der objektive Charakter nicht unmittelbar die Wahl vornimmt, denn dann könnte von einem Charakter, der sich im Handeln bildet, gar nicht mehr die Rede sein, weil allenfalls eine einzige, erste Handlung in früher Kindheit alles folgende Verhalten bestimmte und sich der objektive Charakter in den empirischen, kausaldeterminierten Charakter (Kant) auflöste. Der objektive Charakter bestimmt nicht die Wahl, aber er beeinflußt den Gesamthorizont von Wahlmöglichkeiten, zwischen denen sich der Handelnde in neuen Handlungssituationen entscheidet.

Daß der Mensch nicht nur einen Charakter hat, sondern sich zugleich zu seinem Charakter verhalten kann, bezeichnet Herbart als subjektiven Charakter. Der subjektive Charakter besitzt keinerlei Willkürfreiheit im Verhältnis zum objektiven Charakter, verfügt jedoch über die Freiheit, Grundsätze für künftiges Handeln zu entwerfen und die Richtung, in welche sich der Charakter weiterentwickelt, zu beeinflussen. Stimmen die Grundsätze des subjektiven

Charakters mit den Prädispositionen für künftiges Handeln im objektiven Charakter überein, so wird sich der Charakter insgesamt kontinuierlich entwickeln; stimmen sie jedoch nicht überein mit dem objektiven Charakter, so kommt es zum Kampf, in dem der Handelnde angesichts verschiedener, womöglich einander widerstreitender Motive sich für eine bestimmte Handlung tatsächlich entscheidet und diese dann auch vollzieht. Solche Handlungen gehen hernach in den objektiven Charakter, dessen Gedächtnis des Willens und dessen Prädispositionen der Wahl zwischen Handlungsalternativen, ein, so daß nicht nur der objektive Charakter den subjektiven, sondern auch der subjektive den objektiven Charakter beeinflußt.

Alle Bestimmungen (Gedächtnis des Willens/Wahl/Grundsatz/Kampf), mit denen Herbart die gegenseitige Beeinflussung von objektivem und subjektivem Charakter beschreibt, beziehen sich im Sinne der Unterscheidung zwischen empirischem und intelligiblem Charakter, welche Kant in der Kritik der reinen Vernunft vorgenommen hatte, auf den empirischen Charakter, denn sie beschreiben eine zeitliche Konstitution des Charakters, die Kant ausschließlich dem empirischen Charakter zugestanden hatte. Insofern läßt sich die Wechselwirkung zwischen objektivem und subjektivem Charakter, mit welcher Herbart den Charakter überhaupt beschreibt, als eine Neubestimmung des empirischen Charakters im Sinne Kants deuten, die den Kausalzusammenhang empirischer Handlungen, statt ihn nach dem Muster eines mechanischen Ursache-Wirkungs-Verhältnisses zu bestimmen, in eine Beziehung zwischen zeitlich vorausgegangenen und zeitlich nachfolgenden Handlungen überführt. Temporalität spricht Herbart jedoch nicht nur dem Charakter überhaupt, ganz gleich, um welchen Charakter es sich dabei handeln mag, zu, sondern auch dem sittlichen Charakter, den Kant als intelligiblen Charakter außerhalb aller Zeit als ein Vermögen, eine Reihe von Handlungen spontan zu beginnen, bestimmt hatte. Wenden wir uns daher nun den beiden rechten Spalten in dem obigen Schema zu, um an ihnen Herbarts Neufassung des intelligiblen Charakters zu rekonstruieren.

Analog zum objektiven und subjektiven Charakter unterscheidet Herbart den sittlichen Charakter in einen positiven und negativen Teil der Sittlichkeit. Als positiven Teil der Sittlichkeit bezeichnet er einerseits die Zensur oder sittliche Beurteilung des objektiven Charakters, andererseits die Wärme fürs Gute, die aus einer solchen Beurteilung entstehen kann und dann Einfluß auf die Wahl zwischen verschiedenen Handlungsalternativen nimmt. Unter dem negativen Teil der Sittlichkeit versteht Herbart die kritische Auseinandersetzung des Subjekts mit seinem objektiven Charakter. Diese führt über eine sittliche Entschließung, die den objektiven Charakter z.T. negiert, zu einem Akt der Selbstnötigung zum sittlichen Handeln, in welchem das Subjekt nicht unmittelbar seinem objektiven Charakter, sondern seiner sittlichen Entschließung tätig folgt.

Die Entwicklung des sittlichen Charakters unterscheidet sich von derjenigen des Charakters überhaupt dadurch, daß der Motivationshorizont des sittlichen Charakters (Gedächtnis des Willens) eine sittliche Beurteilung der Motive einschließt, daß die Präferenzen fürs Handeln (Wahl) nicht bloß Präferenzen im Hinblick auf Handlungsalternativen, sondern durch eine Wärme fürs Gute bestimmt sind, daß die Beurteilung nicht irgendwelchen Maximen (Grundsatz) folgt, sondern über eine sittliche Entschließung vermittelt ist, und daß schließlich die Handlung nicht nur Resultat eines Kampfes ist, sondern als sittliche Entschließung in einem Akt der Selbstnötigung dem einsichtigen Willen folgt. Mit Selbstnötigung, einer Nötigung also, die nicht heteronomer Art ist, faßt Herbart das, was Kant als Kausalität aus Freiheit bezeichnet hatte, nur daß Herbart den intelligiblen Charakter im Hinblick auf dessen Auseinandersetzung mit dem empirischen Charakter nicht außerhalb der Zeit, sondern als sich in der Zeit bildenden Charakter denkt.

Herbarts formaler Begriff der Entwicklung der Charakterstärke der Sittlichkeit ist von grundlegender Bedeutung für den systematischen Zusammenhang von Pädagogik und Praktischer Philosophie. Hierzu führt die Allgemeine Pädagogik aus:

„(D)er Sittenlehre bleibt nichts anderes übrig, wenn sie geradezu auf die Menschen wirken will, als sich an das Subjektive der Persönlichkeit (subjektiver Charakter, D.B.) zu wenden, damit sich diese alsdann bei der objektiven Grundlage (objektiver Charakter, D.B.) versuche und zusehe, wieviel sie ausrichten könne.
Der Erziehung hingegen ziemt ein solcher Gang keineswegs. Hier muß das so gewöhnliche als natürliche Phänomen, daß nämlich die Menschen sich zu ihren Neigungen hinterher die Maximen erfinden, ... die Weisung geben, dem objektiven Teile des Charakters ihre vorzügliche Aufmerksamkeit zu widmen, der sich ja unter ... ihrem Einfluß langsam genug erhebt und formt! Ist er zuerst in Ordnung, dann läßt sich von der ordnenden Kraft einer guten Sittenlehre Erfolg erhoffen" (Herbart A II, S. 104; B, S. 142).

Dieses Zitat belegt eindeutig, daß die bei einigen Herbartianern, in der Sekundärliteratur und in Geschichten der Pädagogik immer wieder anzutreffende Deutung, Herbart habe die Ziele der Erziehung aus einer normativen Ethik, die Mittel pädagogischen Handelns aus einer mechanistisch-technologischen Psychologie abgeleitet (vgl. S. 22ff.), der Systematik und Architektonik der Pädagogik Herbarts völlig unangemessen ist. Statt einen solch linearen Zusammenhang von Ethik, Psychologie und Pädagogik zu konstruieren, begründet Herbart den Zusammenhang von Pädagogik und praktischer Philosophie auf ein Verhältnis der Wechselwirkung. Die allgemeine praktische Philosophie gibt der Pädagogik zwar mit dem Begriff von Moralität und Mündigkeit eine verbindliche Zielbestimmung pädagogischen Handelns vor, diese enthält jedoch gerade keine heteronome Normierung der Ziele pädagogischen Handelns, sondern erkennt an, daß das Erlernen von Moralität und Mündigkeit konstitutive Voraussetzung für die reale Möglichkeit von Moralität und Mündigkeit ist.

Daß nach Herbart die Ethik sich vorrangig an den subjektiven Charakter wendet, bedeutet nämlich nichts anderes, als daß Herbarts Ethik auf dem Boden der Philosophie Kants steht und das individuelle Gewissen ausdrücklich anerkennt, also gerade keine normativ-heteronome Beurteilung von Beweggründen,

Motiven und Handlungsantrieben vornimmt, sondern die Urteilskompetenz hinsichtlich der sittlichen Beurteilung der eigenen Beweggründe ausschließlich dem Urteilenden und Handelnden selber zuerkennt. Welche Grundsätze Herbarts Allgemeine praktische Philosophie für die Selbstbeurteilung des Willens durch den Urteilenden und Handelnden aufstellt, wird im folgenden Abschnitt gezeigt, der die nicht-normative Zielbestimmung der pädagogischen Praxis in der Sittenlehre entwickelt.

Die oben zitierte Stelle verweist noch in einer zweiten Hinsicht auf den nicht-normativen Charakter der Praktischen Philosophie Herbarts. Sie erkennt der Sittenlehre nämlich keineswegs nur die Aufgabe zu, einen Begriff der Urteilskompetenz in Fragen der sittlichen Beurteilung zu begründen, sondern macht die Bedeutung, die eine ethische Begründung der Urteilskompetenz für die Urteile beanspruchen kann, die der subjektive Charakter über die Beweggründe des Subjekts trifft, wesentlich vom objektiven Charakter des urteilenden Subjekts abhängig. Die Bildung des objektiven Charakters aber ist vorrangige Aufgabe der Pädagogik, welche als Wissenschaft einen Begriff der Bildung des objektiven Charakters begründet und als Praxis darauf zu achten hat, daß der objektive Charakter der Heranwachsenden sich so bildet, daß der subjektive Charakter in seiner Beurteilung des objektiven Charakters zur Anerkennung der Würde der eigenen Person und der jedes Du fähig ist.

Wie läßt sich der objektive Charakter, der Motivationshorizont der Lernenden, so bilden, daß die Heranwachsenden ihre Handlungsantriebe nach jenen Regulativen einer ethischen Urteilskraft beurteilen lernen, die die Praktische Philosophie begründet und die vom Einzelnen nur anerkannt und befolgt werden können, wenn es über die ethische Begründung der Regulative hinaus auch eine pädagogische Grundlegung der zeitlichen Genese sittlicher Urteilskraft gibt? Diese Grundlegung stellt Herbart vor, indem er die Maßnahmen bestimmt, die im Sinne des bereits erörterten formalen Begriffs der Entwicklung der Charakterstärke der Sittlichkeit die Heranwachsenden dazu befähigen können, daß sich in ihnen aufgrund eigenen

Handelns nicht nur irgendein Charakter überhaupt, sondern ein mündiger, sittlicher Charakter entwickelt.

Von welcher Art können solche Maßnahmen sein? Regierende Maßnahmen im Sinne eines stellvertretenden pädagogischen Gewaltverhältnisses Erwachsener über Heranwachsende sind für die Aufgabe der Charakterbildung untauglich, denn sie sind, wie gezeigt (vgl. S.93ff.),nur dann legitim, wenn sie ausschließlich an uneinsichtigem Handeln hindern, also keine Zwecke im Gemüt des Heranwachsenden verfolgen. Die pädagogischen Maßnahmen zur Charakterbildung wollen jedoch nicht nur an uneinsichtigem Handeln hindern, sondern sollen gerade zum Handeln gemäß eigener, sittlicher Beurteilung der Beweggründe auffordern und verfolgen den Zweck, daß sich im Heranwachsenden ein sittlicher Charakter bildet. Ebenso untauglich wie die regierenden Maßnahmen sind für diese Aufgabe die Maßnahmen des erziehenden Unterrichts (vgl. S. 122), denn im Unterricht gibt es „allemal etwas Drittes, womit Lehrer und Lehrling zugleich beschäftigt sind" (Herbart A II, S. 124; B, S. 162), die pädagogischen Maßnahmen der Charakterbildung zielen jedoch nicht auf etwas Drittes, nicht auf einen anzueignenden Lerngegenstand, sondern auf das Selbstverhältnis des Lernenden zu sich und seinen Beweggründen. Bei ihnen handelt es sich nicht um eine Interaktion von Erwachsenen und Heranwachsenden in der Vermittlung und Aneignung eines Lerngegenstandes in den Reihen der Erkenntnis und Teilnahme, sondern um Maßnahmen innerhalb der Interaktion von Erwachsenen und Heranwachsenden, die sich auf das zwischenmenschliche Handeln selbst beziehen. Damit erhält die pädagogische Frage nach den Maßnahmen der Charakterbildung folgende Form: Wenn sich der sittliche Charakter nur im sittlichen Handeln bildet, wie läßt sich dann ein Einfluß auf das Handeln der Heranwachsenden ausüben, der deren eigenes Handeln als Prinzip der Charakterbildung anerkennt? Die Antwort kann nur lauten: Pädagogische Maßnahmen der Charakterbildung können das Handeln der Heranwachsenden als Prinzip der Charakterbildung nur anerkennen, wenn sie weder regierende noch unterrichtliche Maßnahmen, sondern der Selbsterziehung der Heranwachsenden dienende Maßnahmen sind. Herbart faßt die gesuchten Maßnahmen unter den Begriff der „Zucht", welcher insofern mißverständlich ist, als er mit dem Begriff des „Züchtigens" in Verbindung gebracht werden könnte, betont aber ausdrücklich, daß er Zucht im Sinne von „Ziehen" verstehe (Herbart A II, S. 124; B, S. 162), und daß Zucht das Verhalten des Heranwachsenden nicht von außen heteronom beeinflusse, sondern diesen zur Selbsterziehung auffordere.

Selbsterziehung ist gemäß der Dimensionierung der pädagogischen Praxis in Regierung, erziehenden Unterricht und Zucht auf zweifache Weise zu beeinflussen. Der Heranwachsende kann durch Maßnahmen der Zucht an uneinsichtigem Handeln gehindert werden mit dem Ziel, er möge vor Eintritt in die Sphäre des Handelns seine Handlungsabsichten und die Mittel für den Erfolg seines Handelns überprüfen; in dieser Funktion fordert Zucht den Heranwachsenden dazu auf, seinen Gedankenkreis durch erziehenden Unterricht zu erweitern, damit sich sein Charakter nicht durch voreiliges Handeln festlege. Der Heranwachsende kann durch Maßnahmen der Zucht aber auch zum Handeln gemäß eigener Einsicht ausdrücklich aufgefordert werden; in dieser Funktion verfolgen die Maßnahmen der Zucht das Ziel, daß sich in ihm durch eigenes Handeln sein Charakter bestimme.

Die möglichen Maßnahmen der Zucht als Aufforderung zur Selbsterziehung durch Rückkehr in die Sphäre des Unterrichts bzw. durch Eintritt in die Sphäre des Handelns bestimmt Herbart, indem er zwischen haltender, bestimmender, regelnder und unterstützender Zucht unterscheidet und die verschiedenen Formen der Zucht den Stufen der zeitlichen Konstitution der Entwicklung der Charakterstärke der Sittlichkeit zuordnet. Diesen Zusammenhang verdeutlicht das Schema auf S. 136:

Liest man dieses Schema in Verbindung mit demjenigen von S. 128, so wird deutlich, daß die Maßnahmen der Zucht im Hinblick auf das Gedächtnis des Willens und die sittliche Beurteilung der Handlungsantriebe „haltend", im Hinblick auf die Wahl zwischen Handlungsalternativen und die Wärme fürs Gute „bestimmend", im Hinblick auf die Grundsätze und Regulative der sittlichen Entschließung „regelnd" und im Hin-

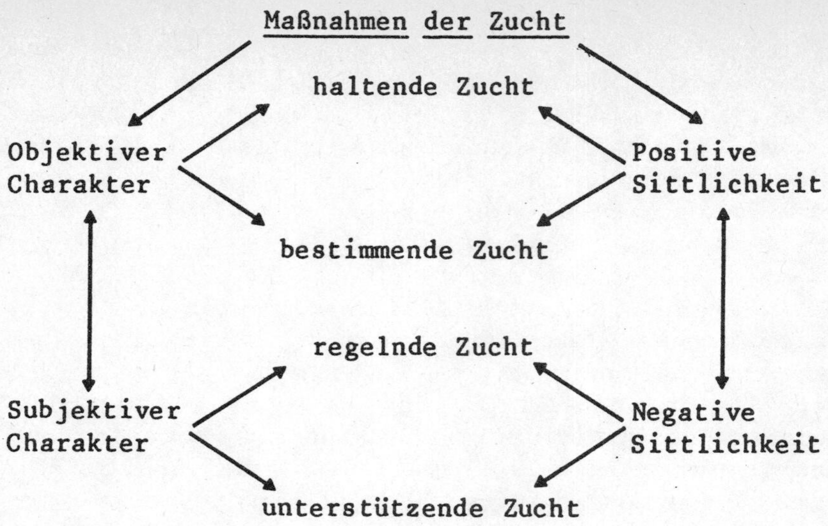

blick auf den Kampf zwischen verschiedenen Beweggründen und die Aufgabe der Selbstnötigung „unterstützend" sein sollen. Was hierunter zu verstehen ist, gilt es nun sowohl für die zu weiterem Unterricht als auch für die zu selbstverantwortlichem Handeln auffordernde Seite der Zucht im einzelnen zu verdeutlichen.

Die allen Maßnahmen der Zucht zugrunde liegende Frage lautet: „Wie soll das Handeln nach eigenem Sinn beschränkt und ermuntert werden?" (Herbart A II, S. 133; B, S. 170). Im Hinblick auf den schon durch vorausgegangenes Handeln erworbenen Motivationshorizont (Gedächtnis des Willens) kann die Zucht nichts ungeschehen machen, denn die Handlungen sind ja vergangen und die Motive und Beweggründe bereits gegeben. Für den Fall, daß der Motivationshorizont des objektiven Charakters sich im Widerspruch zu den Aufgaben einer sittlichen Beurteilung der Handlungsantriebe befindet, gilt es, diesen Widerspruch für den Heranwachsenden erfahrbar zu machen. Dies ist das Anliegen der haltenden Zucht, die den Heranwachsenden mit seinen früheren Handlungen und Erfahrungen konfrontiert und dadurch von voreiligem Handeln abzuhalten sucht, daß sie ihn zum Nachdenken über seine früheren Taten anhält. Haltende Zucht hat somit eine dienende Funktion, denn sie hält den Heranwachsenden von voreiligem Handeln ab, um seinen Gedankenkreis für eine Erweiterung durch erziehenden Unterricht offenzuhalten. Dies gilt auch für die bestimmende Zucht, welche zur Selbsterziehung auffordert und sich auf die Wahl des Heranwachsenden zwischen verschiedenen Handlungsalternativen bezieht, die daraufhin zu prüfen sind, ob die Wahl durch eine Wärme fürs Gute bestimmt ist oder nicht. Die bestimmende Zucht kann die schon abgeschlossenen Taten des Heranwachsenden und die durch sie prädisponierte Wahl ebensowenig ungeschehen machen, wie die haltende Zucht den schon erworbenen Motivationshorizont verändern könnte. Die bestimmende Zucht reagiert auf die Wahl des Heranwachsenden, eine Handlung zu vollziehen oder nicht zu vollziehen, mit Anerkennung oder Nicht-Anerkennung. Für den Fall der Anerkennung geht sie in die regelnde und unterstützende Zucht über, für den Fall der Nicht-Anerkennung konfrontiert sie den Heranwachsenden mit den möglichen Folgen seines Handelns für ihn und andere.

Sobald der Heranwachsende seine Wahl nach Grundsätzen zu begründen in der Lage ist, muß „die Wahl des Zöglings als schon geschehen vorausgesetzt" und auf „alles fühlbare Eingreifen und Vorgreifen" verzichtet werden, denn nun handelt der „Zögling ... selbst; nur an dem Maßstab, den er selbst an die Hand gab, wird er gemessen vom Erzieher" (Herbart A II, S. 137; B, S. 173). Darum sind Maßnahmen einer haltenden, erinnernden Zucht hier gleichermaßen überholt wie solche einer bestimmenden, vorausblickenden Zucht. An deren Stelle müssen nun regelnde Maßnahmen treten, welche sich auf die Grundsätze des subjektiven Charakters des Heranwachsenden beziehen, nach denen der Heranwachsende selber seinen objektiven Charakter beurteilt. Finden sich unter diesen Grundsätzen nicht solche, die im Sinne einer sittlichen Entschließung anerkannt werden können, so müssen Maßnahmen der haltenden und bestimmenden Zucht den Heranwachsenden neuerlich mit dessen vorausgegangenen Handlungen und den Folgen der von ihm angestrebten Handlung für ihn und andere konfrontieren, damit er selber in sich weitere Grundsätze zur Beurteilung seines objektiven Charakters zu entwickeln lerne. Finden sich dagegen unter den Grundsätzen, nach denen der Heranwachsende seine Wahl zwischen Handlungsalternativen beurteilt, sowohl solche, die einer sittlichen Beurteilung entsprechen, als auch solche, die ihr nicht genügen, so geht die regelnde in die unterstützende Zucht über. Auch sie hält sich an die Grundsätze des Heranwachsenden, unterstützt im Kampf der Grundsätze miteinander nun jedoch diejenigen, die den Regulativen der Allgemeinen praktischen Philosophie entsprechen, um so den Heranwachsenden zur Selbstnötigung aufzufordern, der eigenen Einsicht gemäß zu handeln.

Allen Maßnahmen der Zucht ist gemeinsam, daß sie im Unterschied zur Kinderregierung keine Gewalt über den Heranwachsenden anstreben, sondern diesen mit sich selbst konfrontieren. Die haltende Zucht hält ihm seine früheren Taten und deren Folgen, die bestimmende die möglichen Folgen künftiger Taten vor, die regelnde Zucht fordert ihn auf, selber nach eigenen Grundsätzen über die Qualität seines Handelns zu urteilen, und die unterstützende Zucht schließlich ermuntert zum Handeln gemäß eigener Einsicht. Die Sphäre pädagogischen Handelns in der Dimension der Zucht und Selbsterziehung ist nicht mehr der erziehende Unterricht, sondern die Beratung im Gespräch. In ihr gibt es letztlich keine Lehrer und keine Lernenden, keine Erzieher und keine Zu-Erziehenden mehr, denn die Aufgabe der Selbsterziehung gilt für die Erwachsenen ebenso wie für die Heranwachsenden.

Um ermessen zu können, welch weitreichende pädagogische, ethische und politische Ansprüche in dieser Theorie der Charakterbildung angelegt sind, müssen wir uns abschließend mit dem vierten Kapitel des dritten Buches der Allgemeinen Pädagogik auseinandersetzen. In ihm fragt Herbart danach, welchen Einfluß das Handeln, der Gedankenkreis, die Anlagen und die Lebensart auf die Entwicklung des Charakters haben, und begründet aus den Antworten, die er auf diese Fragen gibt, eine pädagogische Gesellschaftskritik, die bis heute nicht an Schärfe verloren hat.

Was die Bestimmung der Einflüsse des Handelns und des Gedankenkreises auf die Charakterbildung betrifft, begegnen wir hier wieder dem vierten Modell zur Vermittlung von Theorie und Praxis, welches Herbart in seiner ersten Vorlesung über Pädagogik entworfen hatte (vgl. S. 37ff.). Dem Gedankenkreis, der sich in der alltäglichen Erfahrung und im zwischenmenschlichen Umgang entwickelt und der durch erziehenden Unterricht zur Vielseitigkeit des Interesses erweitert werden kann (vgl. S. 113ff.), erkennt Herbart durchaus eine grundlegende Bedeutung für die Entwicklung des Charakters zu. Denn dem Einseitigen, der ausschließlich unter dem Einfluß der Welterfahrung und der Umgangsform seines Standes aufwächst, ist sein Charakter durch seine standesspezifische Einseitigkeit vorbestimmt. Dennoch begrenzt Herbart die Reichweite des erziehenden Unterrichts, welcher über Erfahrung und Umgang hinausführt, auf diejenige der Förderung eines vielseitigen Interesses, ohne welches freilich Charakterbildung in einem humanen, über Standesgrenzen hinausweisenden Sinne nicht möglich ist. Als Prinzip der Charakterbildung erkennt Herbart jedoch die unterrichtliche Erweiterung von Erfahrung und Umgang nicht an. So wie sich der pädagogische Takt in seinem Bewußtseinshorizont durch Theorie zwar beeinflussen läßt, als solcher aber erst in der Praxis bildet, so läßt sich auch die Entwicklung des sittlichen Charakters, was die Überschreitung der Grenzen standesspezifischer Moralen betrifft, durch erziehenden Unterricht zwar fördern; gleichwohl ist das „Handeln ... das Prinzip des Charakters" (Herbart A II, S. 112; B, S. 150).

Das Handeln, von dem hier die Rede ist, ist das Handeln der Heranwachsenden, welches durch die Maßnahmen eines erziehenden Unterrichts und einer haltenden, bestimmenden, regelnden und unterstützenden Zucht zwar provoziert werden kann, als solches aber unabnehmbare Aufgabe der Heranwachsenden selbst ist. Indem Herbart so den Charakter in seiner Genese als über das reflektierte Handeln der lernenden Subjekte vermittelt begreift, wendet er sich gleichermaßen gegen jedweden Versuch, den Charakter der Einzelnen linear auf Anlagen- oder Umwelteinflüsse zurückzuführen, lehnt er gleichermaßen Auffassungen ab, die einer nativistischen Anlagendetermination oder einer empiristischen Umweltdetermination, oder gar beiden zugleich, den entscheidenden Einfluß in der Entwicklung des Charakters zuerkennen. Zwar leugnet er nicht, daß Anlagen und Umweltbedingungen die Entwicklung der Identität des Einzelnen beeinflussen; deren Einflüsse lassen sich jedoch durch einen erziehenden Unterricht, in welchem der Heranwachsende an der Entwicklung seines Gedankenkreises selbsttätig mitwirkt, und durch Maßnahmen der Zucht, welche den Heranwachsenden zur Selbstprüfung und Selbstbeurteilung des eigenen Willens auffordern, dahingehend modifizieren, daß ihnen keinerlei theoretische oder logische Erklärungsrelevanz mehr im Hinblick auf die tatsächliche Entwicklung des Charakters zukommt. Statt Anlagen und/oder Umwelteinflüssen eine bestimmende Relevanz hinsichtlich der Möglichkeiten und Grenzen der pädagogischen Praxis einzuräumen, erkennt Herbart den Anlagen nur einen begrenzten und den Umwelteinflüssen zwar einen ungleich größeren, jedoch nur begrenzenden oder erweiternden Einfluß zu.

Den Einfluß der Anlagen begrenzt Herbart in zweifacher Hinsicht. Zum einen unterscheiden sich die menschlichen Anlagen von denjenigen aller anderen Lebewesen dadurch, daß in ihnen die künftige Bestimmung des Menschen nur formal, nicht aber material - wie bei Pflanze und Tier - angelegt ist: „Was nun die Anlage betrifft, so besteht, außerordentliche Fälle abgerechnet, der wichtigste Unterschied durchaus nicht in dem, wozu der Mensch Neigung und Leichtigkeit zeigt, sondern vielmehr in einer formalen Eigenheit, welche bei den Individuen gradweise verschieden ist: nämlich darin, ob ihre Gemütslage leichter oder schwerer wechselt" (Herbart A II, S. 115; B, S. 153). Untereinander unterscheiden sich Menschen nur gradweise oder quantitativ, nicht aber qualitativ in ihren Anlagen. Jeder ist zur Vielseitigkeit des Interesses, sieht man von pathologischen Grenzfällen einmal ab, fähig, und das Maß der dem einzelnen möglichen Vielseitigkeit ergibt sich erst aus seinen Lernprozessen, steht also niemals unabhängig von diesen fest. Denn da „das Handeln den Charakter macht, so ist in den früheren Jahren von ihm hauptsächlich nur dasjenige vorhanden, was innerlich strebt zur Tat, gleichsam das flüssige Wesen, aus welchem er sich in der Folge nur zu rasch kristallisieren wird ... Aber dann ist die Erziehung geschehen, ihre Zeit verflossen, die Empfänglichkeit für sie erschöpft; und ihr Werk, man muß es bekennen, zum Teil dem Zufall preisgegeben, gegen welchen nur vollkommen gleichmäßige Ausbildung des Subjektiven und des Objektiven der Persönlichkeit einigermaßen Sicherheit leistet" (ebd.).

Aber nicht nur untereinander unterscheiden sich die Menschen, was ihre Anlagen betrifft, lediglich in quantitativer Hinsicht; auch für das einzelne Individuum erkennt Herbart den Anlagen nur eine quantitative Bedeutung zu: „Es kommt nun allerdings auch der Unterschied in den Anlagen für die Charakterbildung in Anschlag, welcher bestimmt, was dem Individuum leichter und schwerer gelinge. Denn was gelingt, das wird gern getan und oft wiederholt, und kann es nicht Zweck werden, so dient es wenigstens als Mittel; es wirkt folglich als eine Kraft, gewisse andere Zwecke zu begünstigen und die Geistesrichtung dahin zu verstärken. Indessen der hohe Grad des Gelingens einzelner Tätigkeiten, welcher ein besonderes Genie auszeichnet, ist für Charakterbildung keineswegs willkommen. ... Nur das universelle Genie, wenn es ein solches gibt, ist wünschenswert. Mit einzelnen Abnormitäten, welche die Natur in der Anlage zuließ, darf die Erziehung nimmermehr gemeine Sachen machen, oder der Mensch ist zerrüttet. Unter dem Titel bescheidener Liebhabereien mögen sich schöne Talente in Nebenstunden ausbilden und sehen, wie weit sie kommen können. Es ist die Sache des Individuums, ob es einen Beruf danach zu bestimmen wage; der Erzieher kann zugleich Ratgeber sein, aber die Erziehung arbeitet nicht für den Beruf" (Herbart A II, S. 116ff.; B, S. 155).

Die Begrenzung des möglichen Einflusses der Anlagen auf die Bildung der Einzelnen nimmt Herbart, wie diese Stellen eindrucksvoll belegen, sowohl aus erkenntnistheoretisch-entwicklungslogischen Gründen, die sich auf die Grundstruktur pädagogischer Interaktion beziehen, als auch aus ethischen Gründen vor. In erkenntniskritischer Sicht kommt den Anlagen nur eine quantitative Bedeutung zu, weil wir sie nie an sich, sondern nur nach vorausgegangenen Lernprozessen der Heranwachsenden erkennen können, die zudem immer schon durch Erfahrung und Umgang, aber auch durch Unterricht und die Lebensart, an der die Heranwachsenden teilgenommen haben, beeinflußt worden sind. Wollte man nun, in Verkennung des erkenntniskritischen Arguments, den sich zeigenden, also vielfältig vermittelten Anlagen dennoch eine qualitative, statt nur eine quantitative Bedeutung beimessen, so geriete die pädagogische Praxis in Widerspruch zur sittlichen Aufgabe, jeden Einzelnen als Selbstzweck anzuerkennen und nicht nur als Mittel für fremde Zwecke zu gebrauchen. Bedeutsam ist, daß Herbart seine ethische Kritik an der Auffassung einer Anlagendetermination der künftigen Bestimmung des Einzelnen sowohl für den Fall aufrechterhält, daß jemand sich, bei ansonsten bescheidenen „Anlagen", wenigstens in einer „Anlage" ein wenig hervortut, als auch für den anderen Fall, daß jemand „ein besonderes Genie" zeigt. Beide „Fälle" kennzeichnet Herbart als solche der Einseitigkeit, durch die sich niemand als Selbstzweck anerkennen und in sich einen sittlichen Charakter ausbilden kann, beide konfrontiert er mit dem „universellen Genie", zu dem vielleicht nur wenige sich bilden können, nach dem aber jeder streben muß, um die ihm mögliche Vielseitigkeit „gleichschwebend" zu erreichen. Einseitigkeit mag ein Attribut der spezifischen Berufstätigkeit sein, für die sich die Einzelnen entscheiden, kann jedoch nicht einmal beim „besonderen Genie" der pädagogischen Praxis zur Richtschnur dienen.

Der Vorrang, den Herbart mit Humboldt der Allgemeinbildung, d.h. der Förderung größtmöglicher Vielseitigkeit aller, gegenüber der Berufsbildung einräumt, ist letztlich ethisch und politisch begründet. Dieser Vorrang schließt keineswegs eine Verbindung von Allgemeinbildung und Berufsbildung aus, denn nicht die im erziehenden Unterricht zu erwerbende Vielseitigkeit, sondern das Handeln allein wird als Prinzip des Charakters anerkannt. Wohl aber bindet die Vorrangstellung, welche der allgemeinen vor der beruflichen Bildung zukommt, die Vereinbarkeit beider an die Voraussetzung, daß jeder beruflichen Spezialisierung eine Förderung der größtmöglichen Vielseitigkeit aller vorausgehe. Der allgemeinen vor der beruflichen Bildung diesen Vorrang zuzuweisen, war zu Herbarts Zeit unverzichtbares Moment eines Programms zur Überwindung der Standesgrenzen, welche die künftige Bestimmung der Einzelnen geburtsständisch festlegten.

Mit seiner zweifachen Begrenzung des Einflusses der Anlagen auf die Bildung des Charakters, nach welcher sich die Anlagen interindividuell, als formale, nur quantitativ unterscheiden, und nach welcher die materialen Besonderheiten spezifischer Anlagen intraindividuell gerade nicht unter Begünstigung der am stärksten hervortretenden und unter Vernachlässigung aller anderen bis zur Einseitigkeit zu fördern sind, formulierte Herbart ein Programm für eine universelle Bildung des Menschen, welches sowohl für den Vergleich einzelner Individuen miteinander als auch für den Vergleich spezifischer Anlagen innerhalb ein und desselben Individuums untersagt, quantitative Unterschiede zu qualitativen zu erheben. Auf diese Weise versuchte Herbart ein pädagogisch-gesellschaftskritisches Bewußtsein dafür zu schaffen, daß der Begriff der Anlage, da er in formaler Hinsicht zunächst nur die Unbestimmtheit des Menschen für bestimmte Tätigkeiten kennzeichnet und in materialer Hinsicht gerade nicht die Begünstigung der jeweils am stärksten hervortretenden Fähigkeiten des Individuums gutheißt, niemals zum Kriterium für die aufgegebene Bestimmung des einzelnen Menschen erhoben werden darf.

Im Unterschied zu den Anlagen, die sich nie als solche, sondern nur vermittelt über Lernprozesse, die ihrerseits vielfältig beeinflußt sind, zeigen, erkennt Herbart der Lebensart keineswegs einen begrenzten, sondern durchaus einen bestimmenden Einfluß auf die Charakterbildung zu. Während jedoch die in Stände und Berufe gegliederten Lebensarten ausnahmslos darauf ausgerichtet sind, die künftige Bestimmung der Heranwachsenden im vorhinein zu definieren und Vielseitigkeit nach Maßgabe standesspezifischer Kriterien zu beurteilen, gilt es in pädagogischer, ethischer und politischer Hinsicht eine Lebensart zu entwickeln, welche die künftige Bestimmung der Heranwachsenden nicht nach Maßgabe vorgegebener Ordnungsstrukturen definiert, sondern die vorgegebenen Ordnungsstrukturen im Hinblick auf die größtmögliche Vielseitigkeit der Einzelnen überprüft (vgl. Humboldt 1792, S. 106). Dies aber setzt voraus, daß an die Stelle des „härtenden Prinzips" der nach Ständen geordneten Lebensarten eine bürgerliche Öffentlichkeit tritt, in welcher das Handeln der

Heranwachsenden, ohne durch Standesgrenzen beschränkt zu sein, als Prinzip der Charakterbildung anerkannt ist:

„Ich bin aber überzeugt, daß man das eigentlich härtende Prinzip für den Menschen ... nicht eher finden wird, als bis man eine Lebensart für die Jugend einrichten lernt, wobei sie nach eigenem, und zwar nach eigenem richtigen Sinn eine in ihren Augen ernste Wirksamkeit betreiben kann. Sehr viel würde dazu eine gewisse Öffentlichkeit des Lebens beitragen. Aber diejenigen öffentlichen Akte, welche bisher gewöhnlich sind, dürften die Kritik schlecht bestehen. Denn es fehlt ihnen meistens das erste Erfordernis eines charakterbildenden Handelns; sie geschehen nicht aus eigenem Sinn ... Man bedenke unsere Examina durch alle Schulklassen von unten an bis hinaus zur Doktordisputation! Man nehme, was man will, die Reden, die theatralischen Übungen hinzu, wozu zuweilen junge Leute dreist und gewandt werden. Künste des Scheins können gewinnen durch das alles; die Kraft, sich selbst darzustellen und festzuhalten, worauf der Charakter beruht, wird der künftige Mann, den Ihr durch jene Übungen führtet, vielleicht einmal ebenso schmerzlich als vergeblich in sich suchen!
Fragt man mich, was denn für bessere Übungen statt jener zu empfehlen wären, so gestehe ich, die Antwort schuldig zu bleiben. Ich glaube nicht, daß in unserer jetzigen Welt bedeutende allgemeine Einrichtungen, um die Jugend zweckmäßig in Handlungen zu setzen, getroffen werden können; aber ich glaube, daß desto mehr die Einzelnen alle Bequemlichkeiten ihrer Lage durchsuchen sollten, um dem Bedürfnis der ihrigen zu entsprechen; ich glaube, daß eben in dieser Hinsicht Väter, die ihre Söhne zeitig an Familienangelegenheiten teilnehmen lassen, sich um deren Charakter verdient machen" (Herbart A II, S. 118; B, S. 156f.).

Der bestimmende Einfluß der Lebensart kann demnach begrenzend oder erweiternd sein. Ob er erweiternd ist, hängt entscheidend davon ab, ob sich eine öffentliche Form des Zusammenlebens politisch entwickeln läßt, an welcher die nachwachsende Generation in einem für sie „eigenen Sinn" mit „ernster

Wirksamkeit" teilnehmen kann. Die Maxime, die nachwachsende Generation nach „eigenem, ... richtigen Sinn" in dieser Öffentlichkeit und an deren Aufbau teilnehmen zu lassen, richtet sich auf die Aufgabe, standesspezifische Traditionen beruflicher und moralischer Unterweisung und Erziehung zu überwinden; die Maxime, einer solchen Beteiligung durchaus den Charakter „ernster Wirksamkeit" zuzugestehen, verweist auf das Problem, daß solche Wirksamkeit durch die Beteiligung der Heranwachsenden an den vorhandenen Formen der Berufstätigkeit zwar durchaus gegeben war, dort allerdings dazu führte, daß die nachwachsende Generation jeweils standesspezifisch erzogen und unterwiesen wurde. „Eigenen Sinn" der Heranwachsenden und „ernste Wirksamkeit" miteinander zu vermitteln, war das Programm der Allgemeinen Pädagogik Herbarts, die einerseits auf eine Erweiterung von Erfahrung und Umgang durch erziehenden Unterricht, andererseits auf die Überwindung der Standesmoralen durch eine Charakterbildung zur Sittlichkeit setzte, welche einzig das Handeln als Prinzip anerkannte. Folgerichtig schließt die Allgemeine Pädagogik mit der Frage, wie eine solche Anerkennung gesellschaftlich möglich sein könne:

„Dies führt mich auf die Hauptbemerkung, welche ich in pädagogischer Rücksicht hier zu machen habe. An sich nämlich würde die große Angelegenheit der Erziehung, daß in der Jugend der rechtliche Sinn früh lebhaft werde, ... ohne Schwierigkeit von selbst gehen, die sittlichen Auffassungen, welche hierher gehören, würden unter allem die ersten und natürlichsten sein, wenn man die Kinder mehr nach eigener Weise sich untereinander schicken und gesellen ließe und füglich lassen könnte" (Herbart A II, S. 149; B, S. 185).

Wie eine Gesellschaft beschaffen sein müßte, in welcher Heranwachsende und Erwachsene die beiden Bedingungen der realen Möglichkeit von Moralität und Mündigkeit, den einsichtigen Willen und die Vielseitigkeit des Interesses sowie den Gehorsam eigener Einsicht gegenüber und die Charakterstärke der Sittlichkeit, anerkennen können, ist Thema und Gegenstand der Allgemeinen praktischen Philosophie, der wir uns im folgenden zuwenden.

5. Zum Verhältnis von Ethik, Pädagogik und Politik

Herbarts „Allgemeine praktische Philosophie" (1808)

Jede Ethik, ganz gleich, ob es sich um eine naive Ethik im Sinne einer bestimmten Sitte, oder eine philosophische, oder wissenschaftliche Ethik handelt, weist Bezüge zu pädagogischen Fragen und Problemstellungen auf. Die Sitte beansprucht nicht nur eine Anerkennung durch diejenigen, die schon in sie eingeführt sind, sondern auch die Anerkennung derjenigen, die als Heranwachsende noch in sie eingeführt werden müssen. Und philosophische und wissenschaftliche Klärungsversuche desen, was unter einer guten Ordnung des Zusammenlebens der Menschen zu verstehen ist, richten sich ebenfalls niemals nur an die Erwachsenen, sondern zugleich an die Heranwachsenden. In systematischer und problemgeschichtlicher Hinsicht lassen sich alltägliche und philosophisch-wissenschaftliche Ethiken danach ordnen, ob in ihnen der Bezug zu pädagogischen Fragen und Aufgaben vorrangig von der Ethik her bestimmt ist, oder ob auch umgekehrt in die Ethik Bezüge eingegangen sind, die nicht nur die Pädagogik ethisch, sondern darüber hinaus auch die Ethik pädagogisch bestimmen. Ohne pädagogische Momente kommt keine Ethik aus, da das, was die Sitte gebietet oder die philosophisch-wissenschaftliche Ethik als ethische Urteilskraft bestimmt, von den Heranwachsenden angeeignet und gelernt werden muß, also keinesfalls als immer schon gelernt und gekonnt vorausgesetzt werden kann. Je nachdem nun, ob die Erziehungstatsache vorrangig ethisch bestimmt wird oder in die Ethik selbst explizit ein pädagogischer Begriff der Erziehung eingeht, verengt oder erweitert sich der Horizont praktischer Philosophie. In dem einen Fall geht die praktische Philosophie in einer bestimmten Ethik auf, in dem anderen Fall wird die praktische Philosophie zu einer allgemeinen Philosophie der Praxis, welche ethische und pädagogische Fragen in ihrem systematischen Zusammenhang erörtert.

Die Ethik der Antike, insbesondere Platons Politeia und Nomoi, aber auch die aristotelische Ethik und Politik, war eine politische Ethik, welche eine auf den Gesamtzweck der Polis gerichtete Ordnung der menschlichen Tätigkeiten entwarf und nicht nur die pädagogische Praxis, sondern mit dieser zugleich die Moralen der einzelnen Stände der Polis teleologisch an einem Begriff des Gesamtzwecks der staatlichen Gemeinschaft ausrichtete (vgl. hierzu S. 50ff.). Für die pädagogische Praxis hatte dies zur Folge, daß ihre Legitimation vorrangig teleologisch erfolgte und die Anerkennung des Lernenden und Heranwachsenden als Selbstzweck nicht einschloß. Eindrucksvoll belegen das die folgenden Stellen aus der Politik des Aristoteles:

„Daß nun der Gesetzgeber sich vor allem mit der Erziehung der Jugend beschäftigen muß, wird niemand bezweifeln, denn wenn dies in den Staaten nicht geschieht, werden die Verfassungen geschädigt - die Staatsbürer müssen ja im Hinblick auf die jeweilige Verfassung erzogen werden - ... Da aber das Endziel des ganzen Staates ein einziges ist, so liegt es zutage, daß auch die Erziehung für alle eine und dieselbe und die Sorge für sie eine gemeinsame sein muß und keine private, wie es jetzt gehalten wird, wo ein jeder privat sich um seine Kinder kümmert und sie privat unterrichten läßt, wie es ihm gutdünkt. Denn was gemeinsame Angelegenheit ist, das muß auch gemeinsam geübt werden. Außerdem aber muß man auch nicht glauben, daß irgendein Bürger sich selbst gehört, sondern daß alle dem Staat angehören, denn jeder ist ein Glied des Staates; die naturgemäße Sorge für das einzelne Glied aber ist immer nur diejenige, welche dabei die für das Ganze im Auge hat" (1337a 10 - 32).

„Wenn nun aber der Gesetzgeber von Anfang an darauf sehen muß, daß die Körper der zu Erziehenden möglichst tüchtig werden, so wird er zunächst seine Sorgfalt auf die Ehen zu richten und zu bestimmen haben, wann und von was für Leuten Ehen geschlossen werden sollen. Außer der Beschaffenheit kommt nämlich auch das Lebensalter derselben in Betracht. Und hier ist denn bei den gesetzlichen Bestimmungen zunächst darauf zu sehen, daß sie in bezug auf das

Alter, was die Zeugungsfähigkeit betrifft, gleichen Schritt halten und kein Mißverhältnis ihrer Kräfte eintritt, indem der Mann etwa noch zeugungsfähig ist und die Frau nicht mehr oder umgekehrt, denn so etwas verursacht gegenseitige Zwistigkeiten und Mißhelligkeiten. Dazu kommt dann ferner auch die Rücksicht auf die Zeit, in welcher die Kinder in die Stelle der Väter eintreten sollen. Denn in dieser Hinsicht ist es wiederum weder gut, wenn die Kinder allzu sehr im Lebensalter hinter ihren Eltern zurückstehen, noch auch, wenn sie dem er letzteren selber allzu nahe kommen ... Und hiernach ist es denn nun angemessen, die Weiber mit achtzehn und die Männer etwa mit siebenunddreißig Jahren oder etwas darunter zu verheiraten" (1334b 29 - 1335a 29).

„Was aber die Aussetzung oder Auferziehung der Neugeborenen betrifft, so sei es Gesetz, kein verkrüppeltes Kind aufzuziehen, doch wegen der Zahl der Kinder eins auszusetzen muß die Ordnung der Sitten verhindern. Denn zwar muß die Zahl der zu erzeugenden Kinder begrenzt sein, wenn dann aber über dieselbe hinaus Eheleute noch Kinder bekommen, so müssen diese Leibesfrüchte, bevor sie noch Wahrnehmung und Leben haben, abgetrieben werden, denn nach dem Vorhandensein von Wahrnehmung und Leben muß es hier sich richten, was erlaubt und was nicht erlaubt ist" (1335b 20 - 27).

Die Ethik der Neuzeit, nicht nur diejenige Kants, sondern schon Rousseaus praktische Philosophie und im Anschluß und in Auseinandersetzung mit Kant Herbarts und Schleiermachers praktische Philosopohie, kennt eine solche teleologische Legitimation und Ableitung der Pädagogik aus einer politischen Ethik nicht mehr. Gegenüber der Ethik der Antike zeichnet sich die neuzeitliche Ethik dadurch aus, daß sie nicht von einem teleologischen Ordnungszusammenhang aller Tätigkeiten in einer politischen Einheit, sondern von der Autonomie, Unverletzbarkeit und Würde des Individuums ausgeht. An die Stelle der antiken Fragestellung, wie der Einzelne beschaffen sein müsse, um Teil und Moment des sittlichen Ganzen der Polis sein zu können, tritt die Frage, wie eine gesellschaftliche Ordnung gefunden werden könne, in der sich die Freiheit des Individuums mit der gegenseitigen Anerkennung der Individuen als Person vereinbaren läßt, und wie eine Höherentwicklung der Gesellschaft und der Individuen durch Politik und Pädagogik zu denken und zu begründen sei, die weder die Einzelnen nach Maßgabe der überindividuellen Teleologie einer politischen Einheit funktional bestimmt, noch die Hervorbringung einer gesellschaftlichen Ordnung gegenseitiger Anerkennung der Subjekte als Selbstzweck in die Willkürfreiheit und das Belieben der Einzelnen stellt. Die praktische Philosophie der Neuzeit, soweit sie diesen Fragen verpflichtet ist, ist nicht mehr vorrangig eine politische Philosophie mit einer Pädagogik als angewandtem Teil der Politik, sondern entwickelt eine Neubestimmung des Verhältnisses von individueller Ethik, öffentlicher Politik und individueller und gesellschaftlicher Pädagogik, welches keiner dieser drei Disziplinen und Praxen einen Vorrang gegenüber den jeweils beiden anderen einräumt.

Für Herbarts Allgemeine praktische Philosophie soll dies im folgenden in drei Schritten gezeigt werden. Zunächst wird Herbart als Kant-Kritiker und Kantianer vorgestellt und der Ansatz seiner Allgemeinen praktischen Philosophie als ein Versuch zur Vermittlung von antiker und neuzeitlicher Ethik interpretiert, welcher jedwede teleologische Bestimmung der Moralität vermeiden will. In einem zweiten Schritt wird der dialektische Zusammenhang von Ethik, Pädagogik und Politik am systematischen Kernstück der Allgemeinen praktischen Philosophie Herbarts, an deren Ideenlehre, vorgestellt; und in einem dritten Schritt wird schließlich die dreifache Handlungsrelevanz dieser praktischen Philosophie bezogen auf die individuelle sittliche, öffentliche politische und individuelle und gesellschaftliche pädagogische Praxis skizziert (vgl. hierzu K.S. Just 1867; Döpp-Vorwald 1962; D. Benner 1967; W. Schmied-Kowarzik 1967; Herbart 1986, S. 192ff.).

5.1. Herbart als Kant-Kritiker und Kantianer

Soweit sich die vorliegende Sekundärliteratur mit Herbarts Stellung zu Kant befaßt, wird Herbart vorrangig als Kritiker Kants dargestellt (z.B. Hornstein 1959; Blankertz 1982). Zweifellos war Herbart ein Kritiker Kants. Er lehnte die in Kants Zwei-Welten-Theorie begründete Aufteilung des Menschen in einen empirisch-determinierten und intelligibel-freien Charakter ebenso ab, wie er den kategorischen Imperativ als einziges Gebot praktischer Vernunft kritisierte. Aber als Kant-Kritiker war Herbart zugleich Kantianer. Eine mechanische Bestimmung des Seelenlebens, welche das Individuum in seiner Einmaligkeit nach äußeren Gesetzen in Analogie zu den Gesetzen der klassischen Mechanik deduzierte, hielt Herbart, wie Kant, für unvereinbar mit dem Begriff der Freiheit des Willens und der ethischen und moralischen Urteilskraft des Menschen. Diese jedoch mit Kant in einer reinen, außerzeitlichen Spontaneität eines intelligiblen Willens zu verankern, schien Herbart keine befriedigende Beantwortung der Frage zu sein, wie Freiheit und Determination miteinander vereinbar sind (vgl. S. 127ff.).

Mit seiner Unterscheidung zwischen objektivem und subjektivem Charakter und mit seiner Differenzierung der Aufgaben pädagogischen Handelns in die negative Aufgabe der Regierung der Kinder, in die Aufgabe der Erziehung durch Unterricht und in die Aufgabe der Zucht als Aufforderung zur Selbsterziehung entwarf Herbart ein Proramm für eine pädagogische Praxis, die sich weder auf die Determination des empirischen Charakters des Menschen noch auf die bloße Selbstbildung des intelligiblen Charakters des Menschen versteht, sondern die reale Möglichkeit pädagogischen Handelns an Wirkungen zurückbindet, die weder bloß mechanischer noch rein intelligibler Art, sondern der zeitlichen Konstitution von Urteils- und Handlungskompetenz angemessen sind.

In seiner Allgemeinen praktischen Philosophie ist Herbart Kant-Kritiker insofern, als er den kategorischen Imperativ als einziges Kriterium moralischer Urteilskraft ablehnt, zugleich jedoch Kantianer, indem er mit Kant jedwede materiale und heteronome Normierung von Moralität nach Gesichtspunkten gesellschaftlicher und individueller Nützlichkeitsmaximen ausschließt. Insoweit erkennt Herbart den kategorischen Imperativ Kants, welcher das unbedingte Gebot gegenseitiger Anerkennung der Menschen als Person und Selbstzweck formuliert, durchaus an. Aus dieser Anerkennung zieht Herbart jedoch einen über Kant entscheidend hinausführenden Schluß.

Kant hatte, um die aufgegebene Moralität des intelligiblen Charakters des Subjekts von einer mehr oder weniger gegebenen Übereinstimmung des empirischen Charakters des Subjekts mit Geboten einer vorgegebenen inhaltlichen Rechtsordnung abgrenzen zu können, zwischen Moralität und Legalität unterschieden. Dieser Unterscheidung zufolge kann eine legale Handlung moralisch sein, wenn sie aus der Achtung des kategorischen Imperativs vollzogen wird, oder auch nur legal sein, z.B. wenn der Handelnde eine vorgegebene Rechtsordnung nur aus Furcht vor Sanktionen einhält, die mit der Verletzung dieser Rechtsordnung verbunden sind oder sein können. Ebenso kann eine moralische Handlung durchaus auch legal sein, wenn sich die innere Achtung des kategorischen Imperativs mit einer äußeren Übereinstimmung, was die Norm einer Sitte oder eines Rechtssystems betrifft, verbindet. Kant schätzte sogar die Begrenzung menschlicher Willkür durch allgemeingeltendes Recht so hoch ein, daß er die Legalität einer Handlung im rechtsstaatlichen Sinne zwar von der Moralität einer Handlung unterschied, gleichwohl die Moralität grundsätzlich in Übereinstimmung mit der Legalität dachte und Fälle, in denen es moralisch geboten ist, illegal zu handeln, geradezu ausschloß. Wir müssen heute anerkennen, daß moralisches Handeln im Grenzfall durchaus auch illegal sein kann, wenn nämlich der Handelnde seinem Gewissen folgt und, um sich und eine andere Person als Du anzuerkennen, gegen die vorgegebene Rechtsordnung verstößt. Schließlich wird man auch einräumen müssen, daß eine legale Handlung unmoralisch sein kann, dann nämlich, wenn in ihr, in Übereinstimmung mit einer Rechtsordnung, die eigene oder die fremde Person lediglich als Mittel gebraucht wird, So war und ist z.B. die Entscheidung staatlicher Politik, einen in der Hand von Terroristen gefangenen Bürger durch die Freilassung von Straftätern nicht zu retten, sondern den Tod des betroffenen Bürgers - womöglich gegen dessen erklärten Willen - als Mittel zu gebrauchen, um die Rechtsordnung zu schützen, zweifelsfrei legal, aber die Preisgabe des Opfers und die Hinnahme seines Todes kann nur dann, wenn sie vom Opfer selbst gewollt wird, moralisch genannt werden, nicht aber die politische Handlung, die das Opfer preisgibt.

Auch wenn man, über Kant hinausgehend, Kollisionen zwischen Legalität und Moralität als möglich und gegeben anerkennt, weist Kants Unterscheidung zwischen Moralität und Legalität darauf hin, daß die praktische Philosophie, indem sie das Individuum und das individuelle Gewissen als moralische Urteilsinstanz anerkennt, nicht mehr in einer politischen Ethik aufgehen kann, sondern von jedweder Legalität im politisch-rechtlichen Sinne die Moralität individueller Sittlichkeit abheben muß. Im Hinblick auf die Unterscheidung zwischen individuell moralischer und öffentlich politischer Praxis ist Kants Unterscheidung zwischen Moralität und Legalität unaufgebbar. Denn Legalität zum Begriff von Moralität zu erheben, hieße das indivudelle Gewissen nach heteronomen und materialen Maximen eines positiven Rechts zu normieren; die Moralität des individuellen Gewissens dagegen an die Stelle der Legalität einer Rechtsordnung zu setzen, hieße den Begriff individueller Sittlichkeit, welchen die praktische Philosophie Kants entwickelt, als allgemein gegeben zu unterstellen und die moralische Freiheit als eine kraft Vernunft gegebene Möglichkeit und insofern als ein transzendentales Faktum der Vernunft zum empirischen Faktum real gegebener Handlungskompetenz zu erklären. Beides aber führt in den Terrorismus, ersteres in den Terror des Staates über die Einzelnen, letzteres in den Willkür-Terror einzelner über andere, die das, was sie diesen antun, als sittlich geboten wähnen. Den Grenzfall eines Freitods ausgenommen, in dem ein Subjekt den Tod wählt, um nicht erpreßbar zu sein oder andere nicht erpreßbar zu machen, ist Moralität nur in der gegenseitigen Anerkennung von Individuen als Selbstzweck real möglich.

Soweit Kants Unterscheidung zwischen Moralität und Legalität das individuelle Gewissen als einzige Urteilsinstanz in moralischen Fragen betont, die durch keine materiale Normierung der Moralität nach Maßgabe vorgegebener Güter, Werte, Tugenden und Pflichten ersetzt werden kann, bekennt sich Herbart ausdrücklich zur praktischen Philosophie Kants:

„Wenn ... eine Menge von Personen, die sich samt und sonders zum praktischen Urteil befugt halten, einander gegenseitig Unrichtigkeit desselben zur Last legen, wie wird die Philosophie es anfangen, in ihrer aller Namen gültig zu urteilen? Man wird nicht träumen von einer höheren Autorität, wodurch sie der ursprünglich in einem jeden sich erhebenden Stimme (des Gewissens, D.B.) eine veränderte Sprache gebieten könnte. Eben darum nun, weil jeder selbst der Urteilende, die Philosophie aber keiner von allen ist, ergibt sich ganz leicht die Antwort: Die praktische Philosophie urteilt gar nicht, sie macht aber urteilen. Und, da jedes Urteil sich durch seinen Gegenstand bestimmt findet, sie macht dadurch richten urteilen, daß sie den Gegenstand richtig, d.h. zur vollkommenen Auffassung darstellt" (Herbart H VIII, S. 4; B, S. 192).

Gegen Kant wendet Herbart jedoch ein, daß dessen praktische Philosophie die Aufgabe, die Urteilskompetenz des individuellen Gewissens zu orientieren, nicht zu Ende gedacht habe, weil sie die Legalität, sofern diese sich auf den empirischen Charakter des Menschen bezieht, letztlich doch material bestimme, die Moralität des intelligiblen Charakters aber nahezu unbestimmt belasse:

„Und hätte Kant dem Reiche der Zwecke nur wirklich Zwecke nachgewiesen; wäre auch nur aus seinem negativen Begriffe vom Vernunftwesen als Zweck an sich etwas mehr als die Negation, es solle nicht als Mittel behandelt werden, herauszubringen gewesen; ... so wäre niemals nötig gewesen, gegen Kants Freiheitslehre ein Wort vorzubringen ... Allein seine freien, selbstgesetzgebenden Wesen hatten in der idealen Welt nichts zu tun. Sie konnten nicht in derselben als zusammenwirkend gedacht werden; weil Zusammenwirkung ein Kausalverhältnis ... voraussetzt. Hieran dachte Kant nicht, und konnte nicht daran denken, denn - er hatte den Begriff der Freiheit durch die bloße Negation gewonnen, es gebe in der intelligiblen Welt keine Naturnotwendigkeit, indem das ganze Kausalgesetz sich auf Erscheinungen beschränke. ... Die Freiheit aber, wiewohl der übersinnlichen Welt angehörig, hatte doch bei Kant sehr viel zu tun, nämlich in der Sinnenwelt, damit die in der Erfahrung gegebenen Taten der Menschen ihr möchten zugerechnet werden. Hier klagte Garve (in der Übersetzung der Ethik des Aristoteles) mit Recht, er begreife nicht, was zur Sittlichkeit eine Freiheit beitragen könne, welche der Mensch nur als Glied einer Welt besitze, in welcher er nie etwas zu handeln habe, während er unfrei in der gegenwärtigen sinnlichen Welt sei, worin er allein Pflichten beobachten, und Gutes oder Böses tun könne" (Herbart H VIII, S. 187f.).

Diese Stelle aus einem handschriftlichen Zusatz zur Allgemeinen praktischen Philosophie, in der Herbart nicht zufällig eine Bemerkung aus einer Aristoteles-Übersetzung zitiert, verdeutlicht sehr schön, inwieweit Herbart Kantianer und inwieweit er Kantkritiker ist. Kantianer ist Herbart, insofern er jedwede teleologische Bestimmung der Moralität ablehnt. Ausdrücklich beruft er sich in seiner Kritik an Versuchen, die Ethik durch eine hierarchische Anordnung niederer und höherer Güter, Tugenden und Pflichten zu begründen, auf die Autorität Kants und stellt fest:

„Der allgemeine Fehler der Güter-, Tugend- und Pflichtenlehren liegt zu Tage. Sie alle kennen nichts als den Willen und möchten ihn auf irgendeine Weise zu seinem eigenen Regulativ machen. ... Alles umsonst. Es ist immer nur Wille, aber keine Würde des Willens, was erreicht wird. ... Etwas anderes haben wir zu wecken: das Urteil über die Willen. Gebundenheit des Willens verkündigt allerdings die Pflicht und heißt jeden Ruhm von Gütern und von Tugenden verstummen ... Die Knechtschaft eines Willens aber und die Herrschaft eines anderen Willens, diese bleibt der Pflicht gleich fremd, es seien Herr und Knecht nun zwei, oder zu einem einzigen verschmolzen" (Herbart H VIII, S. 9f.; B, S. 193f.).

In diesem Zitat äußert sich Herbart zugleich als Kantkritiker, wenn er die Herrschaft eines gebietenden über einen gehorchenden Willen - welche Kant übrigens keineswegs schlechterdings angenommen hat - und, was wichtiger ist, den kategorischen Imperativ als einzige Idee moralischer Urteilskraft ablehnt und die Forderung aufstellt, es gelte, nicht nur ein einziges formales Urteil über den Willen überhaupt, sondern elementare Urteile über „die Willen", d.h. über alle nur denkbaren möglichen Willensverhältnisse des Menschen zu sich selbst und zu anderen aufzustellen.

In dieser Absicht nun steht Herbart der praktischen Philosophie der Antike, deren teleologische Systematik er mit Kant kritisiert, insofern nahe, als seine Allgemeine praktische Philosophie ein System elementarer Urteile über Handlungsantriebe anstrebt, welches das eine Sittengesetz Kants für alle nur denkbaren Willens- und Interaktionsverhältnisse materialisiert und konkretisiert. Auch wenn Herbart eine solche Einordnung vielleicht abgelehnt hätte, können wir in problemgeschichtlicher Hinsicht doch sagen, daß Herbart als Kantianer ein Kritiker der praktischen Philosophie der Antike war, als Kritiker Kants jedoch in deren Tradition stand, die er freilich über Kant rezipierte. Insoweit Herbart der praktischen Philosophie die Aufgabe zuweist, Orientierungen für die Beratung in allen Bereichen der menschlichen Praxis zu begründen, versucht er die bei Kant vorliegende Einengung sittlicher Urteilskraft auf einen einzigen kategorischen Imperativ zu überwinden und der praktischen Philosophie jene Weite und systematische Einheit zurückzugeben, welche sie bei Platon und Aristoteles schon erlangt hatte (vgl. Herbart H VIII, S. 175ff.). Indem Herbart dabei jedoch die ethische Beratung als eine solche über die Zwecke menschlichen Handelns auffaßt, ist er Kantianer und als solcher Kritiker des Aristoteles, dessen Ethik eine teleologisch geordnete Hierarchie von Zwecken und Gütern als vorgegeben unterstellt und die ethische Beratung auf eine Klärung der geeigneten Mittel zur Erreichung der Ziele und Zwecke beschränkt hatte (vgl. Aristoteles: Eudemische Ethik 1226a; siehe hierzu Herbart H VIII, S. 228f.).

Dieser eigentümlichen Stellung, die Herbart, am Problem der Legitimation ethischer Zwecke festhaltend und ein nicht-hierarchisches System der Zwecke menschlichen Handelns anstrebend, zwischen Kant und Platon sowie Aristoteles einnimmt, sucht die folgende Interpretation der Ideenlehre als des Kernstücks der praktischen Philosophie Herbarts dadurch Rechnung zu tragen, daß sie das System der Ideen als eine Konkretion des kategorischen Imperativs Kants für alle nur denkbaren Interaktions- und Willensverhältnisse deutet, welche ein nicht-hierarchisches, nicht-teleologisches Verhältnis von pädagogischer, ethischer und politischer Praxis begründet.

5.2. Ideenlehre der praktischen Philosophie

Die elementaren Urteile, die in der Praxis als Regulative die Beurteilung des Willens orientieren sollen, nennt Herbart Ideen. Eine Begründung und Ableitung der elementaren Urteile zur Beurteilung von Willensverhältnissen ist prinzipiell nur möglich, wenn als Begründungsinstanz dieser Urteile weder empirische Handlungsantriebe, noch ideale Handlungsmotive angenommen werden, denn dann basierte das Urteil unmittelbar auf dem Willen und wäre also gar kein Urteil über den Willen. Herbart zieht hieraus den Schluß, daß sittliche Urteilskraft nicht als ein Herrschaftsverhältnis eines sittlichen Willens über empirische Handlungsantriebe gedacht werden kann, sondern in dem Sinne willenlos ist, daß die sittlichen Urteile unmittelbar aus einer willensneutralen Betrachtung der zu beurteilenden Willensverhältnisse hervorgehen:

„Lasse man denn hinweg von dem Willen ganz und gar seine Stärke, sein Tun und alle Grade seines möglichen Wirkens und Leidens im Konflikt mit einer gegenwirkenden Kraft und Stärke, ... was bleibt übrig? Sein bloßes Was, sein Bild! Das Bild des Willens ist gebunden nach Art der Bilder an das willenlose Urteil, das in dem Auffassenden hervortritt. Und der Wollende ist ausgesetzt dem eigenen Anblick, worin mit seinem Bilde das Selbsturteil zugleich erzeugt wird" (Herbart H VIII, S. 10f.; B, S. 194).

Nach diesem „Verfahren" entwickelt Herbart insgesamt zehn Ideen oder Elementarurteile, die er in zwei Reihen folgendermaßen ordnet:

Tafel der Ideen

(1) Innere Freiheit	→	(10) Beseelte Gesellschaft
(2) Vollkommenheit	→	(9) Kultursystem
(3) Wohlwollen	→	(8) Verwaltungssystem
(4) Recht	↘ (6)	(7) Lohnsystem
(5) Billigkeit	↗ (7)	(6) Rechtssystem

Von den Elementarurteilen beziehen sich die Ideen 1 - 5, die Herbart auch als einfache oder ursprüngliche Ideen bezeichnet, auf die individuelle sittliche Praxis, die Ideen 6 - 10, die auch abgeleitete Ideen genannt werden, auf die öffentliche politische Praxis. Die Pfeile in der obigen Tafel verweisen auf den Ableitungszusammenhang der komplexeren aus den einfachen Ideen und den systematischen Zusammenhang von Ethik und Politik innerhalb der praktischen Philosophie Herbarts. Die Stellung der Pädagogik läßt sich erst aus der inhaltlichen Entwicklung der Begriffe der Ideen entwickeln, welche, wie im folgenden gezeigt werden soll, deutlich machen, daß Herbarts praktische Philosophie nicht nur eine ethische Begründung der Aufgaben der pädagogischen Praxis, sondern zugleich eine pädagogische Begründung der Aufgabe sittlichen Handelns enthält.

Bevor auf die inhaltliche Bestimmung der Ideen eingegangen werden kann, muß noch eine Bemerkung zum Verfahren ihrer Ableitung vorausgeschickt werden. Daß Herbart die Urteile über den Willen als „willenlose" Urteile bezeichnet, ist konsequent und steht nicht nur in der Tradition der Philosophie Kants, sondern auch in derjenigen von Platon und Aristoteles (vgl. Aristoteles: Eudemische Ethik 1223a - 1226a). Daß die Urteile jedoch unmittelbar aus einer vollendeten Vorstellung der Willensverhältnisse folgen sollen, muß zumindest fraglich erscheinen, denn Freiheit, Wohlwollen, Recht und Billigkeit finden sich in teleologischer Bedeutung bereits in der Ethik der Antike, ohne daß freilich die dortige Bedeutung mit derjenigen, die ihnen die praktische Philosophie Herbarts beimißt, völlig übereinstimmt. Vielmehr lassen sich, worauf Herbart selber gelegentlich hinweist, deutliche Differenzen zwischen den älteren und seinen eigenen Bestimmungen dieser Begriffe aufdecken. Und diese Differenzen können nicht einfach darauf zurückgeführt werden, daß erst Herbarts Philosophie eine vollendete Vorstellung der zur Beurteilung anstehenden Willensverhältnisse erreicht hat und die Vorstellungen anderer Philosophen als unvollkommen oder als Halbwahrheiten ausgegeben werden. Einen Begriff dessen, was unter einer vollendeten Vorstellung zu verstehen sei, entwickelt Herbart nicht. Er erhebt einfach Anspruch darauf, im Besitz richtiger Vorstellungen zu sein, und mißt seinen eigenen Vorstellungen eine Plausibilität zu, die jedermann einsichtig werden müsse, der sich, wie er, in die zur Beurteilung anstehenden Willensverhältnisse vertiefe. An den Ideen und Elementarurteilen läßt sich freilich aufweisen, daß Herbart seine Vorstellung von Freiheit und Vollkommenheit, Wohlwollen, Recht und Billigkeit keineswegs unmittelbar durch die Betrachtung verschiedener Willensverhältnisse, sondern durchaus kriteriengeleitet entwickelte. Das universelle Regulativ, welches Herbarts praktische Philosophie in der Bestimmung der Ideen leitet, ist nämlich Kants kategorischer Imperativ, und zwar jene Fassung, die nicht auf eine bloß logische Allgemeinheit des Sittengesetzes in Analogie zur Allgemeinheit von Naturgesetzen abhebt, sondern die Achtung der Menschheit als unbedingte Pflicht ausspricht:

„Handle so, daß du die Menschheit, sowohl in deiner Person, als in der Person eines jeden andern, jederzeit zugleich als Zweck, niemals bloß als Mittel brauchtest" (Kant: Grundlegung zur Metaphysik der Sitten, A/B, S. 66f.).

Nimmt man diese Fassung des kategorischen Imperativs hinzu, so gewinnt Herbarts Ableitungsverfahren allererst die von ihm beanspruchte Stimmigkeit. Die in ihm entwickelten Elementarurteile sind ihrerseits am kategorischen Imperativ orientiert und konkretisieren oder materialisieren diesen für alle nur denkbaren Willensverhältnisse. Die zur Beurteilung anstehenden Willensverhältnisse werden nach dem von Herbart genannten Verfahren unterschieden, indem zunächst von allen Merkmalen und Besonderheiten sowie von jeglicher Inhaltlichkeit des Willens abstrahiert wird und dann schrittweise mit zunehmender Komplexität konkrete Willensverhältnisse einer Beurteilung unter der universellen regulativen Idee des kategorischen Imperativs zugeführt werden (vgl. hierzu den Kommentar in: Herbart 1986, S. 346ff.).

Wenden wir uns nach diesen Vorüberlegungen den inhaltlichen Bestimmungen der zehn Ideen zu.

(1) Innere Freiheit

„Unsere Untersuchung begann in der Voraussetzung einer Beurteilung, die auf den Willen treffe. Ehe wir uns weiter umsehen nach Verhältnissen der Willen, liegt gleich hier ein Verhältnis vor uns, das des vorbildenden Geschmacks und der Willen, welche der Vorbildung entsprechen oder auch nicht.
Die Beurteilung und das Wollen sind nicht zwei getrennte, nicht zwei verschiedene Personen, deren eine die Vorschrift gibt, die andere sie empfängt. Vielmehr ein und dasselbe Vernunftwesen ist das, welches will und welches auch urteilt ...
Fassen wir es auf, dies Vernunftwesen! Erhebt sich in ihm ein Begehren, Beschließen, sogleich steht vor ihm das Bild seines Begehrens und Beschließens, es erblicken und beurteilen ist eins, das Urteil schwebt über dem Willen; indem das Urteil beharrt, schreitet der Wille zur Tat. Entweder nun die Person hat wollend behauptet, was sie urteilend verschmäht. Oder sie hat wollend unterlassen, was sie urteilend vorschrieb. Oder Wille und Urteil haben einmütig bejaht, einmütig verneint" (Herbart H VIII, S. 33f.; B, S. 200).

Innere Freiheit als ethischer Begriff des Verhältnisses von Wille und Beurteilung des Willens schließt zwei Weisungen ein, die eine, daß der Wille nicht ungeprüft zur Tat drängen, sondern beurteilt werden soll, der andere, daß der Handelnde seiner

Einsicht folgen, d.h. gemäß der Selbstbeurteilung seines Willens handeln soll. Die alte Frage, ob der menschliche Wille frei oder determiniert sei, erhält durch die Idee der inneren Freiheit eine Beantwortung dahingehend, daß die Freiwilligkeit einer Handlung nicht in einer unmittelbaren Freiheit des Willens, sondern in einer sittlichen Beurteilung des Willens und im Gehorsam der eigenen Einsicht und Selbstbeurteilung gemäß ihren Grund hat. Das, was ein Mensch will und wollen kann, ist vermittelt und determiniert durch seine früheren Handlungen und abhängig davon, ob er in diesen unmittelbar irgendwelchen Handlungsantrieben oder einer sittlichen Beurteilung derselben gefolgt ist (vgl. hierzu S. 50; S. 71ff.; S. 127ff.).

Gegen diesen Begriff innerer Freiheit als einer Freiheit des Urteilenden vom eigenen Willen und Freiheit zum Handeln gemäß eigener Einsicht könnte nun eingewandt werden, daß nicht nur das, was ein Mensch will, durch seine früheren Handlungen determiniert ist, sondern daß auch die jeweilige Beurteilung des Willens determiniert sei durch die vorausgegangenen Beurteilungen und die Handlungen, die diesen Beurteilungen folgten oder nicht. Diesem Einwand zufolge sind Urteile durch frühere Urteile determiniert, so daß das Urteil über den Willen zwar im Sinne einer Freiheit vom Willen als frei bezeichnet werden mag, gleichwohl als Urteil eines bestimmten Charakters determiniert ist durch die im vorausgegangenen Urteilen und Handeln gebildete Urteilskraft.

In einer Determination der Urteile durch den Charakter würde Herbart keinen Einwand gegen die Idee innerer Freiheit gesehen haben. Diese zielt ja gerade darauf, daß sich aufgrund der Differenz von Wille und Urteil ein Charakter vermittelt über das praktische Urteilen und Handeln entwickelt, ein sittlicher Takt also, der sich in der und durch die Praxis bildet und der mehr ist als die Summe der Bedürfnisse, Neigungen und Handlungsantriebe, die ein Individuum haben mag.

Wirklich ist die innere Freiheit immer nur im gebildeten Gewissen des Individuums, das nun nicht mehr als Bürger zweier Welten, als empirisches und als intelligibles Subjekt, gedacht wird, sondern in dem das Ich, welches will und welches urteilt, ein und dasselbe ist. Über die Wirklichkeit der inneren Freiheit sagt die Idee der inneren Freiheit nur soviel, daß von Freiheit nur dann gesprochen werden kann, wenn zwischen Wille und seiner Beurteilung unterschieden und die Aufgabe, gemäß eigener Einsicht zu handeln, anerkannt wird.

Herbarts Begriff innerer Freiheit reicht bis in die praktische Philosophie von Platon und Aristoteles zurück und findet sich z.B. schon in der Argumentation des Sokrates, der, statt zu fliehen, die Verurteilung zum Tod durch den Giftbecher annimmt (Platon: Phaidon 98-99c), oder in jener Bestimmung der Freiwilligkeit, die Aristoteles mit der These einleitet, es gelte „zu untersuchen, ob gewollt und freiwillig dasselbe sei" (Aristoteles: Eudemische Ethik 1223a - 1227a). Das Neue an Herbarts Begriff innerer Freiheit liegt nicht in den Bestimmungen, mit welchen Herbart diesen Begriff umschreibt, sondern in der Stellung, die er der Idee der inneren Freiheit innerhalb der Systematik der Ideen oder Elementarurteile der praktischen Philosophie zuweist. Für sich genommen entwickelt der Begriff der inneren Freiheit noch überhaupt kein Urteil über bestimmte Willensverhältnisse, sondern formuliert mit der Differenz von Wille und Urteil lediglich ein Prinzip der Möglichkeit der Beurteilung eines bestimmten Willens oder mehrerer bestimmter Willen. Der Begriff innerer Freiheit ist demnach nur eine notwendige, nicht aber schon eine zureichende Voraussetzung des Begriffs der Moralität. Ob Urteile, die über einen bestimmten Willen getroffen werden, solche sittlicher Urteilskraft oder lediglich Urteile im Sinne einer bestimmten Moral sind, läßt sich von der Idee der inneren Freiheit her nicht entscheiden. Freiheit ist zwar ein Prinzip der Moralität, nicht aber läßt sich deren Begriff aus dem der Freiheit ableiten. Zur Idee der inneren Freiheit müssen weitere Regulative für die Beurteilung bestimmter „Willen" hinzukommen, die zwar ohne Beachtung der Differenz von Wille und Urteil nicht gefunden werden könnten, die jedoch aus dieser Unterscheidung nicht unmittelbar folgen.

(2) Vollkommenheit

Man darf sich durch den Begriff, den Herbart der zweiten Idee seiner Allgemeinen praktischen Philosophie gegeben hat, nicht täuschen lassen. Unter Vollkommenheit versteht Herbart weder das, was die Griechen mit "teleiotes", ziel- und zweckgerichteter Vollendung, bezeichneten, noch das, was wir heute meinen, wenn wir von einem vollendeten Geiger, Fußballspieler oder Zehnkämpfer sprechen. Vollkommenheit als Beurteilungskriterium von Handlungsantrieben ist für Herbart weder ein Kriterium der möglichen Vollendung zweckgerichteter Tätigkeiten innerhalb einer hierarchischen Ordnung solcher Tätigkeiten (Aristoteles), noch ein Kriterium für den Vergleich spezialisierter Leistungen in der Konkurrenz mehrerer Kontrahenden um den größtmöglichen Erfolg. Ausdrücklich betont Herbart, daß er mit dem den Begriff der Vollkommenheit betreffenden Elementarurteil kein qualitatives, sondern lediglich ein quantitatives Urteil im Blick hat, das sich zudem nicht auf den Vergleich der Leistungen verschiedener Individuen, sondern auf den Vergleich von Willensverhältnissen innerhalb ein und desselben Individuums bezieht:

„Welche die nächsten seien unter den Verhältnissen, worauf sich die zuvor entwickelte Idee (der inneren Freiheit, D.B.) bezieht, bedarf keiner mühsamen Nachforschung. Das Bild des eigenen Wollens schwebt dem Vernunftwesen vor. Verhältnisse in dem eigenen Wollen aufzusuchen, liegt uns ob, ehe wir fremdes Wollen fremder Vernunftwesen hinzudenken. ...
Das Gewollte ... muß hinweggedacht werden; es fragt sich, was in den Willen als bloßen Aktivitäten, Strebungen, noch für das Urteil übrigbleibe.
Als Strebungen sind die Willen alle ... gleich ..., ausgenommen in Rücksicht ihrer Stärke. - Die Quantitäten der verschiedenen Strebungen messen sich aneinander; diese sind schwächer, jene sind stärker; einige sind dauernder, einige flüchtiger. Lasse man nun ganz und gar die Frage hinweg, welchen Wert die schwächeren sowohl als die stärkeren etwa nach anderen, künftig noch zu entdeckenden Bestimmungen besitzen mögen. Bloß das Größenverhältnis werde aufgefaßt zwischen dem Minder und dem Mehr der Aktivität,

zwischen der matteren und der kräftigeren Regung" (Herbart H VIII, S. 37; B, S. 201).

Die Frage, die in der ersten Konkretion des Verhältnisses von Wille und Beurteilung hier zur Klärung ansteht, ist die, wie das Urteil lauten müsse, das sich nicht nur auf einen, sondern auf mehrere Willen ein und desselben Subjekts bezieht. Eine qualitative Beurteilung des Willens, die sich in ethischer Hinsicht immer schon auf das Verhältnis des Willens eines Subjektes zum Willen anderer Subjekte beziehen müßte, steht bei dieser Betrachtung noch nicht zur Entscheidung an. Die Idee der inneren Freiheit konkretisiert sich hier noch nicht als Freiheit mehrerer, miteinander handelnder Subjekte, sondern als Wahlfreiheit des Individuums, das über verschiedene „Willen" urteilt, die sich, da deren qualitative Beurteilung erst in der Betrachtung ihrer interaktiven oder sozialen Dimension erfolgen kann, zunächst nur durch ihre „Stärke" unterscheiden. Den Fall, daß ein Subjekt nur einen einzigen Willen hat, schließt Herbart also aus. In ihm erblickt er einen pathologischen Grenzfall, der dem Subjekt nicht einmal die Möglichkeit offenhält, diesen einen Willen zu beurteilen, sondern ihm versagt, zwischen verschiedenen Handlungsalternativen zu wählen, da es wegen der Beschränktheit seines Willens allenfalls die Alternative hat, den einen Willen zu bejahen oder zu verneinen.

Wie lautet das elementare Urteil über mehrere Willen, die sich in ihrer Stärke unterscheiden? Besagte es, das Subjekt solle seinem jeweils stärksten Willen folgen, so wäre die innere Freiheit als Wahlfreiheit aufgehoben. Stattdessen bestimmt Herbart das Elementarurteil für die Beurteilung mehrerer Willen ein und desselben Subjekts, sofern diese nur hinsichtlich der Unterschiede ihrer Stärke, Regsamkeit und Aktivität betrachtet werden, folgendermaßen:

„Vollkommen nach seinem eigenen Maß ist der Mensch, dessen einzelne Strebungen einander gleichkommen, überdies, zusammengenommen, die Sphären der Begriffe ausfüllen, auf die sie hinweisen ..., und endlich, zusammenwirkend, den größten Effekt hervorbringen, der durch sie möglich ist" (Herbart H VIII, S. 38f.; B, S. 203).

Es ist wichtig, zu beachten, daß dieses Elementarurteil nicht nur dem stärkeren Willen jeglichen Vorrang gegenüber dem schwächeren Willen abspricht, sondern auch umgekehrt keineswegs dem schwächeren Willen einen Vorrang, in der Tat praktisch zu werden, einräumt. Es spricht lediglich die Weisung aus, das Individuum solle, statt einfach seinem stärksten Willen zu folgen, eine möglichst große und gleichschwebende Vielseitigkeit des Interesses in sich entwickeln und, was den Vergleich mehrerer Willen betrifft, den „Entschluß" fassen, „sich zu vervollkommnen".

Die Idee der Vollkommenheit ist ein Regulativ für die Urteile, die ein Individuum in der Arbeit an seiner Bildung über die eigenen Handlungsantriebe trifft, um eine möglichst große Vielseitigkeit zu erlangen. Über die verschiedenen Seiten oder Interessen der Vielseitigkeit sagt diese Idee noch nichts aus. Sie weiß lediglich darum, daß auf Wahlfreiheit nur der Vielseitige, nicht aber der Einseitige Anspruch erheben kann. Die Idee der Vollkommenheit entwickelt noch keinen Begriff davon, worin die aufgegebene Moralität des vielseitig Gebildeten im Unterschied zur hierarchisch und teleologisch ausgerichteten Standes- oder Berufsmoral des Einseitigen bestimmt sein könnte. Herbart bringt dies zum Ausdruck, wenn er die Idee der Vollkommenheit lediglich als Regulativ einer quantitativen Beurteilung miteinander konkurrierender Willen im Einzelindividuum faßt und hinsichtlich der Aussicht, Anspruch auf Erreichung der jeweils größtmöglichen Vollkommenheit zu erheben, feststellt:

„Der an seiner Bildung arbeitende Mensch ... trennt sich ungern von dem Begriff einer nächst höheren Stufe, die er jenseits der erreichten noch zu erreichen hätte, und so führt der ihn stets begleitende Vorblick ihn immer weiter fort ins Unendliche, wenn die Kräfte es gestatten. Das Vollkommene wird bei jedem Schritt gewonnen, aber im Gewinnen schon wieder verloren. ...
Die innere Freiheit läuft am meisten Gefahr, als

bloße Vollkommenheit zu gefallen ... Daher der Stolz, der manchmal in Sittenlehren und in Charakteren hervorspringt und das als Größe gelten und bewundern macht, was als reine Trefflichkeit einen eigentümlichen Beifall verlangt. ... Die Vollkommenheit ist bloß formal, und in ihre Form paßt jede Materie, die des Mehr oder Minder fähig ist" (Herbart H VIII, S. 39f.; B, S. 203).

Diese Äußerungen belegen, daß Herbart durchaus darum wußte, daß der Begriff der Vollkommenheit im älteren Sinne standes- oder berufsspezifisch bestimmt und teleologisch im Hinblick auf die vom jeweiligen Berufsstand zu produzierenden Güter ausgerichtet war und daß der neue Begriff der Vollkommenheit, in Ermangelung einer teleologischen Ausrichtung, zur Karikatur der den Menschen aufgegebenen Vollkommenheit pervertieren kann, sobald Vollkommenheit als Wert an sich gefaßt wird, den es im Streben nach größtmöglichem Gewinn und Erfolg zu erlangen gilt. Einer solchen Perversion versucht Herbart vorzubeugen, indem er die Idee der Vollkommenheit lediglich als ein Regulativ quantitativer Urteile faßte, die für sich genommen nicht zum Begriff der Sittlichkeit hypostasiert werden dürfen, sondern auf eine Erweiterung durch eine qualitative Beurteilung des Willens angewiesen sind. Vollkommenheit im Sinne größtmöglicher Vielseitigkeit ist nur eine erste Konkretion innerer Freiheit im Sinne von Wahlfreiheit und als solche eine zwar notwendige, keineswegs aber zureichende Voraussetzung von Moralität. Denn im Unterschied zum Einseitigen ist der Vielseitige gleichsam zu allem fähig. Seine Vielseitigkeit eröffnet ihm eine Wahlfreiheit, ohne ihm schon ein Regulativ für die qualitative Prüfung von Handlungsalternativen bereitzustellen. Qualitative Regulative lassen sich freilich aus der Betrachtung des Verhältnisses mehrerer Willen eines Vernunftwesens auch nicht gewinnen, da sie sich auf die soziale Dimension und Bedeutung von Handlungsantrieben beziehen, also erst aus der Betrachtung von Willensverhältnissen mehrerer Subjekte entwickelt werden können.

(3) Wohlwollen

Das Willensverhältnis, welches Herbart als nächstes betrachtet, bezieht sich nicht mehr auf einen oder mehrere Willen eines Subjektes, sondern auf das Verhältnis eines Individuums zu einem anderen Individuum vor Aufnahme einer gemeinsamen Handlung:

„Zum Fortschritt ist nötig, über den Willen eines und desselben Wesens hinauszugehen zum fremden Willen anderer Vernunftwesen. Wie es scheint, können auf diese Weise nur Verhältnisse entstehen, welche den mehreren Wesen als Mehreren angehören werden ... Aber eine leichte Erinnerung führt darauf, daß, wenn den Mehreren die Verhältnisse ihrer Willen etwas bedeuten sollen, vor allen Dingen eines vom anderen wissen, eins den Willen des anderen sich vorstellen muß. Sollte es nun ein Verhältnis schon zwischen dem vorgestellten fremden und dem eigenen Willen geben, ohne daß noch der wirkliche fremde Wille dabei in Betracht käme, so würde dies in die Mitte treten zwischen jenen Verhältnissen, die nur eine einzige Person voraussetzen, und den noch künftig zu entdeckenden, in welche die Mehreren zusammentreten mögen. Ein solches mittleres läge ganz eingeschlossen in einer Person" (Herbart H VIII, S. 41f.; B, S. 204).

Das Elementarurteil, das Herbart als Idee des Wohlwollens bezeichnet, steht in der Mitte zwischen der auf die Arbeit an der Selbstbildung des einzelnen Individuums gerichteten Idee der Vollkommenheit und der Idee des Rechts als Regulativ für die tätige Interaktion verschiedener Individuen miteinander. Gegenüber dem dem Recht zugrunde liegenden Willensverhältnis verschiedener, gleichzeitig handelnder Individuen zeichnet sich das der Idee des Wohlwollens zugrunde liegende Willensverhältnis dadurch aus, daß in ihm der Wille eines Subjekts in Rücksicht auf ein anderes, fremdes, bloß vorgestelltes Du zur Beurteilung ansteht, ohne daß dieses seinen Willen kundtun und an der Beurteilung des ihm fremd gegenüberstehenden Willens mitwirken könnte. Die Frage, die sich hier stellt, ist folgende: Gibt es ein Elementarurteil, das die Selbstbeurteilung des Willens eines Individuums leitet, der sich auf ein fremdes, unbekanntes, um den zur Beurteilung anstehenden Willen nicht wissendes Du richtet?

Es gibt triftige Gründe, die dafür sprechen, daß für ein solches Willensverhältnis eines Subjekts zu einem fremden, bloß vorgestellten Du gar kein Elementarurteil gefunden werden kann. Lautete nämlich die allgemeine Weisung, den eigenen Willen im eigenen Gewissen stellvertretend für das Gewissen des fremden Du zu prüfen, welches an der Prüfung nicht mitwirken kann, weil es unbekannt, nicht gegenwärtig oder an der Beratung nicht beteiligt ist, so urteilte ein Gewissen stellvertretend für ein anderes, ohne Gewißheit darüber haben zu können, daß zwischen dem eigenen Urteil und dem Urteil des fremden Gewissens, welches ja ebenfalls stellvertretend für ein ihm anderes urteilte, Übereinstimmung besteht. Stellvertretend den eigenen Willen für das von ihm betroffene fremde Du zu beurteilen, kann die Weisung also nicht lauten. Folglich ist in der Tat kein Elementarurteil über den eigenen, auf ein fremdes Du gerichteten Willen vor Eintritt in eine gemeinsame Handlung und Beratung mit diesem Du möglich.

Aber beurteilt werden muß der eigene Willen dem fremden Du gegenüber gleichwohl, soll die Idee der inneren Freiheit auch für dieses Willensverhältnis Geltung haben. Das Elementarurteil kann somit nur lauten, den eigenen Willen gegenüber einem fremden, bloß vorgestellten Du so zu prüfen, daß dieser beurteilt, aber nicht stellvertretend beurteilt wird. Die allgemeine Weisung, den eigenen Willen zwar zu beurteilen, aber nicht stellvertretend für das Du zu beurteilen, faßt Herbart als die Idee des Wohlwollens. Im Hinblick auf ein fremdes Du dürfen wir dieser Idee zufolge unseren eigenen, dem fremden Du womöglich unbekannten Willen nicht stellvertretend, sondern müssen ihn dahingehend beurteilen, ob unser Wille dem Du wohlwill oder nicht. Nur auf den ersten Blick scheint damit die Frage nach dem Elementarurteil für das hier zur Beurteilung anstehende Willensverhältnis gefunden zu sein, denn nun stellt sich das nicht minder schwere Problem, woran wir denn erkennen können, ob unser Wille einem fremden Du gegenüber wohlwollend ist oder nicht. Um die sich hier andeutende Ambivalenz des Wohlwollens, daß nämlich auch der Wohlwollende sich anmaßen kann, stellvertretend für das Du zu definieren, was Wohlwollen sei, hat Herbart durchaus gewußt.

„Daher ist auch selbst das reinste Wohlwollen gewöhnlich unter Menschen ein Gegenstand des Verdachts, und, wenn ihm daran gelegen wäre zu gelten und zu glänzen, müßte es sich vor allen Dingen zur Regel machen, sich nie eine zufällige Verbindung mit Wünschen zu gestatten, die, könnten sie ihm irgend die Gestalt des Eigennutzes geben, es allsobald und vollständig tun werden. Die Wohlwollendsten verkennen einander auf diese Weise. ... (Die Idee des Wohlwollens) ist die einzige, in welcher sich ein Beifall ausspricht, der auf einer Auffassung ohne Seitenblick beruht. ... Denn fälschlich würde man den Wert des Wohlwollens als abhängig ansehen von dem Wert des vorgestellten fremden Willens. ... Und so hüte man sich denn zu fragen, ob auch derjenige, welchem das Wohlwollen sich widmet, dasselbe verdiene! Wenn er es verdiente, wenn man sich darum seiner annähme, so möchte die Anerkennung des Verdienstes zu loben sein, Wohlwollen wäre darin nicht zu spüren. ... Die Güte aber ist eben darum Güte, weil sie unmittelbar und ohne Motiv dem fremden Willen gut ist" (Herbart VIII, S. 44; B, S. 205).

Den eigenen Willen im Hinblick auf ein fremdes Du dahingehend zu beurteilen, daß er nicht stellvertretend beurteilt wird, sondern diesem wohlwollend ist vor der Begegnung mit ihm, ohne stellvertretend dessen Wohlbefinden zu definieren, faßt Herbart unter den Begriff eines motivlosen Wohlwollens. Wohlwollen kann dem Du nicht in der Absicht entgegengebracht werden, es dem ihm fremden Willen zugeneigt oder gefügig zu stimmen, sondern formuliert die Aufgabe, vor Eintritt in eine gemeinsame Interaktion und Beratung grundsätzlich nicht nur den eigenen, sondern auch den noch unbekannten Willen eines fremden Du zuzulassen, also dem eigenen Willen keinerlei Vorrang einzuräumen. Motivloses Wohlwollen meint also nicht, keinen eigenen Willen im Hinblick auf ein fremdes Du zu haben, sondern formuliert die Aufgabe, den eigenen Willen nicht zum Motiv zu erheben, welches in der künftigen Begegnung mit dem fremden Du durchzusetzen ist, sondern die Beratung über einen möglichen gemeinsamen Willen motivlos offenzuhalten.

Die Zwischenstellung, welche diese Idee des Wohlwollens gegenüber der Idee der Vollkommenheit und der Idee des Rechts einnimmt, weist darauf hin, daß zu motivlosem Wohlwollen einerseits nur der Vielseitige fähig ist, derjenige also, der vierte Willen in sich zulassen, also auch den Willen eines fremden Du tolerieren kann, daß andererseits das qualitative Urteil über den eigenen Willen niemals stellvertretend für den Willen anderer, sondern allererst unter einem Regulativ gefällt werden kann, welches die Beteiligung der vom eigenen Willen Betroffenen vorsieht.

Wie für die Idee der Vollkommenheit läßt sich auch für die des Wohlwollens eine nicht-teleologische Struktur aufweisen. Zweckgerichtetes Wohlwollen nennt Herbart ausdrücklich einen „Gegenstand des Verdachts", bei dem sich der Empfänger des Wohlwollens fragt, mit welchem Hintergedanken ihm das ihm fremde Du wohlwollend entgegentritt. Die sittliche Qualität des motivlosen Wohlwollens kann nur der Wohlwollende selber prüfen und beurteilen. Für das Du wird sie erst offenbar, wenn ein Wille des Ich und ein Wille des Du im Handeln tatsächlich aufeinandertreffen. Alsdann aber ist die Sphäre des Willensverhältnisses zum bloß vorgestellten fremden Du bereits überschritten.

Übrigens bestimmte bereits Aristoteles ganz ähnlich wie Herbart den Begriff des Wohlwollens, wenn er feststellte, dieses bestehe „nicht als Wohlwollen zu dem, der es hat, sondern zu dem, dem es gilt". Die teleologische Struktur, welche Aristoteles dem Wohlwollen als einer Vorstufe zur Freundschaft zuerkennt, wird freilich von Herbart ausdrücklich vermieden, denn während Aristoteles dem Wohlwollenden einen „Wunsch" nach einer „Gesinnungsfreundschaft" zubilligt (Aristoteles: Eudemische Ethik 1141a), betont Herbart ja ausdrücklich die Motivlosigkeit des Wohlwollens. Danach ist Wohlwollen nicht nur dem potentiellen Freund, sondern grundsätzlich jedem fremden Du entgegenzubringen, und folgerichtig schließt Herbart an die Bestimmung des Begriffs des

Wohlwollens kein Kapitel über Freundschaft, sondern eine systematische Bestimmung der Rechtsidee an.

(4) Recht

Unter Recht versteht Herbart weder das vom Staat gesetzte positive Recht als solches, noch den individuellen Gebrauch des positiven Rechts, den der Bürger beim Abschluß von privaten Verträgen oder in Privatklagen macht. Die Rechtsidee bezieht sich wie die anderen einfachen Ideen auf Willensverhältnisse des Einzelindividuums oder zwischen einzelnen Individuen. Erst die abgeleiteten Ideen beanspruchen, Regulative für die Beurteilung objektiver gesellschaftlicher Verhältnisse - der Justiz, der Verwaltung und der Kulturproduktion - zu sein. Die einfache Rechtsidee dagegen bezieht sich auf das Verhältnis zweier Willen zueinander, zwischen denen es zum Streit kommt, weil sie in einem dritten Punkt, dem jeweiligen Gegenstand des Streits, kontradiktorisch zusammentreffen:

„Unsere Voraussetzung lautet ... so: es gibt für zwei Vernunftwesen einen dritten Punkt und zwei kontradiktorisch entgegengesetzte Arten, über denselben zu disponieren.
Wir nehmen nun an, beide wissen voneinander, erkennen einander als solche, deren Willen sich gegenseitig hindern. ... Wissen Sie aber, daß sie sich hindern, wollen sie gleichwohl ... in diesem Wissen ihren Zweck, so wollen sie das Nicht-Sein des Hindernisses, sie wollen jeder die Verneinung des Willens des anderen. So sind sie in Streit. ... Im bloßen Streit betrachten die Willen einander nur als Hindernisse ihrer Zwecke, so daß, träfen sie nicht auf das nämliche Äußere, jeder den anderen unangetastet lassen würde; im Übelwollen aber ist ein Wille unmittelbarer Gegenstand des anderen. ... Wer aber ohne Frage nach den Quantitäten der Kräfte bloß das Verhältnis der streitenden Willen auffaßt, der wird nicht Anstand nehmen, das Urteil auszusprechen: der Streit mißfällt" (Herbart H VIII, S. 48f.; B, S. 206f.).

Nachdem Herbart der Stärke eines Willens - in der Idee der Vollkommenheit - jedwede qualitative Bedeutung abgesprochen hat, scheidet zur qualitativen Bestimmung des hier zur Beurteilung anstehenden Willensverhältnisses die „Frage nach den Quantitäten der Kräfte" aus. Der Streit kann nicht durch ein vermeintliches Naturrecht des Stärkeren ethisch entschieden werden, da Stärke keinerlei moralischen Anspruch begründet. Welche Weisung folgt aber dann aus dem schlichten Urteil, daß der Streit, in dem die Streitenden einander lediglich als Hindernisse zur Erreichung ihrer Zwecke betrachten, mißfalle?

Da Stärke kein Recht verleiht, kann die Weisung weder lauten, der Schwächere solle sich dem Stärkeren unterordnen, noch umgekehrt, der Stärkere solle dem Schwächeren nachgeben. Solche Weisungen widersprächen der Idee innerer Freiheit, da in ihnen das Urteil aus einer Bestimmtheit des Willens (Stärke oder Schwäche) folgte und, ganz gleich, welchem der beiden Urteile man den Vorzug einräumt, für die miteinander Streitenden nicht gleich lautete. Statt dessen ergibt sich nach Herbarts Auffassung unmittelbar aus dem Urteil, daß der Streit mißfalle, die folgende Weisung:

„Zuerst ist soviel klar: wie die Sache vor uns liegt, ist kein Unterschied unter den Streitenden, vielmehr auf beiden Seiten alles gleich; daher muß auch die praktische Weisung für beide gleichlautend ausfallen. Jeder verneint in seinem Willen den ihn hemmenden Willen des anderen. Diese Verneinung muß verneint werden. ... So läßt denn jeder den ihn hemmenden Willen des anderen zu. Er läßt ihn zu, indem er weiß, daß ihn der andere hemme, das heißt, er läßt sich hemmen, er unterläßt seine eigene Disposition über das Dritte, er überläßt es der Disposition des anderen.... Geht alles richtig, so ereignet sich dies auf beiden Seiten; jeder überläßt dem anderen und der Streit ist doppelt vermieden. ... Recht ist Einstimmung mehrerer Willen, als Regel gedacht, die dem Streit vorbeuge" (Herbart H VIII, S. 49f.; B, S. 207).

Die allgemeine Weisung lautet also für die Streitenden gleich, sie formuliert die Maxime, eine Regel zu suchen und zu finden, die künftigem Streit vorbeugt. Die Regel selbst läßt sich aus dieser Maxime nicht unmittelbar ableiten, sondern kann nur unter den Streitenden selbst vereinbart werden:

„Es zeigt sich also deutlich genug, daß der Ursprung allen Rechts keineswegs in dinglichen Rechten zu suchen ist, die jemand sich zuschreiben und kraft deren er alle übrigen ausschließen dürfte, sondern in Verhältnissen, die zwischen bestimmten Personen von beiden Seiten gebildet werden, die nur für diese Personen gelten und nur als solche gelten, wie sie sind gebildet worden.
Denn nicht nur nicht der Umfang, sondern auch nicht der Grad der Gültigkeit eines Rechtsverhältnisses kann größer sein, als er ist gemacht worden" (Herbart H VIII, S. 51; B, S. 208).

Die Idee des Rechts negiert nicht nur das sogenannte Naturrecht des Stärkeren, sondern ebenso das sogenannte Naturrecht: Jedem das Seine. Sie erklärt die Vereinbarung einer Regel aber auch nicht zum bloßen Gegenstand einer Beratung, die der Rechtsidee folgt, sondern verpflichtet die Beratung über die Vereinbarung einer dem Streit vorbeugenden Regel darüber hinaus auf die Beachtung der zur Rechtsidee hinführenden und dieser vorausgehenden Elementarurteile. Das Neue an der von Herbart formulierten Idee des Rechts ist nicht deren Bestimmung für sich genommen, sondern die Bedeutung, die ihr von den anderen Elementarurteilen her und im Hinblick auf diese zukommt. Die Kompetenz nämlich, den eigenen Willen in der Beratung hintanzustellen und den Willen des anderen zuzulassen, ist an die Konkretion der inneren Freiheit in den Ideen der Vollkommenheit und des Wohlwollens und die Beachtung dieser Ideen zurückgebunden. Nur der Vielseitige und an seiner Bildung arbeitende Mensch kann dem fremden Willen, statt ihn nur als fremd und andersartig zu empfinden, wohlwollend gegenübertreten. Nur er kann von einem bestimmten Willen absehen, um einen anderen zuzulassen, nur er kann vielseitig wohlwollend sein. Vielseitigkeit und Wohlwollen gehen der Rechtsidee in der Reihenfolge der Ableitung der Ideen nicht nur voraus; die Beachtung ihrer Weisungen bei der Beurteilung der ihnen zugrunde liegenden Willensverhältnisse ist eine notwendige Voraussetzung für die Fähigkeit, gemäß der Idee des Rechts im Streit mit dem Du eine Regel zu finden, die künftigem Streit vorbeugt. Somit ist die Anerkennung der Idee des Rechts in der Praxis daran zurückgebunden, daß sich unter den Menschen eine gemeinsame Sitte ausbildet, die alle zur größtmöglichen Vielseitigkeit und zum Wohlwollen gegenüber dem fremden Du auffordert.

Die Entwicklung einer solchen Sitte ist keine alleinige Angelegenheit der Rechtssuche und -findung, sondern ebenso Aufgabe aller Bemühungen um größtmögliche Vielseitigkeit der eigenen Person und motivloses Wohlwollen gegenüber jedem fremden Du. Jedes der bisher entwickelten Elementarurteile bezieht sich zwar auf ein beonderes Willensverhältnis: so die Idee innerer Freiheit auf die Möglichkeit der Beurteilung des Willens überhaupt, die Idee der Vollkommenheit auf die Beurteilung verschiedener Willen ein und desselben Subjekts, die Idee des Wohlwollens auf die Beurteilung des eigenen Willens im Hinblick auf ein fremdes Du und die des Rechts auf die Beurteilung von Willensverhältnissen mehrerer, miteinander handelnder Subjekte. Diese Willensverhältnisse stehen in ihrer Besonderheit jedoch nicht unvermittelt nebeneinander, sondern sind in dem Sinne Konkretisierungen der inneren Freiheit, daß die jeweils vorausgegangenen Elementarurteile in den ihnen folgenden aufbewahrt werden, d.h. vorausgesetzt und aufgegeben bleiben. Dies gilt auch für das letzte Elementarurteil, mit welchem Herbart die Reihe der einfachen, auf das ethische Handeln bezogenen Ideen abschließt.

(5) Billigkeit

Die Argumentationslogik, welche Herbart in seiner Idee des Rechts entfaltet, setzt diejenige der anderen Ideen nicht außer Kraft, sondern voraus. Auch für den Fall, daß eine Regel, die dem Streit vorbeugen soll, von einem der Beteiligten nicht eingehalten wird, gilt die Differenz von Wille und Urteil (Idee der inneren Freiheit). Aus der Verletzung einer solchen Regel kann daher nicht unmittelbar das Urteil folgen, ein Wille, die Einhaltung der Regel zu erzwingen, sei in jedem Fall zu billigen. Gerade in einer Situation, in der eine vereinbarte Regel zur Verhinderung eines Streits von einer der beteiligten Personen nicht mehr anerkannt wird, beansprucht die Idee der Vollkommenheit weiterhin Anerkennung bei allen beteiligten Subjekten in der Beurteilung ihrer verschiedenen Handlungsalternativen und die Idee des Wohlwollens Offenheit für den womöglich noch unbekannten Willen desjenigen, der die zuvor vereinbarte Regel außer Kraft gesetzt hat. Dies alles ist vorausgesetzt für das Elementarurteil über das jetzt zur Erörterung anstehende Willensverhältnis zwischen einem „absichtlich tätigen und dem von dieser Absicht leidenden Willen", der von der Nichteinhaltung einer Vereinbarung betroffen ist.

Unter das Verhältnis eines absichtlich tätigen und eines absichtslos leidenden Subjekts faßt Herbart zwei ganz unterschiedliche Situationen zusammen, sowohl diejenige, in der unter Nichteinhaltung der vereinbarten Regel jemandem eine „Wohltat" zuteil wird, als auch diejenige, in der durch Nichteinhaltung einer vereinbarten Regel jemandem eine „Wehetat" zugefügt wird. „Die Tat ist Wohltat, wenn sie ein Wohl zugleich beabsichtigt und hervorbringt, Übeltat, wenn sie ein Wehe zugleich zur Absicht und zur Folge hat" (Herbart H VIII, S. 55; B, S. 209). Wohltäter und Übeltäter ist gemeinsam, daß von ihrer Tat ein anderes Subjekt betroffen ist, welches in diesem Willensverhältnis selber nicht tätig, sondern leidend, d.h. passiv sich verhält. Das Merkwürdige ist nun nicht, daß Herbart Wohltat und Übeltat demselben Willensverhältnis zuordnet; merkwürdig ist vielmehr, daß er für beide Fälle, sowohl für den Fall, in dem ein Subjekt unter der Wohltat eines anderen „leidet", d.h. die Wohltat selber passiv empfängt, als auch für den Fall, in dem ein Subjekt unter der Wehetat eines anderen leidet, da diese ihm ohne sein Mitwirken zugefügt wird, dasselbe Elementarurteil ausspricht:

„Die Tat als Störerin mißfällt. Die Größe der Tat bestimmt die Größe des Mißfallens. Wo kein Wohl noch Wehe beabsichtigt, oder auch wo keins empfunden wird, da greift nicht ein Wille hinein in den anderen, die Tat ist nicht vorhanden, daß Mißfallen ebensowenig. Mit dem Wohl oder Wehe aber, das in der Absicht und im Erfolg gemeinschaftlich anzutreffen ist, wächst das Mißfallen, und zwar auf gleiche Weise bei der Wohltat und bei der Wehetat. Die Gesinnung des Wohltäters mag übrigens gefallen, und das Wohlsein des Empfängers mag uns erfreuen, ja auch die Stärke der tätigen Kraft mag gefallen. Von diesem allem zu abstrahieren und bloß die Tat als Tat festzuhalten, ist nicht ganz leicht; es wird aber leichter, sobald aus der praktischen Weisung, die dem Urteil muß abgewonnen werden, das Symbol hervortritt, in welchem das Mißfallen an der Tat seinen Ausdruck findet. ... Vergeltung ist das Symbol, worin das Mißfallen sich ausdrückt" (Herbart H VIII, S. 57; B, S. 210).

Auf den ersten Blick scheint zwischen der Rechtsidee und der Bestimmung, daß Recht nicht durch Zwang geschützt, die Einhaltung einer Vereinbarung also nicht erzwungen werden kann, und der Idee der Billigkeit, daß sowohl die Wohltat als auch die Übeltat Vergeltung verlangt, ein Widerspruch zu bestehen, der durch die Konsequenz, mit der Herbart Vergeltung sowohl bei Wohl- als auch bei Übeltaten angezeigt hält, nicht gemildert, sondern noch verschärft wird. Dieser Widerspruch löst sich jedoch sogleich auf, wenn wir darauf achten, was Herbart in diesem Zusammenhang unter Vergeltung als Konkretion innerer Freiheit für das Willensverhältnis zwischen einem tätigen und einem leidenden Willen versteht:

„Wer vergelte, bleibt unbestimmt. Die Tat wird zurückgewiesen zu dem Täter, aber niemand ist unmittelbar angewiesen, die entgegenlaufende, gleichsam quittierende Tat zu übernehmen. Dem Beleidigten also ist keine Rache angemutet; kämen aber die Eumeniden über den Beleidiger, so geschähe ihm, was billig ist. Dem Wohltäter mag Gott vergelten, wenn er nicht sein Werk als Vergeltung achtet, welches er eigentlich von Anfang an sollte und mußte, um nicht durch sein Wohltun selbst ein Mißverhältnis zu erzeugen. Man dürfte wünschen, daß die Empfänger minder geneigt wären, sich dem Geber gegenüber unvollkommener zu fühlen" (Herbart H VIII, S. 58; B, S. 210f.).

Diese Erläuterung zum Elementarurteil der Billigkeit zeigt sehr schön, daß, wie den anderen Urteilen, auch diesem Urteil keine teleologische, auf einen höheren Zweck ausgerichtete Bedeutung zukommt, daß vielmehr der Zweck die Billigkeit selber ist, im Falle der Übeltat die Vergeltung als Wiedergutmachung des Übeltäters, im Falle der Wohltat die Vergeltung als unmittelbares Werk der Wohltat selbst.

Mit der Idee der Billigkeit endet die Reihe der einfachen Ideen, die Herbart unmittelbar aus der vollendeten Vorstellung der ihnen zugrunde liegenden Willensverhältnisse abzuleiten meinte, deren Plausibilität jedoch keine überhistorische und nicht zu allen Zeiten dieselbe ist - was Herbart nicht ausdrücklich betont, sondern nur am Rande bemerkt -, sondern Kants kategorischem Imperativ verpflichtet ist. Aus diesem nämlich bezieht Herbarts Ideenlehre in Ablehnung jeder Güterlehre ihre nicht-teleologische, d.h. nicht auf eine Hierarchie von Zwecken bezogene, sondern der Grundidee gegenseitiger Anerkennung der Menschen als Selbstzweck verpflichtete Systematik. Erst vom kategorischen Imperativ her gewinnen die Elementarurteile ihre Stimmigkeit. Die Vollkommenheit des Vielseitigen verdient gegenüber den Leistungen des Einseitigen deshalb den Vorzug, weil die Einseitigen nur als Mittel für die Zwecke anderer zu gebrauchen sind, wobei dann die verschiedenen Einseitigkeiten und Zwecke teleologisch als niedere und höhere auf einen Gesamtzweck ausgerichtet werden. Nur der Vielseitige kann von anderen als Selbstzweck geachtet werden und andere als Selbstzweck achten. Aus demselben Grund bezieht die Idee des Wohlwollens ihre Stimmigkeit. Die motivlose, nicht-teleologische Bestimmung des Wohlwollens soll ja gerade dem falschen Wohlwollen vorbeugen, das dem fremden Du in der Erwartung entgegengebracht wird, es könne hernach als Mittel für fremde Zwecke gebraucht werden. Bei der Formulierung der Rechtsidee greift Herbart sogar explizit auf den kategorischen Imperativ zurück, wenn er die Weisung formuliert, die Streitenden sollten sich nicht als Hindernisse ihrer Zwecke betrachten, sondern nach einer Regel suchen, unter der sie sich gegenseitig als Selbstzweck anerkennen und zugleich als Mittel gebrauchen können.

Noch deutlicher aber tritt der kategorische Imperativ in der Idee der Billigkeit hervor, welche die Vergeltung von Übeltaten durch die Wiedergutmachung des Täters als Aufgabe formuliert und die Vergeltung von Wohltaten im Werk des Wohltäters ansiedelt. Würde nämlich die Wohltat ihren Zweck nicht unmittelbar in ihrem Werk, der Hilfe und Unterstützung für ein Du, finden, sondern ein Mittel sein, um dem Wohltäter die Möglichkeit permanenter Wohltaten zu eröffnen und zugleich dauerhafte Dankbarkeit beim Empfänger zu bewirken, so gebrauchten sich Wohltäter und Empfänger als bloße Mittel für ihre jeweiligen Zwecke, setzte der eine seine Wohltätigkeit ein, um Dankbarkeit zu erreichen und sich das Verdienst weiterer guter Werke offenzuhalten, derweil der andere Dankbarkeit aufbrächte, um in die Gunst weiterer Wohltaten zu gelangen. Dies aber käme einer Perversion zwischenmenschlicher Interaktion, nämlich einer wechselseitigen Instrumentalisierung der Subjekte zum Mittel für die Erreichung partikularer Zwecke, gleich. Zusammen mit der Idee des Rechts formuliert die Idee der Billigkeit die Aufgabe, die Regeln interindividueller Interaktion so zu vereinbaren, daß daraus eine Sitte erwachsen kann, in der Wehetaten durch eine gegenseitige Anerkennung der Subjekte vorbeugt und niemand dauerhaft auf die Wohltaten eines anderen angwiesen ist. An der Weiterentwicklung der überkommenen, standesspezifischen Sitten zu einer universellen Sitte gegenseitiger Anerkennung kann freilich nur partizipieren, wer zugleich an seiner eigenen Vollkommenheit und Vielseitigkeit arbeitet und motivloses Wohlwollen dem fremden Du entgegenzubringen lernt.

(6-10) Rechtssystem - Lohnsystem - Verwaltungssystem - Kultursystem - Beseelte Gesellschaft

Die abgeleiteten Ideen legen die bisher entwickelten einfachen Ideen, die sich auf die individuelle Interaktion beziehen, auf allgemeine gesellschaftliche Handlungsfelder aus (vgl. die Tafel der Ideen von S. 158). Während die einfachen Ideen Elementarurteile sittlichen Handelns formulieren, stellen die abgeleiteten Ideen Elementarurteile politischen Handelns dar, die sich nun nicht mehr an das individuelle

Gewissen, sondern an das öffentliche Bewußtsein richten. Die moralische Qualität des öffentlichen Bewußtseins setzt zwar diejenige des individuellen Gewissens in der konkreten Interaktion von Ich und Du voraus, geht jedoch in dieser nicht auf, da die Beurteilung der gesellschaftlichen Verhältnisse sich nicht mehr auf individuelle Willensverhältnisse, sondern auf gesellschaftliche Ordnungsstrukturen, auf die volonté générale, bezieht. Der allgemeine Wille oder das, was als allgemeiner Wille gelten soll, kann nicht dadurch zureichend bestimmt werden, daß der allgemeine Wille lediglich als eine Menge individueller Willen gedacht und der Zusammenhang gesellschaftlicher Ordnungsstrukturen in Analogie zur Interaktion zwischen Ich und Du aufgefaßt wird. Nicht auf eine Hypostasierung gesellschaftlicher Instanzen zu Quasi-Individuen zielen die abgeleiteten Ideen, sondern auf eine Beurteilung gesellschaftlicher Ordnungsstrukturen, die zwar nur vom individuellen Gewissen vorgenommen werden kann, sich nun jedoch nicht auf individuelle Willensverhältnisse, sondern auf gesellschaftliche Verhältnisse bezieht. Nicht also diese Verhältnisse selbst, nicht die Objekte der politischen Beurteilung, sind aus den einfachen Ideen abgeleitet, denn die gesellschaftlichen Ordnungsstrukturen können, wie die Willensverhältnisse der individuellen Interaktion, als mögliche Objekte der Beurteilung zunächst nur vorgefunden und aufgegriffen werden.

Daß Herbart gleichwohl die politischen Ideen als - aus den einfachen oder ursprünglichen Ideen - abgeleitete Ideen bezeichnet, verweist zum einen auf die Reihenfolge ihrer Bestimmung, zum anderen auf die Art der Urteilsbildung, welche dem Grundsatz, die Urteile folgten aus der vollendeten Vorstellung des jeweiligen Objekts der Vorstellung, verpflichtet bleibt.

Was die Reihenfolge der Bestimmung der politischen Ideen betrifft, beginnt Herbart nicht mit der der Idee innerer Freiheit korrespondierenden Idee der beseelten Gesellschaft, sondern mit den den Ideen des Rechts und der Billigkeit korrespondierenden Ideen des Rechts- und Lohnsystems und schreitet von diesen rückwärts zu den korrespondierenden Elementarurteilen über das Verwaltungssystem (Wohlwollen), Kultursystem (Vollkommenheit) zur Idee der beseelten Gesellschaft (innere Freiheit) fort. Daß die rückwärts zu lesende Parallelität der einfachen und abgeleiteten Ideen für die Idee des Rechts und der Billigkeit bzw. für die Ideen des Rechts- und Lohnsystems eine Umkehrung erfährt (vgl. die Tafel der Ideen), zeigt die besondere Stellung an, die Herbart den Ideen des Rechts und der Billigkeit zuerkennt. In politischer Hinsicht kommt dem Rechtssystem nur eine dienende, nicht aber eine teleologische, zweckbestimmende Funktion zu. Die Ermöglichung „einer vollkommenen Kommunikation" ist nicht in politischer Hinsicht alleinige Angelegenheit gesellschaftlicher Rechtssetzungen und -vereinbarungen, sondern reicht über die Sphäre des positiven Rechts hinaus in alle anderen Bereiche gesellschaftlichen Handelns:

„Indessen ist die Annahme einer vollkommenen Kommunikation immer nicht die erste natürliche, die den Gedanken einer Mehrheit von Vernunftwesen begleitet. Vielmehr jener Art von Vermittlung, wie sie hinreicht, um Recht und Billigkeit hervortreten zu lassen, gebührt der erste Platz in der Reihe von Voraussetzungen, die wir zu machen haben. Daher eine andere Stellung der Ideen in ihrer Anwendung, als die, in welcher sie sich zuerst ergeben. Das Recht wird vorangehen, und ihm die Billigkeit folgen; alsdann werden die ersten drei Ideen hinzukommen in umgekehrter Ordnung, so daß die Idee der inneren Freiheit die Reihe beschließt und den Rückgang von den Verhältnissen mehrerer Willen zu denen, die ein Zentrum des Bewußtseins erfordern, gehörig vollendet" (Herbart H VIII, S. 75f.; B, S. 212f.).

Alle abgeleiteten Ideen formulieren Voraussetzungen einer vollkommenen Kommunikation der Menschen untereinander. Sie stellen Elementarurteile einer politischen Beurteilung der gesellschaftlichen Verhältnisse dar, die Kants kategorischen Imperativ für gesellschaftliche Teilsysteme konkretisieren und auf diese Weise nicht mehr nur Prinzipien eines guten Willens im Sinne der einfachen Ideen, sondern Prinzipien einer guten gesellschaftlichen Ordnung entwickeln, in der die gegenseitige Anerkennung der Individuen als Selbstzweck nicht nur als Aufgabe individuell-sittlicher Praxis, sondern zugleich als Aufgabe öffentlich-politischer Praxis anerkannt wird. Jede der abgeleiteten Ideen bezieht sich auf eine besondere Sphäre politisch-öffentlichen Handelns in dem Sinne, daß jede Idee ihre substantielle Bestimmung erst durch die folgenden Ideen erreicht, die vorausgegangenen Ideen in den ihnen folgenden jedoch insoweit vorausgesetzt bleiben, als die Beachtung jeder Idee in der ihr eigenen Sphäre notwendig Voraussetzung dafür ist, daß die ihr folgenden Ideen in ihren Sphären praktisch werden können. So wie unter den einfachen Ideen die der inneren Freiheit als abstrakte Idee keine vorausgehende Idee kennt, so stellt unter den politischen Ideen diejenige der beseelten Gesellschaft die konkreteste dar, der keine Handlungsmaxime mehr nachfolgt, weil sie sich auf den Gesamtzusammenhang der öffentlichen Handlungssphären politischer Praxis bezieht.

Die Idee der Rechtsgesellschaft gründet Herbart - wie Rousseau im sechsten Kapitel des contrat social - auf ein „allgemein gegenseitiges Überlassen" (Herbart H VIII, S. 79), das jeglichen Streit zu verhindern sucht und Eigentum, statt es zur Grundlage des Rechts zu erklären, an die Übereinkunft eines gegenseitigen Überlassens zurückbindet. Die Idee der Rechtsgesellschaft formuliert die politische Aufgabe, das bestehende Rechtssystem so weiterzuentwickeln und zu verändern, daß es Streit zwischen gesellschaftlichen Gruppen, Ständen oder Klassen vorbeugt durch Vereinbarungen, die die Streitenden, statt sie vom jeweiligen Gebrauch einer Sache auszuschließen, zum gemeinsamen Gebrauch derselben durch gegenseitiges Überlassen auffordert. Auf diese Weise verbindet die Ideen des Rechts und der Rechtsgesellschaft miteinander die Maxime, Streitigkeiten, in welchen die einen die anderen nur als Mittel für ihre Zwecke zu gebrauchen trachten, nicht aber als Selbstzweck anerkennen, im individuellen Handeln zu vermeiden und durch das positive Recht zu verhindern.

Diese Maxime zielt in ihrer negativen Bestimmung der Aufgabe individueller Rechtsvereinbarungen und öffentlichen, positiven Rechts nicht auf eine Verrechtlichung aller Lebensbereiche, sondern erkennt ausdrücklich an, daß die positive Bestimmung der volonté générale und des öffentlichen Bewußtseins nicht unmittelbar aus einer Affirmation des positiven Rechts, sondern allererst aus der öffentlichen und politischen Praxis der Gesellschaftsmitglieder zu gewinnen ist. Die Ordnungsfunktion der Rechtsgesellschaft erschöpft sich in der Vermeidung von Streit und enthält noch keinen positiven Begriff gesellschaftlicher und politischer Moralität, der allererst von den der Idee des Rechtssystems folgenden Ideen bestimmt werden kann und letztlich nur vom Insgesamt aller praktischen Ideen zu erhoffen ist:

„Wie die Übereinkunft getroffen, wie das Vorliegende verteilt sei: dies wäre dem Rechtsbegriff ganz gleichgültig, wenn nur der Streit immer gleich weit entfernt bliebe. ... In diesem Betracht bekommt eine gegebene Rechtsgesellschaft, schon als solche, verschiedene Grade des Werts, welche sich umgekehrt verhalten wie die Stärke der Reizung zum Streit ... Davon ist noch sehr verschieden derjenige vollständige, wahre Wert eines geselligen Vereins, welcher nur aus der Beurteilung nach allen Ideen zugleich kann ermessen werden" (Herbart H VIII, S. 81f.).

Der „wahre Wert" einer Gesellschaft läßt sich nicht allein nach dem positiven Recht, das in ihr mehr oder weniger allgemein anerkannt ist, einschätzen, sondern verlangt darüber hinaus eine Reflexion, die die anderen ursprünglichen Ideen auf die gesellschaftlichen Verhältnisse hin auslegt und für deren Beurteilung fruchtbar macht. Als nächstes entwickelt Herbart die der im individuellen Handeln Geltung beanspruchenden Idee der Billigkeit korrespondierende gesellschaftliche Idee eines Lohnsystems. Durch positives Recht allein kann Streit auf Dauer niemals vermieden werden. Das positive Recht muß in seiner Funktion, Streit zu vermeiden, weiterentwickelt werden, sei es, weil es diese Funktion nicht erfüllt, sei es, weil die Vermeidung von Streit gerade dadurch gelingt, daß in einer Gesellschaft Akte gegenseitigen Überlassens über die Rechtsvorschriften des vorgegebenen positiven Rechts hinaus stattfinden. Analog zur Ausrichtung der Idee der Billigkeit auf die Beurteilung eines individuellen Übel- oder Wohltäters faßt Herbart unter die Idee des

Lohnsystems zwei verschiedene, ja konträre Verhältnisse zusammen, dasjenige der Beurteilung des Straftäters angesichts einer Verletzung positiven Rechts und dasjenige der öffentlichen Anerkennung des Wohltäters angesichts eines über die Rechtsnorm hinausgehenden gegenseitigen Überlassens zur Vermeidung von Streit.

Unter Lohnsystem versteht Herbart kein Gratifikationssystem im ökonomischen Sinne, sondern alle Maßnahmen der Billigkeit im Bereich der öffentlichen Justiz und Rechtsprechung und der öffentlichen Anerkennung politischer Handlungen, durch die Streit in einer über eine bloße Anwendung des positiven Rechts hinausgehenden Weise verhindert wird. Die politische Idee der Billigkeit, die des Lohnsystems, verbietet jede Form von Justiz, in der ein nach positivem Recht zu beurteilender Straftäter nur abgeurteilt, seine Tat gerächt und solche Rache als billig oder gerecht ausgegeben wird. „Die Strafen und Belohnungen dürfen die Menschen nicht schlechter machen, als sie waren (wie in Gefängnissen, wo ein Verbrecher den anderen unterrichtet, - oder auf der anderen Seite durch Vorgunst, die Andere kränkt) " (Herbart H VIII, S. 368). Alle Anwendung des Rechts in der Rechtssprechung hat einem doppelten Zweck zu dienen, der Wiedergutmachung des Schadens, den ein Täter einem Opfer zugefügt hat, und der Wiedergutmachung des Täters. Strafen, die beidem nicht dienlich sind und für den Fall, daß eine Wiedergutmachung des einem Opfer zugefügten Schadens nicht möglich ist, nicht einmal der Wiedergutmachung des Täters dienen, mögen mit Bestimmungen eines positiven Rechts vereinbar sein, mit den Ideen der Rechtsgesellschaft und des Lohnsystems zur Wiedergutmachung sind sie nicht vereinbar, denn sie dienen nicht zur Förderung öffentlicher gegenseitiger Anerkennung der miteinander interagierenden Personen als Selbstzweck, sondern provozieren, statt entstandenen Streit zu schlichten, neue Rechtsverletzungen.

Was die Vermeidung von Streit durch öffentliche Wohltaten, d.h. durch Verzicht auf Rechtsansprüche nach bestehendem, vorgegebenem positiven Recht betrifft, so denkt Herbart, wie Humboldt in seinen Ideen zu einem Versuch, die Grenzen der Wirksamkeit des Staates zu bestimmen, an die Möglichkeit und Aufgabe, auf Privilegien, die in der Rechtsordnung der Ständegesellschaft erlaubt sein mögen, freiwillig zu verzichten:

„Wenn sonst das gezückte Schwert der Nation die physische Macht des Beherrschers beschränkt; so besiegt hier Aufklärung und Kultur seine Ideen und seinen Willen, und die umgeformte Gestalt der Dinge scheint mehr sein Werk, als das Werk der Nation zu sein. Wenn es nun schon ein schöner, seelenerhebender Anblick ist, ein Volk zu sehen, das im vollen Gefühl seiner Menschen- und Bürgerrechte seine Fesseln zerbricht; so muß - weil, was Neigung oder Achtung für das Gesetz wirkt, schöner, erhebender ist, als was Not und Bedürfnis erpreßt - der Anblick eines Fürsten ungleich schöner und erhebender sein, welcher selbst die Fesseln löst und Freiheit gewährt, und dies Geschäft nicht als Frucht seiner wohltätigen Güte, sondern als Erfüllung seiner ersten, unerläßlichen Pflicht betrachtet. Zumal da die Freiheit, nach welcher eine Nation durch Veränderung ihrer Verfassung strebt, sich zu der Freiheit, welche der einmal eingerichtete Staat geben kann, eben so verhält, als Hoffnung zum Genuß, Anlage zur Vollendung" (Humboldt: Ideen zu einem Versuch, die Grenzen der Wirksamkeit des Staates zu bestimmen, S. 59).

Herbart hat die an das Lohnsystem als Strafsystem zu stellenden Ansprüche eindeutig formuliert; die an es von der anderen Seite der Billigkeit zu stellenden Anforderungen hat er dagegen nie so eindeutig wie Humboldt in der eben zitierten Stelle ausgesprochen. Gleichwohl verweist die Idee des Lohnsystems auf dasselbe Programm, welches Humboldt in seinem Versuch, die Grenzen der Wirksamkeit des Staats zu bestimmen, entworfen hatte. Denn während die Idee der Billigkeit die Reihe der einfachen Ideen abschließt, kommt ihr unter den abgeleiteten oder gesellschaftlichen Ideen durchaus eine vermittelnde Stellung zwischen der Idee der Rechtsgesellschaft und der der Idee des Wohlwollens korrespondierenden Idee des Verwaltungssystems zu. In politischer Hinsicht kann nämlich das Werk, welches eine über alle Rechtsverpflichtungen hinausgehende Tat als ihren eigenen Lohn anzusehen hat, nicht einen Endpunkt der gesellschaftlichen Entwicklung - wie die Billigkeit in der individuellen Praxis - markieren, sondern bleibt die Wohltat, die ein absolutistischer Herrscher seinen ehemaligen Untertanen gegenüber zur Entbindung ihrer Freiheit vollzieht, darauf angewiesen, daß diese nun ohne Bevormundung und staatliche Lenkung ihre freigelassenen Aktivitäten so regulieren, daß sie dem größtmöglichen Wohl aller und nicht einem Eigennutz neuer Interessengruppen oder Klassen dienen.

Rechtsgesellschaft und Lohnsystem, positives Recht und Justiz, haben nur eine dienende Funktion innerhalb der politischen Praxis und der durch sie zu fördernden Öffentlichkeit einer gegenseitigen Anerkennung der miteinander interagierenden Personen. Die Idee des Wohlwollens, welche motivlose Anerkennung des noch unbekannten fremden Du als Aufgabe formuliert, besagt im Felde der politischen Beurteilung gesellschaftlicher Verhältnisse, daß das Rechts- und Strafsystem allein nicht ausreicht, um dem gesellschaftlichen Handeln der Menschen einen Sinn zu geben:

„Der wohlwollende Zuschauer würde eine ganz andere Einrichtung fordern als die bloß zur Vermeidung des Streits aufgeworfenen Bollwerke des Rechts; er würde die größte mögliche Summe des Wohlseins erreicht und zu dem Ende die zweckmäßigste Verwaltung des Vorrätigen eingeführt zu sehen verlangen" (Herbart H VIII, S. 76; B, S. 213).

Gerade weil die Rechtsgesellschaft aus politischen Rechtssetzungen hervorgeht, kann die politische Praxis nicht in der Anwendung eines von ihr selbst geschaffenen Rechts aufgehen, sondern muß sie für das größtmögliche Wohlbefinden aller sorgen, wozu Rechtsregeln einer Gleichheit im Sinne des positiven Rechts nicht ausreichen. In den Ausführungen zu den politischen Ideen stellt Herbart zum Verhältnis zwischen einem der Idee des Wohlwollens verpflichteten Verwaltungssystems und dem Rechts- und Lohnsystem fest:

„Die Gleichheit ist hier ganz vernachlässigt. Das Wohlwollen mutet Einigen große Entbehrungen zu, um Andere desto mehr zu begünstigen. Es verordnet nichts, um die Ansprüche zu beschwichtigen, die sich dagegen erheben werden; es hat keine Antwort auf die Frage: wie man dem Streit begegnen solle, der aus den Ansprüchen hervorzubrechen nicht unterlassen wird. Mit der Gutmütigkeit des Leichtsinnes scheint das Verwaltungssystem alle Angelegenheiten auf eine Spitze zu stellen, von welcher sie nicht nur der Natur der Dinge nach herunterfallen müssen, sondern sogar durch die übrigen Ideen heruntergestoßen werden" (Herbart H VIII, S. 94).

Herbart denkt hier zweifellos an eine Verwaltung, welche zwar an die Rechtsordnung und ihr Strafsystem gebunden ist, die Sorge um das Allgemeinwohl auf der Grundlage des bestehenden Rechts wahrnimmt, ihre Handlungen aber nicht aus dem positiven Recht ableitet, sondern umgekehrt, statt bloß dem positiven Recht zur Durchsetzung zu verhelfen, die Verfeinerung und Weiterentwicklung eines Sinns für Gerechtigkeit betreibt, welcher unter Gerechtigkeit mehr als nur positives Recht, nämlich das größtmögliche Wohlbefinden aller versteht. Dabei leugnet er nicht, daß es zu Kollisionen zwischen einer wohlwollenden Verwaltung und dem Rechtssystem kommen kann, wenn einzelne ihr Recht angesichts eines ihnen angesonnenen Wohlwollens gegen andere einklagen. Er erklärt jedoch solche Kollisionen für unvermeidbar, damit die öffentliche Politik an einer Weiterentwicklung des Gerechtigkeitsbewußtseins arbeiten kann, die dort, wo das für sie erforderliche Wohlwollen aller zustande kommt, zu einer politischen Weiterentwicklung der Gesellschaftsordnung im Sinne des größtmöglichen Gemeinwohls führen wird.

Das Rechtssystem kann das Gemeinwohl nur fördern, indem es das positive Recht weiterentwickelt und Benachteiligungen, die einzelne Gruppen zur Einseitigkeit verurteilen, von Rechts wegen für aufhebbar erklärt. Das Verwaltungssystem kann über die Grenzen des Rechts- und Lohn- bzw. Strafsystems hinaus die Möglichkeiten zu einer öffentlichen Kommunikation verbessern und so Voraussetzungen für die Förderung des Gemeinwohls schaffen. Die Förderung des Gemeinwohls selbst jedoch findet weder unmittelbar in der Justiz noch in der Verwaltung statt, sondern ist letztlich eine Angelegenheit der individuellen und gemeinsamen Praxis aller Gesellschaftsmitglieder. Sie fällt damit in ein viertes System, das Herbart als System gesellschaftlicher Interaktion, als Kultursystem, bezeichnet.

Unter Kultursystem faßt Herbart alle produktiven Tätigkeiten des Menschen zusammen, durch die materielle und geistige Güter hergestellt und das größtmögliche Wohlsein aller hervorgebracht wird. Die Eudaimonie des Ganzen und aller ihm angehörigen Einzelnen ist nicht Telos oder oberster Zweck der Tätigkeiten, an welchem diese lediglich als Mittel, wie in der Politik des Aristoteles, teilhaben, sondern ist Produkt und Resultat der Tätigkeiten selbst, die somit nicht Mittel zur Errichtung eines Kultursystems sind, sondern als solche das Kultursystem selber bilden. Unter Kultursystem versteht Herbart eine besondere Form arbeitsteiliger Produktion, die sich gegenüber anderen Formen der Arbeitsordnung dadurch auszeichnet, daß in ihr die Einzelnen weder - ohne jede Teilung der Arbeit und ohne jede Ausprägung ihrer Individualität - für alle nur denkbaren Tätigkeiten zuständig, noch aufgrund einer bis zur Einseitigkeit fortgeschrittenen Spezialisierung in weitgehend voneinander abgegrenzten Tätigkeitsbereichen - ohne jeden Überblick über die Gesamtpraxis - tätig sind. Im ersten Fall würde zwar jeder Einzelne, da er für alle gesellschaftlich notwendigen produktiven Tätigkeiten kompetent ist, den Überblick über das Ganze haben, sich gegenüber den anderen Gesellschaftsmitgliedern jedoch nicht durch eine besondere Individualität auszeichnen; und das Ganze der produktiven Tätigkeiten diente allenfalls der bloßen Erhaltung des Lebens, nicht aber der Hervorbringung einer gemeinsamen Kultur, an der die Einzelnen als Individuen aktiv teilhaben könnten. Im zweiten Fall ließe die fortgeschrittene Arbeitsteilung zwar weitaus höhere Leistungen zu; deren Zusammenhang fiele nun jedoch in ein System der Arbeitsteilung, das insofern kein Kultursystem mehr darstellte, als es gar keine Subjekte mehr gäbe, die sich gegenseitig als Produzenten der Kultur anerkennen und das individuell und gemeinsam Produzierte aneignen könnten.

Gegenüber einer Öffentlichkeit nicht-arbeitsteiliger Produktion ohne Individualität der Produzenten und einer abstrakten Allgemeinheit fortgeschrittener Arbeitsteilung ohne Öffentlichkeit und gemeinsame Verantwortung der Produzenten zeichnet sich die Idee des Kultursystems dadurch aus, daß sie Individualität und Öffentlichkeit, Arbeitsteilung und gemeinsame Verantwortung aller produktiven Tätigkeiten miteinander zu vermitteln sucht und eine Arbeitsordnung anstrebt, in der alle aufgrund ihrer möglichst universell gebildeten Vielseitigkeit sowie aufgrund ihrer besonderen Fähigkeiten an der Verwirklichung eines größtmöglichen Gemeinwohls mitarbeiten:

„Allein wenn mehrere, auf gleiche Weise vielseitig strebende Personen in ein Denken gefaßt werden: ... So verschwinden die Individuen neben der Gattung; sie verschwinden fast wie die Exemplare neben dem Buche, dessen Abdrücke sie sind. ... Anstatt also den Begriff der Vielseitigkeit ... vielemal im Kleinen darzustellen, übernehme jeder Einzelne die Darstellung einer von den vielen Seiten, so daß die Gesamtdarstellung keine andere Spaltungen und Gegensätze zeige als die, welche den Unterschieden ... selbst entsprechen. ... Die Folge wird sein, daß nun nicht mehr die Einzelnen, sondern nur Alle als Eins der Beurteilung genügen. Denn die Einzelnen, untereinander verglichen, würden jeder den Mangel des Anderen aufdecken. ... Die Trennung zwischen Einem und dem Anderen muß verschwinden. ... Es muß also jeder den Gedankenkreis jedes Anderen in sich aufzunehmen, und in denselben hinüberzutreten fähig sein. Nichts Abstoßendes darf sich finden in den Gedanken, vollends in den Strebungen des Einen und des Anderen. ... Jedes Glied des Kultursystems, dabei bleiben wir stehen, muß außer einer eigentümlichen Hervorragung noch eine vielfache Empfänglichkeit besitzen, vermöge welcher es sich jede fremde Vorzüglichkeit, einzeln genommen, wenn schon nicht die Gesamtheit aller, würde aneignen können. ...
Die Möglichkeit des Kultursystems aber hängt ab von den Mitteln der Kommunikation. Und wenn die Sphäre der gleichartigen Mitteilung enger oder weiter ist

als die der Rechtsgesellschaft, des Lohn- und Verwaltungssystems, so wird mit diesen das Kultursystem seiner Ausdehnung nach nicht zusammentreffen. ... Tritt nun diese geistige Durchdringung wirklich ein: so veredeln sich die sämtlichen bisher beschriebenen Gesellungen zu einer vergrößerten Darstellung derjenigen Idee, welche in ihrer einfachen Gestalt die Würde des einzelnen Vernunftwesens vorbildet, indem sie alles, was an ihm mit Beifall zu betrachten ist, in sich einschließt. ...
Wenn die Individuen von einem Geiste bewegt werden, dem kein Einzelner sich eigen, und auch keiner sich fremd fühlt: so mögen sie ihn ansehen wie eine Seele, die in ihnen Allen, in ihrer Gesamtheit lebe" (Herbart H VIII, S. 98ff.).

Die Idee des Kultursystems als die der Idee der Vollkommenheit unter den einfachen Ideen korrespondierende gesellschaftliche Idee entwickelt wie die Idee der Vollkommenheit für den Bereich individueller Interaktion - noch keinen qualitativen Begriff öffentlicher Kommunikation, sondern formuliert lediglich ein quantitatives Prinzip politischer Urteilskraft, welches die Beteiligung aller am öffentlichen Beratungsprozeß nach Maßgabe ihrer größtmöglichen Vielseitigkeit und Individualität vorschreibt. Was als gemeinsame Kultur hervorgebracht werden soll, geht als Bestimmung der öffentlichen Kommunikation nicht voraus, sondern bleibt dieser unabnehmbar überlassen. Indem Herbart die Idee des Kultursystems nicht qualitativ bestimmt, vermeidet er auch hier eine teleologische Normierung der menschlichen Gesamtpraxis, die den Einzelnen, statt ihn als Individuum und Produzenten von Kultur anzuerkennen, zum Kulturträger, zum Träger einer bestimmten Kultursphäre, reduzierte. Die qualitative Bestimmung des Menschen, sowohl in seiner individuellen als auch in seiner gesellschaftlichen Existenz, formuliert allein die Idee einer beseelten, durch öffentliche Kommunikation bestimmten Gesellschaft, welche jedoch nicht einen Zweck gegenüber niederen Zwecken teleologisch als deren obersten Zweck ausweist, sondern nicht mehr, aber auch nicht weniger beansprucht als dies: daß die Idee des Guten nur in einer nicht-teleologischen, nicht-hierarchischen Beachtung aller Elementarurteile zur Beurteilung individueller Willens- und gesellschaftlicher Ordnungsverhältnisse praktisch anerkannt werden kann:

„Aber wo die Bemühungen, dem Recht, der Billigkeit, dem Wohlwollen und der Vollkommenheit zur angemessenen Darstellung zu verhelfen, gemeinschaftliche Angelegenheit geworden sind, da ist gemeinschaftliche Folgsamkeit gegen gemeinschaftliche Einsicht, da ist innere Freiheit mehrerer, die nur ein einziges Gemüt zu haben scheinen. Die Spaltung zwischen einem und einem anderen, deren jeder bloß seinem Urteil folgt und seinem Gewissen überlassen sein will, dieser leere und tote Gegensatz ist verschwunden: Die Vereinigten machen eine beseelte Gesellschaft" (Herbart H VIII, S. 77; B, S. 213f.).

Unter der Idee der beseelten Gesellschaft versteht Herbart nichts von den anderen Ideen Abgesondertes, Abgehobenes, so wie er auch unter der Idee innerer Freiheit keine von den anderen Ideen unabhängige Idee versteht. Wie die Idee innerer Freiheit in den ihr folgenden erst ihre Konkretion erfährt, so kann auch die Idee der beseelten Gesellschaft nur vermittels der ihr vorausgehenden Ideen verwirklicht werden. Darum grenzt Herbart die handlungsorientierende Relevanz der ursprünglichen und der gesellschaftlichen Ideen gleichermaßen scharf und eindeutig gegenüber zwei möglichen Mißverständnissen ab, dem einen, als ziele seine Allgemeine praktische Philosophie auf eine verspätete Legitimation der überkommenen Ständegesellschaft, welche - wie schon Platon - den Philosophen den höchsten Rang in der Ordnung der Stände einräumte, dem anderen, der absolutistische Staat sei als gleichsam über den Ständen stehende Ordnungsinstanz mit der Idee der beseelten Gesellschaft gleichzusetzen:

„Es mag sein, daß jeder Staat eine beseelte Gesellschaft werden sollte. Aber das kümmert uns hier nicht. Den Staat charakterisiert seine zwingende Macht. Die Ideen sind ohne Macht. Zu verhüten, daß nicht die eben bezeichneten gesellschaftlichen Ideen mit dem Staate verwechselt werden, ist so viel wichtiger, weil dieselben gar nicht bloß den großen Menschenhaufen gelten, sondern ebensowohl jeder kleineren und kleinsten Verbindung, der häuslichen nicht minder als der bürgerlichen" (Herbart H VIII, S. 77; B, S. 214).

5.3 Zur Handlungsrelevanz der praktischen Philosophie

Die Idee der inneren Freiheit vereint in sich zwei Bestimmungen, die eine, daß Freiheit nur als Freiheit vom Willen, als Freiheit zur Beurteilung des Willens, möglich ist, die andere, daß Freiheit als Handlungsfreiheit nur dort real wirklich ist, wo der Handelnde seinem Selbsturteil tätig folgt (vgl. S. 160ff.). Die Ideenlehre der praktischen Philosophie führt die erste Bestimmung innerer Freiheit für alle nur denkbaren Willensverhältnisse aus und entwickelt Elementarurteile zur Prüfung individueller Handlungsantriebe und gesellschaftlicher Ordnungsstrukturen. Diese Elementarurteile formulieren regulative Ideen für praktische Urteile, die zwar aus den Ideen nicht abgeleitet werden können, die sich jedoch im Vollzug der Beurteilung von Handlungssituationen mit „ästhetischer Notwendigkeit" (vgl. S. 71ff.) einstellen, sofern die jeweilige Handlungssituation nur in Orientierung an den Elementarurteilen betrachtet wird.

Die weiterreichende Frage, welche Handlungsrelevanz die Ideen beanspruchen, bezieht sich nicht nur auf die erste, sondern zugleich auf die zweite Bestimmung der inneren Freiheit, auf den tätigen Gehorsam gemäß eigener Einsicht. Den Gedankengang des Abschnitts 5.1. wieder aufnehmend, möchte ich abschließend aufzeigen, daß Herbarts praktische Philosophie den Zusammenhang ethischer, pädagogischer und politischer Praxis dialektisch entwickelt, keiner dieser drei Formen menschlicher Praxis einen Vorrang gegenüber den anderen einräumt und so einen nicht-hierarchischen und nicht-teleologischen Begriff der Moralität als des ganzen Zwecks des Menschen begründet.

Die Parallelität der einfachen und abgeleiteten Ideen verweist auf ein dialektisches Verhältnis von Ethik und Politik. Zwar sind die gesellschaftlichen Ideen aus den für die individuelle Interaktion geltenden einfachen Ideen abgeleitet; ein Vorrangverhältnis der Ideen 1 - 5 gegenüber den Ideen 6 - 10 wird damit jedoch nicht beansprucht. Denn alle Ideen beziehen sich als Konkretisierungen der Idee innerer Freiheit auf je besondere Willens- und gesellschaftliche Ordnungsverhältnisse, die als Gegenstände der Beurteilung zwar nebeneinander bestehen, deren Beurteilungen aber einander voraussetzen und aufeinander verweisen. Nur der an seiner Vielseitigkeit im Sinne der Idee der Vollkommenheit arbeitende Mensch kann Wohlwollen gegenüber dem fremden Du aufbringen und gemeinsame Regeln vereinbaren, die nicht mehr den Moralen einer Stände- oder Klassengesellschaft verpflichtet sind, sondern auf der gegenseitigen Anerkennung der Individuen als Selbstzweck beruhen. Nur eine Gesellschaft, die dem positiven Recht und dem Straf- und Lohnsystem eine dienende Funktion zuerkennt und die öffentliche Verwaltung am Anspruch der Entwicklung eines Kultursystems individueller und gemeinschaftlicher Produktion ausrichtet, kann sich zur Idee der beseelten Gesellschaft bekennen und die überkommenen Standesschranken überwinden, ohne neue gesellschaftliche Ungleichheiten zu entwickeln. Und die Anerkennung der einfachen Ideen im individuellen Handeln verlangt gesellschaftliche Freiräume, die nur durch eine politische Praxis gesichert werden können, die das bestehende Rechts-, Justiz-, Verwaltungs- und Produktionssystem im Sinne der gesellschaftlichen Ideen verändert und weiterentwickelt. Eine solche politische Praxis schließlich setzt ihrerseits eine Öffentlichkeit voraus, in der die Individuen orientiert an den ethischen Ideen miteinander kommunizieren.

Mit dieser dialektischen Bestimmung ethischen und politischen Handelns wendet Herbart sich gegen jedweden Versuch, an die Stelle einer vernünftigen Beurteilung des menschlichen Willens und einer solcher Beurteilung folgenden individuellen und politischen Praxis die Teleologie eines geheimen oder vermeintlich bekannten „Weltplans" zu setzen, der sich im Handeln der Menschen durchsetzt. Der Weltgeschichte eine hinter dem Rücken des Menschen ablaufende Heilsgeschichte zu unterstellen oder die Weltgeschichte als Mittel zur Verwirklichung des im vorhinein feststehenden Telos einer Weltgesellschaft auszugeben, in der entweder eine absolute Gleichheit und Gleichförmigkeit aller Menschen oder eine absolute Herrschaftsordnung verwirklicht ist, weist Herbart als mit der Idee innerer Freiheit unvereinbar ab:

„Nach verborgenen, ihm selbst unbekannten Motiven kann der Mensch nicht handeln; vollends aber die Benutzung des Bösen zum Guten, die man in dieselbe Verborgenheit (eines Weltplans) hineindeuten würde, gäbe denen, welche in der Beförderung des Weltplans ihren Wert suchten, gleiche Ermunterung zum Bösen wie zum Guten. Solche Folgen kommen heraus, wenn man in die praktischen Prinzipien, welche für sich feststehen, die Teleologie einmengt" (Herbart H VIII, S. 397).

Wie aber verhält sich die Dialektik ethischer und politischer Praxis zur pädagogischen Praxis? Ist diese, wenn schon nicht der zurückgewiesenen Teleologie eines heilsgeschichtlichen oder ideologischen Weltplans, vielleicht einer Dialektik sittlicher und politischer Praxis verpflichtet, welche zwar ihrerseits keine über ihr anzusiedelnde Teleologie anerkennt, gleichwohl für sich beansprucht, die Ziele der Erziehung ethisch und politisch normativ vorzugeben? Besagt nicht der Titel von Herbarts Allgemeiner Pädagogik, diese sei „aus dem Zweck der Erziehung", mithin aus den Ideen der Allgemeinen praktischen Philosophie abgeleitet?

Daß nicht nur Ethik und Politik, sondern auch Pädagogik und Ethik bzw. Politik in einem dialektischen Verhältnis zueinander stehen, geht aus der Ideenlehre selbst hervor, die keineswegs eine quasi-teleologische Normierung pädagogischen Handelns anstrebt, sondern dessen Aufgaben als konstitutives Moment der Ethik explizit anerkennt. Die Ideen der Vollkommenheit und des Wohlwollens stellen nämlich nicht nur allgemeine Regulative ethischen Handelns dar, sondern formulieren als Konkretionen der Idee innerer Freiheit zugleich Grundprinzipien pädagogischen Handelns im engeren Sinne und machen so den genuin pädagogischen Teil der praktischen Philosophie Herbarts aus.

Aus der Idee innerer Freiheit leitet sich, wie in der Analyse der Allgemeinen Pädagogik aufgezeigt wurde, die Abgrenzung der Aufgaben der Kinderregierung, des erziehenden Unterrichts und der Zucht oder Selbsterziehung ab (vgl. S. 83ff.; S. 91ff.; S. 99ff.), welche die Erlaubtheit von Gewalt über Heranwachsende an strenge Kriterien bindet und dem Unterricht die Aufgabe zuweist, die erste Bestimmung innerer Freiheit, die Beurteilung der eigenen Handlungsantriebe, zu fördern (vgl. S. 105ff.), und die Maßnahmen der Zucht aus der zweiten Bestimmung innerer Freiheit begründet, Gehorsam der eigenen Einsicht gemäß zu provozieren (vgl. S. 127ff.). Von fundamentaler Bedeutung für diese drei Aufgaben der pädagogischen Praxis sind die Ideen der Vollkommenheit und des Wohlwollens, welche zum einen eine pädagogische Anthropologie, zum anderen eine pädagogische Ethik begründen.

Der Idee der Vollkommenheit entspricht nämlich in der Allgemeinen Pädagogik das, was Herbart Vielseitigkeit des Interesses nennt und in der Sprache seines pädagogischen Spätwerks, des Umrisses pädagogischer Vorlesungen, als Prinzip der Bildsamkeit bezeichnet. Daß jeder Unterricht seinen Zweck darin hat, eine Vielseitigkeit des Interesses zu fördern, daß jeder Heranwachsende, unabhängig von Stand und Geburt, seine künftige Bestimmung auf dem „Umweg" über die Entwicklung des ihm größtmöglichen vielseitigen Interesses finden soll, daß die Bildsamkeit des Einzelnen nicht qualitativ nach Kriterien seiner möglichen gesellschaftlichen Nützlichkeit, sondern quantitativ als Fähigkeit zur Entwicklung eines gleichschwebend vielseitigen Interesses definiert wird, steht in unmittelbarem Zusammenhang zur Idee der Vollkommenheit, die in Abgrenzung zu älteren Begriffen von Vollkommenheit (vgl. S. 163f.) gerade nicht eine teleologische Bestimmung der menschlichen Natur vornimmt, sondern grundsätzlich jedem die Fähigkeit zuspricht, sich universell zu bilden.

Dem Prinzip der Bildsamkeit als Begriff der teleologischen Unbestimmtheit und Offenheit der menschlichen Natur korrespondiert als Prinzip pädagogischer Interaktion die Idee des Wohlwollens als Regulativ für die Beurteilung von Handlungssituationen im Hinblick auf ein vorgestelltes, fremdes Du. Pädagogisch bedeutsam ist die Idee des Wohlwollens insofern, als der Heranwachsende an der pädagogischen Interaktion niemals nur in der „Rolle" eines schon bekannten Du teilnimmt, sondern an dieser Interaktion aufgrund seiner unbestimmten, offenen Bildsamkeit stets als ein unbekanntes Du mitwirkt. Die Idee des Wohlwollens bezeichnet ein Grundprinzip pädagogischer Interaktion, welches die Aufgabe formuliert, den Heranwachsenden motivlos, d.h. nicht einer künftigen Bestimmung wegen, sondern in Anerkennung seiner teleologisch nicht bestimmbaren, auf Vielseitigkeit angelegten Vollkommenheit als fremdes, noch unbekanntes Du zu achten.

Die dem pädagogischen Prinzip der Bildsamkeit korrespondierende Idee der Vollkommenheit geht in der Allgemeinen praktischen Philosophie in der Ableitung der Ideen derjenigen des auch pädagogisch gemeinten Wohlwollens voraus. Dies verweist auf den dialektischen Zusammenhang von unbestimmter Bildsamkeit und motivlosem Wohlwollen. Nur unter dem Einfluß eines motivlosen Wohlwollens kann sich die unbestimmte Bildsamkeit des Individuums zu der ihm möglichen Vielseitigkeit entwickeln. Das pädagogische Wohlwollen darf diese Entwicklung nicht antizipatorisch vorwegdefinieren, denn dann wäre es kein motivloses Wohlwollen einem unbestimmten, fremden Du gegenüber, sondern teleologisch ausgerichtetes, zweckbezogenes Wohlwollen. Zur Eigenart pädagogischen Wohlwollens gehört somit unverzichtbar die prinzipielle Unbestimmtheit der Bildsamkeit des Heranwachsenden, die sich zwar nur unter Voraussetzung eines motivlosen Wohlwollens vielseitig entwickeln kann, ihrer Potenz nach gleichwohl unvermittelt vorausgesetzt ist.

Auf dieser Dialektik von nicht-teleologischer Vollkommenheit und Vielseitigkeit sowie motivlosem Wohlwollen dem fremden, unbekannten Du gegenüber basiert jede pädagogische Interaktion, die die Idee innerer Freiheit praktisch anzuerkennen versucht. Wie aber verhält es sich mit der gesellschaftlichen Möglichkeit einer solchen pädagogischen Praxis? Läßt auch sie sich aus den einfachen, für die individuelle Interaktion geltenden Ideen ableiten? In welcher Beziehung steht sie zu den abgeleiteten, gesellschaftlichen Ideen der politischen Praxis?

Während Herbart der pädagogischen Praxis, vermittelt über die Ideen der Vollkommenheit und des Wohlwollens, innerhalb der Systematik der für die individuelle Interaktion geltenden einfachen oder ursprünglichen Ideen eine konstitutive Bedeutung zuerkennt, findet sich unter den abgeleiteten Ideen keine analoge Bestimmung pädagogischen Handelns als einer gesellschaftlich ausgewiesenen Form politischer Praxis. Dies hat mehrere Gründe, die zum einen auf die Dialektik von pädagogischer und politischer Praxis verweisen und zum andern mit der bis heute nicht befriedigend geklärten Frage zusammenhängen, wie pädagogisches Handeln seiner Bestimmung nach adäquat zu institutionalisieren ist.

Was den dialektischen Zusammenhang von Pädagogik und Politik betrifft, stellt Herbart ausdrücklich fest:

„Lassen die Pflichten gegen die Gesellschaft sich denen parallel entwickeln, welche den einzelnen gelten?
Erstlich: die gesellschaftlichen Ideen zeigen die Verhältnisse, worauf Wohlwollen, Recht und Billigkeit sich beziehen, einwärts gekehrt gegen das Innere der Gesellschaft gerichtet, dagegen die nämlichen für den einzelnen äußere Verhältnisse sind.
Zweitens: niemand kann sich der Gesellschaft als ihr Erzieher gegenüberstellen. Vielmehr, sie erzieht den einzelnen, der in der Folge, wenn er ihr Mitglied wird, schon in so viele Rechtsverhältnisse mit ihr verflochten ist, daß er selbst die größte Überlegenheit des Geistes nicht frei gebrauchen darf. Sogar einem Gesetzgeber aus der Fremde stünde nur eine solche Einwirkung zu, als sie einräumen möchte" (Herbart H VIII, S. 157f.; B, S. 221f.).

Herbart weist an dieser Stelle nicht nur auf die Parallelität der einfachen oder ethischen und abgeleiteten oder politischen Ideen hin, sondern stellt zugleich fest, daß den pädagogischen Ideen der Vollkommenheit und des Wohlwollens über ihre konstitutive Bedeutung in der Reihe der einfachen Ideen hinaus keine vergleichbare Bedeutung unter den gesellschaftlichen Ideen zukommt. Die Verwirklichung der Idee innerer Freiheit in einer beseelten Gesellschaft ist Aufgabe der politischen, nicht der pädagogischen Praxis, welche sich ausschließlich auf die möglichst universelle Bildung jedes Einzelnen für eine unbestimmte künftige Tätigkeit und seine Mitwirkung an der Verwirklichung der gesellschaftlichen Ideen konzentriert und auf diese Weise den ihr möglichen Beitrag zur gesellschaftlichen Verwirklichung der Idee innerer Freiheit leistet. Die Warnung, niemand könne und dürfe sich der Gesellschaft gegenüber als deren Erzieher wähnen, richtet sich in erster Linie nicht an die Heranwachsenden, sondern an die professionellen Pädagogen. Sie untersagt nicht, die vorgegebene Gesellschaft gemeinsam mit den Heranwachsenden einer Prüfung und Beurteilung im Sinne der politischen Ideen zu unterziehen bzw. zuzuführen, denn dies alles gehört unmittelbar zum Programm eines erziehenden Unterrichts. Sie verbietet jedoch, die nachwachsende Generation in ihrer unbestimmten Bildsamkeit zu einer bestimmten Negation der vorgegebenen Gesellschaft zu indoktrinieren.

Mit der Warnung, niemand dürfe sich zum Erzieher der Gesellschaft erklären, übte Herbart Kritik an seinem Lehrer Fichte, der im gleichen Jahr, in welchem Herbart seine Allgemeine praktische Philosophie veröffentlichte, seine „Reden an die deutsche Nation" publizierte, in welchen er die Hoffnung zu begründen versuchte, es werde philosophisch gebildeten Erziehern gelingen, zusammen mit der nachwachsenden Generation einen neuen Menschen zu bilden, der dann fähig sein sollte, die überkommene Standesgesellschaft im absolutistischen Staat von Grund auf republikanisch zu revolutionieren. Gelänge es - dies ist der Kerngedanke der Kritik Herbarts -, Fichtes Programm in die Tat umzusetzen und die politische Praxis der späteren Erwachsenen durch die pädagogische Praxis von Lehrern und Heranwachsenden vorzubestimmen, so wären die eigentlichen Politiker in einer Gesellschaft die Pädagogen, die die Freiheit zur Beurteilung der gesellschaftlichen Verhältnisse gerade dadurch, daß sie den neuen politischen Menschen selber hervorbrächten, nicht förderten, sondern sabotierten. Mit der pädagogischen Aufgabe, die Heranwachsenden zu einer Beurteilung des eigenen Willens und der gesellschaftlichen Verhältnnisse gemäß den Elementarurteilen der Ideen zu befähigen, ist es nach Herbart unvereinbar, die Pädagogik der Gesellschaft als Erzieher gegenüberzustellen und die politische Praxis zu einem angewandten Teil der pädagogischen Praxis zu machen. Vielmehr sind pädagogische und politische Praxis für ihn gleichberechtigte Auslegungen der praktischen Philosophie auf die Bildung der Heranwachsenden einerseits und die politische Weiterentwicklung der Gesellschaft andererseits. Daß die Gesellschaft die Einzelnen erzieht, darf dann allerdings nicht das letzte Wort sein.

Herbart lehnt nicht nur eine Pädagogisierung der Politik, sondern umgekehrt ebenso auch eine Politisierung der Pädagogik ab. Letzterem scheint auf den ersten Blick zu widersprechen, daß er in der oben zitierten Stelle die Pädagogik als Erzieherin der Gesellschaft abweist, die Gesellschaft aber als Erzieherin der Einzelnen nicht nur zuläßt, sondern ausdrücklich anerkennt. Herbart bringt damit zum Ausdruck, daß die Bestimmung, welche die Individuen als Erwachsene in einer Gesellschaft erlangen, nicht nur durch die pädagogische Praxis, die die unbestimmte Bildsamkeit der Einzelnen achtet, grundgelegt wird, sondern von der gesellschaftlichen Praxis und Arbeitsteilung abhängt. Die Pädagogik kann nur die größtmögliche Vielseitigkeit der Einzelnen fördern. Was darüber hinausgeht, bleibt dem Handeln der aus jeglicher pädagogischen Betreuung Entlassenen und der politischen Gestaltung der Zukunft aufgegeben. Die Aufgabe der pädagogischen Praxis, jeden Einzelnen zu der ihm größtmöglichen Vielseitigkeit zu fördern und die Selbsterziehung an den Ideen einer universellen Urteils- und Handlungskompetenz zu orientieren, bestimmt bis in unsere Gegenwart die politische Seite pädagogischer Theoriebildung und Praxis. Durch innerpädagogische Handlungsstrategien allein kann dieser politische Anspruch der Pädagogik nicht vertreten werden. Er muß im öffentlichen Bewußtsein Anerkennung finden. Dies aber verweist auf die Frage, welche institutionelle Form der pädagogischen Praxis dort, wo sie professionell ausgeübt wird, angemessen ist.

Werden pädagogische und politische Praxis in einem dialektischen Verhältnis zueinander gedacht, so stellt sich die Frage, welche institutionelle Gestalt das pädagogische Handeln annehmen könne und müsse, um frei von jeder teleologischen Normierung der Vielseitigkeit der Individuen deren universelle Handlungskompetenz zur ethischen und politischen Praxis zu fördern. Zieht man zur Klärung dieser Frage die gesellschaftlichen Ideen heran, so zeigt sich die eigentümliche Schwierigkeit, einen institutionellen Ort für die pädagogische Praxis anzugeben. Dem Rechtssystem kann sie ebensowenig wie dem Lohnsystem oder dem Verwaltungssystem zugeordnet werden, denn diese beziehen sich auf gesellschaftliche Einrichtungen zur Verhinderung und Regelung von Streitigkeiten bzw. zur Förderung eines allgemeinen gesellschaftlichen Wohlwollens, nicht aber auf die Bildung der Individuen zu der ihnen größtmöglichen Vielseitigkeit, Urteils- und Handlungskomptenz. Rechts-, Lohn und Verwaltungssystem sind auch deshalb ungeeignete Orte zur Institutionalisierung der pädagogischen Praxis, weil diese sich auf die Bildung des Einzelnen konzentriert und die gesellschaftlichen Systeme diese Bildung voraussetzen müssen, um das gesellschaftliche Leben nach den Urteilen der abgeleiteten politischen Ideen fördern zu können. Nicht anders verhält es sich mit dem Kultursystem arbeitsteiliger Produktion. Versuchte man nämlich, die pädagogische Praxis als Teil des Kultursystems zu institutionalisieren, so entstünde die Aporie, daß die Heranwachsenden gleichsam an allen Stellen des Kultursystems tätig sein müßten, um sich die ihnen größtmögliche Vielseitigkeit aneignen zu können, daß dagegen ihre Mitwirkungsmöglichkeiten an den Tätigkeiten im Kultursystem davon abhängen würden, daß sie sich die Vielseitigkeit, die sie in ihm erlernen sollten, bereits anderswo angeeignet haben.

Auf eine institutionelle Verankerung, die ihrer Aufgabenstellung entspricht, kann die pädagogische

Praxis nicht verzichten. Die Frage, worin diese bestehen könne, gewinnt ihre eigentümliche Schärfe, wenn man, wie Herbart, das pädagogische Handeln in einem dialektischen Verhältnis zur ethischen und politischen Praxis bestimmt. Herbarts Allgemeine praktische Philosophie entwickelt auf diese Frage, die bis heute nicht befriedigend gelöst ist, keine Antwort. Wenden wir uns darum abschließend Schriften zu, in denen Herbart das Problem der Institutionalisierung der pädagogischen Praxis erörtert und Überlegungen zur Schultheorie und Schulkritik entwickelt hat.

6. Schule als pädagogische Institution?

Herbart als Schultheoretiker und -kritiker in seinen Abhandlungen „Über Erziehung unter öffentlicher Mitwirkung" und „Pädagogische Briefe oder Briefe über die Anwendung der Psychologie auf die Pädagogik"

Die beiden Abhandlungen, in denen Herbart sich mit der Frage auseinandersetzt, ob die Schule eine, vielleicht sogar die Institution pädagogischen Handelns sei, liegen mehr als 20 Jahre auseinander. Die eine, ein Vortrag vor der Deutschen Gesellschaft zu Königsberg vom 5. Dezember 1810, stammt aus der Zeit der Preußischen Schulreform und argumentiert stärker von der Allgemeinen praktischen Philosophie (1808) und der in ihr begründeten Dialektik von Pädagogik und Politik her. Die zweite, eine unvollendete, in Briefform gehaltene Auseinandersetzung mit zeitgenössischen Kritikern, 1832 verfaßt, untersucht die Schule als Ort institutionalisierten Lehrens und Lernens vorrangig darauf hin, inwieweit die genetische Grundstruktur des Lernens, welche im zweiten und dritten Buch der Allgemeinen Pädagogik (1806) ausgeführt ist, in der Schule berücksichtigt werden kann. Die zentrale Argumentation beider Abhandlungen wird im folgenden zunächst einzeln vorgestellt; abschließend soll dann skizziert werden, worin die Aktualität der Schultheorie und -kritik Herbarts heute bestehen könnte (vgl. hierzu auch Herbart 1986, Abschnitt 2.5. und 2.6. sowie den Kommentar in Abschnitt 3.5.).

6.1. Pädagogik und Politik: „Über Erziehung unter öffentlicher Mitwirkung" (1810)

Die Aktualität, die Herbarts Königsberger Vortrag 1810 besaß, hängt aufs engste mit jener Außenseiterrolle zusammen, die er innerhalb der Preußischen Schulreform bewußt auf sich nahm (vgl. S. 22ff.). In Königsberg versuchte Herbart einen eigenständigen

Beitrag zur Verbesserung der Lehrerausbildung und der pädagogischen Praxis in Familien und Schulen zu leisten, indem er nicht nur an der Preußischen Schulreform als Mitglied und Direktor der Königsberger Deputation mitwirkte, sondern darüber hinaus gleich nach seiner Berufung ein Pädagogisches Seminar zu gründen suchte, welches der praktischen Vermittlung von Theorie und Praxis dienen und den angehenden Lehrern zusätzlich zum wissenschaftlichen Studium die Möglichkeit eröffnen sollte, sich eine pädagogische Handlungskompetenz, einen "pädagogischen Takt", anzueignen (vgl. S. 31ff.). Als die Einrichtung eines Pädagogischen Seminars sich verzögerte und zunächst lediglich die Gründung eines didaktischen Instituts gelang, beantragte Herbart über die Wissenschaftliche Deputation im Mai 1810 die Errichtung eines Hauslehrerinstituts für die Provinz Ostpreußen, welches angehende Lehrer nach wissenschaftlichem Universitätsstudium und praktischer Ausbildung im didaktischen Institut an Familien vermitteln und auf diese Weise die Privaterziehung verbessern und dem Mißstand Abhilfe schaffen sollte, daß pädagogisch nicht ausgebildete „Mietlinge" sich „ohne inneren Beruf ... bloß wegen des Tagelohns" als Hauslehrer verdingen (Herbart A III, S. 42). Diesen Antrag lehnte Schleiermacher - wohl in Vertretung Humboldts, der schon am 29.4.1810 um seine Entlassung als Chef der Sektion, die dann zum 14.6.1810 erfolgte, gebeten hatte - am 9. Juni 1810 mit folgender Begründung ab:

„Obgleich die Sektion des öffentlichen Unterrichts die gute Absicht der wissenschaftlichen Deputation, welche dieselbe bei Entwerfung des ... eingereichten Plans zur Errichtung eines Hauslehrerinstituts für die Provinz Ostpreußen gehabt hat, keineswegs verkennt, so ist sie doch der Meinung, es werde der angegebene Mißbrauch, daß dürftige Studierende ihre akademische Laufbahn unterbrechen, um auf dem Lande Privatunterricht zu erteilen, auf dem vorgeschlagenen Wege schwerlich auszurotten sein, weil diejenigen, die sich solcher Hauslehrer bedienen, entweder sehr beschränkte Zwecke haben und nicht mehr verlangen, als wenn man sich in Städten der Schüler von Gymnasien bedient, oder sehr beschränkte Mittel (haben), so daß sie genötigt sind, der Rücksicht auf den Preis alles andere aufzuopfern. Andererseits hat es mancherlei Inkonvenienzen, wenn Behörden sich darauf einlassen, Privatinstitute dem Publikum zu empfehlen. Übrigens ist es fast allgemein Sitte derer, welche bessere Hauslehrer wünschen, sich deshalb an sachkundige Männer zu wenden, und so wird es schon von selbst denen, welche von dem didaktischen Institut des Professor Herbart Vorteil gezogen oder in den Königsbergischen Gymnasien Gelegenheit gehabt haben, sich Übung im Unterricht zu erwerben, nicht fehlen können, wenn sie genötigt sind, Hauslehrerstellen zu suchen, auf vorzügliche Art unterzukommen und sich in diesem Verhältnisse Verdienste zu erwerben. Besondere Bemühungen aber zur Bildung von Hauslehrern auf Universitäten anzuwenden scheint um so weniger ratsam, je wünschenswerter es ist, daß mit der Vervollkommnung der öffentlichen Unterrichtsanstalten dieser Stand allmählich ausgehe" (Schleiermacher zit. nach Asmus: Herbart A III, S. 368).

Fast auf den Tag genau sechs Monate nach diesem Ablehnungsbescheid, am 5. Dezember 1810, hielt Herbart in Königsberg seinen Vortrag zum Thema „Über Erziehung unter öffentlicher Mitwirkung", in dem er sich, ohne die preußischen Reformer Humboldt, Schleiermacher und Süvern namentlich zu nennen, mit dem Anspruch der Preußischen Schulreform auseinandersetzte, auf dem Wege der Reform der Schulen eine Gesellschaftsreform einzuleiten. Schon in den Einleitungsworten kündigt sich die Brisanz der Thesen an, mit denen Herbart im folgenden die Reform als im Ansatz widersprüchlich, fragwürdig und zum Scheitern verurteilt ausweist:

„Einladend und scheinbar groß ist der Gedanke, die Jugend einer Nation in größeren Massen unter einer gemeinschaftlichen Disziplin heranwachsen zu lassen. Frühzeitig verbrüdert, durch gemeinsame Bildung gleich gestimmt, werden sie in den bürgerlichen Verein die echte gesellige Stimmung mitbringen. Der Staat wird in der Schule keimen; Verbesserung der Schule ist die Verbesserung der Erziehung und der Völker. So haben Männer gesehen, die mit ebenso viel Gemüt als Geist ein langes Leben der steten Aufmerksamkeit auf die Bedürfnisse der Nationen gewidmet hatten. In diesem Punkte begegnen sich Alte und Neue; Xenophon und Plutarch, einstimmig mit Fichte und Pestalozzi, rühmen uns Gesetzgebungen, deren Grundlage eine öffentliche Erziehung ausmachte. Ich wage es, darüber meine Meinung vorzutragen. Ich hoffe, dies ohne Unbescheidenheit zu können. Man traut mir zu, so darf ich glauben, daß weder die Gefühle noch die Gründe mir fremd sind, von denen jene Meinung getragen wird. Was ich aus genauerer Ansicht der Pädagogik in ihrem mannigfaltigen Detail darüber zu sagen habe, dies wird vielleicht einen passenden Stoff darbieten, um die Aufmerksamkeit zu benutzen, womit diese Versammlung mich heute zu beehren versprochen hat" (Herbart A I, S. 143f.; B, S. 224).

Die politische Hoffnung, durch Schulreform könnten Gesellschaftsreformen eingeleitet werden, teilte Herbart nicht. Die pädagogische Praxis als ein Mittel in den Dienst politischer Reformen zu stellen, hielt er für grundsätzlich unvereinbar mit der Aufgabe der Bildung, weil eine teleologische Ausrichtung der Ziele pädagogischen Handelns zwangsläufig mit der Idee der Bildung jedes Einzelnen zu größtmöglicher Vielseitigkeit und universeller Handlungskompetenz in Widerspruch geraten müsse:

„Treten wir noch nicht gleich in die Pädagogik hinein; lassen Sie uns, nachgiebig gegen die fremde Meinung gleich jenen Männern, zuerst vom Staate aus auf die Schule hinunterschauen, wohlwissend zwar, daß die keineswegs die rechte Art ist, das Bedürfnis und die Möglichkeit der Erziehung zu erforschen. Denn niemals lernt derjenige eine Sache recht kennen, der damit anfängt, sie als Mittel zu etwas anderem zu betrachten; und ebensowenig verstehen diejenigen sich auf Erziehung, die, nachdem sie lange vorher mit staatskünstlerischen Theorien und frommen Wünschen sich getragen hatten, ... endlich aus Verzweifelung die Pädagogik nicht etwa zu Hilfe rufen –, nein, eine neue Pädagogik erfinden wollen, so wie sie sein müßte, und müßte sein können, um für jene politischen Theorien einen Strebepfeiler abzugeben. Aus Nachgiebigkeit aber begebe ich mich für einen Augenblick mich selbst auf diesen verkehrten Weg; ich suche also mit anderen eine Pädagogik im Dienste des Staats; versteht sich für den Staat wie er sein sollte, nicht wie etwa ein wirklicher Staat mag beschaffen sein" (Herbart A I, S. 144; B, S. 224).

Als Beispiel für diese fremde und falsche Auffassung zieht Herbart nicht die Preußische Schulreform, sondern Platons Politeia heran, um an deren teleologischer, auf den Gesamtzweck staatlichen Zusammenlebens ausgerichteten Bestimmung der Erziehung zu demonstrieren, wozu unweigerlich eine vom Staat geleitete Reform des Erziehungs- und Bildungswesens führen müsse:

„Soll nun diese Art von Betrachtungen angestellt werden, so ist Platon der Allererste, welchen zu nennen sich gebührt. ... (D)ieser begeisterte Mann (fängt) höchst besonnenerweise damit an, umständlich von der Teilung der Arbeiten im Staate zu reden, von den verschiedenen Gewerben, von der Verschiedenheit der Lebensarten, die dadurch notwendig werde, ja von der Verschiedenheit der Ausbildung, die zu diesen verschiedenen Lebensarten gehöre. Hiermit verbindet er die Betrachtung der verschiedenen Naturanlagen; nach seiner Vorschrift soll jeder diejenige Bildung erhalten, wofür seine Anlage paßt. Vernachlässigung dieser Vorschrift ist nach ihm die furchtbarste, ja die einzig furchtbare Ursache alles politischen Unheils. Er rechnet nur auf eine geringe Zahl der glücklichen Naturen, die einer feineren Bildung - der Musik, wie er sich ausdrückt - fähig sein werden. Und noch viel geringer denkt er sich die Zahl derer, welche man in die wahre Weisheit, die zugleich Metaphysik, Mathematik und Regierungsweisheit ist, werde einweihen können. Von Volksbildung ist in der ganzen Platonischen Republik gar keine Rede, aber ein großer Teil des Werks ist der Erziehung der Auserwählten gewidmet, welche für die Gewerbe zu gut sind und denen dagegen der Staat soll anvertraut werden" (Herbart H I, S. 144f.; B, S. 225).

Nachdenklich muß an dieser pädagogischen Kritik staatsbürgerlicher Erziehung stimmen, daß Herbart die Ableitung unterschiedlicher Arten der Erziehung nach Maßgabe einer staatlich geregelten Teilung der Arbeit, welche Platon und Aristoteles durch eine Hierarchie von Zwecken und Mitteln begründet hatten, nicht etwa als eine Eigenart der antiken Ständeordnung oder der zu seinen Lebzeiten noch bestehenden Standeshierarchien im absolutistischen Staat definiert, sondern als ein Merkmal jedweder Form staatlicher Institutionalisierung von Erziehung, ganz gleich, in welcher Staatsform diese vorgenommen wird. Mit einem Sprung über mehr als zwei Jahrtausende zieht Herbart den folgenden Schluß:

„Aber das Hinweisen auf die Teilung der Lebensarten und der Schluß von da auf die Verschiedenheit der Erziehung ist ganz wesentlich und unvermeidlich, sobald jemand mit voller Besonnenheit, von der Politik herkommend, in die Pädagogik hineingeht. ... Es mögen demnach die Freunde der Volksbildung mir ja nicht zürnen, wenn ich behaupte, der Weg von der Politik in die Pädagogik sei ein verkehrter Weg. Auf diesem Wege kann nichts anderes gefunden werden, als eine immer feinere und genauere Unterscheidung dessen, was jeder werde leisten können und worauf eben deshalb seine besondere Bildung solle gerichtet werden. Der Staat ist zwar eins, aber eine Einheit der Zusammenwirkung möglichst verschiedener Elemente. Und so würde er zwar Schulen nötig haben, aber sehr mancherlei verschiedene Schulen; auf eben diesen Schulen aber ebenso viele verschiedene Verbrüderungen, einen ebenso mannigfaltigen Stil der Schulfreundschaften; also eine verfrühte Trennung der Kinderwelt durch die Trennungen im Staate, eine voreilige Bezeichnung von Gegensätzen unter Menschen und Menschen statt der gewünschten Vereinigung und Gleichförmigkeit. Die Folge dieser Trennungen kann keine andere sein, als daß die Heranwachsenden, die sich abgesondert fühlen von den Anders-Gebildeten, nun ihr Erlerntes zu Markte bringen, um es so teuer als möglich zu verkaufen gegen den Gewinn, den sie aus der Tätigkeit der anderen zu ziehen hoffen. So läuft die vom Staate aus geordnete Erziehung am Ende dem Staate selbst zuwider, während die rechte Erziehung, die sich um den Staat nicht kümmert, die gar nicht von politischen Interessen begeistert ist, gar nicht einen für die anderen, sondern jeden nur für sich selbst bilden will, eben darum dem Staate aufs Beste vorarbeitet, weil sie die ohnehin verschiedenen Individualitäten insoweit gleichförmig bildet, daß sie sich in den Jahren der Reife einander anschließen können" (Herbart A I, S. 145; B, S. 226).

Die radikale These der pädagogischen Staatskritik, die Herbart hier entwickelt, lautet, kein Staat könne ein Interesse an einer allgemeinen Bildung aller Einzelnen zu deren größtmöglicher Vielseitigkeit und Handlungskompetenz haben, weil jeder Staat ein geordnetes Ganzes arbeitsteilig strukturierter Tätigkeiten darstelle und in seiner politischen Ordnungsfunktion niemals den Einzelnen als Individuum, sondern nur das Ganze der Einzeltätigkeiten im Blick habe. Die Erziehung und Bildung der Individuen sei aber kein Teil dieses Ganzen, da den Heranwachsenden in ihrer teleologisch unbestimmten und offenen Bildsamkeit ihre künftige Bestimmung nicht vom Staate und einer von ihm gelenkten schulischen Erziehung zugewiesen werden könne. Die Idee des Staates „weiß nicht einmal davon, daß die Menschen nur allmählich heranwachsen, daß sie der Erziehung bedürfen, um vernünftige Menschen zu werden; die Idee des Staats setzt vorhandene und fertige Vernunftwesen voraus; diesen bezeichnet sie die rechte Art ihrer Gesellung" (Herbart H. I, S. 146; B, S. 227). „Man kann sich gesellen; man kann nicht gesellt werden" (Herbart B, S. 219).

In dieser Staatskritik besteht zwischen Herbart auf der einen und den preußischen Reformern Humboldt und Schleiermacher auf der anderen Seite kein Gegensatz. Humboldt hatte in seinen „Ideen zu einem Versuch, die Grenzen der Wirksamkeit des Staates zu bestimmen", die zu seinen Lebzeiten nur in Ausschnitten erschienen, schon 1792 dieselbe Auffassung begründet, die Herbart in seiner Rede von 1810 vertritt. Und Schleiermacher bezog 1814 in seiner Akademieabhandlung „Über den Beruf des Staates zur Erziehung" eine ähnliche Position, indem er die Befugnis des Staats, gesellschaftlichen Fortschritt durch Schulreform einzuleiten, an strenge Maßstäbe band. Was Herbart im gewissen Sinne von Schleiermacher und Humboldt unterscheidet, ist nicht die Staatskritik und die mit ihr verbundene Unterscheidung zwischen Staat und Gesellschaft, sondern die besondere Beziehung, die Herbart zwischen der neuhumanistischen Kritik des absolutistischen Staates und der Kritik der Schule aus legitimer Institution pädagogischen Handelns herstellt.

Herbart spricht nicht nur dem absolutistischen Staat die Potenz ab, eine menschheitliche, die Standesmoralen überschreitende ethische und politische Moralität und Verantwortung fördern und die Selbstbildung der Heranwachsenden zu der ihnen größtmöglichen Vielseitigkeit bewirken zu können. Er spricht diese Potenz jeder nur möglichen und denkbaren Staatsordnung ab, weil die Bildung der Einzelnen nicht staatlich angeordnet werden kann, sondern einer nichtteleologischen Institutionalisierung der pädagogischen Praxis bedarf. Der These, im absolutistischen Staat diene die Schule als Institution der Reproduktion von gesellschaftlich bedingter Ungleichheit, im demokratischen Staat diene sie dagegen der Bildung jedes Einzelnen zu der ihm größtmöglichen Vielseitigkeit, stellt Herbart die Gegenthese gegenüber, jedwede staatliche Schule sei, ganz unabhängig von der Staatsform, ein Instrument zur „voreiligen Bezeichnung von Gegensätzen unter Menschen". Schulisch organisiertes Lernen führe immer zu einer „verfrühten Trennung der Kinderwelt durch die Trennungen im Staate" und könne die Einzelnen gar nicht auf eine selbständige Teilhabe und Mitwirkung am Zusammenleben in einer den Ideen der inneren Freiheit und der beseelten Gesellschaft verpflichteten Form gemeinsamer Praxis vorbereiten. Schulisches Lernen unterwerfe die Einzelnen zwangsläufig einem abstrakten Leistungsprinzip und halte sie dazu an, „ihr Erlerntes zu Markte (zu) bringen, um es so teuer als möglich zu verkaufen gegen den Gewinn, den sie aus der Tätigkeit der anderen zu ziehen hoffen". Auch wenn Herbart die Preußische Schulreform nicht ausdrücklich erwähnt, muß doch davon ausgegangen werden, daß er mit dieser Kritik keineswegs eine Rechtfertigung dieser Reform vorzulegen versuchte, sondern seine Zuhörer darauf aufmerksam machen wollte, daß die Bemühungen um den Aufbau eines nicht mehr standesbezogenen, sondern einheitlichen und allgemeinbildenden staatlichen Schulsystems von der Elementarschule bis hin zum Gymnasium am Ende keineswegs der Beförderung einer universellen Bildung aller Individuen, sondern einer Selektion der Einzelnen nach Gesichtspunkten gesellschaftlicher Brauchbarkeit dienen werde.

In seinem Königsberger Vortrag verbindet Herbart seine Staatskritik mit seiner Schulkritik, indem er den Versuch, gesellschaftlichen Fortschritt durch Schulen einzuleiten, mit der technischen Rationalisierung der Warenproduktion in Manufakturen und Fabriken in Beziehung setzt. Er vergleicht die Schule mit einer Fabrik, in der die unterschiedlichen Individuen in gegeneinander abgeschotteten Fächern nach ein und demselben Zeittakt unterrichtet und hernach gemäß ihren Leistungen - man denke nur an den Leistungsbegriff der klassischen Mechanik: „Leistung = Arbeit : Zeit" - entsprechend ein- und aussortiert werden. Einer solchen politischen und ökonomischen Legitimation der Schule, welche die Individuen nur als potentielle Träger wünschenswerter Eigenschaften faßt und pädagogisches, auf die Selbstbildung der Individuen ausgerichtetes Handeln letztlich gar nicht zuläßt, stellt Herbart seine pädagogische Begründung der Erziehung gegenüber:

„Weit milder in jeder Hinsicht fällt ... das Resultat aus, wenn wir die Pädagogik, wie sichs ohnehin gebührt, auf ihre eigenen Füße stellen; wenn wir sie ansehen als die Wohltäterin der einzelnen, deren jeder ihrer Hilfe bedarf, um das zu werden, was er einmal wünschen wird, geworden zu sein. Alsdann aber verschwinden uns sogleich die Schulen; es verschwindet die frühzeitige Zusammenhäufung der Kinder; denn jedes Individuum bedarf der Erziehung für sich, und darum kann die Erziehung nicht wie in einer Fabrik arbeiten; sie muß jeden Einzelnen vornehmen. ... Sollen wir nun, um solchem Übel zu wehren, um die Pädagogik ganz in ihre Rechte einzusetzen, vielleicht jenen verkehrten Gang (von der Politik in die Pädagogik, D.B.) wieder umkehren? Sollen wir von der Pädagogik in die Politik hinübergehen, sollen wir alle zur guten Erziehung gehörigen Hilfsmittel von den Staatsmännern fordern? ...
Eigene Talente, eigene Gelegenheiten, eigene Übungen und einen eigenen Platz in der menschlichen Gesellschaft braucht der Erziehungskünstler. ... Der Staat, der die künstlerische Kraft nicht schaffen kann, ... kann sie gleichwohl in eine angemessene

Wirkungssphäre setzen" (Herbart A I, S. 146ff.; B, S. 226ff.).

Die kritisierte politische Legitimation der pädagogischen Praxis und die mit ihr einhergehende Ableitung der Schule aus gesellschaftlichen Erfordernissen wollte Herbart keineswegs durch eine Pädagogisierung der Politik überwinden, die etwa vom Staat die Lösung pädagogischer Fragen verlangt und die Pädagogik nun ihrerseits zur höchsten politischen Urteilsinstanz erhebt. Denn dies käme am Ende nur neuerlich einer Politisierung der pädagogischen Praxis gleich, bei der die Pädagogik zuerst der Politik gute Ratschläge gäbe und hernach dann doch sich als Instrument zur Erreichung der von der Politik gesetzten Ziele tauglich erweisen müßte. Dem Staat wies Herbart lediglich die Aufgabe zu, Vorkehrungen dafür zu treffen, daß die pädagogische Praxis nach den Regeln einer wissenschaftlich angeleiteten Kunst tatsächlich ausgeübt werden kann. Ihm schwebte dabei eine öffentliche Förderung und finanzielle Unterstützung einer professionellen pädagogischen Praxis vor. Die Ausübung der Praxis selbst aber erklärte er zur Aufgabe und Angelegenheit einer zwar begrenzten, durch nichts anderes jedoch zu ersetzenden pädagogischen Verantwortung und Handlungskompetenz. Die Frage, wie die pädagogische Praxis im Einklang mit ihrer Aufgabe und ihren Möglichkeiten zu institutionalisieren sei, war damit freilich noch nicht beantwortet. Nachdem sowohl eine Politisierung der Pädagogik als auch eine Pädagogisierung der Politik als Modelle zur Institutionalisierung des dialektischen Zusammenhangs von pädagogischer und politischer Praxis ausschieden, befragte Herbart die vorhandenen Formen institutionalisierter pädagogischer Praxis daraufhin, inwieweit sie in der Lage sind, dem pädagogischen Handeln „eine angemessene Wirkungssphäre" zu eröffnen.

Als mögliche Wirkungssphären für professionelle Pädagogen kamen zu Herbarts Zeiten nur der Beruf des Hauslehrers oder der Beruf des Schullehrers in Betracht. Am Hauslehrerberuf erkennt Herbart an, daß er die „Anschließung an Individuen" gestattet und insofern der pädagogischen Grundtatsache Rechnung trägt, daß alles Lernen in genetischer Hinsicht auf einer Erweiterung von Erfahrung und Umgang beruht. Am Hauslehrerberuf kritisiert er zugleich, daß er in allzu großer Abhängigkeit von der jeweiligen Familie ausgeübt wird und auf diese Weise oft die Heranwachsenden nicht zu der ihnen größtmöglichen Vielseitigkeit, sondern lediglich zu einer standesspezifischen und -gemäßen Erziehung verhilft. Als eine Durchgangsstation zum Beruf eines professionellen Pädagogen erkennt Herbart die Hauslehrertätigkeit uneingeschränkt an; als dauerhafte Sphäre pädagogischen Handelns ist dieser Wirkungskreis jedoch viel zu eng:

„Seine eigentliche Schule macht der Erzieher als Hauslehrer für einen oder zwei Zöglinge von beinahe gleichem Alter. Wer pädagogischen Künstlerberuf hat, dem muß es in dem kleinen dunkelen Raume, in welchem er vielleicht anfangs sich eingeschlossen fühlt, bald so hell und so weit werden, daß er darin die ganze Pädagogik findet mit allen ihren Rücksichten und Bedingungen, welchen Genüge zu leisten eine wahrhaft unermeßliche Arbeit ist. ... Aber was wird aus unseren Hauslehrern? Welche Aussicht ist ihnen offen? Welche Hoffnung ... eines pädagogischen Wirkungskreises, worin sie die vorgeübte Kunst und Kraft des Erziehers nun ferner und schöner gebrauchen könnten? Sollen sie Schulmänner werden? Aber die Schule erweitert nicht, sie verengt vielmehr die pädagogische Tätigkeit; sie versagt die Anschließung an Individuen; denn die Schüler erscheinen massenweise in gewissen Stunden; sie versagt den Gebrauch mannigfaltiger Kenntnisse, denn der Lektionsplan schreibt dem einzelnen Lehrer ein paar Fächer vor, worin er zu unterrichten hat; sie macht die feinere Führung unmöglich, denn sie erfordert Wachsamkeit und Strenge gegen so viele, die auf allen Fall in Ordnung gehalten werden müssen" (Herbart H I, S. 149f.; B, S. 228f.).

Diese Stelle belegt eindeutig, daß es gleichermaßen falsch war, Herbarts Pädagogik als eine Hauslehrerpädagogik oder als eine Schulmännerpädagogik auszugeben (vgl. S. 22ff.), daß Herbart vielmehr eine ganz andere Institutionalisierung professionalisierter pädagogischer Praxis anstrebte. Ihm schwebte nämlich eine pädagogische Wirkungssphäre vor, die derjenigen der freien Berufe, z.B. demjenigen des Arztes, vergleichbar, einerseits durchaus eine Zusammenarbeit mit den Familien und dem Staat gestattet, andererseits gleichwohl durch eine eigene Verantwortlichkeit und professionelle Handlungskompetenz ausgezeichnet ist.

„Ich habe oft und seit Jahren darüber nachgedacht, was für ein Standpunkt das sein müßte, auf den ein geübter, ausgebildeter Erzieher nach überstandenen Lehrjahren sich sollte stellen können, um ganz seiner Kunst zu leben. Was für ein Standpunkt, den zu erringen die jungen Hauslehrer, die selbst noch in der Vorschule sind, sich beeifern könnten. Was für eine Lage, in welcher die feine Behandlung der Individuen nicht durch große Haufen von Knaben erdrückt, die Benutzung eines mannigfaltigen Wissens nicht durch vorgeschriebene Lehrpläne beschränkt, aber die Vielwisserei, welche man den Hauslehrern anzumuten pflegt, erlassen und für gründliches Studium einzelner Fächer durch gelehrte Kenner dieser Fächer gehörig besorgt würde. Was für ein mittleres Verhältnis zwischen dem des Hauslehrers, der, unbemerkt vom Staat, nur dem Hause gehört, und dem des Schulmannes, der allzu entfernt von den Familien und allzu bestimmt verantwortlich gegen den Staat über der öffentlichen Persönlichkeit die Freiheit des Künstlerlebens eingebüßt hat" (Herbart A I, S. 150; B, S. 229).

Herbart war sich also durchaus der Tatsache bewußt, daß Hauslehrer niemals über die Sachkompetenz und wissenschaftliche Vielseitigkeit eines ganzen Schulkollegiums verfügen können und daß die Ausübung eines freien pädagogischen Berufs in der Form einer Hauslehrertätigkeit der anzustrebenden Vielseitigkeit des Interesses, das doch nur durch viele Einflüsse und Anregungen gebildet werden kann, entgegensteht. Die Konsequenz, für die Ausübung eines freien pädagogischen Berufs eine Institution zu reklamieren, in der wissenschaftlich ausgebildete Pädagogen in erziehendem Unterricht und moralischer und politischer Erziehung zusammenwirken, hat er gleichwohl nicht gezogen, weil er der Schule als staatlicher Institution so sehr mißtraute, daß er eine auf pädagogische Bedürfnisse und Zwecke abgestimmte Organisation des Lehrens und Lernens in Schulen gar nicht in Betracht zog. Stattdessen setzte er auf ein Zwischenmodell, demzufolge einzelne „Erzieher", so bezeichnet Herbart die in pädagogischem Sinne professionalisierten Pädagogen, in der Ausübung ihres freien pädagogischen Berufs eine Vermittlerrolle zwischen Familienerziehung und schulischer Unterweisung übernehmen, um die Grenzen, welche einer standesspezifischen Familienerziehung einerseits und einer öffentlichen Staatsschule als Unterrichtsanstalt andererseits gesetzt sind, zu überwinden:

„Mehrere Familien könnten sich vereinigen, einem solchen Erzieher den größten Teil seiner Einnahmen zu sichern, ohne ihn darum ganz an sich zu binden. Noch besser würde der Erzieher selbst die Familien verbinden, die samt ihren Kindern für eine gemeinsame Besorgung der Jugendbildung sich paßten. Bei weitem nicht alles würde der Erzieher selbst lehren; er würde Gesprächsstunden halten und die schriftlichen Übungen leiten, von den Wissenschaften aber das meiste den öffentlichen Schulen überlassen, indem er nur bestimmte, welche Schulstunden seine Anvertrauten zu besuchen hätten. Die Schulen würden alsdann Verzicht darauf tun, an einen streng zusammenhängenden Lehrkurs jeden ihrer Schüler zu binden; dieses ist zwar jetzt eine notwendige Maßregel, aber sie ist es gerade nur deshalb, weil es an jenen Erziehern fehlt und weil die unvorbereiteten, unausgewählten Subjekte, welche alle die Schule aufnehmen muß, nur unter dieser Bedingung einigermaßen gleichförmig fortschreiten können. Wie weit vollkommener aber würden die einzelnen Studien auf der Schule getrieben werden, wenn die Schüler von jenen Erziehern ausgesucht, vorbereitet, unterstützt würden. Wieviel reiner würde sich nun die gründliche Gelehrsamkeit in einzelnen Fächern, die man von den Schulmännern mit Recht verlangt, abscheiden von der pädagogischen Gewandtheit und Umsicht, welche die erste Tugend der Erzieher ausmachen müßte. Endlich welcher Grad der pädagogischen Ausbildung würde in der ganzen Kommune verbreitet werden, wenn die gewünschte Wechselwirkung zwischen Familien und Erziehern stattfände; wieviel würden alle Eltern lernen und wieviel sorgfältiger ihren Pflichten nachkommen.

So als Kommunalangelegenheiten betrieben, würde die Erziehung zugleich öffentlich und häuslich sein und die vielbesprochenen Vorteile der einen und der anderen Art vereinigen" (Herbart A I, S. 151; B, S. 230).

Das Mischsystem von Familienerziehung, Staatsschule und freier pädagogicher Praxis, welches Herbart hier empfiehlt, ist ein Verlegenheitsvorschlag, der letztlich deutlich macht, daß das Erziehungssystem tatsächlich keinem der gesellschaftlichen Systeme, zwischen denen die Allgemeine praktische Philosophie in der Ableitung der gesellschaftlichen Ideen unterscheidet, zugeordnet werden kann (vgl. S. 178ff.). Die Vermittlung zwischen öffentlicher und häuslicher Erziehung, der Ausübung der Erziehung als einer gesellschaftlichen Praxis in staatlichen Schulen und der Ausübung der Erziehung als einer auf die Bildung des Individuums ausgerichteten Praxis, konnte schon zu Herbarts Lebzeiten nicht mehr einem von der institutionalisierten Erziehung abgesonderten freien pädagogischen Beruf übertragen werden, da dessen Wirkungskreis allenfalls eine kompensatorische, die Familienerziehung und den Schulunterricht von pädagogischen Fragen entlastende Funktion hätte beanspruchen, nicht aber zu einer Veränderung der pädagogischen Praxis in ihren institutionalisierten Formen standesspezifischer Familienerziehung und schulischer Unterweisung hätte führen können. Die Aktualität der Pädagogik Herbarts aus ihrem Plädoyer für einen freien, zwischen familiärer und schulischer Erziehung und Unterweisung angesiedelten pädagogischen Beruf abzuleiten, stünde zudem insofern im Widerspruch zur Allgemeinen Pädagogik, als diese keinerlei Unterricht in pädagogischer Hinsicht anerkennt, der nicht erzieht, also ausdrücklich eine Legitimation eines sogenannten freien pädagogischen Berufs negiert, welche die Erziehungsaufgabe bei der Familie, die Unterrichtsaufgabe bei den Schulen und die Vermittlung beider an einem dritten Ort verankerte.

Hätte Herbart die Familienerziehung seiner Zeit einer etwas grundsätzlichen Kritik wie die Schulerziehung unterzogen, so hätte er für die Ausübung einer freien pädagogischen Berufstätigkeit einen anderen Ort als denjenigen „zwischen" den etablierten pädagogischen Institutionen aufsuchen müssen. Hierauf weist auch die zweite Abhandlung hin, in der sich Herbart mit dem Problem einer angemessenen Institutionalisierung der pädagogischen Praxis auseinandersetzt.

6.2. Bildsamkeit und Bestimmung: „Pädagogische Briefe oder Briefe über die Anwendung der Psychologie auf die Pädagogik" (1832)

Davon, daß die Einheit von familiärer und öffentlicher Erziehung, die in der Ständegesellschaft insofern gegeben war, als die Heranwachsenden innerhalb der Familie die Urteils- und Handlungskompetenz für die ihnen von Geburt her vorbestimmte Stellung in der Gesellschaft erlernen konnten, sich innerhalb einer bürgerlichen Öffentlichkeit vermittelt über einen freien pädagogischen Beruf wiederherstellen lasse, der im Zwischenfeld von Familienerziehung und Staatsschule ausgeübt wird, ist in den Pädagogischen Briefen nicht mehr die Rede. Die Pädagogischen Briefe halten an der Dialektik von Pädagogik und Politik fest, welche dem Vortrag „Über Erziehung unter öffentlicher Mitwirkung" zugrunde lag, verfolgen jedoch nicht vorrangig die Frage nach der Legitimation pädagogischen Handelns, sondern rücken die andere Seite der Allgemeinen Pädagogik, die genetische Struktur allen Lernens, ins Zentrum der Analyse und versuchen zu klären, wie der Einzelne angesichts seiner unbestimmten Bildsamkeit unter dem Einfluß pädagogischer Wirkungen seine Bestimmung finden könne.

In den Pädagogischen Briefen entwickelt Herbart u.a. einen Rückblick auf die Preußische Schulreform, die in den vergangenen beiden Jahrzehnten nicht die Einführung eines einheitlichen Schulwesens von der Elementarschule bis hin zum Gymnasium erreicht, sondern - unter veränderter politischer Zielsetzung - vor allem zu einer gesellschaftlichen Anerkennung des Gymnasiums beigetragen hatte. In diesem Rückblick verteidigt der Schulkritiker Herbart nicht die Reformkonzeption Humboldts und Süverns gegen die Wirkungsgeschichte „ihrer" Reform, sondern bemüht sich Herbart als Autor der Allgemeinen Pädagogik von 1806 um eine kritische Würdigung der Wirkungsgeschichte der zurückliegenden Reform, welche, um das Ergebnis vorwegzunehmen, die Steigerung des Niveaus gymnasialen Unterrichts einerseits durchaus anerkennt, andererseits die mit dieser Steigerung verbundene Vorstellung vom Vorrang der Elitebildung einer grundsätzlichen pädagogischen Kritik unterzieht. Vergleicht man die Position, die Herbart in seinem schulkritischen Vortrag von 1810 bezog, mit derjenigen, die er in den schultheoretischen Teilen seiner Pädagogischen Briefe von 1832 einnimmt, so fällt zweierlei auf: einerseits, daß er die Fortschritte des gymnasialen Unterrichts auf diesen selbst zurückführt und nicht etwa auf die Vermittlungsleistung eines professionell ausgeübten freien pädagogischen Berufs im Zwischenfeld familiärer Erziehung und schulischen Unterrichts; zum andern, daß er den in der Allgemeinen Pädagogik systematisch begründeten Anspruch eines erziehenden Unterrichts nun nicht mehr auf die Praxis einer außerhalb der bestehenden pädagogischen Institutionen familiärer Erziehung und staatlichen Schulunterrichts zu etablierenden freien pädagogischen Berufstätigkeit konzentriert, sondern - in durchaus schulkritischer Absicht - auf den Schulunterricht insgesamt anwendet, ganz gleich, um welche Schulform und welche Schulstufe es sich jeweils handeln mag.

Im zweiten der pädagogischen Briefe betont Herbart den Fortschritt des gymnasialen Unterrichts, indem er Vergleiche zu Erfahrungen herstellt, welche er offenbar vor und in seiner Königsberger Zeit während seiner Mitgliedschaft in der dortigen wissenschaftlichen Deputation gemacht hatte:

„Wenn wir zurückschauen in jene Zeit, da wir zuerst die allgemeine Pädagogik durchdachten, ... so finden wir im Vergleich gegen jetzt weniger verändert, als man nach Verlauf eines Vierteljahrhunderts erwarten könnte. ... Vom erziehenden Unterricht habe ich, glaube ich, zuerst angefangen zu reden. ... Ob nun

der heutige Unterricht den Namen des erziehenden durchgehends verdiene? An Vollständigkeit wenigstens hat er gewonnen. Jene Halbheit der philologischen Bildung, welche das Griechische neben dem Latein vernachlässigte, ist zwar noch nicht verschwunden, doch sehr gemildert. Die Mathematik hat weit mehr Raum erlangt, und schwerlich wird heute noch vorkommen, was mir damals, während ich die Klassenzimmer eines berühmten Gymnasiums durchging, begegnete. - An der schwarzen Tafel nämlich stand eine höchst einfache Gleichung des ersten Grades angeschrieben, und auf die Frage, das ist wohl Tertia? bekam ich zur Antwort, nein, es ist Prima. - Die Tätigkeit der Gymnasien ist ungemein erhöht; vornehme Familien haben sich darein ergeben, daß ihre Söhne sich anstrengen müssen, wenn sie zur Universität reifen sollen. ...
Der heutige Unterricht, besonders auf den Gymnasien, hat eine Fülle und einen Glanz, den unsere Jugendzeit nicht kannte. Und es könnte uns wohl die Lust anwandeln, noch einmal wieder jung zu werden, um den Gymnasialkursus so vollständig zu machen, wie man ihn jetzt den empfänglichen Köpfen darbietet. Ohne Zweifel empfinden auch die heutigen Lehrer, wie sehr sie geschätzt werden, und so kann sich Lust und Liebe zum Werke weit länger halten als ehemals. Die Lehrer bleiben länger brauchbar; und Reife des Alters, der Erfahrung, des Urteils verbinden sich besser mit der mehr geschonten Fähigkeit, davon die praktische Anwendung zu machen. Gewiß ein großer Vorteil gegen die frühere Zeit, die natürlich den schlechter gestellten und weit minder geachteten Lehrer auch viel früher abnutzte, während sie ihn dennoch fortdauernd nutzen wollte, wenn er zu nichts anderem zu gebrauchen war" (Herbart A II, S. 161f.; B, S. 231f.).

Anerkennung der kognitiven und wissenschaftsbezogenen Leistungen gymnasialen Unterrichts mischt sich hier mit der Frage, ob dieser Unterricht das Prädikat eines erziehenden Unterrichts überhaupt verdiene. Bevor Herbart eine Antwort auf diese Frage gibt, versucht er zu klären, worauf denn das gewachsene Ansehen des Gymnasiums und seiner Lehrer zurückzuführen sei und ob dieses Ansehen, für sich genommen, schon ausreiche, der Staatsschule den Charakter einer pädagogischen Institution zuzuerkennen. Das Ansehen des Gymnasiums gründet Herbart auf die Aufstiegschancen, die der „gelehrte Gymnasialunterricht" und die Abiturientenprüfung vor allem bürgerlichen Schichten des Volkes eröffnet habe, denen bisher die höheren Staatsämter weitgehend verschlossen waren. Als untrennbar hiermit verbunden weist Herbart eine Zunahme der Konkurrenz um die Zulassung zu den Universitäten und den Eintritt in den höheren Staatsdienst nach, welche unweigerlich dazu führen müsse, daß sich die Wertschätzung des Gymnsiums in Zukunft „etwas abkühlen" werde:

„Es ist ... nicht schwer, in eine Zukunft zu schauen, welche notwendig das Verhältnis der Schulen zum Publikum etwas verändern muß. Die Zeit wird bald kommen, wo diejenigen in reifen Jahren stehen, denen die Schulen ihre Gelehrsamkeit nach Kräften beigebracht haben. Alsdann werden die Eltern zufrieden sein müssen, wenn ihre Kinder ebensoviel lernen, als sie selbst gelernt haben. Denn das Quantum des Unterrichts läßt sich nicht mehr steigern. Mit der Rührung, die jetzt wohl oftmals ein Vater empfindet, indem er sieht, wieviel weiter sein Sohn es bringt als er selbst, wird es alsdann so ziemlich vorbei sein. Dagegen wird eine andere, schon längst nicht unerhörte Sprache öfter sich erneuern: nämlich die Trostrede erfahrener Väter, die ihren Söhnen versprechen, ihre Jugendfreuden sollen nicht so arg verdorben werden durch das Unnütze, womit man ehedem gequält worden sei, ohne im späteren Leben auf die Frage ‚cui bono?' irgendeine genügende Antwort erlangt zu haben. So nämlich werden diejenigen sprechen, an welche der jetzige gelehrte Gymnasialunterricht gebracht wird, ohne mit ihren natürlichen Fähigkeiten in das rechte Verhältnis treten zu können, denen die Bahn zu Staatsämtern durch tüchtigere Mitbewerber bei der heutigen großen Konkurrenz zu spät geöffnet, wo nicht ganz verschlossen wurde, und welche dann hintennach dem Landleben, dem Militär, den Gewerben höherer und niederer Art sich gewidmet haben. Sollte ich mich darin irren? ... Die Gymnasien werden ihre Verehrer zwar behalten, aber nur solche, denen sie nützlich wurden. Und die Verehrung wird sich etwas abgekühlt haben, denn Leistungen, die jetzt noch Bewunderung erregen, werden mehr und mehr in den Kreis des Gewöhnlichen eintreten" (Herbart A II, S. 163f.; B, S. 232f.).

Dieser Text liest sich auf den ersten Blick wie eine Legitimation des Gymnasiums als Eliteschule der Nation, welche dem Adel sein Vorrecht entzieht, Staatsämter zu übernehmen, und die Berechtigung zu Studium und höherem Staatsdienst an Leistungen zurückbindet, welche die „natürlichen Fähigkeiten" der Einzelnen offenbaren und frei von Standesprivilegien in einem offenen Konkurrenzkampf aller mit allen erbracht werden müssen. Es scheint also zumindest so, als habe der Schulkritiker Herbart hier seine frühere Position, die Bildsamkeit des Menchen sei offen und auf Vielseitigkeit angelegt und die Staatsschule unfähig, eine möglichst universelle Bildung aller Gesellschaftsmitglieder zu fördern, gründlich revidiert und sich die reaktionäre Auffassung zu eigen gemacht, es gäbe eine prästabilierte Harmonie zwischen natürlichen Begabungen und gesellschaftlichen Anforderungen, welche mittels eines selektierenden Schulwesens zutage gefördert werden könne. Dieser Schein trügt jedoch, denn im dritten der pädagogischen Briefe konfrontiert Herbart seine potentiellen Leser, die sich in der zuletzt zitierten Stelle vielleicht in ihren Hoffnungen und Sorgen verstanden wähnen, mit einer Erneuerung seiner radikalen pädagogischen Schulkritik:

„(D)er Staat (ist) ein Verein aller Familien; aber nicht unmittelbar, sondern so, daß die Familien erst nach Ständen und Lebensarten, nach Vermögen, Ansprüchen, Bedürfnissen in verschiedene Klassen zerfallen und solcher Gestalt klassenweise dem Ganzen angehören. Die eine Klasse soll nach der Absicht des Staates lernen, was zum Gewerbe, die andere, was zur Landesverteidigung, eine dritte, was zum Beamtenstande, eine vierte, was zur Kultur der Wissenschaften und Künste gehört. Nach solchen Gesichtspunkten werden verschiedene Schulen gestiftet. Aber die Verschiedenheit der Individuen liegt tiefer, als daß sie nach diesen Betrachtungen bloßer Tauglichkeit könnte richtig aufgefaßt werden; und wenn die Väter durch die Sorge für das Fortkommen ihrer Söhne sich verleiten lassen, hiernach die Anlagen der Ihrigen zu beurteilen, so muß die Pädagogik sie vollständiger belehren. Sie kann sie zuvorderst erinnern, daß der Staat sich um den minder Tauglichen auch minder bekümmert. Seine Schulen sollen ihm die Subjekte liefern, die er braucht. Er wählt die brauchbarsten; die übrigen mögen für sich sorgen!" (Herbart A II, S. 166; B, S. 235).

Diese Stelle belegt eindeutig, daß Herbart weder die Auffasung vertritt, ein einheitliches Schulwesen könne zu einer gleichen Bildung aller zu größtmöglicher Vielseitigkeit, Urteils- und Handlungskompetenz führen, noch der Meinung anhängt, ein gegliedertes Schulwesen fördere die natürliche Fähigkeit der Einzelnen zutage und sei deshalb die angemessene Form einer pädagogischen Institution. Statt auf eine organisationssoziologische Lösung der Frage zu hoffen, wie eine gerechte pädagogische Institution aussehen könne, richtet Herbart den Blick auf das Schicksal der Einzelnen und die Verschiedenheit und Widersprüchlichkeit der Erfahrungen, die diese im staatlichen Schulsystem machen:

„Dem sehr beschäftigten oder zu nachsichtigen Vater kommt die Strenge der Schuldisziplin wohl zustatten bei starken, nicht aber bei schwachen und zarten Naturen. Sie nützt, wenn Aufsicht in Nebenstunden, in Ferien und an Feiertagen nicht fehlt; sie wirkt schief, wenn ein junger Mensch Auswege findet und sich wegen des erlittenen Zwanges schadlos zu halten weiß. Der trägere Schüler gewinnt an Munterkeit, Fleiß und Ordnung durch das Beispiel der Mitschüler, wenn er fähig und willig ist, aufgegebene Arbeit zu machen, aber nicht, wenn ihm der Unterricht zu rasch oder zu mannigfaltig ist, auch nicht, wenn Lust und Talent ihn schneller nach anderen Richtungen treibt. Einseitigkeit wird im öffentlichen Unterricht beschämt, aber nicht immer geheilt. ... Mittelmäßige Köpfe treiben lange Zeit mechanisch fort, was man von ihnen verlangt. Sie werden gelobt, erfreuen sich der schönen Zeugnisse, wissen aber den gesammelten Vorrat nicht zu brauchen und verlieren ihn, sobald sie dürfen. Nicht geringe Täuschung haftet an der Summe des Wissens, die jährlich von den Schulen ausgeht. Nicht wenig davon verfliegt schon in den Universitätsjahren wie leere Spreu. Die Lehrer an öffentlichen Anstalten erwerben sich eine große

Summe von Beobachtungen der mannigfaltigsten Schüler, aber nur von der Oberfläche, die sich in der Schule zeigt, und nur in Beziehung auf Disziplin und Lernen, mit seltener Ausnahme solcher Schüler, die ihr Inneres willig öffnen. So sieht ein Historiker die Menschen in bezug auf die Begebenheiten. Er sieht wohl Massen und deren Bewegungen; was keine historischen Folgen hat, das sieht er nicht und mag es nicht beachten. Menschenkenntnis erwerben auch die Schüler, die einander nahestehen. Besser wäre für manchen, er bliebe in diesem Punkte noch lange unwissend. Einen geselligen Geist erzeugen sie unter sich. Einige lernen gehorchen, wo sie nicht sollten, andere herrschen, wo es ihnen nicht gebührt. Starke Muskeln schaffen dem einen, dreistes Auftreten schafft dem anderen die Herrschaft. Der schlaue Knabe weiß andere vorzuschieben, damit sie seine Anschläge ausführen. Und alle zusammen halten auf Ehrenpunkte, auf Heimlichkeit und gegenseitige Hilfe in Verlegenheiten. Je größer eine solche Knabengesellschaft, um desto strenger muß sie beherrscht und beargwohnt werden. Aber je mehr Ähnlichkeit mit despotischen Maßregeln, desto mehr verborgener Ingrimm und desto mehr Neigung und Hoffnung, dereinst selbst despotisieren zu können" (Herbart A II, S. 166f.; S. 236).

Deutlich grenzt Herbart hier bloßes Lernen von erziehendem Unterricht und bloße Disziplinierung von Zucht im Sinne der Selbsterziehung ab und wendet sich, wie schon in dem Vortrag von 1810, gegen die Auffassung, jedweder „Unterricht (sei) schon Erziehung, die Disziplin schon Charakterbildung", kritisiert also weiterhin die Meinung, „die Jugendbildung (wäre) ein Geschäft, das im großen, wie Fabriken durch Maschinenwerk, ohne Berücksichtigung der Individuen mit Vorteil könnte betrieben werden" (Herbart A II, S. 168; B, S. 237). Er beschreibt die Schule als eine Institution, in der ein großer Teil der Schüler sich nur Halbwissen, verbunden mit Untertanengeist einerseits und Herrschsucht andererseits, aneignet, in der Lehrer mit dem größten Teil ihrer Schüler allenfalls oberflächlich kommunizieren und in der Eltern die von ihnen in der Ständegesellschaft noch wahrzunehmende pädagogische Verantwortung an eine fremde, staatliche Instanz abtreten, die diese nicht wahrnehmen kann. Die Staatsschule ist für Herbart eine Institution konkurrierenden Lernens ohne wirkliche Solidarität der Lernenden und Lehrenden untereinander und miteinander.

Welche pädagogischen Konsequenzen ergeben sich aus dieser Sicht, die einerseits die für manche Schüler gegebene Förderung einer „gelehrten Bildung" durch die Schule anerkennt, andererseits auf die kognitiven und sozialen Defizite schulischen Lernens mit einer Deutlichkeit hinweist, daß Teile des Textes vom heutigen Leser wie eine Beschreibung der gegenwärtigen Schulwirklichkeit wahrgenommen werden können? Eine Rückkehr zur reinen Familienerziehung, in welcher Eltern und Geburtsstand die künftige Bestimmung der Heranwachsenden weitgehend vorbestimmten, war geschichtlich nicht möglich und politisch nicht wünschenswert und wäre auch mit dem Prinzip der offenen, unbestimmten Bildsamkeit unvereinbar gewesen. Mit der Staatsschule als einem unvermeidlichen Übel, welches nur um den Preis des Verlustes der durch sie zu befördernden bürgerlichen Mobilität zu vermeiden und aus der Welt zu schaffen wäre, konnte sich Herbart ebensowenig befreunden. Welcher Ausweg aber bleibt dann noch offen, wenn die pädagogische Verantwortung unter Achtung der offenen Bildsamkeit der Heranwachsenden weder von den Herkunftsfamilien noch von der Staatsschule anerkannt werden kann? Bietet sich am Ende doch wieder das Konstrukt eines freien, pädagogischen Berufs an, welcher zwischen der Erziehung als Familienpraxis und der Staatsschule zu vermitteln sucht, aber nicht vermitteln kann? Herbart läßt diese Frage zuletzt offen und formuliert, statt nach einer einfachen Antwort auf sie zu suchen, die Antinomie einer institutionellen Verankerung und Verortung der pädagogischen Praxis. Dies weist seiner Pädagogik in problemgeschichtlicher Hinsicht noch heute eine bleibende Aktualität zu:

„Scheint es vielleicht, als ob ich den Hauslehrern ihre goldene Zeit zurückwünschte? Gewiß wenigstens nicht auf Kosten der Schulen. ... Der gelehrte Eifer, die erhöhte Besoldung, die vermehrte Achtung des Lehrstandes, die Prüfungsgesetze, die patriotischen Antriebe, die Eröffnung der Aussichten auf mancherlei Beförderung von seiten des Staats: das alles mag zusammenwirkend die Jugend mittelbar und unmittelbar in Bewegung setzen. Es ergibt etwas anderes als Erziehung ... Es ergibt Verbrüderung der Mitschüler oder deren Gegenteile, teils Unterordnung des Schwächeren unter den Stärkeren, teils Spannungen unter denen, die gleiche Ansprüche machen. Ohne Zweifel kann man der Aristokratie der besten Köpfe und der notwendigen Bescheidenheit aller anderen, welche ihre natürlichen Grenzen frühzeitig kennenlernten, mancherlei Lobreden halten; aber das sind politische Lobreden, keine pädagogischen. Der Erzieher vergleicht seinen Zögling nicht mit anderen, er vergleicht ihn mit sich selbst. Er vergleicht das, was der junge Mensch wird, mit dem, was derselbe vermutlich werden konnte. Er ist mit keinem zufrieden, der hinter sich selbst zurückbleibt, und mit keinem unzufrieden, welcher soviel wird, als man vermutlich von ihm erwarten durfte" (Herbart A II, S. 168; B, S. 238).

Mit diesem Ausblick darauf, was in einem pädagogischen Sinne Gerechtigkeit heißen könne, enden Herbarts schulkritische Überlegungen in den Pädagogischen Briefen. Ein objektives Kriterium dafür, was vom Einzelnen zu verlangen ist, um in pädagogischer Hinsicht mit seinem Bildungsprozeß „zufrieden" sein zu können, entwickelt Herbart nicht. Statt nach einem objektiven Kriterium zu suchen, bindet Herbart die pädagogische Zufriedenheit an die Zufriedenheit des Heranwachsenden. Die Wendung, die er damit dem Problem pädagogischer Gerechtigkeit gibt, stellt keineswegs eine heimliche Wiedereinführung teleologischer Ordnungsstrukturen dar, sondern will deutlich machen, daß pädagogische Gerechtigkeit nicht nach äußerlichen Kriterien, sondern nur im Hinblick auf einen Begriff der Bildung des Individuums bestimmt werden kann. Da diese sich zwar unter dem Einfluß pädagogischer Interaktion entwickelt, ihr Bewährungsfeld aber in gesellschaftlichen Handlungsfeldern hat, bleibt die reale Möglichkeit pädagogischer Verantwortung stets zurückgebunden an politische Gerechtigkeitsstrukturen.

Insoweit stimmt das Resultat der schultheoretischen und schulkritischen Überlegungen in den Pädagogischen Briefen mit den Überlegungen in Herbarts Vortrag von 1810 überein. Pädagogische Zufriedenheit ist nur möglich im Kontext einer gesellschaftlichen Anerkennung des Individuums in seiner unbestimmten, sich im Lernprozeß erst offenbarenden Bildsamkeit. Wenn eine so begründete pädagogische Verantwortung aber weder von den Herkunftsfamilien noch von der Staatsschule übernommen werden kann, wenn diese schließlich auch nicht einem freien pädagogischen Beruf zur alleinigen Beachtung zu übertragen ist, so wird man wohl zugestehen müssen, daß die pädagogische Verantwortung nur gemeinsam von Familienerziehung, öffentlicher Politik und professionalisierter Pädagogik wahrgenommen werden kann. Die professionellen Pädagogen müßten dann aber ihren freien Beruf in gesellschaftlichen Institutionen ausüben können, die, wie Herbart 1810 schon forderte, zwischen den Sphären der Einzelfamilien und der abstrakten Allgemeinheit des Staates ihren Ort haben (vgl. Kemper 1984, S. 28ff.).

6.3. Zur Aktualität der Schulkritik Herbarts: Das Problem gerechter pädagogicher Institutionen und die Forderung nach einer intergenerationellen Öffentlichkeit und freien pädagogischen Praxis

Daß wir in pädagogischer Absicht Lernende und Heranwachsende, die der Erziehung in den Formen des erziehenden oder bildenden Unterrichts und der Aufforderung zur Selbsterziehung (Zucht) bedürfen, weder untereinander noch miteinander nach absoluten Maßstäben vergleichen dürfen, besagt, daß es keinerlei Kriterium für das Gelingen pädagogischer Interaktion gibt, das von außen an die Bildung des Individuums als deren Beurteilungskriterium angelegt werden könnte. Die Beurteilung der pädagogischen Interaktion bezieht sich auf die Planung und Gestaltung pädagogischer Situationen. In ihr ist nicht der Heranwachsende als solcher Objekt und Gegenstand einer Beurteilung. Zu beurteilen ist vielmehr die Interaktion selbst. Pädagogische Professionalität bestünde letztlich darin, im Vergleich des „Zöglings mit sich (ihm!) selbst" zu ermitteln, ob die jeweiligen Maßnahmen erfolgreich waren oder nicht. Für die Beurteilung des Erfolgs gibt es dabei ebensowenig von außen anzulegende Maßstäbe, denn einziges Erfolgskriterium ist auch hier die Entwicklung der Urteils- und Handlungskompetenz des Lernenden, der an der Beurteilung der pädagogischen Maßnahmen keineswegs bloß passiv durch die Wirkungen, welche diese bei ihm hervorbringen, mitwirkt, sondern deren Wirkungen im eigenen Lernen ja gerade selber miterzeugt (vgl. Benner/Ramseger 1985).

Die programmatische Äußerung zur Beurteilung pädagogischer Prozesse, mit der Herbart den schulkritischen Teil seiner Pädagogischen Briefe beschließt, weist über die Allgemeine Pädagogik und Allgemeine praktische Philosophie insofern hinaus, als sie die Frage aufwirft, was unter einer gerechten pädagogischen Institution zu verstehen und in welchem Verhältnis diese zu den anderen gesellschaftlichen Institutionen zu denken sei.

Die Gerechtigkeitsstruktur einer pädagogischen Institution läßt sich ebensowenig durch eine völlige Abkopplung von allen anderen Institutionen wie durch eine direkte Zuordnung zu diesen begründen. Abgekoppelt von den Institutionen des Rechtssystems, der Verwaltung und des Kultursystems sind pädagogische Institutionen deshalb nicht zu begründen, weil sie einerseits als gesellschaftliche Einrichtungen eine Rechtsgrundlage benötigen und Momente einer öffentlichen Verwaltung an sich selbst aufweisen, und weil andererseits die in ihnen zu fördernden Lernprozesse der Heranwachsenden sich ja gerade nicht vorrangig innerhalb der pädagogischen Institutionen als vernünftig erweisen können, sondern sich außerhalb derselben im gesellschaftlichen Handeln bewähren müssen. Umgekehrt lassen sich gerechte pädagogische Institutionen nicht als integrierter Bestandteil der anderen gesellschaftlichen Institutionen begründen, weil die potentielle Einheit von Familien- und Berufserziehung mit der Auflösung der Ständegesellschaft in eine bürgerliche Gesellschaft unwiederherstellbar verloren ist.

Der Begriff der unbestimmten, für größtmögliche Vielseitigkeit offenen Bildsamkeit des Menschen, der genetisch-interaktive Begriff der Mitwirkung der Heranwachsenden an ihren Lernprozessen und die Ideen der Vollkommenheit und des Wohlwollens umschreiben gemeinsam, welche Anforderungen an eine in pädagogischer Hinsicht gerechte Institution zu stellen sind. Sie weisen zugleich auf eine Grundparadoxie institutionalisierten pädagogischen Handelns hin, welche allgemeine Anerkennung verlangt, weil sie nur um den Preis eines Rückfalls in alte, teleologische oder moderne, dezisionistische Menschenbilder ausgeräumt werden könnte. Die Gerechtigkeitsstruktur pädagogischer Institutionen hängt wesentlich davon ab, ob in ihnen die Lernenden zu Lernleistungen befähigt und in Lernleistungen anerkannt werden können, die außerhalb dieser Institutionen nicht zu erbringen sind, und ob das nur in gesellschaftlich ausgegrenzten pädagogischen Institutionen Gelernte und Lernbare sinvoll in einer außerhalb derselben stattfindende gemeinsame Praxis einzubringen ist, die innerhalb der pädagogischen Institutionen allenfalls angebahnt werden, dort aber nicht ihren dauerhaften und realen Ort haben kann.

Die Gerechtigkeit pädagogischer Institutionen und die Diginität der in ihnen möglichen pädagogischen Interaktion, sowohl was den erziehenden Unterricht als auch was die Selbsterziehung zu moralischem und politischem Handeln innerhalb und außerhalb der pädagogischen Institution betrifft, ist somit darauf angewiesen, daß pädagogische Fragen und Probleme nicht auf den Horizont innerinstitutionellen Lernens und Lehrens begrenzt werden, sondern im Horizont einer generationsübergreifenden Öffentlichkeit allgemeine Beachtung erlangen. Ohne eine öffentliche Anerkennung pädagogischer Fragen in allen Bereichen der gesellschaftlichen Praxis ist die verantwortliche Ausübung eines pädagogischen Berufs letztlich nicht möglich.

Diesen Zusammenhang zwischen der Gerechtigkeitsstruktur pädagogischer Institutionen, einem öffentlichen pädagogischen Bewußtsein und der Professionalität der pädagogischen Praxis hat Herbart in einer paradoxen These ausgesprochen, die die Problemgeschichte der neuzeitlichen Pädagogik auf den Begriff bringt und als Motto über seine gesamte Pädagogik gestellt werden kann:

„Darum nun gerade weil (in den vorhandenen Einrichtungen, D. B.) für die Meister in der pädagogischen Kunst kein Platz vorhanden ist, hält es schwer, daß diese Meisterschaft entstehe. Es ist zwar nicht zu leugnen, daß ein hoher Grad von Energie vieler Künstler endlich solche Plätze zu verschaffen pflegt; doch nur, wenn sie eine Umgebung finden, die ihre Werke zu schätzen weiß. Es ist ferner nicht zu leugnen, daß die Schulämter einen viel besseren Spielraum als bisher gewöhnlich für pädagogisches Wirken darbieten könnten, wenn die ganze Schuleinrichtung darauf hinarbeitete und wenn das Publikum der Schule sie gehörig unterstützte. Aber dies alles setzt einen allgemein verbreiteten pädagogischen Geist schon voraus, der nicht eher entstehen wird, als bis die Kunst in ihrem wahren Glanze, das heißt in ihren Werken hervortritt, und ebendazu suchen wir die Bedingungen" (Herbart A I, S. 150).

Verzeichnis der Literatur

1. Verzeichnis der Primärliteratur

HERBART, JOHANN FRIEDRICH: Pädagogische Schriften, hrsg. von W. Asmus, 3 Bände, Düsseldorf/München 1964 - 1965; Neuauflage Stuttgart 1984 (zitiert als Herbart A I - III)

HERBART, JOHANN FRIEDRICH: Systematische Pädagogik, eingeleitet, ausgewählt und interpretiert von D. Benner, Stuttgart 1985 (zitiert als Herbart B)

HERBART, JOHANN FRIEDRICH: Sämtliche Werke, hrsg. von G. Hartenstein, 12 Bände, Leipzig 1850 - 1852 (zitiert als Herbart H I - XII)

2. Verzeichnis der Sekundärliteratur und der darüber hinaus verwendeten Literatur

ADL-AMINI, B./OELKERS, J./NEUMANN, D. (Hg.): Pädagogische Theorie und erzieherische Praxis. Grundlegung und Auswirkungen von Herbarts Theorie der Pädagogik und Didaktik, Bern/Stuttart 1979

ARISTOTELES: Methaphysik (zitiert nach der Bonitz-Übersetzung, München 1966)

ARISTOTELES: Eudemische Ethik (zitiert nach der Gohlke-Ausgabe, Paderborn 1954)

ARISTOTELES: Nikomachische Ethik (zitiert nach der Gohlke-Ausgabe, Paderborn 1956)

ARISTOTELES: Politik (zitiert nach der Susemihl-Überetzung, München 1965)

ASMUS, W.: Johann Friedrich Herbart. Eine pädagogische Biographie, Bd. 1: Der Denker (1776-1809), Heidelberg 1968; Bd. 2: Der Lehrer (1809-1841), Heidelberg 1970

ASMUS, W.: Herbarts Leben und Wirken, in: Johann Friedrich Herbart, Pädagogische Schriften, hrsg. von W. Asmus, 3 Bände, Düsseldorf/München 1964-65, Bd. 1, S. 181-204

BALLAUF, TH./SCHALLER, K.: Pädagogik. Eine Geschichte der Erziehung und Bildung, Bd. III: 19.-20. Jahrhundert, Freiburg/München 1973 (Kapitel: 'Die

Synthese von Unterricht und Erziehung: Johann Friedrich Herbart" ebd. S. 66-103).

BARTHOLOMÄI, FR./SALLWÜRK, E., VON: Johann Friedrich Herbarts Leben, in: Joh. Friedr. Herbarts Pädagogische Schriften, hrsg. von Fr. Bartholomäi, neu bearbeitet und mit erläuternden Anmerkungen versehen von E. von Sallwürk, 2 Bände, Langensalza [7]1903-1906, Bd. 1, S. 3-117

BENNER, D.: Erziehung: Warum und wozu? Vorüberlegungen zu einer praxeologischen Dimensionierung der Erziehung, in: WPB 34 (1982), S. 486-490

BENNER, D.: Grundstrukturen pädagogischen Denkens und Handelns, in: Enzyklopädie Erziehungswissenschaft, Bd. I, hrsg. von D. Lenzen und K. Mollenhauer, Stuttgart 1983, S. 283-300

BENNER, D.: Hauptströmungen der Erziehungswissenschaft. Eine Systematik traditioneller und moderner Theorien, München [2]1978 (Kapitel über Herbart S. 26-79 sowie S. 369-382

BENNER, D.: Herbarts praktische Philosophie als Grundlegung seiner Pädagogik, in: D. Benner/ W. Schmied-Kowarzik 1967, S. 11-51

BENNER, D.: Herbart als Schultheoretiker. Zur Bedeutung seiner Konzeption des „erziehenden Unterrichts" für eine Entschulung der Schule, in: Fr. W. Busch/H.-D. Raapke (Hg.): 1976, S. 53-66

BENNER, D.: Pädagogisches Experiment, in: Enzyklopädie Erziehungswissenschaft, Bd. II, hrsg. von H. Haft und H. Kordes, Stuttart 1984, S. 376-385

BENNER, D.: Was heißt: Durch Unterricht erziehen?, in: Zeitschrift für Pädagogik 31 (1985), S. 441-450

BENNER, D.: Was ist Schulpädagogik?, in: Grundlagen und Probleme der Bildungspolitik, hrsg. von J. Derbolav, München 1977, S. 88-111

BENNER, D./RAMSEGER, J.: Wenn die Schule sich öffnet. Erfahrungen aus dem Grundschulprojekt Gievenbeck, München 1981

BENNER, D./RAMSEGER, J.: Zwischen Ziffernzensur und pädagogischem Entwicklungsbericht. Zeugnisse ohne Noten in der Grundschule, in: Zeitschrift für Pädagogik 31 (1985), S. 151-174

BENNER, D./SCHMIED-KOWARZIK, W.: Prolegomena zur Grundlegung der Pädagogik, Bd. I: Herbarts praktische Philosophie und Pädagogik, Ratingen 1967

BIEDERMANN, K.: Die Deutsche Philosophie von Kant bis auf unsere Zeit, ihre wissenschaftliche Entwicklung und ihre Stellung zu den politischen und sozialen Verhältnissen der Gegenwart, 2 Bände, Leipzig 1942, Neudruck Aalen 1973 (Kapitel über Herbart im Bd. 2, S. 518-648)

BLANKERTZ, H.: Die Geschichte der Pädagogik. Von der Aufklärung bis zur Gegenwart, Wetzlar 1982 (Kapitel über Herbart: S. 143-155

BLASS, J.L.: Herbarts pädagogische Denkform oder Allgemeine Pädagogik und Topik, Wuppertal usw. 1969

BLASS, J.L.: Pädagogische Theoriebildung bei Johann Friedrich Herbart, Meisenheim 1982

BLOCHMANN, E.: Der pädagogische Takt, in: Die Sammlung (5) 1950, S. 712-720

BRÜGGEN, F.: Tradition, in: Enzyklopädie Erziehungswissenschaft, Bd. I, hrsg. von D. Lenzen und K. Mollenhauer, Stuttgart 1983, S. 568-571

BUSCH, FR.W./RAAPKE, H.-D. (Hg.): Johann Friedrich Herbart. Leben und Werk in den Widersprüchen seiner Zeit. Neun Analysen, Oldenburg 1976

DÖPP-VORWALD, H.: Einleitung zu der von ihm hrsg. Textsammlung: Aus Herbarts Jugendschriften, Weinheim ²1962, S. 3-58

FISCHER, W.: Der pädagogische Zweifel an der Schule und die kritische Pädagogik, in: W. Fischer (Hg.) 1972, S. 7-16

FISCHER, W. (Hg.): Schule und kritische Pädagogik. Fünf Studien zu einer pädagogischen Theorie der Schule, Heidelberg 1972

GADAMER, H.-G.: Wahrheit und Methode. Grundzüge einer philosophischen Hermeneutik, Tübingen ³1975

GEISSLER, E.: Herbarts Lehre vom erziehenden Unterricht, Heidelberg 1970

GÖSTEMEYER, K.-F.: Pädagogik und gesellschaftliche Synthesis, Frankfurt/Bern usw. 1986

HENNINGSEN, J.: Erfolgreich manipulieren. Methoden des Beybringens, Ratingen usw. 1974 (S. 100-103 sowie S. 122)

HOFMANN, F.: Einleitung, in: Johann Friedrich Herbart. Ausgewählte Schriften zur Pädagogik. Ausgewählt, eingeleitet und erläutert von F. Hofmann unter Mitarbeit von B. Ebert, Berlin (DDR) 1976, S. 9-64

HORNSTEIN, H.: Bildsamkeit und Freiheit. Ein Grundproblem des Erziehungsdenkens bei Kant und Herbart, Düsseldorf 1959

HUMBOLDT, W. VON: Ideen zu einem Versuch, die Gränzen der Wirksamkeit des Staates zu bestimmen (1792), Bd. I der von A. Flitner/K. Giel hrsg. Werkausgabe, Darmstadt ^{2}1960, S. 56-233

HUMBOLDT, W. VON: Theorie der Bildung des Menschen (Fragment von 1794), Bd. I der von A. Flitner/K. Giel hrsg. Werkausgabe, Darmstadt ^{2}1960, S. 234-240

JUST, K.S.: Die Fortbildung der kantischen Ethik durch Herbart. Eine von der philosophischen Fakultät in Leipzig gekrönte Preisschrift, Heft 5 der Pädagogischen Studien, hrsg. von W. Rein (1867)

KANT, I.: Kritik der reinen Vernunft (1781/1787), Bd. II der von W. Weischedel hrsg. Werkausgabe, Wiesbaden 1956

KANT, I.: Grundlegung zur Metaphysik der Sitten (1785/1786), Bd. IV der von W. Weischedel hrsg. Werkausgabe, Wiesbaden 1956

KANT, I.: Über Pädagogik (1803), hrsg. von D.Fr.Th. Rink, Bd. VI der von W. Weischedel hrsg. Werkausgabe, Frankfurt 1964

KEMPER, H.: Schultheorie als Schul- und Reformkritik, Frankfurt 1983

KEMPER, H. (Hg.): Theorie und Geschichte der Bildungsreform. Eine Quellentextsammlung von Comenius bis zur Gegenwart, Meisenheim 1984

KLAFKI, W.: Der zwiefache Ansatz Herbarts zur Begründung der Pädagogik als Wissenschaft, in: Fr.-J. Holtkemper (Hg.): Pädagogische Blätter. Festschrift für H. Döpp-Vorwald, Ratingen 1967, S. 76-101

LINGELBACH, K.CH./DIEDERICH, J.: Handlungsprobleme des Lehrers. Eine Einführung in die Schulpädagogik, Bd. I: Unterricht und Schulleben, Königstein 1979

MUTH, J.: Pädagogischer Takt, Heidelberg 1962

PFEFFER, F.: Über Herbarts Grundlegung der Pädagogik als Wissenschaft, in: Pädagogischer Almanach, Ratingen 1963, S. 121-151

PIAGET, J.: Meine Theorie der geistigen Entwicklung, hrsg. von R. Fatke, Hamburg 1983

PLATON: Euthemos (zitiert nach der Schleiermacher-Übersetzung), Platons Werke, Bd. II, 1957

PLATON: Phaidon (zitiert nach der Schleiermacher-Übersetzung), Platons Werke, Bd. III, 1958

PLATON: Politeia (zitiert nach der Schleiermacher-Übersetzung), Platons Werke Bd. III, 1958

ROUSSEAU, J.J.: Emile oder Über die Erziehung (1762), hrsg. und eingeleitet von M. Rang, Stuttgart 1965

ROUSSEAU, J.J.: Der Gesellschaftsvertrag (contrat social 1762), hrsg. und eingeleitet von H. Weinstock, Stuttgart 1966

RUHLOFF, J.: Demokratisierung der Schule?, in: W. Fischer (Hg.): 1972, S. 43-74

RUHLOFF, J.: Die geschichtliche Konzeption pädagogischer Aufgabenkonzepte, in: Enzyklopädie Erziehungswissenschaft, Bd. III, hrsg. von H.D. Haller und H. Meyer, Stuttgart 1976

SCHILLER, F.: Über die ästhetische Erziehung des Menschen in einer Reihe von Briefen (1793/94)

SCHLEIERMACHER, F.: Über den Beruf des Staates zur Erziehung (1814), in: Friedrich Schleiermacher. Pädagogische Schriften, unter Mitwirkung von Th. Schulze hrsg. von E. Weniger, Bd. 2, Düsseldorf/München 1957; Neuauflage Frankfurt, usw. 1984, S. 153-164

SCHLUMBOHM, J.: Straße und Familie. Kollektive und individualisierende Formen der Sozialisation im kleinen und gehobenen Bürgertum Deutschlands um 1800, in: Zeitschrift für Pädagogik 25 (1979), S. 697-726

SCHMIED-KOWARZIK, W.: Dialektische Pädagogik. Vom Bezug der Erziehungswissenschaft zur Praxis, München 1974

SCHMIED-KOWARZIK, W.: Herbarts Begründung einer Erziehungsphänomenologie, in: D. Benner/W. Schmied-Kowarzik 1967, S. 53-124

SCHÜTZ, E.: Autorität. Ein Traktat, Heidelberg 1971

SCHWENK, B.: Das Herbartverständnis der Herbartianer, Weinheim 1963

SEIDENFADEN, F.: Die Pädagogik des jungen Herbart, Weinheim/Berlin 1967

Einführung in die Paläobiologie Teil 1

Allgemeine Paläontologie

von

Bernhard Ziegler

ordentlicher Professor für Geologie und Paläontologie
an der Universität Stuttgart und
Direktor des Staatlichen Museums für Naturkunde in Stuttgart

Mit 249 Abbildungen im Text

4., unveränderte Auflage

E. Schweizerbart'sche Verlagsbuchhandlung
(Nägele u. Obermiller) Stuttgart 1986

ISBN 3 510 65316 5

1. Auflage 1972

Offsetdruck: Beltz, 6944 Hemsbach üb. Weinheim
Printed in Germany

Vorwort

Die „Einführung in die Paläobiologie" verdankt Form und Inhalt meinen Erfahrungen in der Lehre an den Universitäten in Berlin, Stuttgart und Zürich. Begonnen wurde sie 1964 in Zürich; der Fortgang der Arbeit wurde durch zweimaligen Ortswechsel und durch anderweitige Aufgaben erheblich verzögert. Der Schweizerbart'schen Verlagsbuchhandlung bin ich für die ständige Ermunterung, die sehr zum Abschluß dieses Bandes beigetragen hat, und für die Möglichkeit zur reichhaltigen Ausstattung mit Abbildungen zu großem Dank verpflichtet.

Die allgemeinen Grundlagen der Paläontologie, mit denen sich der vorliegende Band beschäftigt, greifen weitgehend auf biologische Erkenntnisse zurück. Obwohl sie in zahlreichen Biologie-Werken abgehandelt werden, hielt ich es für nützlich, sie unter dem Blickwinkel der Paläontologie darzustellen. Dadurch soll auch dem Leser ohne eingehende biologische Schulung der Zugang zum Stoff erleichtert werden. Ich hielt es für richtig, bevorzugt allgemeine Zusammenhänge und Gesetzmäßigkeiten aufzuzeigen. Der Leser wird sie leicht durch Beispiele aus seinem räumlichen und stratigraphischen Kenntnisbereich selbst erläutern können.

Einen Überblick über die paläontologischen Arbeitsmethoden klammere ich zunächst bewußt aus. Wenn er einen Zweck erfüllen soll, muß er auf die sehr unterschiedlichen Techniken je nach Fossilgruppe und Erhaltungszustand eingehen. Dies hätte jedoch unverhältnismäßig viel Platz beansprucht und den Rahmen einer Einführung gesprengt.

Ein zweiter Band wird der speziellen Paläontologie gewidmet sein. Er soll den Bau der Organismen, ihre Lebensweise, ihre Bedeutung und ihre bezeichnendsten Vertreter behandeln.

Die Abbildungen zu diesem Band habe ich selbst gezeichnet. Auch soweit die Entwürfe aus der Literatur stammen, ist die Ausführung oft erheblich gegenüber den Vorlagen abgeändert. Deshalb sind Quellen i.d.R. nur dort angegeben, wo der Anteil des ursprünglichen Autors an der Gestaltung der Abbildung erheblich ist.

Auf den Nachweis der benutzten Spezialliteratur wurde verzichtet. Die Aufnahme von Literaturzitaten in den fortlaufenden Text hätte die Lesbarkeit erheblich beeinträchtigt und überdies den Umfang unverhältnismäßig ausgeweitet. Dem Fachkollegen dürfte die Herkunft des zusammengetragenen Wissens ohnehin bekannt sein; dem Fernerstehenden genügt die Angabe der wichtigsten weiterführenden Werke.

Hilfe und Unterstützung verdanke ich in erster Linie meinen Kollegen und Mitarbeitern an den Universitäten in Berlin, Stuttgart und Zürich sowie am Staatlichen Museum für Naturkunde in Stuttgart, besonders Prof. Dr. K. W. Barthel (Berlin), Dipl.-Geol. H. Brunner (Stuttgart) und Prof. Dr. H. Rieber (Zürich). Mein besonderer Dank gilt Prof. Dr. E. Kuhn-Schnyder (Zürich) für seine Anregungen zu biologischem Denken in der Paläontologie.

Stuttgart, 15. August 1972 — Bernhard Ziegler

Vorwort zur 2. Auflage

Knapp zweieinhalb Jahre nach dem ersten Erscheinen ist eine 2. Auflage der „Allgemeinen Paläontologie" notwendig geworden. Wegen der Kürze der Zeit war es mir nicht möglich, mehr als ein Minimum an Änderungen vorzunehmen. Allen Fachkollegen, die durch Anregungen und Kritik zu diesen Verbesserungen beigetragen haben, danke ich aufs beste.

Stuttgart, 1. Juni 1975 BERNHARD ZIEGLER

Vorwort zur 3. Auflage

Auch zur 3. Auflage der „Allgemeinen Paläontologie" mußten nur geringfügige Teile neu gefaßt werden. Den Kollegen und Mitarbeitern, die mich dabei mit Anregungen und Kritik unterstützten, gilt mein bester Dank.

Stuttgart, 10. Januar 1980 BERNHARD ZIEGLER

Inhalt

Wesen, Bedeutung und Geschichte der Paläontologie

Die Paläontologie ist die Wissenschaft vom Leben der Vorzeit. Ihr Name leitet sich ab vom Griechischen: *λόγος τῶν παλαιῶν ὄντων* = Lehre von den alten Lebewesen. Ihre Forschungsobjekte sind die Fossilien (Versteinerungen, Petrefakte). Fossilien sind Reste vorzeitlicher Organismen, unabhängig vom Erhaltungszustand.

Die Bezeichnung „Fossil" stammt von G. AGRICOLA (1494—1555). Sie bedeutet ursprünglich alles aus dem Boden Gegrabene (fodere, lat. = graben), neben Organismenresten auch Mineralien, Artefakte (z. B. Speerspitzen, Steinbeile), merkwürdige Wurzeln, Konkretionen. Der Umfang des Begriffes hat sich im Laufe der Zeit eingeengt.

Man spricht von fossilen und rezenten Organismen. „Rezent" ist alles, was in der Gegenwart oder der jüngeren Vergangenheit lebt oder lebte. „Fossile" Reste stammen aus vorgeschichtlichen und älteren Zeiten. Zwischen beiden Begriffen vermittelt der Ausdruck „subfossil". Fließende Übergänge sind selbstverständlich.

Die Paläontologie schlägt die Brücke zwischen Geologie und Biologie. Von beiden Fächern übernimmt sie Grundlagen und Methoden. Für beide ist sie eine unentbehrliche Ergänzung. Der Geologie liefert sie das zeitliche Bezugssystem der letzten 600 Millionen Jahre sowie Erkenntnisse über die Entstehung von Sedimenten. Der Biologie verhilft sie ebenfalls zur zeitlichen Dimension. Die Biologie erforscht die Möglichkeiten der Entwicklung der Organismenwelt. Die Paläontologie kann den tatsächlichen Verlauf rekonstruieren. Sie ist also nicht zuletzt auch eine historische Wissenschaft. Als solche vermittelt sie zu den Geisteswissenschaften, denen sie viele Anregungen geben kann.

Das Sammeln von Fossilien beschäftigt einen großen Kreis von Liebhabern. Manche von ihnen haben sich zu anerkannten Forschern weitergebildet. Als Wissenschaft wird Paläontologie an den meisten Universitäten gelehrt, i. d. R. im Zusammenhang mit Geologie, selten mit Biologie.

Die Geschichte der Paläontologie als Wissenschaft beginnt mit GEORGES CUVIER (1769 bis 1832). Er war der erste, der überzeugend nachwies, daß es ausgestorbene Organismen gab. Erst damit war die Sonderstellung der Paläontologie gegenüber Zoologie und Botanik begründet.

Schon der vorgeschichtliche Mensch kannte die Fossilien, wie Grabbeigaben aus der Altsteinzeit, Jungsteinzeit und La-Tène-Zeit beweisen. Auch die alten Griechen (unter ihnen z. B. HERODOT) wußten von ihnen und deuteten sie richtig als Überreste von Lebewesen. Doch ARISTOTELES (384—322 v. Chr.) brachte mit seiner Theorie der Urzeugung einen Rückfall in mythische Spekulationen. Von wenigen Ausnahmen abgesehen (LEONARDO DA VINCI 1452—1519, G. FRACASTORO 1517, B. PALISSY 1510—1589) hielt man die Fossilien noch bis weit in die Neuzeit hinein für Produkte einer vis plastica (THEOPHRAST 371—285 v. Chr.), eines virtus formativa (ALBERTUS MAGNUS 1193—1280), einer aura seminalis (E. LHWYD 1699) oder bezeichnete sie einfach als lapides figurati (C. GESSNER 1565), lusus naturae (J. B. OLIVI 1584) oder lapides sui generis (M. LISTER 1678). So ist es verständlich, daß J. B. BERINGER 1726 handgefertigte Fälschungen („Würzburger Lügensteine") für echte „Figurensteine" hielt, daß E. BERTRAM 1766 glaubte, die Fossilien seien als „geformte Steine" von Gott aus Gründen der Harmonie in die Erde gelegt worden, oder daß C. VON RAUMER 1819 die Fossilien als verunglückte Probeschöpfungen der Natur betrachtete, die niemals belebt waren.

Inzwischen war mit der Sintflut-Theorie eine neue Deutung der Fossilien aufgekommen. Das Fortschreiten der Naturerkenntnis seit der Renaissance brachte immer mehr Forscher dazu, die Fossilien tatsächlich als Reste von Organismen zu betrachten. In Übereinstimmung mit kirchlichen Lehren glaubte man jedoch, sie seien bei der biblischen Sintflut zugrunde gegangen. Wegbereiter dieser Auffassung waren N. STENO (1638—1687) und J. WOODWARD (1665—1722), ihr bekanntester Verfechter J. J. SCHEUCHZER (1672—1733). Als ihr letzter Anhänger kann W. BUCKLAND (1823) gelten.

Schon bald entdeckte man, daß die Sintfluttheorie viele Beobachtungen nicht erklären konnte. Weshalb kamen nicht in allen Schichten dieselben Fossilien vor? Durfte es überhaupt ausgestorbene Arten geben? Während DE MAILLET im „Telliamed" (1716/17, veröffentlicht posthum 1748) den heutigen Vorstellungen über Wesen und Wandel der Fossilien schon sehr nahe kam, glaubten R. HOOKE (1688) und G. L. LECLERC DE BUFFON (1707—1788) an mehrere Katastrophen anstelle der einen biblischen Sintflut. Sie sollten die damals lebenden Organismen (oder doch einen Teil von ihnen) vernichtet haben; nach ihnen seien neue Formen entstanden.

Den Beweis für das Vorhandensein ausgestorbener Arten führte erst G. CUVIER[1]. In der Sitzung des Institut National vom 1er pluviôse des Jahres IV (= 24. 1. 1796) legte er dar, daß der fossile Elefant (d. h. das Mammut) von den beiden lebenden Arten spezifisch verschieden ist. Er ist also eine ausgestorbene Art. CUVIER wandte für seine paläontologischen Arbeiten an Wirbeltieren zoologische Methoden an. Für ihn war ein Fossil ein ehemaliges Lebewesen, das es in seinem Bau und seiner Lebensweise zu rekonstruieren galt. Den Wandel der Organismenwelt in der Erdgeschichte erklärte er wie viele seiner Zeitgenossen mit Katastrophen.

Gleichzeitig leitete W. SMITH in England die wissenschaftliche Paläontologie ein. Er erkannte, daß Fossilien in den Gesteinen nicht regellos vorkommen, sondern an verschiedenen Orten stets dieselbe Abfolge einhalten. Damit war die Biostratigraphie geboren.

Von Anfang an standen sich in der Paläontologie zwei verschiedene Arbeitsrichtungen gegenüber: Eine biologische, die auf das Verständnis der Organismen zielte, und eine geologische, die das biostratigraphische Zeitgerüst der Erdgeschichte entwickeln wollte. Die Paläontologie der Invertebraten geriet immer mehr in den Sog der Geologie. Sie wurde weitgehend zur Leitfossilkunde. Ihr Ziel war es, die erdgeschichtliche Abfolge mit Hilfe der Fossilien möglichst weitgehend zu gliedern. Voraussetzung war die gründliche Kenntnis aller Fossilien und ihres Lagers. Hilfsmittel dazu stellten die bedeutenden Tafelwerke des 19. Jahrhunderts (J. DE C. SOWERBY, A. D'ORBIGNY, F. A. GOLDFUSS, F. A. QUENSTEDT), H. G. BRONNs Lethaea geognostica (1835—38) und zahlreiche Lokal-Monographien dar.

---

1 G. CUVIER, geb. 23. 8. 1769 in Montbéliard, 1784 Besuch der Hohen Karlsschule in Stuttgart, 1795 Professor für Naturwissenschaften an der Ecole Centrale in Paris, 1831 Pair von Frankreich, 1832 Präsident des französischen Staatsrates, gest. 13. 5. 1832 in Paris.

In dieselbe Zeit fällt die Entstehung der großen Zeitschriften (Palaeontographica 1846, Palaeontographical Society 1847).

Zunächst stand die geologisch orientierte Paläontologie unter dem Einfluß der Katastrophenlehre (A. D'ORBIGNY, auch A. OPPEL). Erst nachdem CH. DARWIN (1859) die Veränderlichkeit der Arten erkannt hatte, trat ein allmählicher Wandel der Auffassungen ein, der bis heute nicht völlig abgeschlossen ist. Die von der Evolutionslehre ausgehenden Anregungen führten dazu, daß nunmehr Stammbäume auftauchten (F. HILGENDORF 1866, W. WAAGEN 1869, M. NEUMAYR 1875, L. WÜRTENBERGER 1880). Teilweise wurden sie den Bedürfnissen der Stratigraphie nutzbar gemacht, daneben entstand jedoch als neue Forschungsrichtung die Phylogenie (Stammesgeschichte). Nur wenige Forscher gingen in ihrer Thematik über diesen engen Rahmen hinaus (z. B. F. J. PICTET, M. NEUMAYR, K. A. ZITTEL, O. JAEKEL, E. DACQUÉ). Und doch war schon seit 1837 (C. PREVOST) und 1838 (A. GRESSLY) mit der Fazieskunde der Weg der Paläontologie der Invertebraten zu den mehr biologischen Problemen geebnet. Erst in den letzten Jahrzehnten wird er häufiger beschritten.

Ein Teilbereich der Paläontologie der Invertebraten ist die Mikropaläontologie. Sie befaßt sich mit mikroskopisch kleinen Organismen und ihren Resten. Seit ihrer Begründung durch C. G. EHRENBERG (1854) und ihrem Aufschwung nach dem Ersten Weltkrieg (J. A. CUSHMAN) teilte sie Wege und Irrwege mit der Makro-Paläontologie. Ihre besondere Bedeutung liegt in der großen Häufigkeit der Mikro-Organismen, wodurch die Mikropaläontologie für die Praxis (vor allem die Erdöl-Geologie) außerordentlich wichtig ist.

Im Gegensatz zur geologisch orientierten Paläontologie der Invertebraten war die Wirbeltier-Paläontologie stets mehr biologisch ausgerichtet. Hier waren gründliche zoologische Kenntnisse Voraussetzung für erfolgreiches Arbeiten. Die Wirbeltier-Paläontologie knüpft unmittelbar an G. CUVIER an (R. OWEN 1804—1892). Nach dem Aufkommen der Evolutionslehre war sie es, welche die neuen Anschauungen zuerst in die Paläontologie übernahm (L. RÜTIMEYER 1863). Wenig später erweiterte W. O. KOWALEWSKY (1873/74) den Themenkreis, indem er die Beziehungen der Organismen zu ihrer Umwelt, d. h. die Zusammenhänge von Form und Funktion, besonders herausstellte. Seitdem ist die Kette bedeutender Forscher nicht mehr abgerissen (O. C. MARSH 1831—1899, E. D. COPE 1840 bis 1897, H. F. OSBORN 1857—1935, F. BARON NOPCSA 1871—1931, L. DOLLO 1857 bis 1931, O. ABEL 1875—1946).

Ähnlich verlief die Entwicklung der Paläobotanik. Auch hier war die enge Bindung zur Neobotanik unumgänglich. Da sich die Arbeitsmethoden beider Disziplinen gleichen, sind beide auch in ihrer Entwicklung Hand in Hand gegangen (GRAF STERNBERG 1820—1832, A. BRONGNIART 1822, O. HEER ab 1847, A. SCHENK ab 1860, W. PH. SCHIMPER um 1870). Dies führte dazu, daß sich heute die Paläobotanik weitgehend von der Paläozoologie gelöst hat und meist im Zusammenhang mit der Neobotanik betrieben wird.

Wie in allen naturwissenschaftlichen Fächern, so ist auch in der Paläontologie die Spezialisierung weit fortgeschritten. Noch K. A. ZITTEL (1839—1904) beherrschte das Gesamtgebiet der Paläontologie, als er sein „Handbuch der Paläontologie" (1876—1893) schrieb. Heute setzt die ernsthafte Beschäftigung mit einer Organismengruppe oft ein mehrjähriges Einarbeiten in Literatur, Probleme und Methoden voraus. Ein umfassender Überblick auch über die Detailforschung ist daher heute kaum mehr möglich.

Weiterführende Literatur:

H. HÖLDER (1960), E. KUHN-SCHNYDER (1953), O. H. SCHINDEWOLF (1948), K. A. VON ZITTEL (1899).

Großgruppen des Organismenreiches

Von wenigen Ausnahmen abgesehen, lassen sich die Fossilien noch rezent vorkommenden Organismen-Großgruppen zuordnen. Die Lebewesen werden meist zwei großen Reichen zugeteilt, den Tieren (Animalia) und den Pflanzen (Plantae). Ihre Merkmale sind:

Tiere	Pflanzen
Zellwände aus Eiweiß	Zellwände aus Zellulose
Ernährung aus vorgeformter organischer Substanz (Heterotrophie)	Ernährung durch Photosynthese (Autotrophie)
Nahrungs-aufnehmende Körperteile im Inneren des Organismus	Nahrungs-aufnehmende Körperteile an der Oberfläche des Organismus
Abschluß des Wachstums im Reifestadium	Fortdauer des Wachstums bis zum Lebensende
Meist freie Beweglichkeit	Festsitzende Lebensweise.

Zahlreiche Ausnahmen verwischen die Grenze zwischen beiden Reichen. An der Wurzel beider Gruppen stehen die Flagellaten. Bei ihnen kommen sowohl autotrophe „Pflanzen" als auch heterotrophe „Tiere" vor. Sie erscheinen deshalb im herkömmlichen System bei Tieren und Pflanzen.

Zwei Gruppen noch primitiverer Organismen heben sich außerdem deutlich heraus. Erstens sind es die Spaltorganismen (Anucleobionta). Sie besitzen im Gegensatz zu den höheren Lebewesen keinen echten Zellkern, doch ist Desoxyribonucleinsäure als Träger des Erbgutes nachgewiesen. Zweitens gehören hierher die Viren. Man kann Spaltorganismen und Viren als einfachere Vorstufe der höher organisierten Lebewesen betrachten. Ein System der Organismen kann deshalb folgendermaßen lauten:

1. Überreich: Procaryota

(Organismen ohne Zellkern)

1. REICH: PROBIONTA

Vorstufen des Lebens. Viren (Eiweißmakromoleküle mit der Fähigkeit, sich selbst zu reproduzieren).

2. REICH: ANUCLEOBIONTA

(Schizophyta, Spaltorganismen)

Echte, aus Zellen aufgebaute Organismen, die keine echten Kerne besitzen und sich ohne typische Kernteilung vermehren (Abb. 1).

Abteilung (Stamm): **Bacteriophyta** (Bacteria, Bakterien)

Ohne das bei den Pflanzen vorkommende Chlorophyll, meist heterotroph. Überwiegend einzellig, winzig klein (Größenordnung 1 μ). Wahrscheinlich seit Präkambrium.

Abteilung (Stamm): **Cyanophyceae** (Blaualgen)

Mit echtem Chlorophyll und dem blauen Farbstoff Phykozyan. Überwiegend einzellig, selten Zellfäden. Manche Formen scheiden Kalkkrusten (Stromatoliten) ab. Seit Präkambrium.

2. Überreich: Eucaryota

(Organismen mit echtem Zellkern; Abb. 1 und 88)

1. REICH: PLANTAE

(Pflanzen)

1. Unterreich: Thallophyta

Pflanzen, die nicht in Sproß, Blatt und Wurzel gegliedert sind; ohne Leitungsgefäße.

1. Gruppe: Niedere Algen

Pflanzenkörper einzellig, seltener aus lockeren Zell-Aggregaten oder unverzweigten Fäden bestehend (Abb. 2).

Abteilung (Stamm): **Flagellatae** (Mastigophora)

Sammelgruppe, deren Abgrenzung und Gliederung uneinheitlich gehandhabt wird und auf biochemischen Befunden (Chlorophyll-Varianten, Reservestoffe) beruht. Zellen im vegetativen Zustand i.d.R. mit 1 oder mehreren Plasmageißeln. Ungeschlechtliche Fortpflanzung durch Zweiteilung, geschlechtliche durch Iso- oder Anisogamie (vgl. S. 138). Farbstoffe können fehlen (heterotroph: Übergang zu den Tieren), häufig sind jedoch Chlorophylle (a, b oder c) und andere Farbstoffe vorhanden. Skelett-tragende Formen (z.B. Dinoflagellaten, Siliocoflagellaten, Coccolithophoriden) seit Jura, Formen mit häutigen Membranen seit Silur nachgewiesen, seit Präkambrium zu vermuten. Abb. 1, 2, 137 F-I.

Abteilung (Stamm): **Diatomeae** (Bacillariophyta, Kieselalgen)

Zellen im vegetativen Zustand unbegeißelt, in einem zweischaligen Kieselpanzer eingeschlossen. Ungeschlechtliche Fortpflanzung durch Zweiteilung, geschlechtliche durch Isogamie. Neben Chlorophyll (a + c) braune Farbstoffe. Mit manchen Flagellaten gleichen Chlorophyllgehaltes und mit gleichen Reservestoffen vielfach als Chrysophyceae (s.l.) zusammengefaßt. Seit Kreide (? Jura) bekannt. Abb. 2, 137 A.

Abteilung (Stamm): **Xanthophyceae** (Heterocontae)

Zellen zu Fäden oder Aggregaten vereint, skelettlos. Ungeschlechtliche Fortpflanzung durch Zoosporen mit 2 ungleich langen Geißeln. Mit Chlorophyll a + c + e. Zweifelhafte Fossilfunde seit Kambrium. Abb. 2.

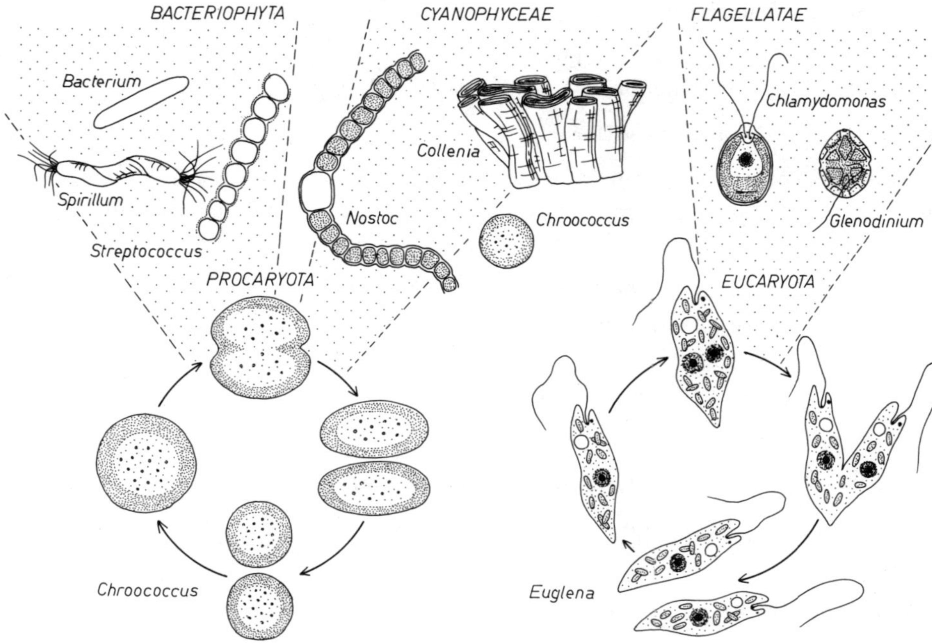

Abb. 1. Die Procaryota, ihr Lebenskreis und charakteristische rezente und fossile (*Collenia*, Präkambrium) Vertreter ihrer beiden Abteilungen Bacteriophyta und Cyanophyceae sowie die Unterschiede zu den einfachsten Eucaryota (Flagellatae).

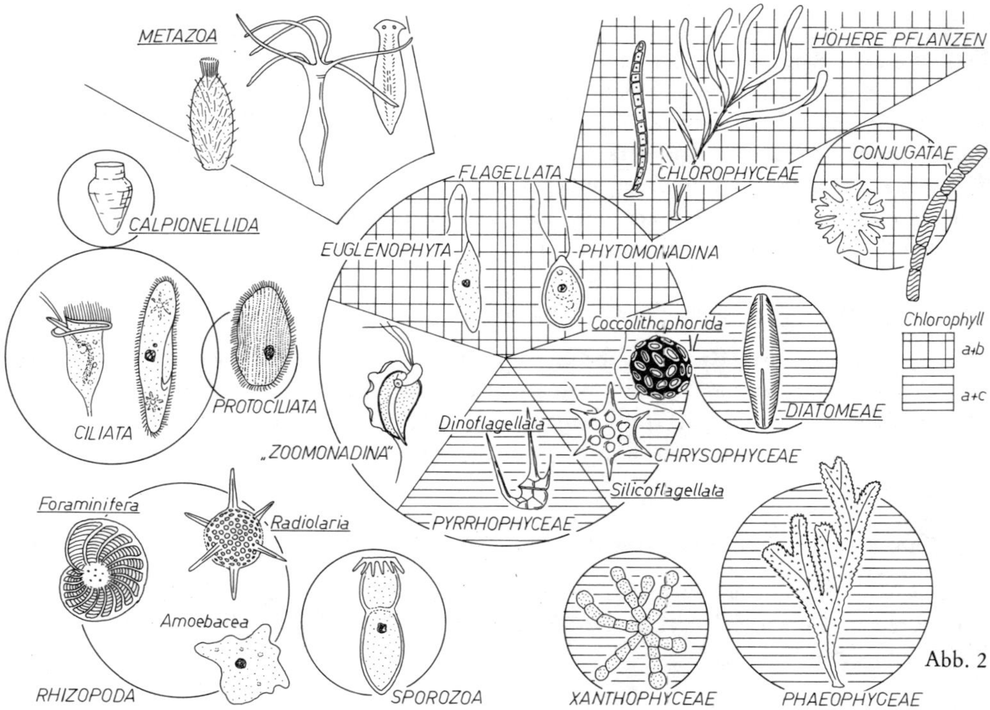

Abb. 2

Abteilung (Stamm): **Conjugatae** (Jochalgen)

Zellen im vegetativen Zustand unbegeißelt, skelettlos. Weder Zoosporen noch begeißelte Gameten vorhanden. Geschlechtliche Fortpflanzung durch Konjugation (Vereinigung zweier vegetativer Zellen). Vielfach zu den Chlorophyceae gestellt. Fossil unbekannt. Abb. 2.

2. *Gruppe: Höhere Algen*

Pflanzenkörper fädig, verzweigt (selten unverzweigt oder einzellig), oft blattförmig und gegliedert.

Abteilung (Stamm): **Phaeophyceae** (Braunalgen)

Farbstoffe neben Chlorophyll braune Karotine (vor allem Fukoxanthin). Stärke tritt als Photosyntheseprodukt nicht auf. Männliche Gameten und Zoosporen mit 2 ungleich langen Geißeln, weibliche Gameten z. T. unbeweglich. Ohne Kalkablagerung. Zweifelhafte Fossilfunde. Abb. 2, 3.

Abteilung (Stamm): **Rhodophyceae** (Rotalgen)

Farbstoff neben Chlorophyll das rote Phykoërythrin. Keine echte Stärke, Gameten und Sporen unbeweglich. Kalkablagerungen bei manchen Gruppen (Corallinaceen, Solenoporaceen). Seit Kambrium. Abb. 3.

Abteilung (Stamm): **Chlorophyceae** (Grünalgen)

Mit Chlorophyll und Stärke. Ungeschlechtliche Fortpflanzung mit Zoosporen, die i. d. R. 2 oder 4 gleich lange Geißeln tragen, geschlechtliche durch Iso- oder Anisogamie. Weibliche Gameten unbegeißelt oder begeißelt, z. T. auch unbewegliche Eier. Kalkablagerung vor allem bei Dasycladaceen. Seit Kambrium (? Präkambrium). Abb. 2, 3, 5.

Abteilung (Stamm): **Charophyceae** (Armleuchteralgen)

Mit Chlorophyll und Stärke. Keine ungeschlechtliche Fortpflanzung, geschlechtliche durch Anisogamie. Eizellen in kalkinkrustierten Oogonien, von Hüllfäden schraubig umwunden. Vielfach zu den Chlorophyceae gestellt. Seit Silur. Abb. 3.

3. *Gruppe: Pilze (Fungi)*

Chlorophyll-los, heterotroph. Zellen zu Fäden (Hyphen) aufgereiht, die oft ein reich verzweigtes Geflecht (Myzel) bilden. Zellmembranen oft chitinös.

← Abb. 2. Die Protisten (einzellige Tiere und Pflanzen) und einige Nachbargruppen. Man beachte die Gliederung nach der Chlorophyll-Führung. Fossil wichtige Gruppen sind unterstrichen.

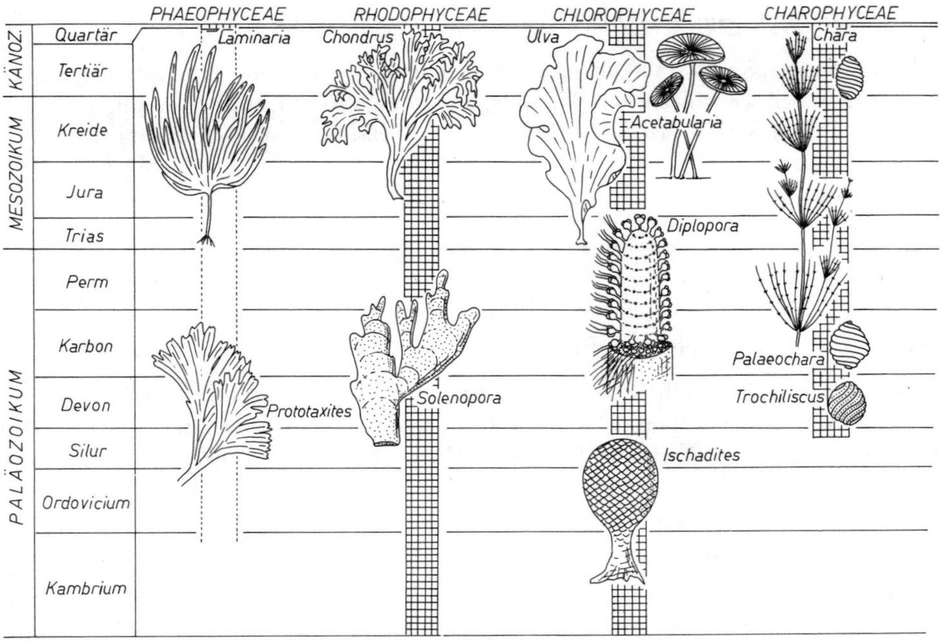

Abb. 3. Die höheren Algen, ihr erdgeschichtliches Vorkommen und einige bezeichnende Vertreter. Vgl. auch Abb. 199.

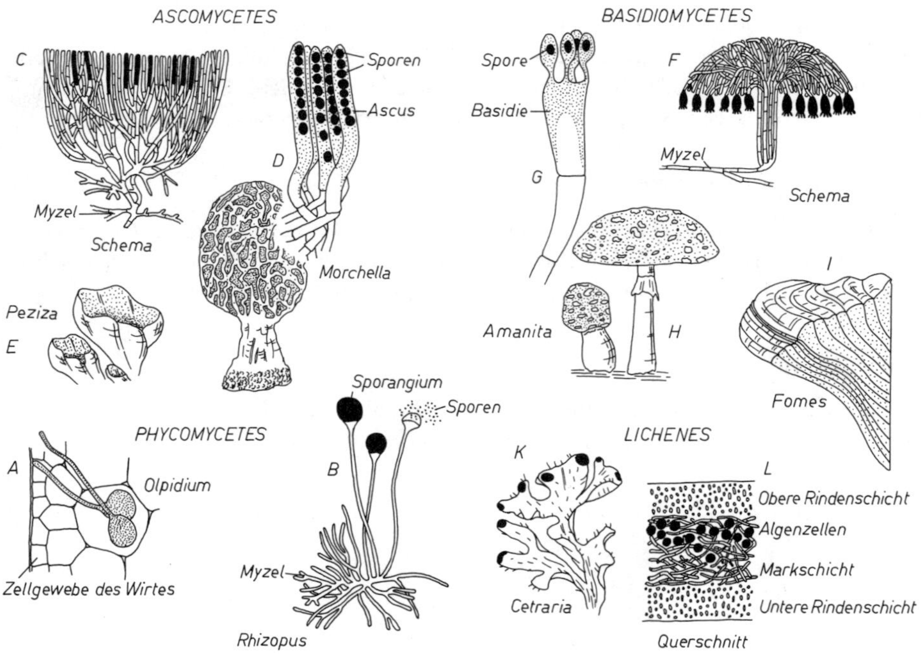

Abb. 4. Pilze und Flechten, ihre Organisation und einige bezeichnende Vertreter. Nach R. HARDER.

Abteilung (Stamm): **Phycomycetes**

Hyphen meist schlauchförmig, ohne Querwände. Seit Silur (fossil überwiegend Bohrpilze bekannt). Hierher u. a. manche Schimmelpilze sowie Urheber vieler Pflanzenkrankheiten. Abb. 4 A-B.

Abteilung (Stamm): **Ascomycetes**

Hyphen i. d. R. mit Querwänden. Ungeschlechtliche Sporen entwickeln sich endogen in Ascus-Schläuchen. Seit Karbon. Hierher u. a. Hefe und manche Schimmelpilze. Abb. 4 C-E.

Abteilung (Stamm): **Basidiomycetes**

Hyphen i. d. R. mit Querwänden. Sporen entwickeln sich exogen auf meist keulenförmigen Basidien. Seit Karbon. Hierher die meisten eßbaren Pilze. Abb. 4 F-I.

Abteilung (Stamm): **Lichenes** (Flechten)

Symbiose von Pilzen mit jeweils bestimmten Algen, die zu einer morphologischen und und physiologischen Einheit geworden ist. Seit Tertiär bekannt. Abb. 4 K-L.

2. Unterreich: Kormophyta

Pflanzen, deren Körper in Sproß, Blatt und Wurzel gegliedert ist. Mit Leitungsgefäßen.

Abteilung (Stamm): **Bryophyta** (Moose)

Noch ohne voll leistungsfähige Leitungsbahnen und Wurzeln. Pflanze haploid, blatt-artig (Hepaticae, Lebermoose) oder als beblätterter Sproßverband (Musci, Laubmoose), dem (auf ungeschlechtlichem Wege entstehenden) Gametophyten entsprechend. Auf ihr wachsen (oft gestielte) Sporenkapseln, die den Sporophyten verkörpern. Seit Devon. Abb. 5.

Abteilung (Stamm): **Pteridophyta** (Farnpflanzen)

Pflanze diploid, dem (auf geschlechtlichem Wege entstehenden) Sporophyten entsprechend. Gametophyt unscheinbar („Prothallium"). Auf ihm wächst nach der Befruchtung die „eigentliche" Pflanze, die sich durch Sporen fortpflanzt. Hierzu gehören Bärlappe, Schachtelhalme und Farne. Seit Devon. Abb. 5, 6.

Abteilung (Stamm): **Spermatophyta** (Anthophyta, Samen- oder Blütenpflanzen)

Pflanze diploid, dem Sporophyten entsprechend. Gametophyten durchlaufen stark verkürzte Entwicklung und bleiben dauernd vom Sporophyten umschlossen. Männlicher Gametophyt entsteht durch Keimung aus dem Pollenkorn (= Mikrospore). Weiblicher Gametophyt entwickelt sich auf dem Makrosporangium (Fruchtblatt). Sporenstände zu Blüten vereinigt. Nach der Befruchtung bildet sich das Sporangium zum Samen um. Hierzu die Gymnospermen (Nacktsamer, seit Devon) und die Angiospermen (Bedecktsamer, seit Jura). Abb. 7.

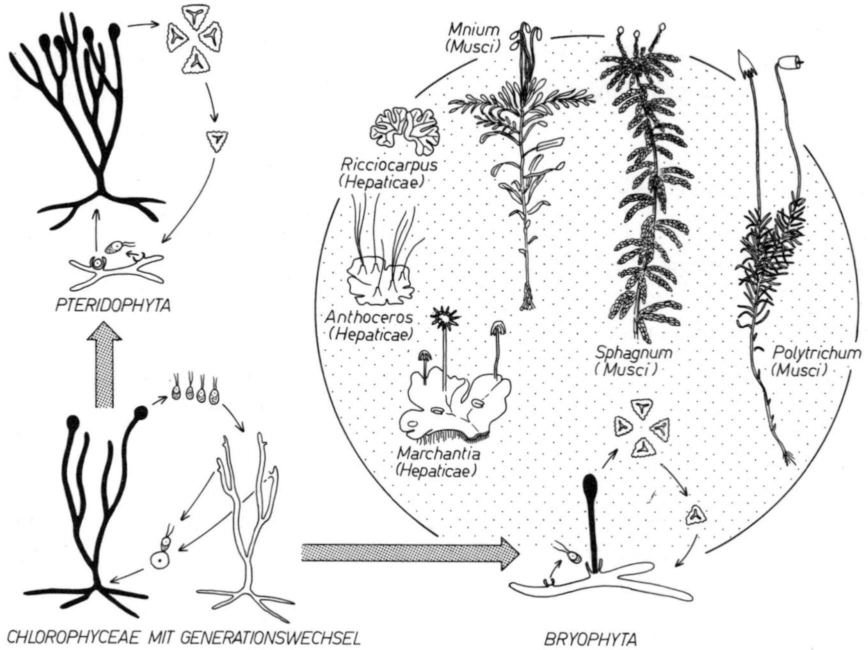

Abb. 5. Die Moose, ihre Ableitung von Algen und einige bezeichnende rezente Vertreter. Schwarz: diploid; hell: haploid.

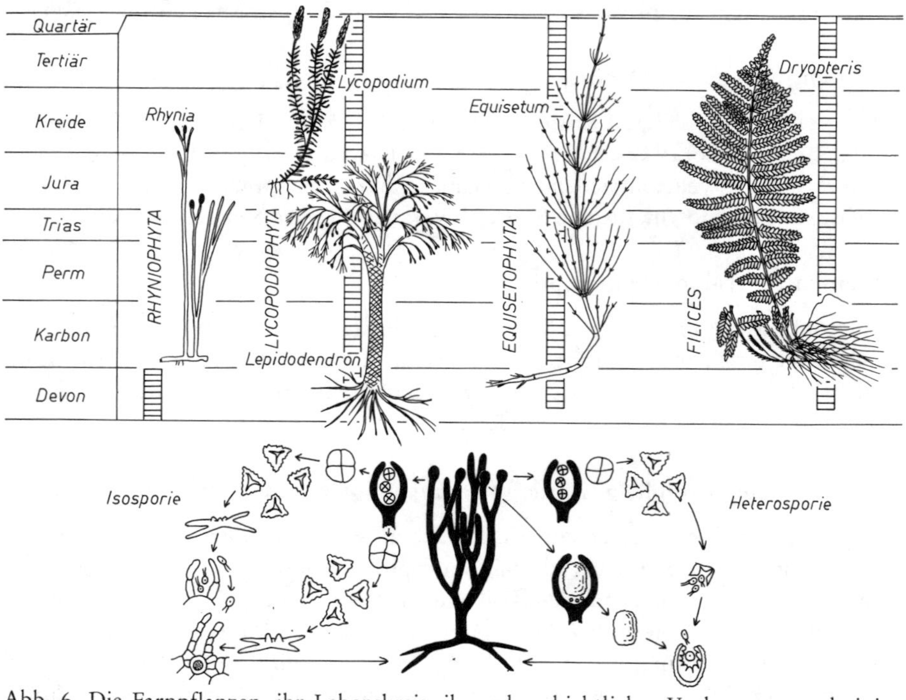

Abb. 6. Die Farnpflanzen, ihr Lebenskreis, ihr erdgeschichtliches Vorkommen und einige bezeichnende Vertreter. Schwarz: diploid; hell: haploid.

2. REICH: ANIMALIA
(Tiere). Vgl. Abb. 28, 55.

1. Unterreich: Protozoa

Einzellige Tiere. Abb. 2.

1. Gruppe: Cytomorpha

Einzeller mit undifferenziertem Zellkern.

Stamm: **Flagellata** (Mastigophora, Geißeltierchen)

In vegetativem Zustand mit 1 oder mehreren Plasmageißeln. Heterotroph oder mit Chlorophyll (Übergang zu Pflanzen, dann auch mehrzellig). Seit Silur nachgewiesen, seit Präkambrium zu vermuten. Abb. 1, 2, 137 F-I.

Stamm: **Rhizopoda** (Sarcodina, Wurzelfüßler)

In vegetativem Zustand mit formveränderlichen Pseudopodien. Seit Kambrium. Hierzu die wichtigen Gruppen der Foraminiferen und Radiolarien, ferner die Amöben, Mycetozoen (Myxomycetes) und Heliozoen. Abb. 2, 137 B-D.

Stamm: **Sporozoa**

In vegetativem Zustand ohne Plasmafortsätze. Endoparasiten, die im Entwicklungszyklus i. d. R. Infektionskeime mit chitinigen Hüllen („Sporen") bilden. Verbreitete Krankheitserreger (z. B. der Malaria). Nur rezent bekannt. Abb. 2.

Stamm: **Protociliata**

In vegetativem Zustand mit Wimpern. Ohne Zellmund. Darmparasiten. Nur rezent bekannt. Abb. 2.

2. Gruppe: Cytoidea

Einzeller mit 2 bis mehreren Kernen (Makro- und Mikronuclei). Makronucleus steuert vegetative, Mikronucleus generative Vorgänge.

Stamm: **Ciliata** (Wimpertierchen)

Im vegetativen Zustand mit Wimpern. Zellmund meist vorhanden (Ausnahme: Suctorien = Sauginfusorien, und Parasiten). Skelett nur bei den mit Vorbehalt hierher gestellten Calpionelliden (? Tintinnida). Fossil nur Jura-Kreide. Abb. 2, 137 E.

2. Unterreich: Mesozoa-Parazoa

Vielzellige Tiere. Arbeitsteilung unter den Zellen vorhanden. Organe fehlen jedoch (keine Muskeln, keine Nerven).

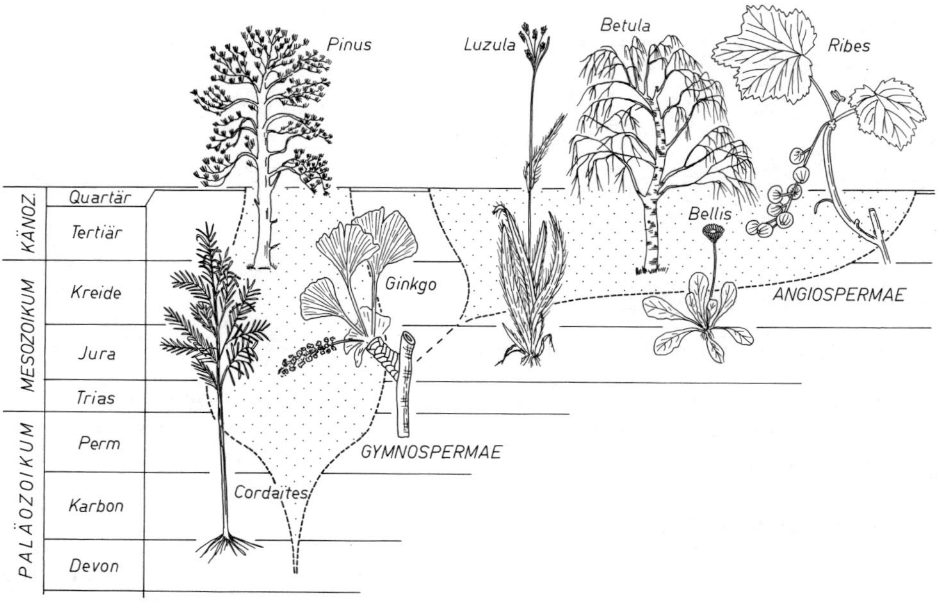

Abb. 7. Die Blütenpflanzen, ihr erdgeschichtliches Vorkommen und einige bezeichnende Vertreter.

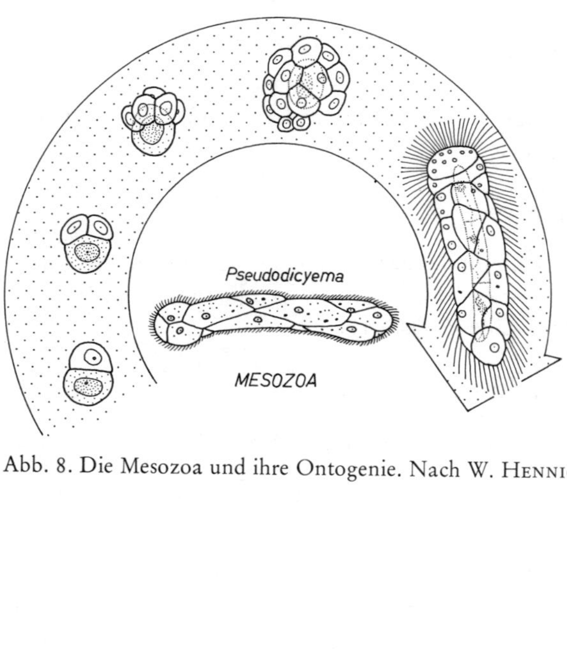

Abb. 8. Die Mesozoa und ihre Ontogenie. Nach W. HENNIG.

Stamm: **Mesozoa** (Moruloidea)

Einschichtiger Zellschlauch, im Inneren Fortpflanzungszellen. Tiere mindestens zeitweise parasitär. Nur rezent bekannt (50 Arten). Abb. 8.

Stamm: **Porifera** (Spongia, Schwämme)

Zell-Aggregate mit Hohlräumen, die von Kragen-Geißelzellen ausgekleidet sind und mit der Außenwelt durch ein System von Kanälen in Verbindung stehen. Seit Kambrium nachgewiesen, fossil über 700 Gattungen, rezent ca. 5000 Arten. Abb. 9. Hier lassen sich auch die Archaeocyathiden (Unterkambrium) anschließen.

3. Unterreich: Eumetazoa

Vielzellige Tiere mit Organen. Muskeln und Nerven vorhanden. Die Gliederung der Eumetazoa und die Zuordnung von Stämmen zu bestimmten Gruppen sind uneinheitlich. Sie hängen von der Bewertung bestimmter Merkmale ab. Abb. 11.

1. Divisio: Coelenterata (Radiata, Hohltiere)

Körper mit nur 2 Zellschichten (Ento- und Ectoderm). Organisationshöhe der Gastrula (vgl. Abb. 56) wird zeitlebens beibehalten. Körper oft radiärsymmetrisch. Nervensystem ohne Zentrum.

Stamm: **Cnidaria** (Nesseltiere)

Coelenteraten mit Nesselkapseln. Aboraler Pol ohne Sinnesorgan. Seit Kambrium, etwas zweifelhafte Funde im späten Präkambrium. Fossil über 1000 Gattungen, rezent ca. 9000 Arten. Abb. 10, 64, 80.

Stamm: **Ctenophora** (Acnidaria, Rippenquallen)

Coelenteraten ohne Nesselzellen, dafür mit Klebzellen. Aboraler Pol mit Gleichgewichts-Sinnesorgan. Nur rezent bekannt (80 Arten). Abb. 10.

2. Divisio: Bilateralia

Körper mit 3 Keimblättern (Ecto-, Meso- und Entoblast). Organisationshöhe führt über das Gastrula-Stadium hinaus. Nervensystem i. d. R. zentralisiert. Körper bilateral symmetrisch (bei Echinodermen oft nur in der Anlage).

1. Gruppe: Acoelomate Protostomier

Protostomier (d. h. Tiere, bei denen im Verlauf der Ontogenie der Urmund der Gastrula zur Mundöffnung wird und der After sekundär durchbricht, vgl. Abb. 23), deren Körper Parenchym-erfüllt ist (Schizocoelia) oder einen primären Hohlraum enthält (Pseudocoelia). Kein Coelom (vgl. Abb. 12).

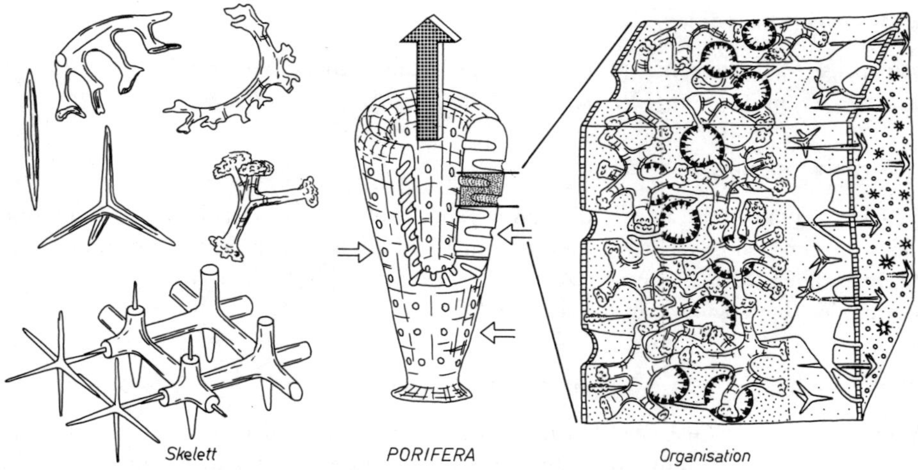

Abb. 9. Die Porifera (Schwämme), ihr Habitus (Mitte), ihre Organisation und einige ihrer Skelett-Elemente.

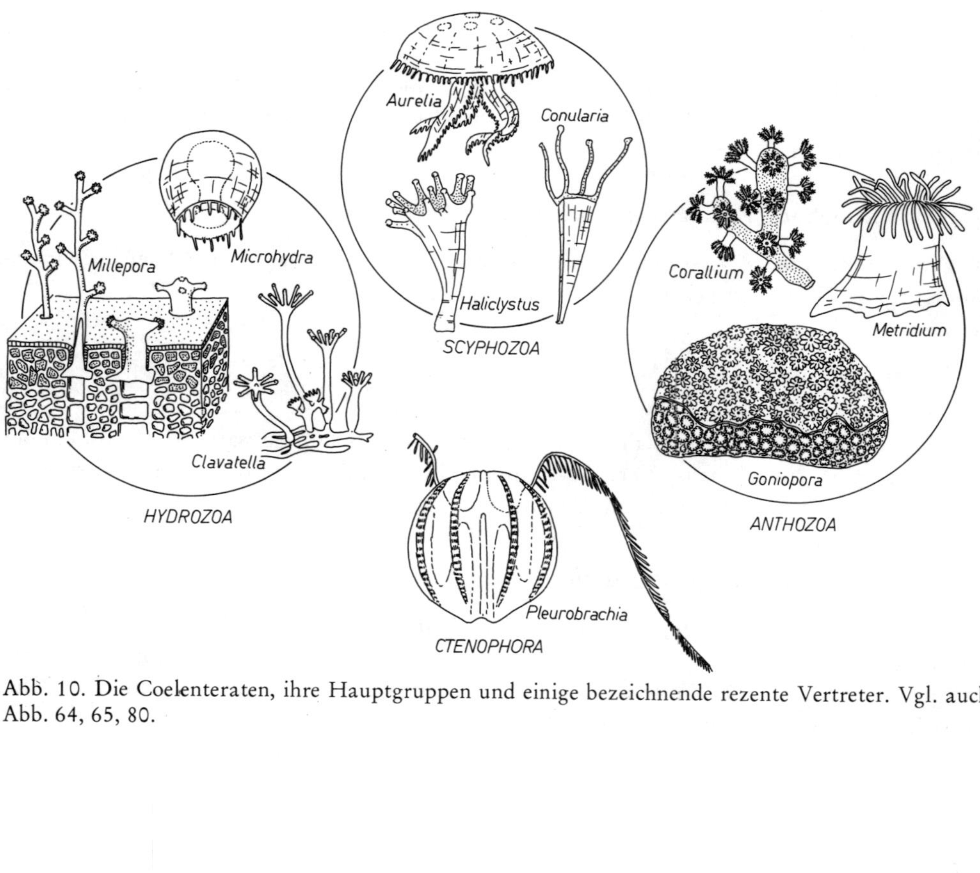

Abb. 10. Die Coelenteraten, ihre Hauptgruppen und einige bezeichnende rezente Vertreter. Vgl. auch Abb. 64, 65, 80.

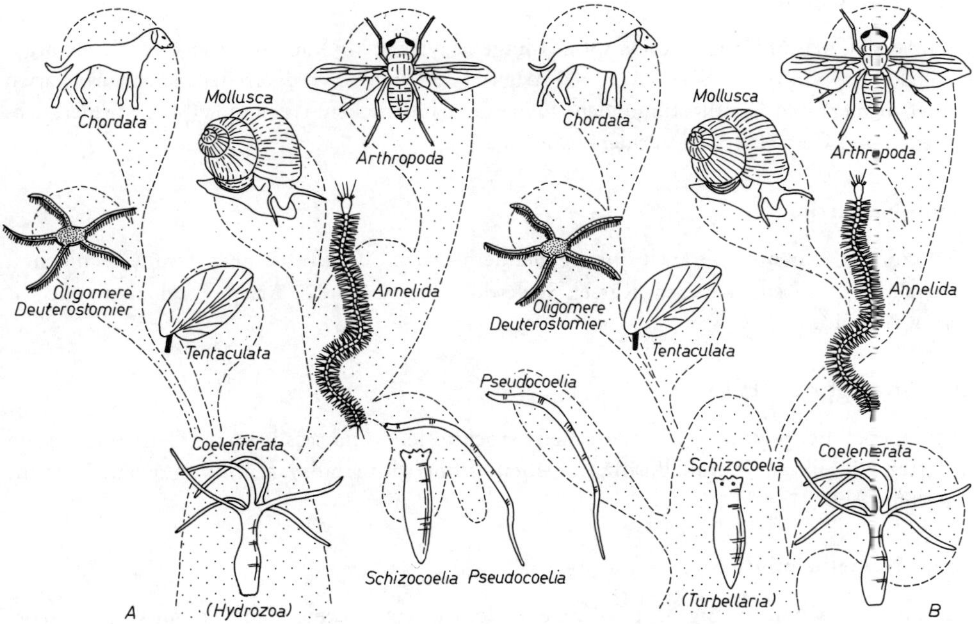

Abb. 11. Zwei (von mehreren) Theorien über die Verwandtschafts-Beziehungen der Hauptgruppen der Metazoen (vielzellige Tiere).

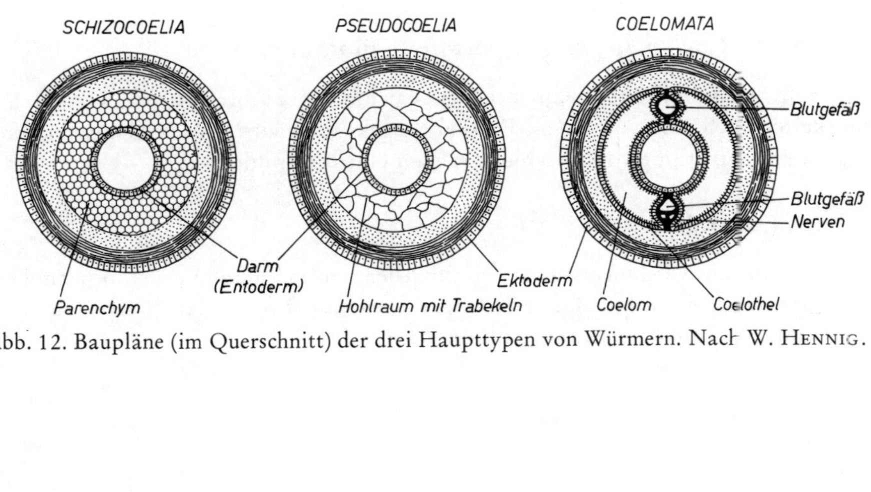

Abb. 12. Baupläne (im Querschnitt) der drei Haupttypen von Würmern. Nach W. Hennig.

Stamm: **Plathelminthes**

Schizocoel, wurmförmig, afterlos. Ohne Blutgefäßsystem. Mit komplizierten Geschlechtsorganen. Skelettlos. Nur rezent bekannt (12400 Arten). Hierher gehören die freilebenden Turbellarien (Strudelwürmer) und Gnathostomuliden, sowie die parasitischen Trematoda (Saugwürmer, z. B. Leberegel) und Cestoda (Bandwürmer). Abb. 13.

Stamm: **Nemertini**

Schizocoel, wurmförmig, mit durchgehendem Darm. Mit Blutgefäßsystem. Geschlechtsorgane einfach. Mit einziehbarem Rüssel. Skelettlos. Rezent mit 800 Arten. Fragliche Funde seit Karbon. Abb. 13.

Stamm: **Kamptozoa** (Entoprocta)

Schizocoel, becherförmig, gestielt, meist stockbildend und sessil. Darm U-förmig. Mund und After von einem Tentakelkranz umgeben. Ohne Blutgefäßsystem. Nur rezent bekannt (60 Arten). Abb. 14.

Stamm: **Nemathelminthes**

Pseudocoel, wurmförmig, mit durchgehendem Darm (soweit nicht darmlose Schmarotzer). Ohne Blutgefäßsystem. Geschlechtsorgane einfach. Skelettlos. Zahlreiche Parasiten. Seit Eozän nachgewiesen (5 Gattungen, Bernstein, Geiseltal bei Halle/Saale), fragliche Funde seit Karbon. Rezent über 12 500 Arten. Hierher gehören die freilebenden Gastrotricha, Rotatoria (Rädertiere) und Kinorhyncha, sowie die vielfach parasitischen Nematoda (Spulwurm, Trichine), Nematomorpha und Acanthocephala. Abb. 15.

Stamm: **Priapulida**

Pseudocoel, wurmförmig, mit durchgehendem Darm. Ohne Blutgefäßsystem. Geschlechtsorgane kompliziert. Vorderkörper (wie bei manchen Nemathelminthes) als einstülpbarer Introvert entwickelt. Skelettlos. Seit Kambrium nachgewiesen, fossil 6 Arten, rezent 8 Arten. Abb. 14.

2. *Gruppe: Coelomate, nichtsegmentierte Protostomier*

Protostomier mit nichtsegmentiertem Coelom (= Hohlraum zwischen Darm und Hautmuskelschlauch, der von einem Epithel ausgekleidet wird, durch Gänge ins Freie mündet und durch Aufnahme von Geschlechtszellen Gonaden bildet).

Stamm: **Echiurida**

Wurmförmig, Coelom erstreckt sich durch den ganzen Rumpf. Vorderkörper mit langem, nicht einstülpbarem Rüssel. Mit Blutgefäßsystem. Skelettlos. 1 fossile Art (Karbon des Mazon Creek, Illinois, USA), rezent 150 Arten. Abb. 16, 63 A.

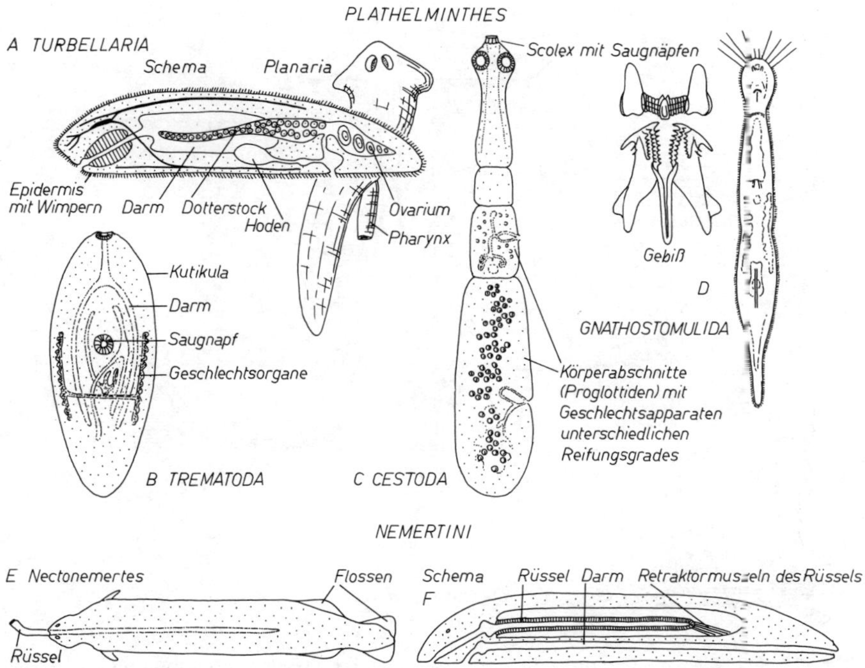

Abb. 13. Die Plathelminthes und Nemertini, die Organisation ihrer Hauptgruppen und einige bezeichnende rezente Vertreter.

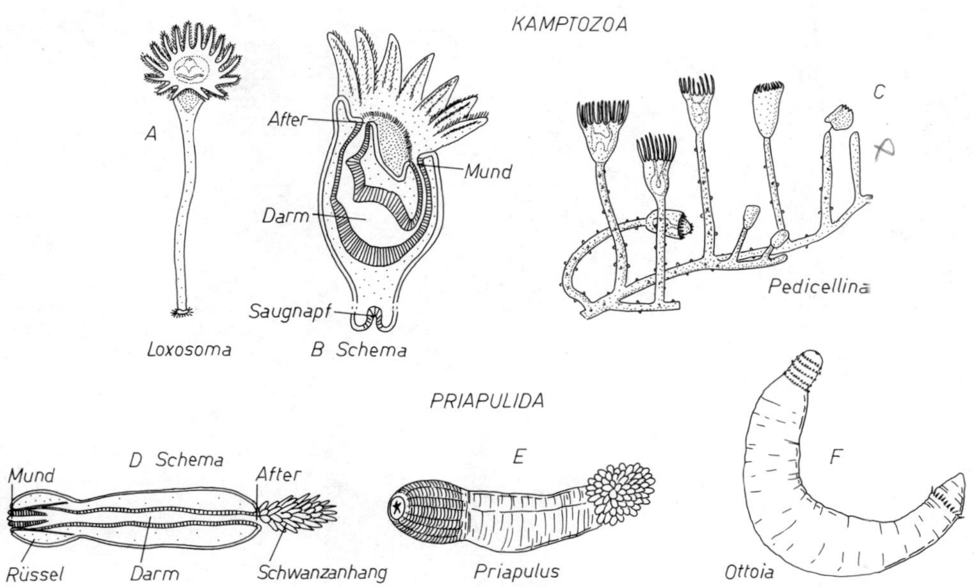

Abb. 14. Kamptozoa und Priapulida. A-C: Die Kamptozoa, ihre Organisation und einige bezeichnende rezente Vertreter. D-F: Die Priapulida, ihre Organisation und bezeichnende rezente (E) und fossile (F: Kambrium) Vertreter.

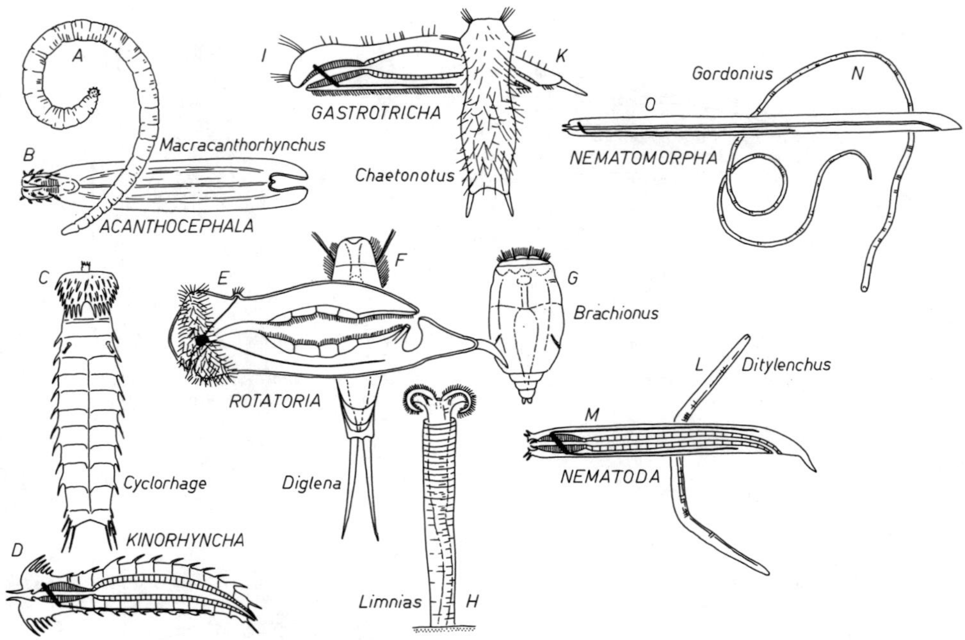

Abb. 15. Die Nemathelminthes, die Organisation ihrer Hauptgruppen und einige bezeichnende rezente Vertreter.

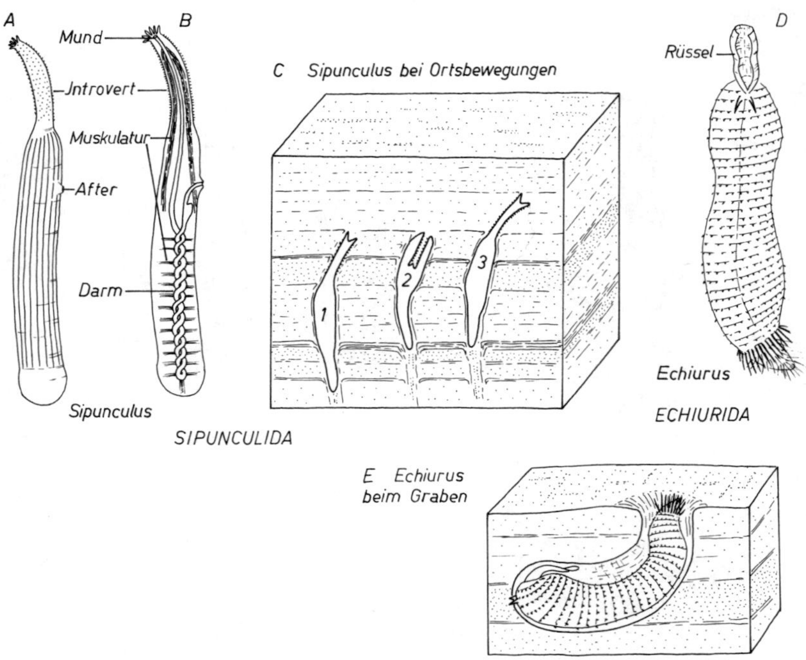

Abb. 16. Die Sipunculida (A-C) und Echiurida (D-E), ihre Organisation, ihre Fortbewegung und einige bezeichnende rezente Vertreter. C und E nach W. SCHÄFER.

Stamm: **Sipunculida**

Wurmförmig, Coelom erstreckt sich durch den ganzen Rumpf. Vorderkörper als einstülpbarer Introvert entwickelt. Ohne Blutgefäßsystem. Skelettlos. Rezent mit 250 Arten. Fragliche Funde seit Kambrium. Abb. 16.

Stamm: **Mollusca** (Weichtiere)

Körper vielgestaltig; bezeichnend ist ein ventraler „Fuß“ und eine von der Dorsalseite ausgehende Hautduplikatur (Mantel). Coelom kurz, auf Herzbeutel und Gonadenlumen beschränkt, ursprünglich wohl segmentiert. Mit Blutgefäßsystem. Mantel scheidet i. d. R. eine Kalkschale ab. Die Mollusken gehören zu den wichtigsten Tierstämmen. Rezent mit 128 000 Arten. Fossil seit Kambrium (über 10 000 Gattungen). Hierher gehören u. a. Gastropoden (Schnecken), Pelecypoden (Muscheln) und Cephalopoden (Kopffüßer: Tintenfische, Nautiloideen, Ammoniten, Belemniten). Abb. 17, 119.

3. Gruppe: Articulate Protostomier

Protostomier, deren Coelom in zahlreiche Abschnitte (Segmente) mindestens frühontogenetisch gegliedert ist.

Stamm: **Annelida** (Ringelwürmer)

Wurmförmig, Kutikula ohne Chitin. Körper ohne Anhänge oder mit stummelförmigen, ungegliederten Parapodien (1 Paar je Segment), die Borsten tragen. Kopflappen (Prostomium) ohne Anhänge, mit antennenartigen Fortsätzen oder mit Tentakelkrone. Skelette selten entwickelt. Seit spätem Präkambrium, fossil etwa 150 Gattungen, rezent 8700 Arten. Hierher gehören viele marine Würmer, ferner u. a. Regenwurm und Blutegel. Abb. 18, 19.

Stamm: **Pogonophora**

Wurmförmig, extrem dünn (5—36 cm lang, 0,1—0,8 mm dick), mund- und darmlos. Vorderkörper mit langen Tentakeln, Mittelkörper zweiteilig mit sehr langem Gonadenabschnitt, nur Hinterkörper segmentiert. Dünne Röhren aus organischer Substanz. Nur rezent bekannt (50 Arten). Zugehörigkeit unterkambrischer „Wurm“röhren (Sabelliditiden) unsicher. Abb. 19.

Stamm: **Onychophora**

Wurmförmig, Kutikula mit dünner Chitinmembran. Körper mit stummelförmigen Parapodien, die Krallen tragen. Erste 3 Parapodienpaare umgebildet zu (1.) Fühlern, (2.) Kiefern und (3.) Oralpapillen. Prostomium ohne Anhänge. Rezent 70 Arten, fossil im Kambrium (Burgess-Paß, Kanada; eventuell *Xenusion* aus unterkambrischem Geschiebe der Mark Brandenburg). Abb. 20.

Stamm: **Tardigrada** (Bärtierchen)

Walzenförmig, winzig (bis ca. 1 mm lang), Kutikula ohne Chitin. Körper mit 4 Paar krallentragenden Parapodien. Mund mit 1 Paar spitzen, einziehbaren Stiletten. Nur rezent

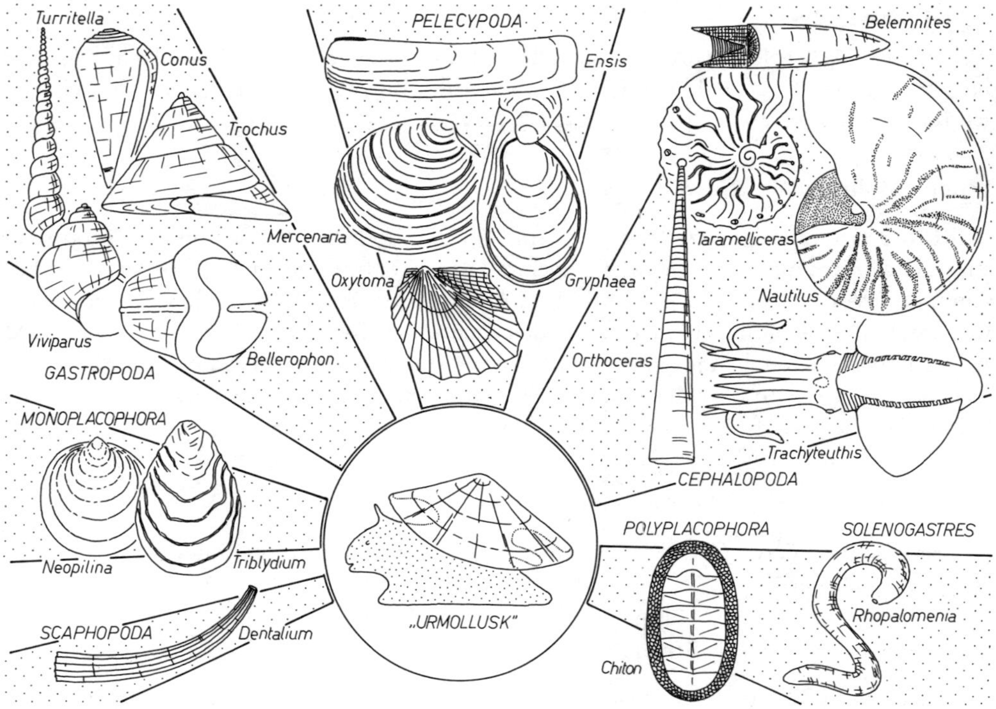

Abb. 17. Die Mollusken (Weichtiere) und ihre Hauptgruppen mit einigen bezeichnenden rezenten und fossilen Vertretern.

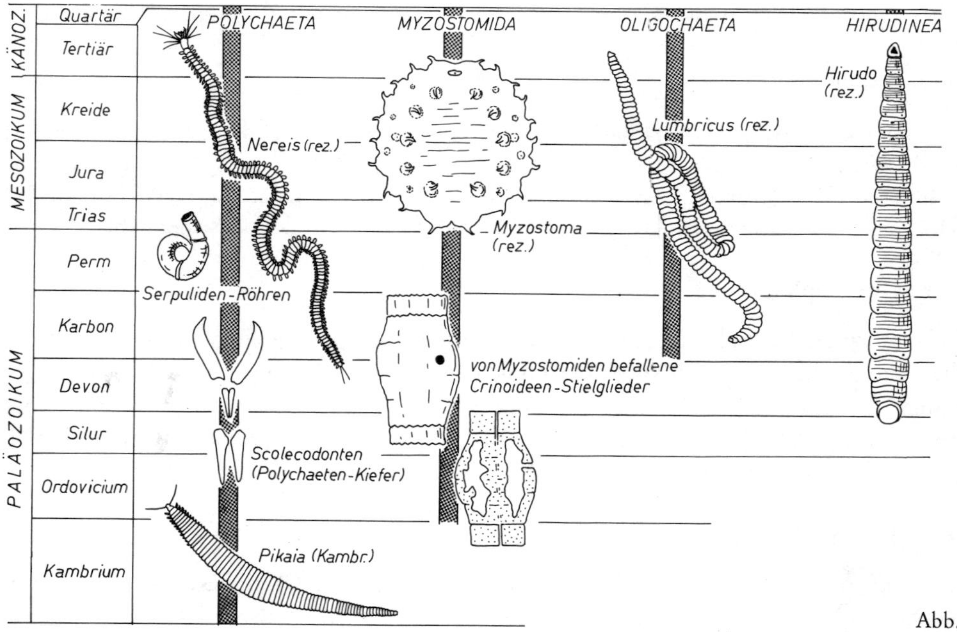

Abb. 18

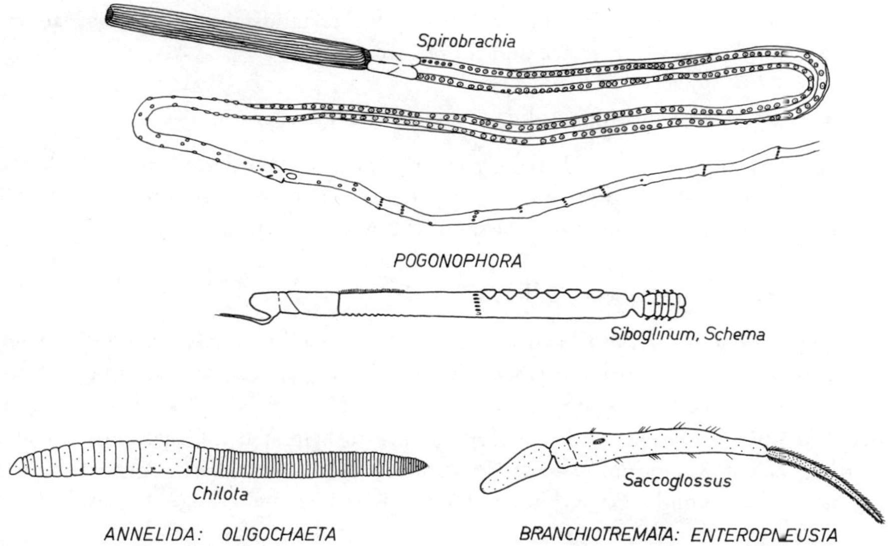

Abb. 19. Die Pogonophora und ein Vergleich ihrer Organisation mit derjenigen der Annelida und der Branchiotremata.

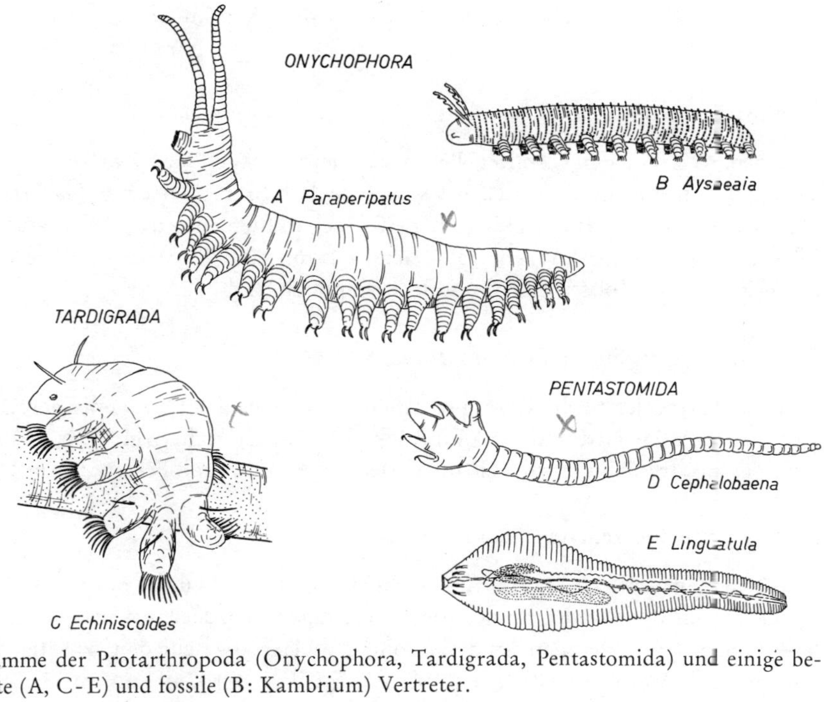

Abb. 20. Die Stämme der Protarthropoda (Onychophora, Tardigrada, Pentastomida) und einige bezeichnende rezente (A, C-E) und fossile (B: Kambrium) Vertreter.

← Abb. 18. Die Annelida, ihr erdgeschichtliches Vorkommen und einige bezeichnende Vertreter ihrer Hauptgruppen.

bekannt (180 Arten). Interessant wegen der Widerstandsfähigkeit ihrer Dauerstadien gegen extreme Trockenheit, Hitze und Kälte. Abb. 20.

Stamm: **Pentastomida** (Linguatulida, Zungenwürmer)

Wurmförmig, parasitisch lebend, Kutikula chitinös. Vorderleib mit 2 Hakenpaaren, die als ungegliederte Parapodien angelegt werden (im Embryonalstadium 2 weitere Paare von Parapodien-Anlagen). Nur rezent bekannt (60 Arten). Abb. 20.

Stamm: **Arthropoda** (Gliederfüßler)

Körper vielgestaltig, mit kräftiger Chitin-Kutikula, in die zuweilen Kalk eingelagert sein kann. Mindestens im vorderen Körper-Drittel Paare gegliederter, gelenkiger Extremitäten. Vorderste Extremitäten (mindestens 1 Paar) zu Fühlern oder Mundwerkzeugen umgebildet. Mit über 1 Million Arten der formenreichste Stamm der Gegenwart. Fossil über 5000 Gattungen, seit Kambrium (? spätes Präkambrium) bekannt. Hierher gehören u.a. Trilobiten, Spinnen, Krebse und Insekten (Fliegen, Bienen, Käfer, Schmetterlinge etc.). Abb. 21, 81.

4. Gruppe: Oligomere Protostomier

Protostomier mit einem Coelom, das aus drei Abschnitten (Proto-, Meso- und Metacoel) besteht.

Stamm: **Tentaculata** (Molluscoidea)

Körper verschieden gestaltet. Protocoel meist rückgebildet. Vorderende des Körpers mit Tentakeln, in die Blindschläuche des Mesocoels führen. Meist mit Skelett, das vom Ectoblast abgeschieden wird. Zusätzlich z. T. Skelett-Elemente im Mesoblast. Seit Kambrium (über 2500 Gattungen), rezent 4300 Arten (davon 4000 Bryozoen). Hierher gehören Bryozoen (Polyzoen, Moostierchen) und Brachiopoden. Abb. 22.

5. Gruppe: Oligomere Deuterostomier

Deuterostomier (d. h. Tiere, bei denen im Verlauf der Ontogenie der Urmund der Gastrula zum After wird und der Mund sekundär durchbricht; vgl. Abb. 23) mit einem Coelom, das aus drei Abschnitten (Proto-, Meso- und Metacoel) besteht.

Stamm: **Branchiotremata** (Hemichordata)

Körper bilateral symmetrisch, verschieden gestaltet (wurm- oder sackförmig), z. T. mit Tentakeln, in die Blindsäcke des Mesocoels ragen. Vorderdarm meist mit Kiemenspalten. Soweit Skelette vorhanden, sind sie vom Ectoblast abgeschieden; zusätzlich z. T. Skelett-Elemente im Mesoblast. Rezent 80 Arten, fossil ab Ordovicium mit 3 Gattungen, ferner die Graptolithen (130 Gattungen). Abb. 25.

Abb. 22. Die Tentaculata, das erdgeschichtliche Vorkommen ihrer Hauptgruppen und einige bezeichnende rezente und fossile Vertreter. →

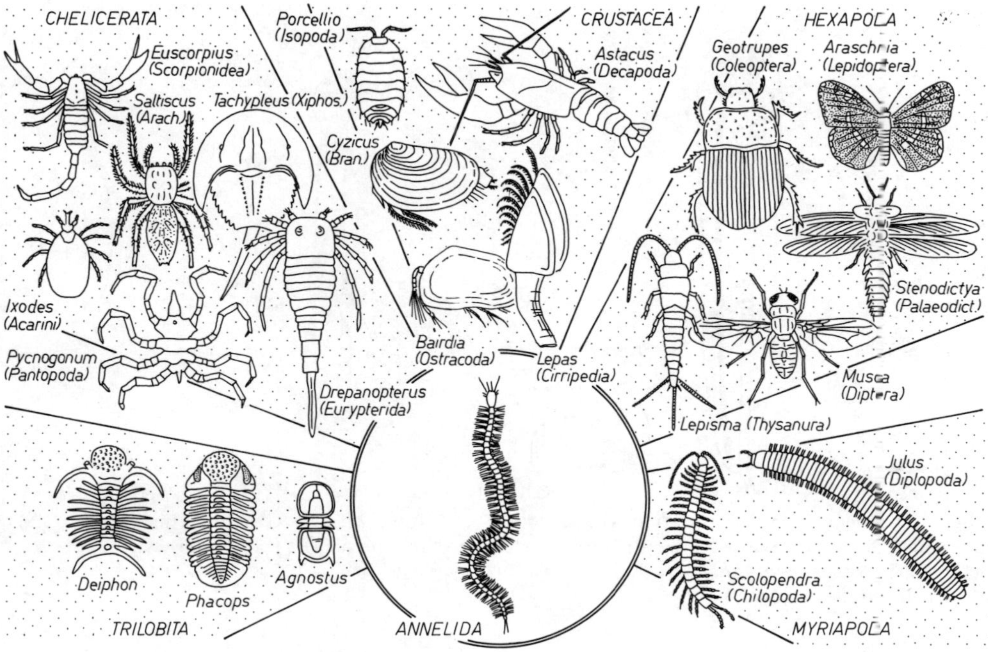

Abb. 21. Die Arthropoda, ihre Hauptgruppen und einige bezeichnende rezente und fossile Vertreter. Vgl. auch Abb. 81.

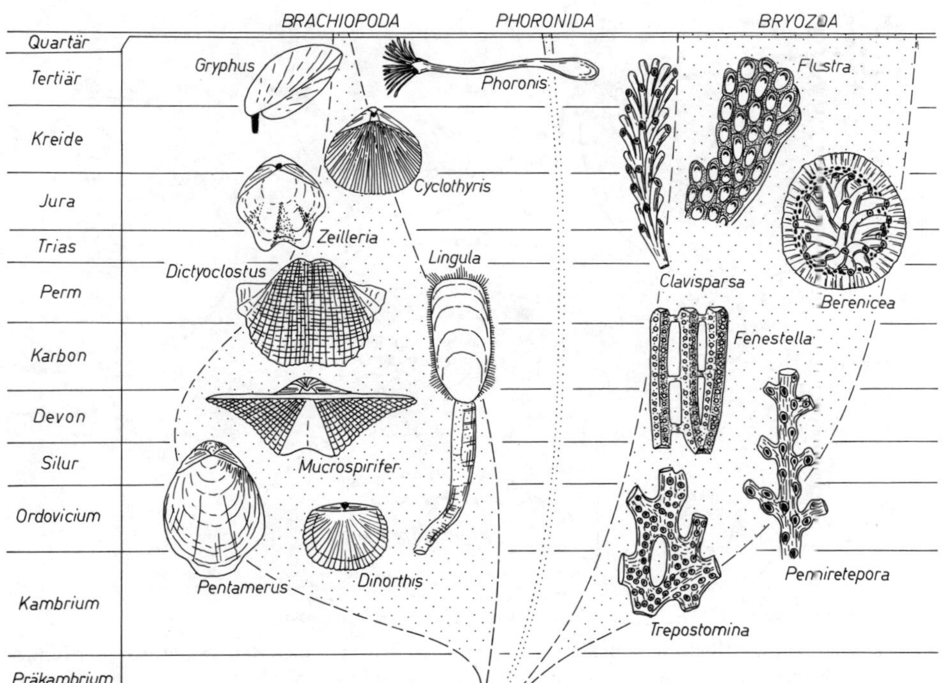

Abb. 22

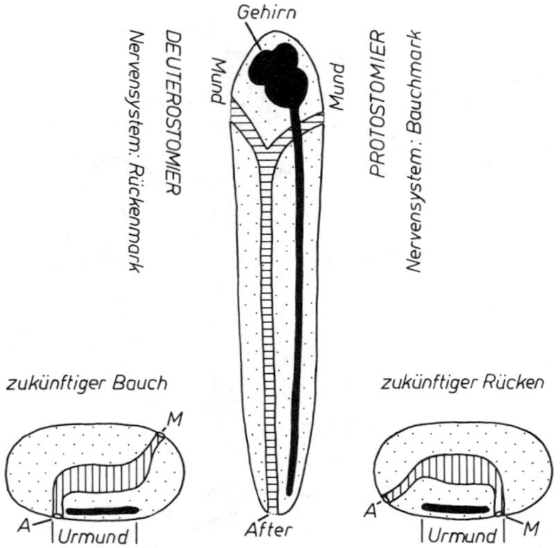

Abb. 23. Schema der Organisation von Protostomiern und Deuterostomiern. Schwarz: Nervensystem. Schraffiert: Verdauungskanal. Nach C. J. VAN DER HORST und A. S. ROMER.

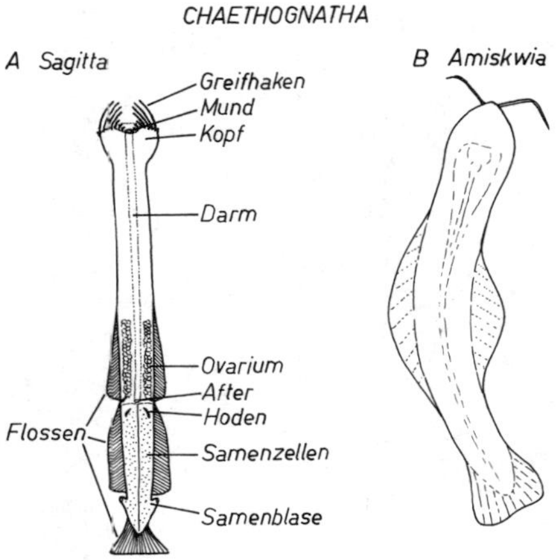

Abb. 24. Die Chaetognatha, rezente (A) und fossile (B: Kambrium) Vertreter.

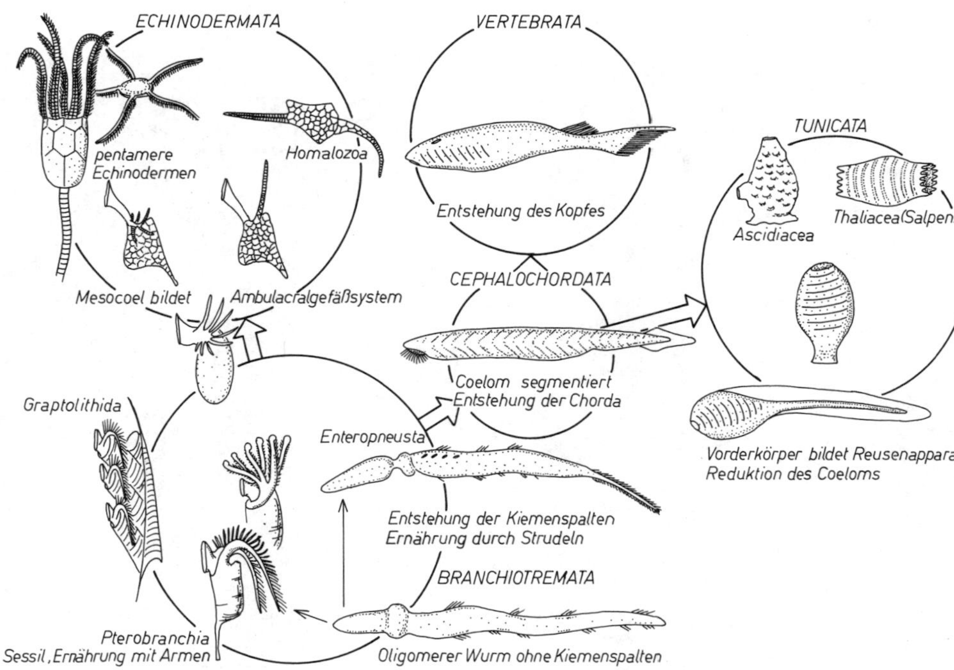

Abb. 25. Stammesgeschichtliche Beziehungen zwischen den Stämmen der Deuterostomier (ohne Chaetognatha). Zugrunde gelegt ist die Theorie der Abstammung der Wirbeltiere von wurmförmigen Vorfahren. Andere Theorien leiten sie von sessilen Formen ab.

Stamm: **Echinodermata** (Stachelhäuter)

Körper i. d. R. fünfstrahlig symmetrisch, jedoch aus bilateralen Larven entstanden. Mesocoel zum fünfstrahligen Ambulakralgefäß-System umgebildet. Skelett vom Mesoblast gebildet, Calcitplatten maschiger Struktur. Rezent 6000 Arten, fossil seit Kambrium (über 1000 Gattungen). Abb. 25, 26, 84.

Stamm: **Chaetognatha** (Pfeilwürmer)

Körper bilateral symmetrisch, wurmförmig, in 3 Abschnitte (Kopf, Rumpf mit Flossen, Schwanz) gegliedert. Kopf mit paarigen Greifhaken. Skelettlos, durchscheinend. Rezent 50 Arten, fossil 1 etwas zweifelhafte Gattung (Kambrium, Burgess-Paß, Kanada). Abb. 24.

6. *Gruppe: Chordata*

Deuterostomier mit ungegliedertem, zelligem Stab (chorda dorsalis), der sich als Stützorgan aus der Dorsalwand des Urdarmes abschnürt. Coelom ursprünglich wenigstens in der dorsalen Körperhälfte segmentiert (bei Tunicaten sekundär reduziert). Vorderdarm primär mit Kiemenspalten. Skelett vom Mesoblast gebildet.

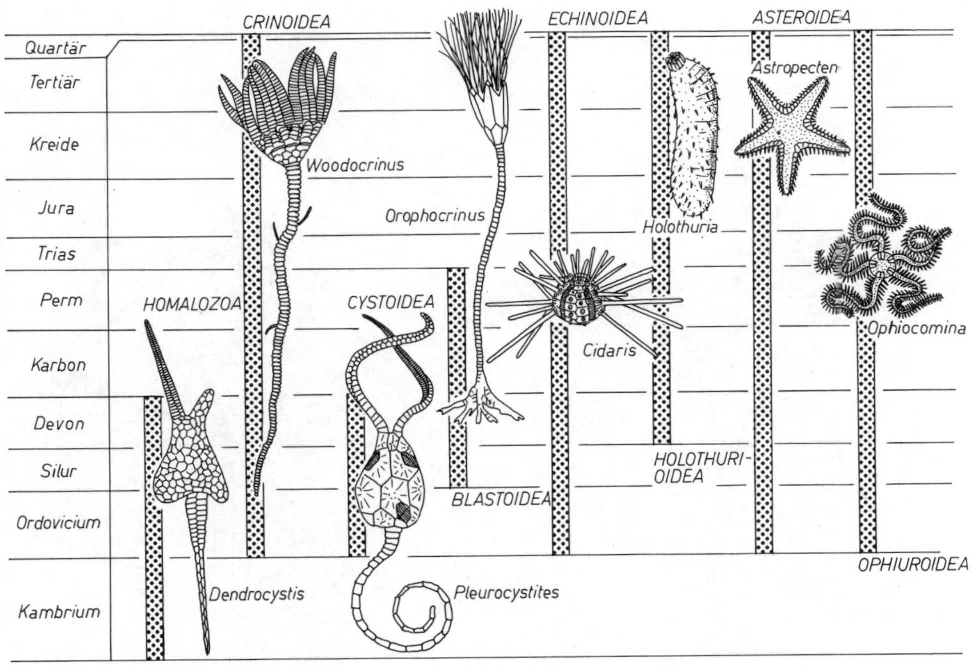

Abb. 26. Die Echinodermata, das erdgeschichtliche Vorkommen ihrer wichtigsten Hauptgruppen und bezeichnende Vertreter. Vgl. auch Abb. 84.

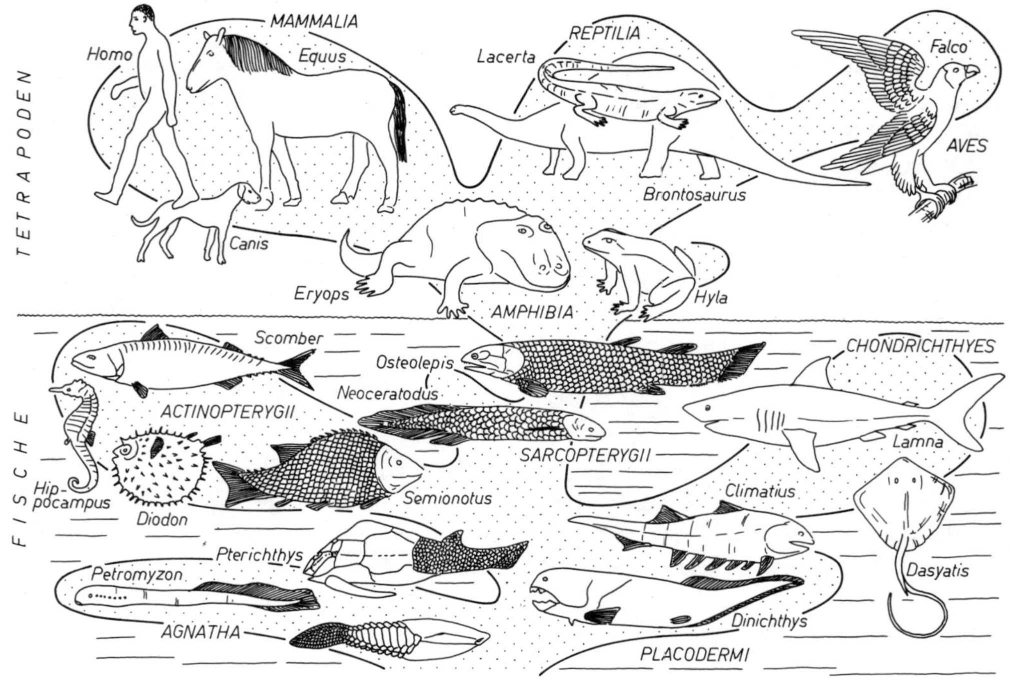

Abb. 27. Die Wirbeltiere, ihre Hauptgruppen und bezeichnende Vertreter. Vgl. auch Abb. 107, 115, 116.

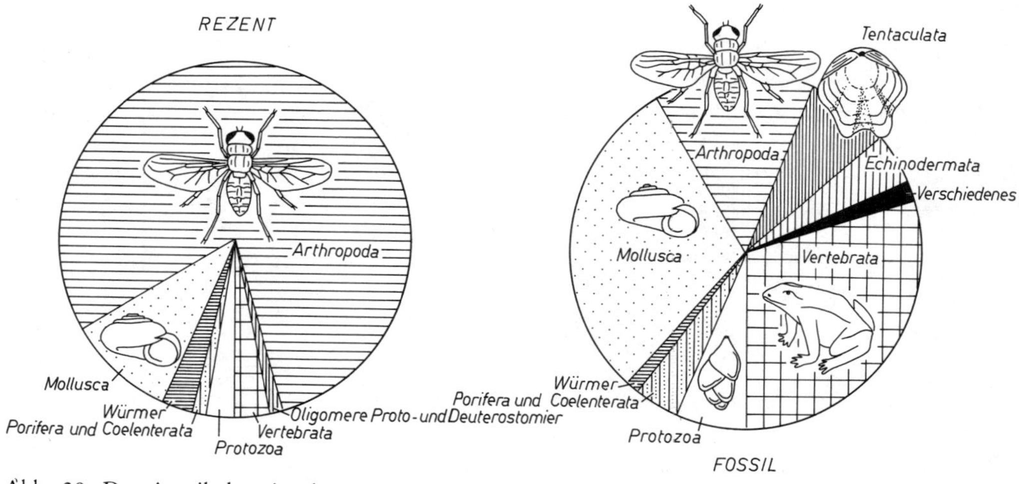

Abb. 28. Der Anteil der einzelnen Stämme am Artenbestand der rezenten Tierwelt und Vergleich mit der Anzahl beschriebener fossiler Gattungen.

Stamm: **Tunicata** (Manteltiere)

Chorda auf hinteren Rumpf-Abschnitt beschränkt, oft nur frühontogenetisch vorhanden. Coelom bis auf Herzbeutel reduziert. Hautepithel sondert Gallerte oder zellige, zellulosehaltige Tunica („Mantel") ab. Skelettlos (nur selten Kalkkörperchen im Mesoblast). Rezent 1600 Arten, fossil fragliche Kalkkörperchen seit Jura. Abb. 25.

Stamm: **Cephalochordata** (Acrania)

Chorda zeitlebens in ganzer Länge des Körpers. Schädel, Wirbelsäule und Extremitäten fehlen. Kein Herz. Epidermis einschichtig. Nur rezent bekannt (30 Arten). Hierher gehört *Branchiostoma (=Amphioxus)*. Abb. 25.

Stamm: **Vertebrata** (Wirbeltiere)

Chorda in unterschiedlichem Ausmaß durch segmentierte Wirbelsäule verdrängt. Mit Schädel, Herz und i. d. R. paarigen Extremitäten. Epidermis mehrschichtig. Rezent mit ca. 44000 Arten einer der wichtigsten Stämme (Agnatha mit den Ostracodermen des Paläozoikums und den rezenten Cyclostomen; Fische mit den Placodermen, Chondrichthyes, Sarcopterygii und Actinopterygii; Amphibien; Reptilien; Vögel; Säugetiere; Mensch). Fossil seit Ordovicium nachgewiesen (über 5000 Gattungen). Abb. 27, 107, 115, 116.

Weiterführende Literatur:
E. Boureau (1964 ff.), D. von Denffer (1971), O. F. Geyer (1973), P. P. Grassé (1948 ff.), A. Kaestner (1965—67), R. C. Moore (1952 ff.), J. Piveteau (1952—69).

Fossilisation

Fossilien verdanken ihre Existenz einer Lücke im Haushalt der Natur. Normalerweise sind alle von der Natur verwendeten Stoffe in einem Kreislauf (Abb. 29). Fossilisation, d. h. Übertritt eines Körpers aus der Biosphäre in die Lithosphäre, ist nur möglich, wenn der Kreislauf unterbrochen wird.

Innerhalb der Fossilisationslehre sind drei Teilbereiche wichtig: die nekrotischen Vorgänge, die Biostratonomie und die Fossildiagenese.

Die nekrotischen Vorgänge

Unter nekrotischen Vorgängen versteht man den Tod, seine Ursache und seinen Verlauf. In der freien Natur sterben nur die wenigsten Organismen den einfachen Alterstod. Weitaus mehr Individuen gehen vorzeitig zugrunde (Abb. 31). Ursachen können sein: Ersticken, Verhungern, Verdursten, Lichtmangel, starke Druck- und Temperaturänderungen, Vergiftung, Parasitenbefall, Krankheiten, Verletzungen, Gefressenwerden.

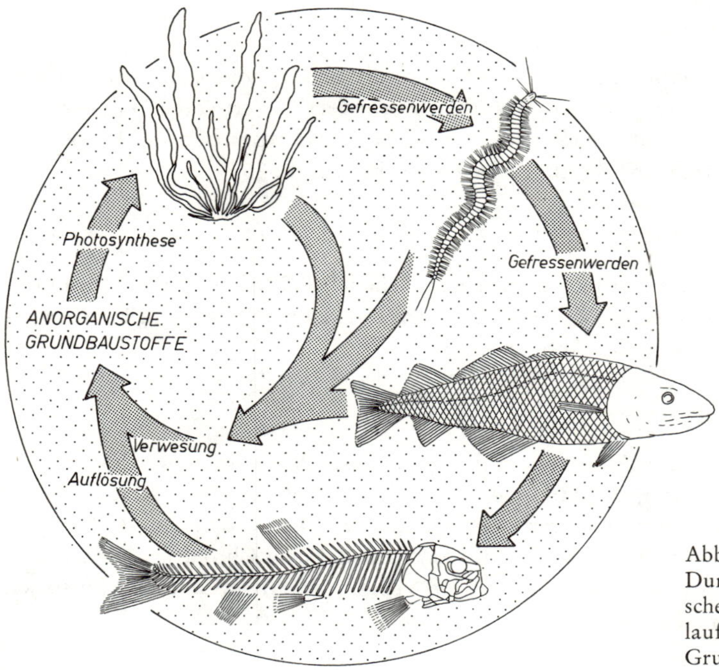

Abb. 29. Kreislauf der Stoffe. Durch Zersetzung der organischen Materie endet der Kreislauf bei den anorganischen Grundbaustoffen.

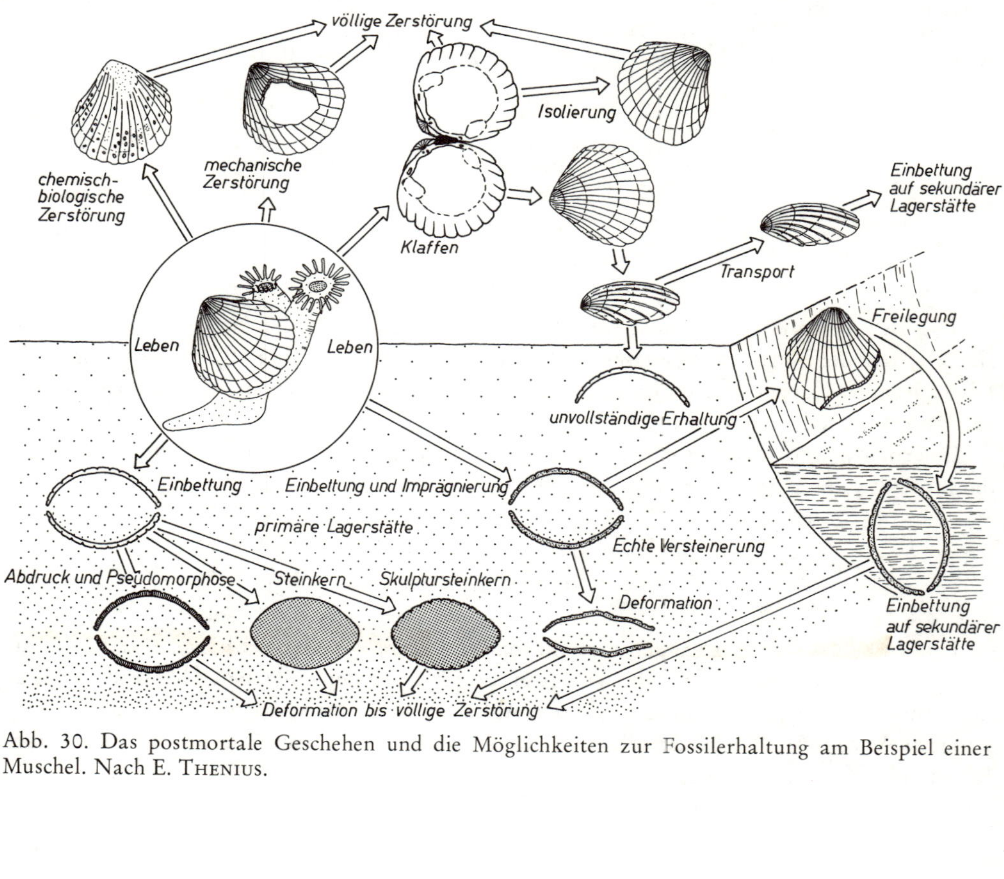

Abb. 30. Das postmortale Geschehen und die Möglichkeiten zur Fossilerhaltung am Beispiel einer Muschel. Nach E. Thenius.

Am fossilen Objekt sind die Todesursachen nur selten festzustellen. Beispiele sind: Festkleben im Harz des Bernsteins; Versinken im Asphalt (Pleistozän von Rancho la Brea, Kalifornien) oder Erdwachs (Pleistozän von Starunia, Westukraine); Gefressenwerden beim Nachweis im Mageninhalt in Gewöllen oder Koprolithen. Dazu kommt, daß der Tod durch Zusammentreten der verschiedensten Ursachen bewirkt werden kann, so beim Überschüttetwerden mit Sediment durch Verhungern, Ersticken oder Erdrücktwerden.

Massenvorkommen von Fossilien werden oft durch Massentod erklärt. Massensterben kommt in der Gegenwart durch Verseuchung des Wassers mit Phytoplankton-Giften, durch Verarmung an Sauerstoff (Erwärmung in tropischen Lagunen, Aufstieg H_2S-haltiger Wässer, langdauernde Eisbedeckung) oder durch besonders strenge Fröste vor. Die rezenten Befunde dürfen indessen nur mit Vorsicht auf Fossilvorkommen übertragen werden.

Vom Todeskampf sind nur ganz vereinzelt Spuren überliefert. Häufiger ist die Todesstellung nachzuweisen, die durch krampfartige Muskelkontraktionen bewirkt wird. Auch die postmortale Todesstarre kann eine Verkürzung von Bändern und Sehnen hervorrufen (Rückkrümmung des Halses bei Wirbeltieren).

Biostratonomie

Die Biostratonomie ist die Lehre vom Schicksal eines organischen Körpers vom Tod bis zur Einbettung.

1. Die organische Substanz

Die wichtigsten organischen Substanzen sind Eiweiß, Fett und Kohlehydrate. Nach dem Tode beginnt die Zersetzung des Weichkörpers. Man versteht darunter chemische und bakterielle Umsetzungen, die an der organischen Substanz vom Augenblick des Todes an eintreten. Sie kann auf zweierlei Weise geschehen.

In Gegenwart von Wasser und Sauerstoff erfolgt Verwesung. Dabei wird die organische Substanz bis auf einfachste anorganische Verbindungen abgebaut. In Gegenwart von Wasser und bei Fehlen von Sauerstoff tritt Fäulnis ein. Hierbei verwerten anaerobe Bakterien die organische Substanz. Die Ausgangsmoleküle werden aufgespalten; ein Teil wird für den Stoffwechsel verbraucht; der Rest wird zu hochmolekularen Kohlenwasserstoff-Gemischen synthetisiert. Es kann Faulschlamm entstehen, dessen organische Substanzen sich unter Druck und erhöhter Temperatur in Bitumen, Erdöl und Erdgas umwandeln. Bei der Fäulnis können also fossil erhaltungsfähige organische Stoffe entstehen. Nur die Fäulnis ist ein Fossilisationsprozeß, nicht jedoch die Verwesung.

Echte Weichteil-Erhaltung kann unter folgenden Bedingungen zustande kommen: Entziehen jeglicher Feuchtigkeit in aridem Klima oder durch Anwesenheit hygroskopischer Stoffe (es entstehen echte Mumien); Gefrieren (Mammut im Dauerfrostboden Sibiriens); Einbettung in abdichtenden, Wasser und Sauerstoff fernhaltenden Medien (z. B. Harzen wie Bernstein, Asphalt- und Erdwachslagern, syngenetisch entstehenden Kieselkonkretionen).

Oft werden während verzögerter Zersetzung von Weichteilen mineralische oder halbstabile organische Substanzen infiltriert, welche die Struktur der Weichteile bis in Einzelheiten abbilden (Hauterhaltung von Sauriern, Weichteilstrukturen im Eozän des Geiseltales bei Halle).

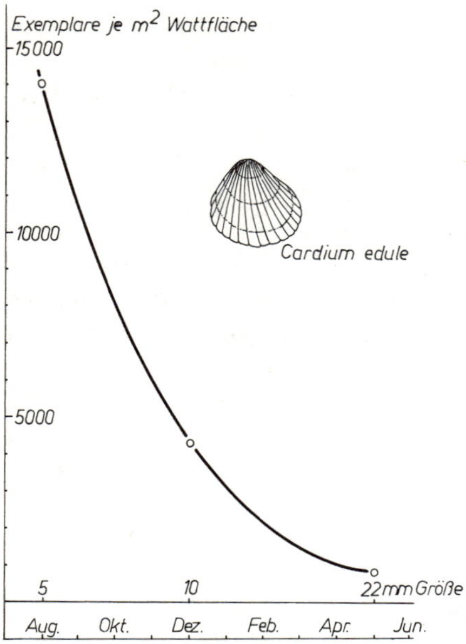

Abb. 31. Mortalität der Jugendstadien am Beispiel der Muschel *Cardium edule* aus dem Nordsee-Watt.

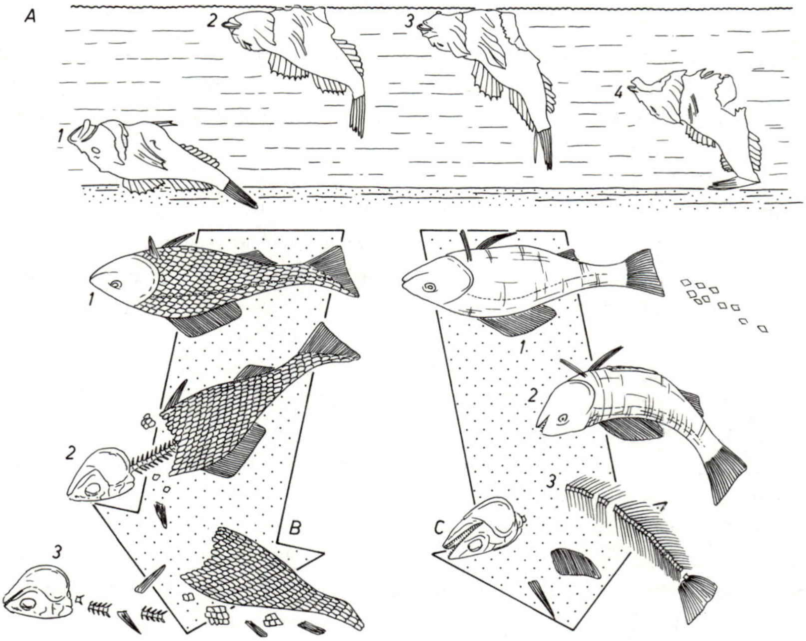

Abb. 32. Postmortales Geschehen bei Fischen. A: Aufschwimmen und Absinken einer Leiche (nach W. SCHÄFER). B: Zerfallsstadien einer treibenden Leiche mit kräftigem Schuppenpanzer. C: Zerfallsstadien einer treibenden Leiche ohne kräftigen Schuppenpanzer.

2. Die Hartteile

Das Organismenreich verwendet nur wenige Grundbausteine für schützende und stützende Hartgebilde. Die gebräuchlichsten sind Kalk (Calcit, Aragonit), Calciumphosphat, Skelettopal, Chitin und Zellulose. Zuweilen verkitten Organismen Fremdkörper mit organischen oder anorganischen Sekreten (Agglutinieren).

Calcit ($CaCO_3$; ditrigonal-skalenoëdrisch) wird verwendet von Archaeocyathiden, Oktokorallen, Bryozoen, Brachiopoden, Anneliden (Polychaeta: Sedentaria), manchen Muscheln (Pectiniden, Limiden, Ostreiden), manchen Cephalopoden (Kiefer von Nautiliden, Aptychen von Ammoniten, Rostren von Belemniten), manchen Krebsen (Balaniden, Ostracoden), Echinodermen und Rotalgen (Lithothamnien, Solenoporaceen). Im Calcit kann $MgCO_3$ isomorph eingelagert sein. Sein Anteil steigt mit der Wassertemperatur. Die Fällung von Calcit ist in warmem und flachem Wasser erleichtert, aber keinesfalls darauf beschränkt. Seine Löslichkeit ist gering (in reinem Wasser 14 mg/l, in CO_2-gesättigtem Wasser 1 g/l). In saurem Milieu ist Calcit nicht, in alkalischem gut beständig. In rezenten Meeren ist Kalklösung besonders in kalten Tiefenwässern verbreitet. Innerhalb der Sedimente wird sie durch Wasserzirkulation bei groben Porenräumen begünstigt.

Aragonit ($CaCO_3$; rhombisch) kennt man von Hydrozoen, Hexakorallen, Gastropoden, den meisten Muscheln und Cephalopoden-Schalen sowie Grünalgen. Er ist im marinen Milieu stabil; im Süßwasser wandelt er sich unter normalem Druck und normaler Temperatur allmählich in Calcit um. Seine Löslichkeit ist etwa 10 % höher als die des Calcits.

Calciumphosphat ($Ca_5(OH)(PO_4)_3$) ist bei Wirbeltieren wichtig (Knochensubstanz) und kommt außerdem bei manchen Brachiopoden und Arthropoden (Trilobiten, Crustaceen) vor. Seine Löslichkeit ist in neutralem Milieu gering (0,01 g/l). Er ist in schwach alkalischem und schwach saurem Milieu gut beständig (wichtig für die Präparation). In stärkeren Säuren oder bei längerem Aufenthalt in saurem Milieu (Moor) löst sich Calciumphosphat auf. Knochen werden dann weich und biegsam, ehe sie völlig zersetzt werden.

Kieselsäure (wasserhaltiger, amorpher Skelett-Opal; SiO_2) tritt bei Radiolarien, Kieselschwämmen, Diatomeen und manchen Flagellaten auf. Sie ist in Wasser schwach löslich (in gemäßigten Breiten führt Flußwasser etwa 10 mg/l, in den Tropen etwa 30 mg/l), in Säuren (außer Flußsäure) beständig, in alkalischem Milieu langsam löslich.

Chitin (ein stickstoffhaltiges Polysaccharid) kommt u. a. bei Algen, Pilzen, Flechten, Cnidariern, Priapuliden, Mollusken, Anneliden, Onychophoren, Pentastomiden, Arthropoden, Tentaculaten vor und bildet Skelette bei Arthropoden (Trilobiten, Crustaceen, Insekten usw.), Graptolithen und manchen Brachiopoden. Es unterliegt den Zerfalls-Bedingungen organischer Stoffe, ist jedoch wesentlich resistenter. Weitere organische Skelett-Baustoffe sind die Gerüst-Eiweiße. Von ihnen spielen Spongin (bei manchen Schwämmen) und Keratin (Horn bei Haaren, Schuppen, Federn und Klauen von Wirbeltieren) eine Rolle.

Zellulose bildet die Zellwände der Pflanzen, verleiht ihnen dadurch eine gewisse Stabilität und kommt auch bei Tunicaten vor. Bei Luftzutritt, d. h. bei normaler Verwesung, wird Zellulose zu Wasser und CO_2 verbrannt. Lignin (ein Benzolderivat) stellt einen wichtigen Stützbaustoff des Holzes der Pteridophyten und Spermatophyten dar.

Die Zersetzung der Weichteile beeinflußt die Erhaltung von Hartteilen. Entstehende Gase wie CO_2, H_2S oder NH_3 können Säuren (H_2CO_3, H_2SO_4) oder Basen (NH_4OH) bilden.

Durch sie werden Kalk, Calciumphosphat oder Skelett-Opal angegriffen oder sogar aufgelöst.

3. Zerfall der Hartteile

Gegliederte Skelette, deren Elemente durch organische Substanz zusammengehalten werden, zerfallen nach dem Tode der Organismen in Einzelteile. Die Abfolge richtet sich nach der Organisation.

a) Wirbellose

Bei Muscheln öffnet das Ligament durch postmortales Erschlaffen der Schließmuskeln die Klappen, die auseinander spreizen. Während die Weichteile rasch zersetzt werden, braucht die Auflösung des Ligamentes länger. Erst dann trennen sich die beiden Klappen und können bei der weiteren Fossilisation verschiedene Wege gehen.

Viele Ammoniten besitzen als Deckelorgan einen Aptychus. Während der Weichteil-Zersetzung bei aufrechter Stellung der Schale rutscht er in den tiefsten Bereich der Wohnkammer, wo er oft überliefert ist. Erst spät trennen sich zweiklappige Aptychen in der Symphyse.

Die Trilobiten besitzen wie die meisten Arthropoden einen vielteiligen Panzer, der nach dem Tode zerfällt. Die Trennungsfugen entsprechen im Leben den Häutungsnähten. Deshalb ist es schwierig, Leichenteile von Häutungsresten zu unterscheiden.

Das Skelett der Echinodermen besteht aus einzelnen Elementen, die selten verwachsen, sondern meist gelenkig verbunden oder durch Fasern und Bänder zusammengehalten sind. Seine Auflösung beginnt dort, wo die Bänder am leichtesten vergänglich sind, d. h. an den distalen Körperteilen (z. B. Armspitzen).

b) Fische (Abb. 32)

Ob eine Fischleiche zur Wasseroberfläche aufsteigt oder auf den Grund sinkt, hängt von der Gasmenge in der Schwimmblase zum Zeitpunkt des Todes ab. Gerät ein absinkender Fisch in sauerstoffarmes Tiefenwasser, so können die Hartteile unzerfallen eingebettet werden. Dasselbe ist beim Anschwemmen an den Strand möglich.

Sonst entwickelt sich in der Leibeshöhle Verwesungsgas. Die Leiche schwimmt auf und treibt rücklings. Kopf und Schwanz hängen abwärts. Später reißt die Leibeshöhle auf; das Gas entweicht allmählich; die Leiche sinkt ab. Sie stößt mit dem Kopf oder dem Schwanz auf und legt sich dann meist auf die Seite.

Fische mit wenig gefestigtem Achsenskelett zerfallen oft schon während des Treibens. Bei Ganoiden mit zusammenhängendem Schuppenpanzer lösen sich zuerst die Otolithen (Ohrsteine) aus dem Fischohr. Dann trennt sich der Schuppenpanzer vom Schädel mit dem Achsenskelett. Das Achsenskelett zerfällt sehr früh. Am Schädel geht die Ablösung des Unterkiefers voran. Die Schuppenpanzer bleiben lange (bei rezenten Ganoiden oft Monate) fast unversehrt; dann zerfetzen sie randlich und lösen sich schließlich ganz auf.

Bei modernen Fischen ohne zusammenhängenden Schuppenpanzer beginnt der Zerfall ebenfalls mit den Otolithen. Zugleich lösen sich schon die Schuppen ab. Nach dem Aufreißen der Bauchdecke wird die Verbindung von Kopf und Rumpf gelockert, oft sogar völlig gelöst. Der Zerfall des Schädels beginnt wie bei den Ganoiden mit dem Unterkiefer, dessen Äste sich in der Symphyse trennen und umklappen. Später lösen sich die Kiefergelenke. Danach werden auch die übrigen Schädelelemente isoliert. Zugleich lockert oder löst sich die Verbindung der Schwanzflosse zur Wirbelsäule; zuletzt zerfällt auch diese in die einzelnen Wirbel und Rippen.

Zerfällt eine Fischleiche während des Treibens, so sinken meist größere Skelett-Abschnitte (Kopf, Rumpf, Schwanzflosse) zusammen zu Boden, wo sie weiter zerfallen. Da die meisten Skelett-Elemente der Fische jedoch außerordentlich vergänglich sind, bleiben oft nur Otolithen, Zähne, Schuppen, Hautzähne oder Flossenstacheln übrig.

c) Reptilien und Säuger (Abb. 33, 34)

Während Fische ein schwaches Integument haben, das die Leiche nur kurze Zeit zusammenhalten kann, ist es bei marinen Reptilien und Säugern viel kräftiger. Außerdem ist die Leibeshöhle groß, und die intensive Gasentwicklung bei der Zersetzung der Weichteile ermöglicht ein langes Triften.

Während des Treibens der Leiche lösen sich die einzelnen Skelett-Elemente in gesetzmäßiger Folge ab, werden ausgestreut und sinken zu Boden. Der Zerfall beginnt mit dem Unterkiefer, den distalen Teilen der Extremitäten und der Schwanzspitze. Danach wird der Zusammenhang des Skelettes in der Magen-Darm-Region gelockert. Anschließend zerfällt der Schädel, und zuletzt löst sich das Rumpfskelett in seine einzelnen Elemente auf.

Komplette Skelette sind entweder an den Strand angespült oder bei Sauerstoff-Armut fossil geworden. Bei stark verzögerter Zersetzung der Weichteile können die Skelette vollständig, jedoch als wirres Haufwerk vorliegen. In völlig anaerobem Milieu bleibt auch der Zusammenhang der Knochen bis zur Einbettung erhalten.

Für terrestrische Reptilien und Säuger gilt dieselbe Zersetzungsfolge. Bei Einbettung in Flüssen oder Seen gleichen die Resultate denen im marinen Bereich. Nur auf dem Lande kann durch Trockenheit und andere subaerische Kräfte Abfolge und Erscheinungsbild der Zersetzung verändert werden.

d) Vögel

Vogelleichen sinken im Wasser nicht unter, sondern treiben. Ihr Federkleid enthält viel Luft, und ihre Knochen beherbergen Luftsäcke. Tote Vögel triften deshalb lange, während sie ihre Skelett-Elemente ausstreuen. Zuerst lösen sich die Flaumfedern, dann die Fußknochen. Darauf trennt sich der Kopf vom Rumpf; er kann mit ihm allerdings noch durch die zähe Luftröhre verbunden bleiben. Später lösen sich die Schwung- und Schwanzfedern aus der verwesenden Knochenhaut; zuletzt zerfällt auch der Rumpf. Nach Beobachtungen an rezenten Möwen können vollständige Vogelskelette nur auf dem Lande oder am Strand erhalten bleiben. Ungeklärt ist, ob dieser Befund auch für alle anderen rezenten und fossilen Vögel gilt.

4. Autochthone Einbettung

Autochthone Einbettung erfolgt am Lebens- bzw. Todesort. Einbettung in Lebensstellung ist bei benthischen Organismen verbreitet (Abb. 35). Gut zu deuten sind auch Organismen, deren Lage im Sediment durch einfaches Umkippen erklärt werden kann (Abb. 36).

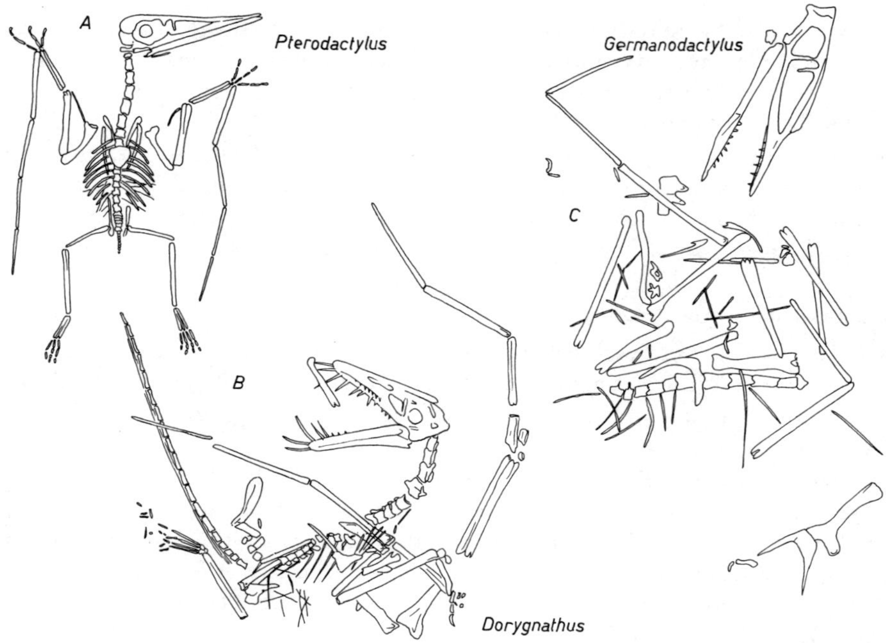

Abb. 33. Postmortaler Zerfall der Hartteile bei Flugsauriern, die in marinem Milieu eingebettet wurden.

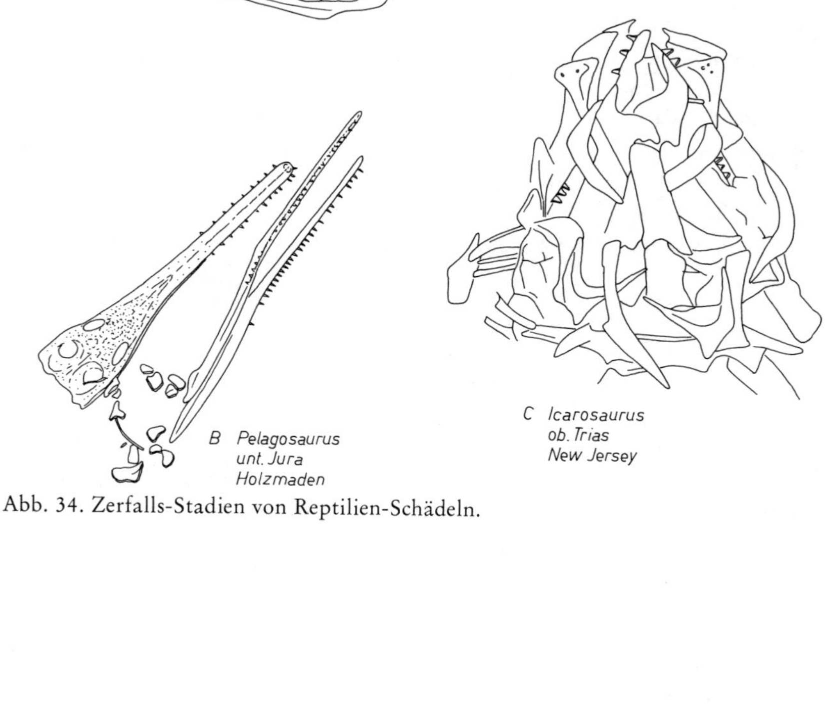

Abb. 34. Zerfalls-Stadien von Reptilien-Schädeln.

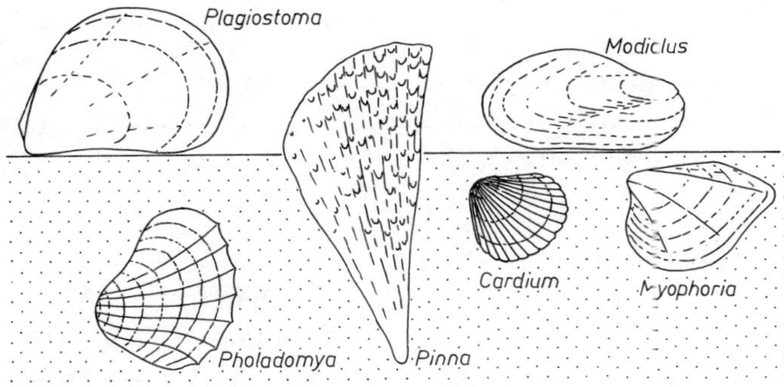

Abb. 35. Autochthone Einbettung von Muscheln in Lebensstellung.

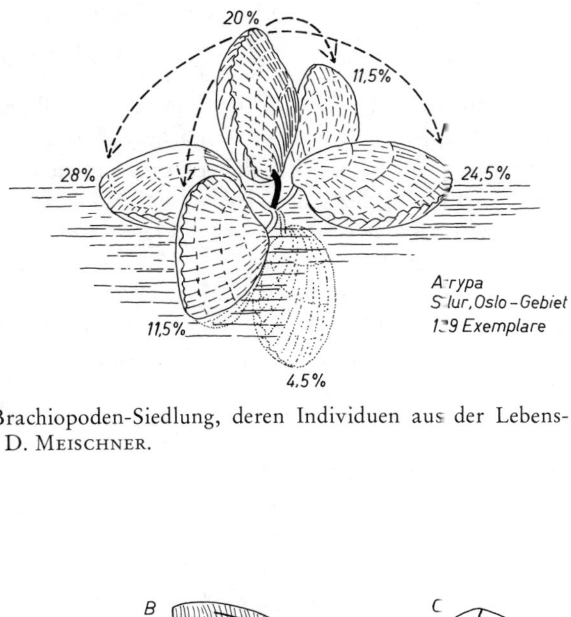

Abb. 36. Autochthone Einbettung einer Brachiopoden-Siedlung, deren Individuen aus der Lebenslage umgekippt sind. Nach A. SEILACHER & D. MEISCHNER.

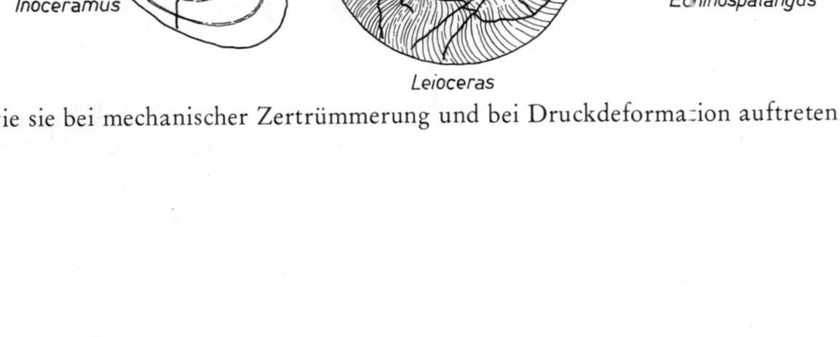

Abb. 37. Bruchfiguren, wie sie bei mechanischer Zertrümmerung und bei Druckdeformation auftreten. Nach A. H. MÜLLER.

5. Allochthone Einbettung

Meist fallen Lebens- bzw. Todesort und Ort der Einbettung nicht zusammen. Zwischen beiden liegt ein Transport. Dabei können die Organismen und ihre Reste beschädigt, sortiert und eingeregelt werden.

a) Mechanische Zerstörung

Werden Organismenreste allein oder mit Sediment transportiert, so können sie beschädigt oder zerstört werden. Grobes Korn (Kies, Geröll) zertrümmert (Abb. 37). In feineren Sedimenten (Sande, Korngröße ca. 0,05—0,5 mm) überwiegt der Abschliff. Außer den Sedimentkörnern sind hierbei auch feine Schalentrümmer beteiligt. Die mechanische Wirkung der Schluff- und Tonfraktion ist gering.

Beim Transport im Inneren bewegter Massen werden Körper allseitig abgeschliffen. Erfolgt er an der Oberfläche des Sedimentes, so werden sie facettiert (= einseitig abgeschliffen). Standfacetten entstehen am verankerten Körper durch einseitige Strömungen. Bei schüsselförmigen Körpern bildet sich im Wirbel zuerst eine Rundlochfacette, dann eine Hufeisenfacette, deren Öffnung der Strömung entgegen zeigt. Lageveränderungen des Körpers oder Wechsel in der Strömungsrichtung erzeugen mehrfache Facettierung. Die Erscheinungen gleichen also denen bei Windkantern. Bei Rollfacetten (Wirbelfacetten, Gezeitenfacetten) rollt und kippt der Körper unter starker Wasserbewegung oder wechselnden Bewegungsverhältnissen. Dadurch werden alle vorspringenden Teile abgeschliffen. Die Abnutzungsformen entsprechen weitgehend denen bei allseitigem Abschliff. Schüsselförmige Körper bilden Rundloch- und Hufeisenfacetten (Abb. 38). Gleitfacetten entstehen, wenn Körper über einen scheuernden Untergrund bewegt und dabei basale Teile abgeschliffen werden.

Außer rein mechanischen Kräften sind an der Zertrümmerung und Zerlegung von Skelett-Teilen auch Organismen beteiligt. Bohrende Mikro-Organismen (Algen, Pilze), Muscheln, Schwämme und andere Tiere schwächen das Skelett-Gefüge. An der biogenen Zerkleinerung hat ferner der Tierfraß erheblichen Anteil.

b) Schwebfähigkeit (Abb. 39)

Bei Körpern ohne eigenen Auftrieb ist die Schwebfähigkeit für das weitere Schicksal wichtig. Ihre Kennzahl S wird nach der Formel $S = \frac{O}{4G}$ berechnet (O = Oberfläche in mm^2, G = Gewicht in g). Je größer S ist, desto leichter ist ein Transport möglich. Formen mit hoher Schwebfähigkeit werden in der turbulenten Zone über dem Sediment, solche mit geringer Schwebfähigkeit mit ihm transportiert. Daraus folgt eine unterschiedliche Beanspruchung.

Völlig anders liegen die Verhältnisse bei Körpern mit eigenem Auftrieb. Sie schwimmen oder schweben so lange, bis sie entweder an den Strand gespült werden oder bis die Ursache ihre Auftriebs (Gase, Luftkammern, Fett-Tröpfchen) verschwunden ist.

c) Frachtsonderung

Während des Transports werden organische Reste nach der Schwebfähigkeit, d. h. nach Größe, Schwere und Form, und nach der Widerstandsfähigkeit sortiert. Die robustesten

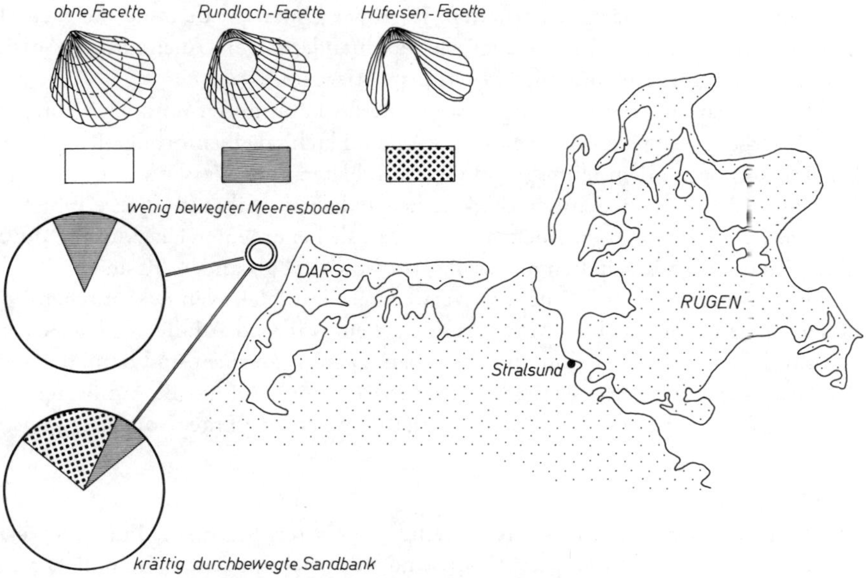

Abb. 38. Facetten und ihre Verteilung in Faziesräumen mit unterschiedlich starker Wasserbewegung im Gebiet des Darß (westliche Ostsee). Daten nach A. F. Tauber.

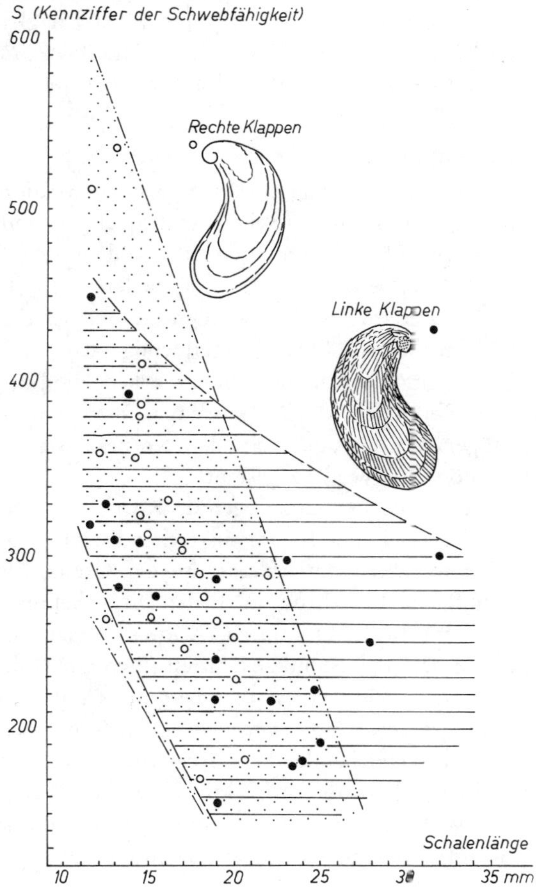

Abb. 39. Die Schwebfähigkeit und ihre Variation bei der jurassischen Muschel *Exogyra virgula*.

Elemente bleiben am längsten erhalten. Je größer Unterschiede in der Schwebfähigkeit sind, desto weiter können die Einbettungsorte auseinander liegen. Auch aus der Sortierungskurve ist abzulesen, ob Reste kurz oder weit transportiert sind.

Die Schwebfähigkeit eines organischen Restes kann durch randliche Vorsprünge, die als Anker wirken, weitgehend aufgehoben werden. Flach scheibenförmige Körper (z. B. Schnekken-Deckel) liegen dem Untergrund dicht an, bieten dem Wasser kaum Angriffsflächen und können trotz größerer Schwebfähigkeit liegenbleiben, während andere Objekte verfrachtet werden. Fallen sie indessen trocken, so werden sie bei erneuter Überflutung durch die Oberflächenspannung festgehalten und weiter transportiert als andere Reste.

Die Frachtsonderung ist nicht zu verwechseln mit selektiven nekrotischen Vorgängen. So können Jugendstadien einer Art zugrunde gehen, während Adulte gegenüber den schädigenden Einflüssen resistenter sind und überleben. Die Organismen sind dann nur scheinbar nach der Größe sortiert. Auch selektive diagenetische Vorgänge (z. B. Auflösung von Aragonit-Schalen und Übrigbleiben von Calcitschalen) können eine Frachtsonderung vortäuschen.

d) Einregelung

Die Bewegungsverhältnisse eines Mediums (Wasser, Sediment, Luft, Eis) übertragen sich auf Körper, die in ihm eingeschlossen sind oder sich an seiner Grenzfläche befinden. Die gerichtete Bewegung des Mediums führt zur gleichsinnigen Orientierung der eingeschlossenen Körper, d. h. zur Einregelung. Die Bewegung um eine waagrechte Achse heißt Einkippung, um eine senkrechte Achse Einsteuerung.

e) Einkippung

Bewegliche Körper im Inneren eines Mediums werden frei eingekippt, wenn sie unter alleinigem Einfluß von Schwerkraft, Auftrieb und Formwiderstand steigen oder fallen. Schüsselförmige Körper werden dabei gewölbt-unten eingeregelt. Dies geschieht z. B. dann, wenn Muschelklappen frei im Wasser niedersinken (Lösen von Tang oder Treibholz), wenn sie vom Grund aufgewirbelt wurden und wieder niedersinken oder wenn sie hinter Stillwasserfallen absinken. Werden kegelförmige Körper (Schnecken) frei eingekippt, so zeigt beim Überwiegen des Auftriebs (Steigmarken) die Basis nach oben, beim Überwiegen der Schwerkraft (Sinkmarken) die Basis nach unten, vorausgesetzt, daß das Medium (Schlamm) eine genügende Konsistenz hat, den Körper festzuhalten, und daß eine genügende Fall- oder Steighöhe zur Verfügung steht.

Wenn sich der einzuregelnde Körper an der Grenzfläche zweier Medien befindet und seitlich angreifende Kräfte ausreichend stark sind, so wird er gehemmt eingekippt. Hemmend wirkt stets eines der Medien, an der Grenzfläche Wasser-Sediment das Sediment, an der Grenzfläche Luft-Erde die Erde. Die gehemmte Einkippung spielt in der Biostratonomie eine große Rolle. Organische Körper werden durch die Hemmung so gedreht und gekippt, daß sie den angreifenden Kräften (Strömung) den geringsten Widerstand bieten. An schüsselförmigen Körpern ist dies besonders gut zu studieren (Abb. 40). Für sie gilt die Einkippungsregel: „Auf wasserbedecktem Grund werden Körper von gewöhnlicher Schüsselgestalt bei ausreichender Wasserbewegung gewölbt-oben eingebettet". Gehemmt eingekippte Körper geben also wichtige Hinweise auf das ursprüngliche Oben und Unten.

Ausnahmen von der Einkippungsregel sind häufig. Sie treten auf bei freier Einkippung: gewölbt-unten; bei Behinderung infolge dichter Packung (z. B. im Spülsaum): meist regel-

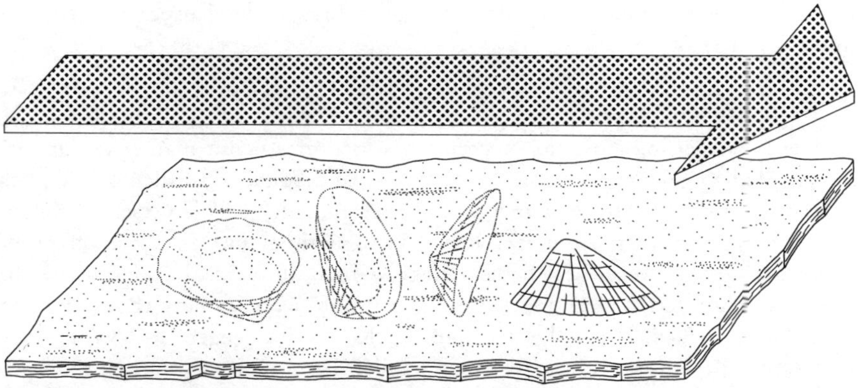

Abb. 40. Die gehemmte Einkippung schüsselförmiger Körper am Beispiel der rezenten Napfschnecke *Patella*.

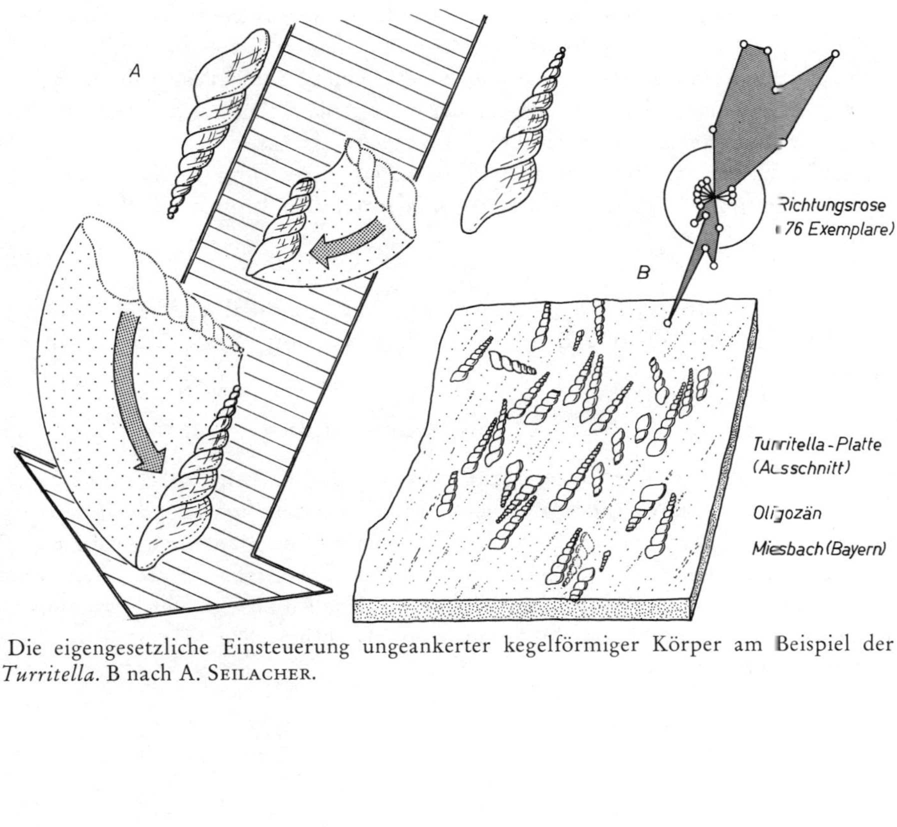

Abb. 41. Die eigengesetzliche Einsteuerung ungeankerter kegelförmiger Körper am Beispiel der Schnecke *Turritella*. B nach A. Seilacher.

los; sowie bei Behinderung infolge Unregelmäßigkeit des Körpers: regellos oder gewölbt-unten.

f) Einsteuerung (Abb. 41—43)

Die Einsteuerung ganz im Inneren eines Mediums nennt man freie, an der Grenzfläche zweier Medien gehemmte Einsteuerung. Sie wird besonders deutlich bei länglichen Körpern. Am besten sind Objekte zur Untersuchung geeignet, deren Pole verschieden gestaltet sind.

Bei der gehemmten eigengesetzlichen Einsteuerung sind die Objekte frei beweglich. Sie rollen am Grund. Kegel in beliebiger Lage werden durch strömendes Wasser bewegt, bis sie ihm den geringsten Widerstand leisten. Der größte Kegelumfang (Basis) legt dabei den weitesten Weg zurück. Die Folge ist, daß die Kegelspitze gegen den Strom weist (Längseinsteuerung). Rollen die Körper bei wechselnder Stromrichtung ständig hin und her, so werden sie quer eingesteuert. Spindeln oder Walzen rollen in jedem Fall quer zum Strom, da ihr Umfang in der Mitte am größten ist. Die Einsteuerung der beweglichsten Gehäuse erfordert Stromgeschwindigkeiten um 15 cm/sec, diejenige großer, schwerer oder kräftig skulptierter Körper über 40 cm/sec.

Die gehemmt geankerte Einsteuerung erfolgt dann, wenn ein Objekt mit einem Vorsprung festgelegt ist und die übrigen Körperteile um diesen Anker schwoien. Sie geschieht stets so, daß der Anker gegen den Strom zeigt. Kegel weisen dann i. d. R. mit der Spitze mit dem Strom. Ein Körper kann auch ohne behindernde Fortsätze gehemmt geankert eingesteuert werden, sofern er teilweise aus dem Wasser herausragt oder der Untergrund keine freie Bewegung erlaubt.

Die Einsteuerung länglicher Körper läßt sich mit Hilfe der Richtungsrose analysieren. Propellerförmig symmetrische Richtungsrosen bedeuten Quereinsteuerung. Quer eingesteuerte kegelförmige Körper sind bei ständig wechselnden Bewegungsverhältnissen, solche von Spindelform auch in gerichtet strömendem Medium abgelagert. Überwiegend einstrahlige Richtungsrosen bedeuten Längseinsteuerung und gerichtet strömendes Medium. Bei geankerten Körpern zeigt der Anker stets gegen, der vom Anker abgewandte Teil mit dem Strom. Nicht geankerte Kegel weisen mit ihrer Spitze gegen den Strom.

Neben die mechanische tritt die biogene Längseinsteuerung. Bei ihr richten lebende Organismen bestimmte Körperteile stets gegen oder mit dem Strom aus (vgl. S. 155).

g) Marken

Marken sind Strukturen, die dem Sediment durch physikalische Kräfte und leblose Körper aufgeprägt werden. Ihre Erzeuger sind i. d. R. anorganische Körper, selten tote oder leblose Organismen.

6. Fossil-Gemeinschaften

Eine Biozönose ist eine Gemeinschaft lebender Organismen (vgl. S. 182). Es ist undenkbar, daß sie fossil unverändert überliefert ist. Gemeinschaften abgestorbener Organismen, die zusammen lebten und am Lebensort (autochthon) erhalten sind, nennt man Thanatozönosen (Totengemeinschaften). Unter Taphozönosen (Grabgemeinschaften) versteht man Gemeinschaften toter Organismen, die aus verschiedenen Lebensbereichen stammen. Sie sind gemischt allochthon und autochthon oder rein allochthon. Die meisten Fossil-Gemeinschaften sind Taphozönosen.

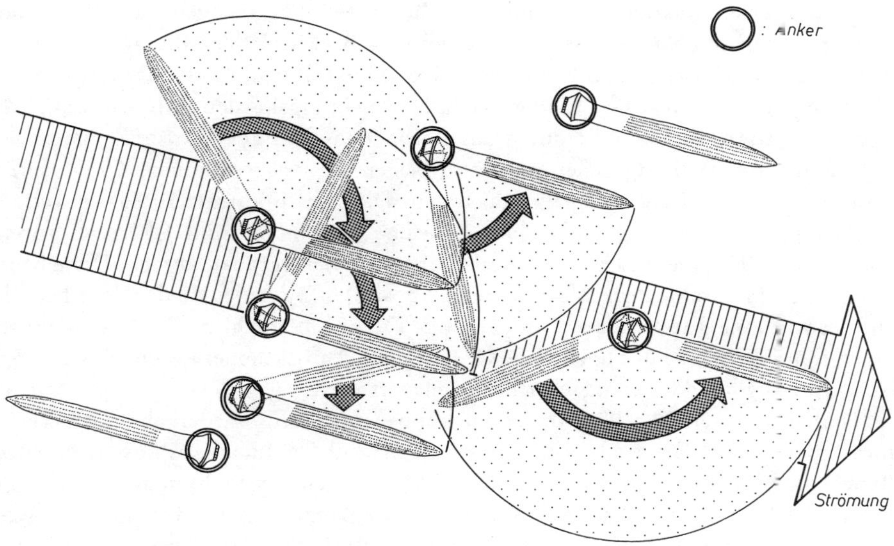

Abb. 42. Die Einsteuerung geankerter kegelförmiger Körper am Beispiel von Seeigel-Stacheln.

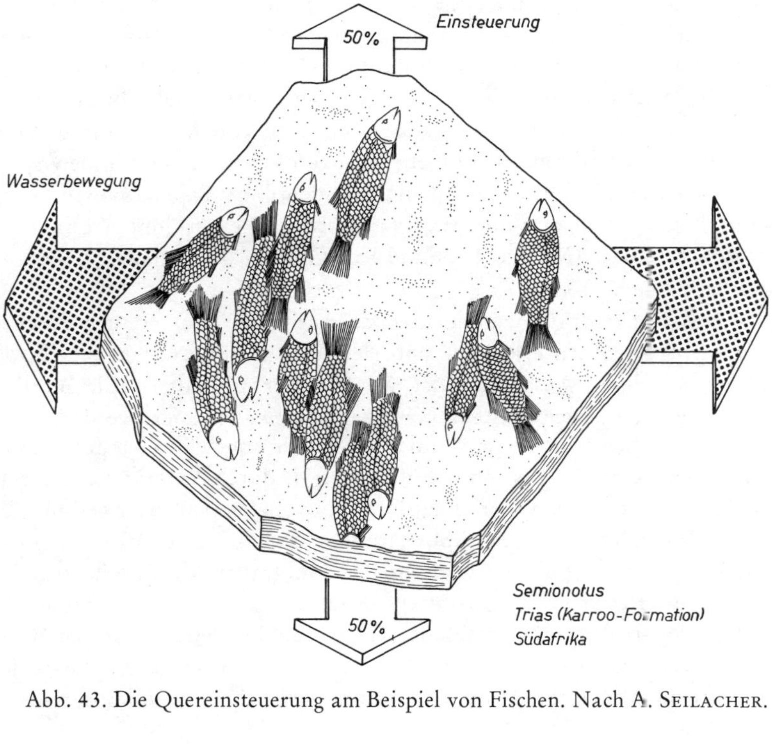

Abb. 43. Die Quereinsteuerung am Beispiel von Fischen. Nach A. SEILACHER.

Fossil-Gemeinschaften sind immer im Zusammenhang mit dem Sediment erhalten. Berücksichtigt man auch sein Gefüge, so ergeben sich verschiedene Biofazies-Typen (Abb. 44, 45). In der vital-astraten Biofazies war eine einzige Biozönose (heute als Thanatozönose) über längere Zeit hinweg beständig. Sie baut schichtungslos den Sedimentkomplex auf. Die vital-pantostrate Biofazies ist durch das Vorhandensein autochthoner Thanatozönosen und vollständiger Schichtung gekennzeichnet. Neben die ortsbeständigen Organismen können Reste ortsfremder Tiere und Pflanzen treten. Die vital-lipostrate Biofazies weist viele Anzeichen von Umlagerung und Schichtenverlust auf. In ihr sind Überreste von Thanatozönosen erhalten, die durch allochthone Taphozönosen ergänzt werden. Dieselben sedimentologischen Merkmale kehren bei der letal-lipostraten Biofazies wieder. Ihre Fossilien bilden eine allochthone Taphozönose. Autochthone Organismen fehlen. Die letal-pantostrate Biofazies führt ebenfalls nur allochthone Organismen. Autochthones Leben fehlt. Die Schichtung ist vollständig, da das Sediment nicht umgelagert wird.

Thanatozönosen und Taphozönosen können in häufig wiederkehrenden Erscheinungsformen auftreten. Die wichtigsten unter ihnen sind Schillbänke, Pflaster, Lesedecken und Bonebeds (Abb. 46). Unter einer Schillbank (Lumachelle) versteht man eine Ablagerung von Skelettresten (meist Schalen). Schill besteht aus unzerbrochenen, Bruchschill aus zerbrochenen Resten. Schillbänke sind meist allochthone Taphozönosen. Verbreitet sind sie am Ufer oder Strand als Spülsaum, in Prielen, vor Flußmündungen, auf submarinen Großrücken und auf Großrippeln. Schill kann auch durch die Wühltätigkeit sedimentbewohnender Organismen am Grund der Wühlbauten angehäuft werden. In diesem Fall ist er autochthon.

Pflaster sind flächenhafte Anreicherungen von Schalen. Bei Streupflastern ist die Belegungsdichte gering; bei Vollpflastern sind die Reste dicht gepackt. Pflaster bilden sich im Spülbereich als allochthone Taphozönosen oder durch Ausspülung autochthoner Siedlungen. Stets gilt bei ihnen die Einkippungsregel „gewölbt-oben". Lesedecken sind Pflaster, deren Komponenten unter dem Einfluß von Strömungen nach Form und Größe sortiert sind. Verbreitet ist eine Längseinregelung der Körper (z.B. „Belemniten-Schlachtfelder").

Bonebeds sind flächenhafte Anreicherungen von Knochen und Zähnen. Sie sind immer allochthon und führen oft weitgehend abgerollte Reste. Neben den Spaltenfüllungen in verkarsteten Gebieten, in denen ebenfalls allochthone Taphozönosen vorkommen, sind sie die verbreitetsten reichen Wirbeltier-Fundstätten. Die berühmten Lokalitäten der letal-pantostraten Biofazies (Mansfeld, Monte San Giorgio, Holzmaden, Solnhofen) sind Ausnahme-Erscheinungen.

Fossil-Konzentrationen bedeutenden Ausmaßes können auch durch Kondensations-Vorgänge entstehen. Zu erkennen sind sie meist an ihren alters-verschiedenen Komponenten. Sie werden durch Aussetzen oder Wegfuhr der normalen Sedimentation erklärt, währenddessen die organischen Reste in normaler Menge angeliefert werden.

Gesteinskörper, die ungewöhnlich viele oder ungewöhnlich gut erhaltene Fossilien führen, nennt man Fossil-Lagerstätten. Entstanden sie durch Anreicherung von Hartteilen, so heißen sie Konzentrat-Lagerstätten. Hierunter fallen bei verringerter Sedimentation die Kondensate (z. B. Höhlenlehm), bei einer Sortierung während der Sedimentation die Seifen (z. B. Bonebeds) und bei einer Einschwemmung in Hohlräume die Konzentrat-Fallen (z. B. Spaltenfüllungen). Konservat-Lagerstätten entstehen, wenn die Zersetzung der Weichteile unterbleibt oder stark verzögert abläuft. Gegliederte Skelette, die durch Weichteile zusammengehalten werden, liegen dann im Verband vor. Konservat-Lagerstätten können sich in sauerstoff-freiem Milieu (Stagnate, z. B. bituminöse Schiefer), in konservierendem Medium (Kon-

Abb. 44. Vitale Biofazies-Typen. Nach W. SCHÄFER.

servat-Fallen, z. B. Einschlüsse in Harzen oder Torf), bei frühdiagenetischer Konkretionsbildung (Fossil-Knollen) und bei rascher Einbettung (Verschüttungs-Lagerstätten) bilden.

Fossildiagenese

Die Fossildiagenese ist das Schicksal eines organischen Körpers nach seiner Einbettung. Sie wird weitgehend von sedimentologischen Faktoren bestimmt und meist von der Sediment-Petrographie her betrieben.

1. Substanz-Erhaltung

Im einfachsten Fall bleibt die erhaltene Substanz der Organismenreste in Chemismus und Gefüge unverändert. In ursprünglicher Substanz erhaltene Fossilien sind in jungen Sedimenten häufig. Je älter Fossilien dagegen sind, desto größer ist die Wahrscheinlichkeit, daß

Abb. 45. Letale Biofazies-Typen. Nach W. SCHÄFER.

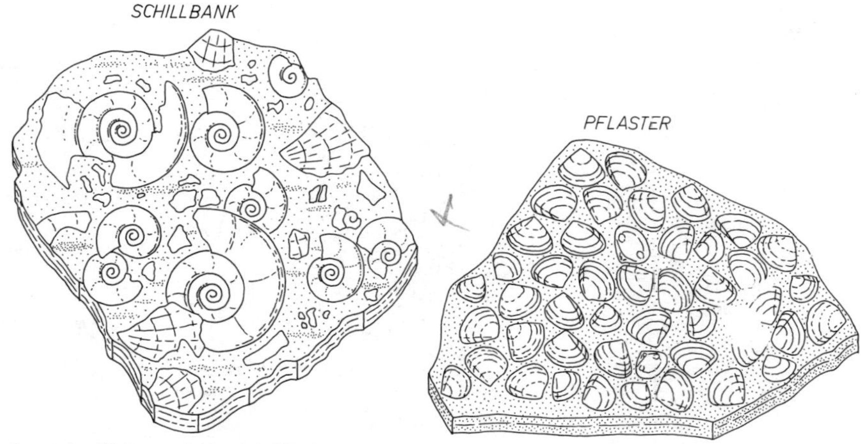

Abb. 46. Schillbank und Pflaster.

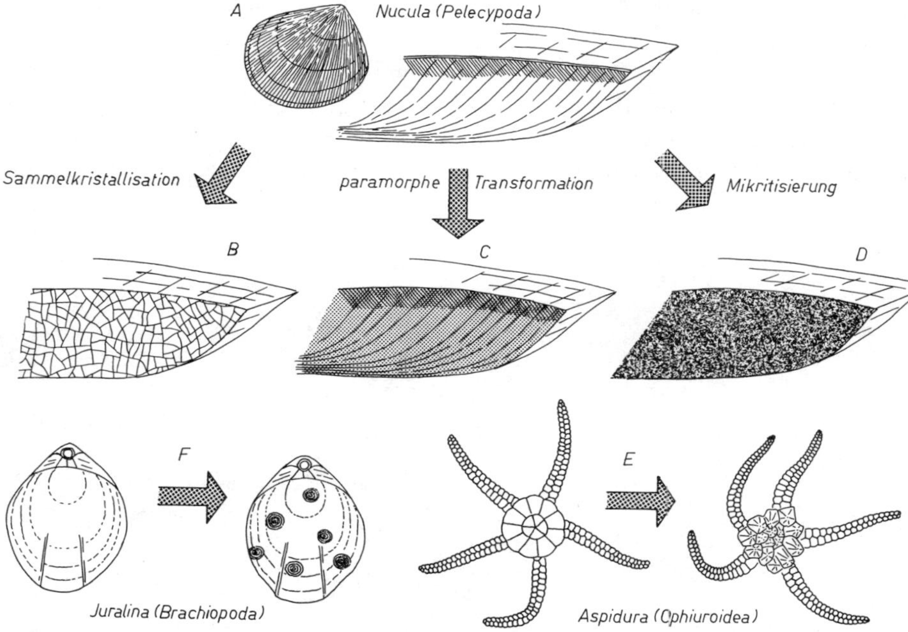

Abb. 47. A—D: Schema der Umkristallisierung am Beispiel von veränderten Aragonit-Schalen der Muschel *Nucula*. E: Kristallwachstum über die Grenzen der Skelettelemente von Echinodermen hinaus. F: Silifikationsringe.

in irgend einer Weise umgewandelt wurden. Substanz-Erhaltung in paläozoischen Sedimenten ist deshalb selten. Voraussetzung für Substanz-Erhaltung ist ein Sediment, in dem die Zirkulation der Porenwässer auf ein Minimum herabgesetzt ist.

2. Lösung

Vor allem in gröberklastischen Sedimenten können Organismenreste durch zirkulierendes Porenwasser aufgelöst werden. Neben reinem Wasser sind auch Säuren und Basen wirksam. Der Lösung fällt i. d. R. zuerst der Aragonit zum Opfer; calcitische, calcium-phosphatische und kieselige Reste sind beständiger. Die Folge ist eine Selektion der Fossilien nach dem Chemismus ihres Skelettes.

3. Molekulare Umsetzungen
(Abb. 47)

a) Umkristallisierung

Eine Umkristallisierung, die den Chemismus eines Fossils nicht verändert, kann verschiedene Ursachen haben. Instabile Modifikationen einer polymorphen Substanz (z. B. Aragonit) werden im Laufe der Zeit in die stabilen Modifikationen (z. B. Calzit) überführt (transformiert). Bei der paramorphen Transformation bleibt der Feinbau der Skelette (Schalenstruktur) unverändert. Meist gehen jedoch die feineren Details verloren.

Bei der Sammelkristallisation wachsen die gröberen Kristallkeime in den Skeletten auf Kosten der feineren und bilden ein völlig neues Gefüge. Ein Sonderfall dieses Vorgangs ist die Diagenese der Echinodermen-Skelette. Die einzelnen Elemente bestehen im Leben aus einem Maschenwerk feiner Calzitbälkchen. Bei Überschuß von Calzit werden sie postmortal zu Einkristallen ergänzt, wobei die ursprünglichen Strukturen meist vollständig verschwinden. Gelegentlich macht das Kristallwachstum nicht an den Grenzen der Skelett-Teile halt, sondern greift noch über sie hinaus. — Bei der Diagenese des Skelett-Opals entsteht unter Wasserabgabe feinkristalliner Quarz. Sammelkristallisation kann mit oder ohne Umwandlung der Modifikation vor sich gehen.

Unter Mikritisierung versteht man die frühdiagenetische Umkristallisierung von Partikeln in ein kryptokristallines, meist strukturloses Kristallaggregat. Sie betrifft vor allem den Aragonit, der dabei i.d.R. in Calzit überführt wird.

b) Stoffaustausch

In vielen Fällen wird die ursprüngliche Skelett-Substanz durch einen chemisch anderen Stoff ersetzt (Metasomatose). Verbreitet sind Verkieselung, Verkalkung und Verkiesung. Unter Verkieselung versteht man die Verdrängung der ursprünglichen Skelett-Substanz und ihren Ersatz durch Kieselsäure. Sie beginnt oft punktförmig und breitet sich dann konzentrisch aus (Silifikationsringe). Die Verkieselung kann frühdiagenetisch oder epigenetisch erfolgen. Die Verkalkung betrifft vor allem primär kieselige Reste. Sie ist namentlich in Karbonatgesteinen bei alkalischem Milieu verbreitet. Die Verkiesung ist der Ersatz des primären Skelettes durch Pyrit oder Markasit (FeS_2). Sie ist besonders in feinklastischen Sedimenten (Tone) bei reduzierendem Milieu und stagnierendem Porenwasser anzutreffen.

c) Inkohlung

Die pflanzliche Substanz (Zellulose, Lignin) geht bei der Fossildiagenese eigene Wege. Wird der Zutritt von Sauerstoff behindert, so setzt Inkohlung ein, d. h. relative Anreicherung von C und Verarmung an O und H. Dabei wird Methan, Wasser und CO_2 frei: $4\,C_6H_{10}O_5 \rightarrow C_9H_6O + 7\,CH_4 + 8\,CO_2 + 3\,H_2O$ oder $2\,C_9H_6O + 2\,CH_4 + 4\,CO_2 + 10\,H_2O$. Unter erhöhter Temperatur und bei erhöhtem Druck geht der Abbau bis auf fast reinen Kohlenstoff weiter (Verkohlung).

4. Imprägnation
(Abb. 48)

In den Poren organischer Hartteile schlagen sich oft Substanzen nieder. Sie imprägnieren die Hartteile. Verbreitete Imprägnationsmittel, die natürlich vom Chemismus der zirkulierenden Lösungen abhängen, sind Kalk, Kieselsäure und Baryt.

5. Inkrustation
(Abb. 48)

Hartteile können von Krusten überzogen werden. Inkrustierte Gebilde nennt man oft fälschlicherweise „Mumien". Die Krusten entstehen durch die Tätigkeit von Algen oder durch Ausfällung von Material (meist Kalk) aus übersättigter Lösung auf Kristallisationskeime wie bei Ooiden.

6. Steinkern
(Abb. 49—51)

Ein Steinkern ist der Ausguß des Inneren einer Schale, z. B. bei Foraminiferen, Brachiopoden, Muscheln, Schnecken, Cephalopoden und Seeigeln. Als Material dient i. d. R. das umgebende Sediment. Bei dicht schließenden Schalen, in die kein Sediment eindringen kann, wird aus wäßrigen Lösungen eine Kristall-Füllung (meist Calcit) ausgeschieden. Ist die Schale nur teilweise sediment-erfüllt und im übrigen auskristallisiert oder hohl, so zeigt das geopetale Gefüge des Sedimentes als „fossile Wasserwaage" das Oben und Unten an. Wird in dicht schließenden Schalen nichts abgelagert und löst sich nach der Verfestigung des Gesteins die Schale selbst auf, so entstehen Hohlformen. Sekundär können deren Wände anstelle der ursprünglichen Schale wieder mit Kristall-Tapeten ausgekleidet werden.

Steinkerne aus Pyrit oder Markasit (Kieskerne) entstehen oft in tonigen bzw. schlecht durchlüfteten Sedimenten. Sie bilden sich nach Art der Konkretionen. Oft füllen sie nur die schwer zugänglichen Schalenteile (innerste Windungen von Cephalopoden, Spitzen von Schneckengehäusen) und täuschen so Zwergwuchs vor.

Bei dünnschaligen Organismen sind Innen- und Außenseite der Schale (bzw. Steinkern und Abdruck) i. d. R. übereinstimmend skulptiert, bei dickschaligen Formen dagegen oft recht unterschiedlich. Wird nach der Bildung eines Steinkerns die Schale im noch plastischen Sediment aufgelöst und sind Schale und Steinkern verschieden skulptiert, so kann die Skulptur des Abdrucks (d. h. der Schalenaußenseite) auf den Steinkern aufgeprägt werden (Prägekern, Skulptursteinkern).

Bei Ammoniten ist der Zutritt des Sedimentes nur zur Wohnkammer ohne weiteres möglich. Die Kammern des Phragmokons sind durch Schale und Septen hermetisch abgeschlossen. Deshalb sind Phragmokone von Ammoniten oft mit Kristalldrusen erfüllt oder hohl.

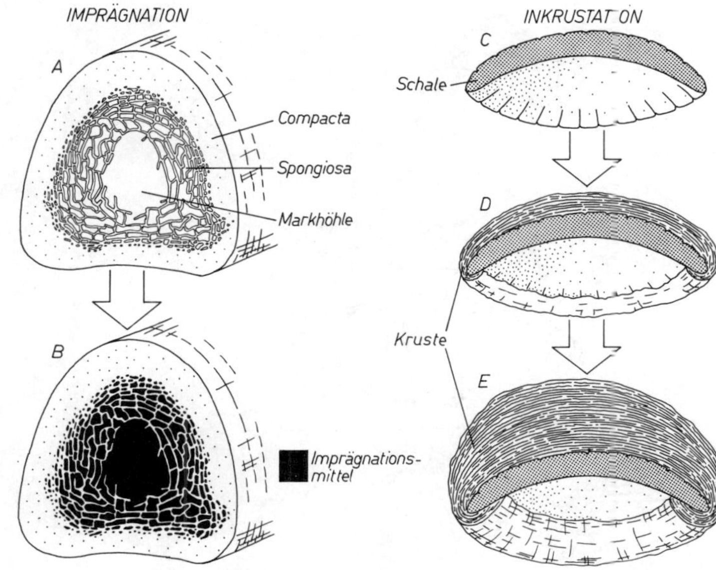

Abb. 48. Imprägnation eines Wirbeltierknochens (A - B) und Inkrustation einer Schale (C - E).

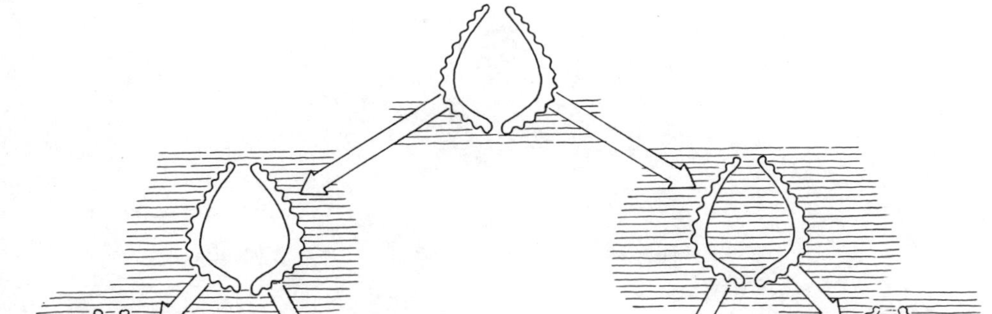

Abb. 49. Die Entstehung von Steinkern, Abdruck, Hohlform, Kristalldruse und Wasserwaage. Nach einem Entwurf von M. WARTH.

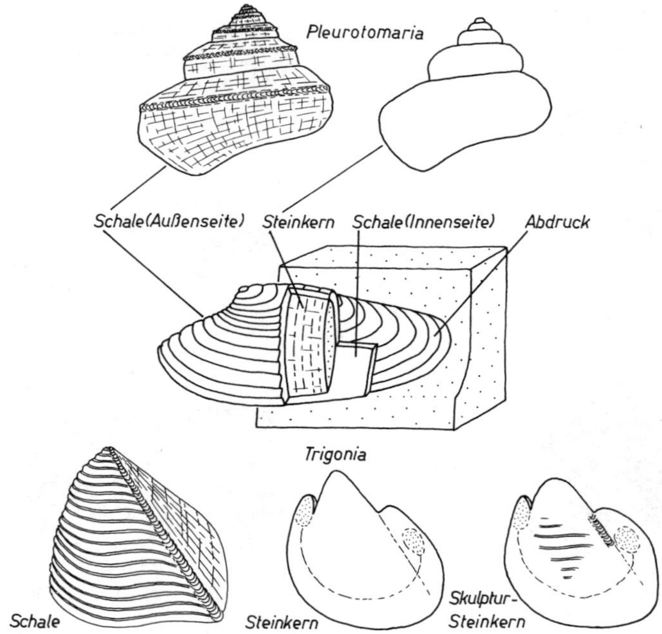

Abb. 50. Das Verhältnis von Steinkern zu Schale und Abdruck (nach H. Hölder) sowie Unterschiede in der Skulptur von Schale und Steinkern bei dickschaligen Mollusken.

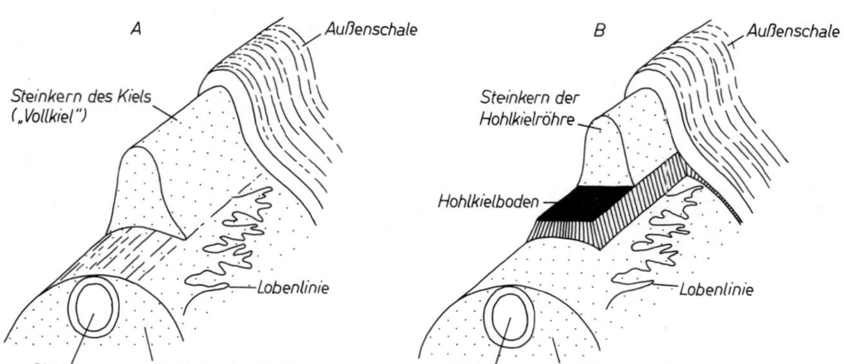

Abb. 51. Unterschiedliche Erhaltung von Ammoniten-Kielen, je nachdem, ob die Kiele durch Schalenlagen (Böden) abgedämmt sind oder nicht. Nach H. Hölder.

Häufig bestehen die Steinkerne jedoch aus Sediment. Grobes Material kann durch beschädigte Stellen der Schale eindringen; feinere Komponenten scheinen durch den Sipho zu passieren. Wo Skulptur-Elemente (Höcker, Kiele) durch Böden vom Schalen-Innenraum abgetrennt sind, bleiben sie hohl, wenn der Steinkern entsteht. Es bilden sich Hohlknoten und Hohlkiele im Gegensatz zu Vollknoten und Vollkielen, bei denen Böden fehlen und die deshalb mit dem Steinkern direkt verbunden bleiben.

Steinkerne werden i. d. R. frühdiagenetisch gebildet. Steinkerne, auf denen Bewuchs aufsitzt (nicht zu verwechseln mit aufgeprägtem Bewuchs nach Auflösung der Schale), müssen nach ihrer Bildung wieder freigelegt worden sein und mindestens so lange frei gelegen haben, wie zum Wachstum der Epizoen nötig war.

7. Konkretionen
(Abb. 52)

Konkretionen sind örtliche Zusammenballungen ursprünglich gleichmäßig verteilter Stoffe. Sie können aus Kalk (oder Kalkmergel), Toneisenstein (Tone und Siderit = $FeCO_3$), Kieselsäure, Eisenbisulfid (Pyrit, Markasit), Phosphorit ($Ca_3(PO_4)_2$) und anderem gebildet werden. Vielfach umschließen sie organische Reste. Das Konkretionsmittel erfüllt oft nur den Porenraum des Sedimentes (die meisten Kalkkonkretionen), es kann durch Stoffaustausch Raum gewinnen (z. B. bei Kieselkonkretionen) oder durch seinen Kristallisationsdruck das Muttergestein aktiv verdrängen (Markasitkonkretionen).

Die Bildung der Konkretionen kann ausgelöst werden durch verwesende organische Substanz, durch geänderte Löslichkeitsverhältnisse bei aufsteigenden Porenwässern oder durch Stoffwanderung zu Orten mit primär größerer Keimdichte.

Kalk-Konkretionen entstehen, wenn sich der in den meisten Sedimenten vorhandene Kalk-Anteil in alkalischem Milieu konkretionär zusammenballt. Kalkige Hartteile sind als Kristallisationszentren bevorzugt. Toneisenstein-Konkretionen brauchen zu ihrer Entstehung ein reduzierendes Milieu. Man nimmt an, daß Porenwässer Eisen lösen und nahe der Sedimentoberfläche wieder ausscheiden. Phosphorit-Konkretionen treten rein oder in Übergängen zu Toneisenstein- und Kalkkonkretionen auf. Sie sind bei stagnierender Sedimentation und phosphathaltigen Auftriebswässern häufig und zeigen enge Beziehungen zu tierischen Resten und Kot. Eisenbisulfid entsteht in nichtbasischem reduzierendem Milieu bei Anwesenheit von Eisenionen und H_2S im Überschuß. Pyrit (regulär, stabil) und Markasit (rhombisch, instabil) kommen beide als Konkretionsmittel vor. Kieselkonkretionen (Feuersteine, Flint, Hornsteine, Silex) beziehen ihren Rohstoff aus der Auflösung kieseliger Organismenschalen, aus fein verteiltem sedimentärem SiO_2 oder aus SiO_2 vulkanischen Ursprungs. Häufig bilden sie sich sehr früh und in Abhängigkeit von organischen Resten. Die Mobilisierung des SiO_2 ist nur in basischem Milieu möglich.

Frühdiagenetische Konkretionen sind für die Erhaltung eines Fossils besonders wichtig. Sie umhüllen und schützen es, ehe es zerstört wird. In Konkretionen eingebettete Fossilien können auch erneute Aufarbeitung und Umlagerung unbeschädigt überstehen.

8. Deformation

Unter der Deformation eines Fossils versteht man Veränderungen seiner Form nach der Einbettung, z. B. wenn ein Sediment samt dem eingeschlossenen Fossil belastet und entwässert wird und dabei sackt.

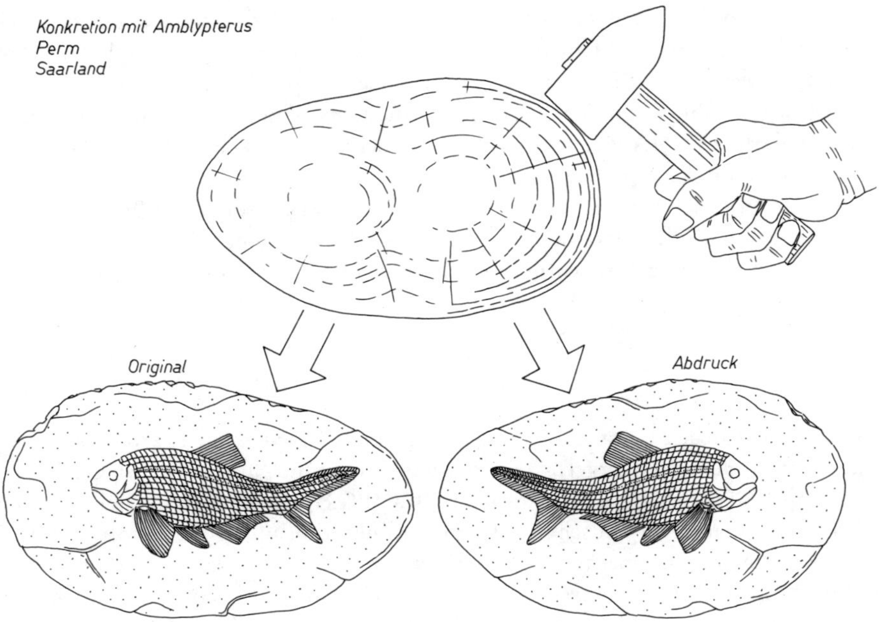

Abb. 52. Eine Konkretion mit ihrem nach dem Aufschlagen sichtbaren Inhalt.

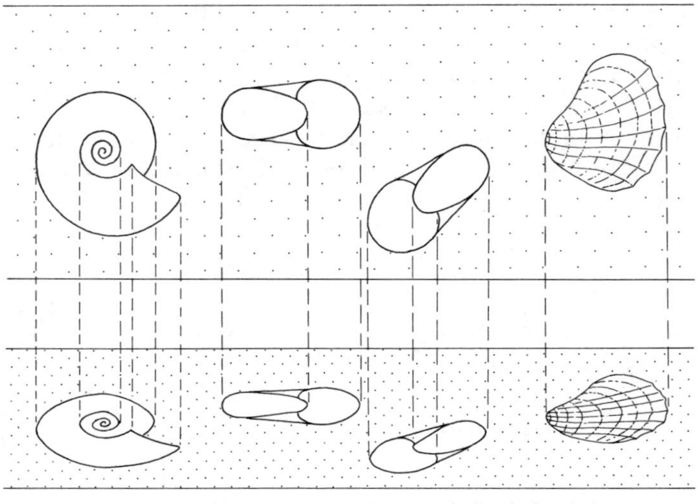

Abb. 53. Die Kompaktion von Gesteinen und die dadurch hervorgerufene Deformation eingeschlossener Fossilien.

Kann das Fossil ausweichen und besteht es aus beweglichen Teilen, so werden die einzelnen Elemente gegeneinander geschert. Sind dagegen Schalen, Panzer oder Knochen einheitlich und festgefügt, so gehen sie zu Bruch (vgl. Abb. 37). Bei gewölbten Körpern treten regelmäßige Druckfiguren (konzentrische, radiale und Längssprünge) auf, an denen oft die Teile gegeneinander verschoben sind. Oft sind Hartteile, deren Äußeres intakt erscheint, in sich zerbrochen, wie Schliffe erkennen lassen.

Bei bruchloser Deformation von Hartteilen wird ihr inneres Gefüge durch Lösung so gelockert, daß die einzelnen Kristalle frei gegeneinander beweglich sind. Gewölbte Schalen können so in eine Ebene gepreßt, dicke Knochen ausgedünnt werden. Verbreitet ist die bruchlose Deformation von Steinkernen bei der Sackung des plastischen Sedimentes (pelomorphe Deformation, Abb. 53). Die einzelnen Teile des Steinkerns werden senkrecht in die Tiefe projiziert, die Vertikalen dabei verkürzt. Das Verhältnis $\frac{V2}{V1}$ (V1 = Anfangsvolumen, V2 = Endvolumen) bezeichnet man als Setzungsquotient. Je nach der ursprünglichen Einbettungslage des Steinkerns entstehen leicht oder schwer erkennbare Verdrückungen.

Auch die tektonische Deformation beansprucht die im Sediment eingeschlossenen Fossilien durch Verzerrung, Streckung oder Zerreißung. Sie gehört nicht mehr zur Fossildiagenese.

9. Korrosion

Die Korrosion ist die Anlösung eines Körpers durch Wasser, Säuren (H_2CO_3, H_2SO_4) oder Basen ($NH_4(OH)$). Sie ist verbreitet, wenn eingebettete Fossilien submarin wieder freigelegt werden. Häufig wird dann der über die neue Sediment-Oberfläche emporragende Rest gekappt. Flächenhafte Korrosion am Meeresgrund nennt man Subsolution.

Korrosion ist auch innerhalb des Sediments möglich, wenn Organismen im plastischen Gestein durch aufsteigende Porenwässer angelöst werden. Im verfestigten Gestein tritt sie u. a. an Bankfugen auf. Vielfach entstehen dann stylolithische Lösungsformen. Auch die Verwitterung korrodiert. Vor allem das CO_2 im Regenwasser löst. Ferner löst das durch Pflanzenwurzeln ausgeschiedene CO_2 Karbonate an.

Lücken der Überlieferung

Nur ein verschwindender Prozentsatz (weit unter 1 %) aller Organismen bleibt fossil erhalten. Der Verlust an Dokumenten betrifft die einzelnen Organismengruppen unterschiedlich. Von rein weichkörperigen Tieren und Pflanzen gibt es nur Zufallsfunde. Lebewesen mit Skeletten haben größere Chancen, erhalten zu bleiben. Auch sie sind jedoch oft nur lückenhaft überliefert (Abb. 54, 55).

Manche Organismen sind wegen ihrer Lebensweise besonders selten erhalten. Tiere und Pflanzen tropischer Urwälder werden nach dem Tode überdurchschnittlich rasch zersetzt. Dasselbe gilt für Lebewesen der turbulenten Meereszonen und des Luftraumes.

Vom Gebiet, in dem zu einer bestimmten Zeit Sedimente mit Fossilien abgelagert wurden, liegen heute nur kleinste Ausschnitte an der Erdoberfläche. Der größere Teil ist abgetragen oder unter jüngeren Schichten verborgen. Die zutage tretenden Schichten sind wiederum nur punktweise aufgeschlossen, und nur ein Teil der Aufschlüsse ist zugänglich und ausgebeutet. Manche Biotope sind zeitweise räumlich wenig verbreitet. Dann können sie in

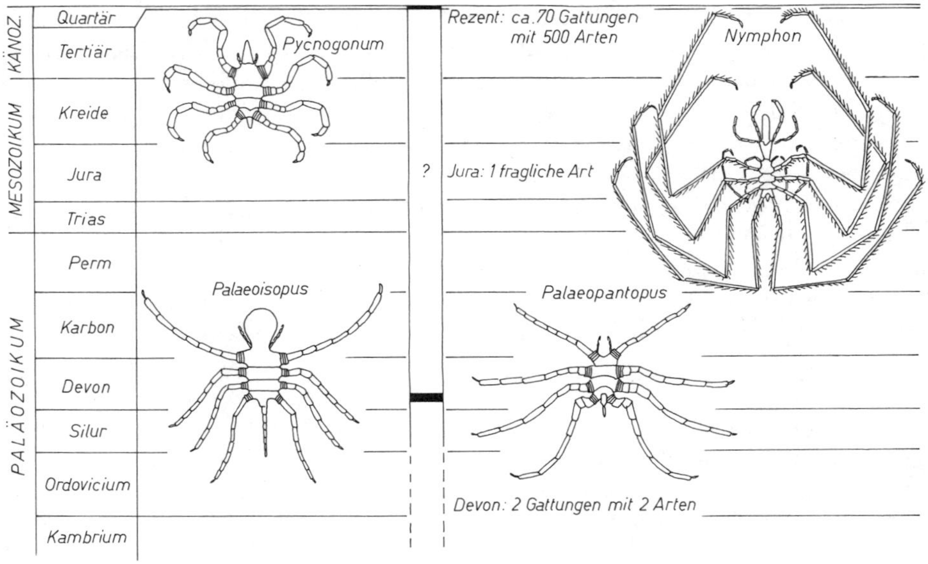

Abb. 54. Lücken der Überlieferung bei der Arthropoden-Gruppe der Pycnogoniden (Pantopoden).

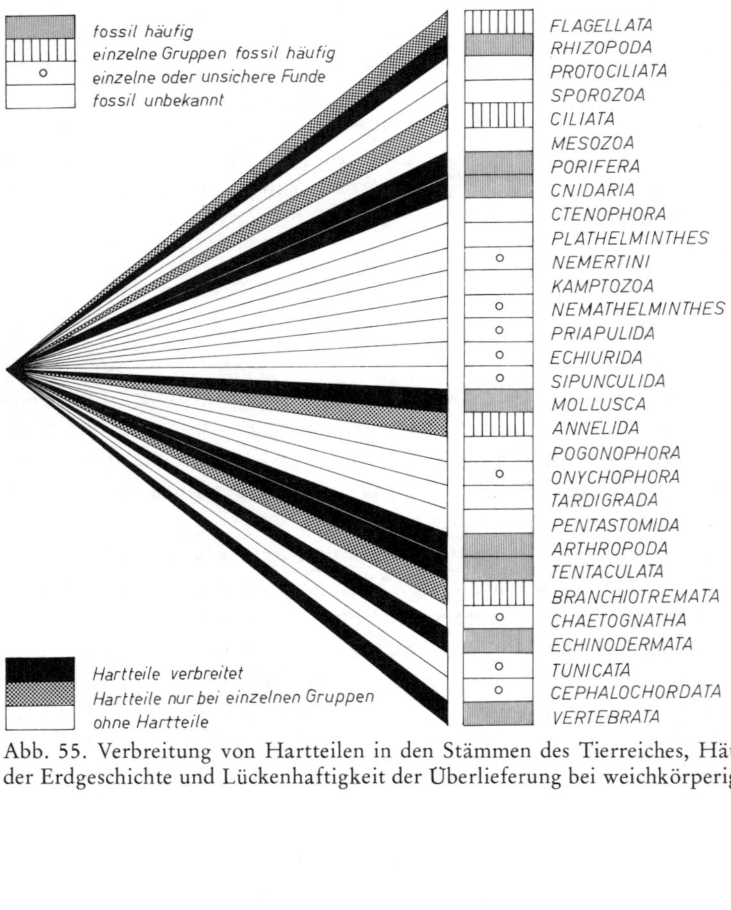

Abb. 55. Verbreitung von Hartteilen in den Stämmen des Tierreiches, Häufigkeit der Tierstämme in der Erdgeschichte und Lückenhaftigkeit der Überlieferung bei weichkörperigen Organismen.

den zugänglichen Aufschlüssen fehlen. Auch die auf sie beschränkten Bewohner sind dann nicht nachweisbar.

Spielen Lebensweise, Lückenhaftigkeit der Aufschlüsse und scheinbares Fehlen eines Biotops zusammen, so können von ganzen Organismengruppen über längere Zeiträume Belege fehlen, obwohl sie zur betreffenden Zeit gelebt haben müssen. Ferner bestehen viele Wissenslücken, weil Fossilien wegen ihrer Dimensionen, ihres Chemismus oder ihrer Unauffälligkeit der Suche entgehen. Zuweilen sind sie auch so selten, daß nur aufwendige Aktionen Material liefern.

Der geringe Prozentsatz erhaltener Organismen bedeutet, daß nur häufige Formen fossil zu erwarten sind. Angehörige seltener Gruppen werden nur in Ausnahmefällen überliefert. Von der gesamten vorzeitlichen Lebewelt sind somit nur noch die Spitzen der Häufigkeit nachweisbar. Es ist erstaunlich, wie viel wertvolles Beobachtungsmaterial allein sie geliefert haben.

Weiterführende Literatur:

O. Abel (1935), W. Deeke (1923), H. Füchtbauer & G. Müller (1970), J. Imbrie & N. D. Newell (1964), A. H. Müller (1951, 1957), W. Schäfer (1962), A. Seilacher (1970), J. Weigelt (1927).

Systematik und Taxonomie

Ein System soll eine Vielfalt ordnen und übersichtlich darstellen. Auf die Fossilien übertragen heißt das, sie in ein allgemein brauchbares Schema einzufügen. Das System der fossilen Organismen muß dabei aufs engste mit dem der rezenten verknüpft sein. Es ist das erweiterte System der rezenten Tiere und Pflanzen. Die Taxonomie untersucht das Merkmalsgefüge der Organismen, leitet daraus die Verwandtschaftsverhältnisse ab und überträgt die Ergebnisse in ein System, d.h. sie klassifiziert. Der Schöpfer des biologischen Systems ist C. von Linné[2].

Einteilungsprinzipien

Es gibt zahlreiche Möglichkeiten, Organismen einzuteilen. Das „natürliche" System baut jedoch nicht auf willkürlich herausgegriffenen Einzelmerkmalen, sondern auf dem Gesamtgepräge auf. Es benutzt dazu die in der Tier- und Pflanzenwelt herrschende abgestufte Mannigfaltigkeit. Diese wird seit Ch. Darwin (1859) durch engere bzw. weitere Verwandtschaft erklärt. Die Grundlage des Systems ist damit die Evolution der Organismen.

Seither soll das „natürliche" System die Erscheinungen des organischen Lebens ordnen und den historischen Entwicklungsgang der Organismenwelt widerspiegeln. Es hat damit einen praktischen und einen theoretisch-stammesgeschichtlichen Aspekt. Beide Anforderungen decken sich oft nicht. Kompromisse sind dann notwendig.

---

2 C. von Linné, geb. 23. 5. 1707 in Råshult (Schweden), Studium in Lund und Uppsala, 1735 Promotion, 1741 Professor für Anatomie und Medizin in Uppsala, 1753 Publikation von „Spezies plantarum", 1758 10. Auflage von „Systema naturae", Schöpfer der binären Nomenklatur, gest. 10. 1. 1778 in Uppsala.

Hierarchie der systematischen Begriffe

Die abgestufte Mannigfaltigkeit der Tiere und Pflanzen wird im System durch eine Hierarchie systematischer Begriffe ausgedrückt. Sie lautet: Reich – Stamm (phylum, bei Tieren) bzw. Abteilung (bei Pflanzen) – Klasse – Ordnung – Familie – Gattung (genus) – Art (species). Außer diesen obligatorischen gibt es noch fakultative Kategorien.

Manche fossilen Reste haben in der zoologischen bzw. botanischen Systematik der Fossilien keinen Platz. Hierzu zählen Problematika und Teile von Organismen, die sich nicht ohne weiteres auf ihren Träger beziehen lassen. Für sie gilt ein künstliches System, das die Begriffe des natürlichen Systems als rein morphologische Gruppierungen verwendet (z. B. als Form-Spezies, Form-Gattung, Organ-Spezies, Organ-Gattung etc.).

Nomenklatur

1. Benennung

Organismen können mit volkstümlichen Namen, von Sprache zu Sprache und oft auch mundartlich verschieden oder durch international einheitliche wissenschaftliche Namen benannt werden. Diese sind lateinisch oder latinisiert und für Biologie und Paläontologie allein wichtig.

2. Nomenklatur-Regeln

Die Nomenklatur (d. h. Namensgebung) ist ein wichtiges Handwerkszeug des Systematikers. Nur eine einheitliche Nomenklatur ermöglicht eine eindeutige Verständigung. Diesem Zweck dienen — in Botanik und Zoologie unterschiedliche — internationale Regeln. Für Fossilien gelten, je nachdem, ob es sich um Pflanzen oder Tiere handelt, entweder die botanischen oder die zoologischen Regeln. Ihre gemeinsamen Grundzüge lauten:

Der Name muß binär sein, d. h. aus Gattungs- und Artnamen bestehen. Zusätzliche Unterbegriffe sind möglich. Der Name der Untergattung steht in Klammern hinter dem Gattungsnamen, der Name der Unterart ohne Klammern hinter dem Artnamen. In der Botanik sind zwischen Gattung und Art weitere Kategorien gebräuchlich. Ihre Rangstufe wird durch Kurzbezeichnungen angegeben.

Bei unterschiedlichen Namen für denselben Begriff (d. h. Synonymen) gilt der älteste veröffentlichte Name (Prioritätsprinzip). Der Beginn der Priorität liegt in der Zoologie 1758, in der Botanik (abgesehen von Moosen und Flechten) 1753, in der Paläobotanik 1820. Ausnahmen vom Prioritätsgesetz sind möglich. Wenn ein gültiger Tiername über 50 Jahre lang vergessen und durch einen anderen ersetzt war, bleibt er unterdrückt. In der Botanik ist Tautonymie (d. h. Gleichklang) von Gattungs- und Artnamen untersagt. Erhält eine Pflanze als Gattungsnamen den Namen der Art, so ist diese umzubenennen. Ebenfalls in der Botanik gilt, daß der gültige Name der systematischen Einheit (d. h. eines Taxons) derjenige ist, den sie zuerst in der betreffenden Rangstufe erhalten hat.

In einer Gattung darf der gleiche Artname (gleiche Namen: Homonyme) nur einmal vorkommen. Werden zwei gleichnamige Arten in eine Gattung gestellt, so gilt in der Zoologie der absolut ältere, in der Botanik der ältere Name in der betreffenden Gattung. Der jüngere Name muß geändert werden; an seine Stelle tritt das nächstjüngere Synonym.

Ein Gattungsname ist innerhalb des Tierreichs und innerhalb des Pflanzenreichs nur einmal möglich. Er kann dagegen in Tier- und Pflanzenreich nebeneinander bestehen.

Die Endung des Artnamens richtet sich nach dem Geschlecht des Gattungsnamens. Dessen Endung ist beliebig, muß jedoch lateinisch oder latinisiert sein. Die Endungen der Unterfamilien lauten -inae (in der Zoologie) bzw. -oideae (in der Botanik), die der Familien -idae (Zoologie) bzw. -aceae (Botanik). Seltene Ausnahmen bestehen in der Botanik, wo einzelne Familiennamen geschützt sind.

An die Namen einer systematischen Einheit (d. h. eines Taxons) kann der Name des Autors angefügt werden. Im deutschen Sprachbereich wird er meist in Großbuchstaben geschrieben. In der Zoologie wird nur der Name des ersten Autors benutzt. Er steht bei Artnamen, deren Kombination mit dem Gattungsnamen geändert wurde, in Klammern (früher wurde hinter dem Autornamen ein sp. angefügt). In der Botanik wird an den Namen des ursprünglichen Autors, der in Klammern geschrieben wird, derjenige eines revidierenden Autors angefügt.

Alle Kategorien bis zur Familie aufwärts sind durch einen Typus in ihrem Kern bestimmt. Die Art wird durch ein Individuum typisiert, den Holotypus. Waren ursprünglich mehrere Typen vorhanden, ist daraus ein Lectotypus auszuwählen. Sind Holo- oder Lectotypus verloren, muß ein Neotypus bestimmt werden. Für jede Gattung ist eine Typus-Art (Generotypus) anzugeben. Aus der für die Familie typischen Gattung wird der Name der Familie gebildet.

In begründeten Einzelfällen ist Aufhebung (Suspension) der Regeln durch die internationalen Kommissionen möglich.

Alle Namen müssen in einer Veröffentlichung publiziert sein.

Bei Neuaufstellung von Gattungen ist außer der Angabe des Generotypus eine Diagnose oder Beschreibung erforderlich. Bei Arten wird ebenfalls eine Diagnose oder Beschreibung (bei rezenten Pflanzen auf lateinisch) verlangt, ferner bei allen Fossilien (Tiere seit 1881, Pflanzen seit 1912) eine Abbildung. Ein neuer Name ist außerdem durch n. sp. oder n. gen. zu kennzeichnen.

3. Technik des Beschreibens

Bei systematischen Beschreibungen empfiehlt es sich, über die Minimalforderungen der Nomenklaturregeln hinauszugehen. Folgende Angaben sind anzuraten:

Name mit Autor und Jahreszahl der Erstbeschreibung, bzw. bei neuen Arten mit n. sp. oder nov. sp.

Synonymieliste, d. h. Aufzählung aller oder aller wichtigen älteren Zitate der betreffenden Art in der Literatur. Gibt es sie bereits, so genügt der Hinweis darauf mit seither erschienenen Ergänzungen. Die ursprüngliche Schreibweise mit allen Fehlern wiedergeben. Zitate und Hinweis auf Literaturstelle deutlich unterscheiden:

1862 *Ammonites aspidoides* Opp. — A. Oppel (Jur. Ceph.), S. 147, Taf. 47, Fig. 4a, b.

Angabe des Typus (Holo-, Lecto- bzw. Neotypus), seines Aufbewahrungsortes und der Katalog- oder Inventarnummer.

Angabe von Locus typicus (Fundort) und stratum typicum (Fundschicht) des Typus durch möglichst präzise und dabei allgemein verständliche geographische und stratigraphische Bezeichnungen.

Derivatio nominis, d. h. sprachliche Ableitung des Namens.

Artgeschichte, soweit sie nicht aus der Synonymieliste hervorgeht. Welchen Umfang hatte man der Art früher gegeben? Welchen Wandel hat der Gebrauch des Namens durchlaufen?

Diagnose, d. h. strenge Auswahl diagnostisch wichtiger Merkmale. Man hüte sich vor Scheindiagnosen, die Merkmale aufzählen, welche z. B. für die ganze Gattung gelten. Kennzeichen guter Diagnosen ist, daß sie aneinander gereiht einen Bestimmungsschlüssel für die Gattung geben.

Beschreibung. Sie soll erschöpfend sein, aber keine Banalitäten bringen. Wichtig ist jedoch, daß auch Merkmale berücksichtigt werden, denen nicht unbedingt ein artunterscheidender Charakter zukommt. Sie können für spätere Bearbeiter entscheidend sein!

Differentialdiagnose. Unterschiede zu allen verwandten und ähnlichen Arten, auch wenn sie zu anderen Gattungen gehören.

Angabe des stratigraphischen und regionalen Vorkommens der Art. Man achte auf Allgemeinverständlichkeit der Begriffe.

Angabe des Umfangs und der Herkunft des bearbeiteten Materials. Stückzahl!

Abbildungen. Gute Photographien oder Zeichnungen vom Typus und weiteren Exemplaren, welche die Variationsbreite der Art erläutern. Schematische Darstellungen, eventuell von variationsstatistischen Untersuchungen oder von Teilen des Organismus, können wertvoll sein. Man achte auf sorgfältige Beschriftung und Angabe des Maßstabs. Bei Photographien sehr kleiner Objekte auf Schärfe und gute Ausleuchtung achten (moderne Techniken benutzen!).

Das Individuum

Das fossile Material ist unvollständig. Es besteht i. d. R. nur aus erhaltungsfähigen Teilen der Individuen. Auch sie müssen oft zusammengesetzt oder rekonstruiert werden. Für eine moderne paläontologische Arbeit ist es unerläßlich, ein Fossil als den Rest eines einst vollständigen und belebten Individuums zu verstehen.

1. Ontogenie

Die Entwicklungsgeschichte des Individuums wird als Ontogenie (Individual-Entwicklung) bezeichnet. Sie beginnt mit der Befruchtung der Eizelle und endet mit dem Tod. Sie untersucht den Werdegang aller Merkmale, doch kann die Paläontologie nur die Ontogenie des Skelettes direkt beobachten.

Aus der befruchteten Eizelle entwickelt sich der Keim (Embryo). Mit seinem Wachstum beschäftigt sich die Embryologie. Ihre Ergebnisse sind für stammesgeschichtliche Überlegungen wichtig. Gemeinsamkeiten in der frühen Keimesentwicklung (z. B. Spiralfurchung, Abb. 56; Determination von Zellen) werden als Ausdruck naher Verwandtschaft gedeutet.

2. Larven

Aus dem Keim entwickelt sich bei vielen Tieren zunächst eine Larve (indirekte Entwicklung). Sie unterscheidet sich oft wesentlich von späteren Stadien. Die meisten Larven lassen sich auf wenige Grundtypen zurückführen (Abb. 57), die jeweils für bestimmte Tiergruppen typisch sind.

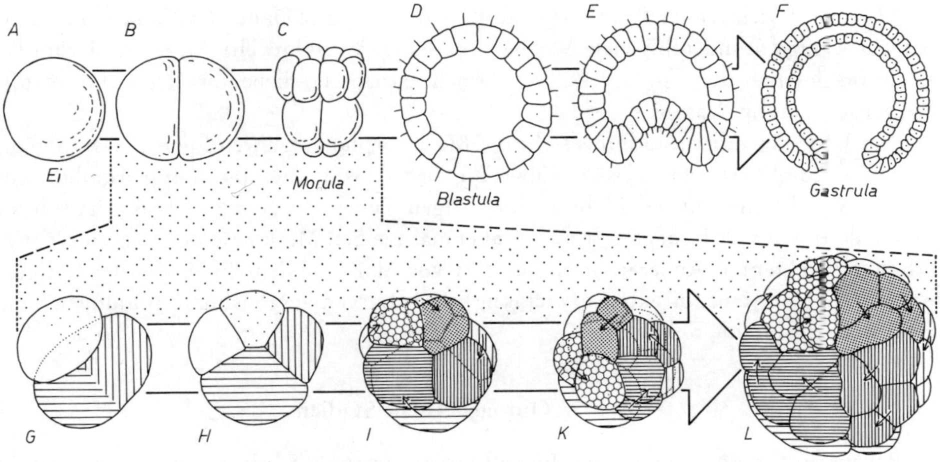

Abb. 56. Frühstadien der Keimesentwicklung und Schema der bei den Plathelminthes, Nemertini, Echiurida, Sipunculida, Mollusca und Annelida verbreiteten Spiralfurchung.

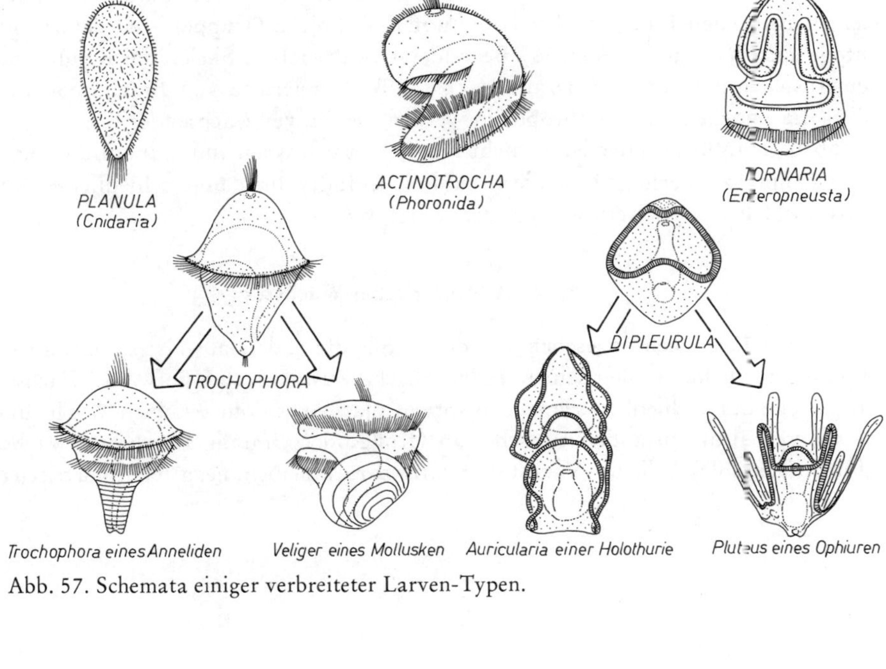

Abb. 57. Schemata einiger verbreiteter Larven-Typen.

Larven wasserlebender Tiere leben i. d. R. planktisch. Die Dauer des planktischen Stadiums beträgt wenige Stunden bis viele Wochen. Sie hängt von Umweltfaktoren und vom Dotterreichtum des Eies ab (vgl. S. 138, 158). Auch manche landlebenden Tiere durchlaufen ihr Larvenstadium im Wasser.

Am Ende des Larvenstadiums steht die Metamorphose, während der die Organe oft von Grund auf umkonstruiert werden. Zuweilen wird sie während eines Puppenstadiums durchlaufen. Mit ihr entsteht der Habitus des fertigen Tieres, die Imago. Fossil erhaltungsfähige Hartteile treten i. d. R. erst jetzt auf. Manchmal bleiben Merkmale der Larven bis ins Alter erhalten (Neotenie). Andererseits kommt es vor, daß aus dem Ei direkt die fertige, noch junge Imago entsteht (direkte Entwicklung). Den Larven vergleichbare Bildungen bei höheren Pflanzen sind die Keimblätter.

3. Ontogenetische Stadien

Bei vielen Organismen werden Jugendstadien (juvenile Stadien, nepionic stages), heranwachsende (adolescente) Stadien (neanic stages), erwachsene (adulte) und senile (gerontische) Stadien unterschieden. Für manche Gruppen ist eine eigene Nomenklatur der Wachstumsstadien entwickelt worden. Für systematisch-taxonomische und ökologische Zwecke ist es wichtig, kleine Jugendstadien, erwachsene Zwerge und fragmentarisch erhaltene Anfangsstadien zu unterscheiden.

Die Kriterien, an denen jugendliche und erwachsene Individuen bzw. ihre Hartteile erkannt werden können, sind von Gruppe zu Gruppe verschieden. Oft nimmt mit dem Alter die Wachstumsgeschwindigkeit ab. Erwachsene Stadien lassen sich deshalb vielfach an einer Drängung von Wachstumslinien erkennen (Abb. 58), doch ist zu beachten, daß Phasen stokkenden Wachstums auch in der Jugend vorkommen können.

Solche Individuen, die durch einfache Anlagerung von Skelettmaterial wachsen, tragen die Spuren ihrer Ontogenie stets an sich (z. B. Anwachslinien bei Mollusken, Anordnung und Gestalt der ersten Kammern bei Foraminiferen). Solche Gruppen sind bevorzugte Objekte ontogenetischer Studien (Abb. 59). Bei anderen ist das fertige Skelett das Resultat abwechselnder Ausscheidung und Wiederauflösung (z. B. Armgerüste von Brachiopoden (Abb. 60), Wirbeltierknochen). Bei Arthropoden werden die Panzer wachsender Tiere regelmäßig abgestoßen (Häutung). Hier ist es nicht möglich, am fossilen Individuum die ontogenetische Entwicklung zu verfolgen, sondern zahlreiche Individuen unterschiedlicher Altersstadien müssen in lückenloser Kette aneinander gefügt werden.

4. Allometrisches Wachstum

Adultstadien sehen abgesehen von der Größe oft anders aus als Jugendstadien, weil der Organismus nicht in allen seinen Teilen gleiche Zuwachsraten aufweist. Wachsen einzelne Körperteile unterschiedlich schnell, so spricht man von allometrischem Wachstum. Organe, die im Verhältnis zu anderen rascher an Größe oder Umfang zunehmen, wachsen positiv allometrisch, solche, die im Wachstum relativ zurückbleiben, negativ allometrisch (Abb. 61).

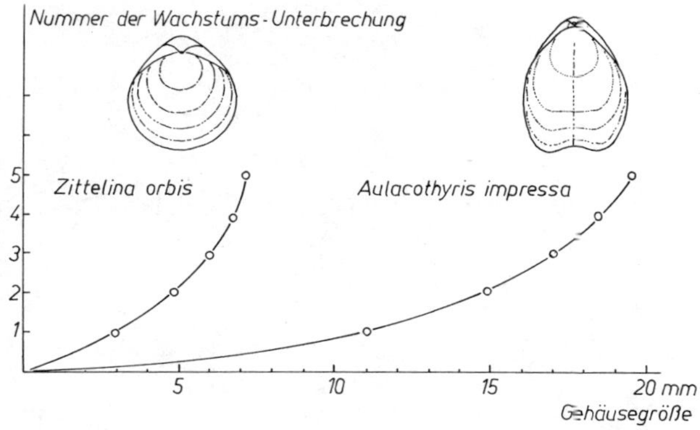

Abb. 58. Wachstums-Unterbrechungen bzw. Anwachslinien, welche ontogenetische Stadien verkörpern, am Beispiel von jurassischen Brachiopoden. Nach K. Vogel.

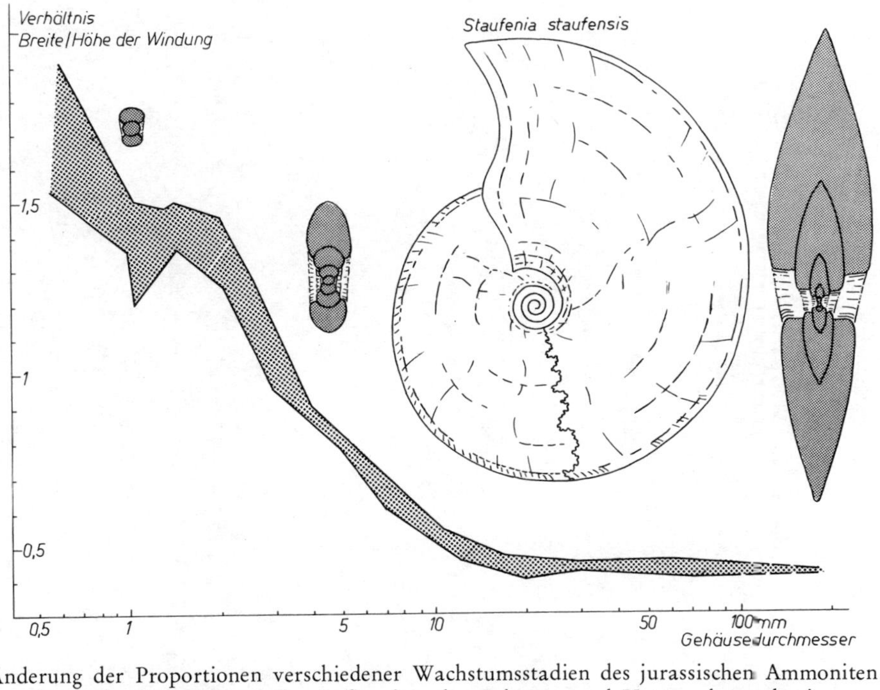

Abb. 59. Änderung der Proportionen verschiedener Wachstumsstadien des jurassischen Ammoniten *Staufenia staufensis*, durch Aufsägen oder Aufbrechen des Gehäuses und Untersuchung der inneren Windungen feststellbar. Nach H. Rieber.

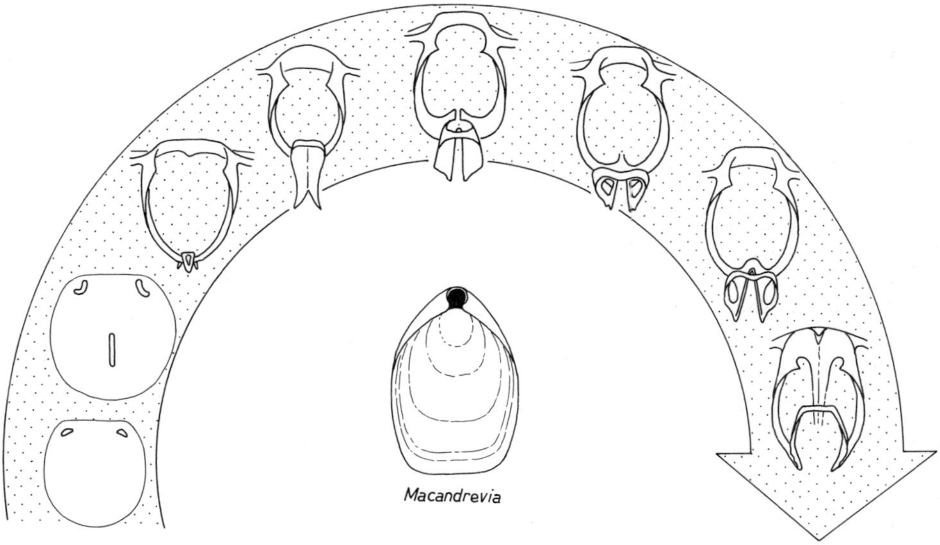

Abb. 60. Ontogenetische Stadien im Armgerüst des rezenten Brachiopoden *Macandrewia*. Nach J.-G. HELMCKE.

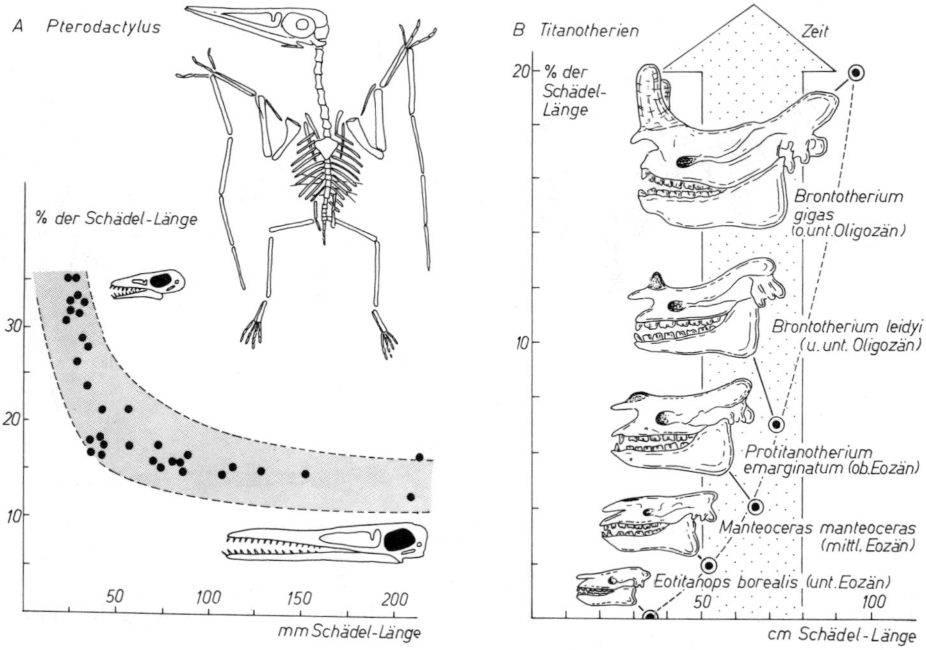

Abb. 61. A: Negativ allometrisches Wachstum der Augenöffnung im Verlauf der Ontogenie beim jurassischen Flugsaurier *Pterodactylus*. Nach P. WELLNHOFER. B: Positiv allometrisches Wachstum des Horns im Verlauf der Phylogenie bei den alttertiären Tithanotherien (Säugetiere). Nach H. F. OSBORN.

Die Art

Die Art ist neben den Reichen die einzige natürliche Kategorie im System der Organismen. Ihre Definition, Variabilität und Abgrenzung sind deshalb für alle Fragen der Systematik, der Evolution, der Biostratigraphie, der Ökologie und der Biogeographie entscheidend.

1. Definition

In der Biologie (Botanik, Zoologie) versteht man unter einer Art eine natürliche Fortpflanzungs-Gemeinschaft. Allerdings kommen selten Kreuzungen und selbst fruchtbare Bastarde über Artgrenzen hinweg vor. Die Definition der Art als Fortpflanzungs-Gemeinschaft versagt bei Organismen mit ungeschlechtlicher Vermehrung. Sie gilt auch nicht bei Zwittern mit Selbstbefruchtung.

Die theoretische Definition der Art wird in der Praxis der Rezent-Biologie durch die morphologische Definition ersetzt. Danach gilt eine Art als Gruppe von Individuen mit gleichartigen Merkmalskombinationen, die sich von anderen, ähnlichen Individuen-Gruppen durch eine deutliche morphologische Distanz abheben. Solche biometrisch gekennzeichneten Arten sind auch in der Paläontologie erkennbar (Abb. 62). Zu berücksichtigen ist allerdings, daß manchmal die artunterscheidenden Merkmale fossil nicht erhaltungsfähig sind.

2. Variabilität

Kaum jemals sehen zwei Individuen einer Art völlig gleich aus. Die Variabilität wird verursacht durch unterschiedliche Erbanlagen, Sexualdimorphismus, Generationswechsel, abweichende Gestalt von Altersstadien, jahreszeitliche Variation, ökologische Einflüsse und Krankheitsfolgen (Abb. 63—65). Bei Fossilien spielt auch der Erhaltungszustand eine große Rolle.

Zur Analyse der Variabilität und zur Abgrenzung und Definition von Arten werden variationsstatistische Methoden herangezogen. Voraussetzung ist vergleichbares und ausreichendes Material. Die Variationsstatistik kann nur zahlenmäßig auszudrückende Merkmale erfassen und verwerten, andere, oft viel wichtigere, bleiben ihr verschlossen. Meßgenauigkeit und Fehlergrenzen hängen von der Größe des Objektes, den Meßmethoden und dem Erhaltungszustand ab. Vor allem bei Verhältniswerten können die Fehler erheblich werden.

Die Variabilität eines Merkmals läßt sich durch Verteilungsdiagramm und -kurve ausdrücken (Abb. 66). Beide zeigen den Modalwert, d. h. denjenigen Wert, der am häufigsten vertreten ist. Er kann vom arithmetischen Mittel $\bar{x}$ abweichen. Die Variationsbreite ist der Abstand zwischen den extremsten Werten. Als Streuung (Varianz) um $\bar{x}$ bezeichnet man eine Größe σ^2, die nach der Formel

$$\sigma^2 = \frac{f_1 (x_1 - \bar{x})^2 + f_2 (x_2 - \bar{x})^2 + \cdots + f_n (x_n - \bar{x})^2}{N}$$

berechnet wird (f_1 bis f_n = Häufigkeiten der einzelnen Werte, x_1 bis x_n = betrachtete Werte, $\bar{x}$ = arithmetisches Mittel, N = Zahl der betrachteten Werte). Die Standard-Abweichung (standard deviation) ist die Quadratwurzel aus der Varianz.

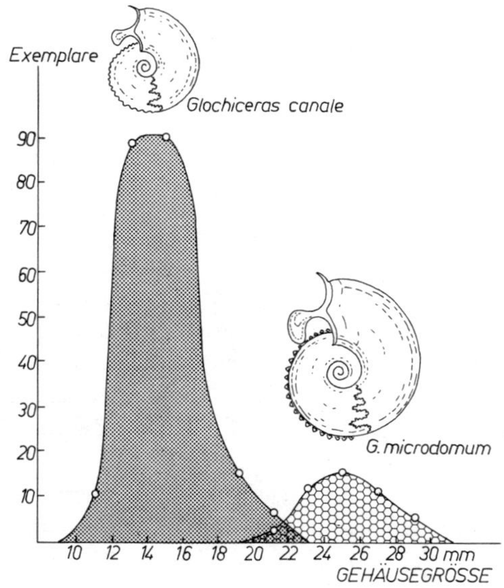

Abb. 62. Biometrische Art-Unterscheidung am Beispiel zweier Arten der jurassischen Ammoniten-Gattung *Glochiceras*. Da sich die beiden Arten zusätzlich zur Gehäusegröße noch durch den Bau der Zähne der Externseite unterscheiden, ist eine zuverlässige Artbestimmung auch im Überschneidungsbereich beider Kurven möglich.

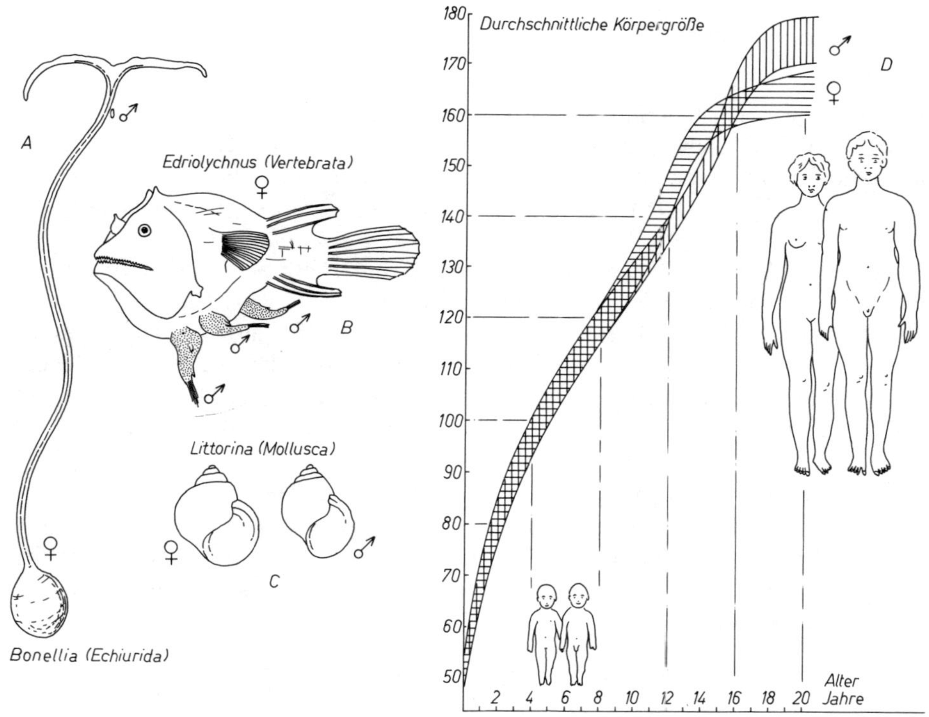

Abb. 63. Durch Sexualdimorphismus bedingte Variabilität bei verschiedenen rezenten Arten. A-C: Sexualdimorphismus verschiedenen Ausmaßes. D: Entwicklung der Körpergröße beim Menschen im männlichen und weiblichen Geschlecht (nach J.-W. HARMS).

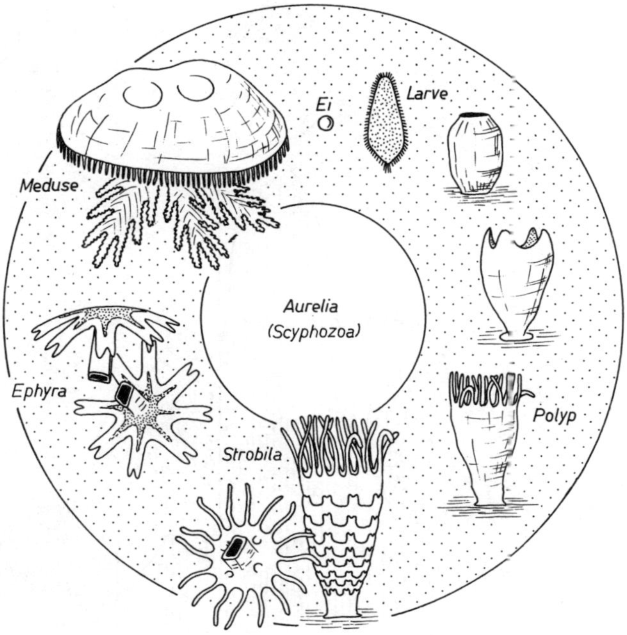

Abb. 64. Generationswechsel des rezenten Cnidariers *Aurelia* und dadurch bedingte Variabilität der Art. Nach B. HATSCHEK.

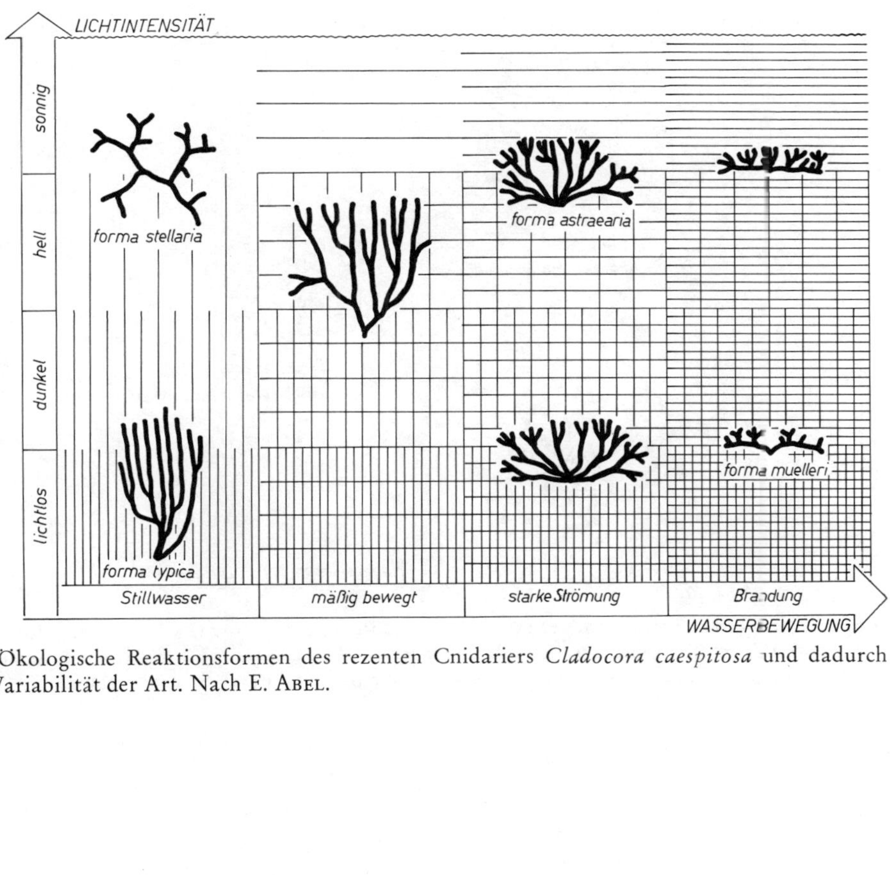

Abb. 65. Ökologische Reaktionsformen des rezenten Cnidariers *Cladocora caespitosa* und dadurch bedingte Variabilität der Art. Nach E. ABEL.

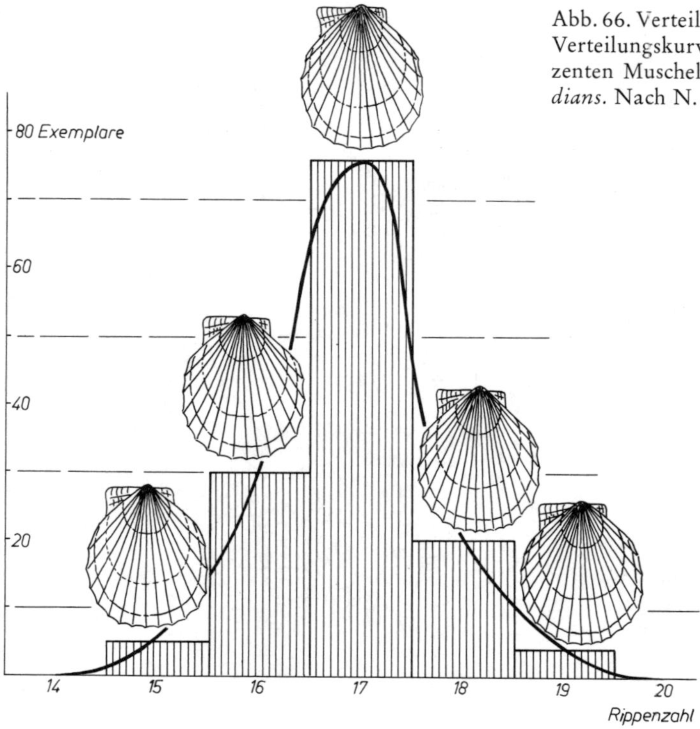

Abb. 66. Verteilungsdiagramm (Schraffur) und Verteilungskurve für die Rippenzahl der rezenten Muschel *Chlamys (Aequipecten) irradians*. Nach N. D. NEWELL.

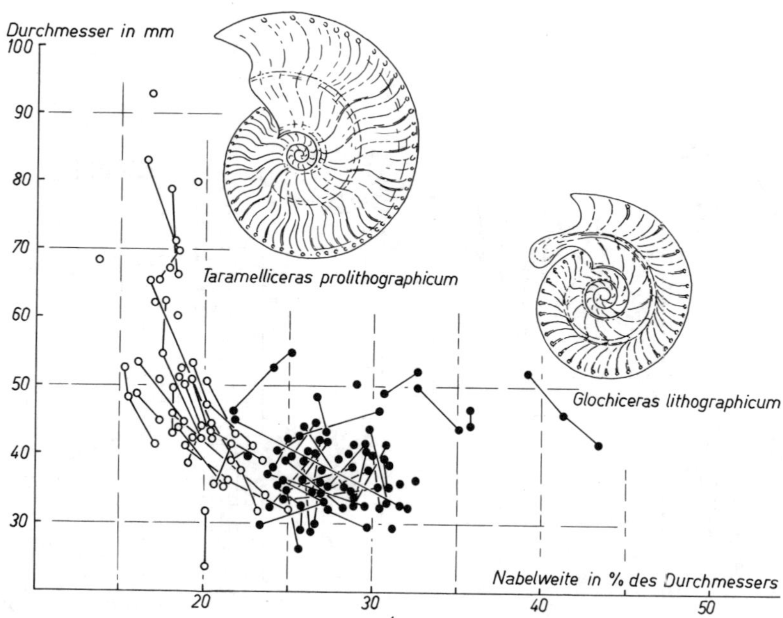

Abb. 67. Korrelation von Durchmesser und Nabelweite beim jurassischen Ammoniten *Taramelliceras prolithographicum* (man beachte die anders gelagerten Verhältnisse beim ähnlichen Ammoniten *Glochiceras lithographicum*). Meßpunkte vom selben Exemplar sind durch Striche verbunden.

Meist muß man sich in der Variationsstatistik auf Stichproben-Material stützen. Die Vertrauensgrenzen V besagen, innerhalb welchen Abstandes l von der aus der Stichprobe abgeleiteten Maßzahl der auf die Gesamtpopulation bezogene Wert liegen muß. Sie berechnen sich nach der Formel

$$V = \frac{\alpha \cdot s}{\sqrt{N-1}}$$

(V = Vertrauensgrenze, d. h. Maßzahl ± l, s = Standardabweichung der Stichprobe, N = Gesamtzahl der betrachteten Werte der Stichprobe. α ist eine Konstante. Sie lautet bei Sicherheitsschwellen von

	95 %	99 %
für $\bar{x}$ (bei N ab 30 Exemplare)	1,96	2,58
σ (bei N ab 100 Exemplare)	1,39	1,82
σ^2 (bei N ab 100 Exemplare)	2,77	3,65).

Wie umfangreich eine Stichprobe sein muß, hängt davon ab, wie weit die Vertrauensgrenzen gezogen werden dürfen. Oft reicht eine Stückzahl N = 30 aus. Bei N = 100 sinkt l i. d. R. auf ½, bei N = 225 auf ⅓ des Betrages, den l bei N = 30 hat.

Bei zwei oder mehr Merkmalen zeigt die Verteilung der Punkte eines Streudiagramms, ob die Merkmale formal voneinander abhängig, d. h. korreliert, sind (Abb. 67). Ob die Korrelation auch kausal ist, bleibt zu prüfen. Der Trend einer Korrelation geht aus der Regressionsgeraden oder -kurve hervor. Diese verläuft so, daß sie von den Punkten des Streudiagramms im Durchschnitt möglichst wenig abweicht (Abb. 68). Spezielle Tests, die aus der Spezialliteratur (z. B. D. Marsal 1967) zu ersehen sind, lassen beurteilen, ob Unterschiede zwischen zwei Proben signifikant sind. Was sie bedeuten, muß im Einzelfall festgestellt werden.

3. Morphologischer und nomenklatorischer Typus
(Abb. 70)

Der morphologische Mittelwert innerhalb einer Art (Modalwert) entspricht dem morphologischen Typus. Etwas völlig anderes ist der nomenklatorische Typus (S. 55). Er kann innerhalb der Variationsbreite beliebig liegen. Wo bei spärlichem Fossilmaterial biometrische Methoden versagen, werden oft diejenigen Individuen zu einer Art zusammengefaßt, die sich innerhalb eines bestimmten Abstandes von einem nomenklatorischen Typus bewegen. Sein Ausmaß, das die künstliche Artgrenze definiert, hängt vom subjektiven Empfinden des Bearbeiters ab. Dieses Verfahren ist nur als Notbehelf berechtigt.

4. Intraspezifische Kategorien

Populationen, die sich im Raum vertreten (= vikariieren), deren Angehörige noch kreuzbar sind und die sich durch bestimmte Merkmale unterscheiden, bilden geographische Rassen (Unterarten, Subspezies). Geographische Rassen sind streng genommen am fossilen Material nicht erkennbar, da sich die Kreuzungsfähigkeit nicht nachprüfen läßt. Trotzdem werden oft auch in der Paläontologie streng zeitgleiche vikariierende Populationen, die mor-

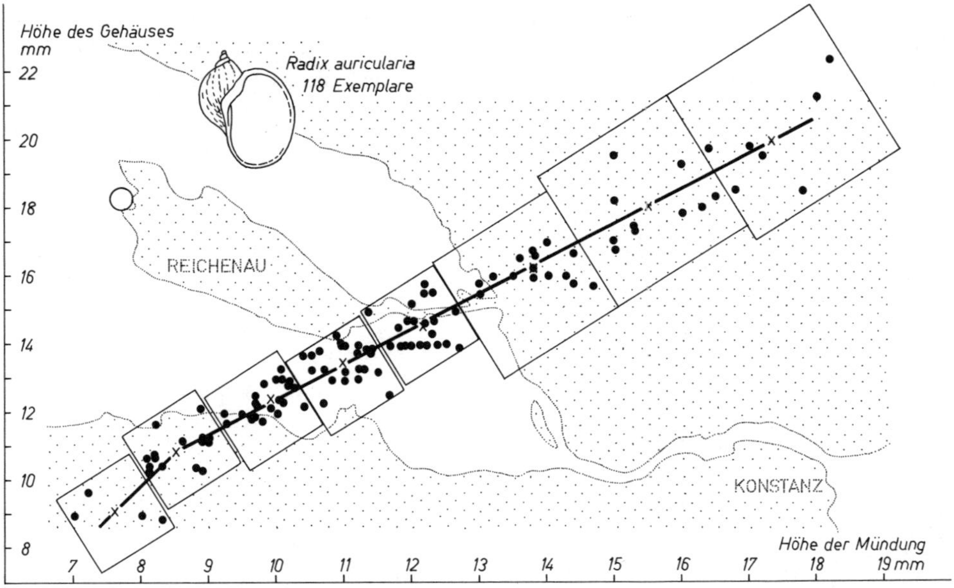

Abb. 68. Konstruktion einer Regressionskurve oder -geraden aus den Mittelwerten von Gruppen von Meßpunkten. Kreis: Fundort der Probe (Rezent-Material).

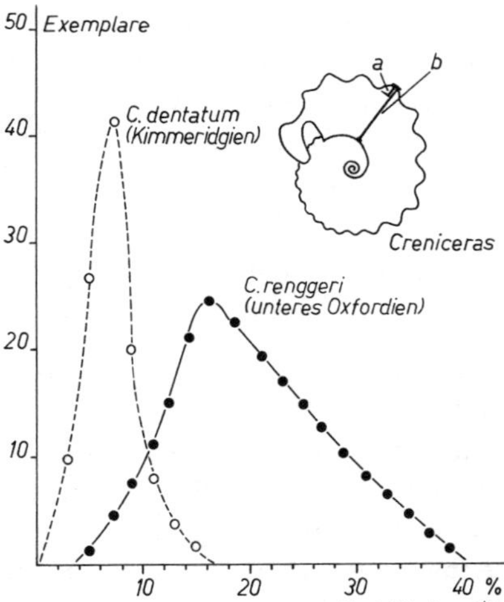

Abb. 69. Die Variabilität ein und desselben Merkmals kann bei verschiedenen Arten sehr unterschiedlich sein. Hier: Vergleich der Höhe der externen Zähne bei zwei jurassischen Ammoniten der Gattung *Creniceras*.

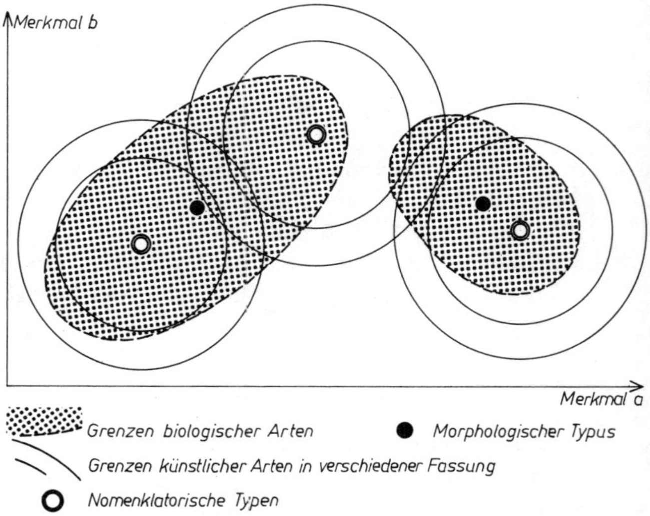

Abb. 70. Schema zum Vergleich des morphologischen und des nomenklatorischen Typus und der auf sie begründeten Arten.

phologisch meßbar differieren, als Unterarten bezeichnet. Dasselbe gilt für zeitverschiedene Populationen einer Art.

Ökologische oder individuelle Reaktionsformen werden in offener Nomenklatur als „Varietät“ (varietas) oder „Form“ (forma) unterschieden.

5. Artabgrenzung in Evolutionsreihen

Besteht eine Evolutionsreihe aus einer einzigen Folge von Populationen, deren Merkmale sich in bestimmter Richtung verändern, so werden Artgrenzen dort gezogen, wo der morphologische Wandel einen deutlichen, meßbaren Betrag überschreitet. Populationen lassen sich auf diese Weise statistisch klar entweder der Stamm- oder der Tochter-Form zuordnen. Uneinheitlich gehandhabt wird nur ihre Einstufung als Unterart oder Art.

In jeder Population gibt es Individuen, bei denen die progressiven Merkmale überwiegen, und andere, die noch konservative Züge zeigen. Soll das Überschreiten eines statistischen Mittelwertes die Artgrenze bezeichnen, so dürfen die Individuen nicht isoliert, sondern müssen im Zusammenhang mit der ganzen Population bestimmt werden (Abb. 71).

Spalten sich Arten auf, so können sie voneinander und von der Stammart verschieden sein (Abb. 72), oder sie zweigen von einer morphologisch unveränderten Stammlinie ab. Eine Stammlinie kann bei der Abspaltung der Seitenäste in Arten untergliedert werden, weil mit dem Aufhören der freien Kreuzbarkeit zwei neue Fortpflanzungsgemeinschaften entstehen. Sie kann auch so lange als fortbestehende Art betrachtet werden, bis nennenswerte morphologische Unterschiede auftreten (Abb. 73). Da der genaue Zeitpunkt, wann sich Populationen zu neuen Arten abspalten, fossil nur sehr selten festzulegen ist, bleibt bei Fossilien der zweite Weg der einzig gangbare.

Höhere Kategorien

Die höheren systematischen Kategorien (Gattung bis Stamm) werden in der Taxonomie nicht einheitlich gebraucht. Zwar besteht Einigkeit darüber, daß sie jeweils einen Kreis engstverwandter Gruppen niedrigerer Ordnung umfassen müssen. Die Kriterien, an denen die Grade der Verwandtschaft zu erkennen sind, werden jedoch unterschiedlich bewertet.

1. Grundbegriffe

Ein Taxon (Plural: Taxa) ist eine systematische Kategorie beliebiger Rangstufe.

Ein Taxon heißt monophyletisch, wenn alle seine Glieder auf eine gemeinsame Wurzel zurückgehen. Einschränkend wird gelegentlich hinzugefügt (W. HENNIG), daß es nur dann monophyletisch sei, wenn es alle Abkömmlinge der Stammart umfasse, sonst sei es paraphyletisch. Erweiternd wird zuweilen argumentiert (O. H. SCHINDEWOLF), daß es auch dann noch monophyletisch sei, wenn es selbst in mehreren Linien auf ein Taxon gleichen oder niedrigeren Ranges zurückgehe.

Polyphyletisch bedeutet, daß ein Taxon Arten verschiedener Wurzel enthält (Abb. 75). In weiter Auslegung sind nur diejenigen Gruppen polyphyletisch, die aus mindestens zwei gleich- oder höherrangigen Taxa hervorgegangen sind. Ein „natürliches“ System der Organismen kann nur mit monophyletischen Gruppen arbeiten.

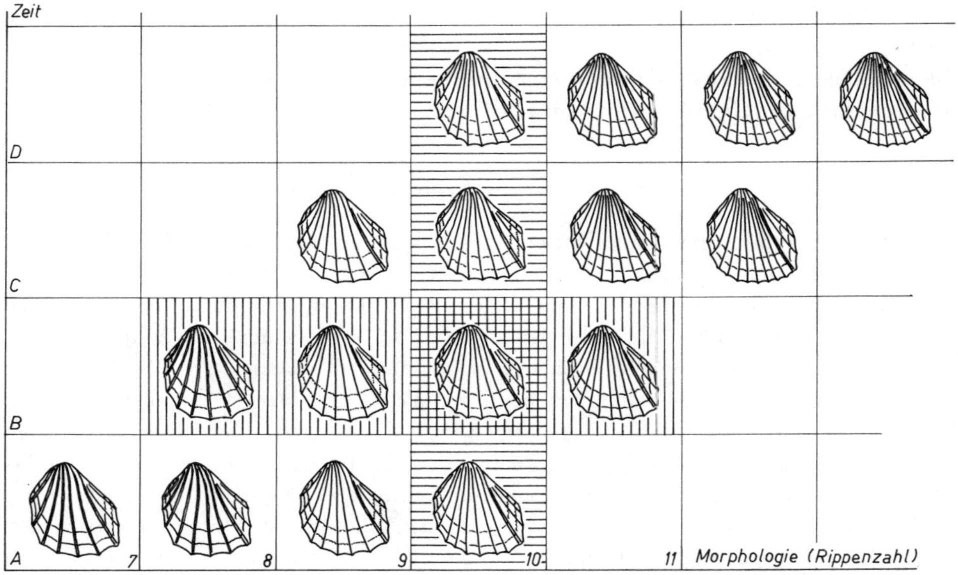

Abb. 71. Artabgrenzung in Evolutionsreihen. Einzelindividuen lassen sich nur innerhalb der natürlichen Population (senkrecht schraffiert) bestimmen. Der morphologische Habitus (waagrecht schraffiert) hält sich durch mehrere unterscheidbare Populationen.

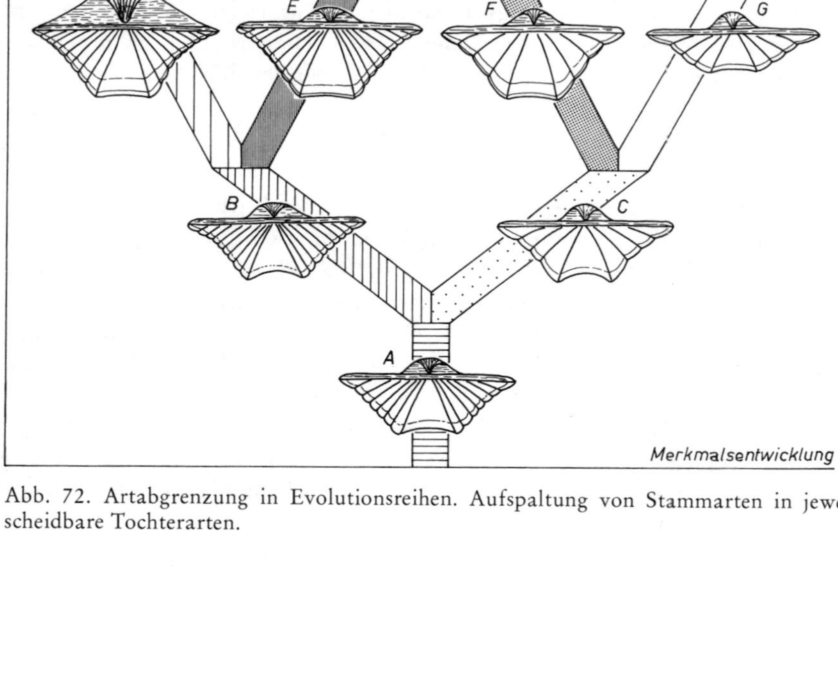

Abb. 72. Artabgrenzung in Evolutionsreihen. Aufspaltung von Stammarten in jeweils zwei unterscheidbare Tochterarten.

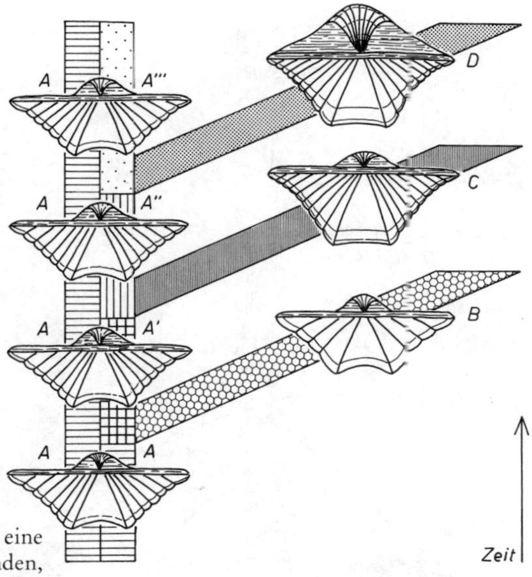

Abb. 73. Artabgrenzung in Evolutionsreihen. Ist eine morphologisch unveränderte Stammlinie vorhanden, so kann diese entweder (links) als einheitliche Art oder (rechts) als Serie einander ablösender Arten betrachtet werden (S. 67).

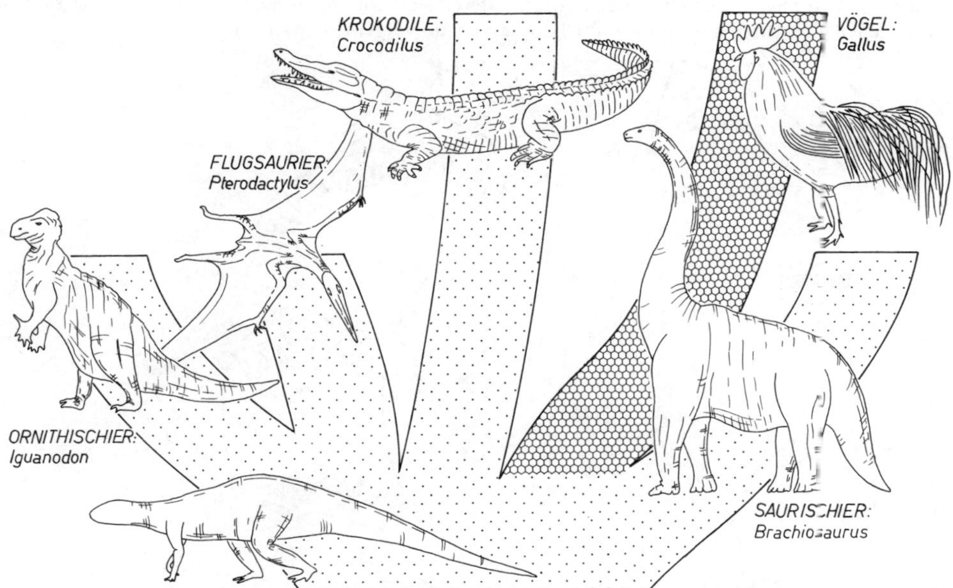

Abb. 74. Monophylie und Paraphylie. Die Archosaurier (Punktraster) und Vögel (Wabenraster) bilden eine monophyletische Gruppe. Betrachtet man nur die Archosaurier, so sind sie nach bestimmter Auffassung paraphyletisch (S. 67).

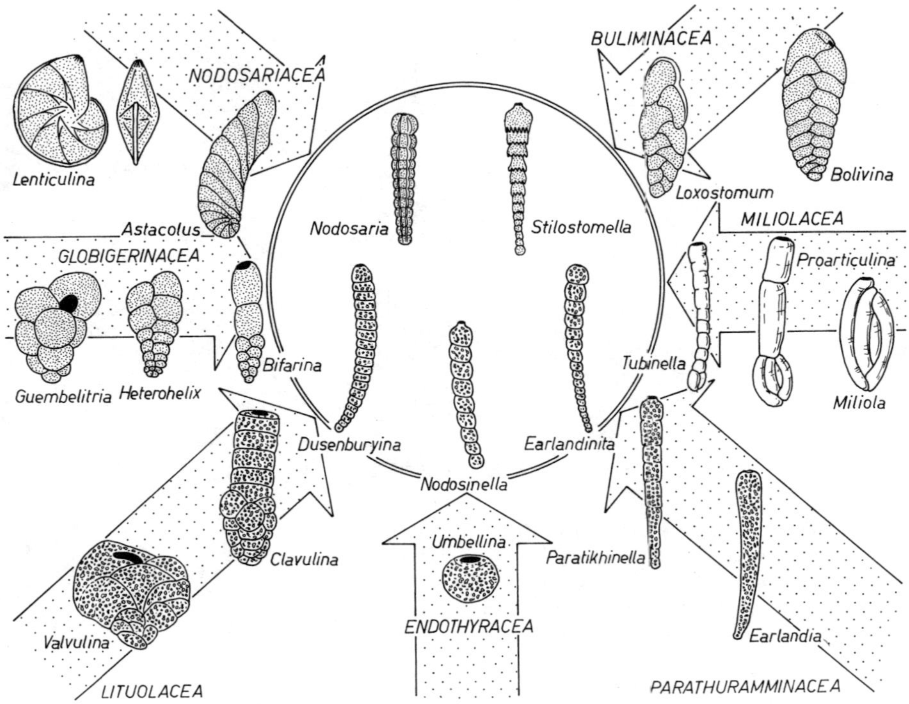

Abb. 75. Polyphylie. Die einzeiligen Foraminiferen sind eine polyphyletische Gruppe, da sie von verschiedenen Vorfahren abstammen. Ihr Bauplan ist konvergent entstanden.

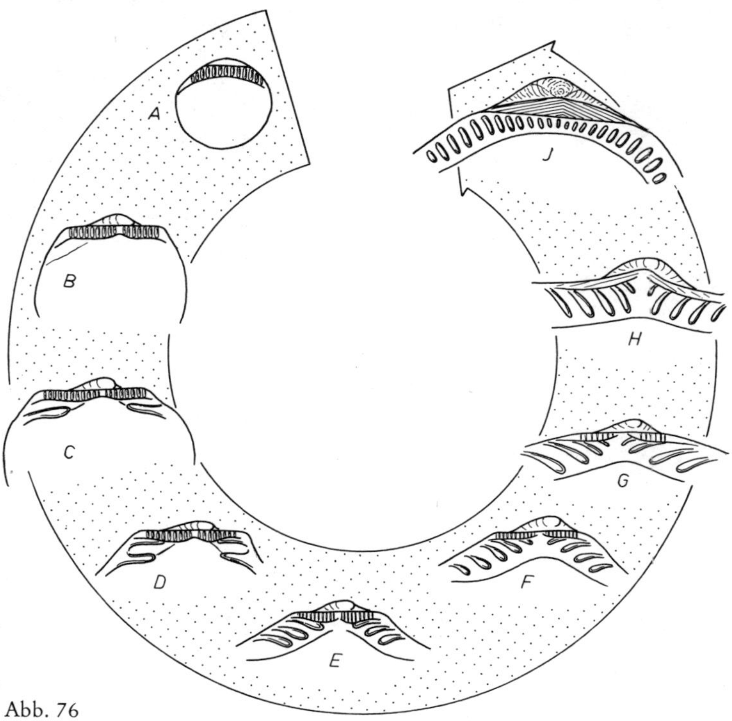

Abb. 76

Merkmale bzw. Organe von gleicher oder ähnlicher Funktion heißen analog, wenn sie stammesgeschichtlich auf verschiedenem Wege entstanden. Homolog sind gleiche oder ungleiche Merkmale bzw. Organe, wenn sie stammesgeschichtlich auf dasselbe Vorläufer-Organ zurückgehen (Abb. 76).

Analoge Merkmale in Arten verschiedener Abstammung heißen Konvergenzen. Prägen sie das ganze Merkmalsgefüge, so spricht man von Homöomorphien. Zeitlich aufeinander folgende Träger konvergenter Merkmale bilden Iterationen.

2. Klassifikationen

a) Typologische Klassifikation

Eine typologische Klassifikation setzt voraus, daß es klar voneinander getrennte Baupläne („Typen") und bezeichnende Merkmale in allen Kategorien des hierarchischen Systems gibt. Nahezu alle Merkmale sind jedoch nicht nur einmal entstanden. Selbst so hochkomplizierte Merkmalsgefüge wie die Warmblütigkeit bei Vögeln und Säugetieren oder das Flugvermögen haben sich unabhängig entwickelt. Deshalb ist es oft nicht möglich, Verwandtschaftsgruppen durch eindeutige Diagnosen zu kennzeichnen. Typologische Klassifikationen sind meist künstliche Systeme, in denen die wahren Verwandtschaftsbeziehungen nicht zum Ausdruck kommen.

b) Phänetische Klassifikation

Die phänetische Klassifikation analysiert das gesamte Merkmalsgefüge der Organismen. Sie hält sie für um so enger verwandt, je ähnlicher sie einander sind. Ihren extremsten Ausdruck hat diese Auffassung in der numerischen Taxonomie gefunden, wo die Gesamtähnlichkeit zweier Taxa rechnerisch ermittelt und dabei alle beobachtbaren Merkmale gleich bewertet werden. Da durch konvergente Anpassungen Ähnlichkeiten zu nicht näher verwandten Artgruppen größer sein können als zu den nächsten Verwandten (Abb. 75, 83), ist die phänetische Klassifikation außerstande, Verwandtschaftsbeziehungen darzustellen.

c) Cladistische Klassifikation

Die cladistische Klassifikation („phylogenetische Klassifikation" W. Hennigs) stützt sich allein auf die realen historischen Abläufe. Der Zeitpunkt des Auseinander-Entwickelns zweier Gruppen ist das einzige Maß der Verwandtschaft. Die zeitliche Reihenfolge des Entstehens der Taxa entscheidet über ihre Ranghöhe. Gruppen, die später in der Erdgeschichte entstanden, sind niedriger einzustufen als solche, die sich früher entwickelten (Abb. 77).

Das Ausmaß des morphologischen Wandels geht in die cladistische Klassifikation nicht ein. Ihr hauptsächlicher Nachteil ist jedoch, daß sie auf Fossilien nicht anwendbar ist. Im unverfälschten Gebrauch sind die Kategorien bis zur Familie erdgeschichtlich jungen Gruppen vorbehalten. Auch bei den altpaläozoischen Organismen hat es jedoch Arten, Artengruppen usw. gegeben.

← Abb. 76. Homologie und Analogie am Beispiel der Schloß-Ontogenie der Muschel *Glycymeris*. Frühontogenetisches Schloß und adultes Ligamentfeld sind homolog. Frühontogenetisches und adultes Schloß sind analoge Bildungen. Nach F. Bernard.

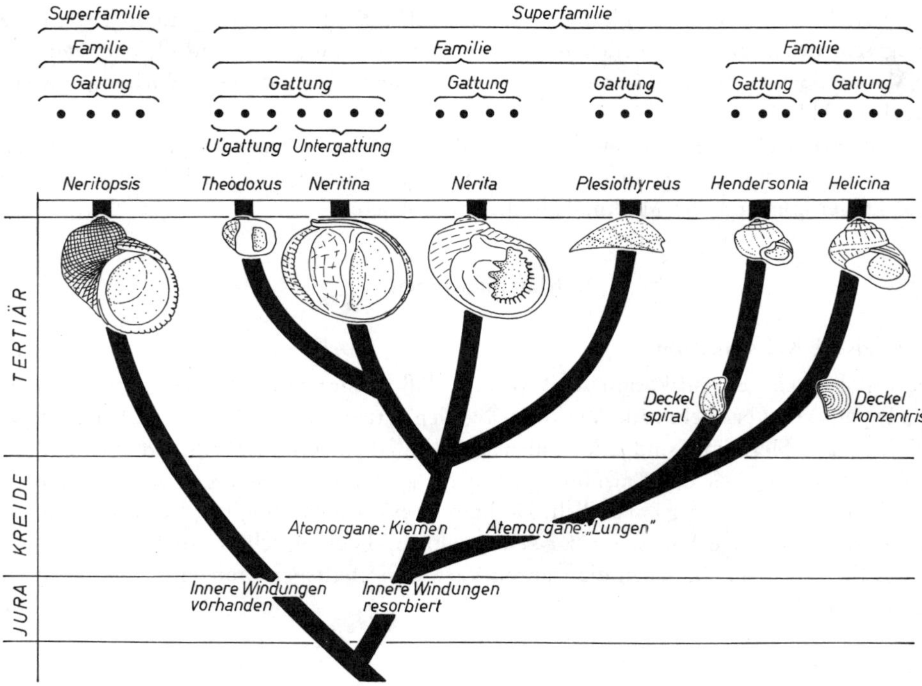

Abb. 77. Cladistische Klassifikation am Beispiel der Schneckengruppe der Neritopsina. Die Ranghöhe einer Gruppe richtet sich nach dem Zeitpunkt ihrer Abspaltung. Punkte bedeuten Arten.

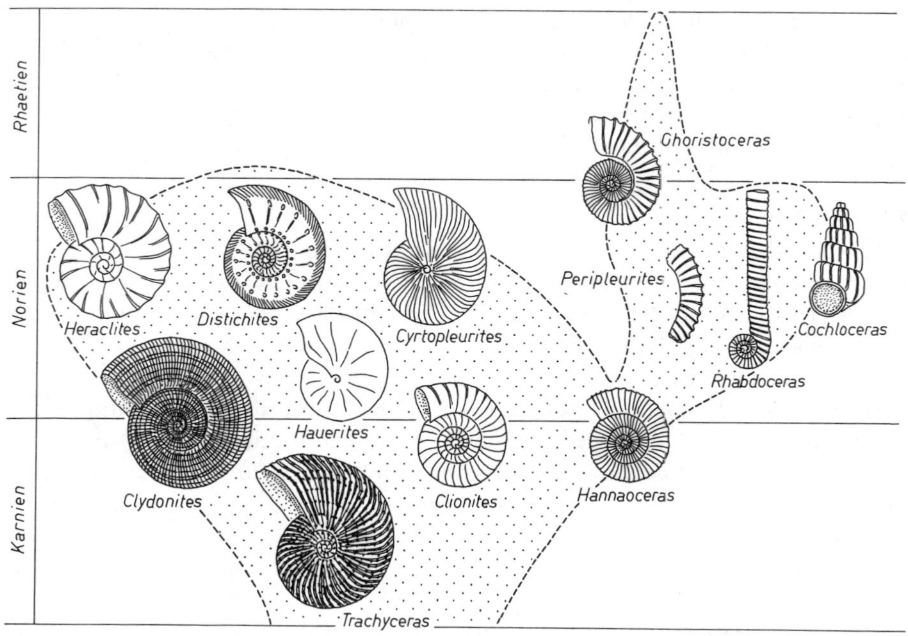

Abb. 78. Phylogenetische Klassifikation. Die „aberranten" Ammoniten der Obertrias hatten geringen stammesgeschichtlichen Erfolg. Sie werden deshalb im System niedrig eingestuft. Nach J. Wiedmann.

d) Phylogenetische Klassifikation

Die phylogenetische Klassifikation verarbeitet das gesamte Evolutionsgeschehen in ein System. Sie berücksichtigt die Verwandtschaft, d. h. das Ausmaß der Gemeinsamkeit im Erbgut, das sich sowohl durch Gemeinsamkeiten im Merkmalsgefüge wie im Zeitpunkt der Trennung zweier Taxa äußern kann. Damit spielen typologische, phänetische und cladistische Elemente auch in eine phylogenetische Klassifikation hinein. Allerdings untersucht sie alle Merkmale auf ihre Bedeutung und wägt ihren taxonomischen Wert in jedem Einzelfall ab.

Neben die Verwandtschaft tritt in der Evolution der stammesgeschichtliche Erfolg. Oft entstehen innerhalb eines Taxons „aberrante" Arten und Artengruppen. Enden sie bald nachkommenlos, so pflegt man sie im System niedrig einzustufen (Abb. 78). Schließt sich an sie jedoch eine größere Zahl von Arten an, die das neue Merkmal verkörpern und variieren, so wird die Gruppe i. d. R. höher bewertet (Abb. 79). Auch die Formen- und Artenfülle kann ein Maß für den Rang eines Taxons sein. Phasenhafte Entfaltung läßt zuweilen die Gliederung in zeitlich aufeinanderfolgende Taxa zu (Abb. 80).

Die Klassifikation auf der Grundlage der Evolution der Organismen berücksichtigt demnach außer dem Alter einer Gruppe ihre morphologische Distanz zu Nachbargruppen und ihren stammesgeschichtlichen Erfolg. Aus einer Synthese dieser Gesichtspunkte erwächst der systematische Rang des Taxons.

e) Horizontale und vertikale Klassifikation

Ein System auf der Grundlage von Evolutionslinien („clades") ist vertikal, eines, das Taxa auf Entwicklungsstufen („grades") begründet, horizontal. Auch die horizontale Systematik kann „natürlich" und ein Ausdruck stammesgeschichtlicher Verwandtschaft sein, wenn ein Taxon (z. B. die Reptilien) in parallelen Linien aus anders organisierten Vorfahren (z. B. den Amphibien) hervorgeht (Abb. 81). Oft ist sie für die stratigraphische Praxis wichtig, wenn Schichten nach einer Entwicklungsstufe benannt oder Fossilien nur nach ihrer Entwicklungshöhe bestimmbar sind.

3. Methoden der Verwandtschaftsforschung

Der einzige Weg, um Verwandtschaftsbeziehungen zwischen fossilen — i. d. R. auch rezenten — Organismen zu erforschen, ist das sorgfältige Studium der Morphologie und eine vergleichende und wertende Analyse aller verfügbarer Merkmale. Rezente Objekte sind darin Fossilien deshalb überlegen, weil man an ihnen vielfältigere Untersuchungen anstellen kann.

Bei Merkmals-Evolutionen lassen sich ursprüngliche (primitive, plesiomorphe) und abgeleitete (apomorphe) Merkmale unterscheiden. Verwandt, d. h. einer monophyletischen Gruppe zugehörig, sind alle diejenigen Formen, bei denen gleichartige abgeleitete Merkmale (Synapomorphien) auftreten, die nicht konvergent entstanden sein dürfen. Gemeinsame ursprüngliche Merkmale (Symplesiomorphien) lassen nicht stets auf engere Verwandtschaft schließen; sie können in weit getrennten Linien erhalten geblieben sein. Den Verwandtschaftsgrad kann man innerhalb einer Zeitebene mit einem Synapomorphie-Schema (W. HENNIG) bestimmen (Abb. 82).

Für rezente Gruppen ohne oder mit sehr lückenhafter fossiler Überlieferung ist diese Methode unentbehrlich. Bei Gruppen mit reicheren Fossilfunden hat sie jedoch entscheidende Nachteile. Die Synapomorphie-Schemata erlauben nur den Vergleich zeitgleicher Funde.

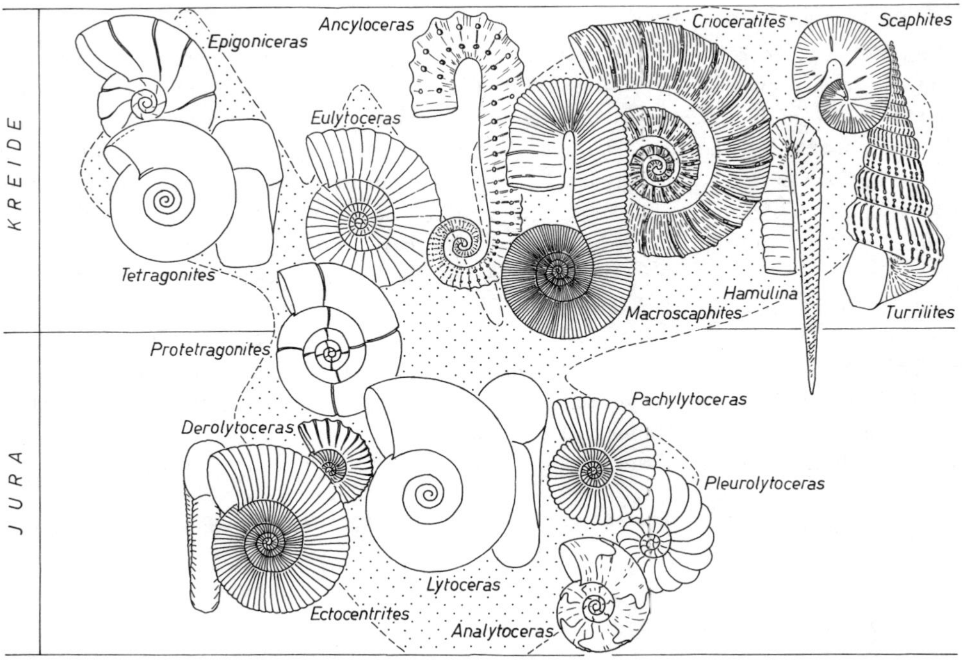

Abb. 79. Phylogenetische Klassifikation. Die „aberranten" Ammoniten der Kreide hatten großen stammesgeschichtlichen Erfolg. Sie entwickelten eine Fülle verschiedener Formen. Im System werden sie deshalb hoch eingestuft.

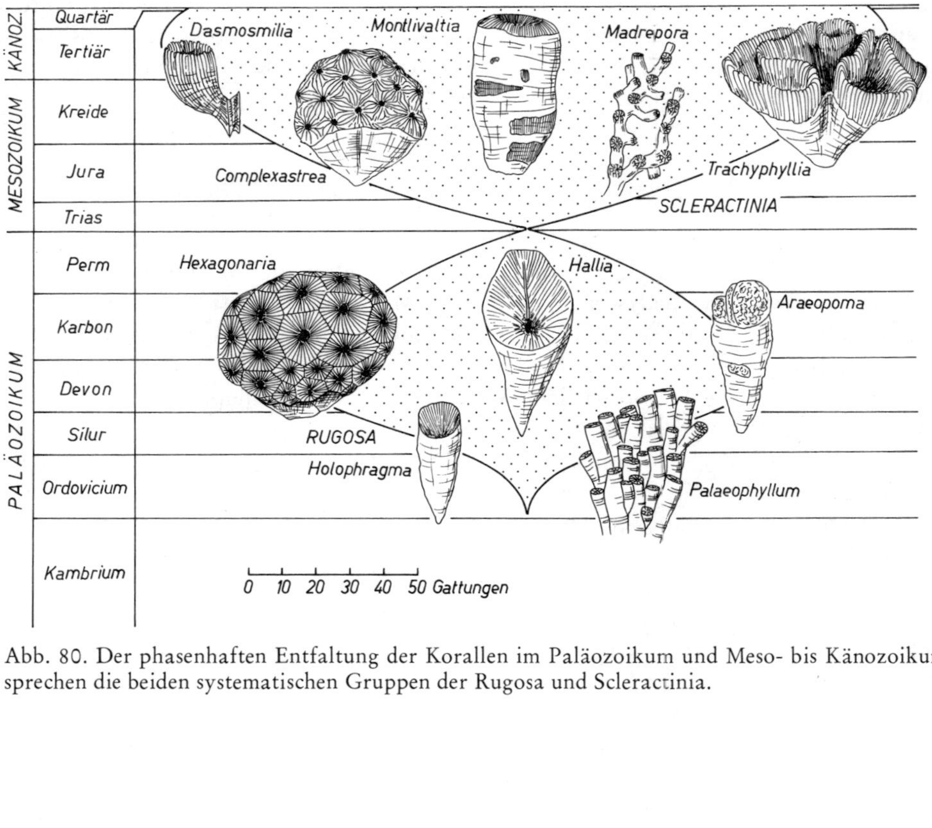

Abb. 80. Der phasenhaften Entfaltung der Korallen im Paläozoikum und Meso- bis Känozoikum entsprechen die beiden systematischen Gruppen der Rugosa und Scleractinia.

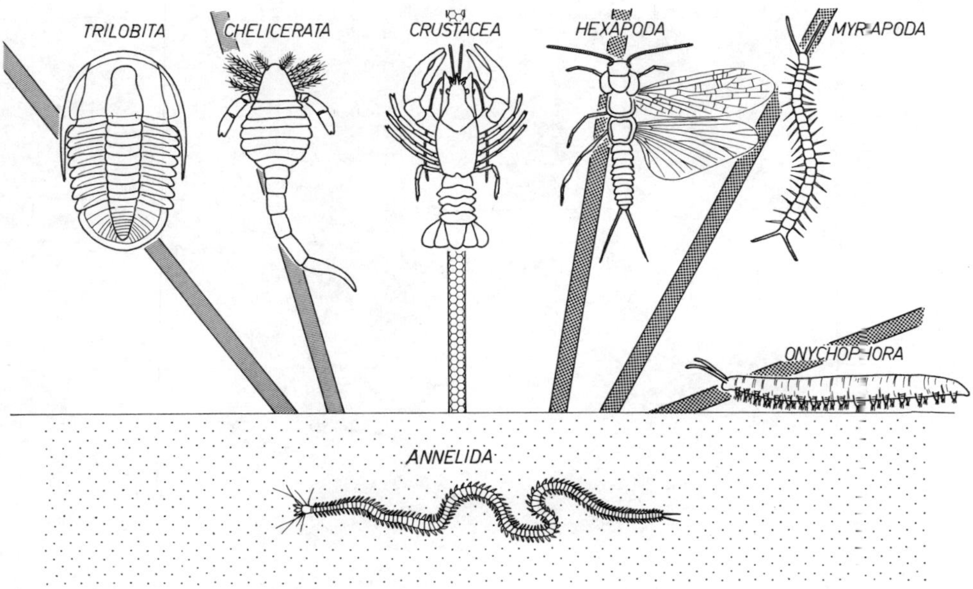

Abb. 81. Die Evolutionslinien der Arthropoden wurzeln wahrscheinlich als mindestens drei unabhängige Gruppen (unterschiedliche Raster!) in den Anneliden. Der Stamm der Arthropoden entspricht deshalb wahrscheinlich einer Entwicklungsstufe. Nach S. M. MANTON.

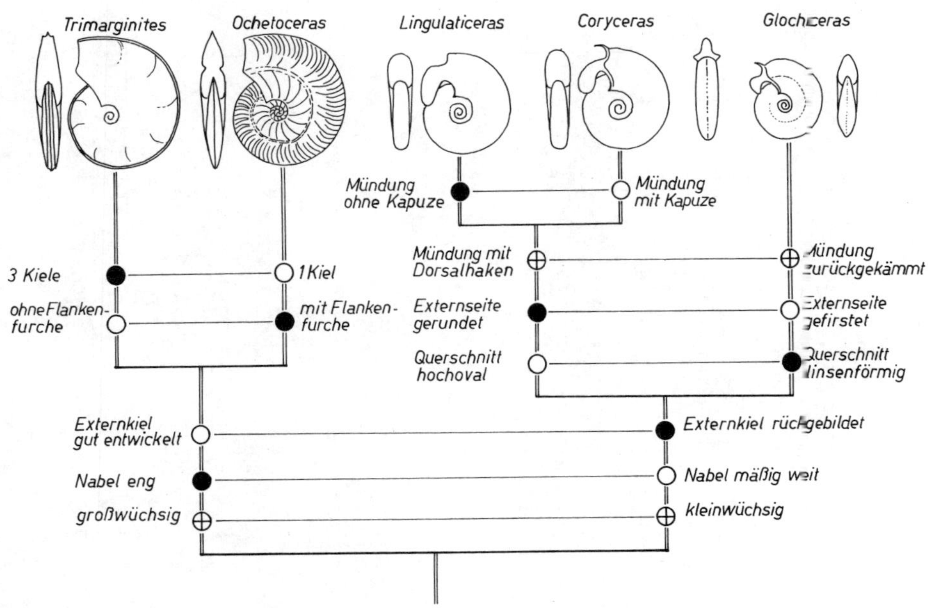

Abb. 82. Konstruktion eines Synapomorphie-Schemas am Beispiel von Ammoniten des oberen Juras. Leere Kreise: Plesiomorphe Merkmale. Schwarz ausgefüllte Kreise: Apomorphe Merkmale. Kreuze: Merkmale, bei denen nicht feststeht, ob sie plesiomorph oder apomorph sind.

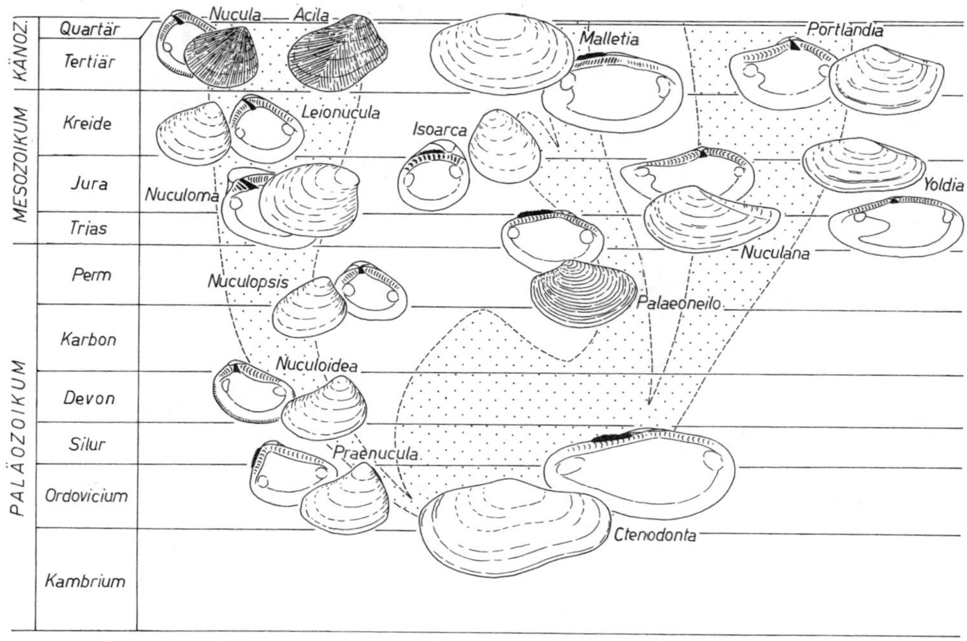

Abb. 83. Die Verwandtschaftsforschung muß darauf achten, daß Konvergenzen und Synapomorphien nicht verwechselt werden. Das Beispiel der ctenodonten Muscheln zeigt, daß zwei wesentliche Merkmale (Lage des Ligamentfeldes und Verlauf der Mantellinie) jeweils in zwei unabhängigen Linien auftreten, also konvergent sind.

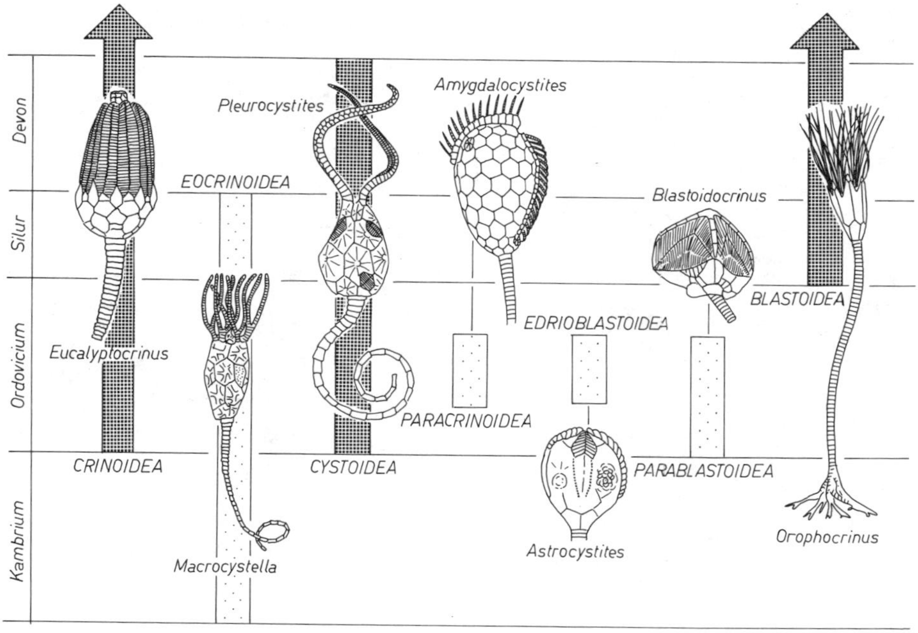

Abb. 84. Die kleinen, zwischen den drei großen Klassen der Crinozoa stehenden Gruppen (lockeres Raster) werden heute vielfach wegen ihrer morphologischen Besonderheiten als eigene Klassen bewertet. Man kann sie jedoch auch als Glieder einer variablen Stammgruppe der Crinozoa auffassen.

Ferner ist es meist unmöglich, an den bei Fossilien erhaltenen Merkmalen Konvergenzen mit der nötigen Sicherheit auszuschließen (Abb. 83).

Verwandtschafts-Forschung bei Fossilien stützt sich oft auf Material, das den allmählichen Wandel der Merkmale zeigt. Die Verwandtschaft vieler Gruppen zueinander läßt sich aus der fossilen Überlieferung direkt ablesen. Dieser reale historische Befund sichert der Paläontologie die entscheidende Stimme in stammesgeschichtlichen Fragen.

4. Bewertung der Kategorien

Taxa lassen sich nur im Zusammenhang mit allen benachbarten Gruppen abgrenzen, ins System einfügen und bewerten. Eine Gattung ist eine Gruppe engstverwandter Arten. Es bleibt jedoch oft dem jeweiligen Bearbeiter überlassen, ob er eine solche Artengruppe als Gattung, Untergattung oder in offener Nomenklatur einstuft.

Entsprechendes gilt für alle höheren Kategorien. Hier fallen die subjektiven Elemente noch mehr ins Gewicht. Der Stand der wissenschaftlichen Erkenntnis, Auffassungen über die Bedeutung einzelner Merkmals-Komplexe und der stets subjektive Vergleich mit anderen Kategorien entscheiden über den Rang eines Taxons. Damit ist er weitgehend vom Empfinden („Fingerspitzengefühl") des Bearbeiters abhängig. Manche Autoren betonen die Unterschiede; der Rang einer Gruppe wird entsprechend hoch gewählt („splitting"). Für andere Forscher gelten bevorzugt die Gemeinsamkeiten; die Gruppe wird demnach niedrig eingestuft („lumping").

Schwierigkeiten bereitet die Bewertung kleiner und kurzlebiger Gruppen zu Beginn einer Radiation (vgl. S. 101, Abb. 84). Eine allein „richtige" Einstufung der Taxa gibt es demnach nicht.

Weiterführende Literatur:

W. Hennig (1966), O. Kraus (1970), D. Marsal (1967), E. Mayr (1967, 1969), O. Pflugfelder (1970), A. Remane (1956), R. Richter (1948), O. H. Schindewolf (1950b), G. A. Schmidt (1966), G. G. Simpson (1961), F. A. Stafleu (1972).

Evolutionslehre

Die Evolution der Organismen ist die Entwicklung ihrer Generationenfolge über lange Zeiträume. Sie beruht auf der Veränderlichkeit der Arten, welche Ch. Darwin[3] (1859) erkannte. Das gesamte Evolutionsgeschehen läßt sich zur Stammesgeschichte (Phylogenie) verknüpfen.

---

3 Ch. Darwin, geb. 12. 2. 1809 in Shrewsbury, 1825—31 Studium in Edinburgh und Cambridge, 1832—36 Teilnahme an der Weltreise des Forschungsschiffes „Beagle", anschließend Leben als Privatgelehrter, 1859 Publikation von „On the origin of species by means of natural selection", gest. 19. 4. 1882 in Down (Kent).

Die Abstammungslehre (Deszendenztheorie)

Der Grundgedanke der Evolutionslehre ist, daß alle heutigen Organismen sich im Laufe der Zeit aus einfacheren Vorfahren entwickelt haben. Zahlreiche Beobachtungen lassen dies als gesichert erscheinen. In der Gegenwart entstehen alle Tiere und Pflanzen auf geschlechtlichem oder ungeschlechtlichem Wege aus ihren Eltern. Dabei können sich manche (körperlichen und geistigen) Eigenschaften verändern. Praktisch nutzbar gemacht wird diese Veränderlichkeit bei der Züchtung von Haustieren und Nutzpflanzen.

Die abgestufte Mannigfaltigkeit der Organismen (vgl. S. 54) läßt sich am besten aus der Evolution verstehen. Merkmale, die für ganze Gruppen bezeichnend sind, deuten darauf hin, daß deren Glieder miteinander verwandt sind und sich auseinander entwickelt haben. Viele Organismen besitzen rudimentäre (rückgebildete) Organe, deren Bau und Funktion aus sich selbst heraus nicht einleuchten. Sie werden verständlich, wenn man annimmt, daß sie bei Vorfahren noch voll (oder anders) entwickelt waren und eine bestimmte Aufgabe hatten (Abb. 89).

Entlegene Inseln im Ozean (z. B. Galapagos-Inseln) werden oft von nur hier vorkommenden (endemischen) Organismen mit speziellen Anpassungen bewohnt. Ihre nächsten, unspezialisierten Verwandten leben auf dem weit entfernten Kontinent. Man muß annehmen, daß unspezialisierte Festlandsbewohner einst auf die Inseln verschlagen wurden und sich dort in der Isolation weiter entwickelten (Abb. 85).

Eine wesentliche Stütze der Abstammungslehre ist der historisch-geologische Befund. Je höher Tiere und Pflanzen organisiert sind, desto später erscheinen sie in der Erdgeschichte. Die Ähnlichkeit der fossilen mit lebenden Arten nimmt in allen Organismengruppen in Annäherung an die Gegenwart zu. Am beweiskräftigsten sind kontinuierliche Abfolgen über längere oder kürzere Zeitabschnitte, in denen sich Form und Bau von Organismen allmählich ändern (Abb. 86, 99, 102, 105, 109).

Alle Beobachtungen und Erkenntnisse der Biologie und Paläontologie stehen mit der Abstammungslehre im Einklang.

Vererbungslehre (Genetik)

Die Vererbungslehre (Genetik) liefert die theoretischen Grundlagen der Abstammungslehre.

1. Träger der Erbanlagen

Das Gepräge eines Individuums ist erblich bestimmt. Träger des Erbgutes sind die Gene. Sie sind zu Chromosomen vereinigt. Diese sind Grundstrukturen des Zellkerns. Ihre Zahl ist

Abb. 86. Zunehmende Ähnlichkeit der Xiphosuren zu rezenten Formen in Annäherung an die Gegenwart. Seit der Trias haben sich die Xiphosuren nur noch unbedeutend weiterentwickelt. →

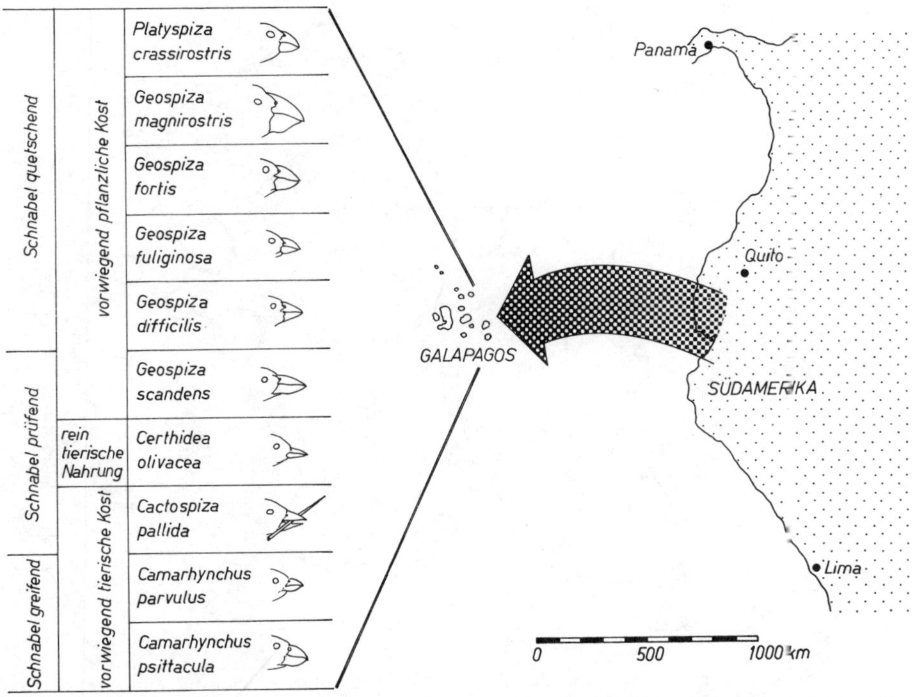

Abb. 85. Anpassung der Galapagos-Finken (Geospizinae) an unterschiedliche Nahrung nach der Einwanderung eines unspezialisierten Vorfahren vom südamerikanischen Festland. Nach R. I. Bowman.

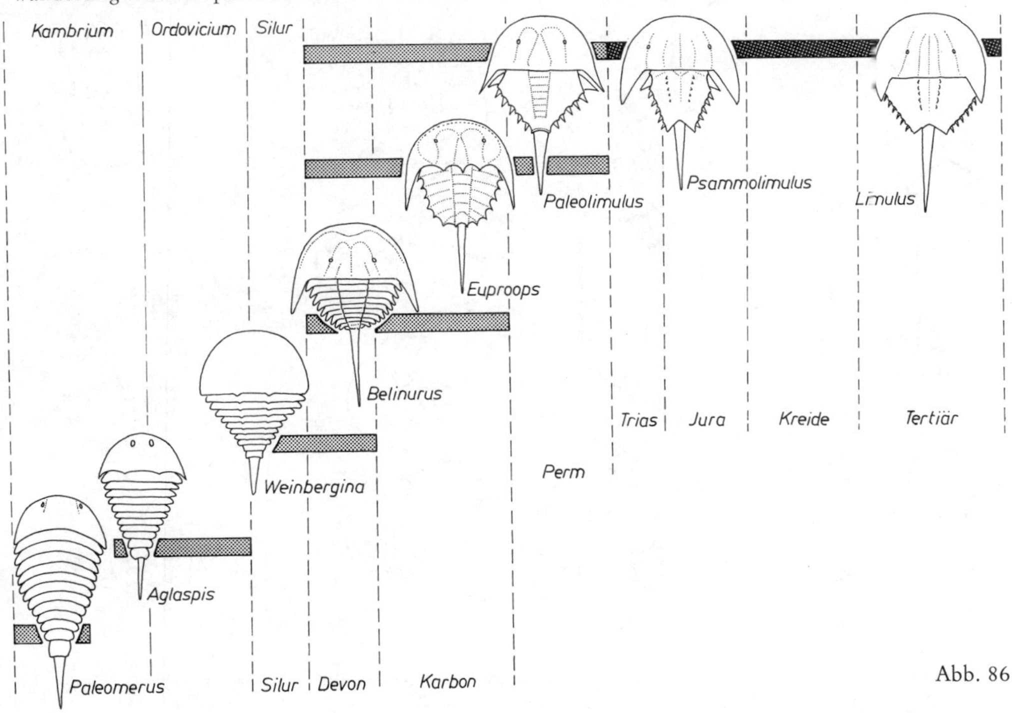

Abb. 86

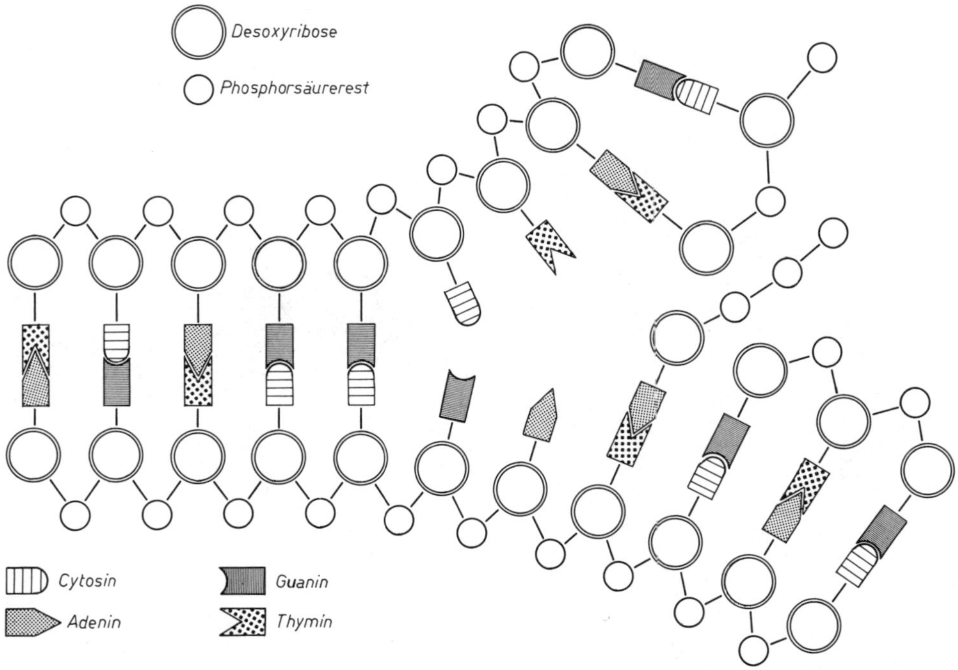

Abb. 87. Schema der Struktur und der Reduplikation der Desoxyribonucleinsäure. Nach A. Egelhaaf. Der Komplex Phosphorsäurerest, Zucker (Desoxyribose) und Stickstoffbase heißt Nucleotid.

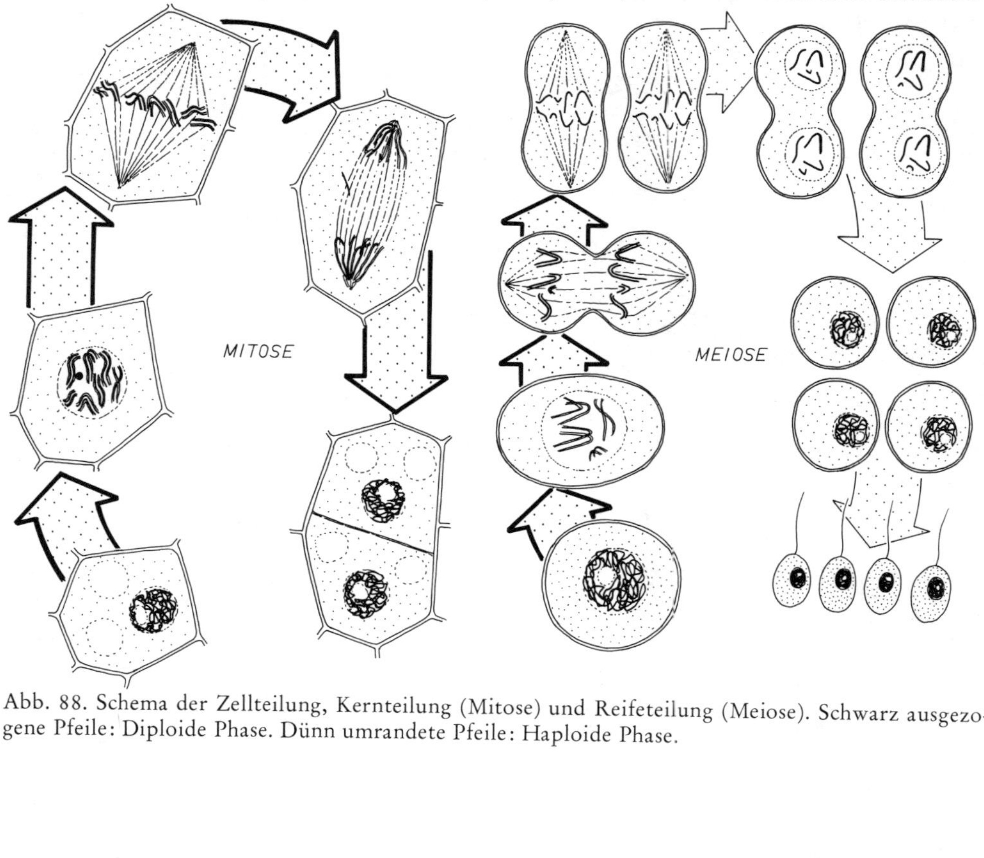

Abb. 88. Schema der Zellteilung, Kernteilung (Mitose) und Reifeteilung (Meiose). Schwarz ausgezogene Pfeile: Diploide Phase. Dünn umrandete Pfeile: Haploide Phase.

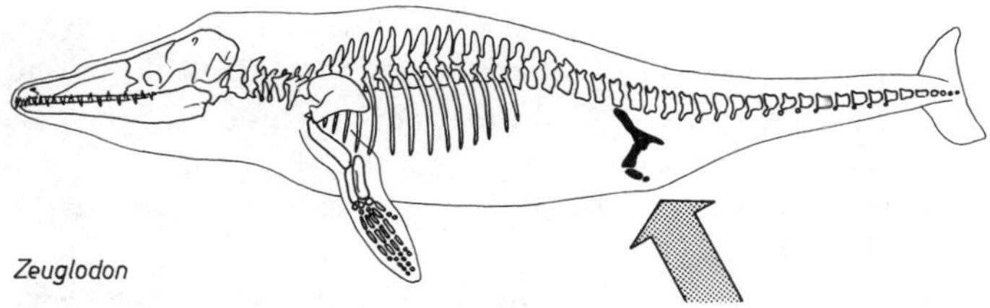

Abb. 89. Rudimentäre Hinterextremitäten bei Walen als Hinweis auf die Abstammung von Tieren mit funktionstüchtigen Extremitäten.

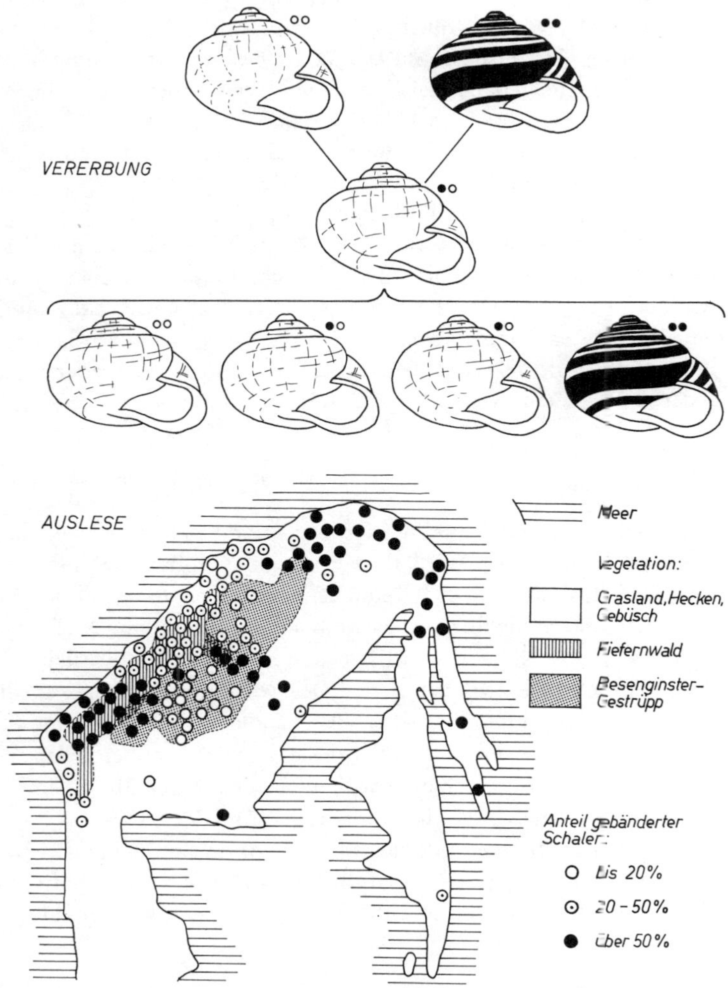

Abb. 90. Vererbung und Selektion am Beispiel der monohybriden Schnecke *Cepaea hortensis* im Nordteil der Insel Hiddensee bei Rügen (Ostsee). Obwohl nach der MENDELschen Spaltungsregel nur 25 % gebänderter Schalen auftreten sollten, übersteigt ihr Anteil stellenweise 50 %, da sie offensichtlich durch die Selektion begünstigt sind. Nach F. A. SCHILDER.

artkonstant. Sie bestehen aus Desoxyribonucleinsäure (DNS oder engl. DNA), die an Proteine gebunden ist. DNS ist ein langes Kettenmolekül mit einer alternierenden Folge von Zuckern (Desoxyribose) und Phosphorsäureresten. An den Zuckern sitzen Stickstoffbasen, von denen vier Typen vorkommen (Abb. 87). Die Abfolge (Sequenz) der Stickstoffbasen stellt die genetische Information (den genetischen Code) dar, die durch Proteinsynthese das Geschehen steuert.

Die Basen wirken als Matrizen. An ihnen lagern sich komplementär die jeweils entsprechenden Basen an, so daß jedes Kettenmolekül eine komplementäre Kette erzeugt. Vor einer Zellteilung spreizt das zu einer Doppelspirale aufgewundene Doppelmolekül auf. Jede Hälfte lagert eine komplementäre Kette an. Die Chromosomen können sich dann längs teilen und an Tochterzellen weitergegeben werden. Auf diese Weise wird das Erbgut unverändert übertragen. Die Rolle des Zellplasmas bei der Vererbung ist erst mangelhaft bekannt.

Bei vielen Organismen gibt es innerhalb einer Art mehrere Varianten einer Eigenschaft. Die entsprechenden, einander homologen Gene heißen Allele. Sie betreffen zahlreiche Eigenschaften von Form und Verhalten. Da i. d. R. je Art viele Allele vorkommen, gibt es eine große Zahl von Merkmalskombinationen. Deshalb sind praktisch alle Individuen einer Art voneinander verschieden.

In der geschlechtlichen Fortpflanzung (vgl. S. 138) werden die Allele ständig neu kombiniert. Dabei verschmelzen zwei Geschlechtszellen (Gameten). Der Chromosomensatz wird dadurch verdoppelt (diploid). Der einfache (haploide) Zustand muß in einer Reifeteilung (Abb. 88) wiederhergestellt werden. Wann sie im Lebenszyklus eingeschaltet wird, ist unterschiedlich. Wirbeltiere sind von der Befruchtung bis zur Bildung der Geschlechtszellen diploid. Viele Protisten sind demgegenüber haploid; die Reifeteilung findet bei ihnen schon in der befruchteten Eizelle (Zygote) statt.

2. Mendelsche Regeln[4]

Enthalten väterliche und mütterliche Erbanlagen dieselben Allele, so ist der Nachkomme reinerbig (homozygot). Wird ein homozygotes Individuum mit einem entsprechenden Partner gekreuzt, so sind alle Nachkommen ebenfalls homozygot. Sie bilden eine „reine Rasse“.

Treffen unterschiedliche Allele aufeinander, so sind die Nachkommen mischerbig (heterozygot). Wirken sich bei diesen Bastarden beide elterlichen Allele aus, so hält das betreffende Merkmal die Mitte zwischen den elterlichen Extremen („intermediäre Bastarde“). Ist eines der beiden Allele dominant, so bewirkt es allein die Ausprägung des Merkmals. Das andere Allel ist dann rezessiv; es ist im Erbgut zwar vorhanden, tritt aber nicht in Erscheinung. Alle Nachkommen zweier unterschiedlich reinerbiger Eltern sind in der ersten (F1-) Generation einander gleich (Uniformitätsregel) (Abb. 90, 91).

Kreuzt man die Bastarde der F1-Generation untereinander, so spalten in der F2-Generation die Erbanlagen auf (Spaltungsregel). Je 25 % der Individuen sind reinerbig, 50 % mischerbig. Bei ihnen entscheidet Dominanz oder Rezessivität über die Ausprägung des Merkmals (Abb. 90).

---

4 G. Mendel, geb. 22. 7. 1822 in Heinzendorf (Mähren), Augustinermönch in Brünn, Entdecker der nach ihm benannten Gesetze über die Verteilung der Erbfaktoren im Erbgang (1866), gest. 6. 1. 1884 in Brünn.

Kreuzt man Träger zweier Allelpaare (Abb. 91), so sind die Erbanlagen in der F2-Generation völlig neu kombiniert (Regel der Neukombination der Gene). Die Kreuzung von Polyhybriden führt damit zu neuartigen reinen Rassen. Wiederum entscheidet Dominanz oder Rezessivität darüber, in welchem Zahlenverhältnis sich die Merkmale ausprägen.

Bei der Reifeteilung können Teile homologer Chromosomen ausgetauscht werden. Dadurch wird die Zahl der Merkmalskombinationen wesentlich größer als die Zahl der Chromosomenkombinationen.

3. Polyploidie

Bei Pflanzen sind häufig, bei Tieren viel seltener die Chromosomensätze der diploiden Phase vervielfacht. Dadurch wird oft das Gleichgewicht der Gene gestört. Vorher nicht wirksame Anlagen können hervortreten; vorher Vorhandenes kann unterdrückt werden. Polyploide können deshalb u. U. erheblich anders aussehen als ihre „normalen“ Verwandten. Meist sind sie jedoch vor allem größer und gegenüber extremen Umwelteinflüssen resistenter. Sie stellen in der Flora der Arktis und hoher Gebirge einen erheblichen Anteil (Altai 65 %, Pamir 85 % der Arten).

Polyploide sind meist weniger fruchtbar als Diploide. Sie pflanzen sich bei Pflanzen oft auch vegetativ, bei Tieren überwiegend parthenogenetisch fort. Polyploide sind wichtig als Nutzpflanzen-Züchtungen. An Fossilien ist Polyploidie nicht nachweisbar.

4. Mutation

Mutationen sind sprunghafte Änderungen des Erbgutes. Ihnen stehen Modifikationen, d. h. nicht erbliche Abänderungen des Merkmalsgefüges (Phänotypus) gegenüber. Mutationen werden durch veränderten Chemismus oder veränderte Geometrie der DNS verursacht. Sind Stickstoffbasen durch andere ersetzt, so ist ihre ursprüngliche Abfolge, d. h. der genetische Code, gestört. Dasselbe tritt ein, wenn der Bau der Chromosomen verändert wird (Abb. 92). Mutationen betreffen viele Merkmale von Form und Verhalten. Es handelt sich i. d. R. um Eigenschaften, durch die sich auch Allele eines Gens unterscheiden. Weiterreichende Wirkungen sind selten.

Meist sind die Träger des neuen Merkmalsgefüges nicht lebensfähig. Die Mutationen sind dann letal (tödlich). Seltener sind sie wertneutral. Nur vereinzelt kommen positive Mutationen vor, die ihren Trägern erhöhte Lebenstüchtigkeit verleihen. Die bessere Eignung kann sich sofort auswirken oder erst dann zur Geltung kommen, wenn die Träger — aktiv oder passiv — in eine anders geartete Umwelt kommen (präadaptive Mutationen). Viele Träger mutierter Erbanlagen sind nicht fortpflanzungsfähig. Andere bringen Nachkommen hervor, auf welche die mutierten Merkmale vererbt werden.

Mutationen entstehen spontan. Auslösende Faktoren sind im Laboratorium ionisierende und kurzwellige nichtionisierende Strahlen, manche Chemikalien und Temperatur-Schocks. Wahrscheinlich sind dies auch die Ursachen der natürlichen Mutationen.

Mutationen drücken sich im Phänotypus bei Haploiden stets, bei Diploiden jedoch nur dann aus, wenn die Mutante dominant oder das Individuum reinerbig ist. Die meisten Mutationen sind allerdings rezessiv.

Die Mutationsrate ist die Häufigkeit, mit der sich Mutationen eines bestimmten Gens ereignen. Sie ist i. d. R. gering (unter 1 : 100 000). Da höhere Tiere und Pflanzen jedoch

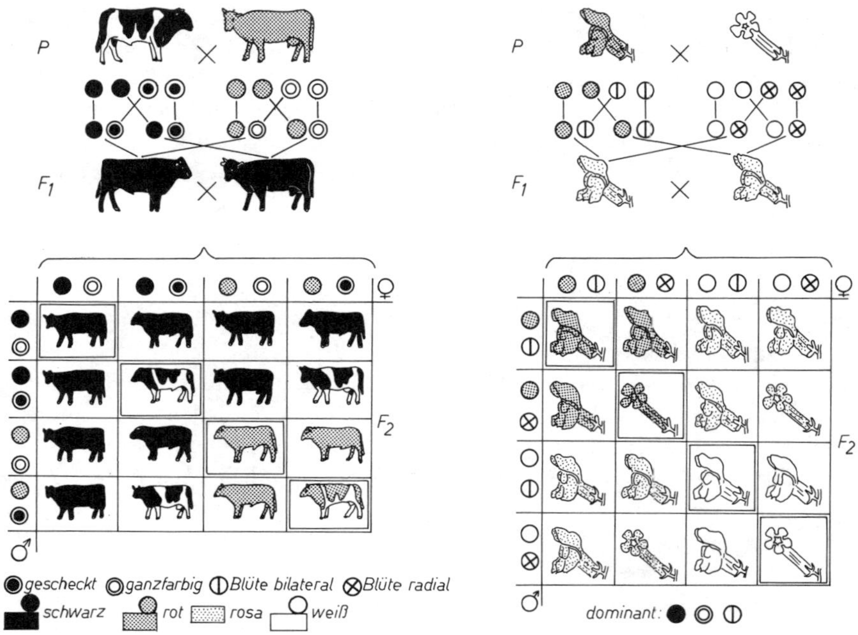

Abb. 91. Schema des Erbgangs bei Dihybriden am Beispiel des Rindes und des Löwenmäulchens. Nach A. KÜHN.

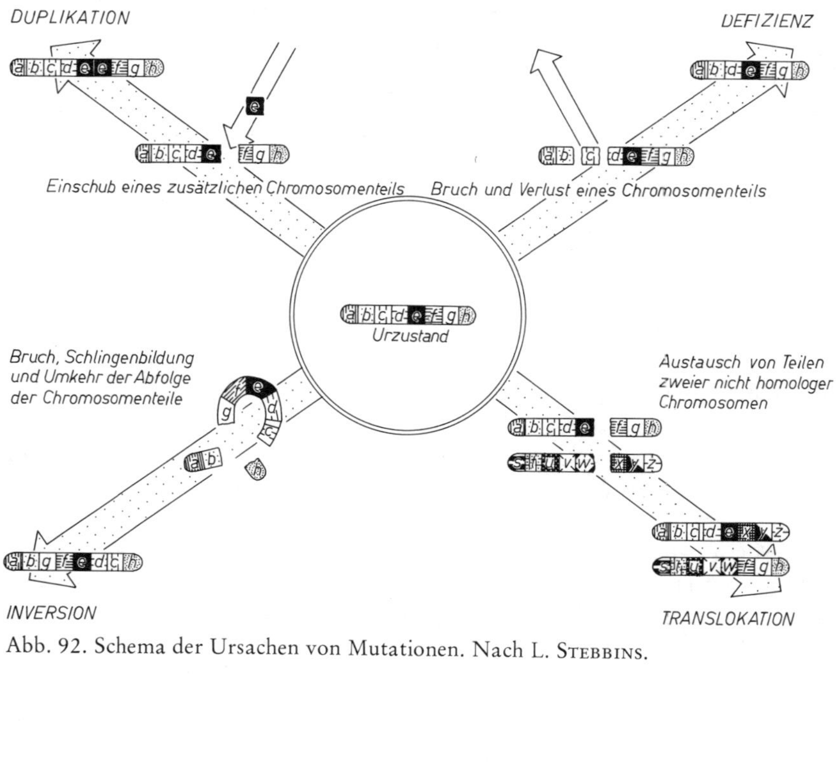

Abb. 92. Schema der Ursachen von Mutationen. Nach L. STEBBINS.

Zehntausende verschiedener Gene besitzen, entstehen damit ständig neue Varianten (bei manchen Populationen tragen bis zu 10 % der Individuen Mutationen!). Dadurch wird die natürliche Variabilität erhalten, an der die Selektion angreifen kann.

Mutationen beeinflussen die Evolution i. d. R. nicht sofort. Sie halten einen Bestand von Allelen verfügbar, der es den Arten erlaubt, sich unter veränderten Umweltbedingungen zu behaupten und weiter zu entwickeln.

5. Selektion

Die Selektion (natürliche Auslese) merzt die zum Leben ungeeigneten Formen aus und läßt nur die funktionstüchtigsten bestehen. Sie erfaßt nur den Phänotypus der Organismen. Auf Erbanlagen, die sich nicht nach außen kundtun, wirkt sie nicht ein. Ob sich Individuen und Arten in ihrer Umwelt behaupten können, hängt von ihrer Reaktion auf chemische, physikalische und biologische Faktoren ab. Entscheidend sind damit ihre Erbanlagen (Gene und Allele).

Die Selektion kann die Sterblichkeit, seltener auch die Geburtenhäufigkeit, beeinflussen. Allmählich werden so die Träger der bevorzugten Anlagen die anderen Individuen verdrängen. Bei allen Arten, die mit ihrer Umwelt im Gleichgewicht sind, stabilisiert die Selektion den optimalen Formenbestand, der allerdings oft nur einen kleinen Teil der möglichen Variabilität darstellt (Abb. 93). Verändern sich Umwelt oder Erbgut, so können bisher benachteiligte Varianten zum Zuge kommen. Ein rezentes Beispiel ist die Ausbreitung des Birkenspanners *(Biston betularia)* in den Industriegebieten Westeuropas. Ursprünglich dominierten helle Exemplare auf hellen Rinden. Heute sind sie auf rußgeschwärzter Rinde leicht sichtbar und werden von Vögeln bevorzugt gefressen. Dunkle Exemplare, ursprünglich benachteiligt, sind jetzt besser getarnt und konnten sich auf Kosten der hellen Variante ausbreiten.

Auch rezessive Anlagen und Mutationen mit bestimmtem Selektionsvorteil können sich durchsetzen. Rezessive Allele breiten sich in einer Population latent aus (auch dann, wenn die Erbanlage unter den augenblicklichen Bedingungen schädlich ist). Allmählich wächst die Wahrscheinlichkeit, daß bei Kreuzungen Homozygote der betreffenden Anlage zustande kommen. Diese werden dadurch relativ angereichert, daß sie geringerer Sterblichkeit unterliegen. Die Zeitdauer, die erforderlich ist, damit sich rezessive Allele mit geringfügigem Selektionsvorteil durchsetzen, ist jedoch erheblich (Abb. 94).

Für die Ausbreitung eines neuen Merkmals sind die Beziehungen zwischen Selektion und Populationsgröße wichtig. Je mehr Nachkommen ein Elternpaar hat, desto geringer ist i. d. R. die Überlebenschance der Jungen. Damit sinkt die Wahrscheinlichkeit, daß Träger einer Mutation oder eines bestimmten Allels bis zur Fortpflanzungsreife gelangen und ihre Erbanlagen weitergeben können. Dann sind große Populationen von kurzer Generationsdauer besser geeignet, Mutationen von bestimmter, geringer Häufigkeit zu bewahren und sich durchsetzen zu lassen. Bei geringer Nachkommenzahl, langer Generationsdauer und größerer Häufigkeit der Mutationen können sie sich u. U. auch in kleinen Populationen rascher durchsetzen.

6. Entstehung der Arten

Verändern sich Merkmale in zeitlich aufeinander folgenden Populationen, so können die Unterschiede schließlich solche Ausmaße erreichen, daß es sinnvoll erscheint, Anfangs- und Endglieder artlich zu trennen. Die dazu erforderliche Zeitdauer ist unterschiedlich.

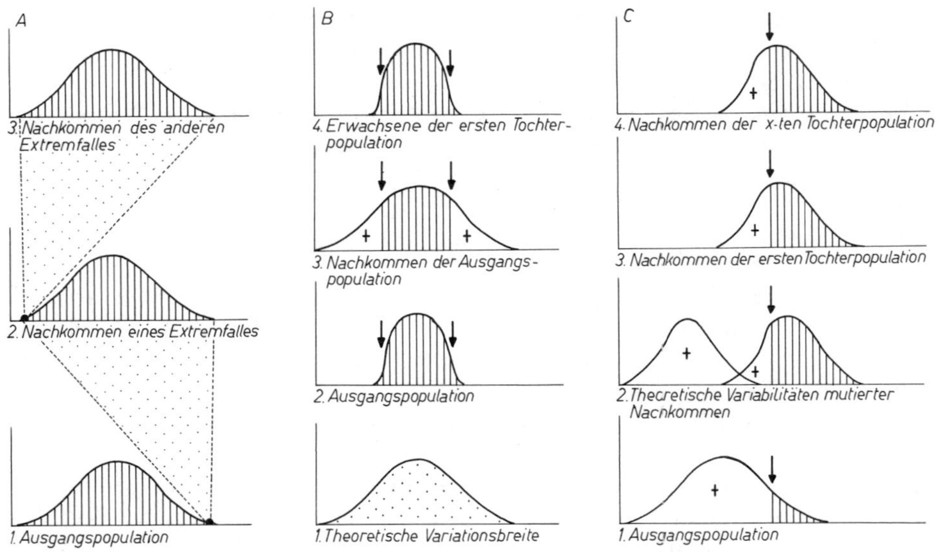

Abb. 93. Schema des Wirkens der Selektion in reinen Linien. A: Nicht-Vererbbarkeit von Modifikationen. B: Stabilisierende Selektion. Pfeile: Grenzen der Lebensfähigkeit. Kreuze: Zugrunde gehende Teile der Populationen. C: Selektion nach Auftreten von Mutationen. Ordinate: Häufigkeit. Abszisse: Variation eines Merkmals.

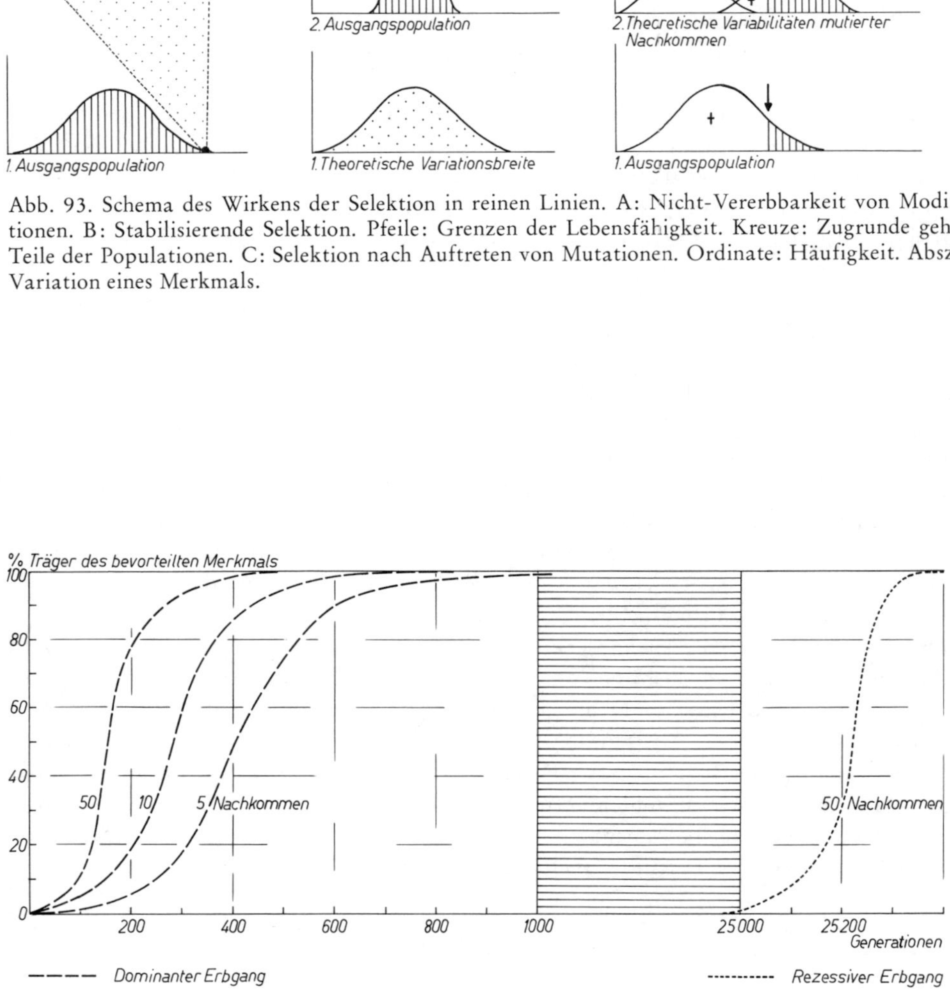

Abb. 94. Zeitdauer, die erforderlich ist, damit sich ein Allel in einer Population durchsetzen kann. Der Selektionsvorteil des Allels soll 1 %, seine Anfangshäufigkeit 1 ‰ betragen und die Größe der Population konstant sein. Nach O. Mittmann.

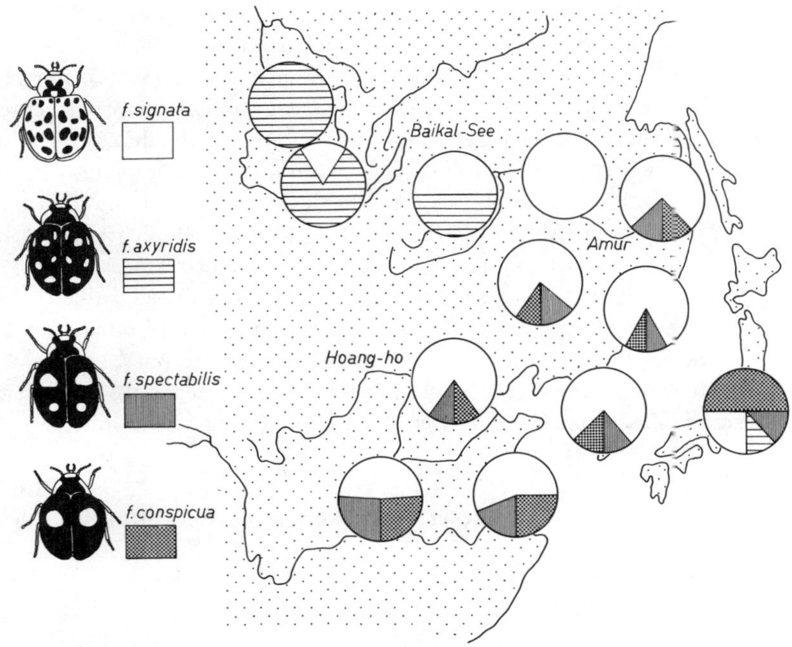

Abb. 95. Regional unterschiedliche Häufigkeit verschiedener Allele in ostasiatischen Populationen des Marienkäfers *Harmonia axyridis*. Nach T. DOBZHANSKY.

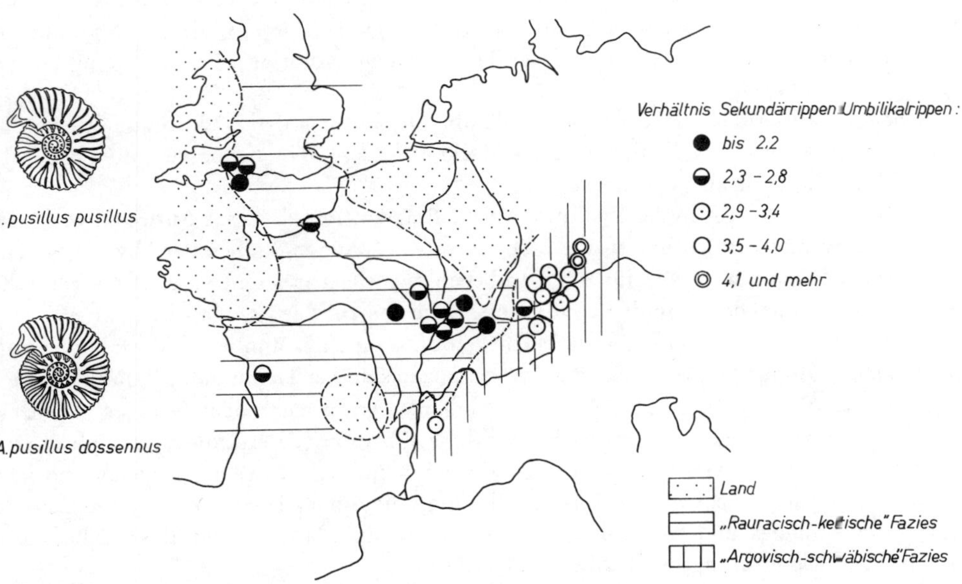

Abb. 96. Regional unterschiedliche Ausprägung von Skulpturmerkmalen, die vermutlich durch Allele bedingt sind, beim oberjurassischen Ammoniten *Aulacostephanus pusillus*.

Ein zweiter Weg der Artbildung führt über die geographische Rasse. Räumlich oder ökologisch isolierte Populationen unterliegen örtlich unterschiedlichen Auslese-Mechanismen. Dadurch wird ihr Allelbestand allmählich verändert (Abb. 95, 96). Mit der Zeit schälen sich morphologisch unterscheidbare Varianten (geographische Rassen) heraus. Diese Vorgänge können sich in sehr kurzer Zeit abspielen (Abb. 97). Allmählich treten neben die räumliche Isolation genetische Barrieren. Die Individuen kreuzen sich nicht mehr und bilden dann getrennte Arten. Ist das erfolgt, so können beide Arten wieder räumlich zusammentreffen, ohne sich zu vermischen (Abb. 98). Um räumlich getrennte Populationen auch genetisch zu isolieren, genügen manchmal geologisch nahezu unmeßbar kurze Zeiten (Abb. 98, aber auch Abb. 237). Artbildung über geographische Rassen ist auch an Fossilien nachweisbar (Abb. 99).

Ältere Auffassungen zur Artbildung glaubten an die Vererbung erworbener Eigenschaften (Lamarckismus) oder an aktive Umkonstruktion des Merkmalsgefüges als Antwort auf veränderte Lebensbedingungen. Solche Ansichten gelten heute als überholt und durch die Einsicht in die Zusammenhänge zwischen Variabilität und Selektion widerlegt.

Gesetzmäßigkeiten der Evolution

Das Evolutionsgeschehen und der Ablauf der Stammesgeschichte lassen eine Reihe von Gesetzmäßigkeiten erkennen.

1. Anpassung und Spezialisierung

Variabilität und Selektion bewirken, daß nur diejenigen Individuen und Arten überleben, die an ihre Umwelt angepaßt (adaptiert) sind. Reagieren sie auf einen Wandel in ihrer Umwelt sehr empfindlich, so sind sie spezialisiert, und das um so mehr, je geringer ihre Reaktionsmöglichkeiten gegenüber sich ändernden äußeren Faktoren sind. Die Spezialisation kann in Form oder Verhalten liegen. Der Trend in der Evolution geht von wenig zu stark spezialisierten Typen.

Überspezialisierung ist nicht möglich, da alle Organismen der Selektion unterliegen. Bei geringem Selektionsdruck kann jedoch ein Merkmal, das z. B. im Sexualverhalten begünstigt wird, bis ins Extreme übersteigert werden.

Ein wichtiger Faktor in der Evolution ist die Präadaption, d. h. das Auftreten von Merkmalen in stammesgeschichtlichen Abläufen, die erst in späteren Stadien der Phylogenie wichtig werden. So sind z. B. die für das Landleben wichtigen inneren Nasenöffnungen schon bei der Fischgruppe der Rhipidistier vorhanden, die demzufolge präadaptiert waren.

Durch Anpassung an eine ähnliche Umwelt entstehen aus ähnlichen Vorfahren weitgehend übereinstimmende Arten. Solche Konvergenzen sind bei Tieren und Pflanzen verbreitet (vgl. S. 71, Abb. 75, 83, 101). Wenn konvergente Arten mehr oder weniger gleichzeitig entstehen, so nennt man das Parallel-Entwicklung. Ebenso wie Iterationen, d. h. gleichartige Gestalten, die nacheinander aus einer einzigen Stammlinie abzweigen, entsteht sie durch übereinstimmende Anpassungen. Solange allerdings die Bindeglieder bei Konvergenzen, Parallel-Entwicklungen und Iterationen nicht gut belegt sind, läßt ein und derselbe Befund oft unterschiedliche Deutungsmöglichkeiten zu (Abb. 102).

Konvergente, parallele oder iterative Formen können nur entstehen und überleben, wenn sie sich in der Selektion gegenüber Konkurrenten durchsetzen können. Heute könnten z. B.

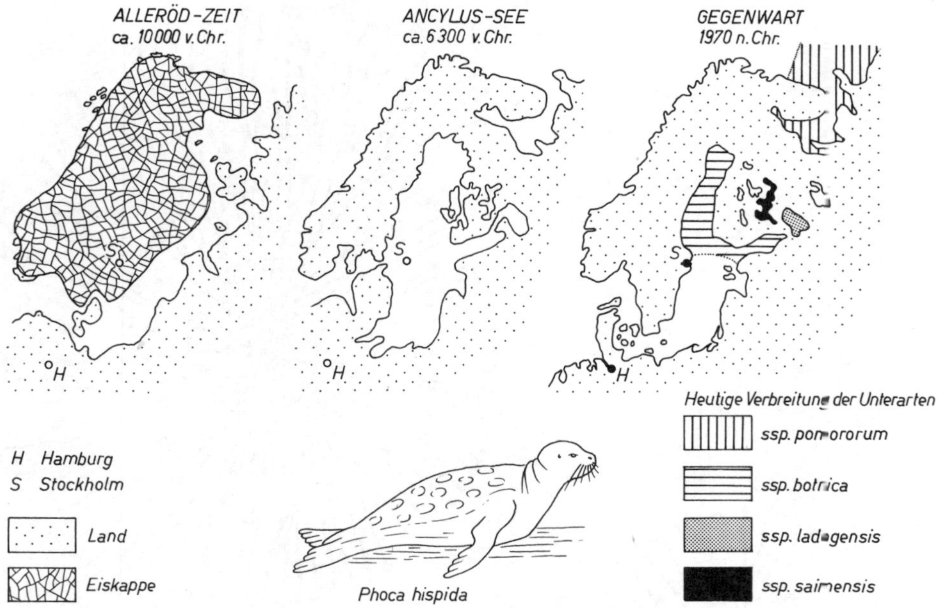

Abb. 97. Die geographischen Rassen (Unterarten) der Robbe *Phoca hispida* in Nordosteuropa und ihre Entstehung in der Nacheiszeit durch geographische Isolierung. Nach L. MÜLLER-WILLE.

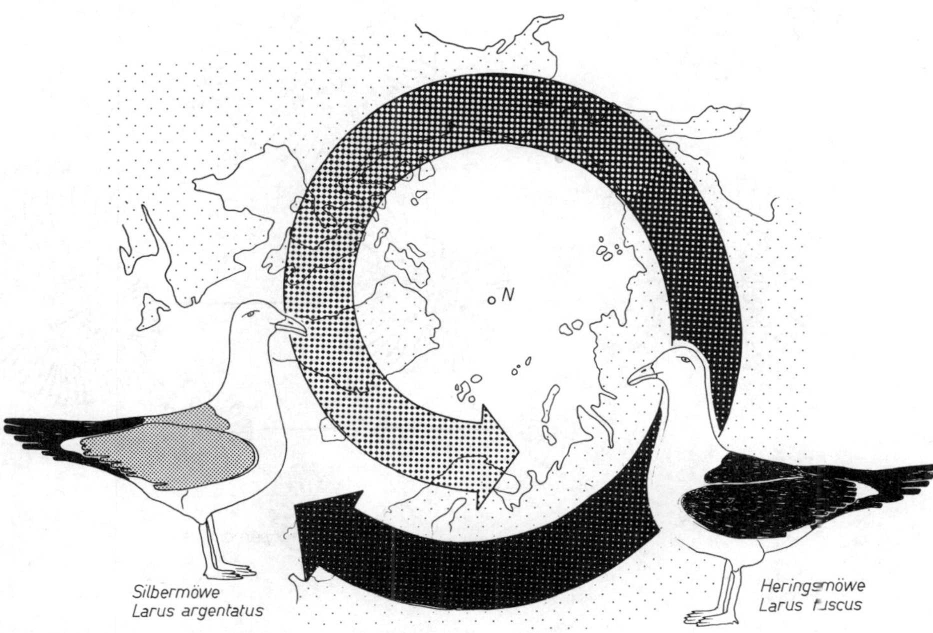

Abb. 98. Der Rassenkreis von Herings- und Silbermöwe im Umkreis des arktischen Beckens. Seine Endglieder verhalten sich zueinander wie selbständige Arten. Während des Pleistozäns bewohnten die Vorfahren des Rassenkreises ein Refugium in Südwestasien.

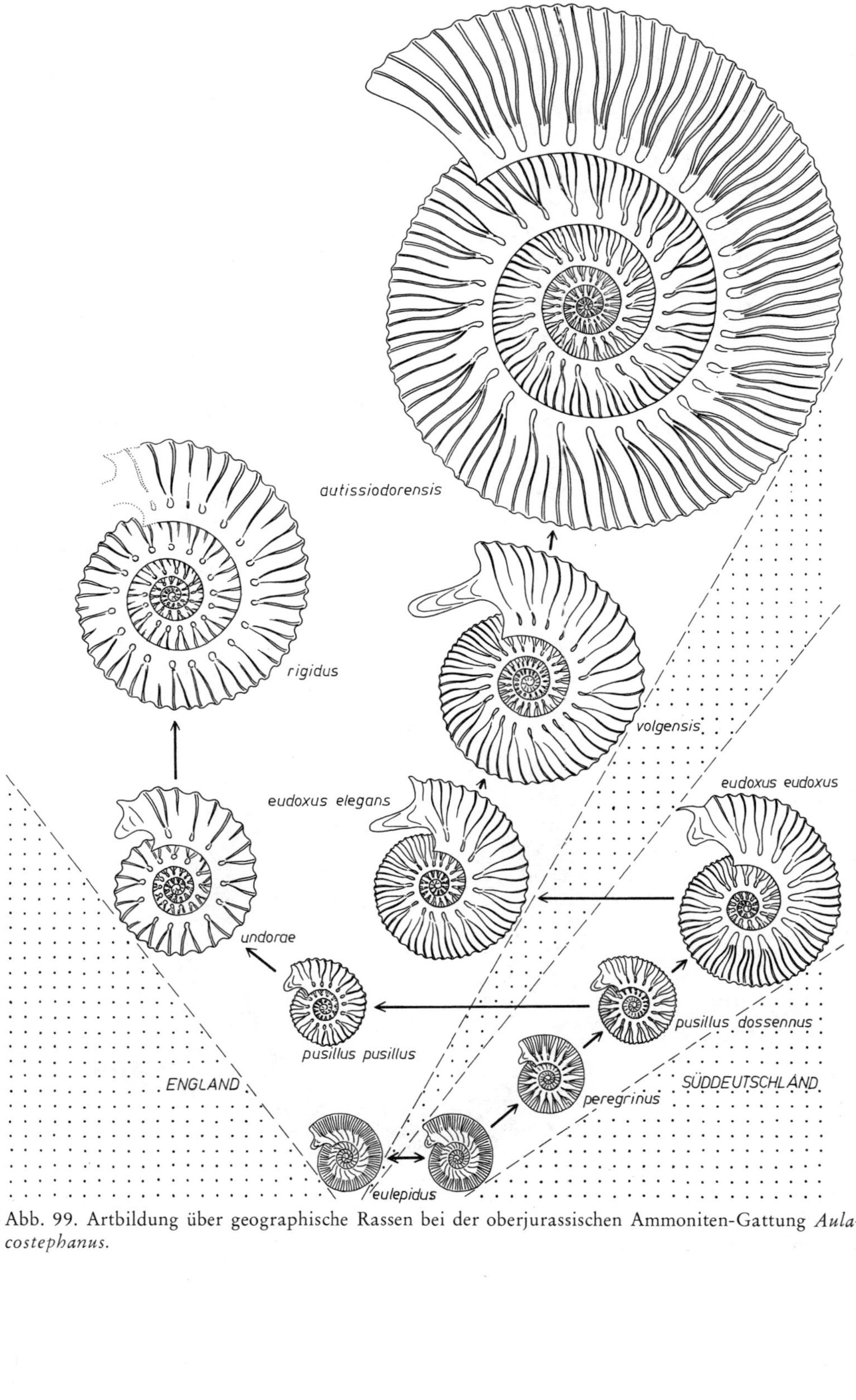

Abb. 99. Artbildung über geographische Rassen bei der oberjurassischen Ammoniten-Gattung *Aulacostephanus.*

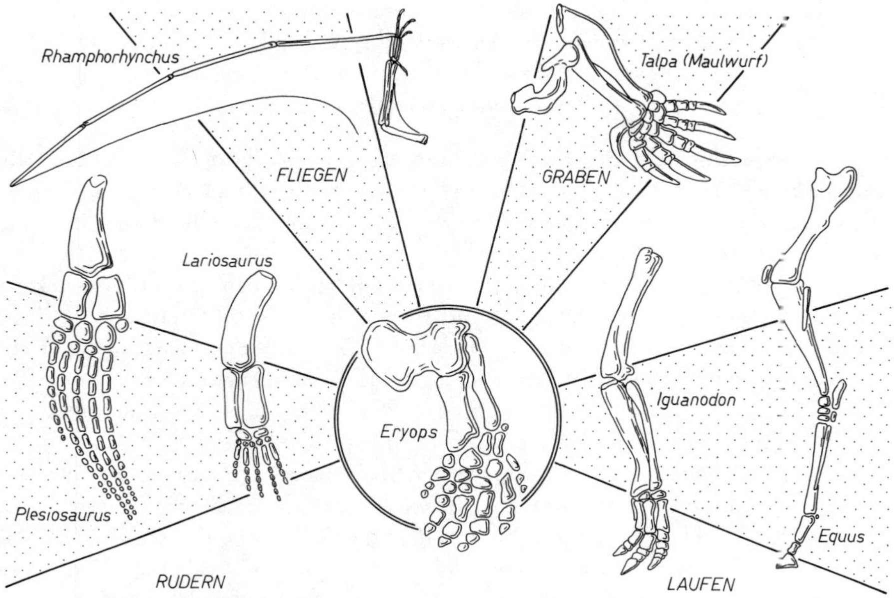

Abb. 100. Spezialisation und Spezialisationsgrad bei Wirbeltier-Extremitäten.

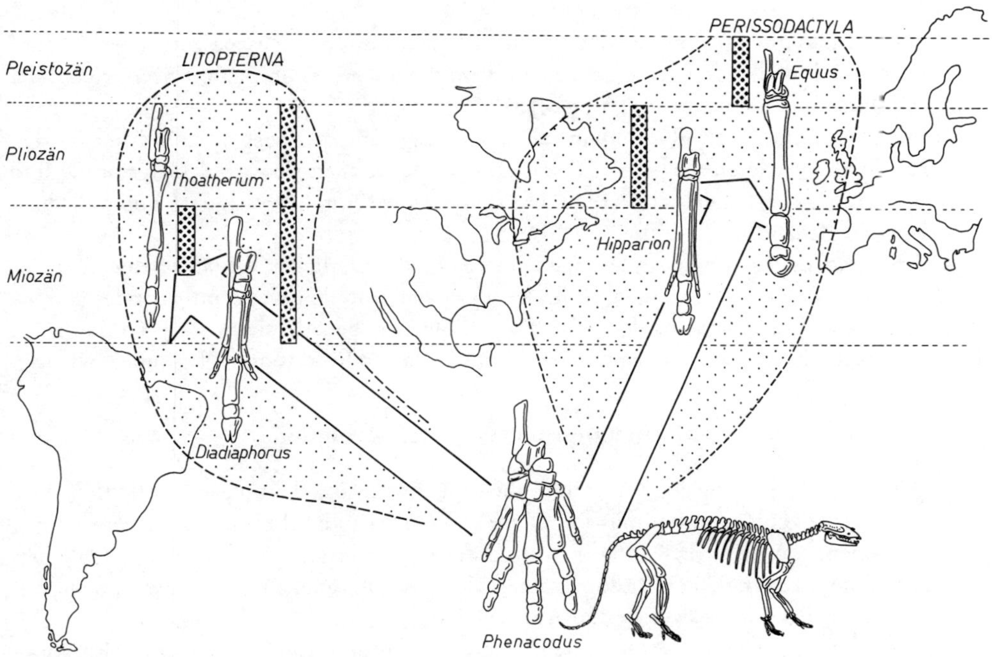

Abb. 101. Parallele Entstehung von einzehigen Huftieren auf der Nordhalbkugel und in Südamerika.

kaum mehr iterativ aus Fischen erneut Tetrapoden entstehen, weil die ökologischen Nischen der Landwirbeltiere mit angepaßten Vertretern besetzt sind.

2. Stammesgeschichte und Umwelt

Stammesgeschichte und Umwelt stehen in enger Wechselbeziehung. Die Umwelt stellt die Biotope bereit; jeder Wandel der äußeren Faktoren beeinflußt auch die Lebensmöglichkeiten. Die Organismen drängen mit Hilfe ihrer Variabilität auf Besiedlung aller Biotope und verändern dadurch wieder z. T. die Umwelt.

Voraussetzung, daß leere Biotope besiedelt werden können, ist eine erweiterte Variabilität und eine ausreichende Organisationshöhe. So konnten die Pflanzen erst das Land besiedeln, nachdem bei ihnen an der Wende Silur/Devon Leitungsgefäße aufgetreten waren. Erst dann fanden auch Tiere (Cheliceraten) die Lebensgrundlage am Lande. Weder das „innere" Angebot an Variabilität bzw. Evolutionshöhe, noch der Einfluß äußerer Faktoren allein genügt, um die Stammesgeschichte zu erklären.

Jeder Wandel äußerer Faktoren muß über Auslesevorgänge stammesgeschichtliche Folgen haben. Die Zahl verfügbarer Biotope, die eine Funktion der Fläche ist, bestimmt Formenfülle und Artenzahl einer Gruppe. Nimmt man die Gliederung der Erdoberfläche in Tiefsee, Kontinentalabhang, Schelf, Flachland und Gebirge (Abb. 172) als beständig an, dann muß die Fläche des Schelfs bei Transgressionen zu-, bei Regressionen abnehmen. Bei einer Regression wird der Schelf nicht nur meerwärts verlagert, sondern durch die im Kontinentalabfall steiler werdende Böschung zugleich schmaler. Damit sinkt die Zahl der verfügbaren Biotope vor allem im äußeren Schelf bei einer Regression und steigt bei einer Transgression. In Zeiten der weltweiten Regression vermindert sich also die Formenfülle von Schelfbewohnern, in Zeiten der Transgression nimmt sie zu (Abb. 104).

Entsprechendes gilt für die Tierwelt der eiszeitlichen Tundren. Rasche Klimawechsel und Heranrücken der Wälder bis nahe an den Eisrand verringern Biotopzahl und Formenfülle von Tundrentieren einschneidend (vgl. S. 212).

Orogenesen können den Großablauf der Stammesgeschichte dagegen nicht beeinflussen. Dasselbe gilt für Eiszeiten insgesamt. Solche Ereignisse können sich wohl kleinräumig und für einzelne Biotope erheblich auswirken. Für die gesamte Stammesgeschichte sind sie jedoch von geringerer Bedeutung.

Wichtig sind dagegen alle Änderungen im Energiehaushalt der Organismenwelt. Jeder Wandel bei den Primärproduzenten, d. h. den Pflanzen, und den sie beeinflussenden Faktoren muß für die Konsumenten, d. h. die Tiere, Folgen haben. Deshalb sind Vorgänge im Phytoplankton für das marine Leben, in der Landvegetation für Landtiere besonders wichtig.

3. Richtungslose und gerichtete Evolution

Da Mutationen richtungslos sind, muß auch die Evolution richtungslos verlaufen. Das äußert sich in einer Fülle von Bauplänen mit ein und derselben Funktion. Andererseits schöpfen Organismengruppen i. d. R. alle ihr durch die Konstruktion gegebenen Möglichkeiten aus, um die ihnen zugänglichen Biotope zu besiedeln. Ein Beispiel sind die Gastropoden mit der Vielfalt ihrer Ernährungsweisen und Aufenthaltsorte.

Daneben gibt es jedoch die sogenannte gerichtete Evolution. Ein Beispiel ist die Entwicklungsreihe der Pferde. Die Umbildung der fünfzehigen zur einzehigen Extremität und die

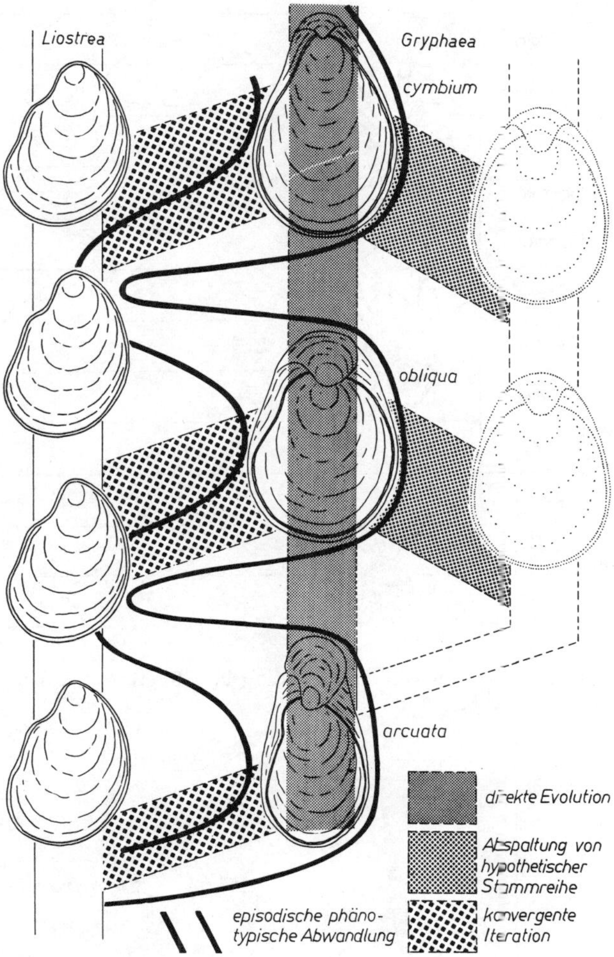

Abb. 102. Verschiedene Deutungsmöglichkeiten eines fossilen Befundes. Die Reihe der Gryphaeen im unteren und mittleren Unterjura läßt sich theoretisch mit vier verschiedenen Modellen deuten.

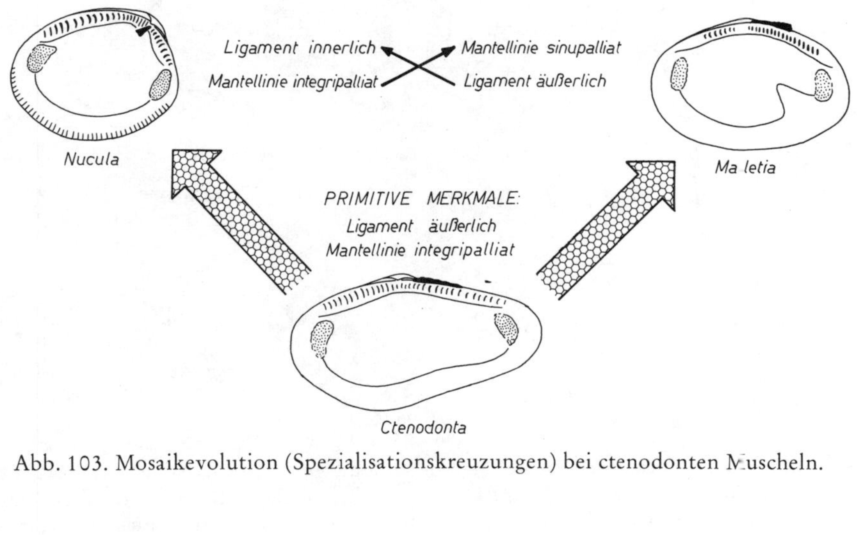

Abb. 103. Mosaikevolution (Spezialisationskreuzungen) bei ctenodonten Muscheln.

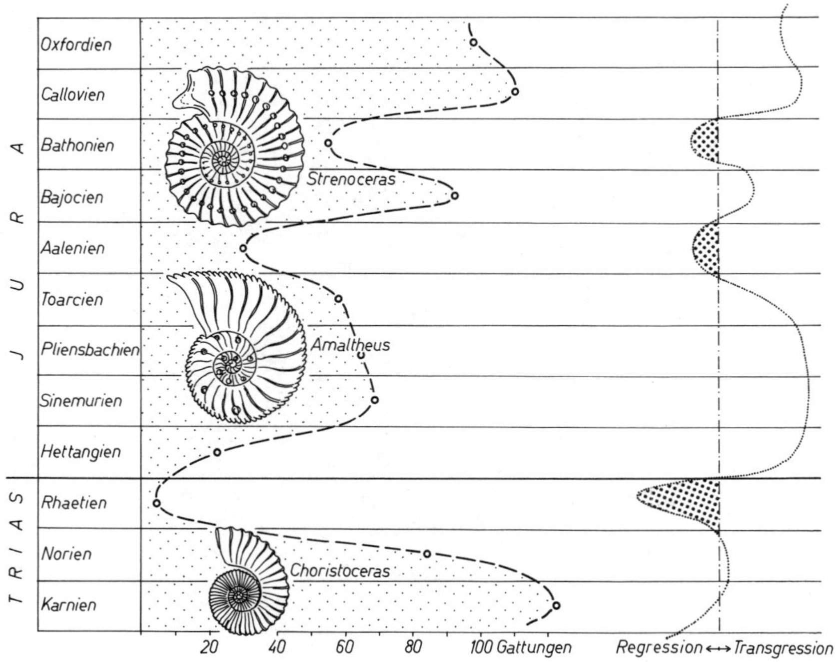

Abb. 104. Einfluß von Transgression und Regression auf die Mannigfaltigkeit von Ammoniten in Obertrias bis Mitteljura.

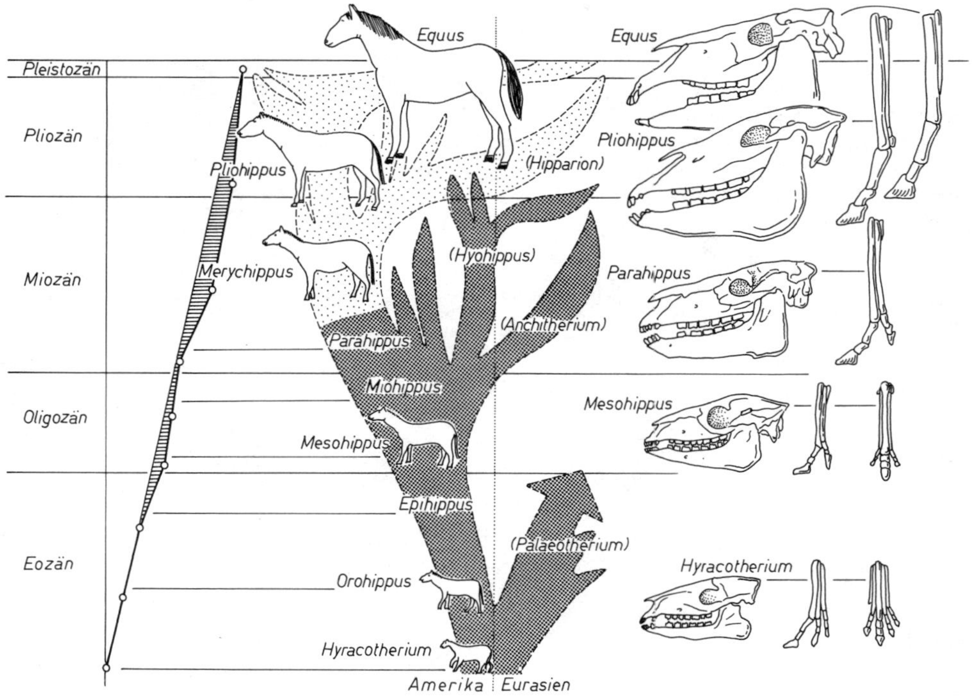

Abb. 105. Die Evolution der Pferde. Man beachte die gerichtete Zunahme der Körpergröße. In dem Diagramm links stellt die Gerade eine kontinuierliche, die durch Kreise verbundene Linie die tatsächliche Geschwindigkeit der Umbildung des Habitus dar. Im Diagramm dicht punktiert: Laubfresser. Locker punktiert: Grasfresser. Nach G. G. SIMPSON.

Größenzunahme des Körpers verlaufen wie zielstrebig gerichtet (Abb. 105, 106). Da diese Umbildungen durch die Selektion gesteuert werden, sind auch die gerichteten Evolutionsvorgänge letztlich umweltbedingt. Durch die einmal erfolgte Anpassung an eine bestimmte Lebensweise kann die Selektion immer diejenigen Formen bevorzugen, die optimal konstruiert sind. Zu berücksichtigen ist, daß hierbei nicht nur Faktoren der unbelebten Umwelt, sondern z. B. auch das Verhalten gegenüber Artgenossen (Paarungsverhalten, Drohgesten) von Belang sind. Es sind also keine inneren Vorgänge, sondern das lange andauernde Wirken derselben Auslesefaktoren, welche die gerichtete Evolution bedingen. Soweit sie als innerer Antrieb auf ein Ziel hin (Orthogenese) verstanden wird, ist sie nicht ernsthaft zu diskutieren.

Zielstrebigkeit kann dadurch vorgetäuscht werden, daß konstruktiv kein anderer als der beschrittene Weg möglich war. Das gilt z. B. für die Entstehung säulenförmiger Extremitäten großer Landwirbeltiere. Knochen sind proportional dem Querschnitt belastbar. Das Volumen des Körpers wächst dagegen bei Größenzunahme in der dritten Potenz. Deshalb müssen tragende Knochen schwerer Tiere massig sein.

Eine verbreitete gerichtete Entwicklung ist die phylogenetische Größensteigerung (COPEsches Gesetz). Sie ist so verbreitet (vgl. Durchschnittsgrößen von Goniatiten, Ceratiten und Ammoniten; Evolution der Pferde und Elefanten; Größenzunahme der Säugetiere und Landpflanzen u. a.), daß Ausnahmen auffallen. Auch sie ist durch die Selektion bedingt. Größere Organismen sind begünstigt, da sie eine relativ kleinere Körperoberfläche als kleine haben und da ihr Nahrungsbedarf relativ geringer ist. Zudem sind sie oft leistungsfähiger.

Ebenfalls gerichtet verläuft die Höherentwicklung (Anagenese). Da in einer variablen Population die funktionstüchtigsten Individuen durch die Selektion begünstigt sind, wird die Evolution auf die gesteigerte Vervollkommnung vorhandener und Entstehung neuer Organe gedrängt. Deshalb entstehen allmählich immer höher organisierte Formen (Abb. 107).

Meist ersetzt der Zuwachs an Typen nicht das Vorhandene, sondern erschließt sich neue, noch ungenutzte Biotope. So konnten die Muscheln mit dem Erwerb leistungsfähiger Siphonen und Kiemenpumpen das Sediment-Innere besiedeln, die Säugetiere mit ihrer konstanten Körpertemperatur Klimazonen, die den Reptilien verschlossen waren. Die Evolution verläuft demnach additiv.

Bei der Höherentwicklung evolvieren nicht alle Organe mit gleicher Geschwindigkeit. Bestimmte Merkmale können schon eine höhere, andere noch die niedrigere Evolutionsstufe anzeigen. Man nennt das Mosaikevolution. Ein Beispiel ist der Urvogel *Archaeopteryx*. Vogelhaft sind an ihm u. a. die Federn, die Umbildung der Vorderextremität und der verschmolzene Tarsometatarsus. Reptilhaft sind die bezahnten Kiefer, die Krallen der Hand und der lange Schwanz.

Verlaufen Höherentwicklung oder Anpassung bei zwei Gruppen in verschiedener Richtung, so können zwischen ihnen sogenannte Spezialisationskreuzungen auftreten. Bei der ersten Gruppe ist dann ein erstes Organ primitiv, ein zweites abgeleitet gebaut, während bei der zweiten Gruppe die umgekehrten Verhältnisse vorliegen (Abb. 103).

4. Irreversibilität

Das Gesetz der Irreversibilität der Entwicklung (DOLLOsche Regel) besagt, daß die Evolution nicht umkehrbar ist. Zwar ist nachgewiesen, daß Mutationen manchmal durch Rückmutationen aufgehoben werden, wenn die ursprüngliche Sequenz der Stickstoffbasen in der DNS wiederhergestellt wird. Sobald nicht nur eine einzige Mutation, sondern Komplexe von

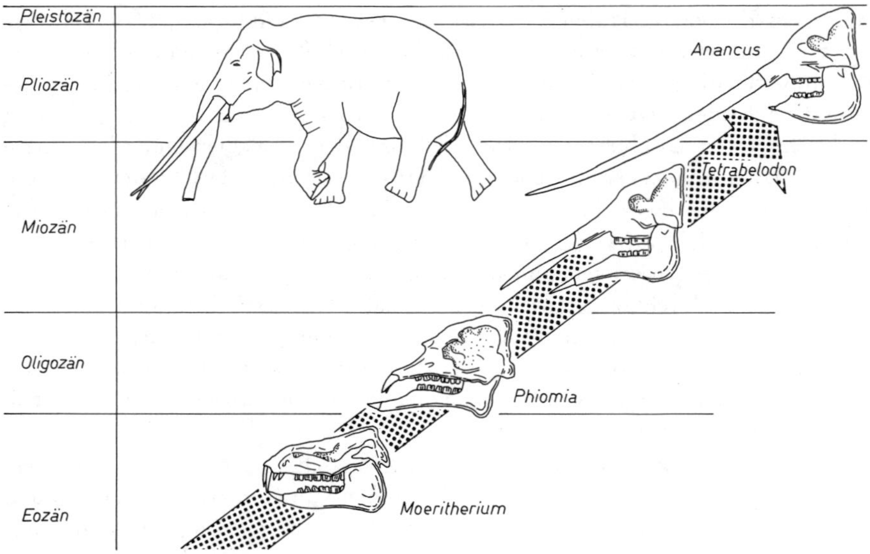

Abb. 106. Gerichtete Entwicklung in der Evolution der Proboscidier. Die Länge der oberen Schneidezähne (Stoßzähne) nimmt im Verlauf des Tertiärs immer mehr zu.

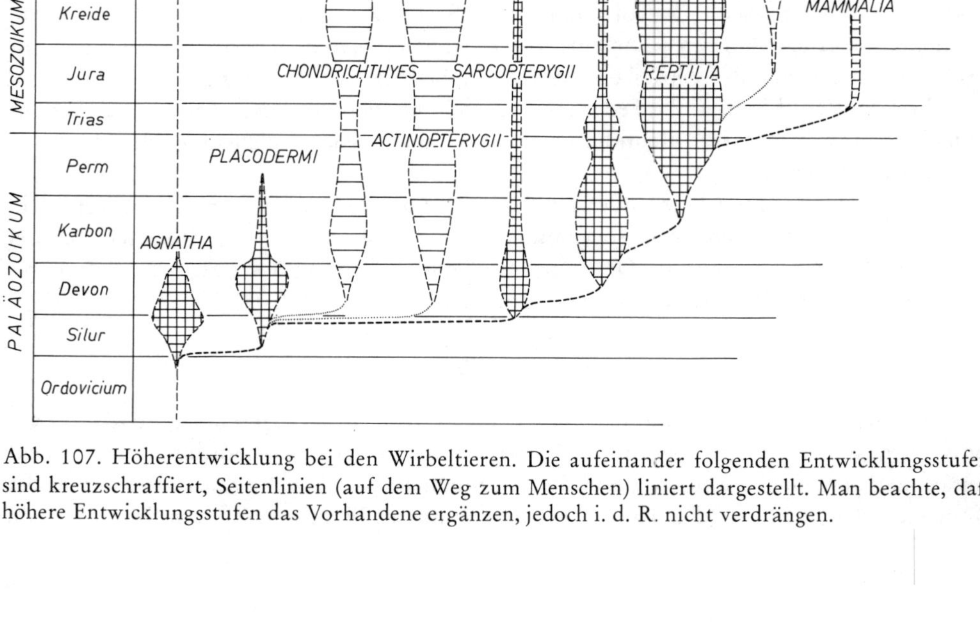

Abb. 107. Höherentwicklung bei den Wirbeltieren. Die aufeinander folgenden Entwicklungsstufen sind kreuzschraffiert, Seitenlinien (auf dem Weg zum Menschen) liniert dargestellt. Man beachte, daß höhere Entwicklungsstufen das Vorhandene ergänzen, jedoch i. d. R. nicht verdrängen.

Mutationen stattgefunden haben, ist es praktisch unmöglich, alle Veränderungen im Bau der DNS rückgängig zu machen. Deshalb ist es zwar möglich, daß einzelne Formcharaktere rückgebildet werden und später erneut auftreten. Es ist jedoch nahezu ausgeschlossen, daß komplexe homologe Organe wieder entstehen. Werden sie erneut benötigt, so müssen sie auf anderem Wege (analog) gebildet werden (Abb. 108). Ein bekanntes Beispiel hierzu ist die Umbildung des Panzers gewisser wasserlebender Schildkröten.

Manchmal werden Ausnahmen von der DOLLOschen Regel vorgetäuscht. So kommt es vor, daß mit der Körpergröße weitere Merkmale gekoppelt sind. Sie prägen sich damit nur in fortgeschrittenen ontogenetischen Stadien aus. Wenn eine (abgeschwächt) neotene Entwicklung (vgl. S. 58) einsetzt, werden die Organismen mit dem Aussehen von Jungtieren erwachsen. Steigert sich die Körpergröße später wieder, so treten auch die mit ihr gekoppelten Merkmale erneut auf (Abb. 109).

Auch Modifikationen können reversible Entwicklungen vortäuschen. Die Abwandlungen der Schnecke *Gyraulus trochiformis* im Obermiozän des Steinheimer Beckens (Württemberg) wurden durch äußere Faktoren (Wassertemperatur, Salze) bewirkt. Das Erbgut wurde nicht verändert, nur der Phänotypus wandelte sich in Anpassung an die Umwelt (Abb. 110). Auch pliozäne Schnecken der Gattung *Viviparus* veränderten in Südosteuropa in Reaktion auf Salinitätsschwankungen reversibel ihre Skulptur.

In diesen Zusammenhang gehören auch die Erscheinungen der sogenannten Alleldrift. Bei Foraminiferen des Juras und der Kreide ist beobachtet, daß bestimmte Merkmale (z. B. Längen/Breiten-Verhältnis der Oberkreide-Gattung *Bolivinoides*) in zeitverschiedenen Populationen variieren (vgl. auch Abb. 111). Wird die verschiedene Ausprägung des Merkmals durch Allele eines Gens verursacht, so heißt das, daß die Häufigkeit der Allele in den Populationen in Raum und Zeit schwankt.

5. Biogenetisches Grundgesetz

Bei vielen Organismen ähneln frühontogenetische Stadien dem Aussehen der Stammformen bzw. ihren Jugendstadien. Das Biogenetische Grundgesetz (HAECKELsche Regel, Palingenese) formuliert diese Beobachtungen im Satz „Die Ontogenie ist eine abgekürzte Wiederholung (Rekapitulation) der Phylogenie". Streng genommen ist sie allerdings eine Wiederholung der individuellen Ontogenesen, aus denen sich die Stammesentwicklung zusammensetzt (Abb. 112).

Die Zahl der Beispiele ist groß. Embryonen der höheren Wirbeltiere durchlaufen Stadien mit Kiemenspalten und Ruderschwanz. Das steht im Einklang mit der Evolution der Wirbeltiere von kiemenatmenden Fischen zu lungenatmenden Tetrapoden. Freischwimmende Seelilien der Gegenwart sind in der Jugend — wie ihre Vorfahren zeitlebens — mit einem langen Stiel am Substrat angeheftet. Manche Cephalopoden des Paläozoikums (Goniatiten) legen in ihrer Ontogenie an den Rändern ihrer Kammerscheidewände eine zunehmende Zahl von Falten (Loben) an. Das stimmt mit ihrer Phylogenie überein, die mit Formen beginnt, deren Kammerscheidewände durch wenige Loben verfaltet sind.

Das Biogenetische Grundgesetz wird durch die Erscheinungen der Proterogenese zuweilen modifiziert. Auch hier sind i. d. R. die allerfrühesten Stadien nach der Art der Vorfahren gebaut, doch tritt dann schon bald ein neues Merkmal auf. Die Adultstadien tragen noch die Tracht der Ahnen. Das neue Merkmal greift im Verlauf der Stammesgeschichte mehr und mehr auch auf spätere ontogenetische Stadien über. Erst zuletzt beherrscht es auch den

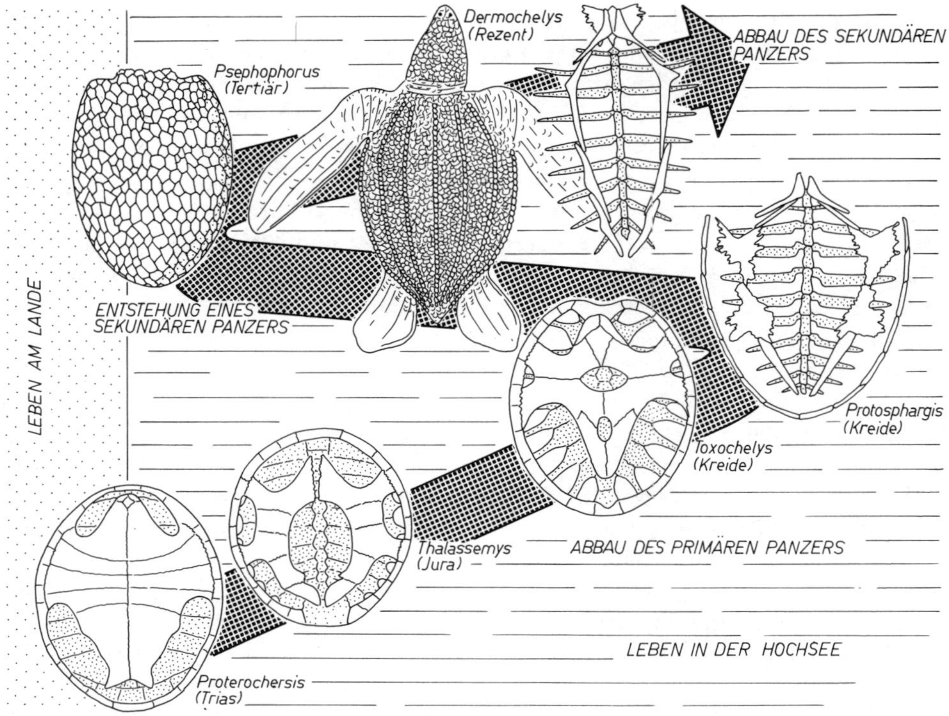

Abb. 108. Irreversibilität in der Evolution aquatischer Schildkröten. Klassisches Beispiel, an dem L. Dollo die Irreversibilität zeigte. In Anpassung ans Wasserleben wird der schwere Panzer durch Durchbrüche erleichtert. Bei der Rückkehr an den Strand werden nicht die alten Strukturen wiederhergestellt, sondern Kalkplatten über den reduzierten Elementen neu gebildet. Auch sie werden bei erneuter Anpassung ans Hochseeleben wieder rückgebildet.

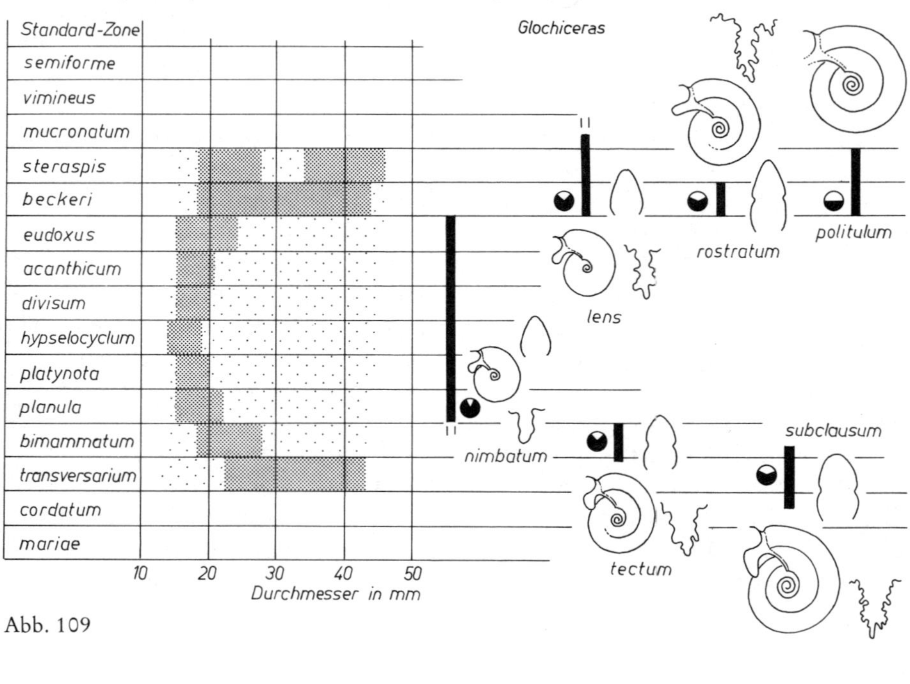

Abb. 109

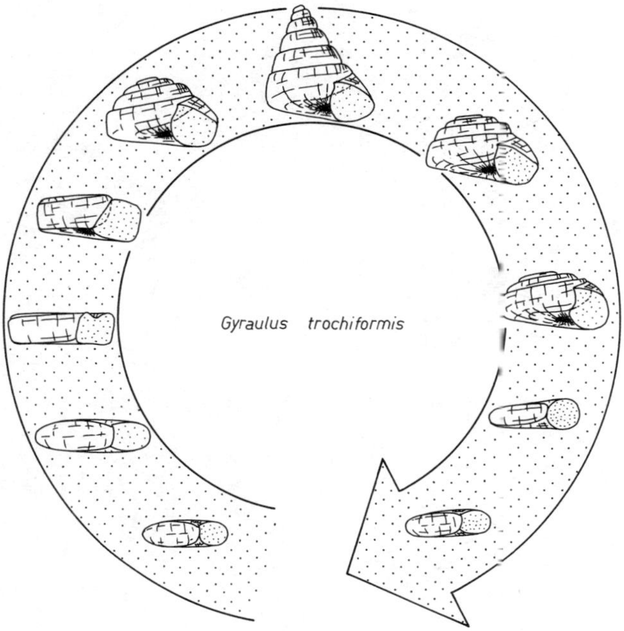

Abb. 110. Scheinbare Ausnahme vom Irreversibilitätsgesetz bei der obermiozänen Schnecke *Gyraulus trochiformis* von Steinheim am Albuch (Württemberg). Die Gehäusegestalt ändert sich in Anpassung an äußere Faktoren und kehrt mit dem Aufhören der Beeinflussung zum ursprünglichen Aussehen zurück.

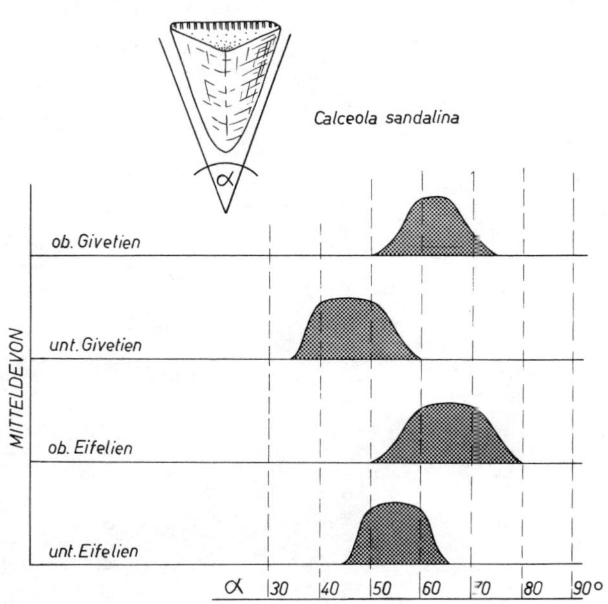

Abb. 111. Alleldrift am Beispiel von Populationen der mitteldevonischen Koralle *Calceola sandalina*. Nach O. H. SCHINDEWOLF.

← Abb. 109. Evolution der oberjurassischen Ammoniten-Gattung *Glochiceras*. Die an die Gehäusegröße gekoppelten Merkmale scheinen sich reversibel zu entwickeln. Deutet man die Größenunterschiede als Allel-bedingt, so läßt sich der Befund auch durch Alleldrift erklären. Dargestellt sind Gehäuseform und -größe, Länge der Wohnkammer (schwarze Kreisausschnitte), Windungsquerschnitt und Laterallobus der Sutur. Bleibende Änderungen betreffen die Form des Mündungsohres und die Breite des Laterallobus.

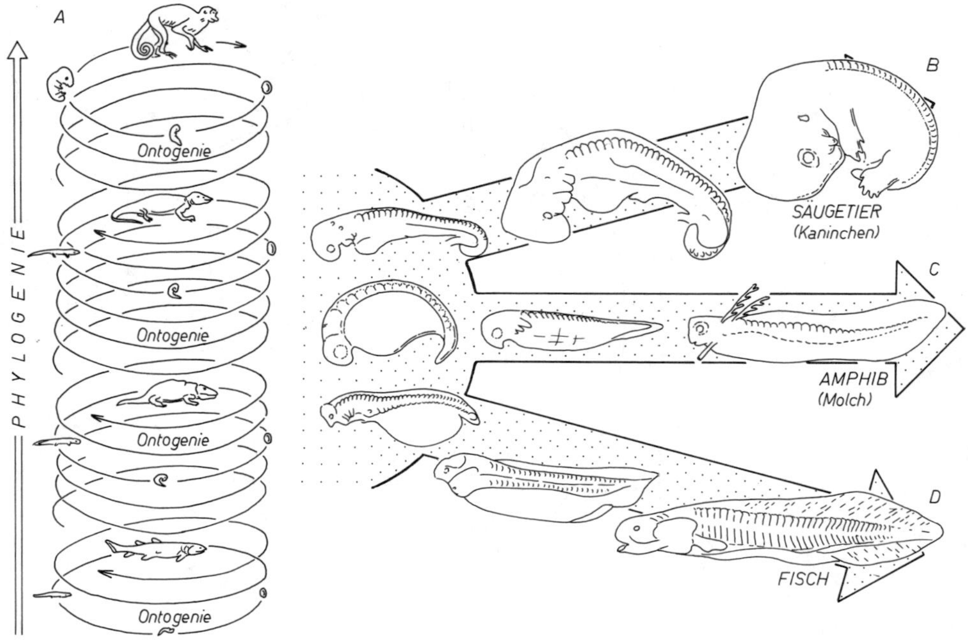

Abb. 112. Die Phylogenie als Wiederholung einer Folge von Ontogenesen (nach W. ZIMMERMANN) und Beispiele der Ähnlichkeit frühontogenetischer Stadien mit dem Aussehen von Vorfahren.

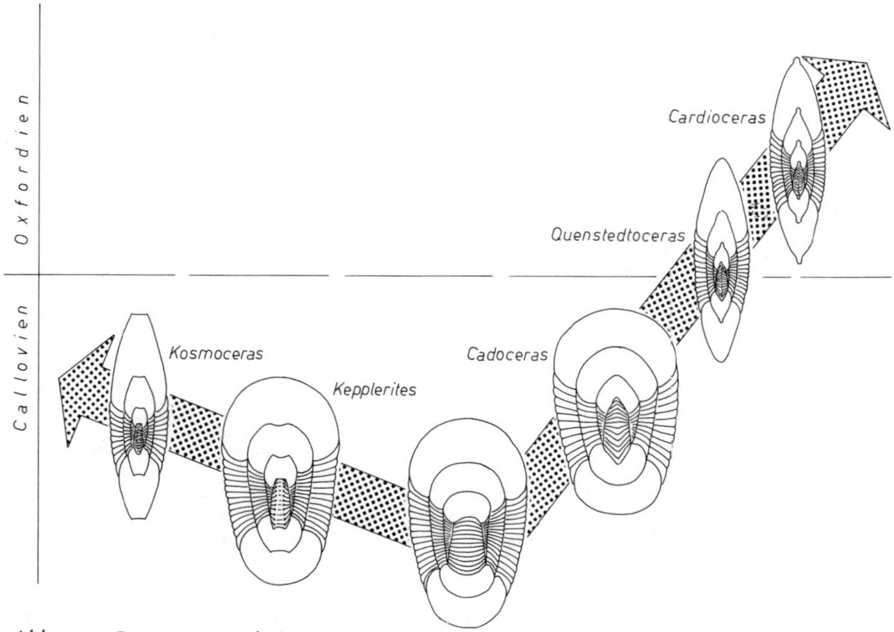

Abb. 113. Proterogenese bei Ammoniten des mittleren und oberen Juras. Die Innenwindungen nehmen im Querschnitt die Erscheinungsform stratigraphisch späterer Formen vorweg. Nach O. H. SCHINDEWOLF.

Habitus des Alters. Die Proterogenese ist somit keine Rekapitulation des Vergangenen, sondern die Vorwegnahme des Kommenden. Beispiele sind vor allem bei paläo- und mesozoischen Cephalopoden beschrieben (Abb. 113).

6. Neomorphose

Wenn die Evolution nicht umkehrbar ist, dann kommen die meisten spezialisierten Arten nicht mehr als Ahnen für eine weitere Entwicklung in Frage. Der Ausgangspunkt neuer Evolutionslinien sind i. d. R. unspezialisierte Vorfahren. Oft sind sie jedoch als Stammgruppe nicht nachweisbar.

Wird die Konstruktion eines spezialisierten Organismus dadurch ± sprunghaft umgeprägt, daß der Abkömmling an unspezialisierte frühontogenetische Stadien anknüpft, so bezeichnet man das als Neomorphose. Sie wird zuweilen als Erklärung herangezogen, wenn Abstammung vom Unspezialisierten nicht nachgewiesen werden kann.

Ein Beispiel möglicher Neomorphose ist die Umbildung der theromorphen Reptilien in die Säugetiere (Abb. 114). Die Vorfahrenreihe der Säuger führt von spezialisierten, großen Theromorphen über sehr kleine, einfachere Formen zu den verschiedenen Anpassungslinien der Säugetiere. Auch die planktischen Foraminiferen der obersten Kreide sind relativ groß und spezialisiert. An der Basis des Tertiärs werden sie von sehr kleinen und einfachen Formen abgelöst. Aus diesen entwickelten sich im Alttertiär erneut größere und spezialisierte Gruppen. In beiden Fällen ist es allerdings möglich, daß neben den stark spezialisierten Typen primitivere Arten lebten und die stammesgeschichtliche Weiterentwicklung von ihnen ausging.

Neomorphose kann dadurch zustande kommen, daß Spezialisationsmerkmale adulter Stadien durch Neotenie unterdrückt werden und die weitere Entwicklung vom Gepräge der noch weniger stark differenzierten frühen ontogenetischen Stadien ausgeht. Sie kann auch über die Proterogenese verlaufen.

7. Radiation

Läßt der Selektionsdruck nach, so überleben auch extreme Varianten. Die Folge ist eine gesteigerte Variabilität. Teile von Populationen können in bisher nicht besiedelte Gebiete vorstoßen oder sich neue ökologische Nischen erschließen und eine Vielzahl von Anpassungsformen bilden. Man nennt das eine Radiation. Wie sie entsteht, zeigen auch die Haustiere. Dadurch, daß der Mensch das Wirken der Selektion aufhebt, können sich auch Varianten halten, die in der freien Natur zugrunde gegangen wären. Durch Züchtung entstehen aus ihnen die Domestikationsrassen.

Beispiele von Radiationen bei der Besiedlung entlegener ozeanischer Inseln sind die „Darwin-Finken" von Galapagos (Abb. 85) und Insekten und Vögel von Hawaii. Radiationen sind auch das Aufblühen der Säugetiere im Alttertiär nach dem Aussterben der Dinosaurier (Abb. 115) und die Entfaltung der angiospermen Blütenpflanzen in der Kreide. In beiden Fällen entwickelten sich zahllose Untergruppen, die an bestimmte Umweltbedingungen angepaßt und für eine bestimmte Lebensweise spezialisiert waren.

Die im Verlauf einer Radiation aufgeblühten Gruppen treten zueinander in Konkurrenz und steigern den Selektionsdruck. Weniger gut angepaßte Evolutionslinien sterben aus; nur die funktionstüchtigsten Bildungen bleiben erhalten. Die Evolutionsbreite der ursprünglichen

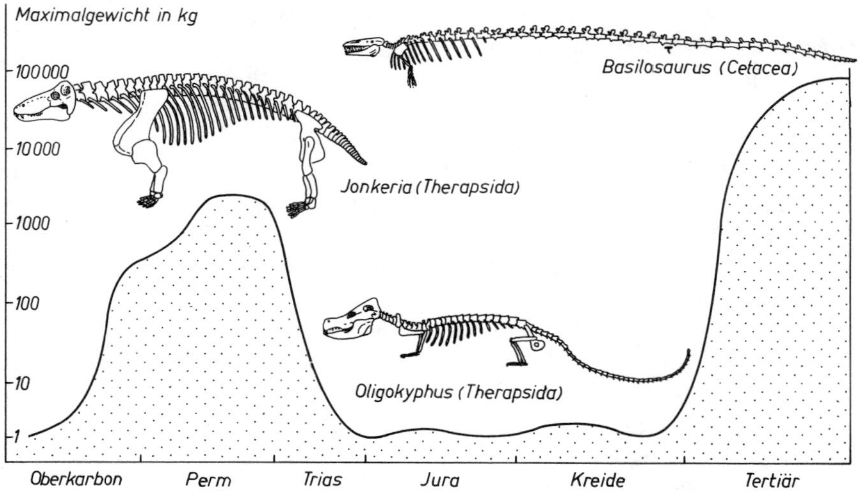

Abb. 114. Entwicklung von Körpergröße und -gewicht in der Vorfahrenreihe der Säugetiere. Nach W. G. Kühne.

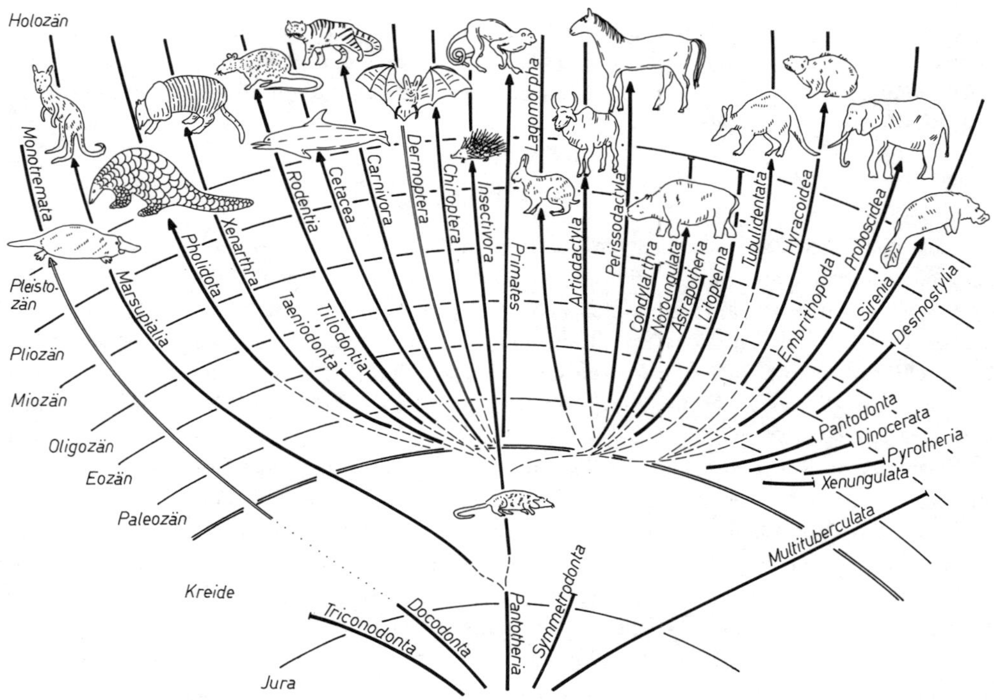

Abb. 115. Die Radiation der Säugetiere. Nach E. Thenius.

Formenvielfalt wird damit auf wenige spezialisierte Gruppen eingeengt (ROSAsche Regel). In der Stammesgeschichte der Tetrapoden ist das mehrfach zu beobachten. Bei Amphibien ist der Wirbelbau sehr unterschiedlich; Reptilien kennen nur noch ein einziges Bauprinzip. Bei Reptilien sind im Schädel mehrere Typen von Schläfenöffnungen verwirklicht; bei Säugetieren nur noch ein einziger.

Überlebende Teilgruppen werden sich um so isolierter gegenüber stehen, je mehr Zeit verstreicht. Unter gewissen Vorbehalten ist deshalb am Grad der kontinuierlichen Variabilität einer Gruppe erkennbar, welches stammesgeschichtliche Alter sie hat. Beispiele für junge Gruppen mit kontinuierlicher Variabilität sind unter den Pflanzen die Rosen und Brombeeren, bei Tieren die Nagetiere und Lungenschnecken. Alte Gruppen mit diskontinuierlicher Variabilität und wenigen, isolierten Linien sind die rezenten Pteridophyten, Gymnospermen, Brachiopoden, Branchiotremata und Reptilien (Abb. 116).

Manchmal ist nicht eine kurzdauernde Radiation mit anschließendem Zeitabschnitt abnehmender Evolutionsbreite zu unterscheiden, sondern die Variabilität des Gesamtgepräges und von Einzelmerkmalen nimmt im Verlauf der Stammesgeschichte allmählich zu. Bei Ammoniten, Seeigeln und Muscheln (Abb. 117) ist das der Fall. Hier werden die Biotope langsamer erobert, so daß die mögliche Formenvielfalt über längere Zeiträume hinweg durchgespielt wird.

Das ROSAsche Prinzip gilt auch für das innerartliche Geschehen, wenn die stabilisierende Selektion bei konstanter Umwelt randliche Varianten immer stärker ausmerzt.

8. Phasenlehre

Die Phasenlehre nach O. H. SCHINDEWOLF unterscheidet in der Geschichte der Organismengruppen drei Perioden, die gesetzmäßig aufeinander folgen. Am Anfang steht die Typogenese, während der rasch eine Vielfalt von Anpassungsformen und Bauplänen entsteht. Dann folgt die Typostase, in der einzelne Baupläne langsam und fortschreitend ausgestaltet werden. Den Abschluß bildet die Typolyse, in der Merkmale des „Niedergangs“ und der „Entartung“ auftreten sollen. Als Beispiele phasenhafter Entwicklung gelten die Zyklen der Stammesgeschichte der Ammonoideen. Der letzte Zyklus beginnt im untersten Jura mit einer explosiven Entfaltung, darauf folgt eine langdauernde Typenkonstanz, bis in der Kreide mit den heteromorphen Ammoniten der „Niedergang“ einsetzt, der das Aussterben einleitet.

Die Typogenese entspricht einer adaptiven Radiation. Die Typostase ist der Zeitabschnitt, in dem die überlebenden Gruppen sich fortschreitend spezialisieren und die Evolutionsbreite progressiv eingeengt wird. Die Typolyse dagegen ist nichts anderes als ein Eindringen in bisher der betreffenden Gruppe verschlossene Biotope. Dadurch entstehen Anpassungsformen, die oft weit vom Durchschnittsgepräge abweichen (z. B. Rudisten unter den Muscheln, Flugsaurier und Vögel unter den Archosauriern). Daß diese Seitenlinien i. d. R. bald aussterben, hängt damit zusammen, daß sie oft nur kurzzeitig infolge eines verminderten Selektionsdrucks konkurrenzfähig waren. Nur selten sind sie so funktionstüchtig, daß sie der Ausgangspunkt neuer Radiationen sind (Vögel).

Zyklen lassen sich im Großablauf der Stammesgeschichte vieler Organismengruppen unterscheiden. Mehrere Virenzperioden, die jeweils mit Radiationen beginnen und während der die Gruppen formenreich sind, können aufeinander folgen. Nimmt dabei die Formenfülle von Virenzperiode zu Virenzperiode (oder innerhalb einer einzigen Virenzperiode) zu, so entspricht das einem progressiven Typ. Beispiele bieten die Ammonoideen, die Tetrapoden

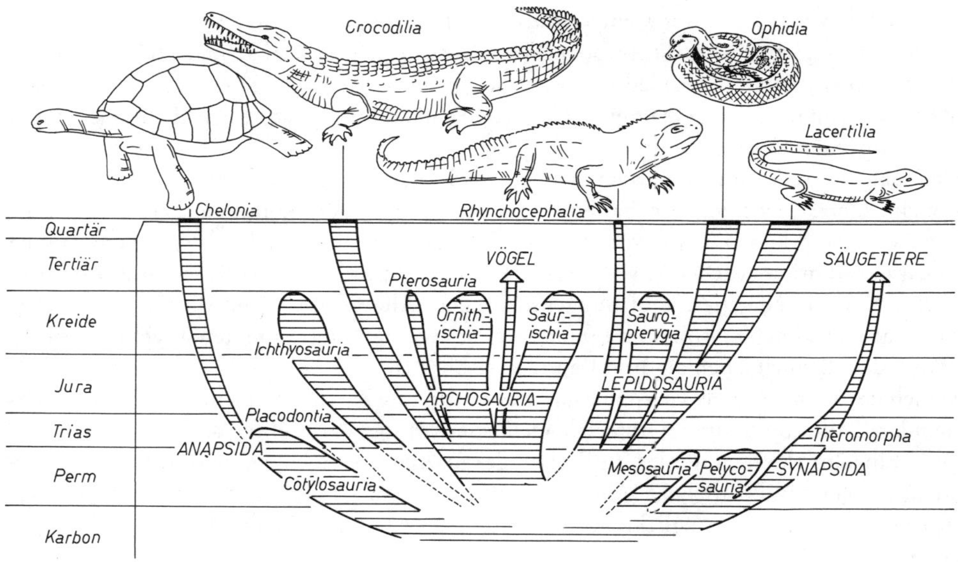

Abb. 116. Die Radiation der Reptilien in Perm und Trias und die Einengung der Evolutionsbreite im Tertiär auf wenige spezialisierte Linien.

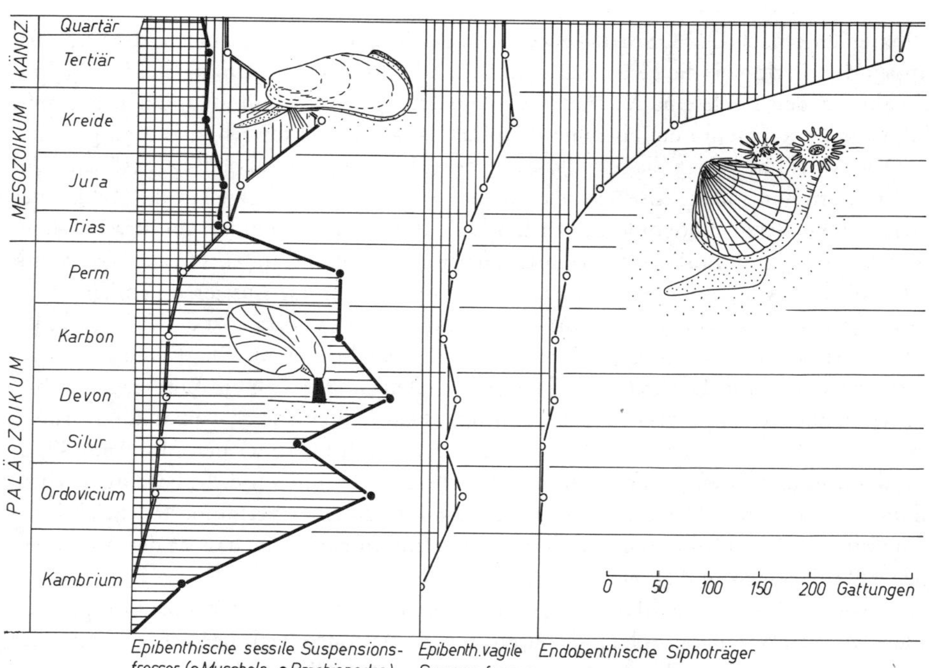

Abb. 117. Die Radiationen der epibenthisch sessilen und der endobenthischen Muscheln und ihre Beziehungen zur Mannigfaltigkeit der Brachiopoden. Nach S. M. STANLEY.

und die Fusulinen (Abb. 118). Das entgegengesetzte Verhalten nennt man regressiv. Es ist bei den Nautiloideen, den Trilobiten und den Amphibien verwirklicht (Abb. 119).

Neben der Mannigfaltigkeit ist die geographische Verbreitung wichtig. Die Blastoideen begannen im nordatlantischen Raum, breiteten sich über die ganze Erde aus und bewohnten am Ende ihres Vorkommens räumlich weit getrennte Relikt-Areale (Abb. 120). Die Trigonien breiteten sich zunächst im zirkumpazifischen Raum, ab Oberlias weltweit aus. Heute sind sie auf ein einziges Refugium im australischen Gebiet beschränkt. Ähnliches gilt für die Nautiliden (vgl. Abb. 242). Der Entfaltung und Verminderung der Mannigfaltigkeit entspricht somit auch eine zunächst zunehmende, dann wieder schwindende Verbreitung im Raum.

Beim Studium der zahlenmäßigen Verbreitung in Raum und Zeit sind allerdings die Lükken der Überlieferung zu beachten. Auch sind manche Zeiten der Gattungsarmut keineswegs real, sondern nur durch den unterschiedlichen Bearbeitungsstand zu erklären. Ferner sollten nur die Zahlen gleich langer Zeitabschnitte verglichen werden.

9. Evolutionsgeschwindigkeit

Die Umbildungsgeschwindigkeit der Organismen ist sehr unterschiedlich. Zeiten der Typogenese bzw. der adaptiven Radiation sind stets Perioden überstürzten Wandels. Hier erlaubt die Selektion in kurzen Zeiträumen die Entfaltung von Varianten, die sich unter anderen Umständen nicht hatten durchsetzen können. Während der Typostase dagegen überwiegt die stabilisierende Selektion. Die Änderungen in Aussehen und Lebensweise sind viel geringer. Die Fledermäuse müssen z. B. im ältesten Tertiär in wenigen Jahrmillionen ihre Gestalteigentümlichkeiten herausgebildet haben. Seit dem Untereozän haben sie sich jedoch nicht mehr nennenswert weiterentwickelt. Vergleichbares gilt für die Lungenfische (Abb. 121).

Auch während der Typostase gibt es jedoch ganz erhebliche Unterschiede im Abwandlungstempo. Die Elefanten des europäischen Pleistozäns brachten während etwa 2 Millionen Jahren drei aufeinanderfolgende Arten hervor. Ähnlich schnell evolvierten manche jurassische Ammoniten und silurische Graptolithen. Andere Ammoniten und Graptolithen bildeten sich dagegen viel langsamer um. Dasselbe gilt für die meisten Muscheln und Schnecken. Unterschiede in der Evolutionsgeschwindigkeit einer einzigen Gruppe zeigen auch die Pferde (Abb. 105).

Besonders langsamen Wandel der Merkmale kennt man u. a. von der Brachiopoden-Gattung *Lingula* (Abb. 122). Der primitive Krebs *Triops* ist seit der Trias sogar ohne erkennbaren Entwicklungsfortschritt geblieben. Allerdings ist in diesen Fällen nicht sicher, ob nicht die artunterscheidenden Merkmale bei zwar abgewandelten, aber nicht fossil erhaltungsfähigen Strukturen liegen.

Für die unterschiedliche Evolutionsgeschwindigkeit ist zuerst die Mutationsrate bzw. Variabilität von Bedeutung. Je geringer beide Faktoren sind, desto langsamer muß der Wandel verlaufen. Ferner spielt eine Rolle, wie konstant die Umweltbedingungen sind, wie groß die Wahrscheinlichkeit ist, daß Populationen isoliert werden, und wie hoch der Selektionsdruck ist. Je stabiler der Biotop, je einheitlicher die Populationen und je höher der Selektionsdruck sind, desto geringer ist die Evolutionsgeschwindigkeit. Deshalb bilden sich marine Tiere (von Ausnahmen abgesehen) meist langsamer um als Landbewohner. Bei sonst gleichen Bedingungen können sich ferner Organismen mit kurzer Generationsdauer rascher umbilden als solche mit langer Generationsdauer.

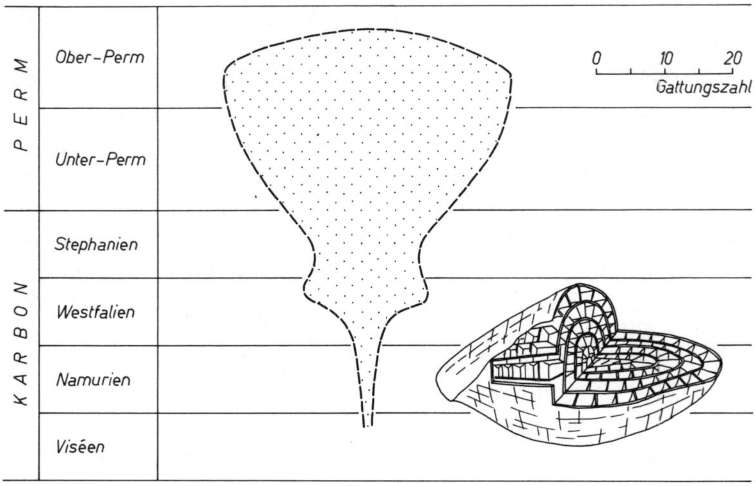

Abb. 118. Virenzperiode der Foraminiferengruppe der Fusulinen. Progressiver Typ. Nach A. H. MÜLLER.

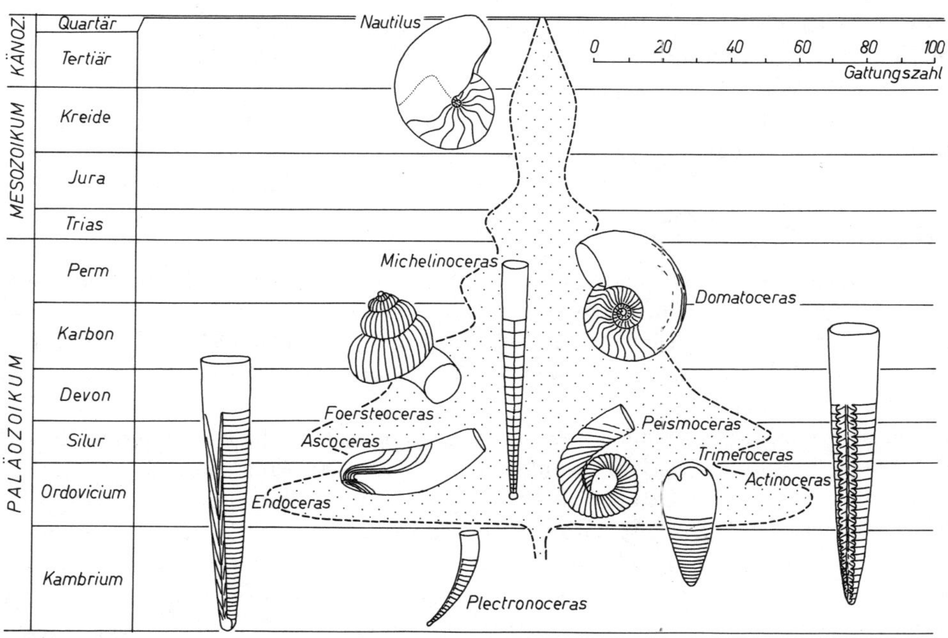

Abb. 119. Virenzperioden der Nautiloideen. Regressiver Typ. Man beachte, daß der Berechnung der jeweiligen Gattungszahlen keine gleichen Zeiträume zugrunde liegen! Nach A. H. MÜLLER.

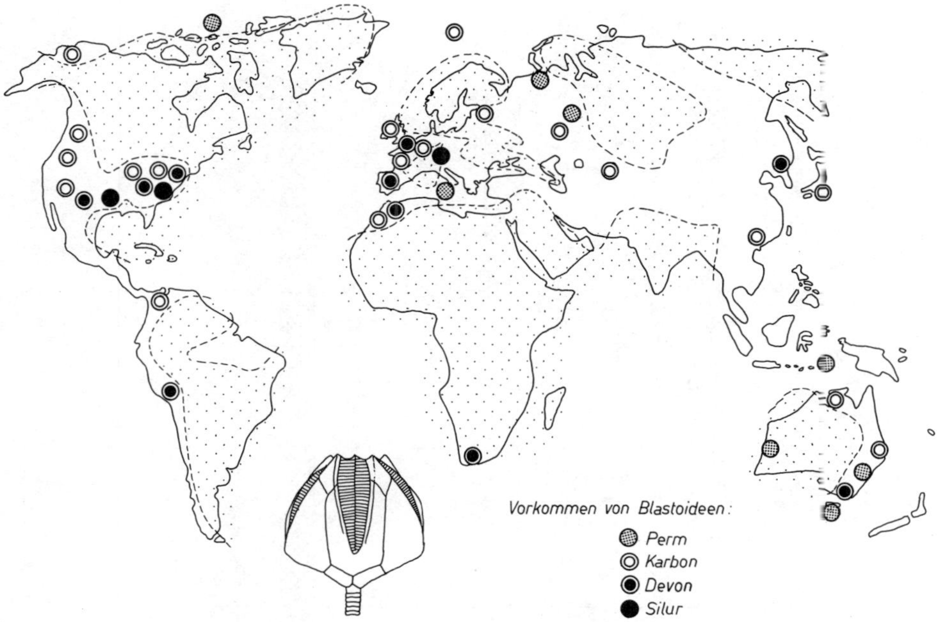

Abb. 120. Entfaltung der Blastoideen im Raum. Das Vorkommen beginnt kleinräumig, weitet sich in Devon und Karbon aus und ist im Perm auf wenige, weit auseinander liegende Fundstellen beschränkt. Der Verteilung von Land und Meer liegt die heutige Konfiguration der Kontinente zugrunde. Nach D. B. MACURDA.

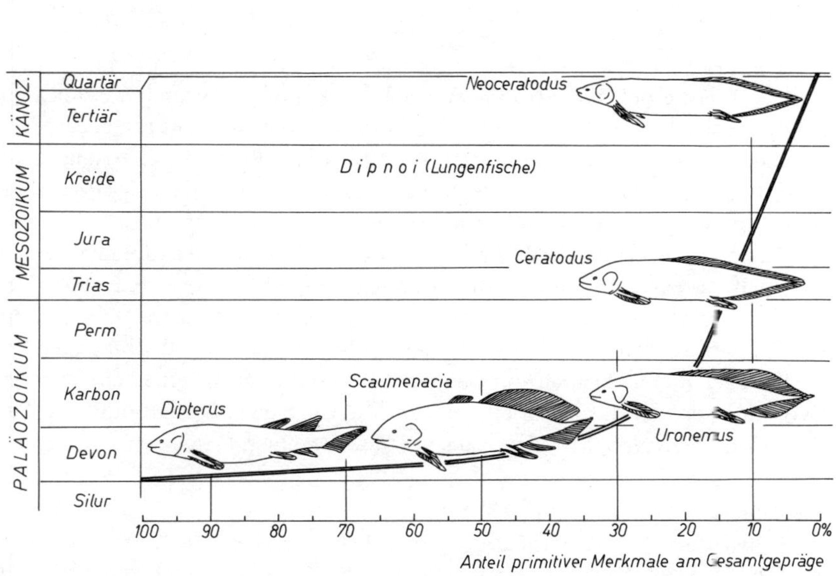

Abb. 121. Evolutionsgeschwindigkeit der Lungenfische in der zu *Neoceratodus* führenden Reihe. Nach O. H. SCHINDEWOLF.

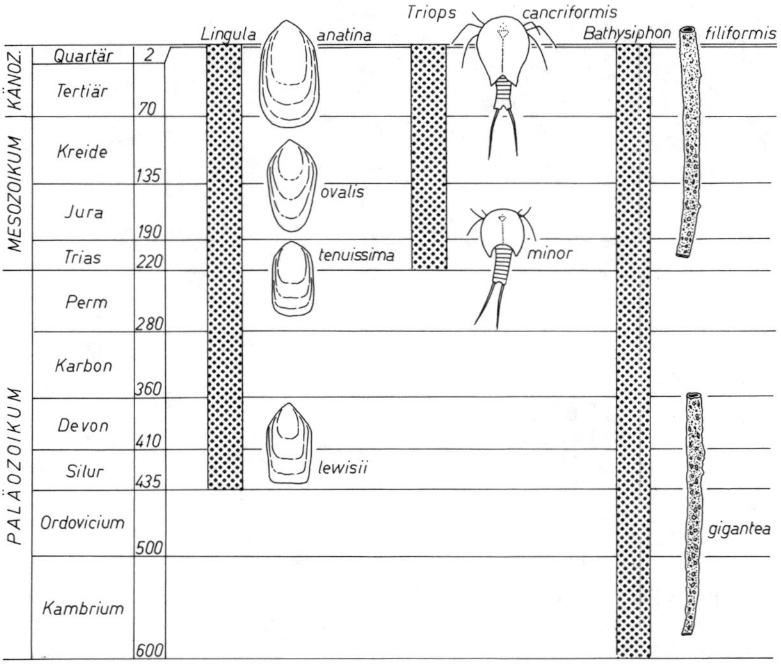

Abb. 122. Langlebige Organismen mit geringer Evolutionsgeschwindigkeit. *Lingula:* Brachiopode. *Triops:* Crustacee. *Bathysiphon:* Foraminifere.

Die Theorie des Typostrophismus glaubt an plötzliche und einschneidende Umprägungen (Saltationen, Makroevolution). So sollen z. B. die höheren systematischen Einheiten nicht allmählich auf dem Weg über die geographischen Rassen und Arten, sondern sprunghaft entstanden sein. Dabei wird die frühontogenetische Umbildung (Proterogenese, Neomorphose) als Weg angesehen, auf dem dies geschehen soll.

Die zum Beweis für die Richtigkeit dieser Auffassung behaupteten Lücken zwischen einzelnen Bauplänen sind jedoch oft nicht real. So hat intensive Forschung zahlreiche Bindeglieder zwischen Reptilien und Säugetieren zutage gefördert. Dasselbe gilt für den Übergang von Fischen zu Tetrapoden. Andere Lücken beruhen auf den Bedingungen der Fossilisation.

Darüber hinaus kennen die Gesetze der Vererbung nur einen einzigen Mechanismus der Evolution, das ist das Wechselspiel von Mutation bzw. Variabilität und Selektion (Mikroevolution). Es ist möglich, damit die gesamte Stammesgeschichte zu erklären.

Weiterführende Literatur:

K. Beurlen (1937), T. Dobzhansky (1939), H. K. Erben (1975), E. Günther (1971), E. Hadorn (1975), G. Heberer (1967—74), H. Kalmus (1966), A. Kühn (1971), U. Kull (1977), E. Mayr (1967), A. H. Müller (1955, 1957), O. H. Schindewolf (1950), G. G. Simpson (1944, 1965), G. L. Stebbins (1968), E. Thenius (1976).

Biostratigraphie

Die Biostratigraphie baut anhand der Fossilien ein relatives zeitliches Bezugssystem der Erdgeschichte auf. Absolute Altersangaben sind ihr nicht möglich, nur Aussagen über „älter" oder „jünger". Grundlage der Biostratigraphie ist die Entdeckung W. SMITHs[5], daß gewisse Fossilien für ganz bestimmte Zeitabschnitte der Erdgeschichte leitend sind (Abb. 123).

Stratigraphische Maßeinheiten

Die Stratigraphie, d. h. die Chronologie der Erdgeschichte, kennt drei einander ergänzende Teilbereiche (Abb. 124):

Die Lithostratigraphie baut auf dem Studium der Abfolge der Gesteine auf Ihre Einheiten sind die Schicht oder Bank und der Schichtkomplex (formation der englischen Literatur).

Die Biostratigraphie ordnet die Fossilfunde in das lithostratigraphische Gerüst ein. Ihre kleinste gebräuchliche Einheit ist die Zone (Biozone, range-zone). Unter ihr versteht man die horizontale und vertikale Verbreitung eines leitenden Fossils oder einer leitenden Fauna bzw. Flora. Der Umfang einer Biozone endet an den räumlichen und zeitlichen Verbreitungsgrenzen der leitenden Art (bzw. Fauna oder Flora). Deshalb können nebeneinander mehrere unabhängige Zonenfolgen bestehen. Auch unterschiedliche Organismengruppen können nebeneinander verwendet werden. Zuweilen wird die Zone auch als der Zeitabschnitt zwischen dem Erstauftreten eines Leitfossils und dem Erscheinen der nächstjüngeren Leitform definiert.

Die relative Chronologie ergibt sich aus der bestmöglichen Parallelisierung biostratigraphischer und lithostratigraphischer Einheiten. Sie ist deshalb eine Interpretation der beobachteten Verhältnisse. Die Einheit der Chronologie ist die Standard-Zone. Da sie ebenso wie die Biozone nach Fossilien benannt ist, sind Verwechslungen häufig. Mehrere Standardzonen werden zu Stufen (Etagen) zusammengefaßt. Die Stufen sind i. d. R. nach Lokalitäten benannt. Mehrere Stufen bilden ein System (Formation der deutschen Literatur). Systeme sind ihrerseits wieder Teile von Zeitaltern (Ären). Über die Abgrenzung der chronologischen Einheiten gibt es zwei gegensätzliche Auffassungen. Eine sucht die Grenzen an natürliche Einschnitte (Faunenschnitte, tektonische Ereignisse usw.) zu legen. Die überregionale Reichweite solcher Zäsuren ist jedoch oft umstritten. Die zweite Auffassung betrachtet die chronologischen Einheiten als ein z. T. willkürliches konventionelles Gerüst, in das erdgeschichtliche Ereignisse eingeordnet werden können.

Absolute Datierungen sind durch den radioaktiven Zerfall mancher Elemente möglich.

5 W. SMITH, geb 23. 3. 1769 in Churchill (Oxfordshire), Ingenieur in Westengland, um 1790 bei Kanalbauten Entdeckung des Leitwertes von Fossilien, 1815 Veröffentlichung der ersten geologischen Karte von England, gest. 28. 8. 1839 in Northampton.

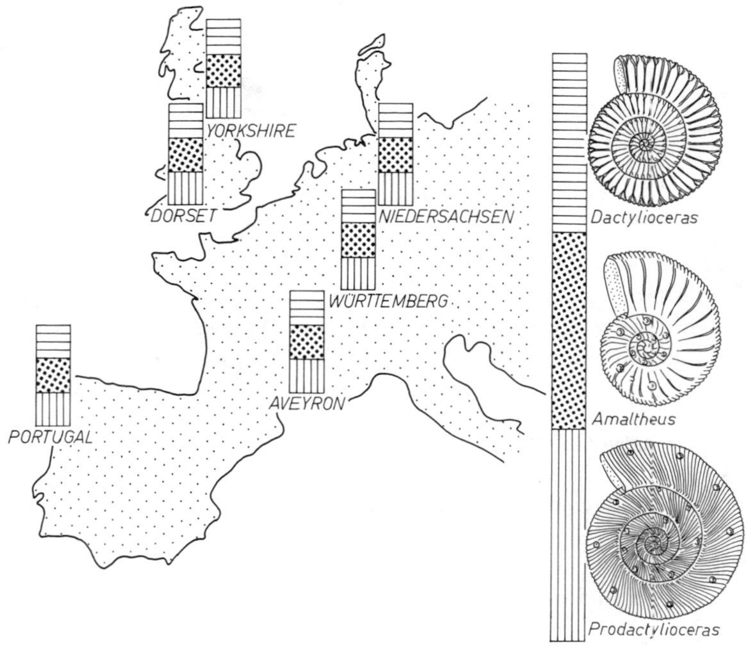

Abb. 123. Stratigraphische Methodik: Die empirische Feststellung, daß die drei gezeigten Ammonitenformen des unteren Juras an verschiedensten Orten in derselben Abfolge auftreten, läßt den Schluß zu, daß sie für bestimmte Zeitabschnitte leitend sind.

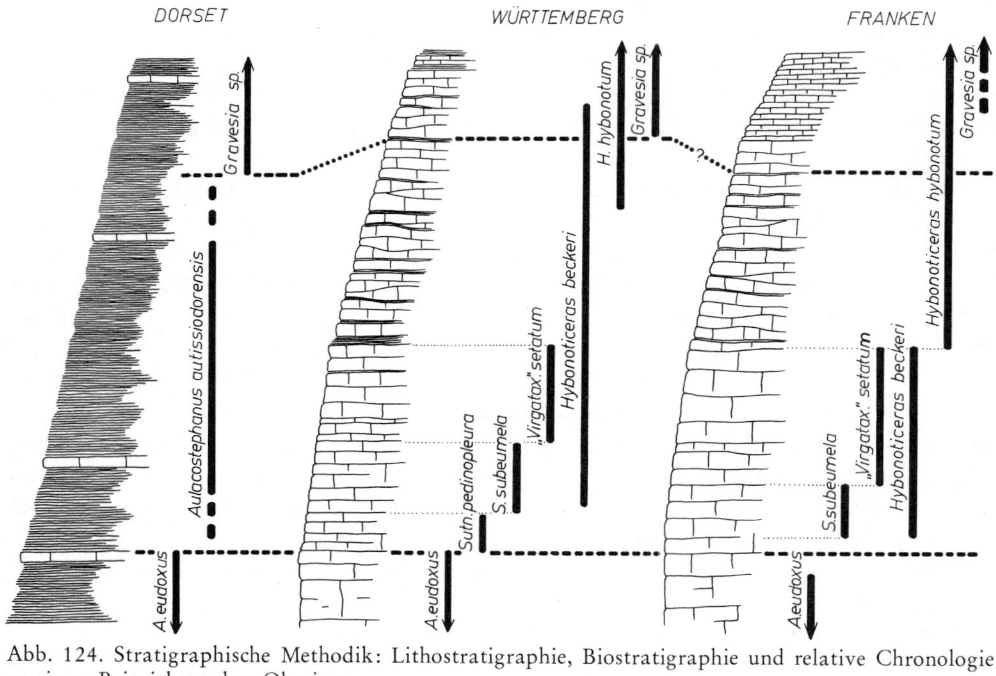

Abb. 124. Stratigraphische Methodik: Lithostratigraphie, Biostratigraphie und relative Chronologie an einem Beispiel aus dem Oberjura.

Leitfossilien

Für die letzten 600 Millionen Jahre der Erdgeschichte, d. h. seit Beginn des Kambriums, werden verschiedene Fossilgruppen als Leitfossilien verwendet.

1. Leitfossilgruppen
(Abb. 125)

In marinen Sedimenten stellen im Kambrium die Trilobiten die besten Leitfossilien. Im Ordovicium und Silur treten die Graptolithen an ihre Stelle. Vom Devon bis zum Ende der Kreide zieht man Cephalopoden, und zwar Ammonoideen, heran. Die nach diesen Fossilgruppen benannten chronologischen Einheiten (Standard-Zonen) bilden die Orthochronologie. Jahrzehntelange Konvention sichert ihren Vorrang vor den übrigen Fossilgruppen.

Wo die genannten Leitfossilien fehlen, muß man sich in der Stratigraphie auf andere Organismen stützen. Von ihnen abgeleitete Standard-Zonen bilden die Parachronologie. Die wichtigsten Gruppen sind im Paläozoikum die Brachiopoden und die rugosen Korallen, im Mesozoikum und Känozoikum die Muscheln und Schnecken.

In jüngerer Zeit spielen auch Mikrofossilien eine bedeutende Rolle. Im Paläozoikum leisten die problematischen Conodonten hervorragende Dienste. Im Mesozoikum und Känozoikum werden Ostracoden, Foraminiferen und Coccolithophoriden mit großem Erfolg herangezogen. Auch Sporen und Pollen sind wichtig. Mikrofossilien sind deshalb so wertvoll, weil sie i. a. sehr häufig sind und sich in den meisten Gesteinsproben nachweisen lassen. Sie bewähren sich vor allem in der Praxis (z. B. bei Erdölbohrungen) und bei der Erforschung der Tiefseeböden.

In Ablagerungen des Süßwassers und des Festlandes sind ganz andere Organismen als Leitfossilien wichtig. Im Karbon und Perm sind Pflanzen und im Tertiär und Quartär Reste von Säugetieren unentbehrlich. Im jüngeren Quartär werden für die Datierung Erzeugnisse des Menschen (Werkzeuge, Geräte, Schmuck) benutzt.

2. Anforderungen an Leitfossilien

Der Leitwert von Fossilien hängt von mehreren Faktoren ab. Gute Leitfossilien sollen häufig und leicht kenntlich, kurzlebig, von der Gesteinsausbildung möglichst unabhängig und räumlich weit verbreitet sein. Nur wenige Fossilgruppen erfüllen diese Ansprüche.

Die Häufigkeit eines Leitfossils ist nicht nur praktisch bedeutsam. Je seltener ein Fossil ist, desto unsicherer wird seine wahre zeitliche Verbreitung. Vorkommen an verschiedenen Orten entsprechen den jeweiligen Häufigkeitsmaxima der Art. Diese können indessen zeitungleich sein (Abb. 126). Seltene Arten sind deshalb wenig zuverlässige Leitfossilien.

Bei verschiedenen Organismengruppen sind aufwendige Schliff- oder Serienschnitt-Untersuchungen nötig, bis sich die Gattungen und Arten einwandfrei bestimmen lassen. Das gilt z. B. für viele Korallen und Brachiopoden. Im Habitus ähnliche oder gleiche Formen unterscheiden sich hier nur durch den Bau innerer Merkmale. Die gleiche äußere Morphologie kehrt zu verschiedenen Zeiten wieder. Für eine rasche Bestimmung im Gelände und damit für eine schnelle Datierung sind solche Organismen ungeeignet. Je charakteristischer die Form eines Fossils ist, desto leichter läßt es sich für stratigraphische Zwecke verwenden.

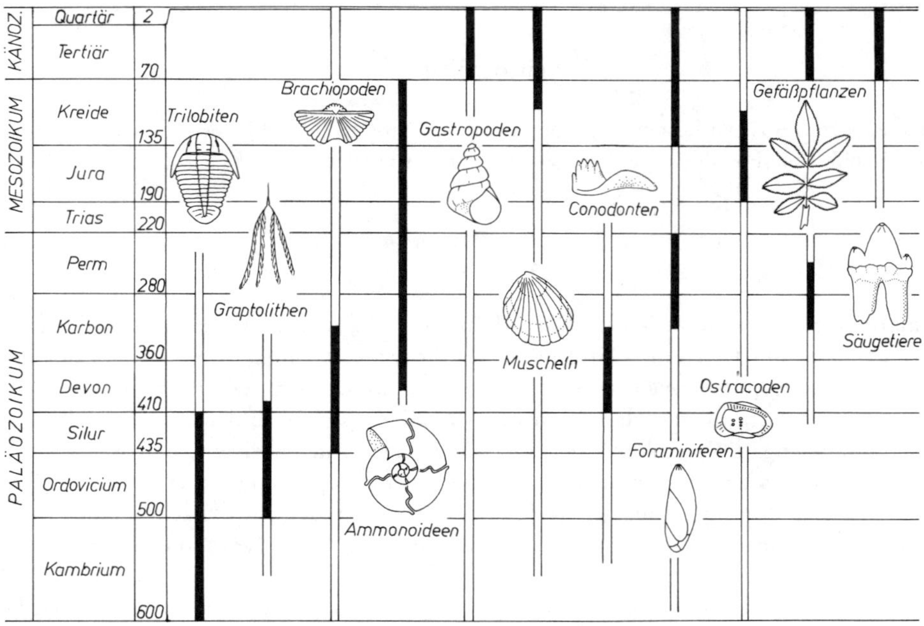

Abb. 125. Leitfossilien der Erdgeschichte. Doppellinie: Vorkommen der betreffenden Fossilgruppe. Schwarze Balken: Fossilgruppe als Leitfossilien wichtig. Nach E. KUHN-SCHNYDER. Die Zahlen neben den Namen der Systeme geben das absolute Alter ihrer Untergrenze in Jahrmillionen an.

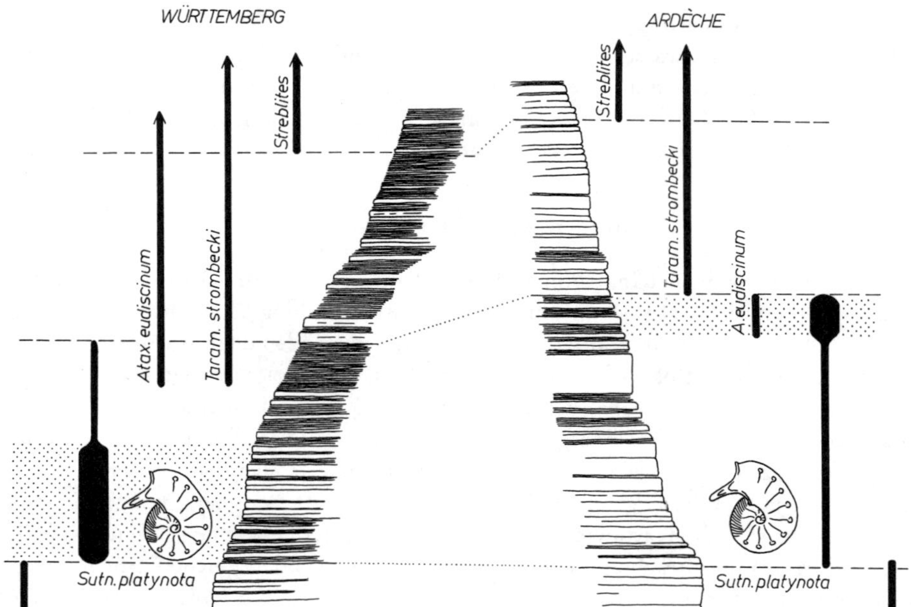

Abb. 126. Die Häufigkeitsmaxima einer Art können von Ort zu Ort zeitverschieden sein.

Völlig unabhängig von der Gesteinsausbildung ist kein Fossil. Alle Organismen hängen von ihrer Umwelt ab, und diese äußert sich i. d. R. wiederum in der Gesteinsfazies. Es gibt jedoch auch Arten, deren lebensbestimmende Faktoren sich nicht im Sediment widerspiegeln.

Je mehr ein Lebewesen an seinen Lebensort gebunden ist (Pflanzen, sessile Tiere), desto deutlicher wird die Faziesabhängigkeit. Ein klassisches Beispiel bieten die Organismen der Korallenriffe. Sie sind heute an eine Kombination ganz bestimmter Umweltbedingungen gebunden. Alles spricht dafür, daß ihre Ansprüche in der erdgeschichtlichen Vergangenheit im wesentlichen gleich waren. Ihre Morphologie ist stark durch den Lebensraum geprägt. Deshalb ist der Faunencharakter der Korallenriffe (nicht ihr Artenbestand!) seit dem Paläozoikum sehr ähnlich. Solche Organismen nennt man Faziesfossilien. Sie sind an die engen Bereiche gebunden, in denen sie die geeigneten Lebensbedingungen finden. Ihre räumliche Verbreitung ist deshalb i. d. R. beschränkt.

Am weitesten verbreitet sind naturgemäß das Plankton und die aktiven Schwimmer des Meeres. Selbst bei ihnen gibt es jedoch Verbreitungsschranken. Trotzdem ist zu erwarten, daß planktische und nektische Organismen die besten Leitfossilien sind. Sie sind indessen meist skelettlos. Die theoretisch besten Leitfossilien sind somit nicht erhaltungsfähig. Planktische Foraminiferen, Radiolarien und Graptolithen zählen zu den wenigen Ausnahmen. Die übrigen marinen Leitfossilgruppen verdanken ihre Anwendung einem Kompromiß zwischen den Tatsachen der Erhaltungsfähigkeit und Evolutionsgeschwindigkeit sowie dem Wunsch nach weiter Verbreitung. Somit sind selbst die klassischen Leitfossilien in gewissem Grad von der Fazies abhängig.

Die geringe vertikale Verbreitung eines Fossils kann zwei Ursachen haben. Sie kann durch die Abhängigkeit der Art oder Gattung von bestimmten Lebensbedingungen diktiert sein. In diesem Fall ist das Vorkommen an verschiedenen Orten oft sehr ungleichzeitig (Abb. 127). Es stellt dann jeweils nur einen Ausschnitt der gesamten Lebenszeit der Art oder Gattung dar. Je geringer die Mächtigkeit der Schichten ist, in denen das Fossil vorkommt, verglichen mit anderen Arten, desto wahrscheinlicher trifft dies zu.

Geringe vertikale Verbreitung kann jedoch auch Ausdruck einer kurzen Lebensdauer der Art oder Gattung sein. Solche rasch abwandelnden Organismen gehören zu den besten Leitfossilien. Während die Lebensdauer einer Muschelart im unteren Jura durchschnittlich 5—10 Millionen Jahre beträgt, gelten für gleichaltrige Ammoniten und für Graptolithen des Silurs Werte um 1 Million Jahre (Abb. 128). Allerdings ist das Tempo der Umbildung selbst bei nahe miteinander verwandten Lebewesen verschieden (Abb. 129). Manche jungtertiären und pleistozänen Säugetiere haben sich noch rascher umgebildet (z. B. Elefanten, Hominiden). Auch den langsamer abändernden Formen kann man einen gewissen Leitwert nicht absprechen; sie eignen sich jedoch nicht zur feinsten Datierung.

3. Evolutionsreihen

Unter den Leitfossilien sind diejenigen besonders bedeutsam, die sich gerichtet umbilden. Die Arten einer solchen Reihe werden sich i. d. R. überall dort, wo sie vorkommen, gleichzeitig (in geologischem Sinne) abwandeln. Kennt man Anfang und Ende einer Evolutionsreihe, so lassen sich die dazwischen liegenden morphologischen Stadien nach ihrer Entwicklungshöhe einstufen (Abb. 130). Sind außerdem Anfang und Ende der Reihe zeitlich bekannt, so kann man, sofern man eine konstante Evolutionsgeschwindigkeit annimmt, auch die Zwischenglieder datieren.

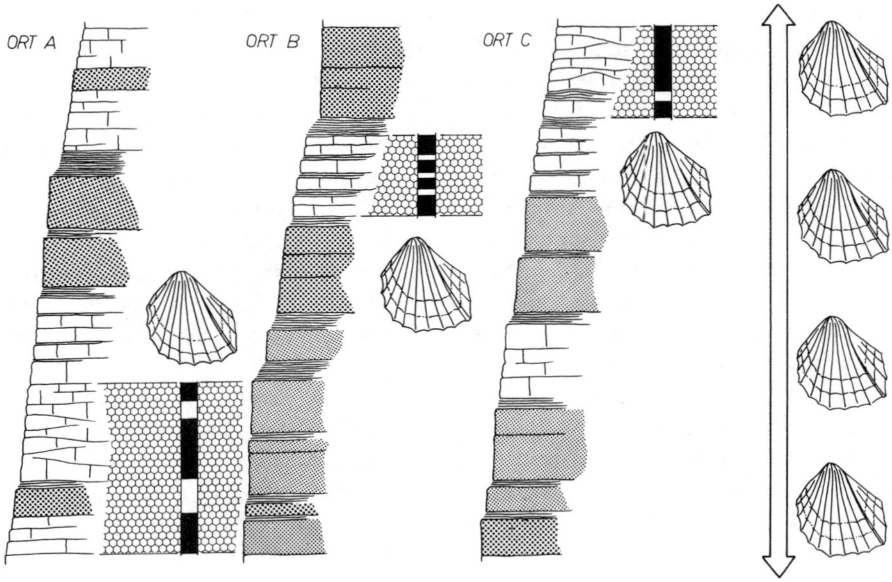

Abb. 127. Unterschiedliches stratigraphisches Vorkommen einer stark faziesabhängigen Art an verschiedenen Orten und wahre Lebensdauer.

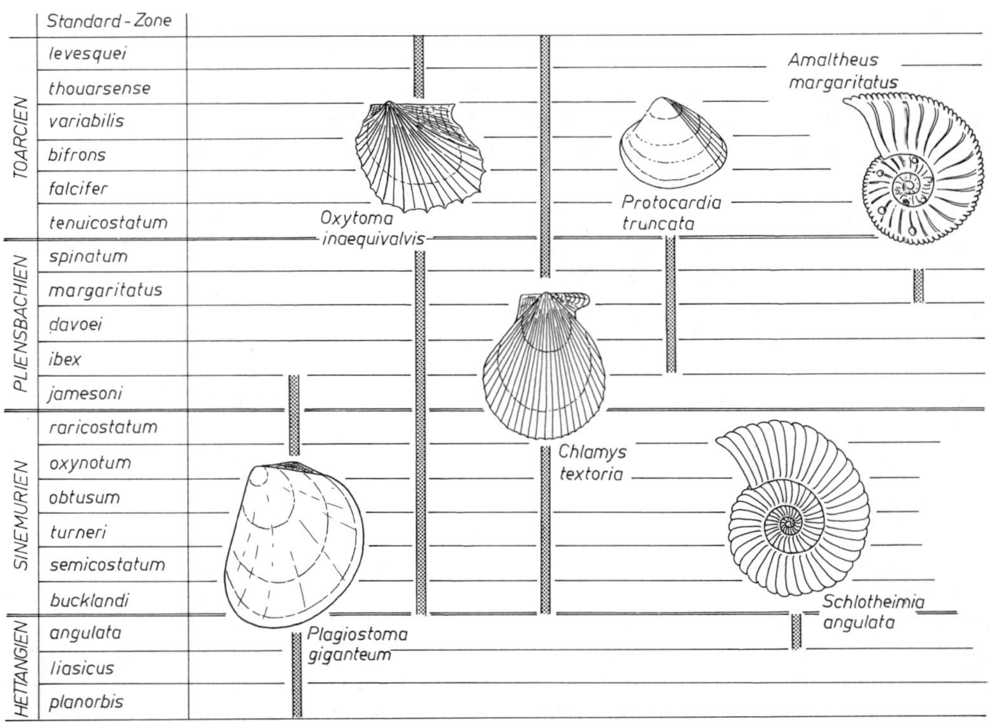

Abb. 128. Unterschiedlicher Leitwert von Muscheln und Ammoniten im unteren Jura. Daten nach A. Hallam.

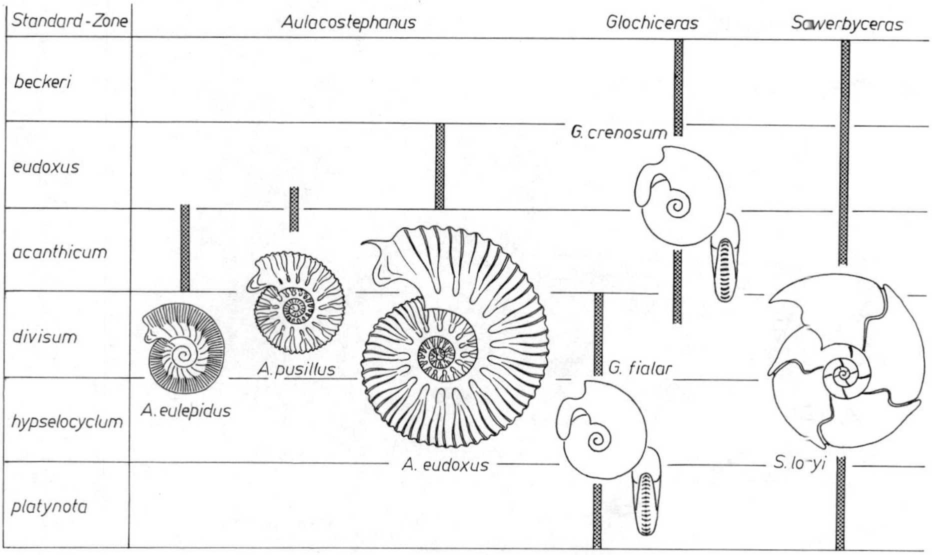

Abb. 129. Unterschiedlicher Leitwert bei Ammoniten des oberen Juras.

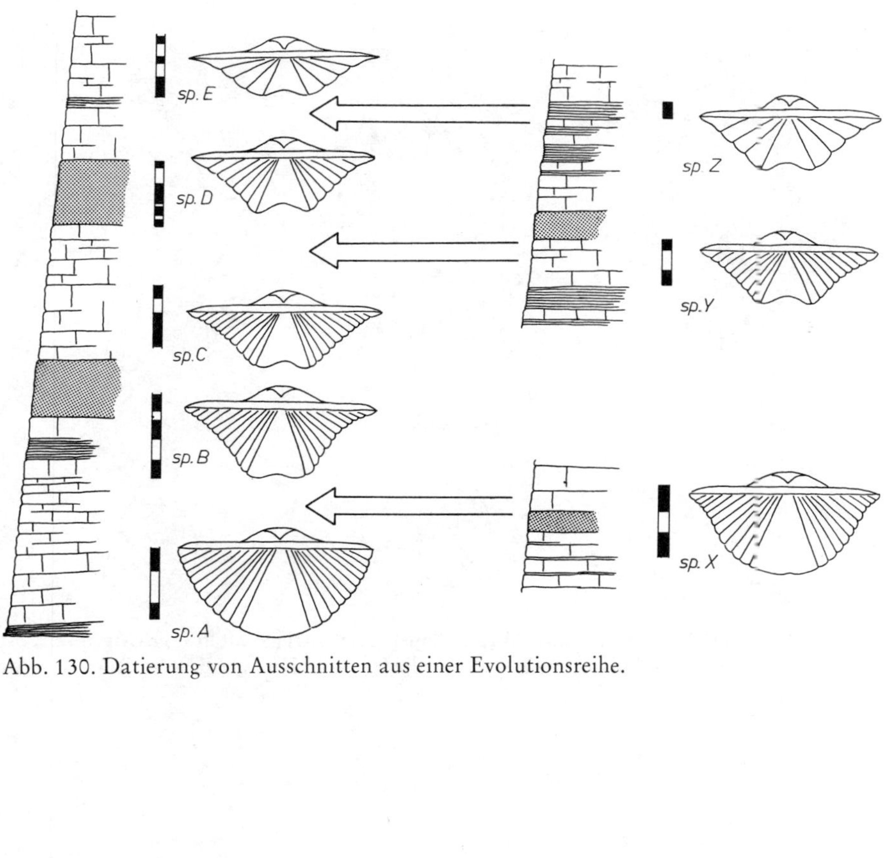

Abb. 130. Datierung von Ausschnitten aus einer Evolutionsreihe.

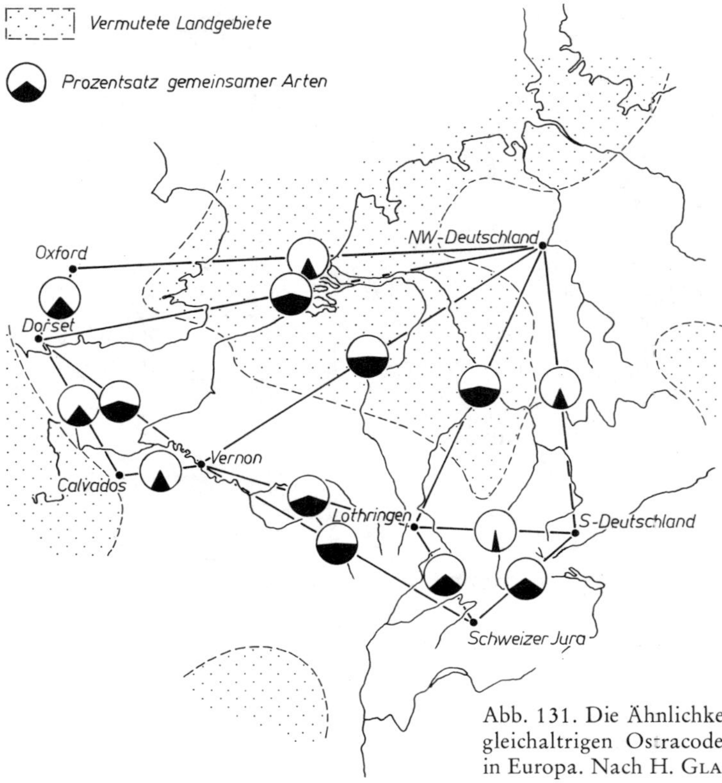

Abb. 131. Die Ähnlichkeit bzw. Verschiedenheit von gleichaltrigen Ostracoden-Faunen des oberen Juras in Europa. Nach H. GLASHOFF.

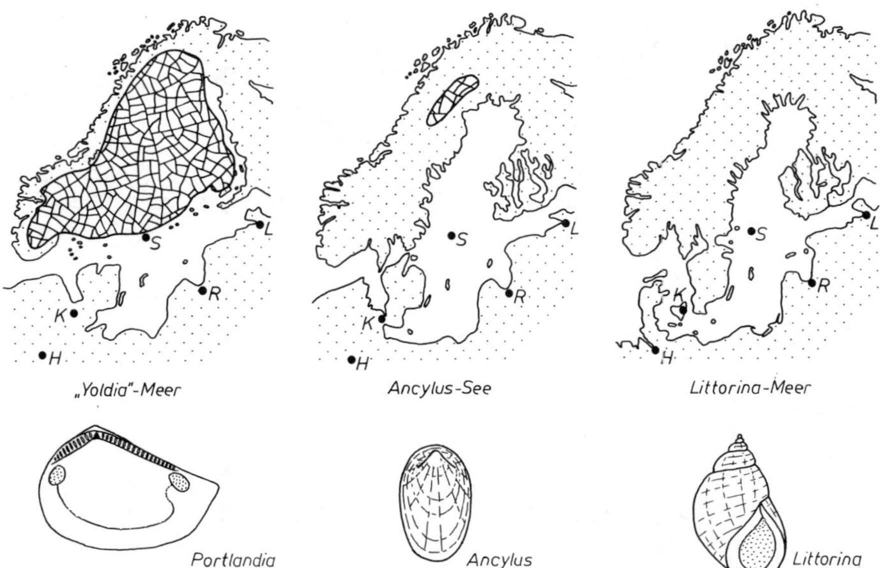

Abb. 132. Die ökologisch bedingte Abfolge sonst gleichaltriger Mollusken-Arten im Post-Pleistozän des Ostseeraumes. H = Hamburg, K = Kopenhagen, L = Leningrad, R = Riga, S = Stockholm.

Das Arbeiten mit Evolutionsreihen birgt jedoch Gefahren. Kaum eine Reihe entwickelt sich über längere Zeit an einem einzigen Ort. Stets sind Ab- und Zuwanderungen möglich (Abb. 99). Das bedeutet, daß die Rekonstruktion einer Reihe nie ganz gesichert ist. Stets können neue Funde von entlegenen Aufschlüssen zeigen, daß vermutete Bindeglieder tatsächlich Seitenlinien darstellen oder umgekehrt.

Auch die Konstanz der Entwicklungsgeschwindigkeit gilt nur selten. Phasen langsamen Formenwandels wechseln mehrfach mit Zeiten rascher Umbildung ab (vgl. S. 105, Abb. 105, 121). Ferner ist zu berücksichtigen, daß manche gerichteten „Evolutionen" umkehrbar sind (vgl. S. 97, Abb. 109—111).

Nicht nur die Evolutionshöhe einer Art, sondern auch die Organisationshöhe von Faunen bzw. Floren kann zur stratigraphischen Einstufung benutzt werden. Ein Beispiel geben die Mollusken des Tertiärs. Der Anteil heute noch lebender Arten nimmt von Stufe zu Stufe zu. Er beträgt im Eozän 1—5 %, im Miozän 20—40 %, im Pleistozän 90—100 %. Bei solchen Untersuchungen ist jedoch stets zu bedenken, daß die Unterschiede gleichaltriger und benachbarter Faunen oder Floren aus ökologischen Gründen größer sein können als die Ähnlichkeiten (Abb. 131). Andererseits können verschiedenaltrige Faunen und Floren einander ähnlicher sein als gleichaltrige. Das zeigen z. B. Tertiärfloren aus verschiedenen geographischen Breiten. Arktische Eozän-Floren ähneln aus klimatischen Gründen mehr den mitteleuropäischen Miozänfloren als Oligozänfloren.

4. Ökostratigraphie

Selbst die ökologische Abhängigkeit der Organismen läßt sich auf begrenztem Raum biostratigraphisch auswerten. In der postglazialen Geschichte der Ostsee (vgl. S. 214—15) wechseln marine und limnische Perioden ab. Jede Zeit ist durch charakteristische Organismen belegt. Im Ostseeraum folgen so drei Arten übereinander, die sonst gleichaltrig sind (Abb. 132). Auf ähnlicher Grundlage beruht die Pollenanalyse, die besonders für das Postpleistozän wichtig ist. Der Wandel der Pollen-Assoziationen spiegelt die Klimageschichte Mitteleuropas wider (Abb. 133).

Faunenschnitte

Scharfe Faunenschnitte, d. h. deutliche Unterschiede zwischen aufeinander folgenden Faunen (bzw. Floren) erscheinen als ideal. Sie haben jedoch häufig ökologische Gründe. Mit einem Wechsel äußerer Faktoren ändert sich auch der Artenbestand. Der Umschwung der Lebensbedingungen und damit der Fauna oder Flora ist oft, jedoch nicht stets, von einem Wechsel in der Sedimentation begleitet (Abb. 134). Da er i. d. R. von Ort zu Ort ungleichzeitig eintritt, sind solche Faunenschnitte für eine überregionale Biostratigraphie unbrauchbar.

Auch Schichtlücken, die im Sediment nicht ohne weiteres erkennbar sein müssen, können Faunenschnitte vortäuschen (Abb. 135).

Daneben gibt es jedoch kurze Zeitabschnitte, in denen sich die Organismenwelt ungewöhnlich stark verändert, indem zahlreiche Gruppen aussterben und durch andere ersetzt werden (Abb. 136). Solche weltweiten Einschnitte sind biostratigraphisch besonders wichtig. Auf ihnen beruht die Großgliederung der relativen Chronologie.

Weiterführende Literatur:

R. Brinkmann (1966), O. F. Geyer (1973), O. H. Schindewolf (1950a), W. Simon (1948).

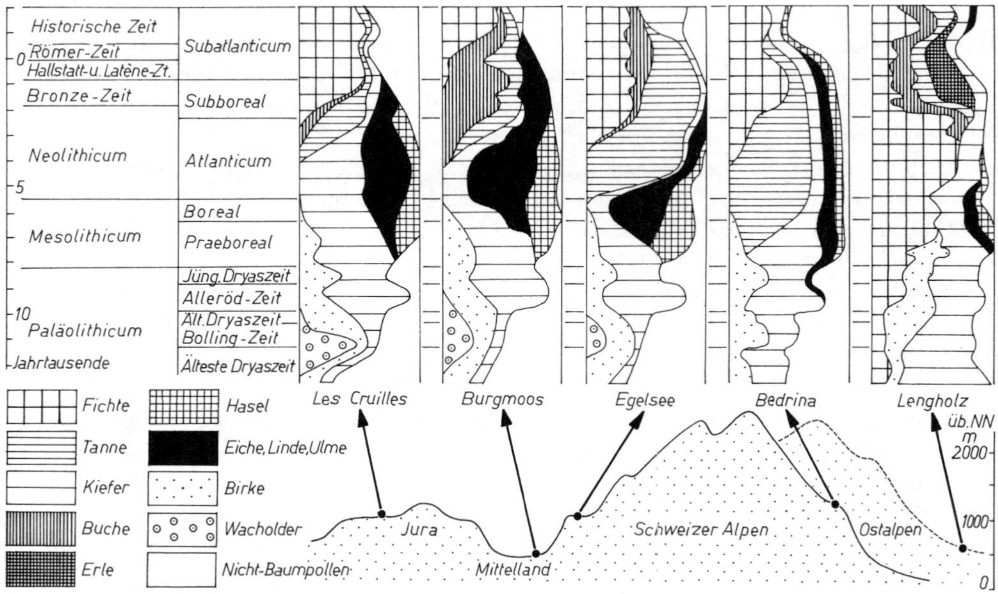

Abb. 133. Die ökologisch bedingte Abfolge der prozentualen Häufigkeit der wichtigsten Pollen im Post-Pleistozän des Alpenraums. Nach V. Markgraf.

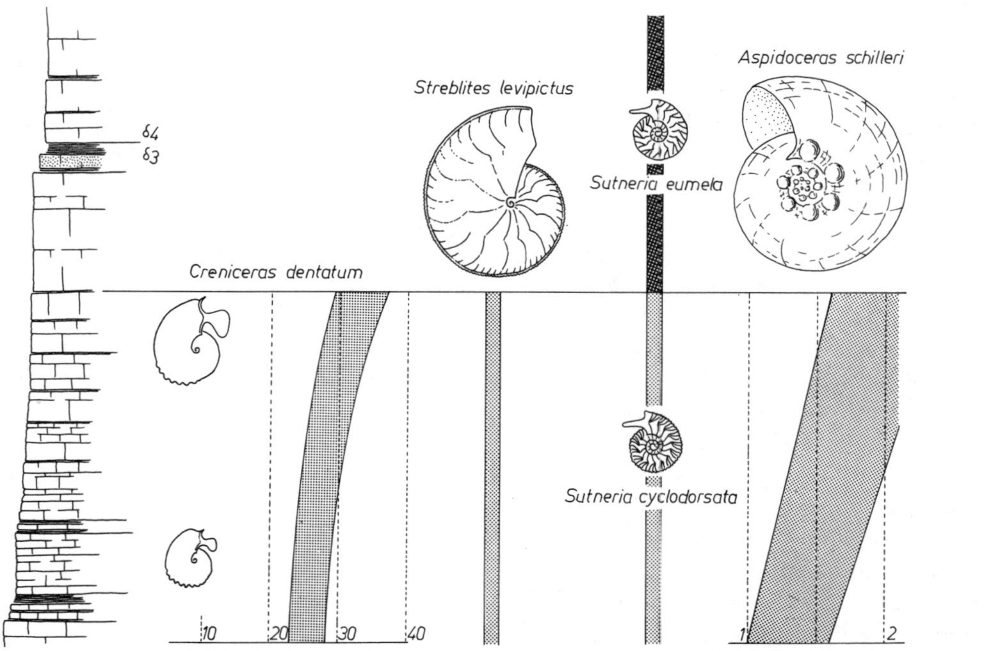

Abb. 134. Gleichzeitiges Erlöschen mehrerer Ammonitenarten im Oberjura der Schwäbischen Alb, vermutlich durch Änderungen der Lebensbedingungen hervorgerufen.

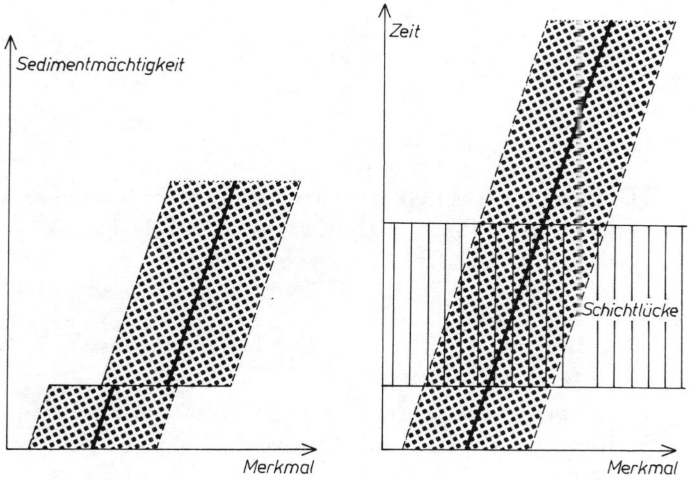

Abb. 135. Sprunghafte Änderung in der Merkmalsentwicklung einer Art, durch eine Schichtlücke hervorgerufen, und Rekonstruktion der im Sediment ausgefallenen Zeit unter Annahme konstanter Umbildungsgeschwindigkeit. Nach R. BRINKMANN.

Abb. 136. Aussterben und Aufblühen einiger bezeichnender Fossilgruppen an der Grenze Kreide/Tertiär.

Lebensweise

Die Lebensweise der Organismen beeinflußt ihr Vorkommen im Raum. Vom Standpunkt des Paläontologen sind vor allem der Ort des Lebens, Ernährung, Atmung und Fortpflanzung wichtig.

Das Leben im Wasser

Der ursprüngliche Lebensort aller Pflanzen und Tiere ist das Wasser. Dort erwarben die Organismen eine Vielzahl von Organen, die ihnen jeweils eine bestimmte Lebensweise ermöglichten.

1. Das Plankton

Organismen, die passiv im Wasser schweben, bilden das Plankton. Pflanzliches Plankton nennt man Phytoplankton, tierisches Plankton Zooplankton. Das Schweben im Wasser erfordert bestimmte Vorrichtungen, um das spezifische Gewicht des Körpers demjenigen des Wassers anzugleichen, wie z. B. Gasbläschen (bei Medusen und manchen Graptolithen), Fett-Tröpfchen (bei Foraminiferen und Radiolarien) oder extrem hohe Wassergehalte des Organismus (bei Medusen und Chaetognathen). Auch vergrößerte Körperoberflächen (Stacheln oder Fortsätze) erhöhen die Schwebfähigkeit.

Skelette treten bei Planktern nur selten auf. Da sie das spezifische Gewicht des Körpers erhöhen, sind sie hinderlich. Ein Großteil des Planktons ist deshalb fossil nicht erhaltungsfähig. Ausnahmen sind Radiolarien, planktische Foraminiferen, Diatomeen, Flagellaten mit chitinigen, kalkigen oder kieseligen Hüllen und die teilweise ebenfalls planktischen Graptolithen (Abb. 137).

Viele höhere Tiere besitzen planktische Larvenstadien. Solche nur zeitweise im Plankton lebenden Organismen nennt man temporäres Plankton im Gegensatz zum Holoplankton. Es stellt in der Gegenwart einen erheblichen Anteil am gesamten Plankton. Fossil ist es i. d. R. nicht erhaltungsfähig. Trotzdem ist es paläontologisch wichtig, da es die Ausbreitung vieler Organismengruppen ermöglicht. Bedeutsam ist vor allem die Dauer des planktischen Larvenstadiums (Abb. 138).

Das planktische Leben ist wahrscheinlich die ursprüngliche Lebensweise. Hierfür spricht, daß viele Larven planktisch sind (biogenetische Regel), daß vor allem primitive Gruppen planktisch leben und daß aus dem Präkambrium vorwiegend Plankter bekannt sind.

Manche benthischen Tiere siedeln an treibenden Gegenständen (Tange, Holz). Da sie ebenso wie das eigentliche Plankton das freie Wasser bewohnen und auf ihrer Unterlage passiv verfrachtet werden, nennt man sie Pseudoplankton. Nach ihrer Organisation gehören sie jedoch zum echten Benthos. Die wichtigsten Vertreter sind Hydrozoen, Bryozoen, Serpuliden, sessile Foraminiferen, kleine Schnecken, byssustragende Muscheln und Brachiopoden (Abb. 139).

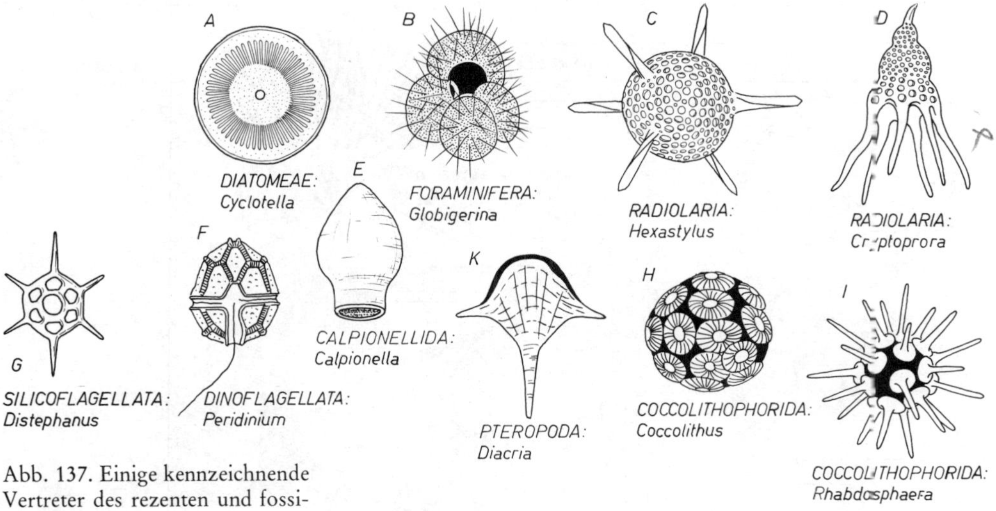

Abb. 137. Einige kennzeichnende Vertreter des rezenten und fossilen (E) Planktons.

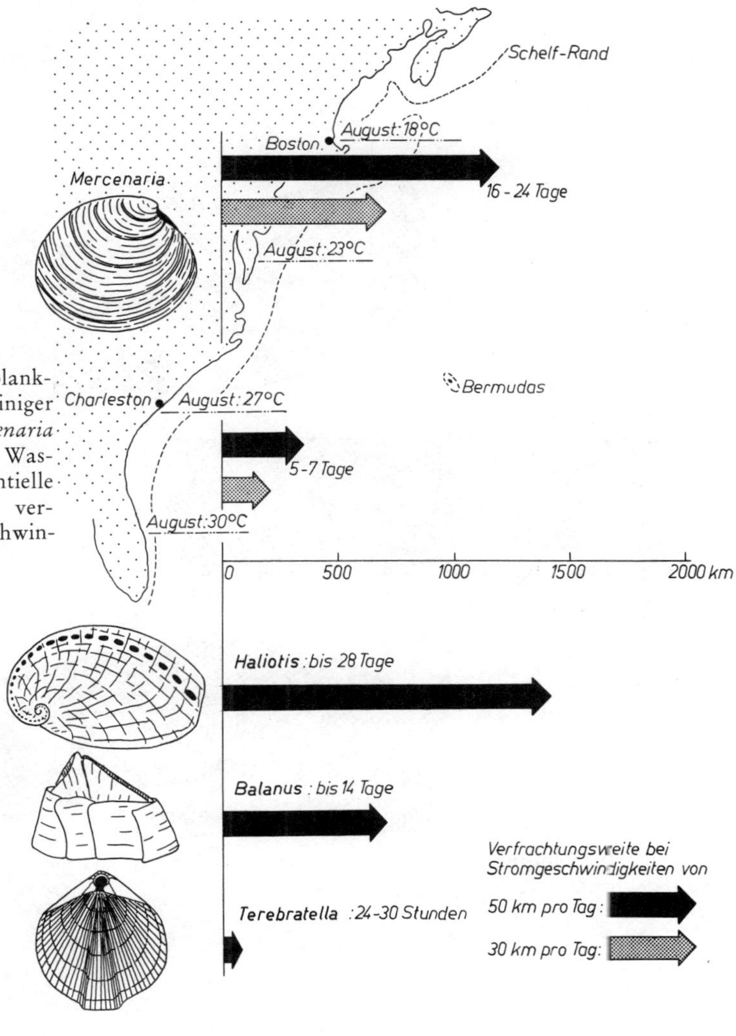

Abb. 138. Dauer des planktischen Larvenstadiums einiger rezenter Arten (bei *Mercenaria* in Abhängigkeit von der Wassertemperatur) und potentielle Verfrachtungsweite bei verschiedenen Strömungsgeschwindigkeiten.

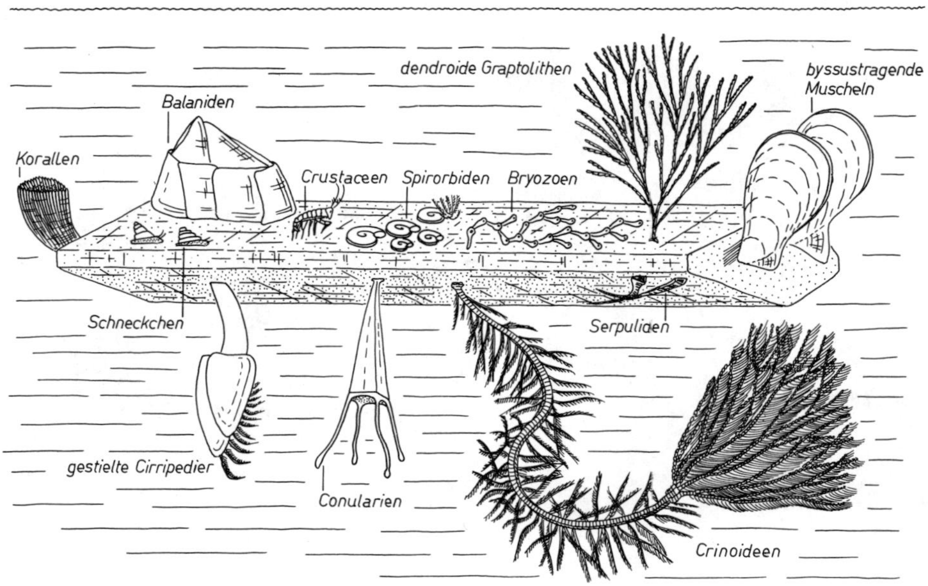

Abb. 139. Einige kennzeichnende rezente und fossile Vertreter des Pseudoplanktons.

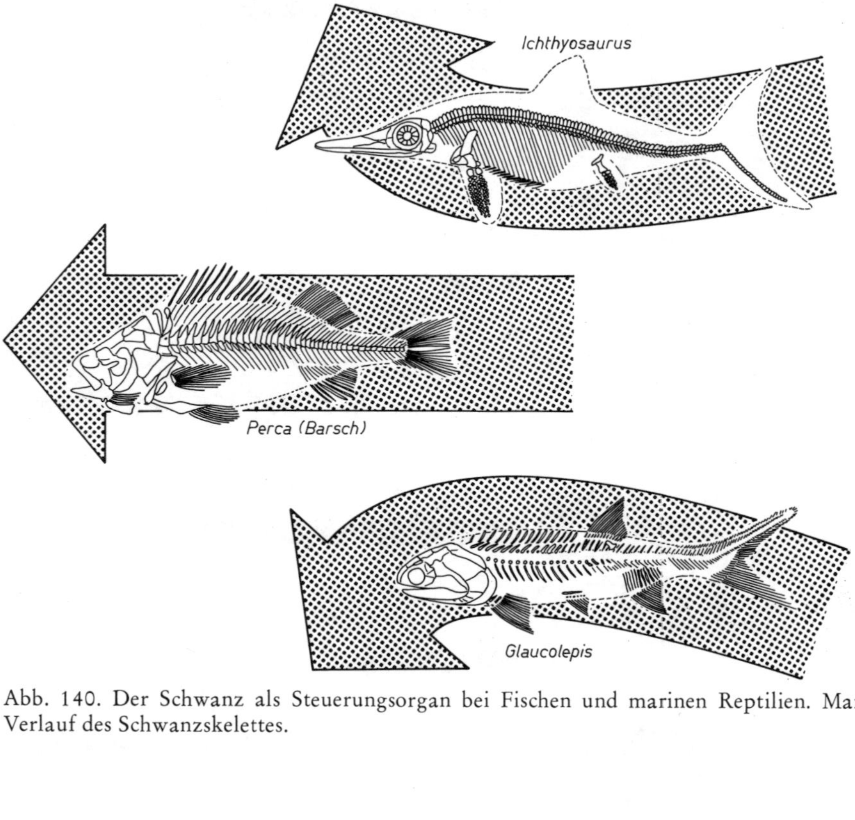

Abb. 140. Der Schwanz als Steuerungsorgan bei Fischen und marinen Reptilien. Man beachte den Verlauf des Schwanzskelettes.

2. Das Nekton

Kennzeichen des Nekton ist die aktive Fortbewegung im freien Wasser, d. h. das Schwimmen. Dazu bedarf es i. d. R. besonderer Organe wie z. B. Extremitäten (Wirbeltiere, Krebse), Hautsäume (manche Cephalopoden und Schnecken) oder Trichter (Cephalopoden). Schwimmen durch Schlängeln des Körpers kommt bei vielen Würmern und manchen Wirbeltieren vor.

Besonders leistungsfähige Schwimmorgane sind die Flossen der Wirbeltiere. Bei den meisten Fischen und manchen Tetrapoden (z. B. Ichthyosaurier, Delphine, Wale) treibt der Schwanz den Körper an. Asymmetrische Schwanzflossen lenken nach oben oder unten (Abb. 140). Die paarigen Flossen der Fische stabilisieren den Körper im Wasser. Bei vielen schwimmenden Tetrapoden (z. B. Schildkröten, Sauropterygier, Robben) sind sie die eigentlichen Antriebsorgane. Rückenflossen dienen der Steuerung.

Gute Schwimmer dürfen dem Wasser nur geringen Widerstand entgegensetzen. Deshalb tritt bei den meisten schnellschwimmenden Wirbeltieren die Stromlinienform auf (viele Fische, Ichthyosaurier, Delphine, Abb. 141). Sie kommt ebenso bei Cephalopoden *(Loligo)* vor. Schwimmende Tiere müssen ihrer Nahrung aktiv nachstellen. Nur wenige sind Planktonfresser (manche Wale). Die meisten sind Jäger und Räuber, die ihre Beute verschlingen (z. B. die meisten Hochseefische und manche Schnecken). Bei Wirbeltieren äußert sich diese Ernährungsweise im Gebiß. Zahnreusen oder Fangzähne sind bezeichnend.

Auch beim Schwimmen sind schwere Skelette hinderlich. Die meisten Nektonten sind deshalb skelettlos und fossil nicht erhaltungsfähig. Eine Ausnahme bilden die meisten Wirbeltiere, deren Skelett kein Schutz- sondern ein inneres Stützorgan ist. Es hat eine wichtige Funktion zu erfüllen, bleibt deshalb erhalten und ist fossilisierbar (S. 32—33).

Das bodenbezogene Nekton lebt am Grund der Gewässer. Hier sind schützende Panzer sinnvoll. Oft sind Schalen (z. B. bei Nautiloideen und Ammonoideen) oder Hautpanzer (z. B. bei Panzerfischen, Placodontiern, Krokodilen und aquatischen Schildkröten) entwikkelt. Der Körper ist vielfach dorsoventral abgeflacht, um das Liegen am Grund und z. T. auch das Einwühlen zu erleichtern (Abb. 142). Beispiele sind *Sepia* (Cephalopoda), Rochen, viele Ostracodermen und manche Actinopterygier. Liegen die Tiere auf der Seite, so ist der Schädelbau verdreht (z. B. Flunder, Seezunge, Steinbutt). Andere Fische halten sich in Felsritzen (z. B. Muräne), Tangwäldern (z. B. Seepferdchen) und Riffhöhlen (z. B. Korallenfische) auf.

Viele bodenbezogene Nektonten sind träge Tiere. Sie können nicht jagen, sondern müssen sessile Tiere abweiden. Ihr Gebiß ist dann oft ans Knacken angepaßt. Andere bodenbezogenen Nektonten sind zwar Räuber; sie lauern jedoch in ihren Verstecken auf die Beute.

3. Das Benthos

Organismen, die am Grund von Gewässern leben, bilden das Benthos. Können sie sich frei bewegen, nennt man sie vagil. Vagile Benthonten auf der Sedimentoberfläche bilden das Epibenthos, solche im Inneren des Sedimentes das Endobenthos (Abb. 143). Manche Tiere (z. B. die Ophiuren der Flachsee) leben normalerweise auf der Sedimentoberfläche, graben sich jedoch zum Schutz gelegentlich ein.

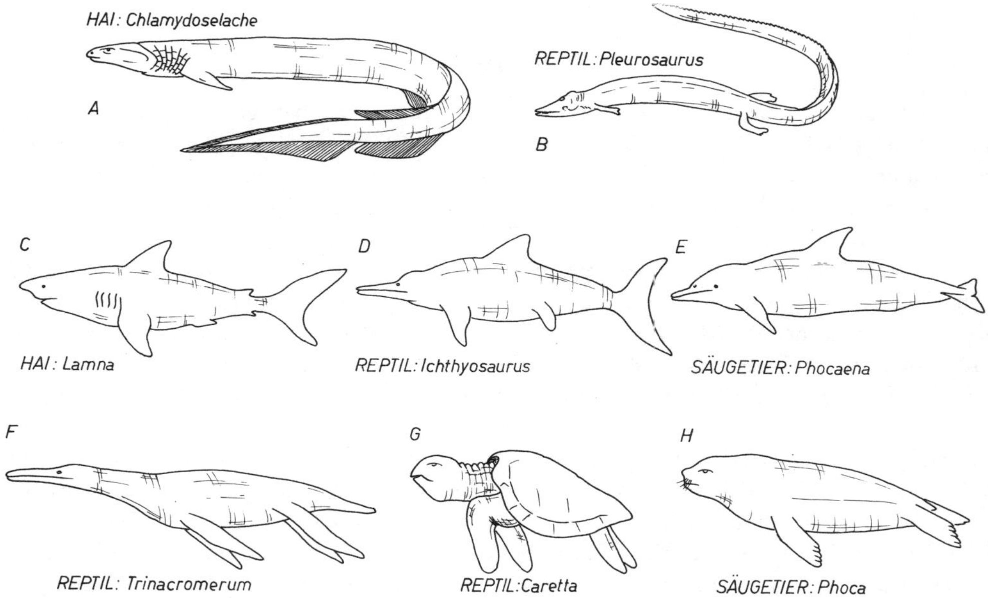

Abb. 141. Bezeichnende Körperformen schwimmender Wirbeltiere. A-B: Aal-Typ. C-E: Stromlinien-Typ („Torpedo-Typ“), F-H: Schlauchboot-Typ.

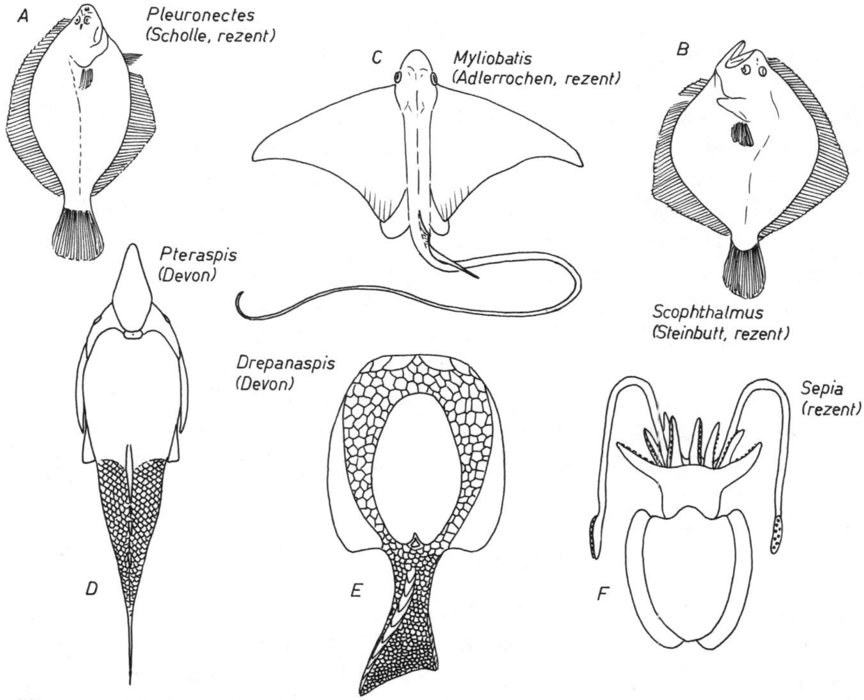

Abb. 142. Abflachung des Körpers bei bodenbezogen lebenden Nektonten. A-B: Körper seitlich abgeflacht; man beachte die Stellung der Augen. C-F: Körper dorsoventral abgeflacht.

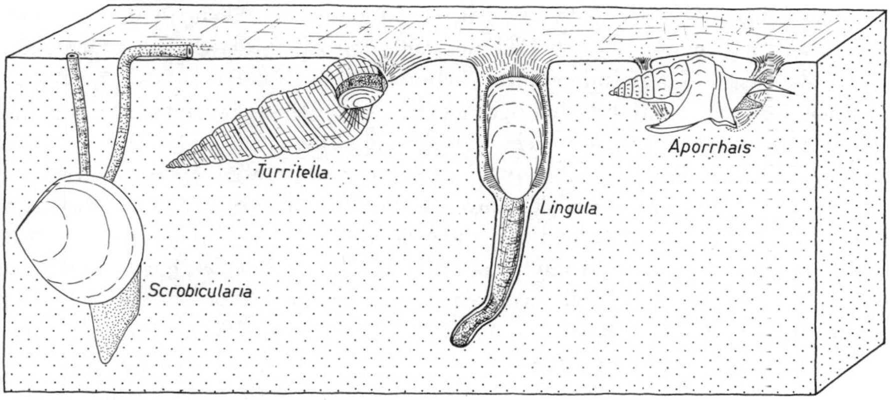

Abb. 143. Einige bezeichnende Vertreter des rezenten Endobenthos.

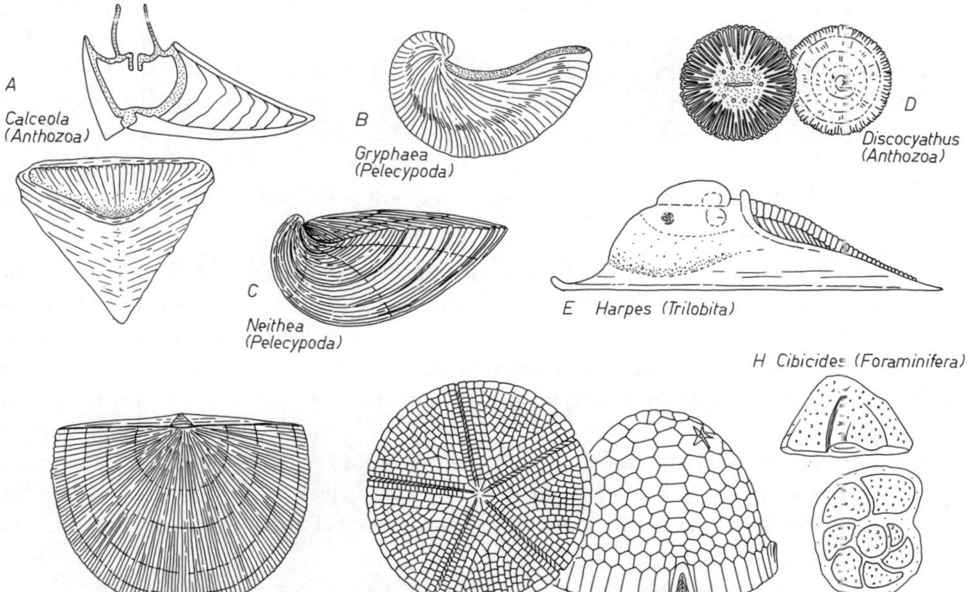

Abb. 144. Einige bezeichnende Vertreter des frei liegenden Epibenthos. A, D-H: Formen mit Liegefläche. B, C: Formen mit gewölbter Liegendklappe. A-D, F: Tiere sessil, E, G-H: Tiere vagil.

Für das Benthos sind Schutzskelette wichtig und vor allem in flachen, durchlichteten Gewässern notwendig. Viele Benthonten sind deshalb fossil erhaltungsfähig. Zu ihnen gehören die meisten Foraminiferen, Muscheln und Schnecken, ferner Arthropoden und Echinodermen. Das Endobenthos ist häufiger weichhäutig. Neben grabenden Muscheln und Schnekken gehören hierher vor allem viele Würmer und Crustaceen.

Die Fortbewegungsorgane des vagilen Benthos sind unterschiedlich. Arthropoden besitzen Beine. Würmer bewegen sich durch Kontraktionen des Hautmuskelschlauchs, Rhizopoden mit Hilfe ihrer Pseudopodien und Echinodermen mit ihren Ambulakralfüßchen oder Stacheln. Bei Mollusken ist ein Kriechfuß vorhanden. Bei der Fortbewegung des vagilen Benthos auf oder im Innern des Sedimentes entstehen Lebensspuren (vgl. S. 139).

Auch die Ernährungsweise des vagilen Benthos ist vielfältig. Räuber, Pflanzenfresser, Sedimentfresser und mikrophage Strudler und Angler sind vertreten.

Organismen, die den Lebensort nicht verlassen, heißen sessil. Hemisessile Tiere können sich zwar noch fortbewegen, tun dies aber normalerweise kaum mehr. Fixisessile Organismen sind am Lebensort festgeheftet und zu einem Ortswechsel i. d. R. nicht fähig.

Die Sessilität bietet den Organismen der Gewässer manche Vorteile. Wo Nahrung durch bewegtes Wasser ständig herangeführt wird, ist das aktive Aufspüren von Beute überflüssig. Fortbewegungsorgane werden entbehrlich und reduziert (z. B. Fuß der Austern, die meisten Beine der Cirripedier). Der Stoffwechsel kann eingeschränkt werden. Zur Ernährung sind entweder Tentakel vorhanden, welche die Beute festhalten können, oder die Tiere sind Strudler und Suspensionsfresser. Hemisessile Benthonten fressen auch Sediment. Die meist ebenfalls sessilen Pflanzen sind autotroph.

Sessile Organismen können vor Feinden nicht fliehen. Soweit sie als Epifauna auf der Sedimentoberfläche leben, müssen sie deshalb besondere Schutzorgane besitzen. Meist sind dies Außenskelette (Schalen, Panzer, z. B. bei Mollusken, Brachiopoden und Cirripediern), manchmal Gifte (manche Spongien, Nesselzellen der Cnidarier).

Das sessile oder hemisessile Endobenthos (z. B. Würmer) ist vielfach skelettlos, da es von Feinden weniger bedroht ist. Wo ursprünglich Skelette vorhanden waren, werden sie dünn und zart (z. B. Spatangiden) oder bedecken nur noch einen Teil des Körpers (z. B. viele Muscheln mit klaffender Schale). Deshalb ist mindestens bei diesen Gruppen das endobenthische Leben abgeleitet.

Im sessilen Epibenthos sind drei Anpassungstypen zu unterscheiden. Bodentiere können frei auf dem Substrat liegen. Dann ist oft eine besondere Liegefläche entwickelt (Abb. 144). Bei einem plan-konvexen Gehäuse ist jedoch oft die flache Klappe keine Liegefläche, sondern ein Deckel. Die Wölbung der unteren Klappe verhütet, daß beim Öffnen der Schale Sediment eindringt. Manche frei liegenden Benthonten sind durch Stacheln am Untergrund abgestützt.

Das freie Liegen hat den Nachteil, daß Strömung und Wellenschlag die Tiere erfassen und umlagern können. Es kennzeichnet deshalb ruhige Ablagerungsräume. Es ist fast nie ursprünglich, sondern meist durch die Reduktion eines Festheftungsorgans sekundär entstanden.

Das lose festgeheftete Bodentier ist durch ein biegsames Festheftungsorgan (Stiele, Byssusfäden, Wurzelschöpfe) mit dem Substrat elastisch verbunden (Abb. 145). Auch die meisten mehrzelligen Pflanzen der Gewässer sind durch ihren biegsamen Thallus bzw. Sproß lose festgeheftet. Die elastische Verankerung erlaubt den Organismen, ihre Eigengestalt im

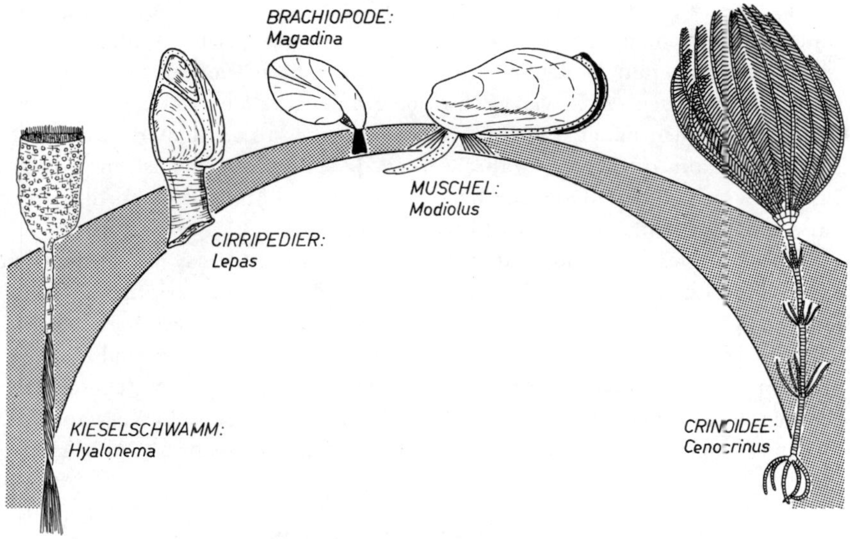

Abb. 145. Sessile Benthonten mit biegsamem Festheftungsorgan.

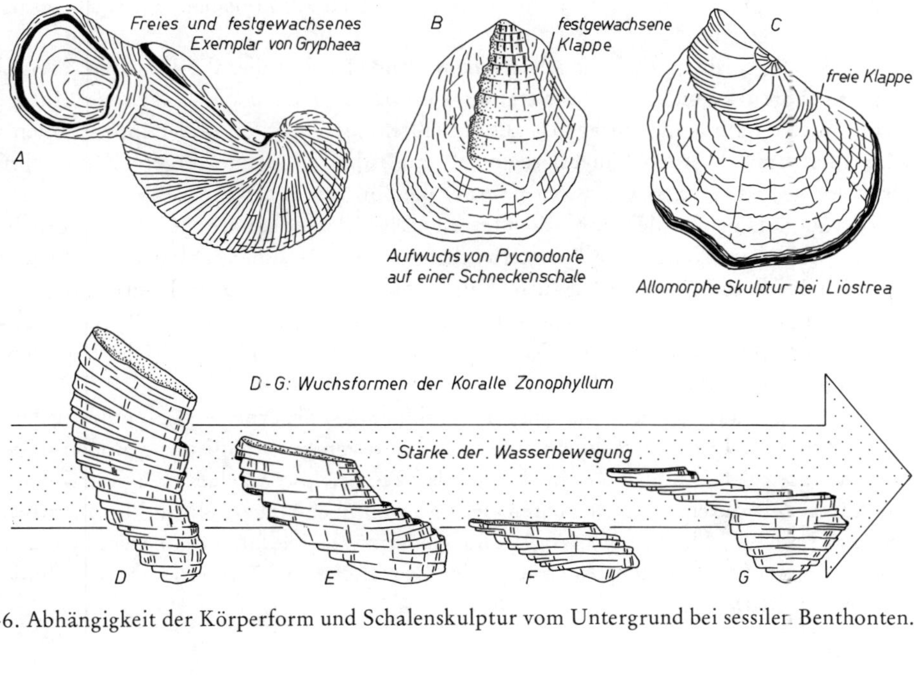

Abb. 146. Abhängigkeit der Körperform und Schalenskulptur vom Untergrund bei sessilen Benthonten.

wesentlichen zu wahren. Zwar ist die Variabilität größer als beim völlig freien Leben, doch sind selbst in dichten Populationen die Individuen arttypisch gestaltet.

Starr festgeheftete Bodentiere sind meist mit ihrem Körperskelett unmittelbar am Substrat festgewachsen (z. B. viele Schwämme und Korallen, manche Muscheln und Brachiopoden). Bei ihnen hängt die Körperform weitgehend vom Untergrund ab. Die arttypische Eigenform kann oft nicht gewahrt werden. Je sessiler ein Tier ist, um so variabler ist seine äußere Gestalt (DÖDERLEINsche Regel). Wuchs- und Standort-Modifikationen sind verbreitet. Auch allomorphe Skulptur ist häufig (Abb. 146).

Viele starr festgeheftete Benthonten schmiegen sich dem Substrat an, ohne in die Höhe zu wachsen (z. B. Serpuliden, Austern, viele Bryozoen und kriechende Tabulaten). Andere Formen wachsen in die Höhe. Zugleich leben sie vielfach gesellig. Das Höhenwachstum wird in erster Linie durch das Bestreben erklärt, im Wachstum und Zugang zur Nahrung mit den Konkurrenten Schritt zu halten. Die Flucht vor dem Zugeschüttetwerden durch Sediment spielt eine geringere Rolle. Tiere der verschiedensten Verwandtschaftskreise und Organisation erwarben konvergent die „koralligene Wuchsform“ (Abb. 147).

Das Leben auf dem Land

Das Leben am Land stellt die Organismen vor völlig andere Probleme als das Leben im Wasser. Am Land brauchen sie Stützorgane; im Wasser wirkt der Auftrieb. Tiere können nicht mehr, wie im Wasser, mit Hilfe ihrer Kiemen atmen. Sie müssen Lungen oder Tracheen erwerben. Pflanzen können die lebenswichtigen Rohstoffe nicht mehr mit der ganzen Körperoberfläche aufnehmen. Sie brauchen spezialisierte Organe wie Wurzeln und Gefäße. Am Land müssen sich die Organismen vor der Verdunstung schützen. Die Pflanzen bilden dazu Spaltöffnungen, die Tiere eine kräftige Epidermis. Die Temperaturschwankungen sind auf dem Land viel krasser als im Wasser. Den Organismen wird also eine höhere Resistenz abverlangt.

Sessile Organismen gibt es auch auf dem Land. Es sind dies die Pflanzen, die sich autotroph ernähren können. Für festsitzende Tiere reicht jedoch die Nahrungszufuhr i. d. R. nicht aus. Deshalb ist Sessilität fast ausschließlich auf Parasiten und Puppenstadien von Insekten beschränkt. Auch Säugetiere mit Winterruhe verharren längere Zeitabschnitte am Ort. Eine gewisse Ortstreue erwarben ferner die Spinnen mit ihren Netzen.

Die überaus große Mehrzahl aller terrestrischen Tiere lebt frei beweglich. Das Kriechen ist vor allem den primitiveren Formen vorbehalten (Ausnahme: Schlangen). Schnecken kriechen mit Hilfe ihres „Fußes“, Würmer und Insektenraupen durch Kontraktion des Hautmuskelschlauches. Tiere mit gegliederten Extremitäten (Arthropoden, Wirbeltiere) können ebenfalls kriechen, sofern sie den Körper nicht vom Boden abheben. Meist schreiten, laufen oder hüpfen sie jedoch (Abb. 148).

Außer den Bakterien und manchen Fortpflanzungskörpern von Tieren und Pflanzen, die passiv durch die Luft verfrachtet werden, sind nur wenige Organismengruppen in den Luftraum vorgestoßen. Manche (z. B. „fliegende“ Fische, Flugdrachen, Flughörnchen) können nur kurze Zeit durch die Luft gleiten. Das Fliegen über lange Zeit und große Strecken haben nur Insekten, Flugsaurier, Vögel und Fledermäuse erlernt. Organe des echten Fliegens sind die Flügel (bei Insekten: Auswüchse der Dorsalseite; bei Wirbeltieren: umgebildete Vorderextremitäten).

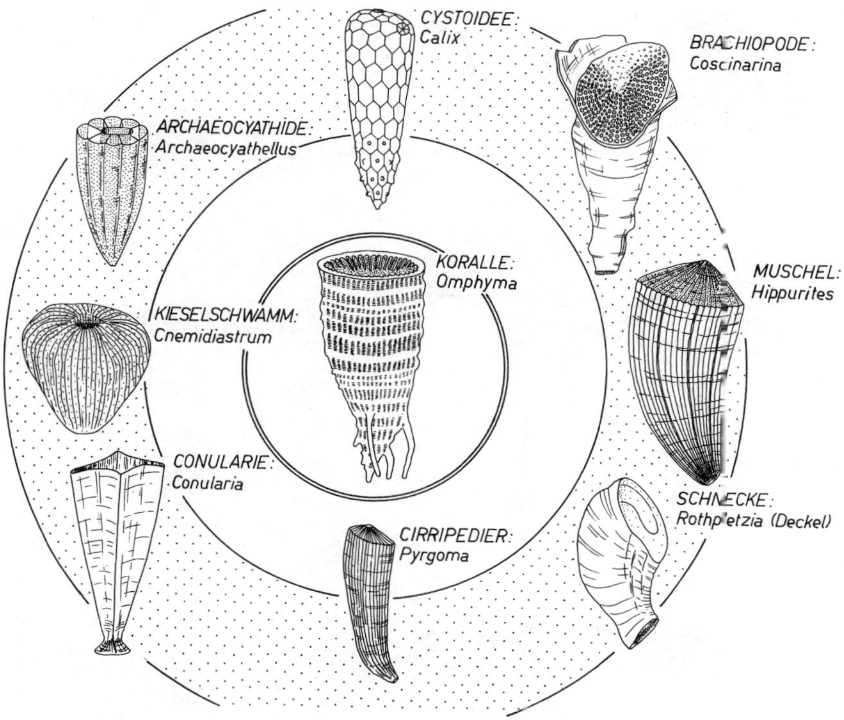

Abb. 147. Die „koralligene“ Wuchsform bei sessilen Benthonten.

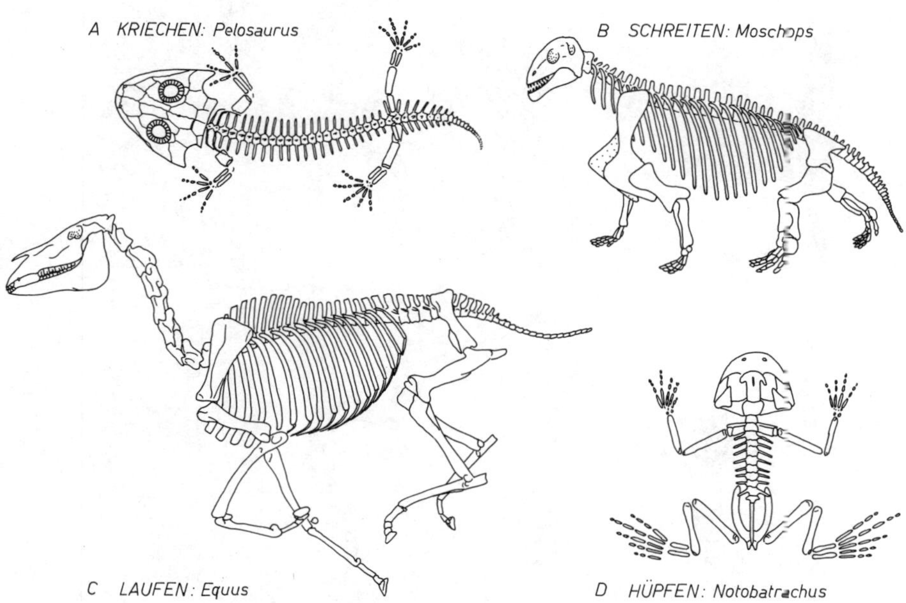

Abb. 148. Beispiele der Fortbewegungsweise landlebender Wirbeltiere.

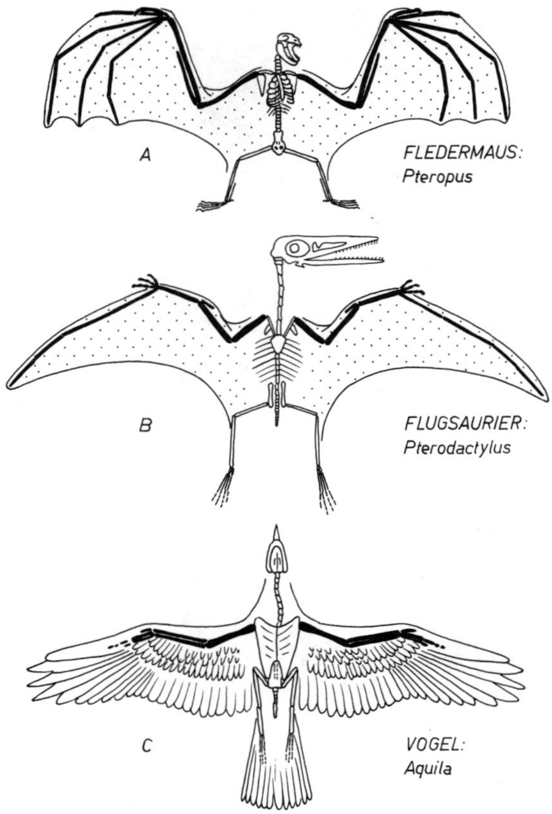

Abb. 149. Fliegende Wirbeltiere.

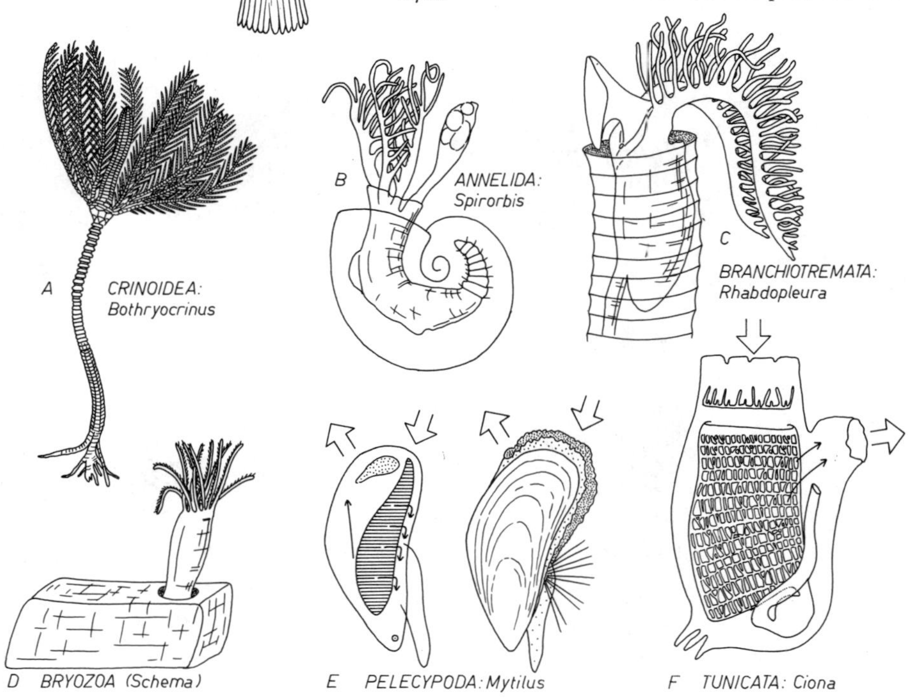

Abb. 150. Beispiele strudelnder Tiere.

Ernährung

Die Art der Ernährung ist paläontologisch insoweit wichtig, als sie den Lebensort und damit das Vorkommen der Organismen bestimmt.

1. Autotrophie

Unter Autotrophie versteht man Ernährung aus anorganischen Grundstoffen. Meist verläuft sie über die Photosynthese. Aus H_2O und CO_2 wird Zucker und Stärke synthetisiert. O wird dabei frei, allerdings zum größten Teil zur Atmung wieder verbraucht. Die erforderliche Energie liefert das Sonnenlicht. Zur Photosynthese ist Chlorophyll erforderlich, das die Rolle eines Energieüberträgers spielt. Photosyntheseprodukte können deshalb nur grüne Pflanzen liefern.

Bei Bakterien ist eine Abart der Autotrophie verbreitet. Manche Formen decken ihren Energiebedarf durch die Oxydation von Fe, S, N oder NH_3 (Eisen-, Schwefel- und Stickstoff-Bakterien). Sie sind weder an Sonnenlicht noch teilweise an freien Sauerstoff gebunden.

2. Mikrophagie

Mikrophage Organismen ernähren sich von pflanzlichen oder tierischen Kleinlebewesen, die vor allem als Plankton verbreitet sind und gewissermaßen eine Suspension bilden. Die meisten Mikrophagen sind deshalb Suspensionsfresser. Im bewegten Wasser hält die Strömung Nahrung in Suspension. Im Stillwasser müssen die Suspensionsfresser die Nahrung von der Sedimentoberfläche aufwirbeln. Die Organe, die dem Suspensionsfressen dienen, sind sehr unterschiedlich.

Strudler erzeugen mit Hilfe von Wimpern einen Wasserstrom. Durch ihn wird Nahrung und frisches Atemwasser herbeigeführt. Das Strudeln ist sehr weit verbreitet. Der Wimperapparat liegt bei vielen Invertebraten an der Körperoberfläche. Er wird oft ergänzt durch Reusen, Wimperrinnen oder Schleimfelder, in denen die Nahrung zum Mund geleitet wird. Beispiele sind Bryozoen, Crinoideen und manche Anneliden (Serpulimorpha). In die Mantelhöhle versenkt ist der Wimperapparat bei den strudelnden Mollusken (vor allem den Pelecypoden) und den Brachiopoden. Nach innen verlagert ist er bei den Schwämmen und den primitiven Chordaten. Bei letzteren hat der Vorderdarm die Funktion einer Saugpumpe.

Bei Anglern (Tentakelfängern) wird die Beute von Tentakeln festgehalten und zum Mund geführt. Hilfswerkzeuge sind Nesselzellen, deren Gift lähmt, oder klebrige Sekrete. Angler sind vor allem viele Coelenteraten. Die meisten Ophiuren benutzen die Spitzen der Arme, um Beute zu greifen. Filtrierer halten Netze in den Wasserstrom und fangen darin die Beute. Solche Netze können durch umgestaltete Extremitäten gebildet werden (Cirripedier). Andere Organismen (z. B. einige Anneliden und Gastropoden) sondern Schleimnetze ab.

Auch auf der Substratoberfläche sind vielfach lebende oder tote Mikroorganismen angereichert. Von ihnen ernähren sich die Depositfresser. Die protobranchiaten Muscheln kehren mit Mundlappen, manche Crustaceen mit Antennen, Scheren oder Kieferfüßen die Nahrung zusammen. Viele vagile Ophiuren führen sie mit den Ambulakralfüßchen zum Mund. Einige mikrophage Seesterne benutzen dazu Wimpern. Als Taster ernähren sich viele sessile und hemisessile Depositfresser. Ihre nahrungsaufnehmenden Organe (Tentakel bei manchen Polychaeten, Ambulakralfüßchen bei Ophiuren) streichen über das Substrat und befördern die organische Substanz zum Mund. Pipettierer sind vor allem die Tellinaceen unter den heterodonten Muscheln. Sie benutzen ihre Siphonen als Saugbagger, um den organischen Film der Sedimentoberfläche abzupipettieren.

Oft ist das Sediment selbst reich an organischer Substanz. Die Sedimentfresser verwerten sie, indem sie die Nahrung zusammen mit großen Mengen von Sediment verschlingen. Der unverdauliche Sand, Schlick oder Schlamm durchläuft den Darm und wird wieder ausgeschieden. Bezeichnende Sedimentfresser sind u. a. viele Anneliden (z. B. *Arenicola* und die Regenwürmer), Sipunculiden und Holothurien, manche Spatangiden, einige Schnecken (Rissoiden) und Ostracoden sowie die Enteropneusten. Die Sedimentfresser sind geologisch wichtig, weil in erster Linie auf sie die Entschichtung vieler Sedimente zurückgeht.

3. Herbivorie

Unter herbivoren Tieren versteht man Pflanzenfresser. Meist ist die Aufnahme pflanzlicher Kost ein Weiden, d. h. das Abfressen einer Pflanzendecke, während sich das Tier langsam fortbewegt (S. 146). Sie erfordert Organe, mit denen Pflanzenteile abgeschnitten und zerkleinert werden. Dem dient eine entsprechende Ausrüstung des Mundes, z. B. das Gebiß von Wirbeltieren, Kiefer und/oder Mundzähne bei Anneliden (*Nereis* und *Eunice*), die Radula der Gastropoden oder die Laterne rezenter regulärer Seeigel. Bei manchen herbivoren Arthropoden (z. B. einige Asseln und Ostracoden) helfen die zu Mundwerkzeugen umgebildeten vordersten und manchmal noch weitere Extremitätenpaare bei der Nahrungsaufnahme mit. Die Mundwerkzeuge vieler Insekten sind in mehreren Richtungen spezialisiert. Sie können kauen (z. B. bei Käfern), leckend oder stechend saugen oder schlürfend saugen (Schmetterlinge; vgl. Abb. 151). Entsprechend vielfältig ist auch die Ernährungsweise der Insekten.

Je größer ein Tier ist, desto größer sind die von ihm abgeschnittenen Pflanzenteile. Um so wichtiger werden dann Zusatzorgane zum Zerkleinern und Aufschließen der Nahrung. Die größten Herbivoren sind Wirbeltiere. Ihre Zähne sind stark spezialisiert mit breiten Kauflächen, zwischen denen Pflanzenteile zerquetscht werden. Im Gegensatz zu marinen Herbivoren, die vor allem weiche Algen fressen, ernähren sich terrestrische Wirbeltiere überwiegend von viel stärker verholzten und trockeneren Blütenpflanzen. Diese Kost wird auch durch das Kauen noch nicht genügend aufgeschlossen. Deshalb sind die extremsten Herbivoren — viele Artiodactyla — zum Wiederkäuen mit den entsprechenden Umbildungen des Magens übergegangen. Eine entsprechende Aufgabe hat der Kropf körnerfressender Vögel.

4. Carnivorie

Carnivore Tiere sind Fleischfresser. Meist sind sie Räuber, suchen ihre Beute auf oder jagen sie. Das setzt voraus, daß sie vagil und meist sogar recht flink sind. Deshalb sind die meisten Räuber unter den höher organisierten Stämmen, besonders den Arthropoden und Wirbeltieren, zu finden. Daneben gibt es auch weniger gewandte Formen, die vorwiegend sessile oder träge Beutetiere jagen (carnivore Schnecken, Seesterne und Anneliden). Sie spüren ihrer Nahrung auf der Oberfläche und im Inneren des Sedimentes nach.

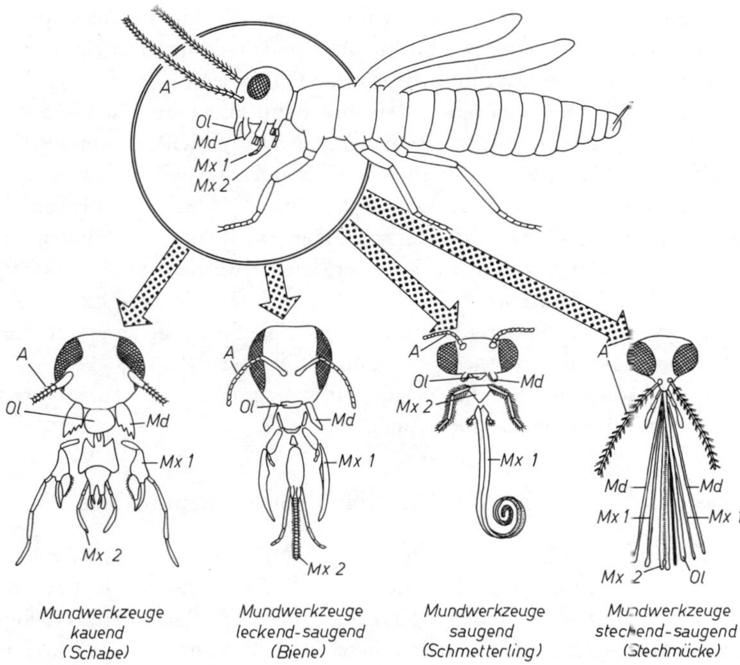

Abb. 151. Die Mundwerkzeuge der Insekten und ihre Anpassung an unterschiedliche Ernährung. A: Antenne; Md: Mandibel; Mx: Maxille; Ol: Oberlippe. Nach A. KÜHN.

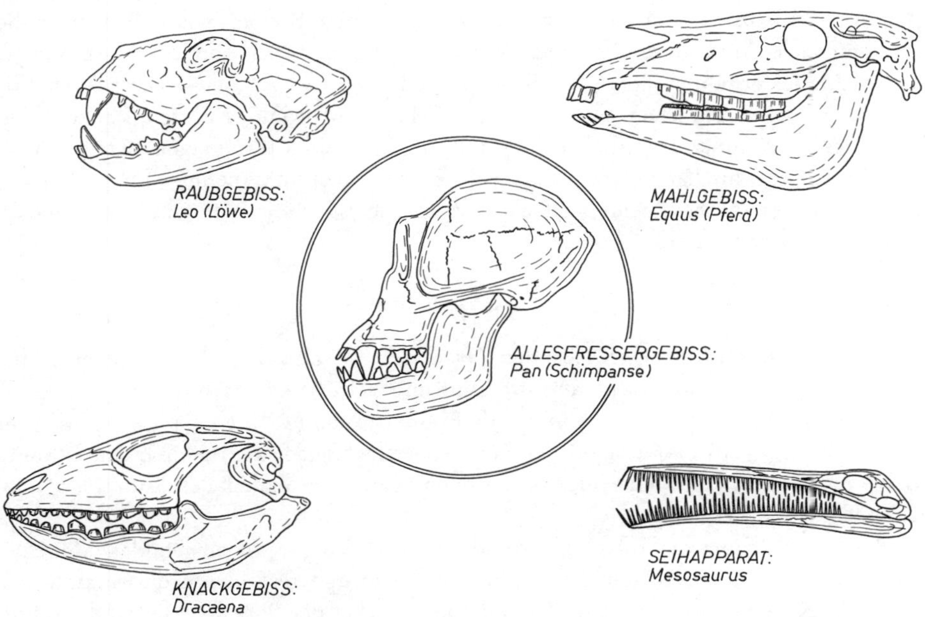

Abb. 152. Gebißtypen und Ernährungsweise bei Reptilien und Säugetieren.

Andere Carnivoren lauern auf ihre Beute. Das gilt für manche Arthropoden (z. B. Spinnen) und Wirbeltiere (z. B. Muräne und viele Schlangen) sowie für viele der trägeren Fleischfresser. Bezeichnend ist es für die sessilen Cnidarier.

Nur wenige Carnivoren halten ihre Beute mit dem Mund oder einem Rüssel fest. Viele benutzen dazu Extremitäten (vor allem Arthropoden), Tentakel (Cnidarier) oder Ambulakralfüßchen (Seesterne). Vor allem trägere oder sessile Fleischfresser lähmen ihre Beute durch Gifte, um sie leichter festhalten zu können (Cnidarier, Skorpione, Vipern, Coniden). Die Beute kann als Ganzes hinabgeschlungen (z. B. bei Cnidariern, Schlangen und manchen Anneliden) oder vor dem Freßakt zerkleinert werden. Hilfswerkzeuge hierzu sind das spezialisierte Gebiß carnivorer Wirbeltiere (Abb. 152) und die Extremitäten vieler Arthropoden (z. B. Scheren der Spinnen). Spinnen und viele Seesterne zersetzen die Beute exogastrisch mit Hilfe von Sekreten, ehe sie zum Mund geführt wird.

Fleischfressende Pflanzen besitzen Fallen, in denen sie kleine Tiere fangen, die Beute durch Sekrete auflösen und sie aufnehmen.

5. Omnivorie und Saprophagie

Omnivore Organismen, d. h. Allesfresser, sind vor allem viele Mikrophagen. Die meisten Strudler unterscheiden i. d. R. nicht zwischen tierischer (z. B. Larven) und pflanzlicher Kost (z. B. Flagellaten). Die Makrophagen, die gröbere Partikel aufnehmen, sind viel stärker entweder an tierische oder an pflanzliche Nahrung angepaßt. Ausnahmen sind manche Anneliden und Crustaceen, die sich wahlweise räuberisch oder vegetarisch ernähren können, sowie manche Wirbeltiere (z. B. primitive Säugetiere, Mensch).

Saprophagie ist Ernährung von Abfallstoffen wie Aas, Kot, pflanzlicher Moder und Detritus. Sie ist ein wichtiges Glied im Kreislauf der Stoffe. Wirksamste Saprophagen sind die Bakterien. Aasfresser sind vor allem viele weniger flinke Räuber, wie z. B. manche Schnekken und viele Anneliden, aber auch Wirbeltiere (z. B. Geier und Hyänen). Von pflanzlichem Moder ernähren sich u. a. die Diplopoden und viele Land-Asseln. Auch Pflanzen, die von Moderstoffen leben, sind häufig (z. B. Pilze, sowie einige Blütenpflanzen). Detritus, d. h. kleine Trümmer organischer Substanz, fressen viele Mikrophagen. Wenn der Detritus als „Regen" organischer Substanz in Gewässern zu Boden sinkt, nehmen ihn vor allem Strudler auf. Hat er die Sedimentoberfläche erreicht, so ist er die Nahrung von Deposit- oder von Sedimentfressern.

6. Parasitismus

Parasiten schmarotzen an lebenden Organismen. Zeitweilige Schmarotzer suchen ihre Opfer nur zur Nahrungsaufnahme auf (Blut und Säfte saugende Insekten, manche Milben, Blutegel). Dauernde Parasiten können als Ektoparasiten (z. B. einige Trematoden, manche Milben, viele Myzostomiden) auf der Körperoberfläche oder als Endoparasiten (Sporozoen, viele Trematoden, Cestoden, einige Nematoden, Acanthocephalen, Pentastomiden) in inneren Organen des Wirtes leben.

Bei vielen Schmarotzern ist der Mund zu einem Saugorgan umgebildet. Manche Endoparasiten dagegen verzichten auf Mund und Darm und resorbieren die gesamte Nahrung durch die Körperoberfläche (z. B. Cestoden). Je stärker der Parasitismus ist, desto unnötiger wird ein Ortswechsel. Parasiten haben deshalb vielfach die Fortbewegungsorgane verloren.

Da auch ihre übrige Organisation oft stark vereinfacht ist, lassen sich die natürlichen Verwandtschaftsverhältnisse manchmal nur sehr schwer erkennen.

Parasiten sind oft streng an bestimmte Wirte gebunden, z. B. manche Mesozoen an Nieren von Cephalopoden, die meisten Pentastomiden an Atemorgane von Landwirbeltieren. Die ursprünglicheren Parasiten schmarotzen vor allem an Wirten höheren stammesgeschichtlichen Alters. Diese Regel wird jedoch oft durch Sekundär-Infektionen durchbrochen. Für zahlreiche Parasiten ist ein komplizierter Generationswechsel bezeichnend, der mit einem Wirtswechsel gekoppelt sein kann (Abb. 153).

Pflanzliche Parasiten senken Wurzeln und andere Saugorgane in die Wirtspflanzen und entnehmen deren Leitungsbahnen entweder Wasser und Nährsalze (Halbschmarotzer: z. B. Mistel) oder auch die fertigen Assimilate (chlorophyllfreie Vollschmarotzer: z. B. *Cuscuta*, *Lathraea* und *Orobanche*).

Atmung

Atmung ist die Aufnahme von O zur Verbrennung organischer Reservestoffe und Abgabe von CO_2. Viele, vor allem wasserlebende Tiere mit dünner Haut nehmen Sauerstoff direkt durch die Körperoberfläche auf. Hautatmende Tiere sind z. B. die Schwämme, Coelenteraten, Pycnogoniden, Tentaculaten und acoelomaten Würmer, ferner manche Anneliden, Mollusken und Milben. Manche kiemen- oder lungenatmenden Tiere (z.B. primitive Krebse, viele Fische, Amphibienlarven) können zusätzlich durch die Haut respirieren.

Auch die wasserlebenden niederen Pflanzen nehmen die im Wasser gelösten Gase durch ihre ganze Körperoberfläche auf. Bei ihnen überwiegt die Aufnahme von CO_2. Bei der Photosynthese wird mehr O frei, als zur Atmung benötigt wird. Tiere mit symbiontischen Zooxanthellen (winzigen grünen Flagellaten) zehren teilweise von dem bei der Photosynthese ihrer Symbionten frei werdenden Sauerstoff (z.B. Riffkorallen und manche Radiolarien).

Bei wasserlebenden Tieren sind oft bestimmte, besonders stark wasserumspülte Körperteile zu Organen umgebildet, die Sauerstoff aufnehmen und Kiemen heißen. Bei Anneliden und wasserlebenden Arthropoden (Trilobiten, primitive Cheliceraten, Krebse) sind sie Auswüchse der Parapodien bzw. Extremitäten. Mollusken tragen sie in der Mantelhöhle. Bei primitiven Chordaten und einigen Branchiotremata ist der Vorderdarm zum Kiemenkorb umgebildet. Kiemenatmende Tiere, die das Wasser verlassen (Limuliden, Asseln) tragen in ihrem Kiemenraum Wasser mit sich.

Eine Lunge ist ein dem Gasaustausch dienendes Organ im Körperinneren luftatmender Landtiere. Bezeichnende Lungenatmer sind die Tetrapoden, deren Lunge eine Ausstülpung des Vorderdarmes ist. Bei Landschnecken ist die Mantelhöhle zur Lunge geworden. Luftatmende Arthropoden (z. B. Insekten) besitzen spezielle Atemorgane. Es handelt sich um ein System lufterfüllter Röhren (Tracheen), die den Sauerstoff direkt an die inneren Organe leiten.

Bei höheren landlebenden Pflanzen enthalten Blätter und Sprosse lufterfüllte Interzellularräume. Sie stehen mit der Außenluft durch Spaltöffnungen in Verbindung. Durch sie wird O und CO_2 aufgenommen und der Wasserhaushalt reguliert.

Wasserlebende Tiere, die von Luftatmern abstammen, bleiben an Luftatmung gebunden. Marine Tetrapoden müssen auftauchen, um zu atmen. Wasser-Insekten stehen durch Atemröhren mit der Luft in Verbindung oder nehmen einen Luftvorrat unter Wasser mit.

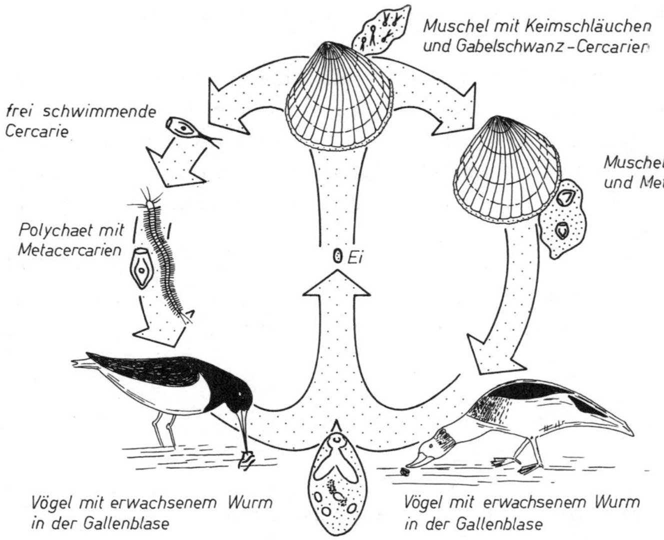

Abb. 153. Wirtswechsel der Larvenstadien (= Cercarien) des parasitischen Trematoden *Gymnophallus choledochus*. Nach B. FRANK.

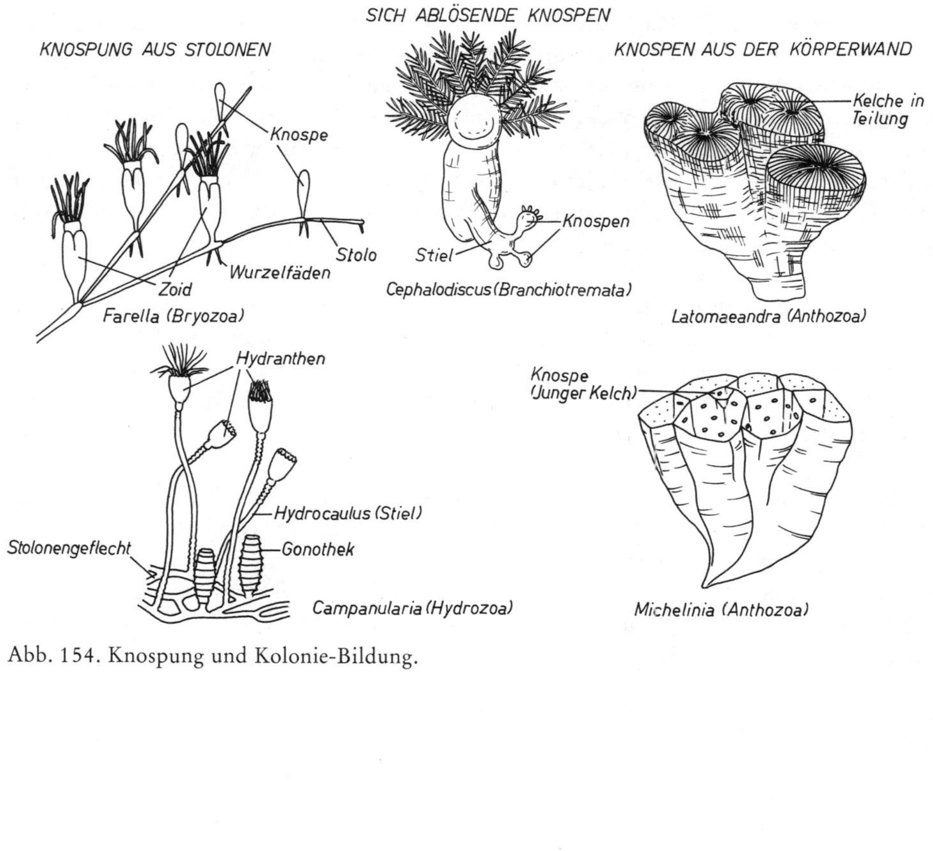

Abb. 154. Knospung und Kolonie-Bildung.

Fortpflanzung

Die Fortpflanzung sichert den Bestand der Arten. Sie ermöglicht es den Organismen, sich zu vermehren und auszubreiten.

1. Ungeschlechtliche Fortpflanzung

Bei der ungeschlechtlichen Fortpflanzung werden einzellige Fortpflanzungskörper ohne Beteiligung einer zweiten Zelle gebildet. Der einfachste Fall, die Zellteilung, ist bei einzelligen Tieren und Pflanzen verbreitet. Eine Mutterzelle zerfällt dabei in zwei oder mehrere gleichwertige Tochterzellen. Bei günstigen Wachstumsbedingungen können in kurzer Zeit ungeheure Nachkommenzahlen entstehen. Manche Bakterien teilen sich mehrmals in einer Stunde und könnten theoretisch aus einer einzigen Mutterzelle innerhalb eines halben Tages über 10^{12} Tochterzellen bilden.

Bei den meisten einzelligen Tieren und Pflanzen wird die Zellteilung in regelmäßigem (z. B. bei Foraminiferen) oder unregelmäßigem (z. B. bei Diatomeen) Rhythmus von Zellfusionen abgelöst. Es wechselt hier die geschlechtliche und die ungeschlechtliche Fortpflanzung in einem Generationswechsel ab.

Wenn sich von vielzelligen Organismen Einzelzellen ablösen, aus denen Tochterindividuen entstehen, so nennt man das Sporenbildung. Sie ist bei Thallophyten weit verbreitet.

2. Vegetative Fortpflanzung

Von manchen Organismen können vielzellige Gebilde abgeschnürt werden, die zu eigenen Individuen heranwachsen. Man bezeichnet diesen Vorgang als vegetative Fortpflanzung. Besonders bekannt ist sie bei Pflanzen (z. B. Brutzwiebel, Knollen, Ausläufer und Schößlinge). Bei Tieren ist sie i. d. R. auf die primitiveren Stämme beschränkt, deren Zellen nicht streng determiniert sind, sondern einen Funktionswandel durchlaufen können. Hier können sich an ± beliebigen Körperstellen Knospen bilden, aus denen neue Individuen entstehen (z. B. Medusen der Cnidarier, verbunden mit Generationswechsel, vgl. Abb. 64, 154).

Wenn sich die Tochterknospen vom Muttertier nicht ablösen, so entsteht eine Kolonie. Solche stockbildenden Tiere sind u. a. viele Hydrozoen, Korallen, Kamptozoa und Branchiotremata sowie die Bryozoen. Die Knospen entspringen bei manchen Formen (z. B. manchen Oktokorallen, Bryozoen und Branchiotremata) entlang eines dafür spezialisierten Stranges, der Stolo genannt wird. Auch viele Schwämme bilden durch Knospung Kolonien. Da ihre Einzelindividuen jedoch keine für sie typischen Organe aufweisen, ist die Individualitätsstufe der Schwämme oft kaum zu beurteilen.

In engem Zusammenhang zur vegetativen Fortpflanzung steht das weitgehende Regenerationsvermögen vieler Tiere und Pflanzen. Abgetrennte Teile von Schwämmen, Cnidariern und manchen Pflanzen, isolierte Arme von Seesternen und Körperhälften mancher Würmer können sich wieder zu vollständigen Individuen ergänzen. Bei anderen Würmern werden regelmäßig Teile des Körpers abgeschnürt, aus denen neue Individuen entstehen. Hier wird das Regenerationsvermögen zur vegetativen Vermehrung ausgenutzt. Vom Menschen gesteuert wird es in Landwirtschaft und Gartenbau, wo aus Stecklingen Nutz- und Zierpflanzen gezogen werden.

3. Geschlechtliche Fortpflanzung

Bei der geschlechtlichen Fortpflanzung (vgl. S. 82) befruchten sich zwei Geschlechtszellen. Erst das Paarungsprodukt kann zu einem neuen Organismus heranwachsen. Die Befruchtung ist die Verschmelzung der Geschlechtszellen (Gameten) und ihrer Kerne. Bei vielen Protozoen und manchen Thallophyten sind die Gameten gleich gestaltet (Isogamie). Meist kann man jedoch größere, unbewegliche weibliche Eizellen und kleinere, bewegliche männliche Samenzellen (Spermien) unterscheiden (Anisogamie).

Vor allem wasserlebende Tiere geben Eier und Spermien ins Wasser ab. Obwohl die Samenzellen chemotaktisch von den Eizellen angelockt werden, treffen sie doch ± zufällig aufeinander. Man bezeichnet dieses Verhalten als Besamung. Es kommt bei vielen Fischen, den Echinodermen, Muscheln und Cnidariern vor und ist vor allem für sessile Tiere kennzeichnend.

Wird der Samen vom Männchen aktiv auf das Weibchen übertragen, so spricht man von Begattung (Kopulation). Sie kommt unter den wasserlebenden Tieren u. a. bei Turbellarien, Gastropoden und Cephalopoden sowie bei den allermeisten landlebenden Tieren vor.

Auch bei den Kormophyten verläßt die Eizelle den mütterlichen Organismus nicht vor der Befruchtung. Da Pflanzen festgewachsen sind, müssen i. d. R. Wind, Wasser und Tiere (z. B. Insekten) die Befruchtung vermitteln.

Die Zahl der abgegebenen Eier (bzw. Samen) richtet sich nach ihrem Nährstoff-Vorrat. Viel Dotter erlaubt dem Jungtier (der Larve) ein rasches Wachstum und vermindert damit seine Gefährdung. Deshalb legen die Tiere kleine, dotterarme Eier in großer, dotterreiche Eier dagegen in viel geringerer Zahl ab.

Die Eizellen verlassen den mütterlichen Organismus zu ganz unterschiedlichem Zeitpunkt. Bei oviparen Tieren in engstem Sinn wird die Eizelle abgelegt, ehe spätere Zellteilungen begonnen haben. Ovovivipare Tiere legen Eier, deren Hüllen ± weit herangewachsene Embryonen einschließen. Oft genügen die Bedingungen der Umwelt, um die Jungtiere zum Schlüpfen zu bringen (z. B. bei Reptilien). Vögel müssen die Eier bebrüten, damit sich die Embryonen entwickeln können. Vivipare Tiere gebären lebende Junge. Vivipar sind z. B. die Säugetiere (außer den Monotremen), die Ichthyosaurier, manche Fische und einige Schnekken. Die Übergänge von ovipar, ovovivipar und vivipar fließen.

Viele Tiere betreuen ihre Nachkommenschaft. Art und Ausmaß der Brutpflege sind unterschiedlich. *Octopus* befächelt seine Eier mit frischem Wasser, einige Crustaceen bewahren sie bis zum Schlüpfen der Larven in Bruttaschen auf. Manche Mollusken behalten die geschlüpften Jungen zunächst in ihrer Mantelhöhle. Vögel und staatenbildende Insekten füttern sie; Säugetiere ernähren sie mit der mütterlichen Milch.

Pflanzen zeigen sehr komplizierte Fortpflanzungsverhältnisse. Viele Arten durchlaufen einen regelmäßigen Generationswechsel mit einem Gametophyten, der auf ungeschlechtlichem Weg entsteht und sich geschlechtlich fortpflanzt und einem Sporophyten, der auf geschlechtlichem Weg entsteht und sich ungeschlechtlich fortpflanzt. Bei den meisten Thallophyten sind Gametophyt und Sporophyt getrennte und manchmal ganz unterschiedlich gestaltete Pflanzen. Bei den Kormophyten durchläuft i. d. R. eine Generation eine sehr verkürzte Entwicklung (vgl. S. 9, Abb. 5).

4. Parthenogenese

Die Parthenogenese ist eine abgewandelte geschlechtliche Fortpflanzung, bei der sich Gameten unbefruchtet entwickeln. Unterbleibt schon die Reifeteilung (vgl. S. 82), so sind die Tochterindividuen diploid (z. B. bei Wasserflöhen, Ostracoden, Nematoden, Pflanzen). Haploide Eizellen entwickeln sich ohne Befruchtung z. B. bei manchen Insekten (Bienen, Wespen, Ameisen) und Rotatorien zu Männchen, deren Samenzellen ohne weitere Reifeteilung reifen.

5. Verbreitungsmechanismen der Fortpflanzungskörper

Die Fortpflanzungskörper vieler Tiere und Pflanzen sind mit Organen ausgestattet, die der Ausbreitung dienen. Geißeln ermöglichen es Gameten und Sporen, sich aktiv fortzubewegen. Eier pelagischer Tiere (z. B. mancher Schnecken und Cephalopoden) können durch Gallerte zu schwimmenden Flößen verbacken sein. Larven leben oft planktisch.

Bei höheren Pflanzen sind Hilfsorgane zur Verbreitung lebensnotwendig. Dicke Membranen um die Fortpflanzungskörper erschweren das Austrocknen und verlängern dadurch die Lebensdauer von Sporen und Pollen. Vielfach wird es dem Wind überlassen, die Pollen zur Blüte zu tragen bzw. die Samen zu verfrachten. Die Pollenkörner sind dann trocken; sie haben oft blasige Anhänge (z. B. bei Nadelhölzern). Samen oder Früchte tragen Haare, Fallschirme oder Flügel.

Durch zuckerhaltige Sekrete (Nektar) werden vor allem Insekten veranlaßt, Blüten aufzusuchen und sie zu bestäuben. Die Pollenkörner insektenblütiger Pflanzen sind klebrig; die Tiere tragen sie von Blüte zu Blüte. Die passive Verfrachtung von Früchten und Samen durch Tiere besorgen Haken und Stacheln oder ein nahrhaftes Fruchtfleisch. Dient Wasser als Transportmedium, so sind die Früchte unbenetzbar oder sie enthalten luftgefülltes Schwimmgewebe.

Entsprechend den mannigfaltigen Einrichtungen zur Verfrachtung ist es unterschiedlich, wie schnell und wie weit sich Tiere oder Pflanzen ausbreiten können.

Lebensspuren

Verschiedene Verhaltensweisen von Organismen bewirken, daß dem Sediment Lebensspuren aufgeprägt werden. Man versteht darunter Gebilde, die von lebenden Organismen im unbelebten Substrat hinterlassen werden. Sie werden vom Forschungszweig der Ichnologie (Spurenkunde) untersucht. Ichnologie und Verhaltensforschung (Ethologie) haben enge Beziehungen.

1. Erhaltung und Benennung

Lebensspuren sind in Anlage und Erhaltung unterschiedlich. Spuren auf der Sedimentoberfläche heißen exogen, solche im Inneren des Sedimentes endogen. Lokale Störungen der Schichtung oder andere Sedimentstrukturen ohne klare Kontur nennt man Wühlgefüge. Es läßt sich höchstens durch Schliffserien näher untersuchen. Vollformen sind vollkörperliche Strukturen mit klarer Kontur. Sie liegen als Originale oder als Steinkerne ursprünglicher

Hohlräume vor. Exogene Vollformen sind mit Hochbauten, endogene Vollformen mit Tiefbauten vergleichbar. Halbformen (Reliefs) sind flache Modellierungen der Schichtfläche. Spaltreliefs liegen auf Spaltflächen zwischen gleichartigen Schichten. Sie können exogen oder endogen entstehen. Grenzreliefs liegen an der Grenze verschiedenartiger Schichten, i. d. R. von Sandstein zu Ton. Sie bleiben fossil auf der härteren Bank erhalten. Liegen sie auf ihrer Oberseite, so sind es Epireliefs, auf der Unterseite Hyporeliefs. Erhabenheiten der härteren Bank sind positive, Vertiefungen negative Reliefs (Abb. 155).

Lebensspuren werden vor allem vom vagilen Benthos, aber auch von vagilen Tieren des Landes und manchen sessilen Benthonten erzeugt. Ihre Gestalt spiegelt nur selten die Form des Erzeugers wider. Sie wird in erster Linie vom Verhalten geprägt. Entscheidende Lebensäußerungen sind vor allem Fortbewegung und Ernährung. Verschieden organisierte Tiere können bei ähnlichem Verhalten ähnliche Spuren erzeugen. Ein und dasselbe Tier kann abweichende Lebensspuren bilden, wenn es sich in unterschiedlichen Biotopen unterschiedlich verhält (Abb. 156).

Als Grundlage für ein System der Lebensspuren werden die Lebensäußerungen der Tiere verwendet. Die Spurenfossilien werden nach den Regeln der zoologischen Nomenklatur benannt, doch sind die Namen von Spur und Erzeuger voneinander unabhängig.

2. Ruhespuren

Ruhespuren entstehen, wenn sich Organismen flach ins Sediment einwühlen. Ihre Urheber sind Sandbodenbewohner und Sandlieger. Sie werden von Vertretern der verschiedensten Tierklassen hervorgebracht (z. B. von manchen Fischen (Schollen, Rochen), See- und Schlangensternen, Krebsen, Trilobiten, Tintenfischen *(Sepia)* und Schnecken).

Ruhespuren werden i. d. R. im Sand angelegt. Erhalten bleiben sie als positiv endogene Hyporeliefs auf der Unterseite der späteren Sandsteinbank. Die einzelnen Eindrücke zeigen bestimmte Umrisse, die meist ungefähr mit der Körperform des Erzeugers übereinstimmen. Auch tiefe Röhren können Ruhespuren sein. In sie graben sich z. B. gewisse Crustaceen auf der Flucht vor Feinden ein.

Arbeitet sich ein ruhendes Tier nach der Überschüttung durch Sediment empor oder zieht es sich in die Tiefe zurück, so erzeugt es eine neue Spur. Die Ruhespur ist dann vertikal repetiert. Sagt dem Tier die ursprüngliche Lage nicht zu, so sucht es einen besseren benachbarten Platz. Die Spur ist dann horizontal repetiert. Die eingegrabenen Tiere orientieren sich oft mit einem Körperpol in Richtung auf einen Wasserstrom (biogene Längseinregelung). Das strömende Wasser versorgt die liegenden Tiere mit Sauerstoff und zeigt den Sinnesorganen das Herannahen von Beute oder von Feinden an (Abb. 158, 170).

Ruhespuren werden dort gebildet, wo sich Tiere im Sediment verbergen müssen, wenn sie ruhen. Auf freien Sandflächen fehlen natürliche Schlupfwinkel. Manche Organismen tarnen sich dort durch Farbanpassung. Auch der Schatten ist jedoch verräterisch. Die beste Deckung gegen Sicht bietet das Einwühlen. Es ist nur dort sinnvoll, wo das Wasser durchlichtet ist. Ophiuren, die sich in der Flachsee regelmäßig einwühlen, liegen in der Tiefsee frei am Grund. Ruhespuren sind also auf die Flachsee beschränkt und für sie charakteristisch. Die Einwühltiefe ist allerdings sehr unterschiedlich.

Fossile Ruhespuren sind seit dem Kambrium bekannt. Bezeichnende Typen sind u. a. die See- und Schlangenstern-Spur *Asteriacites* und die Arthropoden-Spur *Rusophycus* (Abb. 159).

Abb. 155. Die Entstehung und Erhaltungsweise von Lebensspuren. Punktiert: Sandbank, nach der Diagenese die härtere Schicht. Gestrichelt: Tonschichten, die nach der Diagenese weicher sind und leichter verwittern. Nach A. SEILACHER.

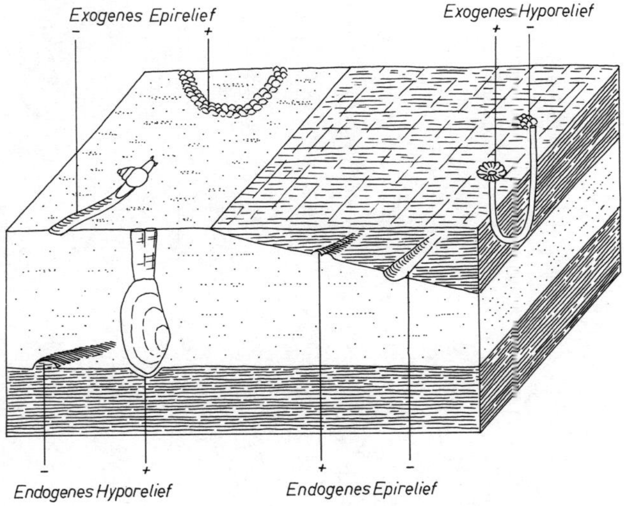

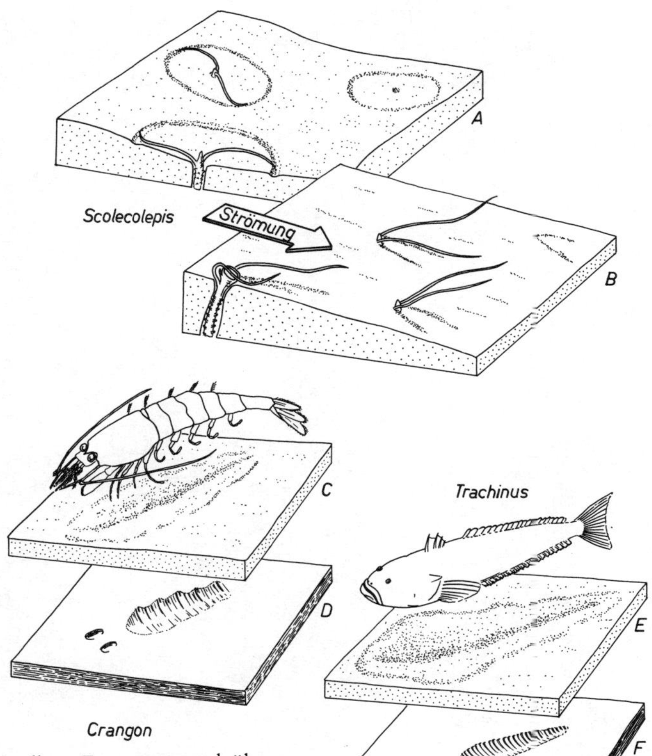

Abb. 156. Verschiedene Spuren desselben Erzeugers und ähnliche Spuren verschiedener Erzeuger zeigen, daß die Gestalt der Lebensspuren von Lebensweise und Verhalten ihrer Erzeuger abhängt. Nach A. SEILACHER.

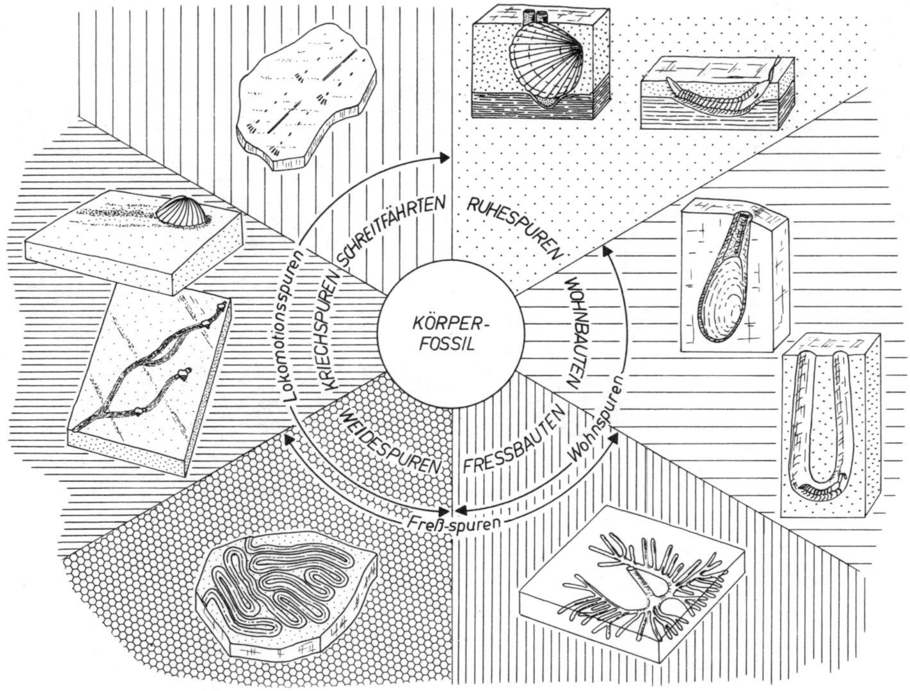

Abb. 157. Die Einteilung der Lebensspuren. Nach A. SEILACHER.

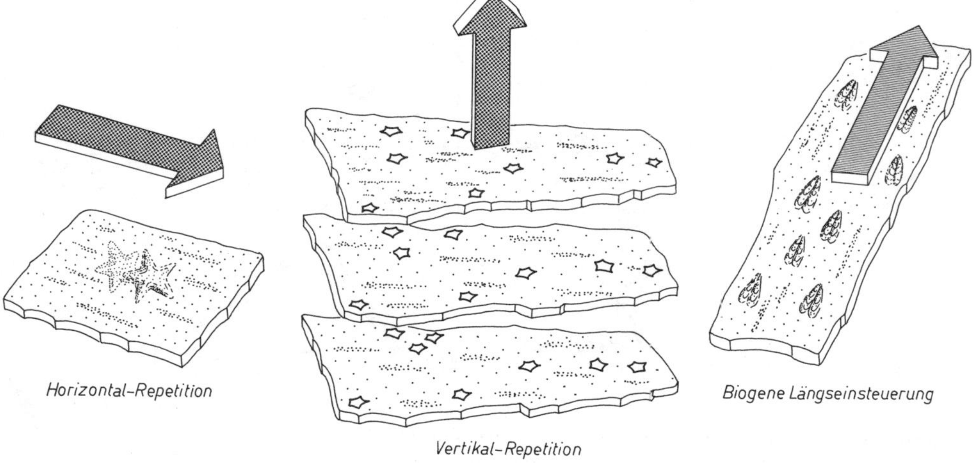

Abb. 158. Horizontal-Repetition, Vertikal-Repetition und biogene Längseinsteuerung als Kennzeichen von Ruhespuren. Nach A. SEILACHER.

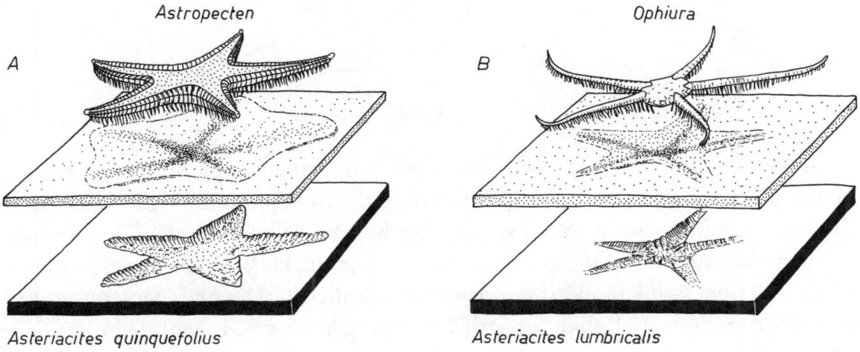

Abb. 159. Ruhespuren rezenter See- und Schlangensterne auf der Oberfläche und im Inneren des Sediments. Nach A. SEILACHER.

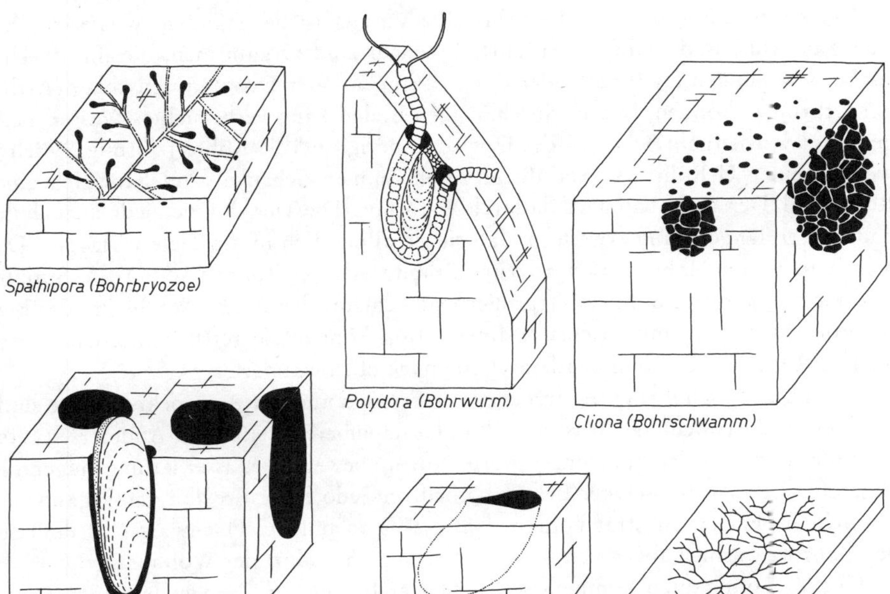

Abb. 160. Bohrlöcher und Bohrgänge.

3. Wohnbauten

Wohnbauten sind die Dauerwohnungen hemisessiler Suspensionsfresser. Tiere, die ständig in Wohnbauten leben, müssen ihre Nahrung durch besondere Organe beschaffen. Verbreitet sind Siphonen, die an die Sedimentoberfläche ausgestreckt werden (bei Muscheln), Tentakel (manche Würmer, *Lingula*) und Schleimnetze (manche Würmer und Schnecken). Vergraben lebende Seeigel strudeln mit ihren Ambulakralfüßchen. Der Sedimentfresser *Arenicola* lebt in einem stationären Wohnbau und frißt nachrutschendes Sediment. Sein Bau leitet deshalb zu den Freßbauten über.

Wohnbauten sind Röhren, Gänge und Wannen, die i. d. R. senkrecht zur Sedimentoberfläche stehen. Fossil bleiben sie als ursprünglicher Hohlraum, als Vollform oder als endogenes Relief erhalten.

Verbreitete Wohnbauten sind die Löcher bohrender Organismen (z. B. von Bohralgen, -schwämmen, -muscheln, -würmern, -bryozoen und -cirripediern). Sie werden i. d. R. im harten Substrat angelegt und entstehen entweder mechanisch durch Raspeln oder chemisch durch Ätzen. Fossil sind sie gut erhaltungsfähig und meist einfach zu deuten (Abb. 160).

Beim Graben im weichen Substrat entstehen im wesentlichen zwei morphologisch verschiedene Bautypen. Der erste ist die einfache Röhre oder Mulde. Die Erzeuger besitzen Organe, die sie an die Oberfläche strecken können (z. B. Siphonen), oder sie steigen in ihren Röhren hoch und nieder (z. B. *Lingula*). In flachen Mulden können die Tiere Fühler oder ähnliche Organe direkt ins freie Wasser ausstrecken (Trilobiten, Krebse).

Der zweite Bautyp ist die U-Röhre. Ihr Vorzug ist der ständige Wasserstrom, der dem Tier Sauerstoff und Nahrung zuführt. Erzeuger sind Organismen, die ihn durch peristaltische Bewegungen (Würmer) oder durch Wimper- oder Extremitätenschlag (Arthropoden) hervorbringen können. In sehr durchlässigen Böden kann verbrauchtes Wasser ins Sediment gepumpt werden; ein Schenkel des U wird unnötig und die Röhre J-förmig. Wächst der Bewohner einer U-Röhre, so verläßt er ihren dünnen Schenkel und baut sich einen neuen Röhrenteil. Der Wohnbau wird dadurch W-förmig. Die Tiere können jedoch auch ihre Röhre dadurch verlängern und erweitern, daß sie sie allmählich in die Tiefe verlagern. Der durchwanderte Sedimentabschnitt wird zur „Spreite“ der U-Röhre (Abb. 161). Spreitenbauten sind meist protrusiv, d. h. sie vergrößern sich entsprechend dem Wachstum des Bewohners. In litoralen Sanden mit rascher Sedimentation können sie retrusiv werden, wenn die bewohnte Röhre mit der Sedimentbedeckung nach oben wandert.

Wohnbauten schützen ihre Erzeuger vor Feinden und vor Austrocknung. Sie sind deshalb im flachen, durchlichteten Wasser und im Gezeitenbereich sinnvoll. Andererseits erschweren sie ihrem Erzeuger den Nahrungserwerb. Nur im bewegten Wasser kann genügend Nahrung zugeführt werden. Bei starker Brandung bedroht jedoch die Erosion die Organismen, sofern sie nicht im harten Substrat bohren. Das mäßig turbulente Flachwasser ist deshalb — von den Bohrorganismen abgesehen — der bevorzugte Standort der Wohnbauten.

Fossile Wohnbauten kommen seit dem Kambrium vor. Neben den Löchern der Bohr-Organismen sind die Typen *Cruziana* (Arthropoden-Bauten), *Pelecypodichnus* (Muschel-Spuren) und vertikale Varianten von *Rhizocorallium* (erzeugt von Würmern und/oder Arthropoden) wichtig.

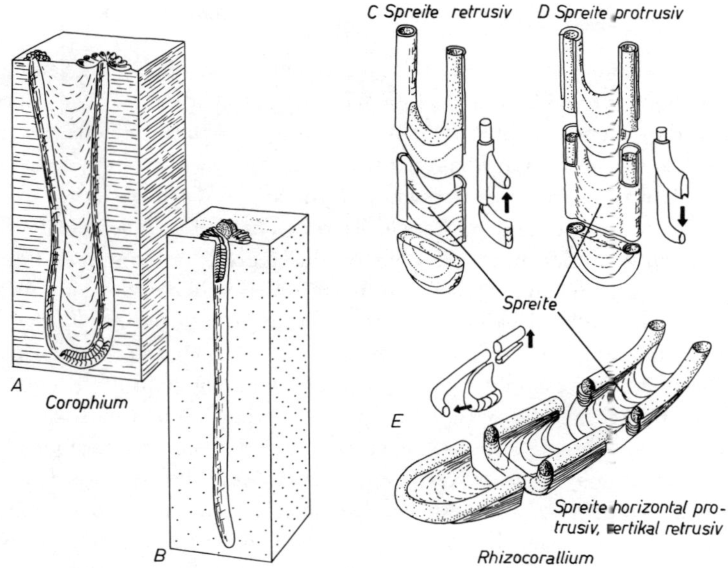

Abb. 161. U-Röhren und einfache Spreitenbauten. A und B: Wohnbau des Schlickkrebses *Corophium*. Im undurchlässigen Sediment (A) ist er U-förmig, in wasserdurchlässigen Sanden J-förmig. C bis E: Einfache Spreitenbauten. Nach A. SEILACHER.

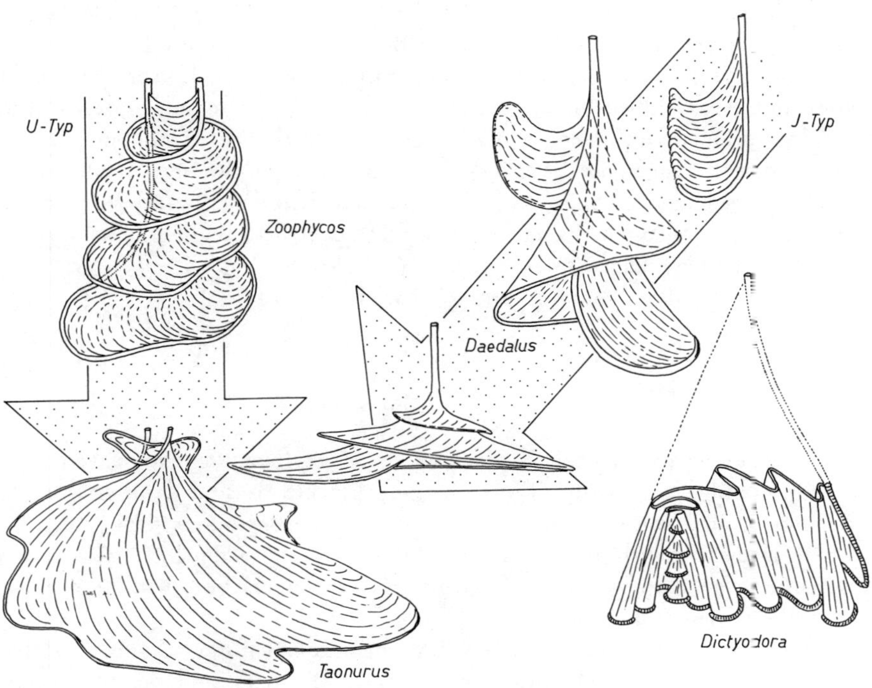

Abb. 162. Komplizierte Spreitenbauten. Z. T. nach A. SEILACHER.

4. Freßbauten

Freßbauten werden meist dann gebildet, wenn hemisessile Sedimentfresser der Endofauna das Substrat im Umkreis ihrer Wohnung durchpflügen. Die Tiere leben i. d. R. in einer ständig offenen Röhre, die das Zentrum des Baues darstellt. Durch sie wird mit frischem Wasser der notwendige Sauerstoff zugeführt.

Hemisessile Sedimentfresser sind vor allem Würmer, ferner manche Arthropoden, Mollusken und Spatangiden. Manche Tiere fressen nur die oberflächlichste Sedimentschicht (z. B. *Corophium)* oder pipettieren den auf ihr lagernden organischen Film ab (z.B. *Scrobicularia*). Ihre Bauten stehen zwischen Wohn- und Freßbauten und Weidespuren. Es sind meist Scharrkreise (*Laevicyclus*, Abb. 156A) oder Sternspuren *(Gyrophyllites).*

Rein endogene Freßbauten werden i. d. R. nach zwei verschiedenen Prinzipien gebildet. Das erste ist ein Spreitenbau. Ausgehend von der ursprünglichen U- oder J-Röhre frißt das Tier das Sediment der späteren Spreite, verdaut seine organische Substanz und scheidet das Unverdauliche als Spreite wieder aus. Je rationeller der verfügbare Raum bzw. das Nährstoffangebot ausgenutzt werden muß, desto komplizierter werden die Bauten. Da das Nährstoffangebot — u. a. — mit der Meerestiefe abnimmt, sind komplizierte Spreitenbauten oft gute Tiefenanzeiger. Ihre Erzeuger sind unbekannt. Es dürften Würmer und/oder Crustaceen gewesen sein. Bezeichnende Typen komplizierter Spreitenbauten sind *Zoophycos* und *Taonurus* (Abb. 162).

Das zweite Bauprinzip läßt sich mit einem Bergwerk vergleichen. Von der Wohnröhre gehen Tunnel aus, deren Material gefressen wird. Anschließend werden die leeren Stollen mit verdautem Sediment zugestopft. Dabei entstehen je nach dem Umfang der einzelnen Stopfportionen typische Stopfstrukturen. Der gesamte Bau läßt sich in fossilem Zustand an der vom umgebenden Sediment verschiedenen Beschaffenheit des Stopfmaterials erkennen. Die Tunnel des Freßbaues folgen dem nahrungshaltigen Substrat. Entsprechend der schichtigen Sedimentstruktur sind sie oft ± horizontbeständig. Die Tiere nutzen das Nahrungsangebot besonders rationell aus, indem sie die Gänge parkettartig vortreiben, ohne daß sie sich überkreuzen. Die Erzeuger der Bergwerke dürften vor allem Würmer und/oder Arthropoden sein. Ein bezeichnender Spurentyp ist z. B. *Chondrites.* Bergwerke können auch eine U-Röhre als Ausgangspunkt haben. Ihr einer Schenkel wird dann ständig verlagert und mit verdautem Sediment zugestopft *(Phycodes)* (Abb. 163).

Freßbauten sind seit dem Kambrium bekannt.

5. Weidespuren

Weidespuren entstehen beim Weiden vagiler Tiere. In engstem Sinne werden sie allerdings nur von Vertilgern von Algenfilmen hervorgebracht. Sie sind dann exogen. Man rechnet jedoch meist auch solche exogenen und endogenen Lebensspuren noch zu den Weidespuren, die von Depositfressern und durch das Wühlfressen von Sedimentfressern gebildet werden. Ihre Urheber gehören zu den verschiedensten Tiergruppen. Vor allem Mollusken, Anneliden und Arthropoden sind wichtig.

Beim Weiden haben die Tiere das Bestreben, auf kleinstem Raum, d. h. bei geringster Wegstrecke, möglichst viel Futter aufzunehmen. Deshalb sind die Weidespuren flächige Muster, die auf oder im Sediment angelegt werden.

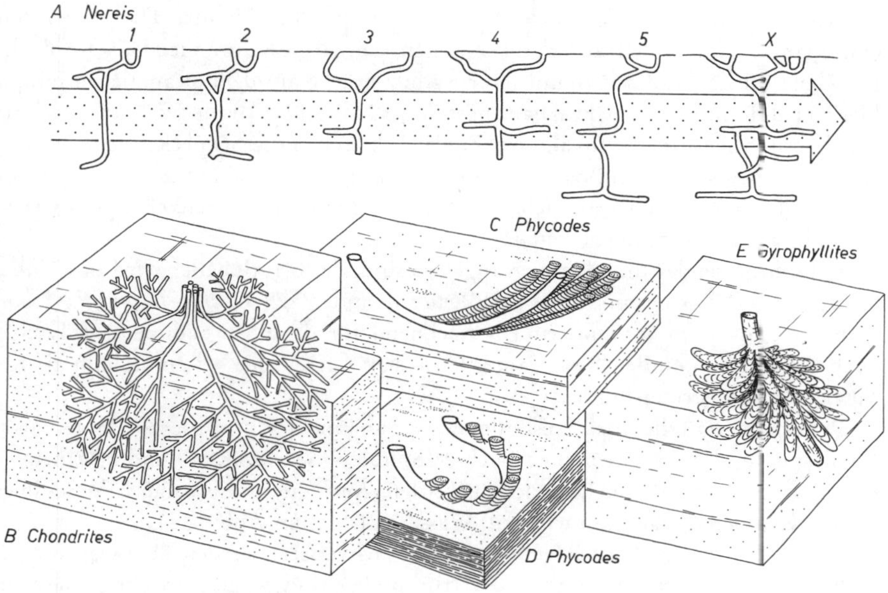

Abb. 163. Freßbauten nach dem Prinzip des Bergwerks. A: Freßgänge des Polychaeten *Nereis* an 5 aufeinander folgenden Tagen und (X) Rekonstruktion seiner Spur in fossilisiertem Zustand. B - E: Verschiedene andere Typen. Nach A. SEILACHER.

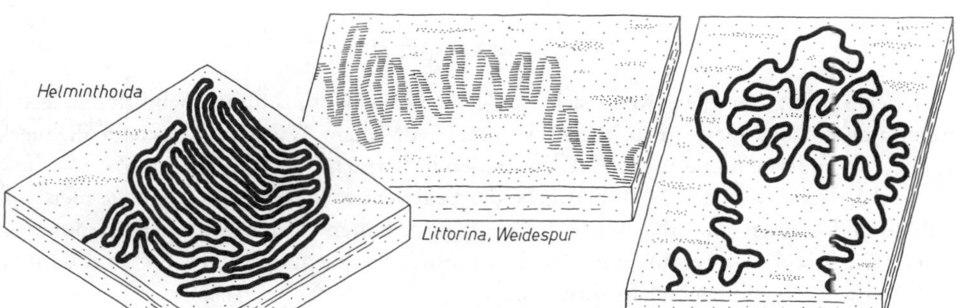

Abb. 164. Weidespuren eines rezenten Gastropoden *(Littorina)*, verschiedene fossile Typen (schwarz ausgezogen) und Rekonstruktion der Entstehungsweise der *Nereites*-Stopfstruktur. Nach C. K. CHAMBERLAIN und A. SEILACHER.

Eine verbreitete Grundform der Weidespuren sind die Mäander. Die einfachsten Mäander entstehen beim „Pendelfraß" der Schnecken. Die Tiere schwenken den Kopf während des Kriechens seitlich und beißen mit ihrer Radula Stücke aus dem pflanzlichen Film heraus. Da hierbei i. d. R. nur fossil nicht erhaltungsfähiges Material entfernt wird, sind solche (typischen) Weidespuren meist nicht fossilisiert. Zugleich kriechen die Schnecken jedoch in engen zickzack- oder sinusförmigen Bögen, die auch fossil erhaltungsfähig sind. Fossile Mäander lassen auf ein gleichartiges oder ähnliches Verhalten ihrer Erzeuger schließen und werden deshalb ebenfalls als Weidespuren gedeutet.

Je raumsparender die Mäander angelegt sind, desto rationeller wird das Nahrungsangebot ausgenutzt. Lockere und dicht „geführte" Mäander (z. B. *Cosmorhaphe*, *Palaeomaeandron*, *Nereites* und *Helminthoida*) sind bezeichnend für dieselben Sedimente (Flysch), in denen auch die Freßbauten den Raum am intensivsten nutzen. Sie gelten deshalb als Kennzeichen für tiefere Ablagerungsräume.

Betrachtet man die intensive Raumausnutzung nicht zentralisierter Bauten als typisch für Weidespuren, dann können auch flächige Spiralen *(Spirorhaphe)* und netzförmige Strukturen *(Paleodictyon)* als solche gedeutet werden. Auch sie sind besonders in Sedimenten tieferen (bzw. stilleren, nährstoffärmeren) Wassers verbreitet (Abb. 164).

Echte Weidespuren auf Algenrasen des Flachwassers werden überwiegend von Gastropoden hervorgerufen. Würmer und Arthropoden sind weniger wichtig. Sie sind dagegen wahrscheinlich die Urheber der Weidespuren im tieferen Wasser.

Weidespuren sind schon im Altpaläozoikum verbreitet. In der Gegenwart sind viele aus Flyschsedimenten bekannte Typen noch nicht aufgefunden worden, da man das Verhalten des rezenten Endobenthos noch zu wenig kennt.

6. Kriechspuren

Kriechspuren entstehen, wenn sich vagile Tiere des Benthos ohne hochdifferenzierte Extremitäten fortbewegen. Als Urheber kommen vor allem Würmer, Muscheln, Schnecken, vagile Echinodermen und manche Arthropoden in Betracht.

Sind Kriechspuren auf der Oberfläche des Sediments angelegt, dann sind sie meist flache Reliefs und bleiben nur in seltenen Fällen fossil erhalten. Oft werden Kriechspuren auch beim Wühlkriechen ihrer Erzeuger im Inneren des Sediments gebildet. Sie sind dann vielfach Vollformen und leichter fossilisierbar.

Die normale Fortbewegung dient dem reinen Ortswechsel. Sie verläuft i. d. R. horizontal; dabei entstehende Kriechspuren liegen ± in der Ebene der Schichtung. Sie sind meist gestreckte Fährten. Bei der Flucht vor Feinden graben sich Tiere oft schräg oder senkrecht nach unten ein. Sie können jedoch auch versuchen, dem Überschüttetwerden durch Sediment zu entgehen. Ihre Fluchtbahnen führen dann meist schräg oder senkrecht nach oben durch das Substrat.

Die kriechenden Tiere haben unterschiedliche Methoden der Fortbewegung entwickelt. Beim Schlängeln wird der wurmförmige Körper wellenförmig gekrümmt. Die Wellen verschieben sich am Tier kontinuierlich und durchlaufen es bei der Bewegung nach vorwärts von vorn nach hinten, bei der Bewegung nach rückwärts von hinten nach vorn. Da sie in bezug auf die Umgebung (d. h. das Sediment) ortsbeständig sind, stemmen sie die schrägstehenden Körperteile vor- bzw. rückwärts. Viele Tiere ohne besonders versteiften Körper (Anneliden, Nemertini, Coelenteraten) können nur auf der Sedimentoberfläche schlängeln.

Wirbeltiere mit ihrem Achsenskelett und Nematoden mit ihrer dicken Kutikula können es auch im Substrat-Inneren. Die beim Schlängeln entstehenden Spuren sind meist sinusförmig gekrümmte Fährten (Abb. 165).

Unter peristaltischer Bewegung versteht man eine wechselweise Verdünnung und Verdikkung eines länglichen Körpers oder seiner Abschnitte. Verdünnungszonen bzw. gestreckte Körperteile entstehen beim Kontrahieren der Ringmuskulatur, Verdickung und Verkürzung durch Kontraktion der Längsmuskulatur. Wird das vordere Körperende in gestrecktem Zustand durch Haftorgane (Borsten, Haken, Parapodien) verankert, so wird der übrige Körper bei der nachfolgenden Kontraktion der Längsmuskulatur nachgezogen. Vor allem viele Anneliden bewegen sich auf diese Weise im Inneren des Sediments fort. Die bei der Peristaltik entstehenden Spuren sind quer geringelte Innenspuren.

Das Sohlenkriechen ist für viele Gastropoden bezeichnend. Ihre Fußmuskulatur wird in Querwellen kontrahiert, die von vorn nach hinten laufen und das Tier vorwärts stemmen. Dabei entstehen quer strukturierte, bandförmige Spuren auf dem Substrat. Bei Schnecken, deren Sohlenmuskulatur in zwei bzw. vier parallel laufenden Streifen angeordnet ist, entstehen entsprechend zwei- oder vierteilige Kriechspuren. Das Sohlenkriechen ist nur auf der Substratoberfläche wirkungsvoll. Im Inneren des Sediments klimmen und/oder stemmen die Tiere.

Beim Klimmen wird ein Organ ausgestreckt und verankert. Dann wird der Körper durch Muskelkontraktion nachgezogen. Viele Muscheln klimmen, indem sie den Fuß im Sediment verkeilen. Manche Schnecken verankern den Vorderlappen des Fußes im Sediment und ziehen sich an ihm nach. Mit Hilfe eines Rüssels klimmen die Sipunculiden. Sie stoßen ihn nach vorn, haken ihn mit Kutikula-Zähnchen oder einer terminalen Verdickung im Sediment fest und stülpen dann den Körpersack nach vorn. Beim Klimmen entstehen ziemlich uncharakteristische Bewegungsbahnen.

Oft wird es durch das Stemmen unterstützt. Die Tiere drücken oder schieben dabei den Körper in eine bestimmte Richtung. Wirksame Organe sind bei manchen Muscheln (z. B. *Cardium, Venus*) der Fuß, bei grabenden Schnecken der hintere Teil des Fußes, bei manchen Anneliden die Parapodien und bei einigen Arthropoden (z. B. manchen Amphipoden) die Beine des Abdomens, die von grabenden Extremitäten des Cephalothorax unterstützt werden. Die Tiere hinterlassen dabei bleibende Sedimentstrukturen, und zwar quer oder schräg lamellierte Fährtenzüge. Wird beim Klimmen vor dem Tier Sediment beiseite geschafft und hinter ihm wieder abgelagert (z. B. bei Gastropoden und primitiven Arthropoden), so kommen komplizierte Stopfstrukturen zustande. Ihre detaillierte Gestalt hängt außer vom stemmenden Organ stark von der Beschaffenheit des Sediments ab. Bezeichnend sind Rinnen mit seitlich aufgeworfenen, zopfartigen oder schräg lamellierten Rändern (*Gyrochorte:* Spur primitiver Arthropoden; *Scolicia:* Schneckenspur, Abb. 166).

Kriechspuren können überall dort entstehen, wo vagiles Benthos lebt. Sie sind deshalb nicht auf einen bestimmten Biotop beschränkt. Seit dem Kambrium sind sie sehr formenreich nachgewiesen.

7. Schreitfährten und sonstige Lebensspuren

Schreitfährten entstehen bei der Ortsveränderung höher organisierter Tiere mit differenzierten Extremitäten. Sie sind den Kriechspuren ethologisch gleichwertig und von ihnen nicht klar zu trennen. Als Erzeuger kommen Arthropoden und Wirbeltiere in Betracht. Der

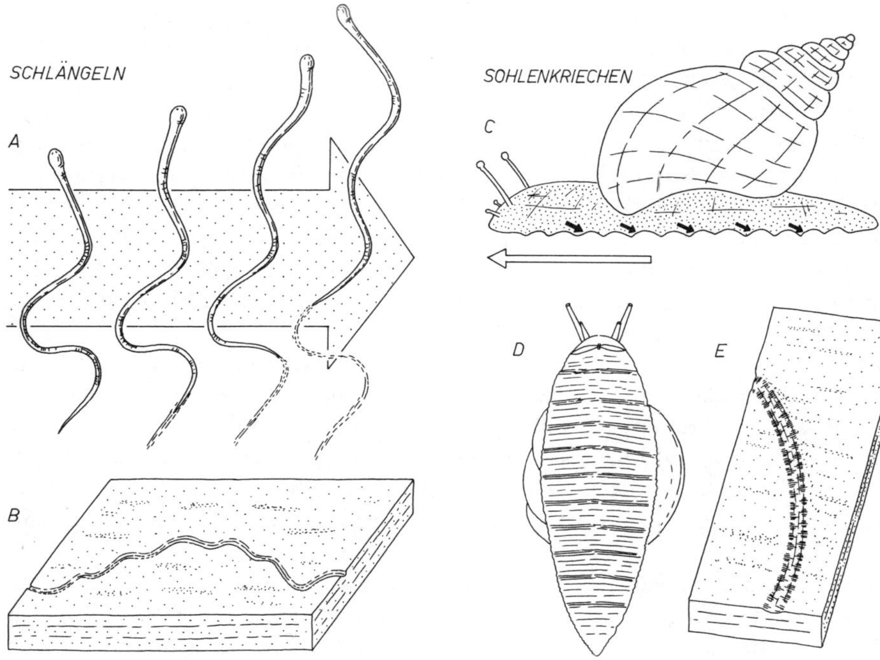

Abb. 165. Schlängeln und Sohlenkriechen und dabei entstehende Kriechspuren. D: Kriechfuß von *Helix* von unten. E: Kriechspur einer Schnecke mit zweiteiliger Sohlenmuskulatur.

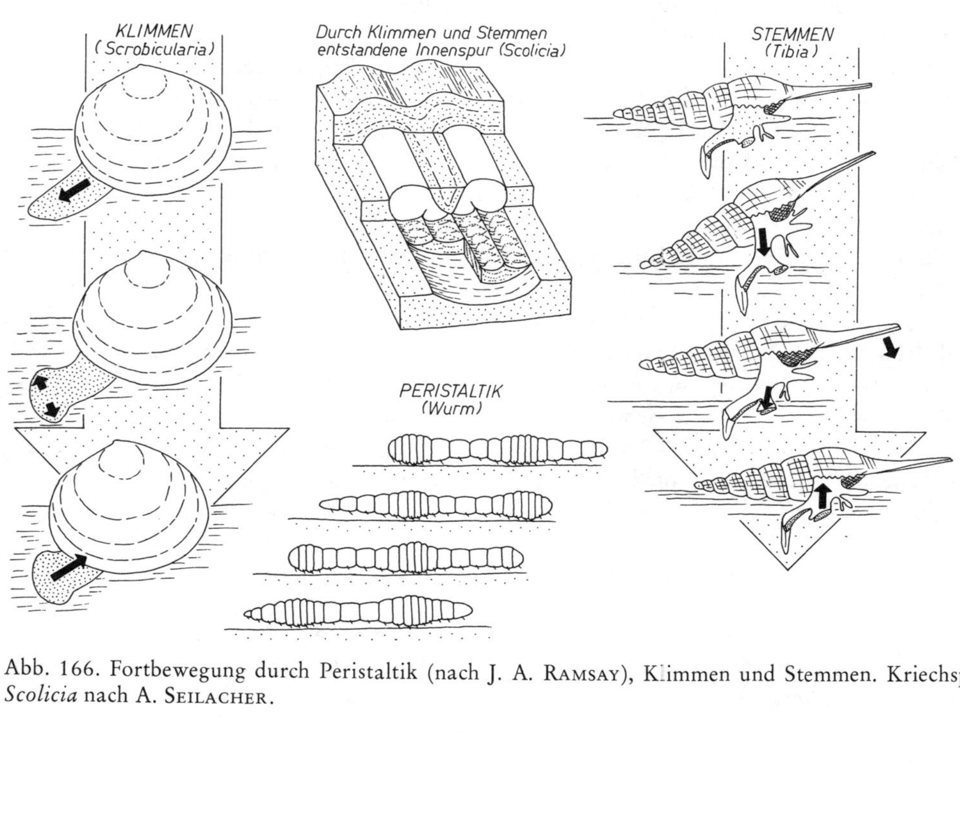

Abb. 166. Fortbewegung durch Peristaltik (nach J. A. Ramsay), Klimmen und Stemmen. Kriechspur *Scolicia* nach A. Seilacher.

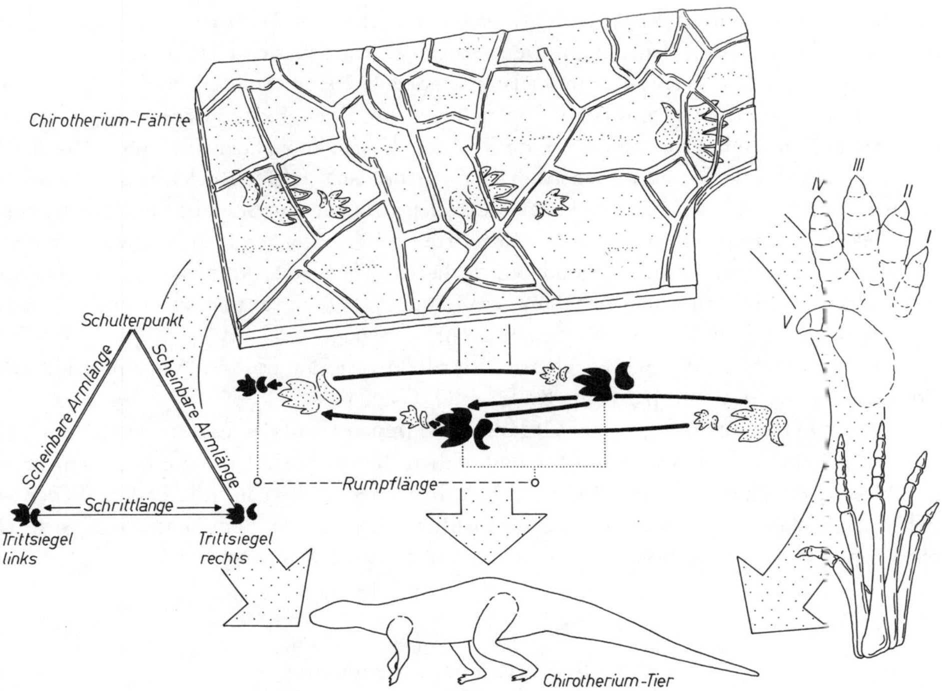

Abb. 167. Die Reptilien-Fährte *Chirotherium* und die Rekonstruktion ihres Erzeugers. Nach W. SOERGEL.

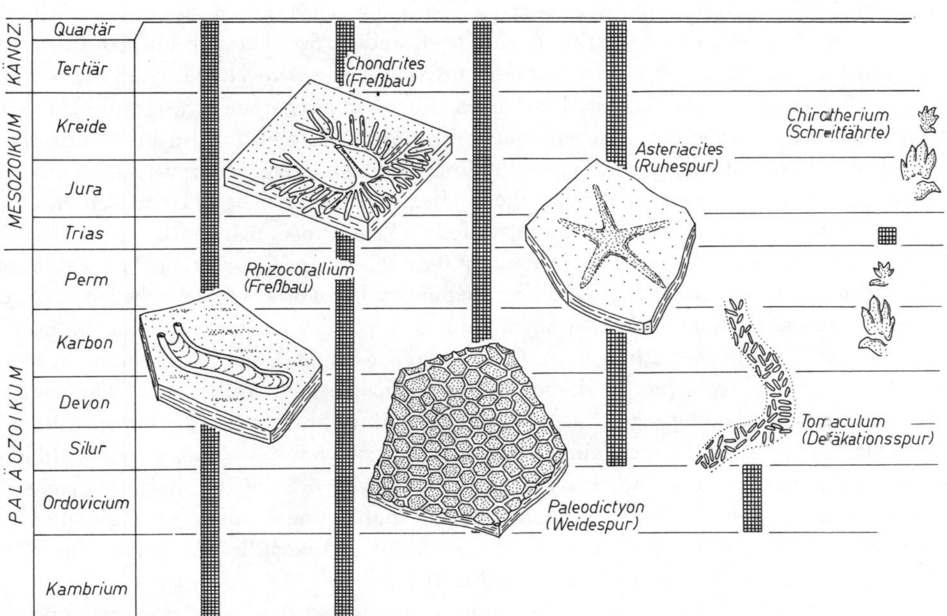

Abb. 168. Der stratigraphische Wert einiger Spuren-Typen. Nach W. HÄNTZSCHEL und A. SEILACHER.

Fährtenzug von Schreitfährten besteht aus einer Reihe von Trittsiegeln, die dem Eindruck der einzelnen Extremitäten entsprechen. Angelegt werden Schreitfährten i. d. R. auf der Sedimentoberfläche. Sie sind darum meist als exogenes Relief erhalten.

Weil Schreitfährten i. d. R. den Abdruck der einzelnen Extremitäten zeigen, ist es viel eher als bei anderen Lebensspuren möglich, den Erzeuger zu identifizieren. Aus der Spur und der Anordnung der einzelnen Abdrücke ergeben sich ferner Rückschlüsse auf seine Bewegungsweise (Abb. 167). Da die Lebensweise der Urheber von Schreitfährten meist bekannt oder rekonstruierbar ist, erlauben Schreitfährten sehr weitgehende Aussagen über die Entstehungsweise der Gesteine. So sind Saurierfährten fast stets kontinental, *Limulus*spuren meist litoral. Schreitfährten können auf dem Land, im Süßwasser und im Meer in allen Tiefen entstehen. Sie sind seit dem Kambrium bekannt.

Die Untersuchung der Schreitfährten, vor allem von Säugern und Vögeln, spielt auch in Zoologie, Forstwesen und Jagd eine Rolle.

Weitere Lebensäußerungen von Organismen können ebenfalls Spuren hervorrufen. Dabei handelt es sich z. T. eindeutig um Spurenfossilien. Beispiele sind Schwimmspuren, Brutbauten, Nester, Defäkationsspuren (Koprolithen, Kotpillen und -schnüre). Andere Typen lassen sich mit gleichem Recht auch als Körperfossilien (d. h. als im Sediment überlieferte Überreste von Lebewesen) auffassen. Dazu gehören u. a. Gewölle und Speiballen.

8. Bedeutung der Lebensspuren

Der stratigraphische Wert der Lebensspuren ist im allgemeinen gering. Zahlreiche Typen sind über lange Zeiträume hinweg nachgewiesen (Abb. 168). Einige Spuren sind allerdings auf kürzere Zeitabschnitte beschränkt. Vereinzelt ändern Spurentypen im Profil ihre Form. Meist handelt es sich dann um die Antwort auf veränderte Umweltbedingungen. Nur selten ist eine Entwicklung des Verhaltens wahrscheinlich. Der schärfste stratigraphische Schnitt liegt bei den Lebensspuren zwischen Präkambrium und Kambrium. Im Präkambrium sind nur wenige, kaum differenzierte Typen, im Unterkambrium dagegen unvermittelt eine große Formenfülle nachgewiesen. Wahrscheinliche Ursache ist, daß viele Organismen erst an der Wende Präkambrium/Kambrium zum benthischen Leben übergegangen sind.

Der ökologische Wert der Lebensspuren ist ungleich größer. Da sie fast ausnahmslos autochthon sind, spielen sie für fazielle und sedimentologische Fragen eine bedeutende Rolle. Lebensspuren können nur dort entstehen, wo Leben möglich ist. Sie zeigen darum durchlüftetes Wasser bis zum Meeresboden an. Die Zusammensetzung einer Spurenfauna aus einzelnen Typen ist stark vom Biotop abhängig. Typenarme aber individuenreiche Faunen bedeuten extreme Lebensbedingungen. Sie sind bezeichnend für brackische oder hypersalinare Verhältnisse. Typenreiche Faunen mit erheblichem Anteil von Ruhespuren und Wohnbauten sowie zahlenmäßig stark zurücktretenden Weidespuren deuten auf marines Flachwasser. Typenreiche Faunen mit vorherrschenden Weidespuren und Fehlen von Ruhespuren und Wohnbauten (Flyschtyp) lassen sich als Faunen des tiefen und stillen Wassers erklären. Auch einzelne Typen sind ökologisch wertvoll (Abb. 169).

Lebensspuren sind hervorragende Hilfsmittel, um die ursprüngliche Lagerung von Schichten festzustellen, da sie in bezug auf „oben“ und „unten“ in bestimmter Weise orientiert sind (z. B. U-Röhren, Schreitfährten).

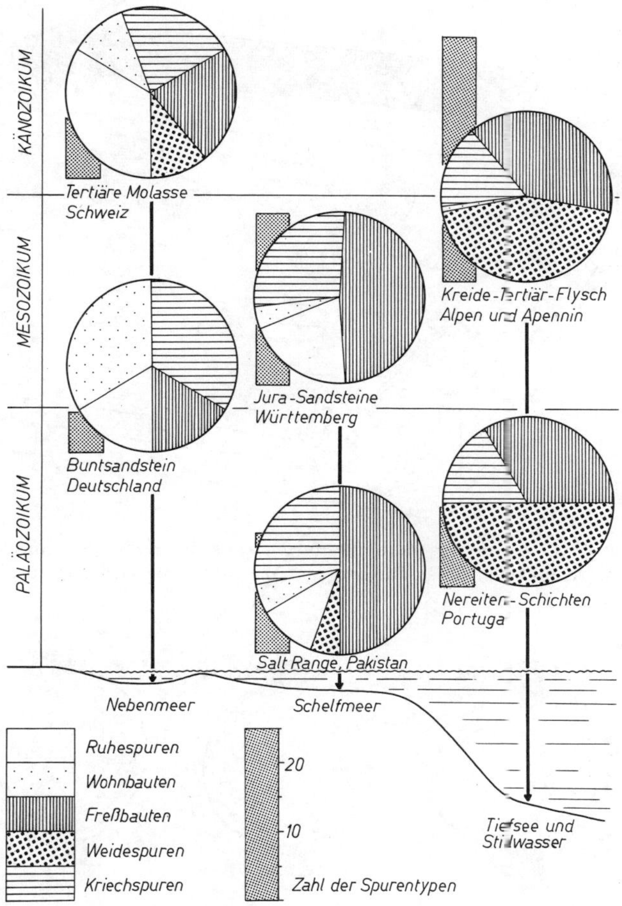

Abb. 169. „Spurenspektren". Zusammensetzung einiger Spurenfaunen aus verschiedenen Ablagerungsräumen. Nach A. SEILACHER.

Taxiologie

Die Taxiologie, d. h. die Lehre vom Verhalten der Organismen gegenüber äußeren Reizen, stellt ein Grenzgebiet zwischen Physiologie und Psychologie dar. Die Paläotaxiologie vergleicht Lebensspuren und Orientierungen mit rezenten Befunden und zieht Analogieschlüsse.

Geotaxien sind Reaktionen der Organismen auf die Schwerkraft. Positive Geotaxis ist Wachstum bzw. Bewegung in Richtung auf den Erdmittelpunkt, negative Geotaxis solche von ihm weg. Bei vielen Pflanzen verhalten sich Wurzeln positiv, Sprosse dagegen negativ geotaktisch. Auch der Fluchtweg benthischer Tiere senkrecht ins Substrat hinein dürfte geotaktisch bedingt sein.

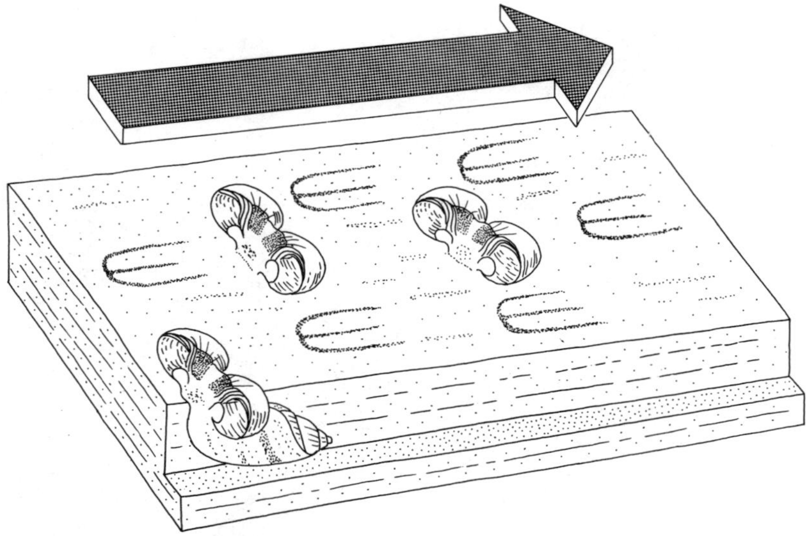

Abb. 170. Die biogene Längseinsteuerung der rezenten Schnecke *Olivella*. Die Tiere breiten Schleimnetze zum Nahrungsfang entgegen der Strömungsrichtung aus. Nach A. SEILACHER

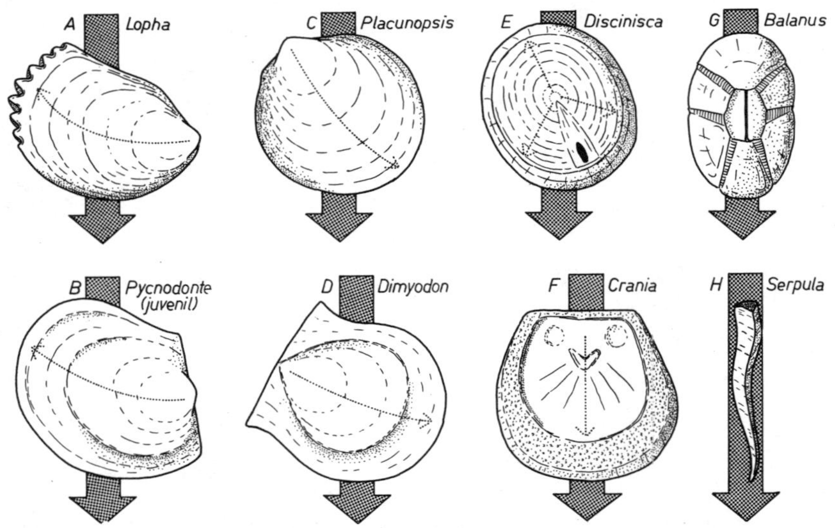

Abb. 171. Die orientierte Anheftung einiger sessiler Invertebraten. Die gerasterten Pfeile zeigen nach unten. Die punktierten Pfeile geben die Wachstumsrichtung des Tieres an. Nach A. SEILACHER.

Unter Phototaxien versteht man vom Lichteinfall bestimmte Verhaltensweisen. Positive Phototaxis bewirkt ein Zuwenden, negative ein Abwenden vom Licht. Pflanzensprosse verhalten sich fast stets positiv geotaktisch, ebenso Tiere mit symbiontischen Zooxanthellen (z. B. Riffkorallen). Beispiele für negativ phototaktisches Verhalten bietet der Bewuchs auf der Unterseite am Meeresboden liegender Körper (z. B. Serpuliden und Bryozoen auf Muschelschalen). Auch lichtscheue Organismen in submarinen Höhlen reagieren negativ phototaktisch. Manche Organismen bevorzugen eine Körperlage quer zum Lichteinfall (transversale Phototaxis). Viele verhalten sich jedoch dem Licht gegenüber gleichgültig.

Thermotaxien bestimmen das Verhalten gegenüber der Temperatur.

Die Rheotaxis ist die Einstellung gegenüber einer Wasserströmung. Sie ist bei vielen Tieren besonders wichtig, da sie die Nährstoffzufuhr bestimmt. Fische fließender Gewässer richten sich überwiegend mit dem Kopf gegen den Strom. Auch über dem Meeresboden lebende Tiere orientieren sich so. Sie können dabei Ruhespuren erzeugen, die quer zu den Rippelmarken ausgerichtet sind. Sessile und hemisessile Strudler orientieren die zum Nahrungsfang bestimmten Organe dem Strom entgegen, die Ausscheidungsöffnungen dagegen mit ihm. Rheotaxien sind somit für die verbreitete biogene Längseinsteuerung verantwortlich (Abb. 170).

Chemotaxien sind Reaktionen auf chemische Reize, wie sie z. B. von Sekreten Duft- und Geschmacksstoffen ausgehen. Sie erlauben den Tieren das Auffinden von Nahrung, führen die Geschlechter zur Begattung zusammen und warnen beim Herannahen von Feinden.

Als Thigmotaxien bezeichnet man Verhaltensweisen gegenüber Berührungsreizen. Sie spielen bei gesellig lebenden Organismen eine Rolle, indem sie vermutlich das Höhenwachstum anregen. Ferner können sie Flucht- oder Schutzreflexe hervorrufen.

Bei der Reaktion der Organismen werden i. d. R. mehrere Faktoren gleichzeitig wirksam sein. Das Verhalten wird dann vom jeweils wirksamsten Reiz bestimmt. Bei Fossilien ist es allerdings meist unmöglich, ihn zu erkennen. So ist z. B. fraglich, ob sich die Urheber der „geführten“ Mäander durch Berührungsreize am verdichteten Seitenwall der Spur oder durch chemische Reize durch hinterlassene Sekrete bestimmen lassen, an ihrer eigenen Spur entlang zu kriechen.

Bei der orientierten Anheftung an geneigten Flächen richten fixisessile Benthonten einen Körperpol nach oben. Meist trägt er die dem Nahrungsfang dienenden Organe (Abb. 171). Nicht zu entscheiden ist, ob Geotropismus, Phototropismus oder Rheotropismus die Ursache darstellt. Wahrscheinlich ist eine Kombination der verschiedenen Reize wirksam, die den Tieren erlaubt, die lebenswichtigen Organe in die günstigste Stellung zu bringen.

Weiterführende Literatur:

O. Abel (1911, 1935), H. Böker (1935—37). W. von Buddenbrock (1952—67), T. P. Crimes & J. C. Harper (1970, 1977), E. Dacqué (1921), R. W. Frey (1975), H. Friedrich (1965), W. Häntzschel (1975), A. Kaestner (1965—67), W. Schäfer (1962), A. Seilacher (1953).

Ökologie

Die Ökologie handelt von den Beziehungen der Organismen zu ihrer Umwelt. Für die Paläontologie bedeutsam sind vor allem die auf die Organismen einwirkenden äußeren Faktoren, die Wechselbeziehungen zwischen Organismen und die Lebensgemeinschaften.

Die äußeren Faktoren

Mit dem Studium der äußeren Faktoren und der Antwort der Organismen beschäftigt sich der Forschungszweig der Autökologie.

1. Die Gestalt der Erdoberfläche

Das Leben ist im wesentlichen auf die Oberfläche der Erdkruste beschränkt. Ihre Gestalt spielt deshalb eine wichtige Rolle. In der Gegenwart ist sie zu 70 % vom Meer bedeckt. Die für das Leben so wichtigen Schelfflächen nehmen nur etwa 5 % ein (Abb. 172). Weltweite Meeresspiegelschwankungen entstehen, wenn aufsteigende bzw. absinkende Plattformen der Tiefsee Wasser verdrängen bzw. aufnehmen, oder wenn Eis auf Kontinenten festgelegt wird. Durch sie wird die Breite der Schelfe beeinflußt.

Die Lage der Kontinente zueinander ist nicht konstant. Die Gestalt der Länder und Meere der erdgeschichtlichen Vergangenheit weicht damit stark von den heutigen Verhältnissen ab. Dasselbe gilt für die Gliederung des Festlandes in Flachland und Gebirge. Ob der Erdumfang seit Beginn des Lebens auf der Erde konstant war, ist umstritten.

2. Das Licht

Das Sonnenlicht ermöglicht die Photosynthese und ist deshalb die Grundlage des Lebens auf der Erde. Bevorzugte Wellenlängen liegen um 4 000—5 500 Å (blau bis grün) und bei 6 500 Å (rot) (Abb. 173).

Von der gesamten zur Erde gestrahlten Sonnenenergie gelangt nur ein Teil zur Erdoberfläche. Erhebliche Anteile, vor allem im kurzwelligen Bereich, werden in der Atmosphäre reflektiert oder absorbiert. Die Kugelgestalt der Erde und die Schräge der Erdachse haben ferner zur Folge, daß die einzelnen Gebiete der Erdoberfläche unterschiedliche Lichtmengen empfangen (Abb. 174).

Die Intensität der kurzwelligen Strahlung (ultraviolett) ist in niedrigen Breiten und vor allem im Hochgebirge am höchsten. Da das UV-Licht Wuchsstoffe zerstört, bleiben Gebirgspflanzen niedriger als ihre Artgenossen im Flachland. Ferner erhöht es die Mutationsrate.

Viele Pflanzen reagieren auf Intensität und Dauer der Sonnenbestrahlung sehr empfindlich. Neben lichthungrigen Pflanzen gibt es solche, die mit geringer Lichtintensität auskommen (z. B. Bodenpflanzen der Wälder). Die Tagesdauer wirkt sich vor allem auf die Fortpflanzung aus. Man unterscheidet Langtagspflanzen, die nur blühen, wenn sie über 12 Stunden belichtet sind, und Kurztagspflanzen. Auch für viele Tiere ist das Licht von Belang.

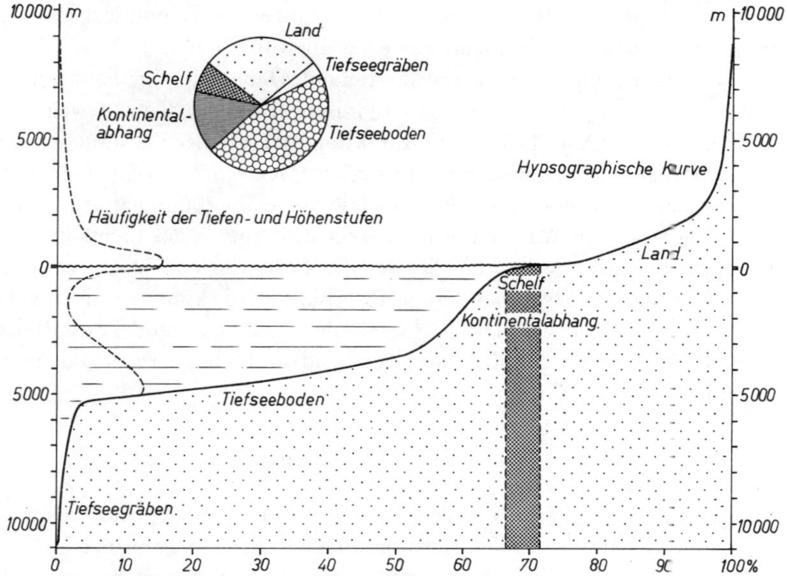

Abb. 172. Die Verteilung von Land und Meer und die Häufigkeit von Tiefen- und Höhenstufen in der Gegenwart.

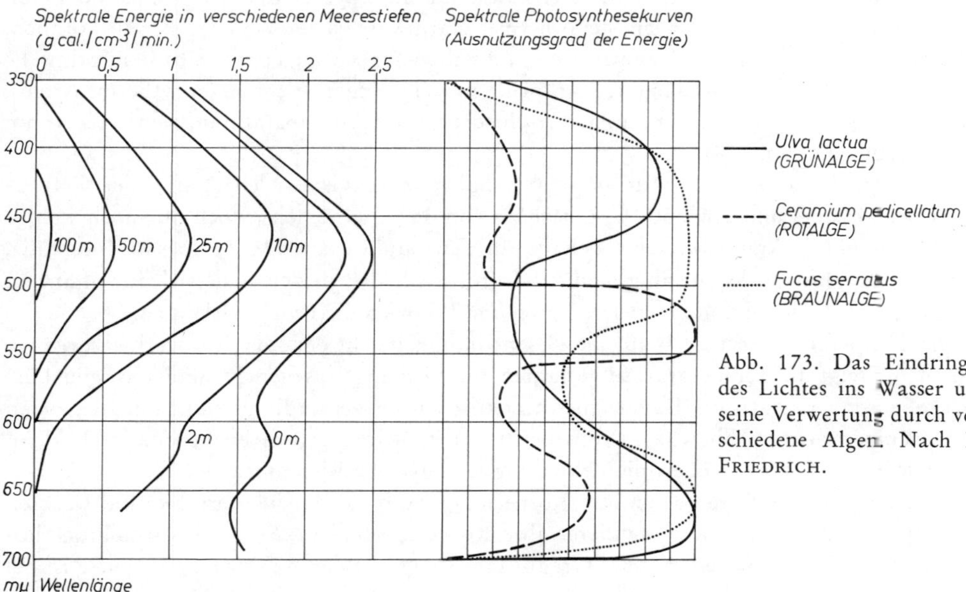

Abb. 173. Das Eindringen des Lichtes ins Wasser und seine Verwertung durch verschiedene Algen. Nach H. Friedrich.

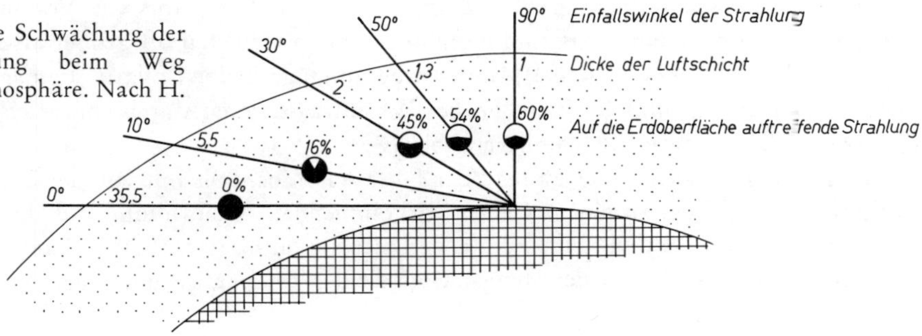

Abb. 174. Die Schwächung der Sonnenstrahlung beim Weg durch die Atmosphäre. Nach H. Lautensach.

Lebenswichtig ist es für Arten, die mit Pflanzen in Symbiose leben. Andere brauchen es, um Beute zu erkennen. Manche meiden es allerdings auch.

Ins Wasser dringt Licht nur wenig tief ein. Dabei wichtige Faktoren sind die Trübung des Wassers durch organische oder anorganische Partikel, seine Bewegung durch Wellen und die Sonnenhöhe (Abb. 175). Die Produktion pflanzlicher Substanz im Wasser ist in nennenswerter Menge nur oberhalb von etwa 50 m Meerestiefe möglich. In der Dämmerzone darunter kommen nur noch wenige, unterhalb von etwa 200 m nahezu keine Pflanzen mehr vor. Beim Eindringen in Wasser werden die Spektralanteile des Lichts unterschiedlich resorbiert. Am tiefsten dringt bei klarem Wasser das Blaugrün ein. Da es vom roten Farbstoff Phykoërythrin der Rotalgen bevorzugt absorbiert wird, kommen viele Rotalgen noch in tieferen Wasserschichten vor. Die Farbstoffe der Grünalgen und Landpflanzen absorbieren vor allem längerwelliges Licht. Grünalgen sind deshalb überwiegend auf flaches Wasser beschränkt.

3. Temperatur

Die Erde verdankt die Temperatur, die das Leben ermöglicht, fast ausschließlich der Sonnenstrahlung (Abb. 176). Die Anforderungen, welche Organismen an die Temperatur stellen, sind recht unterschiedlich. Man kennt Arten, die nur eine enge Temperaturspanne tolerieren (stenotherme Arten). Sie können stenotherme Warmwasserarten sein (z. B. Riffkorallen, Abb. 177) oder an konstante Temperaturen im kalten Wasser angepaßt sein (z. B. arktische Muscheln). Andere Arten sind in ihren Ansprüchen viel weniger bestimmt (eurytherme Arten). Auch sie zeigen jedoch von Art zu Art verschiedene Vorzugstemperaturen, bei denen sie am besten gedeihen (Abb. 178).

Extremste Dauertemperaturen, bei denen höhere Organismen leben, sind der Gefrierpunkt des Wassers und etwa 50 °C. Oberhalb von 35 °C kommen jedoch nur noch wenige Spezialisten vor. Bakterien können bis nahe am Siedepunkt leben. Die Temperaturintervalle, in denen Organismen lebensfähig sind, sind größer als die, in denen sie sich fortpflanzen. Oberhalb von 30 °C nimmt bei vielen Tieren und Pflanzen die Fruchtbarkeit ab.

Die Temperatur wirkt auch auf die Geschwindigkeit, mit der sich Stoffwechselvorgänge abspielen. Steigt die Temperatur, so verlaufen alle Vorgänge rascher. Die Folge ist eine kürzere Lebensdauer. Auch die Dauer eines planktischen Larvenstadiums sinkt mit steigenden Wassertemperaturen (Abb. 138). Protozoen teilen sich rascher; sie bleiben dadurch klein. Sinkende Temperatur verzögert die Zellteilung; es entstehen Riesenformen.

Viele eurytherme Tiere passen ihre Körpertemperatur der Umwelt an. Sie sind wechselwarm (poikilotherm). Andere regulieren ihre Körpertemperatur. Sie sind warmblütig (homöotherm). Der Energiebedarf eines Organismus steigt mit der Wärmeabgabe. Diese ist bei homöothermen Tieren um so größer, je ungünstiger das Verhältnis von Volumen zu Oberfläche ist. Individuen einer Art sind deshalb in kalten Gebieten oft größer als in wärmeren Regionen (BERGMANNsche Regel); ihre Körperanhänge bleiben relativ kleiner (ALLENsche Regel). Andererseits sind Kalkschalen bei Warmwassertieren durchschnittlich größer und schwerer als bei Kaltwasserbewohnern (Abb. 179).

Die Mannigfaltigkeit einer Fauna oder Flora wird ebenfalls mit von der Temperatur beeinflußt. Die Zahl der in einem Gebiet vorkommenden Arten nimmt mit der Temperatur ab (Abb. 179). Am deutlichsten sind die Verhältnisse im marinen Bereich; auf dem Festland können die Einflüsse der Niederschlagsmenge die der Temperatur überlagern (vgl. S. 162).

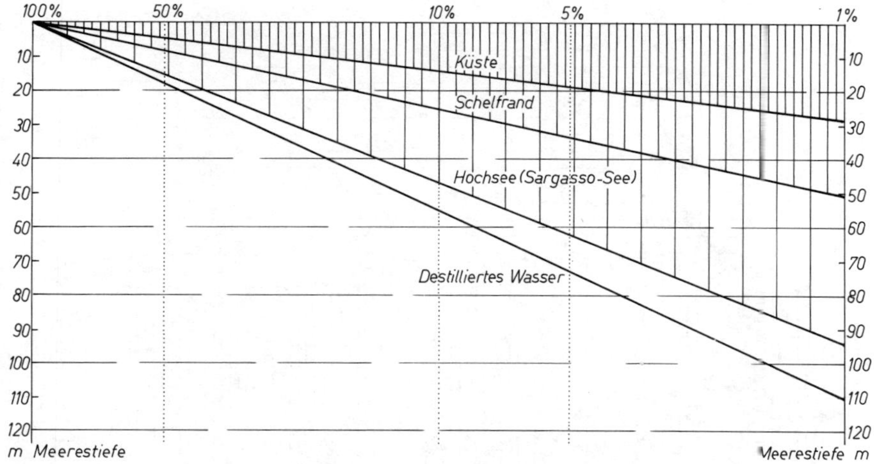

Abb. 175. Die Eindringtiefe des Lichtes in Wasser verschiedener Reinheit. Nach N G. JERLOV.

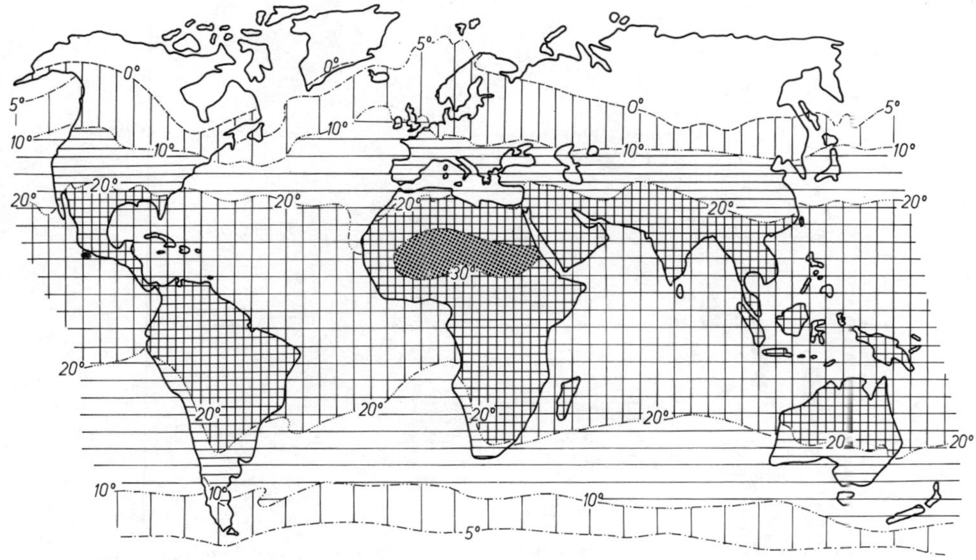

Abb. 176. Die mittlere Jahrestemperatur der Gegenwart auf dem Land (umgerechnet auf Meereshöhe) und in den Oberflächenwässern der Ozeane.

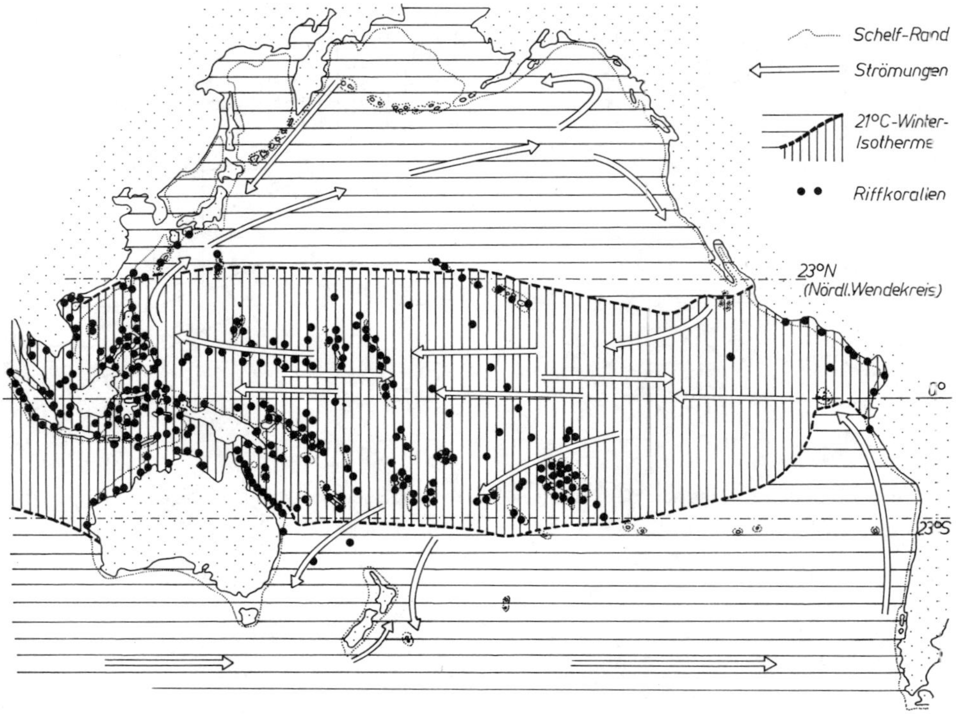

Abb. 177. Das Vorkommen von Korallen-Riffen in Abhängigkeit von der Temperatur im Pazifik. Nach J. W. WELLS.

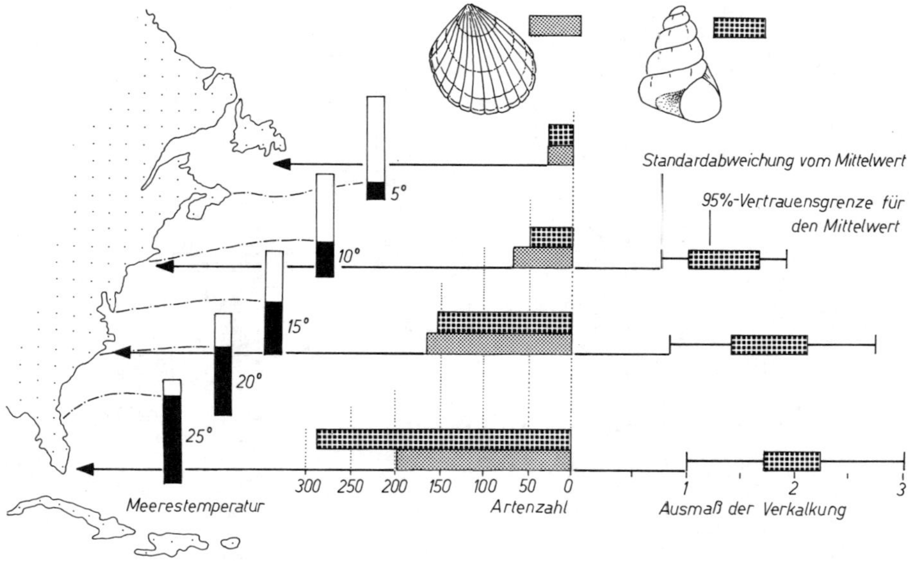

Abb. 179. Die Artenzahlen rezenter Muscheln und Schnecken Nordost-Amerikas sowie das Ausmaß der Verkalkung rezenter Schneckenschalen in Abhängigkeit von der Wassertemperatur. Nach A. G. FISCHER und R. R. GRAUS.

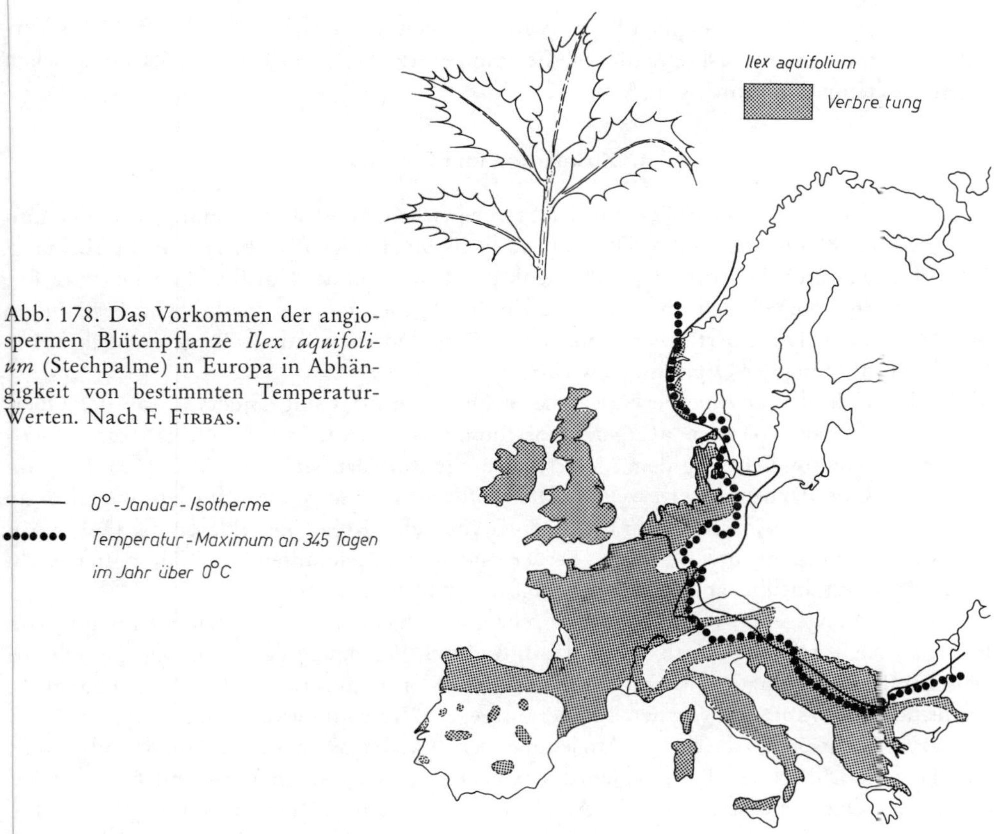

Abb. 178. Das Vorkommen der angiospermen Blütenpflanze *Ilex aquifolium* (Stechpalme) in Europa in Abhängigkeit von bestimmten Temperatur-Werten. Nach F. FIRBAS.

Abb. 180. Die Rekonstruktion der Bildungstemperatur der Septen eines jurassischen Ammoniten aus Polen mit Hilfe des $^{18}O/^{16}O$-Verhältnisses. Nach R. JORDAN und W. STAHL.

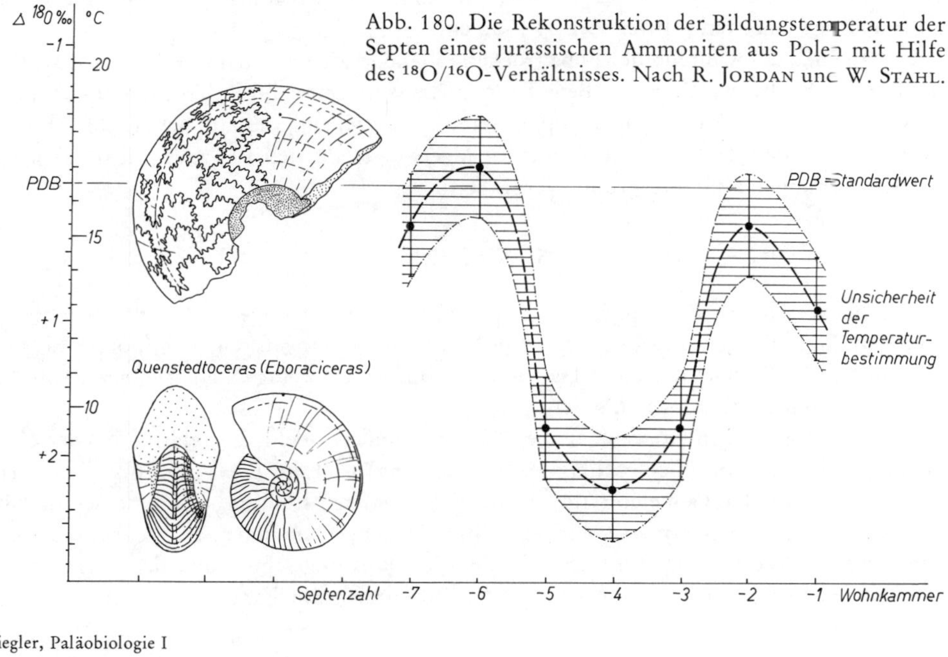

Temperaturen der erdgeschichtlichen Vergangenheit lassen sich durch das $^{18}O/^{16}O$-Verhältnis bestimmen. Es ist bei manchen Tiergruppen (z. B. Mollusken) mit karbonatischen Hartteilen temperaturabhängig (Abb. 180).

4. Zirkulation und Gezeiten

Die Temperatur-Unterschiede auf der Erde bewirken Ausgleichsströmungen. In der Luft treten sie als Windsystem (Abb. 181), im Meer als Strömungen (Abb. 183) in Erscheinung. Beide werden durch die Erdrotation abgelenkt, und zwar auf der Nordhalbkugel nach rechts, auf der Südhalbkugel nach links. Weitere Einflüsse gehen von der Gestalt von Festländern und Meeren aus. Die Oberflächenströme des Meeres sind vor allem als Wege und Schranken für die Ausbreitung der Organismen wichtig.

In der Tiefe der Ozeane verlaufen die Strömungen oft völlig anders als an der Oberfläche. Vor allem das Temperaturgefälle bestimmt ihren Lauf. Es bewirkt, daß kalte Polarwässer absinken und entlang dem Meeresboden äquatorwärts strömen (Abb. 182). Der Abstrom von Oberflächenwasser erzeugt kalte Auftriebsströmungen. Sie spielen vor allem an den Westküsten der Kontinente in niedrigen Breiten eine Rolle. Sie erklären die Dissymmetrie des Tropengürtels in den Meeren. Ferner sind sie als Lieferanten von Nährstoffen wichtig. Auch unterschiedlicher Salzgehalt kann Strömungen verursachen.

Die Strömungsgeschwindigkeiten sind sehr unterschiedlich. 2 km/h kommen häufig vor. Extremwerte liegen um 7 km/h. Sie sind i. d. R. durch Verengung des Strömungsquerschnitts zwischen Inseln bedingt (z. B. Golfstrom zwischen Florida und Kuba). Im übrigen hängt die Intensität der Zirkulation von den Temperaturgegensätzen auf der Erde ab.

Gezeiten entstehen durch die Anziehung der Wassermassen durch Mond und Sonne. Der Tidenhub (d. h. der Unterschied des Wasserspiegels zwischen Ebbe und Flut) beträgt im offenen Ozean meist unter 1 m. An Küsten, vor allem in Buchten, staut sich die Flut jedoch auf (deutsche Nordseeküste 3—4 m, Abb. 184, Bristolkanal 11 m), Nebenmeere haben geringe Gezeiten (Mittelmeer 20—30 cm).

Der Bereich des während der Ebbe trocken fallenden Meeresbodens bildet das Watt (Fels-, Sand- oder Schlickwatt). Seine Bewohner müssen an zeitweiliges Trockenfallen und (im humiden Gebiet) an Aussüßung angepaßt sein. Verbreitet sind deshalb Schutzvorrichtungen, die mithelfen, den Tieren einen Vorrat an Meerwasser zu sichern (z. B. dicht schließende Schalen, Ansaugen am Untergrund, Vergraben).

5. Niederschläge

Die Niederschlagsmenge eines Gebietes hängt von seiner Lage im Windsystem ab. Tropen, gemäßigte Breiten und Luvseiten von Gebirgen empfangen reichlich, polare Regionen, Gebiete um die Wendekreise und Leeseiten von Gebirgen wenig Niederschläge (Abb. 185). Ausnahmen bilden die Monsunländer.

Für die Organismen ist weniger die absolute, sondern mehr die relative Niederschlagsmenge (Verhältnis von Niederschlag zu Verdunstung) wichtig. Die Vegetation ist in ariden ärmer als in humiden Gebieten (Abb. 186). Viele Pflanzen sind an bestimmte Mindest-Niederschlagsmengen (bzw. an eine bestimmte Bodenfeuchte) gebunden. In Trockenräumen gedeihen nur Spezialisten mit Organen, die dem Verdunstungsschutz und der Wasserspeicherung dienen (Sukkulenten). Auch zu großer Regenreichtum kann manche Arten in ihrer

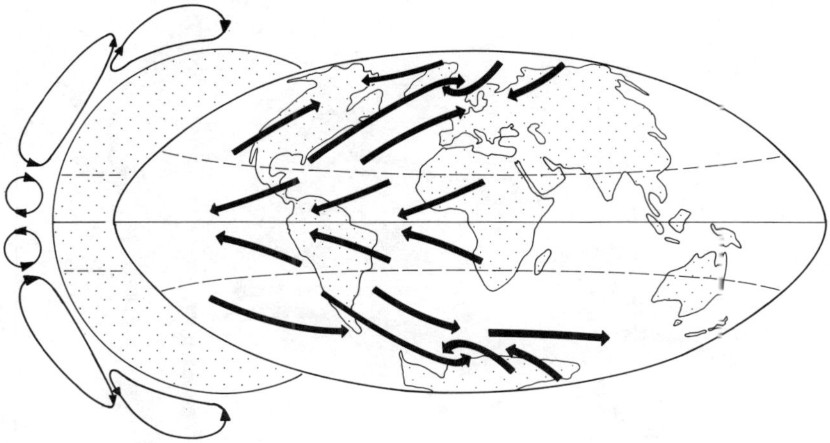

Abb. 181. Die atmosphärische Zirkulation (Windsystem). Links im Schnitt, rechts im Kartenbild.

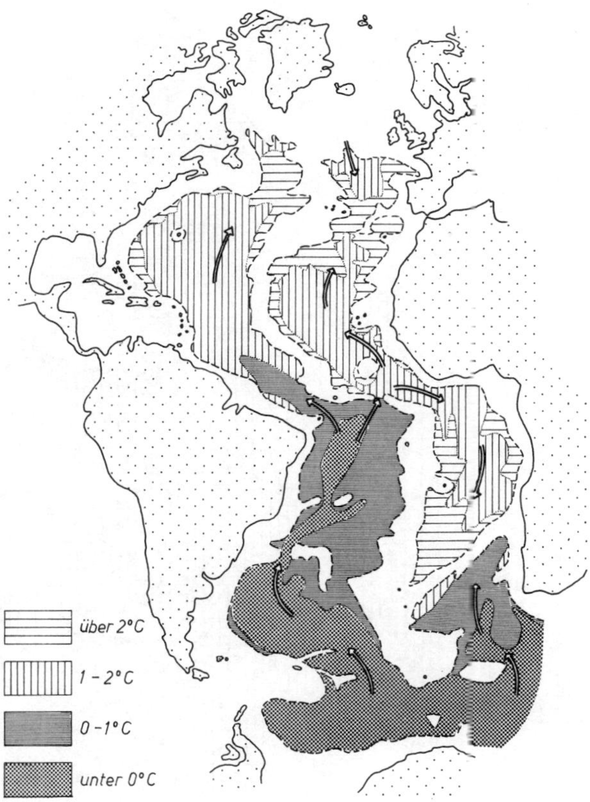

Abb. 182. Der Verlauf der Bodenströmungen im Atlantik (unterhalb von 4000 m Meerestiefe), die Unterschichtung des Wassers durch antarktische Schmelzwässer und ihre allmähliche Erwärmung auf dem Weg nach Norden. Dargestellt ist die potentielle Temperatur, d. h. diejenige Temperatur, die das Wasser bei Entlastung von der überlagernden Wassersäule annehmen würde. Nach R. BRINKMANN.

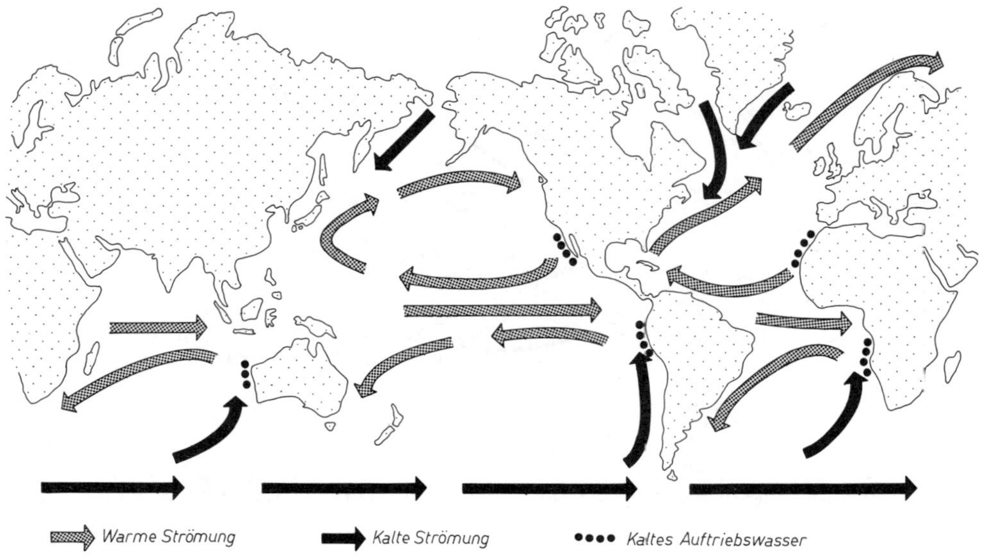

Abb. 183. Der Verlauf der wichtigsten Oberflächen-Strömungen des Meeres.

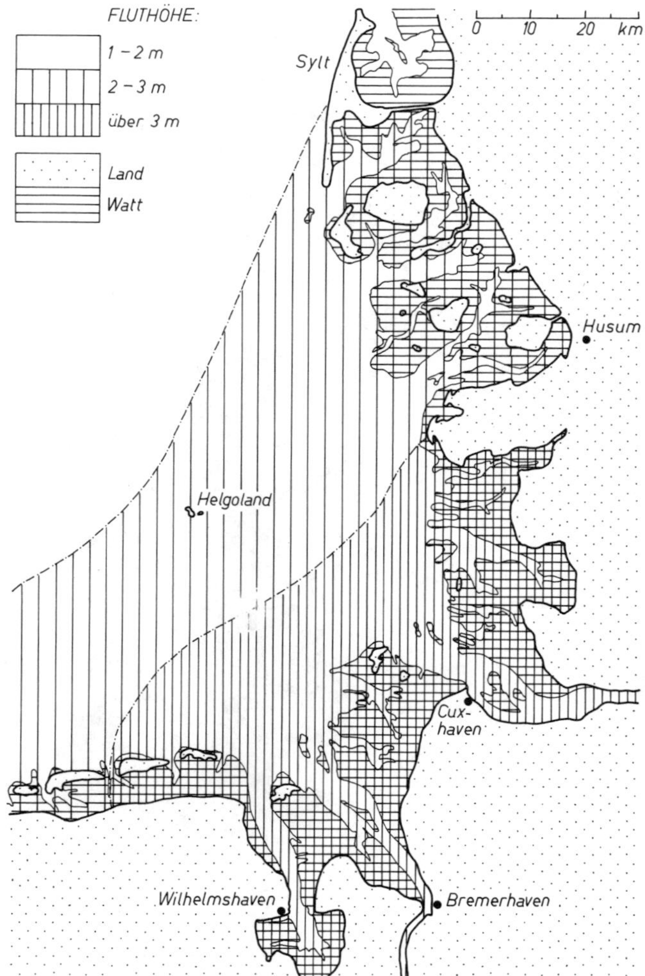

Abb. 184. Der Tidenhub in der Deutschen Bucht.

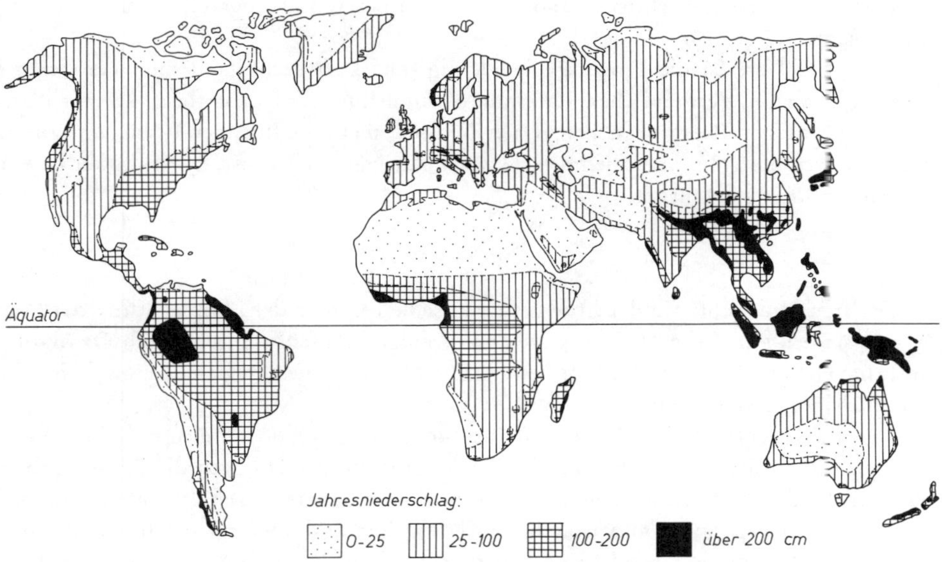

Abb. 185. Durchschnittliche Niederschlagsmengen auf dem Festland.

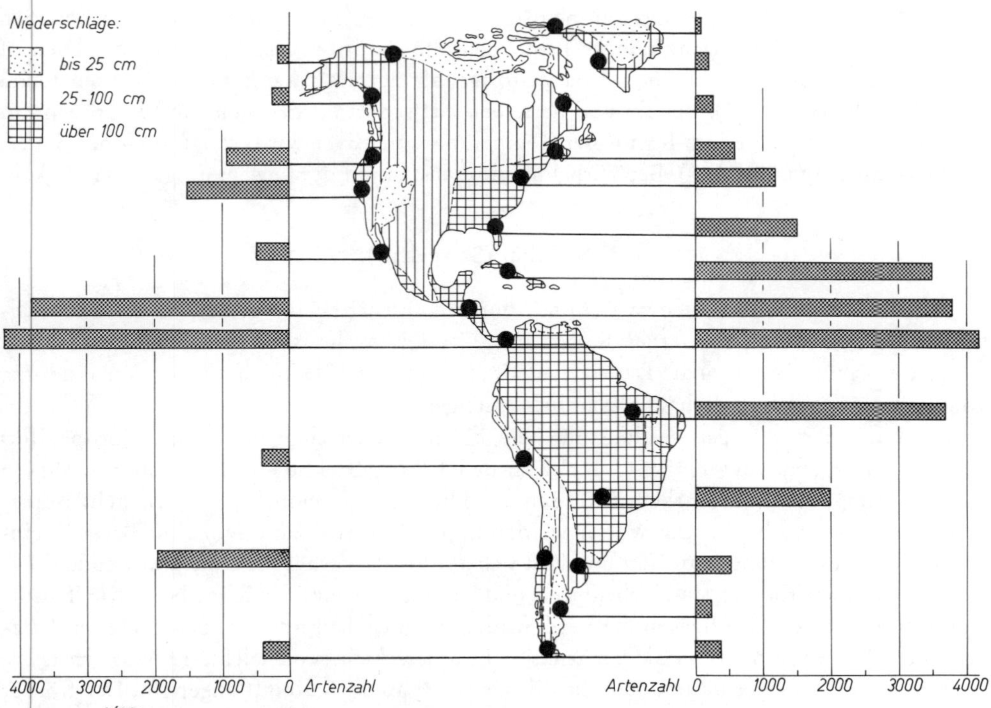

Abb. 186. Die Abhängigkeit der Artenzahl von der Niederschlagsmenge und der Temperatur am Beispiel der Vegetation im östlichen und westlichen Amerika. Nach A. CAILLEUX.

Lebensfähigkeit beeinträchtigen; andere kommen bei anhaltender Nässe nicht zum Blühen und Fruchten (Abb. 187).

Auch für Tiere ist die Feuchtigkeit wichtig. Die Luftfeuchtigkeit muß bei vielen Arten einen bestimmten Wert erreichen, damit die Verdunstung der Körperflüssigkeit nicht zu stark wird. Die meisten Tiere brauchen ferner Wasser, meist in flüssiger Form, um zu trinken oder es durch die Haut aufzunehmen. Je weichhäutiger ein Tier ist, desto stärker ist es durch die Austrocknung gefährdet.

6. Sauerstoff

Der freie Sauerstoff auf der Erde verdankt seine Existenz der Photosynthese der Pflanzen. Würde sie heute unterbunden, so wäre er in wenigen tausend Jahren durch Oxydation verbraucht. Die trockene Luft enthält heute 21 % O_2, ihr Sauerstoffgehalt muß früher wesentlich niedriger gewesen sein.

Meerwasser enthält in Oberflächennähe durchschnittlich 6—7 ml O im Liter (6—7 ‰). Es ist i.d.R. gesättigt. In zunehmender Tiefe wird weniger O durch die Photosynthese frei, dafür mehr durch tierische Atmung verbraucht; die Sauerstoffgehalte nehmen deshalb ab. Das absteigende polare Kaltwasser hat viel O gelöst und versorgt die Bodenschichten der offenen Ozeane mit genügend freiem Sauerstoff. In mittleren Tiefen und in abgeschlossenen Becken (z. B. Mittelmeer) kann jedoch die Sauerstoffzehrung sehr weit gehen. Im Extremfall fehlt Sauerstoff völlig. Dafür treten giftige Zersetzungsprodukte organischer Substanz (H_2S) auf.

Der Sauerstoffbedarf der Organismen schwankt in weiten Grenzen. Ohne ihn kommen nur die anaeroben Bakterien, manche Protozoen und Parasiten aus. Für viele von ihnen ist er sogar schädlich. Auch zu hoher Sauerstoffgehalt der Luft kann toxisch wirken (beim Menschen ab etwa 60 %). Bei ein und derselben Art schwankt der Sauerstoffverbrauch mit der Aktivität. Da diese i. d. R. mit der Temperatur intensiver wird, steigt auch der Sauerstoffverbrauch an (Abb. 188). Bei Wirbeltieren wächst er mit der Bewegungsgeschwindigkeit.

7. Salinität (Salzgehalt)

Das Meerwasser der Gegenwart enthält durchschnittlich 35 ‰ gelöste Salze. Die wichtigsten Kationen sind Na, ferner K, Mg und Ca. Die wichtigsten Anionen sind Chlorid, ferner Sulfat und Bikarbonat. Der Salzgehalt stammt wahrscheinlich aus der Verwitterung von Gesteinen und muß deshalb allmählich ansteigen.

In Meeren mit geringer Verdunstung und hohen Niederschlägen (Arktis, Nordpazifik) sinkt der Salzgehalt unter 33 ‰ ab. Im ariden Klimagürtel steigt er auf über 37 ‰ an (Rotes Meer 40 ‰). Bei starken Zuflüssen aus Flüssen und Schmelzwasser entsteht Brackwasser. Marine und brackische Wässer werden in poly-, meso- und oligohaline Bereiche eingeteilt. Ihre Abgrenzung schwankt und läßt sich auf fossile Verhältnisse nicht anwenden. Typische Brackwasserbecken sind Nebenmeere und Lagunen im humiden Klimabereich (z.B. Ostsee). Überwiegt in einem Becken die Verdunstung, so entstehen hypersalineare Wässer. Salzhaltigeres Wasser ist schwerer als salzärmeres. Es unterschichtet die leichteren Wassermassen.

Tiere und Pflanzen sind in unterschiedlicher Weise an die Salinität angepaßt. Der Körper von Meerestieren und -pflanzen steht in den meisten Fällen mit seiner Umgebung im osmotischen Gleichgewicht. Manchmal kann er sich bei Veränderungen des Salzgehaltes den

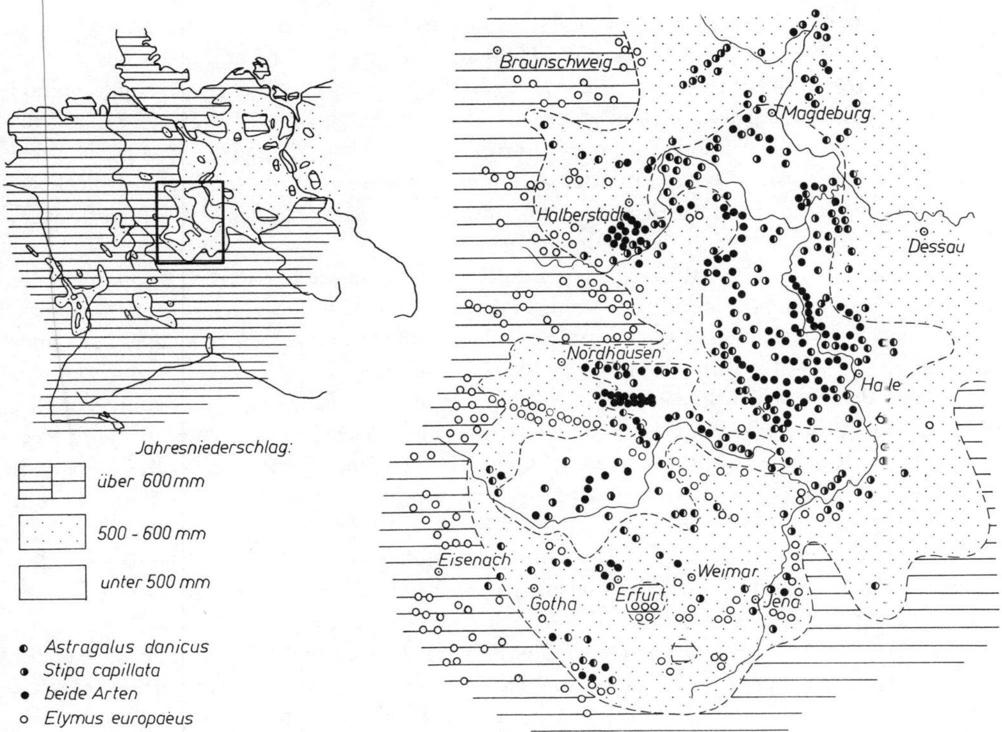

Abb. 187. Das Vorkommen einiger angiospermer Blütenpflanzen in Anhalt und Thüringen in Abhängigkeit von der Niederschlagsmenge. Nach R. KNAPP.

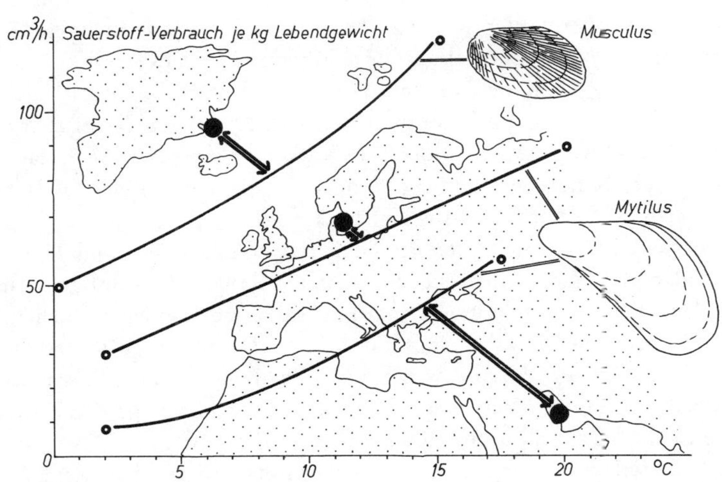

Abb. 188. Zunahme des Sauerstoff-Verbrauchs eines Tieres mit der Meerestemperatur. Die in wärmerem Wasser lebenden Tiere sind allerdings oft an geringeren Sauerstoff-Verbrauch angepaßt als ihre Verwandten im Kaltwasser.

neuen Werten in kurzer Zeit durch Abgabe bzw. Aufnahme von Wasser aus bzw. in die Gewebe anpassen. Organismen, die dazu befähigt sind, starke Schwankungen des Salzgehaltes zu tolerieren, nennt man euryhalin. Stenohaline Organismen gehen zugrunde, sobald die äußere Salinität stärker schwankt. Eine Abnahme des Salzgehaltes auf 28—30 ‰ ist für viele marine Tiere limitierend. Salinitätsschwankungen wirken bei manchen, vor allem den euryhalinen Organismen nicht unmittelbar auf die Lebensfähigkeit, sondern auf die Fortpflanzung. Während sich die meisten Arten bei veränderter Salinität nicht mehr fortpflanzen, brauchen andere dazu verringerten Salzgehalt.

Beispiele rezenter stenohaliner Tiere normaler Salinität sind die Korallen, Cephalopoden, Brachiopoden, Radiolarien und (mit wenigen Ausnahmen) Echinodermen. I. d. R. waren sie auch früher an gleiche Verhältnisse angepaßt. Ihnen stehen die echten Süßwasserbewohner gegenüber, die meist schon bei 1—2 ‰ Salzgehalt zugrunde gehen (z. B. die meisten Amphibien und manche Muscheln). Euryhaline Organismen reichen einerseits vom normalen marinen Milieu bis ins Brackwasser hinein (z. B. viele Muscheln und Schnecken), andererseits können manche Süßwasserformen auch gewisse Salzgehalte ertragen (z. B. die meisten Süßwasserschnecken). Eine kleine Gruppe von Arten ist auf das Brackwasser beschränkt oder an hypersalinare Verhältnisse angepaßt (Abb. 189, 191, 193).

Salzgehaltsschwankungen beeinflussen die Mannigfaltigkeit der Tierwelt. Die Artenzahlen nehmen vom marinen und vom limnischen Bereich her in Richtung auf ein Artenminimum bei einer Salinität von etwa 6—7 ‰ ab (Brackwasser-Minimum, Abb. 193). Die Abnahme der Artenzahlen bei vermindertem oder überhöhtem Salzgehalt bedeutet allerdings nicht, daß die Produktion organischer Substanz geringer ist. Die verbleibenden Arten kommen i. d. R. in sehr großer Häufigkeit vor. Es resultieren artenarme, aber individuenreiche Faunen (fossiles Beispiel: einzelne Fossilhorizonte des Keupers).

Beim Übergang vom normal salinen und vom limnischen zum brackischen Bereich verändert sich bei vielen Arten die Größe (Abb. 192). Besonders bei rezenten Mollusken bleiben Tiere des Meeres im Brackwasser kleiner. Auch Süßwasser-Organismen erreichen dort nicht ihre maximale Größe. Die Größenabnahme rührt teilweise von kürzerer Lebensdauer, teilweise von verringerter Wachstumsgeschwindigkeit her. In einigen Fällen wirken auch andere Faktoren (Nahrungsangebot, Durchlüftung, Temperatur) mit.

Der Salzgehalt des Wassers beeinflußt ferner die Schalendicke. Die Gehäuse mariner Tiere sind durchschnittlich dicker und schwerer als die limnischer Organismen. Die Ursache ist die erschwerte Abscheidung von Kalk im Süßwasser. Auch das niedrigere spezifische Gewicht des Süßwassers und die dadurch verursachte höhere Belastung eines Trägers dicker Schalen dürfte eine Rolle spielen.

Die Salinität spielt auch für Tiere und Pflanzen des Landes eine Rolle. Die meisten Arten meiden das Salz. Ihnen stehen wenige Pflanzen (Halophyten) und Tiere gegenüber, die Salzstellen oder salzhaltige Strandflächen besiedeln oder aufsuchen.

Neben der normalen Salinität sind auch andere Stoffe und Spurenelemente bedeutsam (z. B. Phosphate, Eisen usw.). Sie sind vielfach für das pflanzliche Plankton lebenswichtig. Meist sind sie im Meerwasser in ausreichender Menge gelöst. Zuweilen limitiert ihre Seltenheit jedoch die Produktion organischer Substanz.

Ein seltenes, im marinen Milieu aber stets vorhandenes Element ist das Bor. Da es bevorzugt am Kristallgitter des Illit angelagert wird, kann der Borgehalt eines illithaltigen Sedimentes benutzt werden, um Rückschlüsse auf die Marinität der Ablagerung zu ziehen.

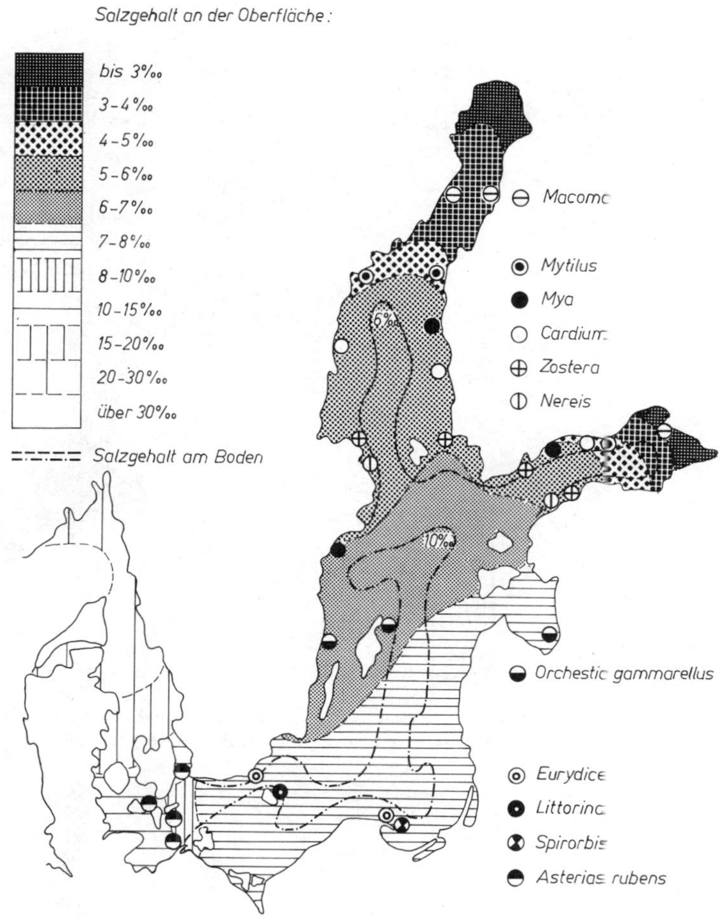

Abb. 189. Die Salinität der Ostsee und die äußerste Verbreitung euryhaliner Meerestiere. Nach S. G. SEGERSTRÅLE.

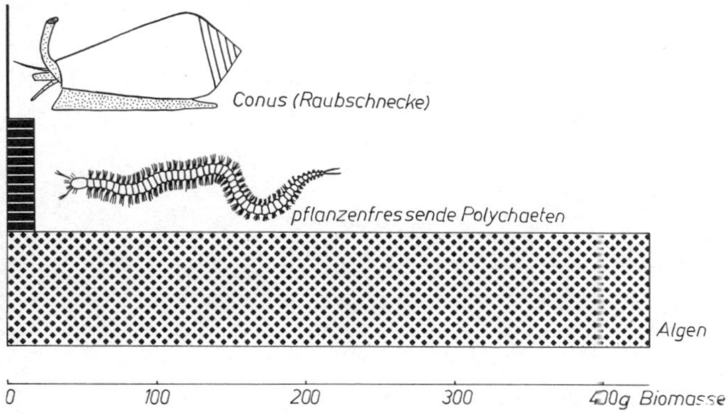

Abb. 190. Beispiel einer Nahrungskette. Man beachte den geringen Ausnutzungsgrad der organischen Substanz. Nach A. J. KOHN.

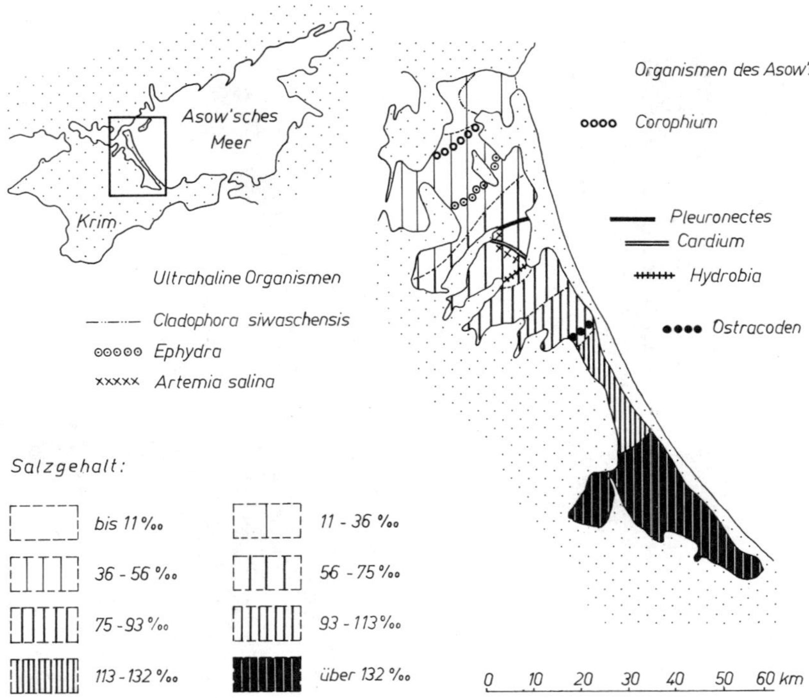

Abb. 191. Die Salinität des Siwasch und die äußerste Verbreitung euryhaliner Tiere des Asowschen Meeres einerseits und ultrahaliner Organismen andererseits. Nach L. A. Zenkevitsch.

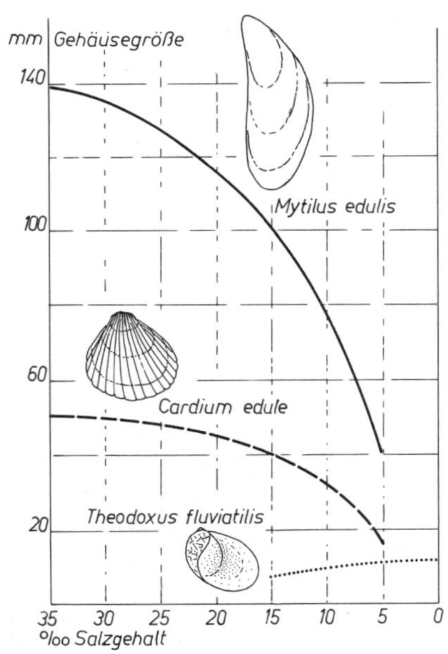

Abb. 192. Salinität und Gehäusegröße. Nach A. Remane.

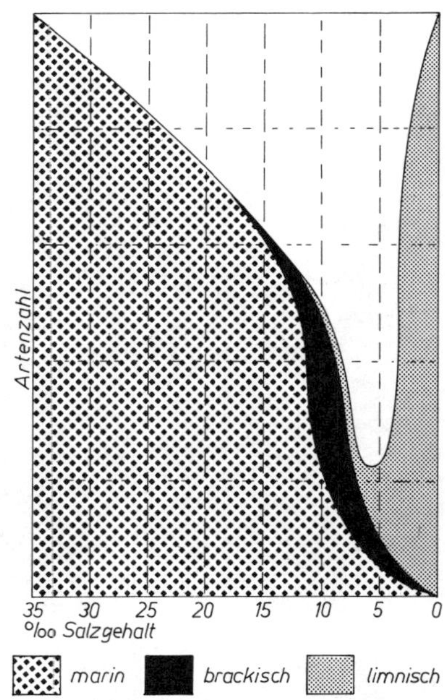

Abb. 193. Salinität und Mannigfaltigkeit. Nach A. Remane.

8. Nahrung

Die Primärproduktion organischer Substanz durch Photosynthese ist die Lebensgrundlage sämtlicher Organismen. Auf dem Land dominieren heute die Blütenpflanzen als Primärproduzenten, im Wasser ist es das pflanzliche Plankton. An ihre Verbreitung und Häufigkeit ist auch das tierische Leben gebunden. Mit diesen Zusammenhängen befaßt sich die Produktionsbiologie.

Von der pflanzlichen Primärproduktion ernähren sich die Pflanzenfresser. Sie bilden die Sekundärproduktion. Als Tertiärproduktion bezeichnet man die Tiere, deren Nahrung die Pflanzenfresser oder andere Tiere darstellen (Abb. 190). Die einzelnen Organismen, die zueinander in einem Feind-Beute-Verhältnis stehen, bilden eine Nahrungskette (vgl. S. 180).

Beim Weg der organischen Substanz durch die Nahrungsketten wird jeweils nur ein kleiner Teil ausgenützt. Etwa 90 % gehen in jeder Stufe verloren und werden den anorganischen Ausgangsprodukten zugeführt. Auf dem Land düngen sie den Boden und bilden die Grundlage neuer Produktion. Im Meer ist der Ort der Primärproduktion das Oberflächenwasser. Diejenigen Leichen und Exkremente, die nicht gefressen werden, sinken allmählich ab. Deshalb reichern sich die Nährstoffe in tieferen Wasserschichten an. Durch thermische Konvektion in höheren Breiten und Auftriebsströmungen an den Westküsten der Kontinente werden sie wieder nach oben geführt und erlauben dort das üppigste Wachstum des Phytoplanktons (Abb. 194). In Meeresbecken, deren Wasser schlecht durchmischt ist, sind die Oberflächenwässer nährstoff- und lebensarm.

9. Substrat

Das Substrat ist die Unterlage, auf der die Organismen leben. Auf dem Land ist es der Boden. Seine Beschaffenheit, seine Durchlässigkeit und sein Chemismus sind für die Vegetation und damit auch für die Fauna wichtig. Andererseits wirkt die Vegetation auch wieder auf den Boden zurück. Im Verein mit dem Klima beeinflußt sie seine Struktur und seinen Chemismus. Mit diesem Fragenkreis beschäftigt sich die Bodenkunde.

Im Wasser ist die Festigkeit des Substrats der wichtigste Faktor. Hartböden werden von verfestigten Gesteinen gebildet. Auch Organismen können für ihre Epöken (vgl. S 180) Hartböden darstellen. Auf Hartböden überwiegt das vagile und sessile Epibenthos; daneben kommen bohrende Endobenthonten vor. Weichböden bilden sich dort, wo anhaltende Sedimentation erfolgt oder die entstandenen Ablagerungen noch nicht verfestigt sind. Auf ihnen tritt das Epibenthos zahlenmäßig stark zurück. Die Mehrheit ihrer Fauna gehört zum Endobenthos (Infauna). Da die Organismen i. d. R. das Sediment mit bestimmten Werkzeugen durchgraben, ist für sie seine Korngröße sehr wesentlich. Dementsprechend unterscheidet man Sandbodenbewohner (Psammonten) und Schlickbodenbewohner (Abb. 196).

Die Korngröße hängt in erster Linie von der Intensität der Wasserbewegung ab. Je geringer die Strömungsgeschwindigkeit oder die Turbulenz ist, desto feinkörniger werden die Sedimente (Abb. 197). Zugleich steigt i. d. R. die Menge der angelieferten organischen Substanz, die bei bewegterem Wasser aufgewirbelt wird. Schlicke sind deshalb meist nährstoffreicher als Sande. Nährstoffangebot und die Schwierigkeiten beim Graben erklären, weshalb Sandböden oft lebensärmer sind als Schlicke.

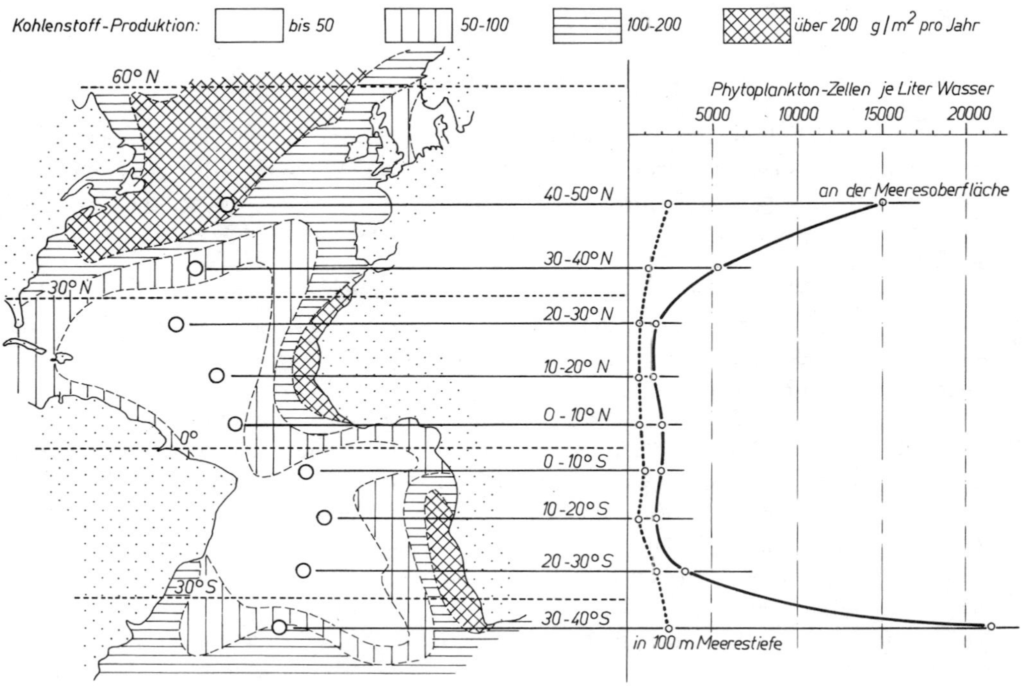

Abb. 194. Die Primärproduktion des Phytoplanktons im Atlantik. Die höchste Produktivität liegt in den Gebieten mit hoher thermischer Konvektion und entlang den Auftriebsströmungen. Nach E. Hentschel und H. Lohmann.

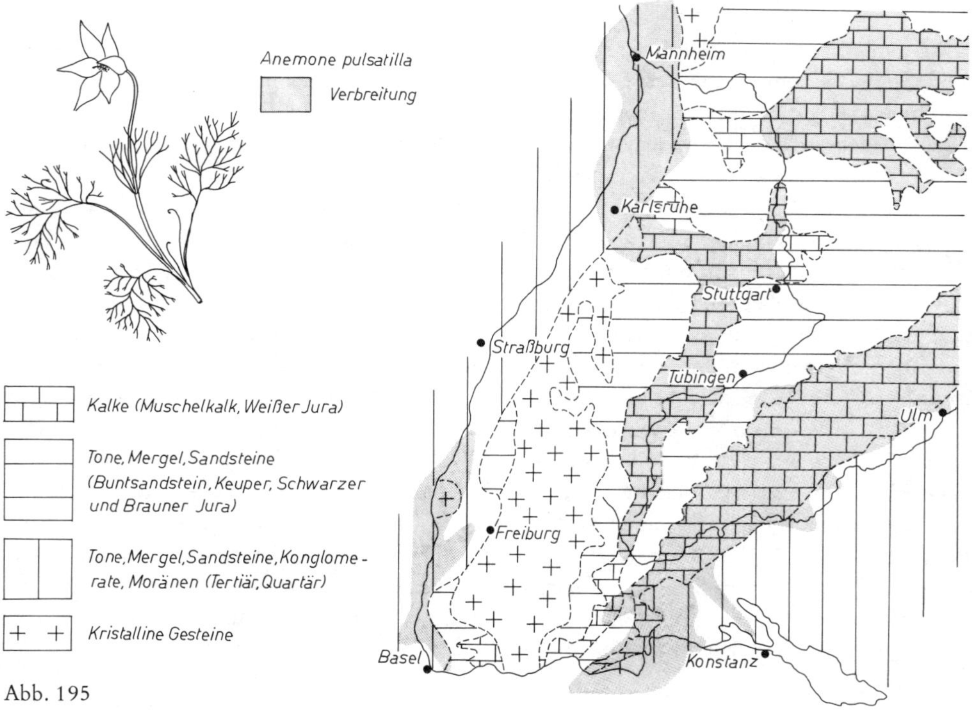

Abb. 195

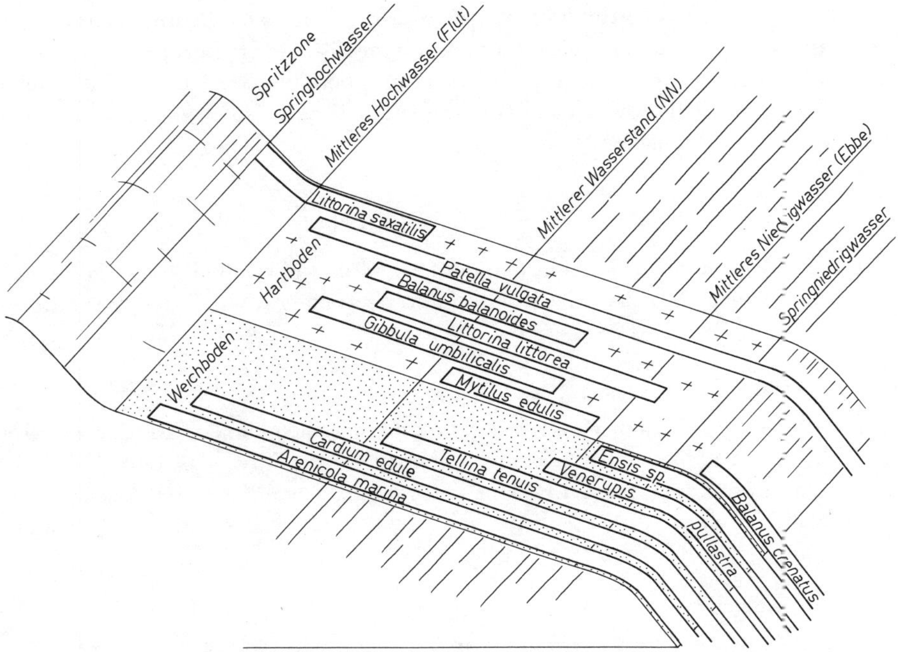

Abb. 196. Die Abhängigkeit einiger Tiere des Nordsee-Watts vom Substrat. Nach J. Dörjes.

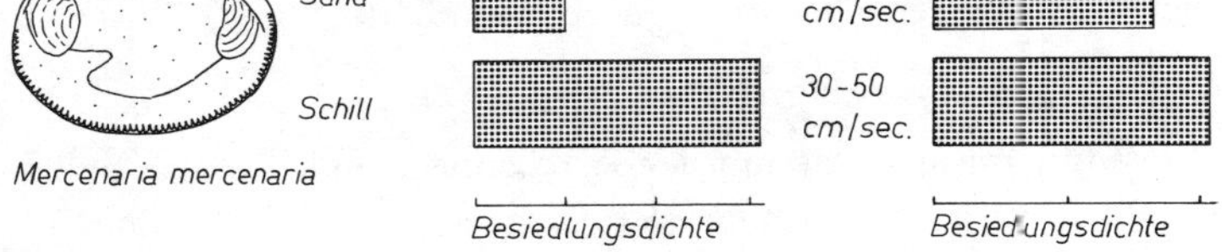

Abb. 197. Die Abhängigkeit der Grobsand bevorzugenden Muschel *Mercenaria* von Substrat und Strömungsgeschwindigkeit. Nach H. W. Wells.

← Abb. 195. Die Abhängigkeit der Küchenschelle vom Chemismus des Bodens. Die Pflanze meidet kalkarme Böden.

Die Auswahl eines bestimmten Substrats erfolgt bei vielen benthischen marinen Tieren schon am Ende ihres planktischen Larvenstadiums. Rundung, Korngröße, Textur und Chemismus eines Sedimentes ziehen die zur Metamorphose bereiten Tiere an oder weisen sie ab. Auch die Anwesenheit von Artgenossen kann anlocken. Bei solchen gesellig lebenden Tieren sind dann die Individuen nesterförmig verteilt.

10. Wassertiefe

Die Wassertiefe allein ist kein ökologischer Grundfaktor. Bei ihr wirken mehrere Umstände zusammen. Mit den Methoden, die Wassertiefe zu bestimmen, beschäftigt sich die Bathymetrie.

a) Das Litoral

Je flacher ein Gebiet vom Wasser bedeckt ist, desto leichter fällt es bei ablandigen Winden oder bei Ebbe trocken. Man nennt diesen Streifen (d.h. das Watt) das Litoral. Nur bestimmte Organismen sind an seine speziellen Verhältnisse angepaßt, wobei unterschiedlich ist, wie lange das Trockenfallen ertragen wird. Deshalb sind die Organismen des Litorals oft deutlich zoniert (Abb. 198).

b) Tiefere Bereiche

Unterhalb der Niedrigwassermarke wird die Lichtintensität mit zunehmender Tiefe schwächer. Beeinflußt wird sie zusätzlich durch die Trübung des Wassers. Zugleich sinkt das Angebot an organischer Nahrung. Auch in den größten Meerestiefen limitiert es jedoch i. d. R. das Leben nicht. Der Druck steigt je 10 m Tiefe um 1 Atmosphäre an. Da die meisten marinen Organismen ihren Innendruck den äußeren Verhältnissen anpassen können, halten sie selbst die enormen Drucke der Tiefsee aus, sofern sich die Tiefe, in der sie leben, nicht allzu rasch ändert. Die Intensität der Wasserbewegung nimmt normalerweise mit zunehmender Tiefe ab, doch gibt es starke Grundströmungen noch in großer Tiefe. Gleichzeitig nimmt der Anteil schlickiger Flächen gegenüber Sand- und Hartböden mit der Tiefe zu. In rezenten Meeren sinkt meist die Temperatur mit steigender Meerestiefe. Alle diese Faktoren wirken auf die Flora und Fauna ein. Unter ihrem gemeinsamen Einfluß schälen sich Gesetzmäßigkeiten heraus. Organismen, die an eine bestimmte Tiefe gebunden sind, nennt man stenobath, solche, die weniger tiefenabhängig sind, eurybath.

c) Zonierung

Die Organismen sind mit der Tiefe zoniert. So kann man z. B. auf Hartböden der Nordsee eine bezeichnende Abfolge der Tangarten feststellen (Abb. 199). Da diese in erster Linie licht-beeinflußt ist, ändern sich die absoluten Tiefenwerte mit der Wassertrübung. Ein bekanntes Beispiel der Tiefenabhängigkeit bilden die Riffkorallen. Bei ihnen ist es die Intensität der Wasserbewegung und damit die Versorgung mit frischem Wasser, welche die Verbreitung der Arten kontrolliert. Deshalb sind die Tiefenstufen in den Lagunen gegenüber dem Außenbereich der Riffe nach oben verschoben.

Auch bei Fossilien lassen sich Tiefenstufen erkennen. So gilt z.B. die rezent beobachtbare Abfolge Hornschwämme — tetraxone Kieselschwämme — hexactinellide Kieselschwämme schon im Mesozoikum. Ähnliches gilt für die Tiefenstufen bei Muscheln. Manche Ammonitengruppen im Oberjura und in der Kreide kommen nur in bestimmten Bereichen vor oder

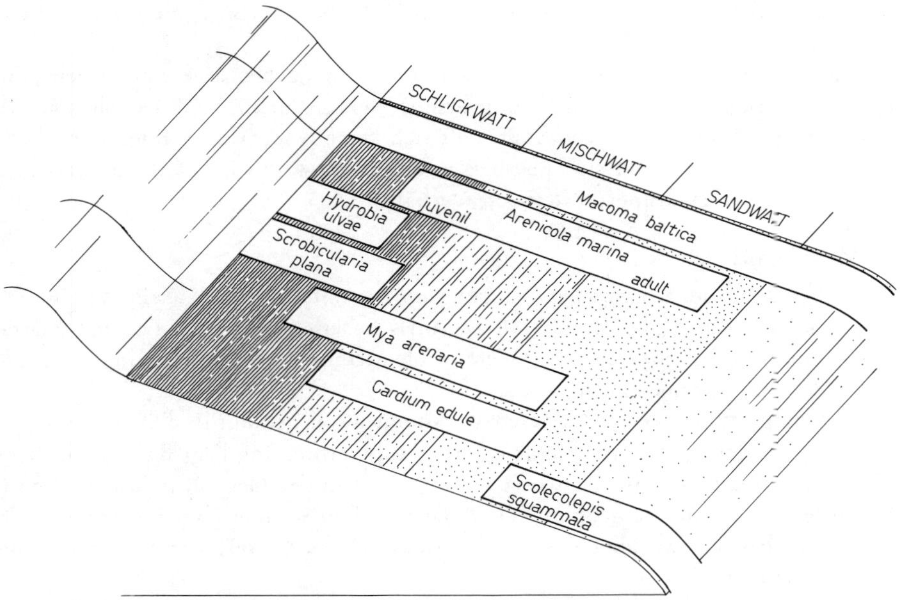

Abb. 198. Die Zonierung einiger verbreiteter Tiere des Litorals der Nordsee. Nach R. V. TAIT.

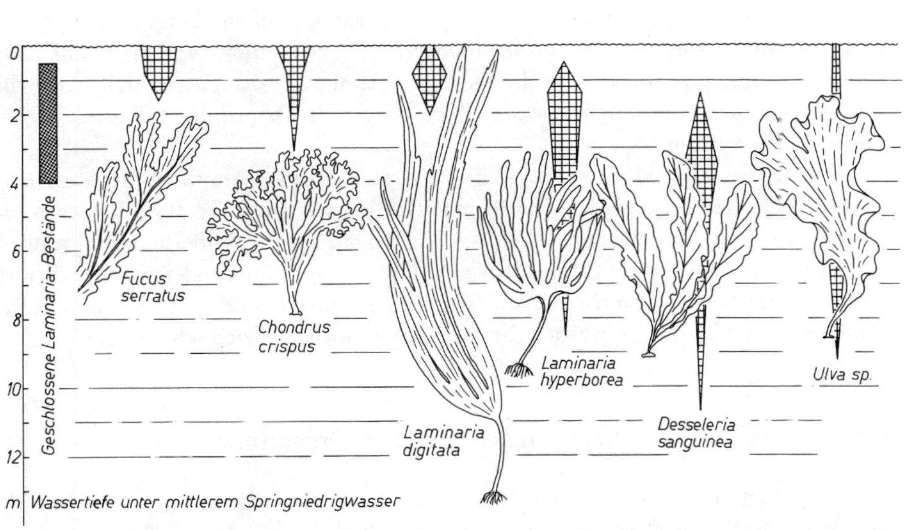

Abb. 199. Die Zonierung einiger Tange bei Helgoland. Für andere Küsten gelten andere Werte! Nach K. LÜNING.

haben doch dort ihren Schwerpunkt (Abb. 200). Unbekannt sind allerdings hier die Primärfaktoren.

Die Zonierung der Organismen bewirkt, daß in flachen Meeresbereichen ganz andere Gruppen vorherrschen können als in größerer Tiefe (Abb. 201). Da jedoch eine Vielfalt von Faktoren ihr Vorkommen beeinflußt, läßt sich keine regelhafte Abfolge feststellen. Die Lebensweise der Tiere kann sich überdies mit der Zeit wandeln. Deshalb herrschen in zeitverschiedenen Ablagerungen oft andere Verhältnisse.

d) Mannigfaltigkeit

Das Angebot an organischer Nahrung nimmt mit steigender Tiefe allmählich ab. Entsprechend sinkt auch die Mannigfaltigkeit des Lebens (Abb. 202). Das hat zur Folge, daß Arten- und Individuenzahlen in größerer Tiefe geringer werden. Selbst in den größten Tiefen sind jedoch Organismen nachgewiesen.

Allerdings gibt es Gruppen, deren Vorkommen nur bedingt in dieses Bild paßt. Sie können z. B. im flachsten Wasser fehlen. Ihre Hauptverbreitung liegt dann in mittleren Tiefen (Abb. 203). Ganz auf die Tiefsee beschränkt sind in der Gegenwart nur wenige Gruppen. Beispiele sind die Monoplacophoren und die gestielten Seelilien. Wie ihr Auftreten in der erdgeschichtlichen Vergangenheit zeigt, handelt es sich bei der rezenten Verbreitung um Reliktvorkommen.

11. Kombination von Faktoren

In der Natur wirkt fast nie ein Faktor allein auf die Organismen, sondern die verschiedensten Einflüsse können sich überlagern, ergänzen, verstärken, abschwächen oder verändern. So kommt z. B. die typische Verbreitung der Riffkorallen (Abb. 204) in Anpassung an Licht (Tiefe), Temperatur und Salinität zustande. In rezenten Meeren leben Organismen, die im polaren Bereich Flachwassertiere sind, wegen ihrer Temperatur-Abhängigkeit in niedrigeren Breiten oft in größeren Tiefen. Ein Beispiel ist die Muschel *Portlandia arctica,* die im Nordpolarbecken in 10—60 m, in der Norwegischen Rinne und im Skagerrak in 200—600 m und in der Biskaya in 1400 m und mehr Meerestiefe vorkommt (vgl. auch Abb. 205). Vielleicht beeinflußten ähnliche Verhältnisse das Vorkommen des mesozoischen Brachiopoden *Pygope,* der in der Tethys in Tiefwasserablagerungen, in Ostgrönland dagegen in Seichtwassersedimenten vorkommt.

Oft ist allerdings unklar, warum sich eine Art an einem bestimmten Ort abweichend vom Gewohnten verhält. *Mytilus* kommt normalerweise im Litoral vor. Im Schwarzen Meer liegt die Hauptverbreitung unterhalb von 20 m Tiefe. Daß die verminderte Salinität des Schwarzen Meeres nicht dafür verantwortlich sein kann, zeigt ein Vergleich mit der Ostsee, wo *Mytilus* ebenfalls das Litoral bewohnt. Bei fossilen Formen, deren Lebensweise i. d. R. nur unvollkommen bekannt ist, werden die Deutungen noch ungleich schwieriger.

Beziehungen zwischen Organismen

Tiere und Pflanzen stehen in vielfältigen Wechselbeziehungen zueinander. Sie können im Feind-Beute-Verhältnis bestehen oder räumlicher Natur sein. Mit den Beziehungen verschiedener Arten befaßt sich die Synökologie. Die Demökologie untersucht Gesetzmäßigkeiten

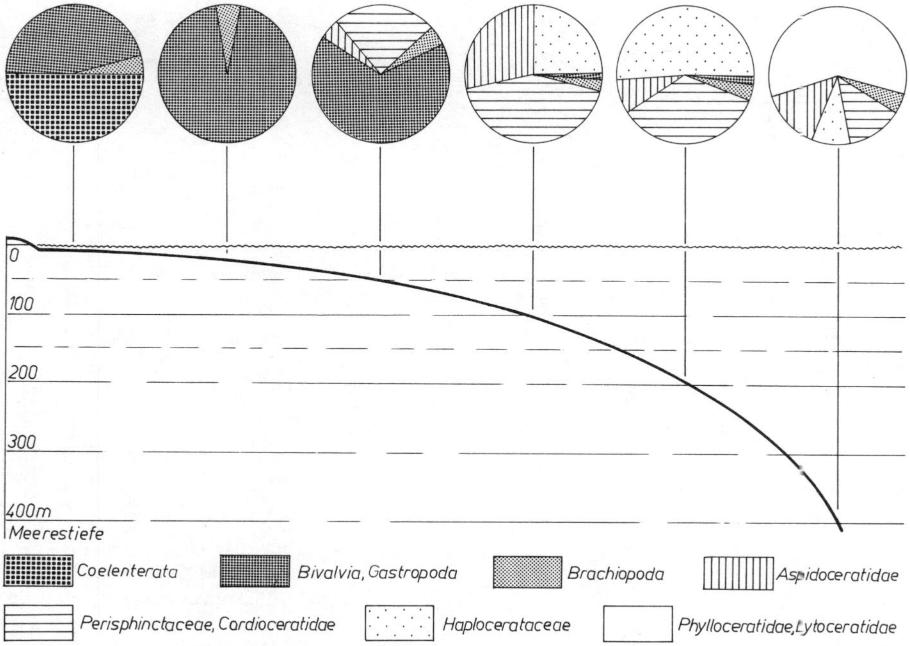

Abb. 200. Die bathymetrische Stufenfolge oberjurassischer Faunen (Coelenteraten, Muscheln und Schnecken, Brachiopoden, verschiedene Ammonitengruppen) in Mitteleuropa.

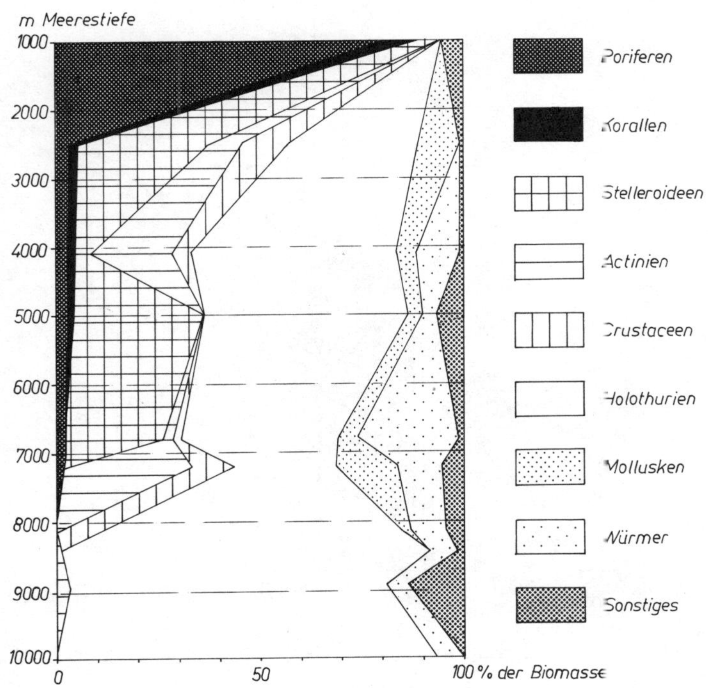

Abb. 201. Veränderungen in der Zusammensetzung der Fauna mit zunehmender Meerestiefe im Kurilen-Graben (Nordpazifik). Nach L. A. Zenkevitsch.

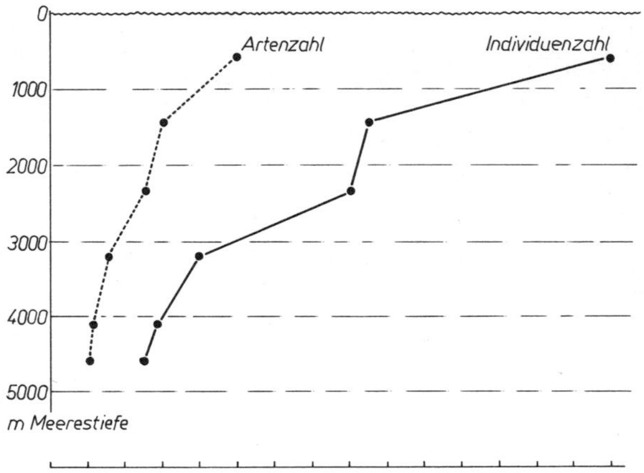

Abb. 202. Abnahme der Mannigfaltigkeit mit zunehmender Meerestiefe. Nach C. B. WILLIAMS.

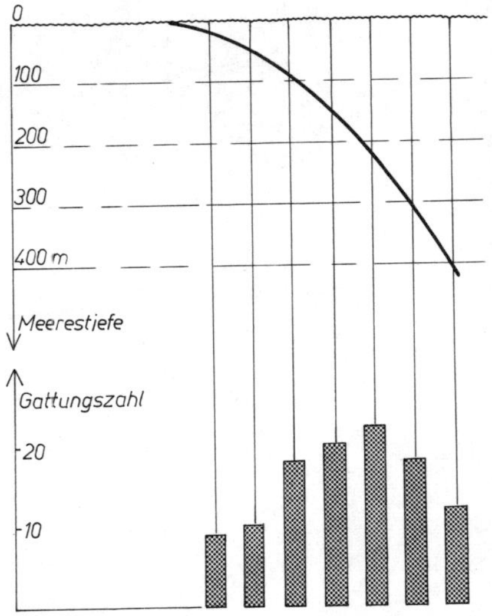

Abb. 203. Zusammenhänge zwischen Meerestiefe und Gattungszahl bei Ammoniten des Oberjuras Europas. Die größte Mannigfaltigkeit herrscht im äußeren Schelf-Bereich.

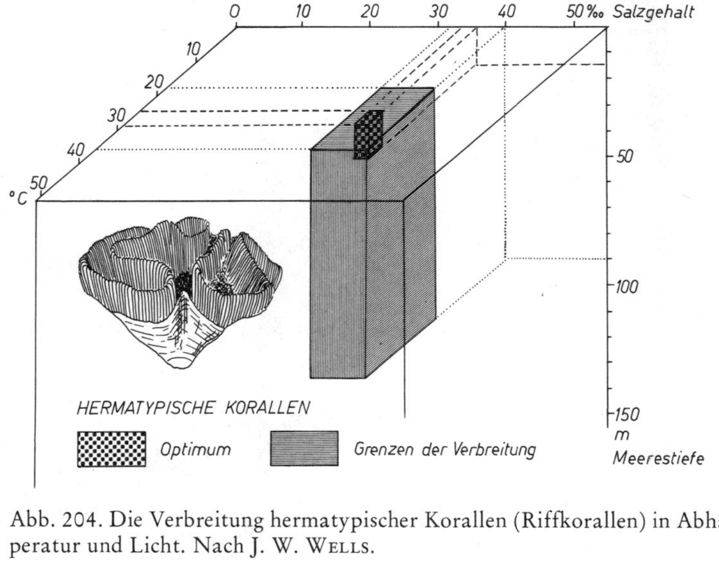

Abb. 204. Die Verbreitung hermatypischer Korallen (Riffkorallen) in Abhängigkeit von Salinität, Temperatur und Licht. Nach J. W. WELLS.

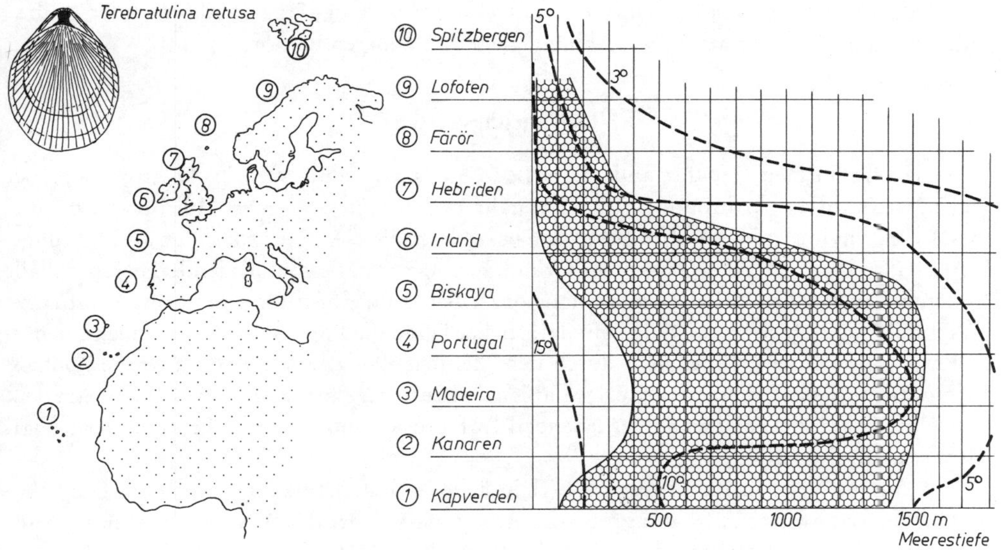

Abb. 205. Tiefenverbreitung von *Terebratulina retusa retusa* in Abhängigkeit von der Meerestemperatur. Nach J.-G. HELMCKE.

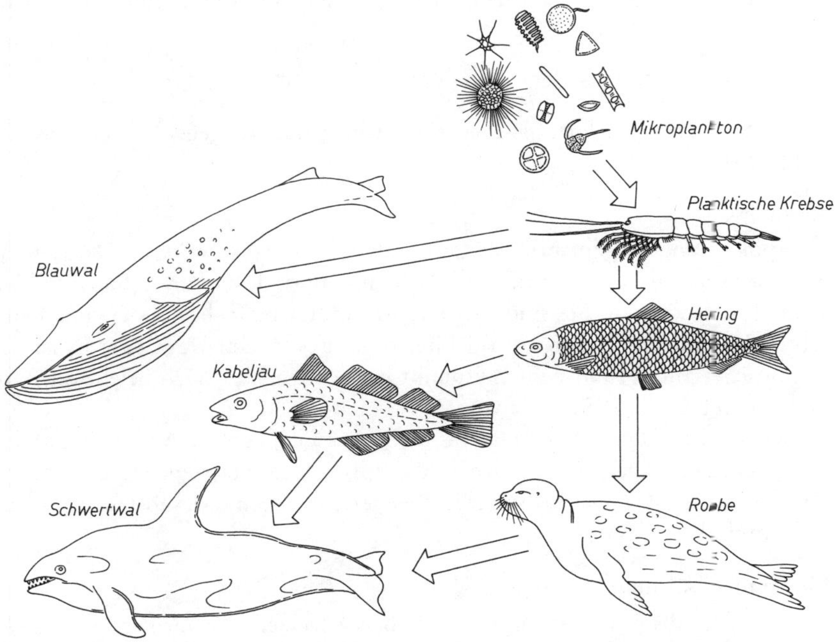

Abb. 206. Die Nahrungsketten zweier Wale des Nordatlantiks. Nach R. H. MACARTHUR & J. H. CONNELL.

innerhalb von Gemeinschaften einer Art, z. B. Koloniebildung, Staatenbildung oder Aufbau und Dynamik der Populationen in Abhängigkeit von äußeren Faktoren.

1. Nahrungsketten

Viele Organismen sind für andere als Beute oder als Feind wichtig. So frißt z. B. der Hering planktische Arthropoden. Diese ernähren sich von tierischem Mikroplankton und dieses vom Phytoplankton (Abb. 206). Man bezeichnet diese Aufeinanderfolge als Nahrungskette. Fällt ein Glied aus irgendeinem Grund aus, so hat das einschneidende Folgen für alle weiteren Glieder. So nimmt man an, daß das Überhandnehmen des Seesterns *Acanthaster* im Pazifik dadurch bedingt ist, daß ein natürlicher Feind die Populationen nicht mehr niederhalten kann, weil er — vielleicht durch den Menschen — dezimiert ist. *Acanthaster* frißt Riffkorallen; die abgeweideten Areale sind ideale Brutplätze für seine Larven. Seine Massenvermehrung hat die Zerstörung des lebenden Riffgerüstes und u. U. die Erosion vieler pazifischer Inseln zur Folge.

Die Ausrottung von Raubtieren läßt Kleinsäuger sich ungehindert vermehren. Der Schaden für die Landwirtschaft kann groß sein. Andererseits führt das Aussterben einer als Nahrung wichtigen Art dazu, daß die von ihr lebenden Formen ebenfalls verschwinden.

Nehmen Organismen Nahrung zu sich, die durch fett- und eiweißlösliche Substanzen geringer Abbaubarkeit verunreinigt ist (z. B. DDT), so steigen die Konzentrationen im Gewebe um so mehr an, je länger der Weg durch die Nahrungsketten ist. Manche Zivilisationsgifte sind heute weltweit in z. T. erheblichen Konzentrationen nachzuweisen und haben in den Endgliedern von Nahrungsketten (z. B. Greifvögel, Möwen, Pelikane) bereits bedrohliche Vergiftungen hervorgerufen. Auch der Mensch ist ein Endglied von Nahrungsketten!

2. Synökie

Als Synökie bezeichnet man das räumliche Zusammenleben artverschiedener Organismen (Abb. 207).

a) Epöken

Epöken sind Organismen, die auf anderen aufsitzen. Aufsitzende Tiere heißen Epizoen. Die Epöken betrachten ihre Unterlage nur als i. d. R. hartes Substrat, auf dem sie sich niederlassen können. Sie sind meist typische Hartbodenbewohner und kommen auf unbelebten Hartböden ebenso wie auf ihrer organischen Unterlage vor. Es ist belanglos, ob der organische Untergrund zum Zeitpunkt des Aufwuchses noch belebt oder tot war. Nur im ersten Fall liegt echte Synökie vor.

Am fossilen Objekt kann man oft nicht beurteilen, ob der Aufwuchs auf der lebenden oder der toten Unterlage erfolgte. Siedeln die Epizoen auf Hartteilen, die im Leben unzugänglich sind, so ist der Bewuchs postmortal. Reagierte dagegen das Substrat auf den Bewuchs, so ist er intravital.

b) Kommensalismus

Kommensalismus ist ein Zusammenleben verschiedener Formen, ohne daß einer der Partner deutlichen Schaden nimmt. So leben z. B. in den Hohlräumen und Kanälen von Schwämmen zahlreiche Würmer, Arthropoden und Foraminiferen. Für sie ist der Schutz, den sie dort finden, positiv; der Wirt erleidet keinen merklichen Nachteil. Auch am fossilen Material sind viele Beispiele von Kommensalismus beschrieben.

c) Symbiose

Ein Zusammenleben artverschiedener Organismen, das beiden Partnern Vorteile bringt, heißt Symbiose. Ein Beispiel ist das Leben assimilierender Flagellaten (Zooxanthellen) in Geweben von Tieren. Die Tiere profitieren vom Sauerstoff, der bei der Photosynthese frei wird, und manchen Stoffwechselprodukten. Die Flagellaten leben geschützt und empfangen das bei der Atmung entstehende, für sie lebenswichtige CO_2. Zooxanthellen kommen u. a. in Riffkorallen, manchen Radiolarien und der Muschel *Tridacna* vor.

Symbiose ist auch das Aufsitzen von Actinien auf der Schale von Einsiedlerkrebsen. Der Seeanemone nützt die Ortsbewegung, dem Krebs das Verteidigungspotential der Nesselzellen der Actinie, die beim Gehäusewechsel mit verpflanzt wird. Den am weitesten gehenden Fall von Symbiose stellen die Flechten dar. Bei ihnen sind Algen und Pilze zu neuen Gestalten eigener Prägung geworden (vgl. auch S. 9).

d) Parasitismus (vgl. S. 134)

Hat das Zusammenleben für einen der Partner Vorteile, während es den anderen schädigt, so spricht man von Parasitismus. Meist handelt es sich um Ernährung auf Kosten des Wirts. Endoparasiten (z. B. parasitische Würmer des Darms) leben im Inneren des Wirts, Ektoparasiten an seiner Oberfläche. Endoparasiten sind meist skelettlos und deshalb fossil nicht nachzuweisen, sofern sie nicht bezeichnende Mißbildungen des Wirts hervorrufen (z. B. Gallen, Zysten). Ektoparasiten tragen manchmal Skelette und können dann auch fossil erhalten sein.

Lebensgemeinschaften

Ein bestimmter Raum bietet i. d. R. mehreren Arten Lebensmöglichkeiten. Unterschiedlich angepaßte Spezialisten nutzen die in ihm vorhandenen Nahrungsquellen. Sie treten zu Gemeinschaften zusammen, die bei ähnlichen äußeren Bedingungen an den verschiedensten Orten aus ähnlichen Organismen zusammengesetzt sind. Die Gemeinschaften werden als Biozönosen bezeichnet. Der Raum, in dem sie leben, heißt Biotop. Gemeinschaften sehr kleinräumiger Biotope heißen auch Synusien.

1. Zusammensetzung der Biozönosen

Jede Art einer Biozönose ist an ganz bestimmte Spezialbedingungen gebunden. Man bezeichnet diese als die ökologischen Nischen. Entsprechend ihrer Verfügbarkeit sind auch die einzelnen Arten unterschiedlich häufig. Die Mannigfaltigkeit, d.h. der Artenreichtum einer Biozönose, ist von der Anzahl der zugänglichen ökologischen Nischen abhängig. Je stärker ein Biotop gegliedert ist, desto vielfältigere Lebensbedingungen sind vorhanden. Ein Beispiel einer stark gegliederten und dadurch artenreichen Biozönose ist das Korallenriff. Ein relativ monotoner und artenärmerer Biotop ist das Schlickwatt.

Die Anteile einzelner Arten und Artengruppen an einer Biozönose werden nach verschiedenen Methoden berechnet. In der Biologie spielt die Biomasse eine große Rolle, d. h.

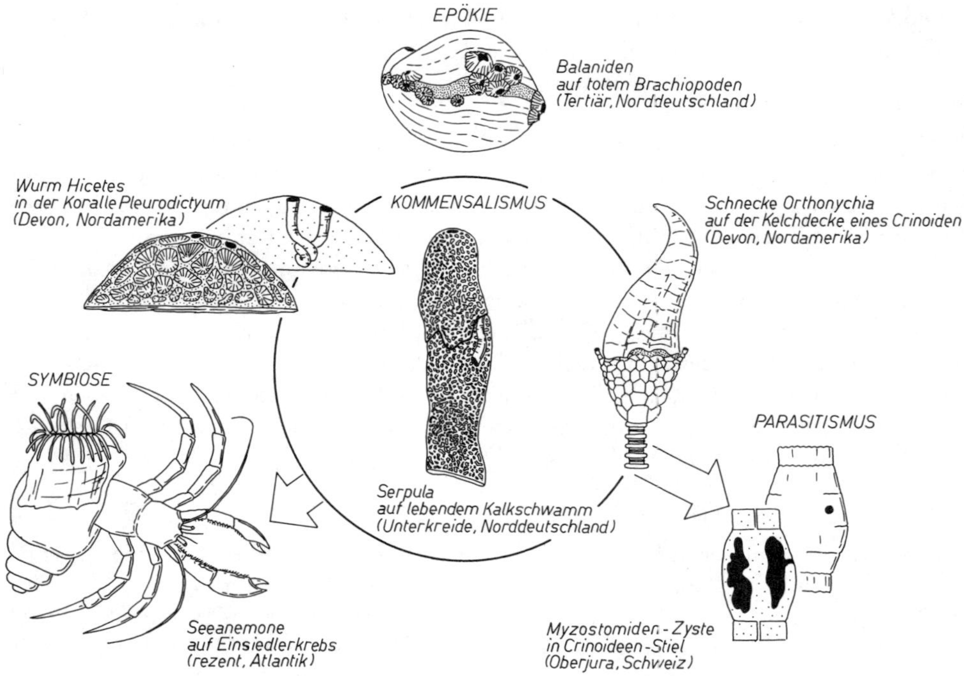

Abb. 207. Beispiele räumlichen Zusammenlebens verschiedener Organismen.

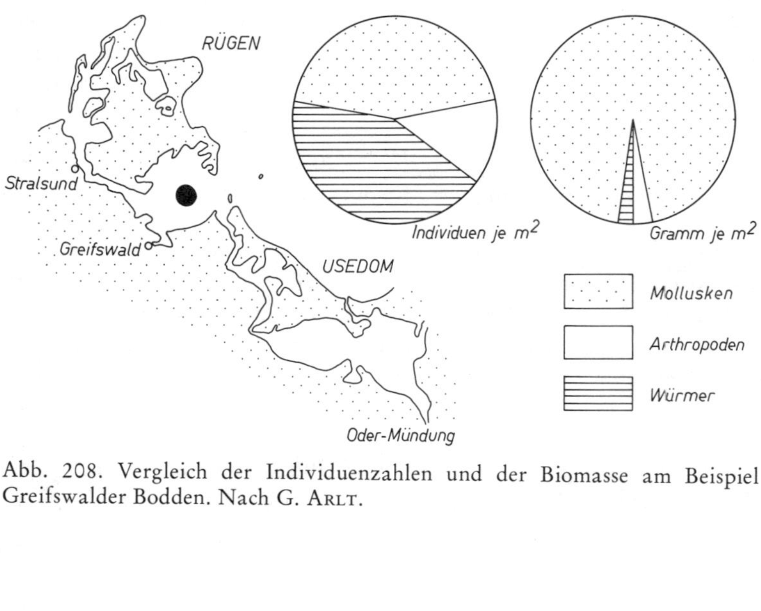

Abb. 208. Vergleich der Individuenzahlen und der Biomasse am Beispiel einer Fauna aus dem Greifswalder Bodden. Nach G. Arlt.

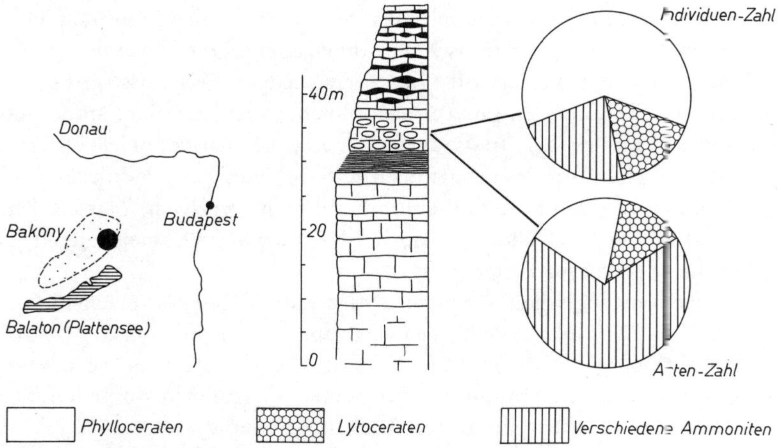

Abb. 209. Vergleich der Individuenzahlen und der Artenzahlen am Beispiel einer Ammonitenfauna aus dem Jura Ungarns.

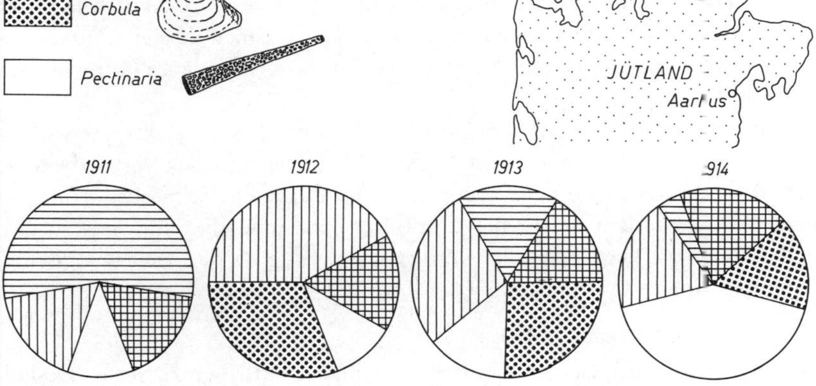

Abb. 210. Die Zusammensetzung einer benthischen Biozönose aus Arten und Schwankungen in der Häufigkeit der einzelnen Arten im Verlauf von vier Jahren. Nach P. B. Jensen.

das Gewicht der organischen Substanz. Sie ist am fossilen Material nicht feststellbar und muß hier entweder durch die Individuenzahlen oder durch das Schalengewicht ersetzt werden. Allerdings entstehen dabei oft völlig verschiedene Ergebnisse (Abb. 208). Da jedoch fossil die rein weichkörperigen Organismen ohnehin nicht erfaßbar sind, muß man diese Unstimmigkeit hinnehmen. Die Individuenzahlen lassen sich am objektivsten feststellen. Ihr Nachteil ist, daß sich Organismengruppen unterschiedlicher produktionsbiologischer Bedeutung (z. B. Mollusken und Foraminiferen) damit nicht vergleichen lassen. Das Schalengewicht erlaubt diesen Vergleich eher, ist jedoch am fossilen Objekt meist aus Erhaltungsgründen nicht hinreichend genau festzustellen.

Im paläontologischen Schrifttum wird zum Vergleich verschiedener Faunen und Floren oft die Zahl der Arten beteiligter Organismengruppen benutzt. Mit dieser Methode werden jedoch die biologisch bedeutsamen Verhältnisse oft noch mehr verfälscht (Abb. 209).

Die quantitative Zusammensetzung einer einzigen Biozönose kann zeitlich stark schwanken. Rezentbeobachtungen zeigen, daß in aufeinanderfolgenden Jahren manche Arten zunächst dominieren, dann zurücktreten und dafür andere Formen vorherrschen (Abb. 210). Je artenärmer eine Biozönose ist, desto stärker fallen Veränderungen in der Häufigkeit einzelner Arten ins Gewicht. Je artenreicher sie ist, desto konstanter ist ihre Zusammensetzung. Am fossilen Material werden sich solche Schwankungen nur selten feststellen lassen, da selbst geringmächtige Horizonte meist größere Zeiträume umfassen.

2. Gemeinschaften des Wassers

Die Gemeinschaften des Wassers hängen von der Primärproduktion durch Phytoplankton ab. Sie sind jedoch nicht alle an seinen Lebensraum gebunden, da sie teilweise von der Sekundärproduktion leben. Das Plankton ist also zwar eine Bedingung für die Existenz, aber nicht unbedingt ein Teil einer bestimmten Biozönose.

a) Pelagische Gemeinschaften

In den pelagischen Gemeinschaften, vor allem der höheren Wasserschichten, spielt das Plankton eine große Rolle. Viele Sekundär- und Tertiärproduzenten folgen in Häufigkeit und Vorkommen seiner Verbreitung. Das Phytoplankton zeigt — mindestens in mittleren und höheren geographischen Breiten — ausgeprägte Jahresschwankungen seiner Häufigkeit. Entsprechend ist das Nahrungsangebot für die Tiere jahreszeitlich unterschiedlich. Darauf ist die geringe Ortstreue vieler pelagischer Organismen zurückzuführen. Ferner beeinflußt es den Gehalt an organischer Substanz in den zu verschiedener Jahreszeit entstandenen Sedimenten.

Ein verbreitetes Verhalten pelagischer Tiere ist, daß sie nachts nahe der Meeresoberfläche, tags dagegen in größerer Tiefe leben (Abb. 211). Die täglichen Vertikalwanderungen betragen oft 40—50, manchmal über 200 m. Sie sind durch das Schutzbedürfnis und die Flucht vor dem Gesehenwerden bei Licht zu erklären, während die Nahrungsquelle in den tagsüber hellen Regionen liegt. Folge der Vertikalwanderung ist, daß viele pelagische Tiere nur bei bestimmter Mindesttiefe vorkommen.

b) Benthische Gemeinschaften

Die benthischen Gemeinschaften sind im wesentlichen ortstreu. Deshalb und weil ihre Arten oft Skelette besitzen, sind sie für die Paläontologie wichtiger. Da sie überdies ganz besonders vom Substrat abhängig sind, lassen sie sich auch am fossilen Material erkennen.

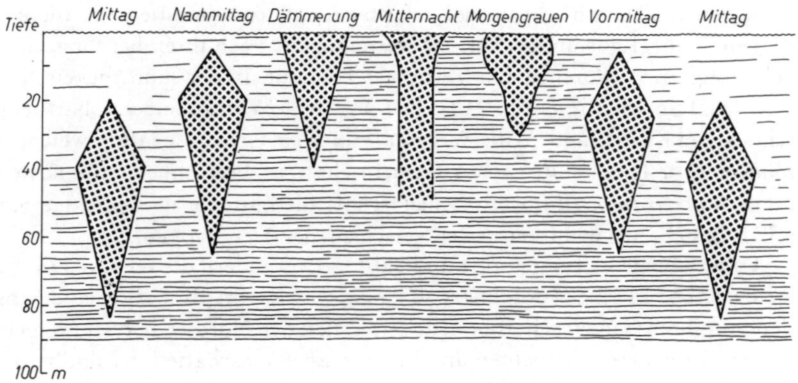

Abb. 211. Schema der Vertikalbewegungen vieler Zooplankter. Nach R. V. TAIT.

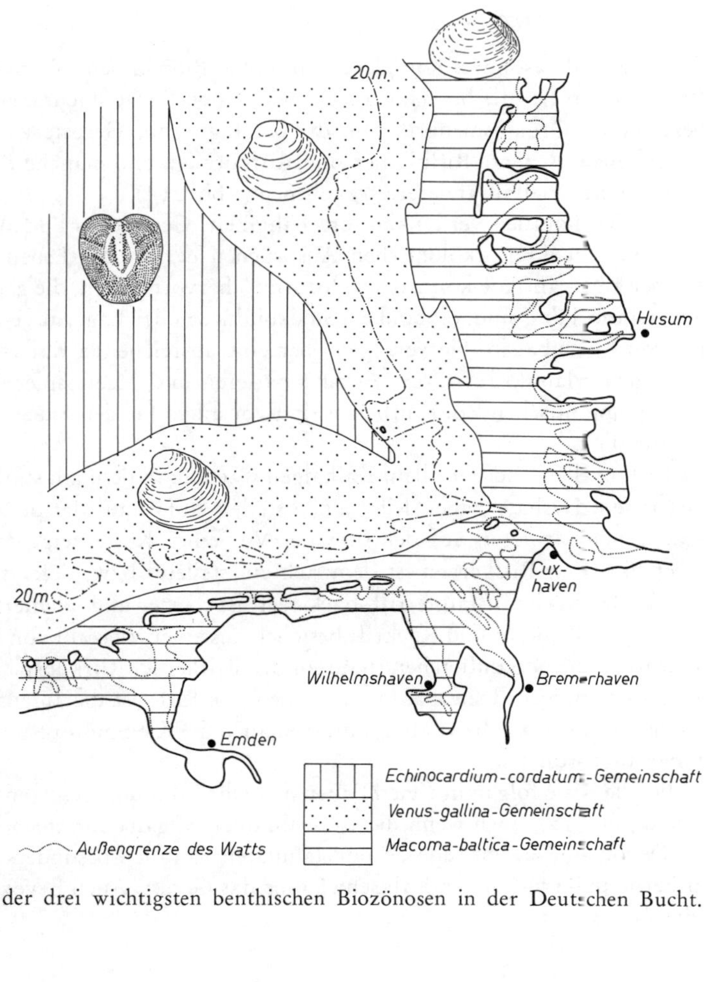

Abb. 212. Das Vorkommen der drei wichtigsten benthischen Biozönosen in der Deutschen Bucht. Nach R. BRINKMANN.

Rezent sind benthische Gemeinschaften (engl.: communities) vor allem in Schelfmeeren der Nordhalbkugel gut untersucht. Sie werden meist nach ihren hervorstechendsten oder am regelmäßigsten vorkommenden Vertretern benannt. In der südöstlichen Nordsee sind vier Gemeinschaften wichtig (Abb. 212). Die *Macoma-baltica*-Gemeinschaft lebt in Küstennähe in schlickigen Küstensanden, die *Scrobicularia-alba*-Gemeinschaft in weichem Schlick vor Flußmündungen. Die *Venus-gallina*-Gemeinschaft ist bezeichnend für küstenferne Sandböden, die *Echinocardium-filiformis*-Gemeinschaft für küstenferne schlickige Sande. Jede Gemeinschaft besteht aus mehreren Arten verschiedener Tiergruppen..

Unterschiede in Temperatur und Salinität verändern die relative Häufigkeit der einzelnen Arten (Abb. 213). So dominiert *Macoma baltica* im Brackwasser der östlichen Ostsee. In den von ihrer Gemeinschaft besiedelten Teilen der Nordsee herrscht dagegen *Cardium edule*. Andere Substrate beherbergen andere Lebensgemeinschaften. So sind z. B. die Hartböden des Litorals von einer *Balanus-Littorina-Mytilus-Patella*-Gemeinschaft besiedelt. Vergleichbare Gemeinschaften sind auch beim fossilen Material häufig. Es ist jedoch zu berücksichtigen, daß dieses i. d. R. nicht nur Faunen eines größeren Zeitabschnitts umfaßt, sondern oft durch Umlagerungen und diagenetische Veränderung in seiner Zusammensetzung beeinflußt ist.

c) Riffe

Riffe sind besonders komplexe benthische Biozönosen. Sie werden meist als organogene Bauten definiert, die bis nahe an die Wasseroberfläche hochragen. Gebildet werden sie von bestimmten Organismengruppen, die befähigt sind, Gerüste zu bauen, die der Brandung widerstehen. Rezente Riffbildner sind Riffkorallen und manche Kalkalgen. Begleitet werden sie von einer Vielfalt anderer Organismen (Abb. 214).

Die Riffkorallen verdanken ihre Fähigkeit, Gerüste zu bilden, vor allem vier Faktoren. Sie sind von ihren ökologischen Ansprüchen her an das Leben im flachen und bewegten Wasser angepaßt. Sie können Wuchsformen hervorbringen, die gegenüber der Brandung sehr widerstandsfähig sind. Sie sind als Stockbildner in der Lage, auf einmal gewählten Siedlungsplätzen fortzubauen. Sie verfügen über eine ausreichende Kapazität zur Kalkabscheidung, die ihnen erlaubt, Zerstörungen zu reparieren und Meeresspiegelschwankungen zu folgen. Ihre symbiontischen Zooxanthellen sind vor allem für den Sauerstoff- und Kalkstoffwechsel unersetzlich.

Riffkorallen und vor allem Kalkalgen wachsen in dem am stärksten bewegten Wasser am raschesten. Deshalb haben Riffe einen steilen Abfall auf der dem Wind zugewandten Luvseite, einen sanfteren auf der Leeseite. Vor einer Küste zeigt der Steilabfall zum offenen Meer hin. Den Riffkernen ist demnach ein steileres bzw. tieferes Vorriff (fore-reef) vorgelagert. Das Rückriff (Hinterriff, back-reef) ist flacher und seichter.

Vorriff, Riffkern und Rückriff bestehen aus einer Vielzahl von Kleinbiotopen. Solche sind u. a. Riffhöhlen, Sandflächen inmitten der Riffkerne, Riffknospen (patch-reefs) im Rückriff usw. Der übergeordnete Faktor im Leben der Riffe ist die Intensität der Wasserbewegung. Da sie in Zonen zu- bzw. abnimmt, sind auch die Kleinbiotope und ihre Biozönosen vielfach zonar angeordnet.

Fossile Riffe folgen in vielen Fällen denselben Bildungsgesetzen wie die rezenten Korallenriffe (Abb. 215), auch wenn die Gerüstbildner zu ganz verschiedenen Tiergruppen gehören. Im Devon sind neben rugosen und tabulaten Korallen besonders Stromatoporiden wichtig. In Perm und Trias bilden Kalkschwämme das Gerüst. Auch Bryozoen können Gerüstbildner sein.

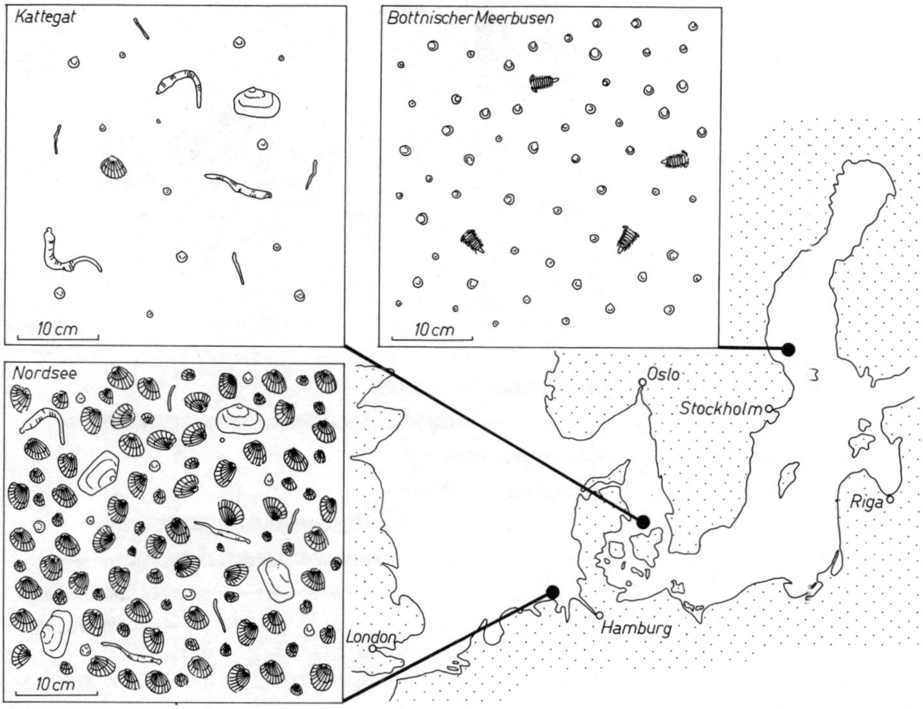

Abb. 213. Variationen der *Macoma-baltica*-Gemeinschaft in der Nord- und Ostsee. Nach G. THORSON.

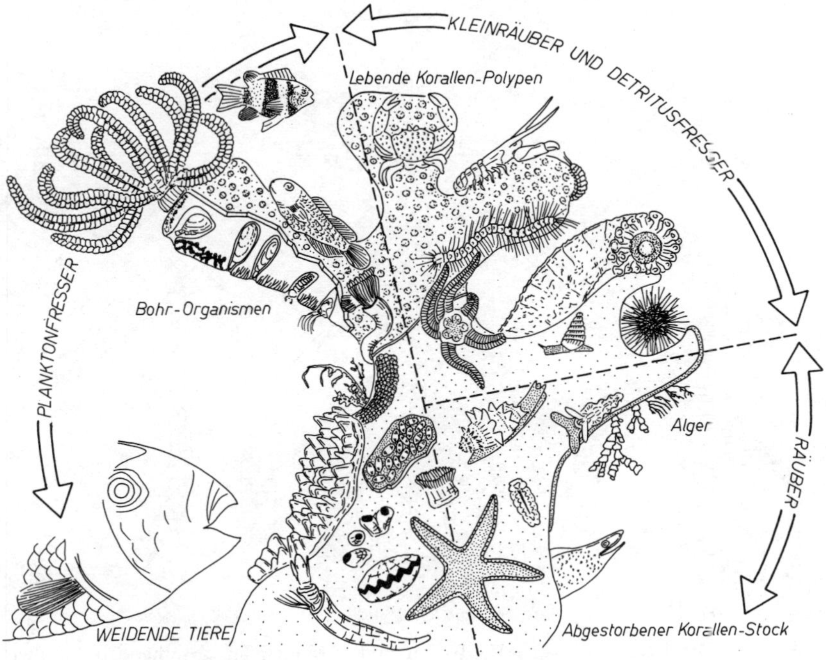

Abb. 214. Die Biozönose des Korallenriffs. Nach S. GERLACH.

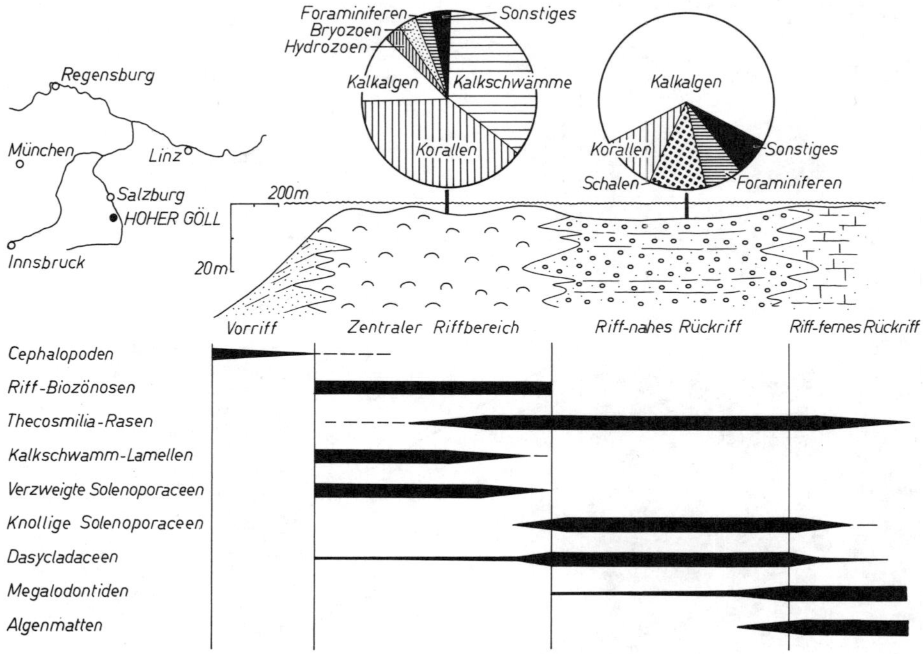

Abb. 215. Bau, Zonierung und Biozönosen im obertriadischen Riff des Hohen Göll (Salzburg). Nach H. ZANKL.

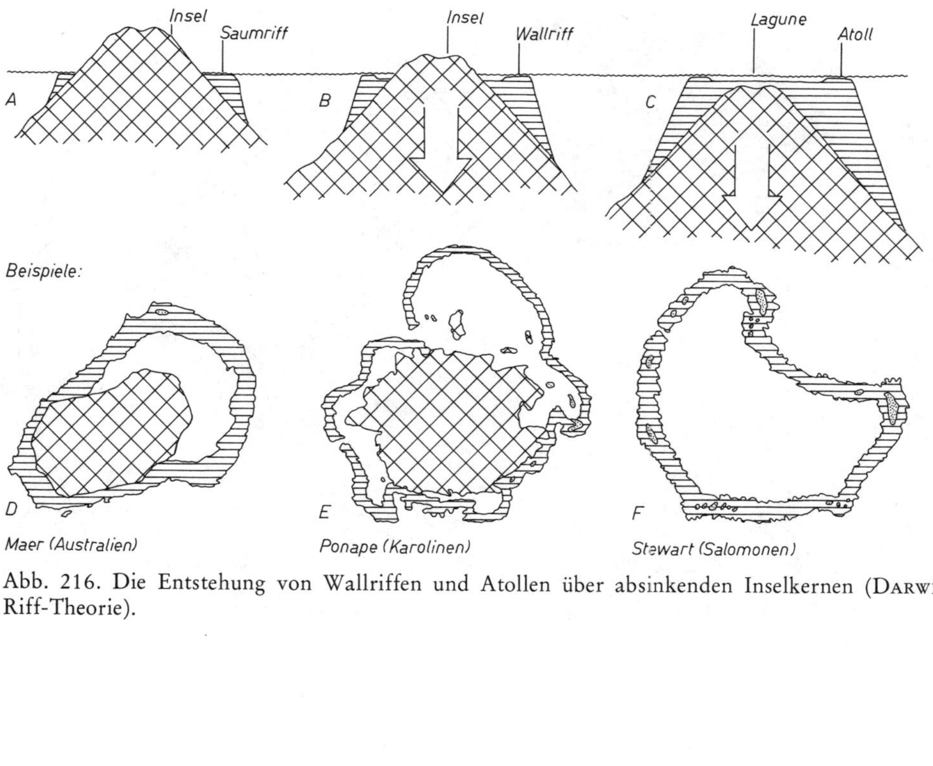

Abb. 216. Die Entstehung von Wallriffen und Atollen über absinkenden Inselkernen (DARWINsche Riff-Theorie).

Eine Besonderheit rezenter Riffe ist, daß sie am Ende des Pleistozäns in kurzer Zeit einem erheblichen Meeresspiegelanstieg folgen mußten. Das erklärt, weshalb ihr Relief oft größer ist als das fossiler Riffe und weshalb sie oft auf tiefliegender Basis aufbauen. Ihre Eigentümlichkeit, der Brandung entgegen zu wachsen, erklärt ferner das Zustandekommen der heute verbreiteten Rifftypen des Wallriffs und des Atolls (Abb. 216).

Eine erweiterte Riff-Definition bezieht unter diesen Begriff auch alle diejenigen organogenen Bauten ein, die über die sedimentäre Umgebung aktiv hochwachsen, ohne daß sie bis nahe an die Wasseroberfläche reichen müssen. Man nennt diese Strukturen auch Bioherme. Da sie vielfach in weniger stark bewegtem Wasser wachsen, spielt bei ihnen der Gegensatz zwischen Luv- und Leeseite bzw. Vor- und Rückriff keine Rolle. Der Riffkern wird von einer Randzone umgeben, auf die unvermittelt oder mit Übergängen das nicht kolonisierte Sediment folgt. Beispiele solcher Bioherme sind u. a. Muschelriffe (Austern-, Placunopsiden- oder Rudistenriffe), Serpulidenriffe und Bryozoenriffe. Ihr Hochwachsen kommt dadurch zustande, daß sich eine Schalengeneration auf der vorhergehenden festsetzt.

Wieder andere Riffkörper werden dadurch gebildet, daß tierische Benthonten intravital oder postmortal von Algen umkrustet und erst dadurch wieder die Unterlage neuer Ansiedler werden. Ein eigentliches Gerüst haben diese Riffe nicht. Die Algen-Archäocyathiden-Riffe im sibirischen Kambrium und die Algen-Schwamm-Riffe im süddeutschen Oberjura sind so zu deuten. Bei diesen Riffen in weitestem Sinn ist das Angebot an Kleinbiotopen wesentlich kleiner und deshalb auch die Mannigfaltigkeit geringer als bei den Riffen im engeren Sinn.

Die Bioherme leiten über zu organogenen Siedlungen, die nicht über das umgebende Sediment hochwachsen. Man nennt sie Rasen oder Biostrome. Sie sind normale benthische Gemeinschaften, allerdings mit besonders großer Siedlungsdichte.

3. Gemeinschaften des Landes

Die Gemeinschaften des Landes beruhen auf der Primärproduktion durch die höheren Pflanzen.

a) Pflanzengesellschaften

Das Gegenstück zu den Biozönosen der Wasserfauna bilden in der Landflora die Pflanzengesellschaften. Ihr Studium ist Aufgabe der Pflanzensoziologie. Auch sie sind ökologisch bedingt. Wesentliche Faktoren sind Feuchtigkeit und Temperatur. Bei hohen Temperaturen und hohen regelmäßigen Niederschlägen gedeihen immergrüne Regenwälder. Fallen die Niederschläge periodisch, so sind die Wälder regengrün. Mit abnehmender Feuchtigkeit folgen Savannen, Steppen, Halbwüsten und Wüsten, mit abnehmender Temperatur sommergrüne Wälder, Nadelwälder und baumlose Matten oder Tundren (Abb. 217). Diese Abfolge findet sich polwärts ebenso wie in den Gebirgen. In die großräumigen Pflanzengesellschaften sind kleinräumige eingesprengt. Inmitten von Laubwäldern können Moore, Sumpfwiesen oder Röhrichte, entlang von Wasserläufen in Trockengebieten Galeriewälder gedeihen.

Die Pflanzengesellschaften der Gegenwart sind durch die Häufigkeit der angiospermen Blütenpflanzen bestimmt. Die Vegetation weiter Flächen (z. B. der Steppen und Savannen) wird fast ausnahmslos von ihnen gebildet. Die Angiospermen treten in der Erdgeschichte erstmals im Jungmesozoikum auf. Vorher müssen in der Vegetation völlig andere Verhältnisse geherrscht haben.

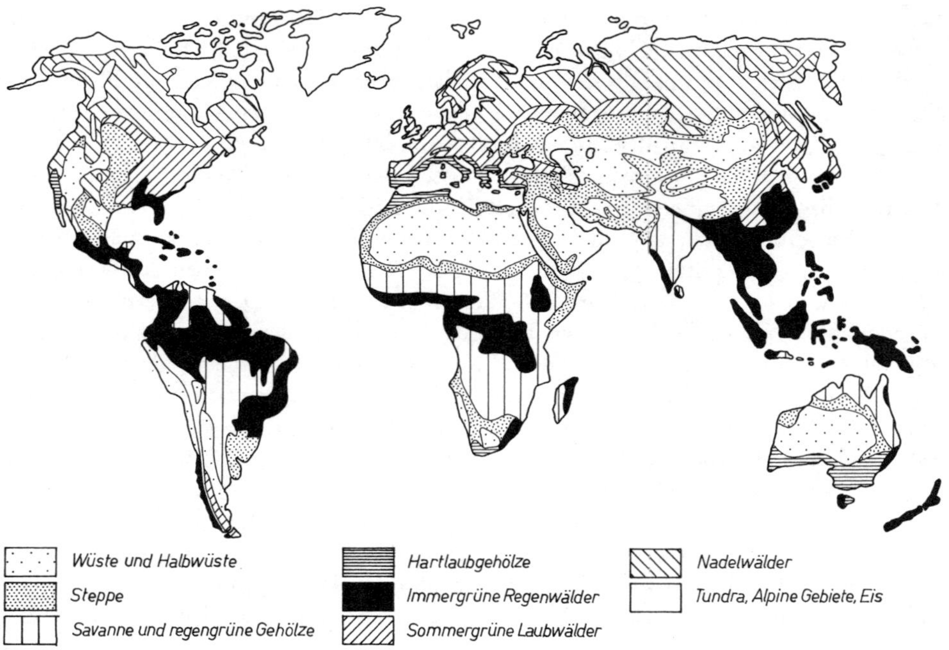

Abb. 217. Verbreitung der wichtigsten Vegetationstypen der Kontinente.

b) Tiergemeinschaften

Die tierischen Biozönosen des Landes folgen der Vegetation. Bekannt sind die Unterschiede zwischen den Tieren des Waldes, der Steppe oder des Sumpfes. Auch am fossilen Beispiel lassen sich diese Zusammenhänge aufzeigen. So kann man Faunen des Tertiärs und des Pleistozäns bestimmten Vegetationstypen zuordnen.

4. Sukzessionen

In der Pflanzenwelt ist die gesetzmäßige zeitliche Abfolge (Sukzession) verschiedener Pflanzengesellschaften verbreitet. So wird ein gerodetes Waldstück zuerst von der charakteristischen Flora der Kahlschläge (Gräser, Himbeeren) besiedelt, bis sich allmählich neuer Wald ausbreitet. Auch bei der Verlandung eines Gewässers folgen verschiedene Gesellschaften gesetzmäßig aufeinander. Selbstverständlich beherbergen sie jeweils auch eine typische Fauna.

Im marinen Milieu sind Sukzessionen ebenfalls bekannt. Eine Schlickfläche wird zuerst von Weichbodenbewohnern besiedelt. Ihre abgestorbenen Schalen können später u. U. Hartbodenbewohnern als Substrat dienen. Manche Riffkeime der Schelfsee zwischen Borneo und Java sind so zu erklären. Ein abgestorbenes Riff wird dann oft von Oktokorallen überwachsen, bis sich u. U. neue Riffkeime ansiedeln.

5. Besiedlungsdichte

Die Besiedlungsdichte ist die Zahl der Individuen, die eine Flächeneinheit besiedeln. Sie spielt vor allem bei bodenbewohnenden Organismen eine große Rolle. Der zum Leben erforderliche Raum (d. h. der „kritische Raum") hängt vor allem von drei Faktoren ab. Entscheidend sind der physische Raumbedarf, der psychische Raumbedarf und der Requisitbedarf (z. B. Anforderungen an Nahrung). Überschneiden sich die kritischen Räume zweier Individuen, so muß eines von ihnen zugrunde gehen.

Bei überwiegend sessilen Tieren richtet sich die Entfernung, die sie voneinander einhalten, nach der Ernährungsweise und der Menge der verfügbaren Nahrung. Wird nahrungshaltiges Substrat von der Sedimentfläche abpipettiert, so diktiert die Länge des Saugbaggers (bzw. des Sipho) den Abstand zum Nachbarn. Sind die Tiere Suspensionsfresser, so entscheidet das Angebot an Schwebstoffen, ob die Tiere dicht oder locker siedeln.

Dasselbe gilt bei vielen vagilen Benthonten der Epi- und Endofauna. Bei der Napfschnecke *Patella* hängt die Besiedlungsdichte davon ab, welchen Umkreis ein Tier abweiden muß, um genügend Nahrung zu erhalten. Viele vagile Tiere besitzen ein Territorium, in dem sie leben, das ihnen die Nahrung sichert und das sie verteidigen. Vor allem bei vielen Vögeln und Säugetieren ist das Territorialverhalten sehr ausgeprägt.

Weiterführende Literatur:

D. V. Ager (1963), H. Friedrich (1965), R. F. Hecker (1965), J. W. Hedgpeth (1957), J. Imbrie & N. D. Newell (1964), O. Kinne (1970). W. Kühnelt (1970), H. S. Ladd (1957), L. F. Laporte (1974), F. Schwerdtfeger (1963—68), R. V. Tait (1971), E. Thenius (1976).

Biogeographie

Die Biogeographie handelt von der Verbreitung der Organismen im Raum.

Grundlagen

1. Areal

Das Vorkommen einer Tier- oder Pflanzenart in einem bestimmten Gebiet hängt in erster Linie von ihren ökologischen Ansprüchen ab. Jede Art ist deshalb auf ein bestimmtes Areal beschränkt (Abb. 218). Entsprechendes gilt für Gattungen, Familien usw. Die Größe der Areale ist sehr unterschiedlich. Manche Arten sind über große Teile der Erdoberfläche verbreitet. Andere besiedeln nur kleine Flächen (Abb. 219).

Die Grenzen der Areale werden von verschiedenen Faktoren bestimmt. Die Lebensmöglichkeiten einer Art hängen immer von zahlreichen Einflüssen ab. Sie alle müssen innerhalb eines Areals den Erfordernissen entsprechen. Veränderte Umweltbedingungen können das

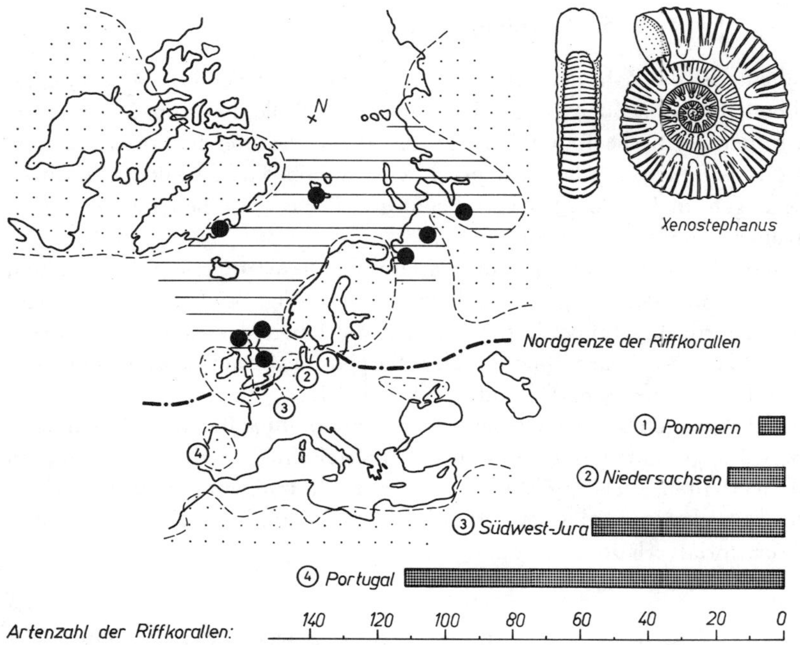

Abb. 218. Areal des borealen Ammoniten *Xenostephanus* und Abnahme der Artenzahl von Riffkorallen in Annäherung an den (heutigen) Pol (sinkende Meerestemperatur!). Oberjura.

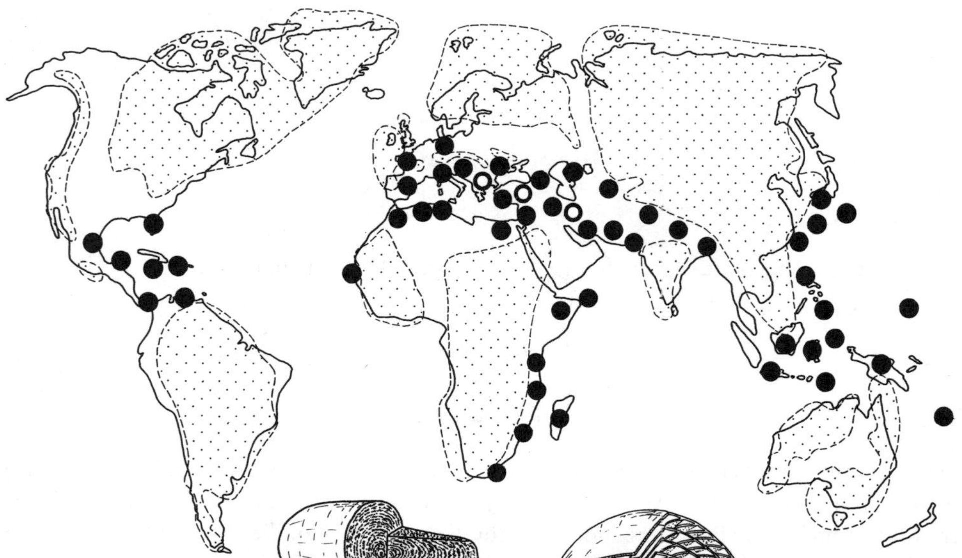

Abb. 219. Unterschiedliche Arealgröße zweier Foraminiferen-Gattungen. *Nummulites* mit großem, *Loftusia* mit kleinem Areal.

Abb. 220. Von den beiden in der Nordsee vorkommenden Arten der Muschel-Gattung *Mya* ist *M.arenaria* weitaus häufiger. *M.truncata* kommt nur sporadisch vor; ihr Hauptverbreitungsgebiet liegt in der Arktis.

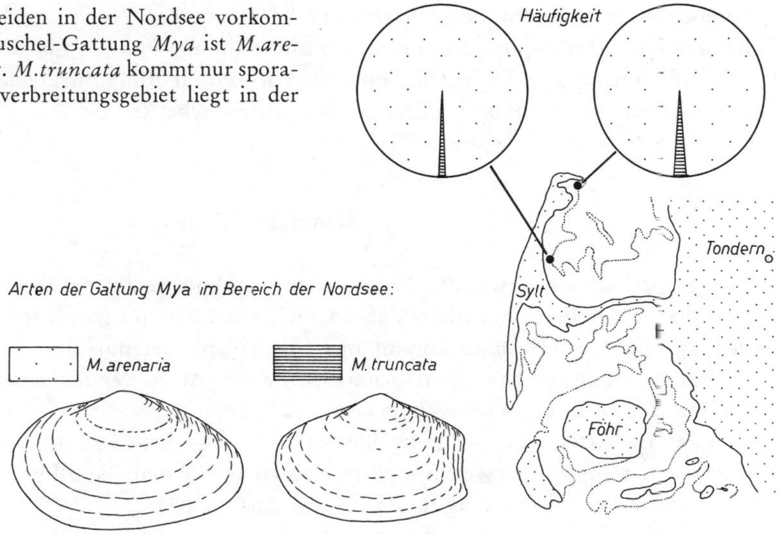

Abb. 221. Drei miteinander verwandte Ammoniten- Arten (Gattung *Glochiceras*) des Oberjuras Südwestdeutschlands lösen sich mit ihren Häufigkeitsmaxima ab. Stets ist nur eine Art häufig; die anderen kommen nur sporadisch vor.

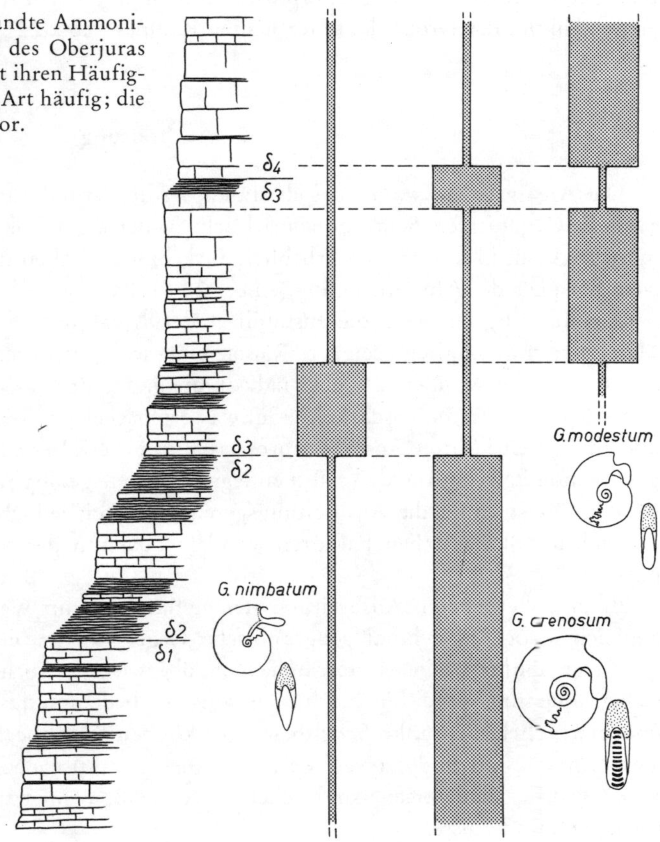

Leben bestimmter Organismen erschweren oder verhindern. Noch innerhalb der Lebensmöglichkeiten einer Art können Konkurrenten an bestimmte Faktoren besser angepaßt sein und sie deshalb verdrängen. Entlegene Populationen werden allmählich genetisch isoliert, bilden sich zu eigenen Arten um und engen so das ursprüngliche Areal ein.

2. Mannigfaltigkeit

Nahe miteinander verwandte Arten stellen oft ähnliche Ansprüche an ihre Umwelt. Geringfügige Unterschiede bewirken, daß an einen bestimmten Lebensraum jeweils eine Art am besten angepaßt ist. Deshalb kommt meist an einem Ort nur eine einzige Art aus einem verwandten Artenkreis vor. Sind dennoch mehrere Arten vertreten, so dominiert i. d. R. wiederum eine einzige Art bei weitem (Abb. 220, 221).

Verwandte Arten, die — ganz oder teilweise — denselben Raum bewohnen, heißen sympatrisch. Schließen sie sich räumlich aus, so nennt man sie allopatrisch. Vikariierende Arten vertreten sich gegenseitig im Raum (vgl. auch S. 65).

Die Zahl der Arten, die in einem bestimmten Gebiet leben, hängt neben ökologischen Faktoren vor allem von der Zahl der verfügbaren Biotope ab. Diese ist dort am größten, wo das Gebiet am reichsten geographisch und ökologisch differenziert ist. Ferner steigt die Artenzahl mit der Größe des untersuchten Raumes (Abb. 222).

3. Ausbreitung

Die Arealgrenzen wandeln sich ständig. Auf Veränderungen in der Umwelt reagieren auch die Organismen. Selbst ohne merkliche Änderung der ökologischen Faktoren haben sich manche Arten in kurzer Zeit erheblich ausgebreitet. Fällen der Arealvergrößerung entsprechen Beispiele der Arealeinengung (Abb. 223—224).

Am auffälligsten wird die Instabilität der Arealgrenzen dann, wenn Arten durch den Menschen in ökologisch geeignete Räume eingeschleppt werden (Abb. 225). Auf diese Weise konnte sich die Wanderratte über nahezu die ganze Erde ausbreiten. Die im Postglazial auf den kaspischen Raum beschränkte Süßwassermuschel *Dreissena* wurde durch Schiffe in fast alle Flußsysteme Mittel- und Westeuropas eingebürgert. In solchen Fällen ist die Ausbreitungsgeschwindigkeit so groß, daß selbst entlegene Gebiete geologisch gesehen gleichzeitig besiedelt werden. Sonst hängt die Ausbreitungsgeschwindigkeit jedoch von der Schnelligkeit ab, mit der sich die ökologischen Faktoren wandeln oder mit der sich die Organismen an sie anpassen.

Einer unbegrenzten Ausbreitung stehen Barrieren im Wege. Sie sind ökologischer Art, zugleich jedoch manchmal geographische Gegebenheiten erster Ordnung. Landtiere und -pflanzen können breite Meeresräume nicht überwinden. Auch hohe Gebirgszüge und Wüsten stehen ihnen im Wege. Für marine Organismen bedeuten das Süßwasser und das Land eine unüberwindliche Schranke. Schelfbewohner können Tiefseebecken nur dann überqueren, wenn diese schmal sind und Larven während eines planktischen Lebens bis an den jenseitigen Schelf driften. Andererseits sind Schelfmeere für Bewohner tieferer Meeresbereiche schwerwiegende Hindernisse.

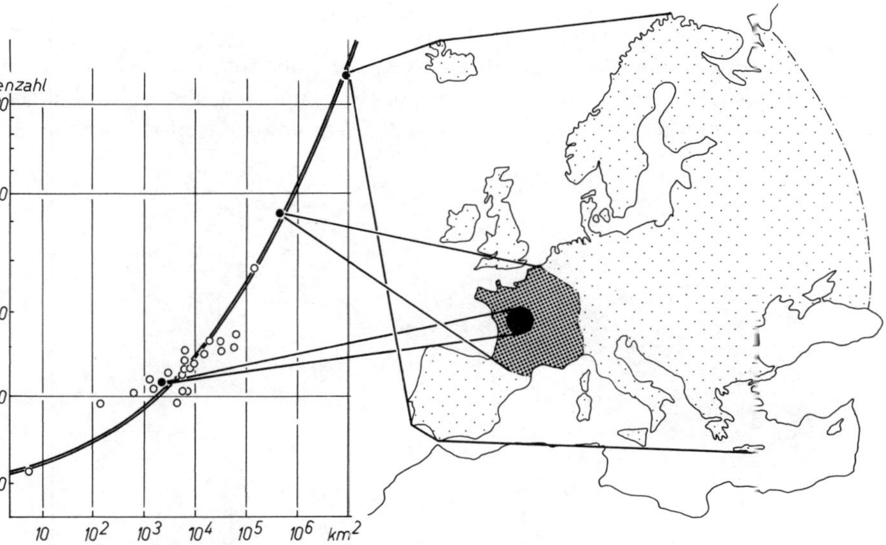

Abb. 222. Die Mannigfaltigkeit (Artenzahl) steigt mit der Raumgröße. Artenzahlen bei Gefäßpflanzen in Floren Mittel- und Westfrankreichs, Frankreichs und Europas. Nach A. CAILLEUX.

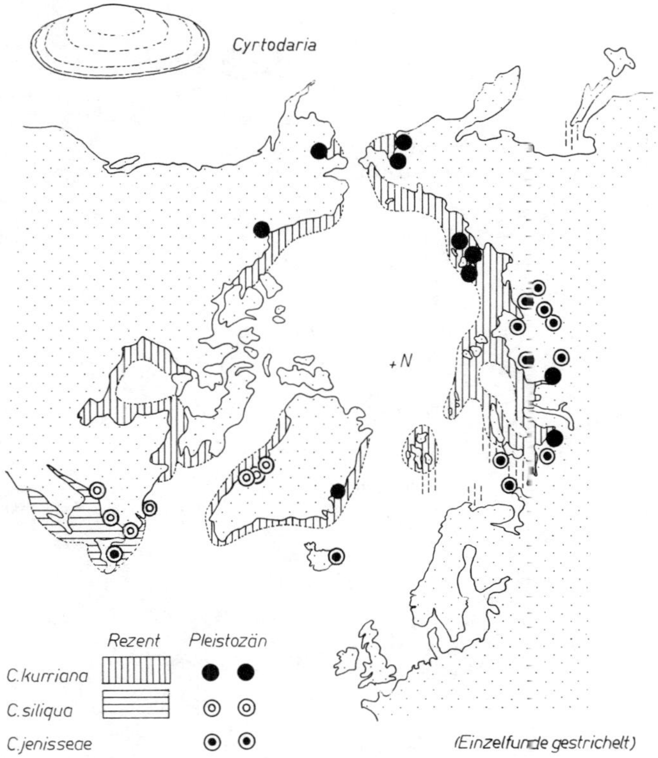

Abb. 223. Schwankungen der Arealgrenzen der Arten der Muschel-Gattung *Cyrtodaria* in der Arktis seit dem Pleistozän. Nach L. DAVITASCHVILI, L. A. SIMONARSON und F. STRAUCH.

4. Isolierung

Bei der Ausbreitung der Organismen spielt die Isolierung von Gebieten eine Rolle. Sie läßt sich am besten an entlegenen Inseln im Meer studieren, doch gilt ähnliches auch für Schelfkuppen inmitten der Tiefsee, tropische Gebirge und andere Lebensräume. Je weiter ein

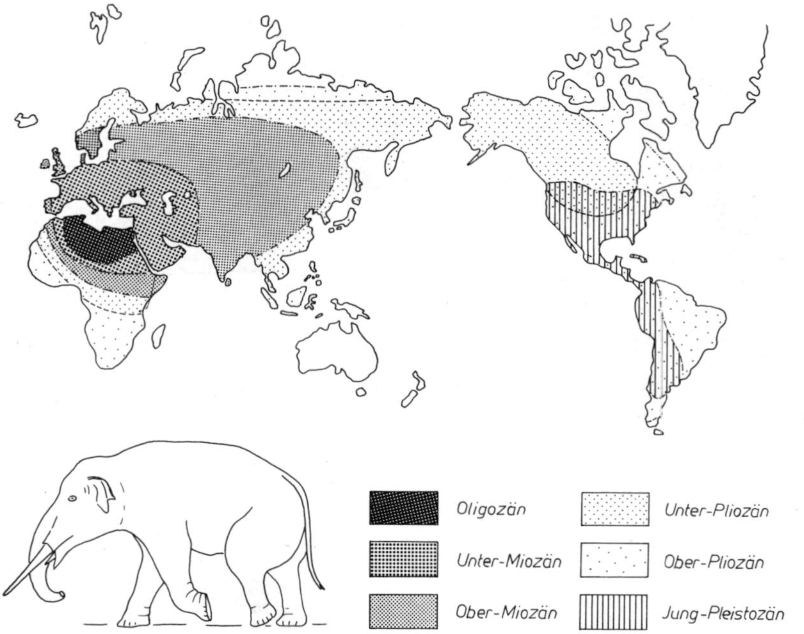

Abb. 224. Die Ausbreitung der Mastodonten im Tertiär und ihr Reliktvorkommen im Jungpleistozän Amerikas. Nach G. G. SIMPSON.

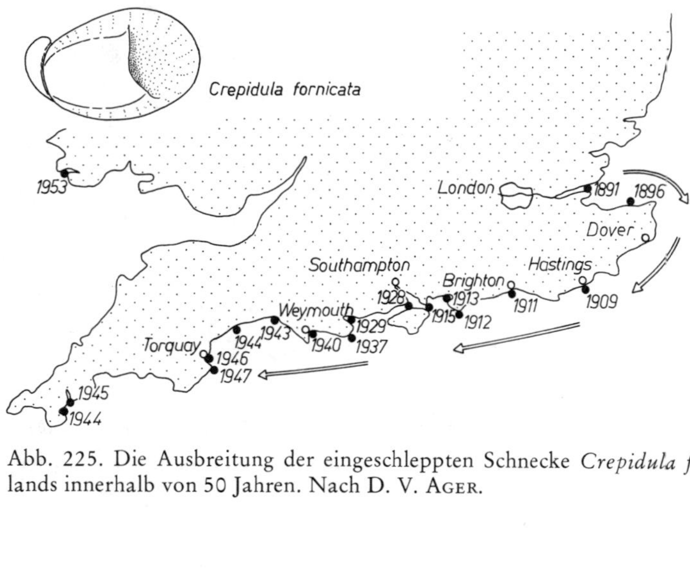

Abb. 225. Die Ausbreitung der eingeschleppten Schnecke *Crepidula fornicata* an der Südküste Englands innerhalb von 50 Jahren. Nach D. V. AGER.

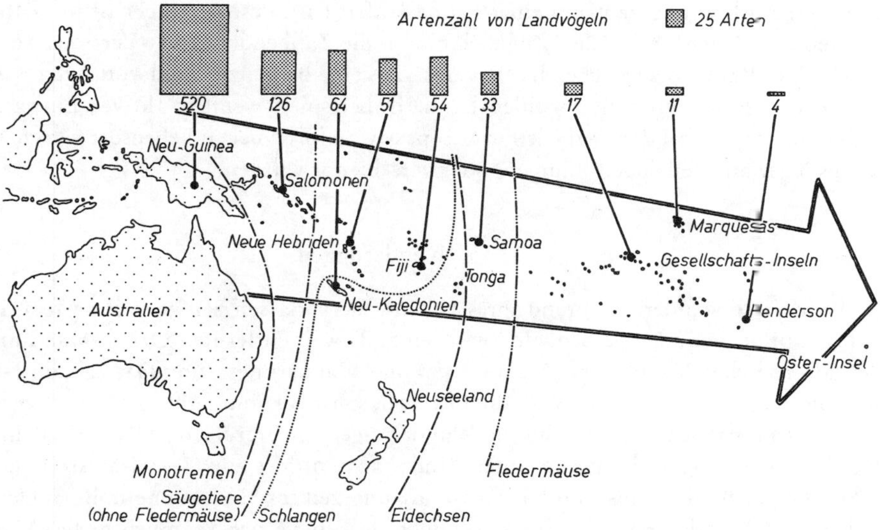

Abb. 226. Die Abnahme der Artenzahl von Landvögeln mit steigender Isolierung auf Inseln des Südpazifik, sowie Ostgrenzen der Verbreitung landlebender Wirbeltiere. Nach P. J. Darlington.

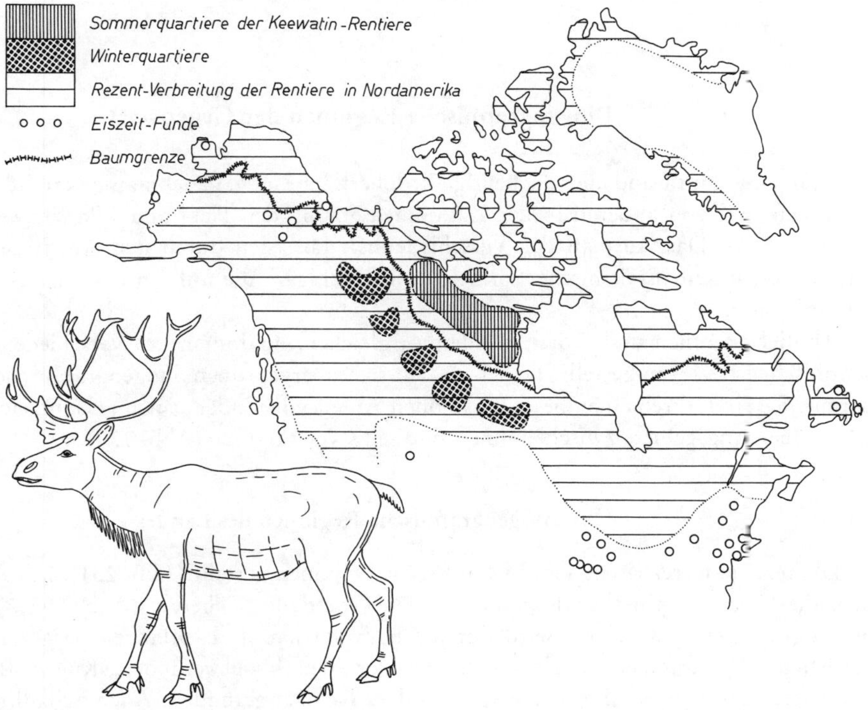

Abb. 227. Die jahreszeitlichen Wanderungen der Keewatin-Rentiere. Nach A Cailleux.

Ort vom Ausbreitungszentrum einer Fauna entfernt ist, desto geringer ist die Zahl der vorkommenden Arten (Abb. 226). Zugleich nimmt die Zahl endemischer Vertreter zu.

Die Landfauna ozeanischer Inseln zeigt, daß eine begrenzte Zahl von Arten selbst breite trennende Meeresräume überwinden kann. Dabei spielt weniger aktives Einwandern eine Rolle, sondern mehr, daß manche Formen passiv an ihren neuen Lebensort verschlagen (z. B. Kleinsäuger auf treibenden Bäumen) oder verschleppt wurden.

5. Wanderungen

Viele Tiere wandern während ihres Lebens. Sie verlassen zeitweise ihr Areal, in dem sie sich fortpflanzen, oder sie pendeln zwischen z. T. weit entfernten Orten. Man unterscheidet deshalb zwischen Wohnraum (Areal i. e. S.) und Wanderungsraum. Das bekannteste Beispiel sind die Zugvögel. Ähnliches Verhalten ist auch sonst bekannt (Abb. 227).

Nicht klimatisch bedingt sind die Wanderungen anderer Tiere. Der Aal laicht im Meer. Die Jungtiere steigen die Flüsse hinauf und wachsen dort zur Geschlechtsreife heran. Umgekehrt dringen die Lachse nur zur Fortpflanzungszeit ins Süßwasser ein. Beim Hering liegen Laich- und Wanderungsraum im Meer, doch decken sie sich räumlich nicht. Auch manche Cephalopoden (z. B. *Alloteuthis, Sepia*) suchen zur Fortpflanzungszeit besondere Laichplätze auf. Es kommt sogar vor, daß die beiden Geschlechter einer Art normalerweise getrennt leben und nur zur Paarung und Aufzucht der Jungen bestimmte Gebiete gemeinsam bevölkern (Abb. 228). Tiere beginnen auch zu wandern, wenn durch starke Vermehrung die Populationen zu groß für den Lebensraum werden (z. B. skandinavische Lemminge und Wanderheuschrecken).

Biogeographische Regionen der Gegenwart

Fauna und Flora sind über die heutige Erdoberfläche nicht gleichmäßig verteilt. Bestimmte Regionen sind von anderen in der Zusammensetzung der Tier- und Pflanzenwelt deutlich unterschieden. Das Ausmaß der Verschiedenheit läßt sich durch den Anteil gemeinsamer Arten ausdrücken. Endemische Formen sind diejenigen, die auf ein bestimmtes Gebiet beschränkt sind.

Ähnliche Faunen und Floren werden zu gleichen, unähnliche zu verschiedenen biogeographischen Bezirken gestellt. Dabei schälen sich übergeordnete biogeographische Regionen heraus. Sie sind durch einen besonders hohen Anteil von Endemismen gekennzeichnet (Abb. 229). Übergangsgebiete zwischen ihnen sind selbstverständlich (Abb. 230).

1. Biogeographische Regionen des Landes

Die rezente terrestrische Flora ist auf sechs Regionen verteilt (Abb. 231). Mit ihnen stimmen die tiergeographischen Regionen in den Grundzügen überein (Abb. 232). Jede dieser biogeographischen Regionen wird durch Charaktertiere und -pflanzen ausgezeichnet. Am natürlichen Vorkommen einzelner Arten hat der Mensch viel verändert. Kulturpflanzen und Haustiere haben durch ihn den Weg in andere Gebiete gefunden. Auch Schädlinge sind in seinem Gefolge weit verschleppt worden.

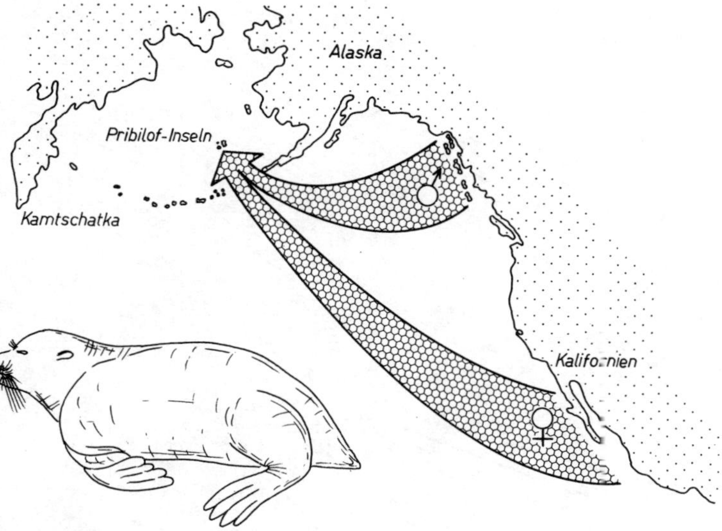

Abb. 228. Die Wanderungen der Geschlechter der Pelzrobbe *Callorhinus* zu den Wurf- und Paarungsplätzen. Nach O. von Frisch.

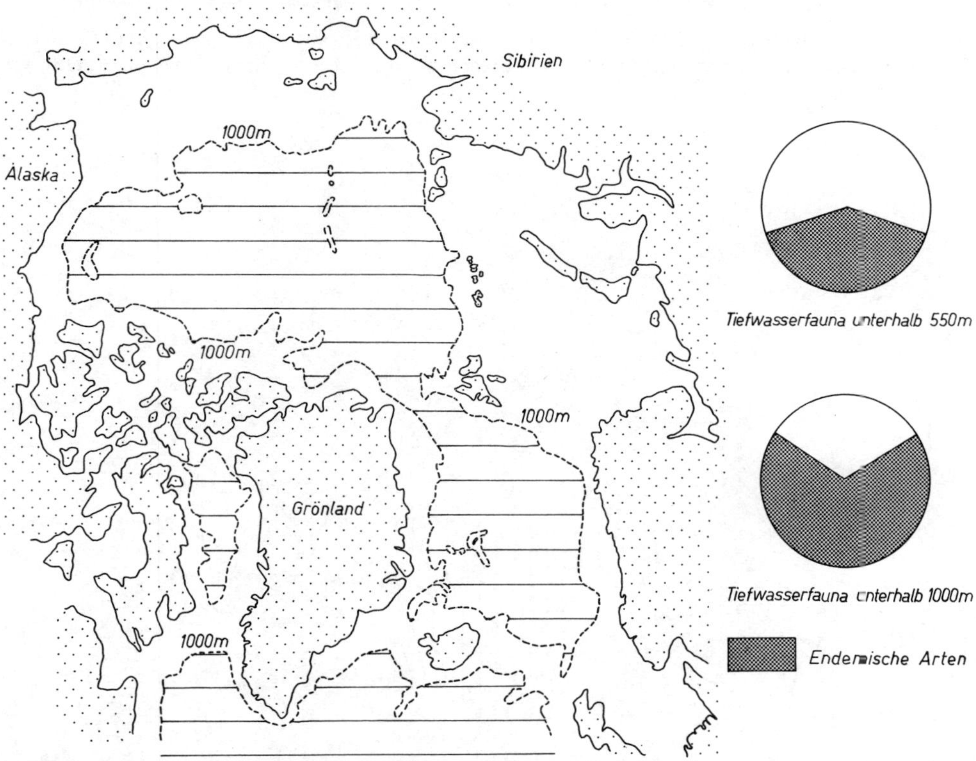

Abb. 229. Die Eigenständigkeit der Tiefwasserfauna des arktischen Beckens. Man beachte die Isolierung durch Schwellen zwischen Schottland, Island und Grönland sowie im Bereich der Beringstraße.

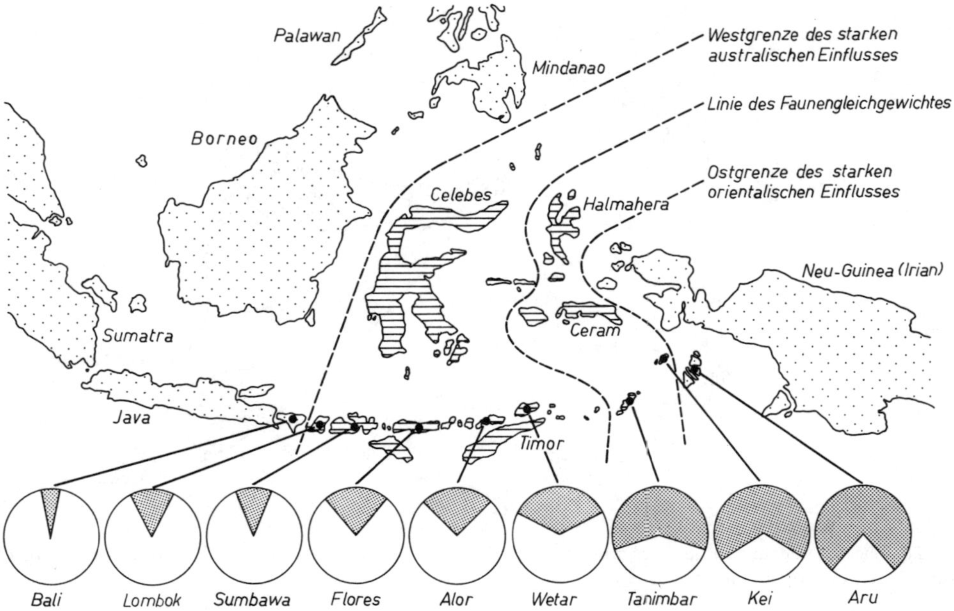

Abb. 230. Die Übergangsregion zwischen orientalischer und australischer Faunenregion („Wallacea") im östlichen Indonesien und der Anteil australischer Reptilien an der Reptilienfauna (Punktraster). Nach P. J. Darlington.

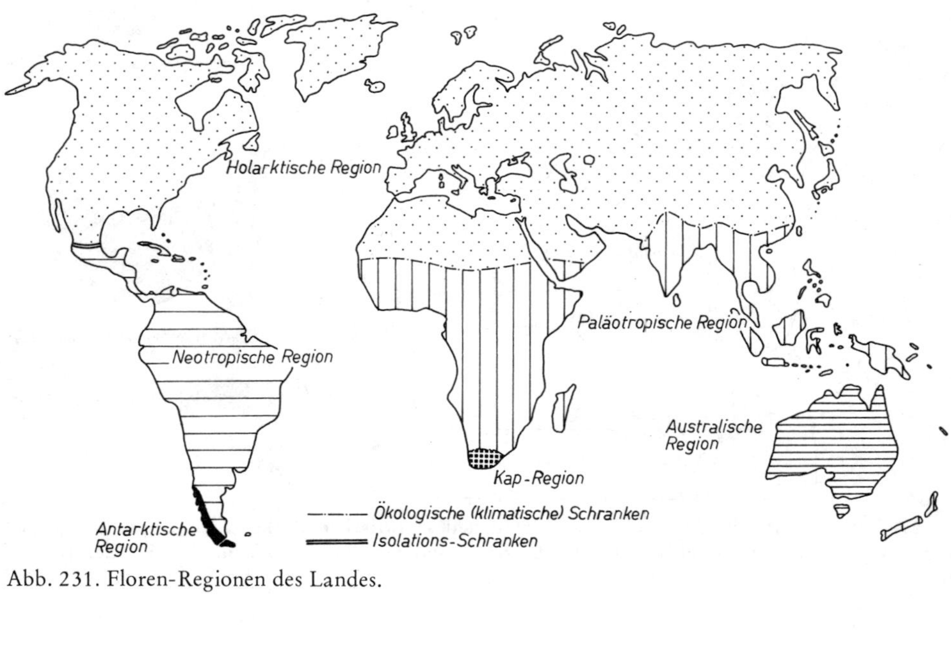

Abb. 231. Floren-Regionen des Landes.

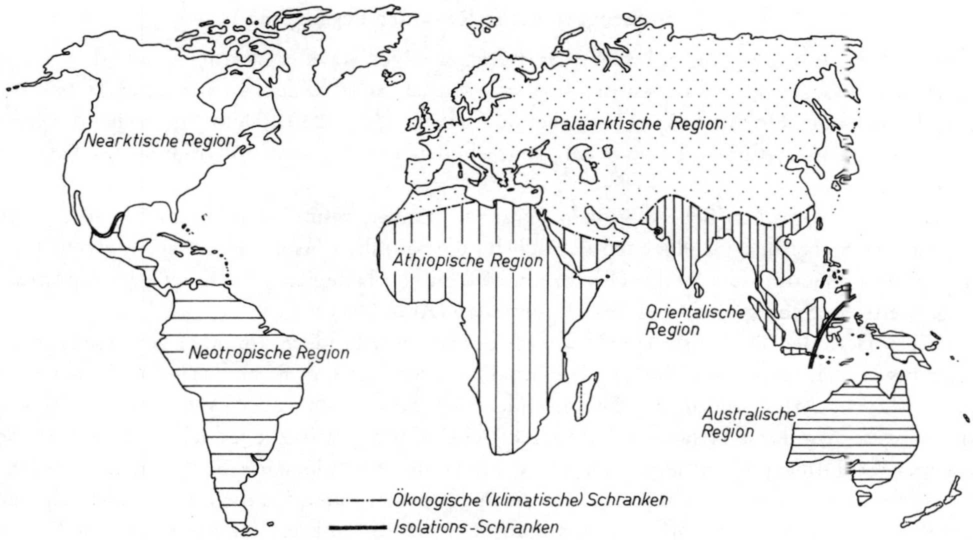

Abb. 232. Faunen-Regionen des Landes.

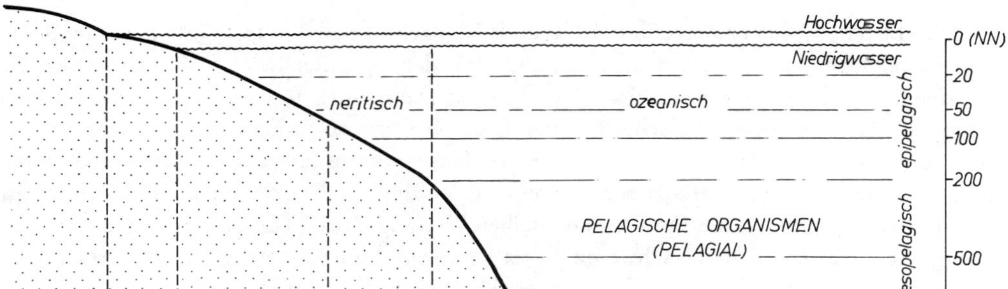

Abb. 233. Schema zur Einteilung benthischer und pelagischer Organismen. Nach J. W. HEDGPETH.

2. Biogeographische Regionen des Meeres

Im Meer sind die geographischen Barrieren weniger stark wirksam als auf dem Land. Hier ist der Gegensatz zwischen den Organismen des Schelfs, dem Benthos der Tiefsee und dem Pelagial der Hochsee das beherrschende Element (Abb. 233). Dementsprechend werden Schelffaunen und -floren, Faunen der Tiefseeböden und Faunen und Floren des Pelagials unterschieden.

Die meisten großen Schelfregionen der Erde hängen räumlich miteinander zusammen. Deshalb steht bei den Organismen des Schelfs die räumliche Isolierung erst an zweiter und die klimatische an erster Stelle. Die rezenten Regionen lassen sich nach der geographischen Lage weiter in Subregionen und Bezirke einteilen (Abb. 234).

Viele Tiere der Tiefsee sind nicht auf sie beschränkt, sondern kommen vom Gezeitenbereich bis in mehrere tausend Meter Tiefe hinab vor. Sie sind i. d. R. an das kalte Wasser angepaßt. Manche Arten sind in der Tiefsee endemisch. Soweit man über sie Bescheid weiß, sind sie teilweise von der arktischen oder antarktischen Fauna, teilweise jedoch auch von der des warmen Schelfmeeres abgeleitet. Die Zahl altertümlicher Elemente dürfte in der rezenten Tiefseefauna prozentual nicht höher sein als in der Schelffauna. Da die Besiedlungsdichte des Tiefseebodens vom Nährstoffangebot abhängt, ist sie im Umkreis der Kontinente bedeutend höher als in großer Küstenferne.

Das Leben der Hochsee beruht auf dem pflanzlichen Plankton. Es ist dort am reichsten (nach Zahl der Individuen, nicht der Arten!), wo das Plankton am üppigsten entwickelt ist. Die Ausbreitungsmöglichkeiten sind für pelagische Organismen wenig begrenzt. Geographische Schranken bestehen nicht, da alle Ozeane miteinander verbunden sind. Nur die unterschiedlichen Wassertemperaturen bewirken, daß sich in der pelagischen Fauna eine tropische, eine boreale und eine antiboreale Region unterscheiden lassen.

Die historische Entwicklung

Die Biogeographie der rezenten Tiere und Pflanzen hat eine lange Vorgeschichte. Sie ist nur zu verstehen, wenn man den historischen Werdegang untersucht. Dabei ist zu berücksichtigen, daß die Lage der Kontinente und Meere zueinander und zu den Polen nicht konstant ist. Das paläogeographische Bild der Erde wird um so unklarer, je ältere Zeiten betrachtet werden. Die Kontinente und Meere des Mesozoikums lassen sich noch einigermaßen rekonstruieren. Für das Paläozoikum bereitet das jedoch z. T. erhebliche Schwierigkeiten. Zweifelhaft ist auch, ob die Erde stets denselben Umfang hatte (Theorie der expandierenden Erde). Diese Unsicherheiten erschweren die paläobiogeographische Arbeit. Andererseits stützt sich die Paläogeographie auch auf die biogeographischen Erkenntnisse.

1. Älteres Paläozoikum

Faunistische Unterschiede zwischen verschiedenen Meeresräumen treten schon im Kambrium deutlich heraus (Abb. 235). Auch im Ordovicium ist ein — allerdings abnehmender — provinzieller Charakter der Faunen feststellbar. Im Silur sind dagegen die Faunenelemente überwiegend weltweit verbreitet. Das untere Devon zeigt wiederum Faunen-Provinzen, die im Oberdevon und tiefen Karbon erneut einer weltweiten Verbreitung Platz machen.

Die Faunen-Provinzen des älteren Paläozoikums werden von faziellen Unterschieden überlagert. Auf sie gehen viele Faunen-Verschiedenheiten zurück, z. B. die Gegensätze zwischen Graptolithen- und Brachiopoden-Fazies und -Fauna im Ordovicium und Silur sowie

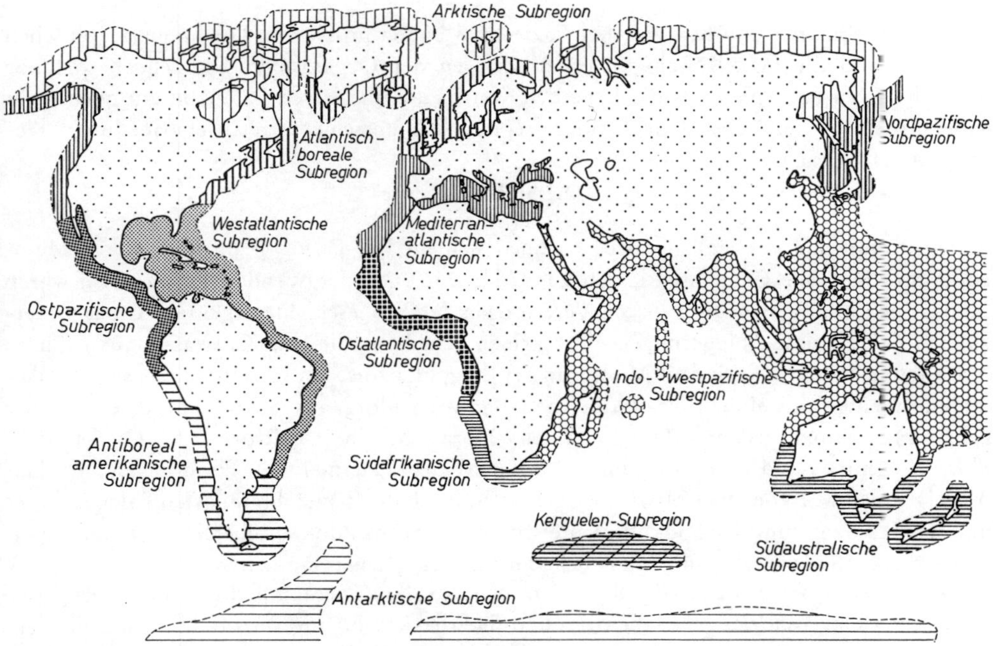

Abb. 234. Regionen und Subregionen des Schelfs. Senkrecht schraffiert: Nördliche temperierte Region. Punkt- und Wabenraster: Tropische Region. Waagrecht schraffiert: Südliche temperierte Region. Nach S. EKMAN.

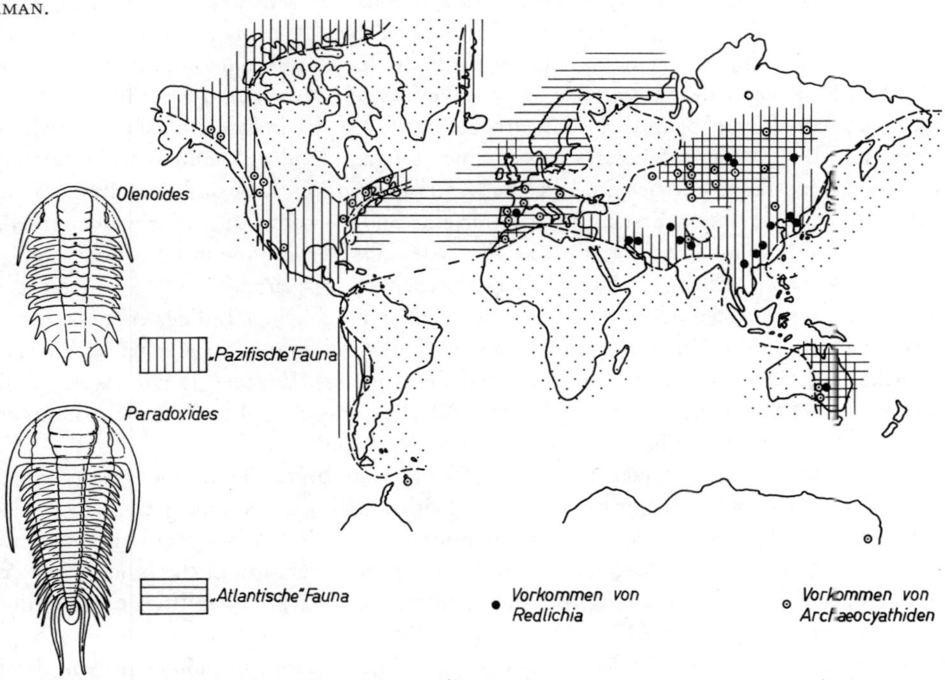

Abb. 235. Faunen-Provinzen bei Trilobiten des Kambriums. Der Verteilung von Land und Meer liegt die heutige Konfiguration der Kontinente zugrunde. Nach R. BRINKMANN, F. DEBRENNE und K. SDZUY.

zwischen rheinischer und herzynischer Fazies und Fauna im Devon. Die biogeographischen Regionen und die faziell-ökologischen Bindungen der Organismen sind jedoch so lange sehr schwer zu beurteilen, als die Lage der Kontinente im älteren Paläozoikum noch nicht widerspruchslos geklärt ist. Gut deutbare regionale Unterschiede treten erst im Jungpaläozoikum auf.

2. Die Südkontinente

Die Kontinente der Südhalbkugel zeichnen sich im Jungpaläozoikum und älteren Mesozoikum durch viele Gemeinsamkeiten aus (Abb. 236). An der Wende Karbon/Perm waren sie der Schauplatz einer der größten Vereisungen der Erdgeschichte. In ihrem Umkreis verzahnen sich glaziale Ablagerungen mit marinen Schichten, die eine Kaltwasserfauna führen (*Eurydesma*-Fauna). Nach dem Abklingen der jungpaläozoischen Eiszeit breitete sich auf den Südkontinenten eine einheitliche Flora, die Gondwana-Flora, aus. Sie wird als eine Flora des gemäßigten Klimas gedeutet. Der Gondwana-Flora (nach ihrer Leitform auch *Glossopteris*-Flora genannt) stand in Europa und Nordamerika die euamerische Flora gegenüber. Das östliche Asien war von einer Mischflora besiedelt. Auch die Fauna des jüngsten Paläozoikums und des Mesozoikums der Südkontinente stimmt in vielen Punkten überein. Besonders zwischen Afrika, Südamerika und Antarktika gibt es viele Gemeinsamkeiten.

Die Südkontinente waren allerdings von den Nordkontinenten nicht völlig isoliert. Die permischen Pelycosaurier Nordamerikas und Südafrikas sind eng verwandt, ebenso die permischen Titanosuchier Südafrikas und Rußlands, die triadischen Pseudosuchier Brasiliens und Europas und die oberjurassischen Dinosaurier Nordamerikas und Ostafrikas. Während des Mesozoikums zerfiel der Gondwana-Block in einzelne Teilstücke, die eigene Schicksale hatten. Die Geschichte der höheren Wirbeltiere dreier dieser Gebiete ist besonders interessant.

Südamerika hing anscheinend noch gegen Ende der Unterkreide mit Afrika zusammen. Mit dem Ende des Paleozäns endete jegliche Verbindung zu anderen Kontinenten. Südamerika war damals von primitiven Säugern besiedelt. Da die in der Holarktis im Alttertiär entstehenden moderneren Säugergruppen keinen Eingang fanden, konnte sich eine sehr eigenständige Säugerfauna entwickeln. Ihre charakteristischen Vertreter sind Beuteltiere, Notoungulaten und Xenarthren. Erst im Jungtertiär entstand — zunächst in Form einer Inselkette und erst im Oberpliozän als Landbrücke — wieder eine Verbindung mit Nordamerika.

Dann konnten die in der Holarktis heimischen Säugergruppen nach Südamerika vorstoßen. Sie verdrängten und vernichteten dabei einen erheblichen Teil der endemischen Säugerfauna (Abb. 237). Nur wenige neotropische Gruppen konnten umgekehrt auch in Nordamerika Fuß fassen (z. B. das Opossum und die Kolibris). Von den jungtertiären Einwanderern sind seither manche Gruppen in der Holarktis erloschen. In Südamerika konnten sie sich jedoch z. T. bis heute halten. Ein Beispiel ist der Tapir.

Das Auftauchen Mittelamerikas im Jungpliozän unterbrach die marine Verbindung zwischen Ostpazifik und dem Karibischen Meer. Seither sind beide Räume getrennt. Die relativ kurze Frist reichte nicht aus, um den Charakter der beiderseitigen marinen Schelffaunen wesentlich zu verändern. Sie genügte jedoch, daß sich die ursprünglich einheitlichen Arten auseinander entwickelten. So sind die häufigen westatlantisch/ostpazifischen „Zwillingsarten“ leicht erklärlich (Abb. 237).

Australien ist seit dem Ende der Oberkreide isoliert. Zum Zeitpunkt, an dem der freie Faunenaustausch mit anderen Kontinenten abriß, scheinen von Säugetieren nur die Monotremen und die Beuteltiere in Australien heimisch gewesen zu sein. Sie konnten sich hier ohne

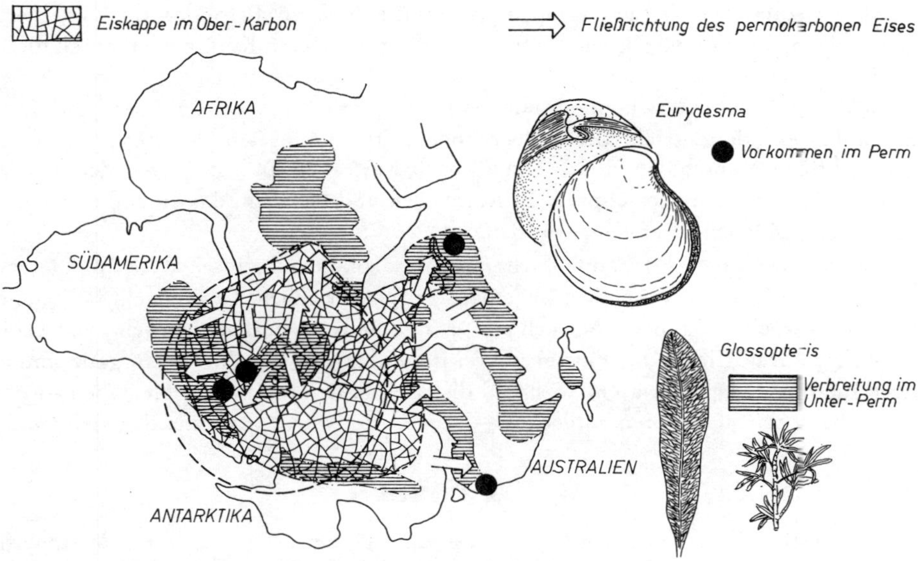

Abb. 236. Die permokarbone Vereisung der Südkontinente. Nach R. Maack.

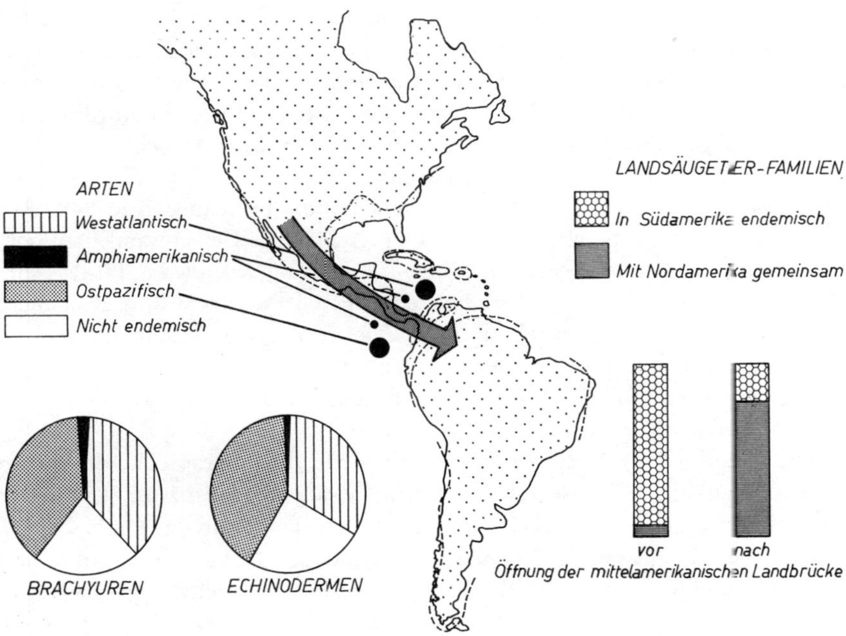

Abb. 237. Das Auftauchen Mittelamerikas im jüngsten Tertiär und die Folgen für die marine und terrestrische Fauna. Nach S. Ekman und G. de Lattin. Man beachte, daß immer noch einzelne marine Arten beiderseits von Mittelamerika vorkommen.

Konkurrenz durch modernere Gruppen reich differenzieren. Besonders die Beuteltiere drangen in die meisten ökologischen Nischen ein, die auf anderen Kontinenten durch die Plazental-Säugetiere besetzt wurden.

Während des Tertiärs konnten nur die Fledermäuse und zwei Gruppen von Mäusen die Schranke des indonesischen Meeres überwinden. Erst im jüngsten Pleistozän brachte der vorgeschichtliche Mensch den Hund (Dingo) nach Australien. In historischer Zeit wurden noch weitere Elemente eingeschleppt, z. B. Kaninchen und Schwein, das zu einer großen Gefahr für die ursprüngliche Tierwelt geworden ist.

Neuseeland war wahrscheinlich schon im Mesozoikum eine Insel. Weder rein terrestrische Saurier noch Säugetiere scheinen sie jemals erreicht zu haben. Den Vögeln fiel es allerdings nicht schwer, einzuwandern und sich an Ort und Stelle weiterzuentwickeln. Das Fehlen von Raubtieren ermöglichte das Entstehen von flugunfähigen Vögeln, die an ganz unterschiedliche Biotope angepaßt waren. Während die riesenhaften Moas vom Menschen — der Neuseeland erst vor 800 Jahren entdeckte — ausgerottet wurden, konnte der kleinere Kiwi bis heute überleben.

3. Die Tethys

Als „Tethys" bezeichnet man einen Meeresgürtel, der ost-westlich den Westpazifik über Südasien, Südeuropa und Mittelamerika mit dem Ostpazifik verband. Er bestand schon zeitweise im Paläozoikum. Im Perm erstreckte er sich von Südasien aus westlich bis ins mittlere Mittelmeergebiet (Abb. 238). Seine Geschichte im Mesozoikum und Känozoikum ist für die historische Geologie Europas und für das Verständnis der rezenten Biogeographie entscheidend.

Die Tethys scheint niemals eine ähnliche Faunenscheide gewesen zu sein wie heute der Atlantik. In der Trias beweisen das die übereinstimmenden Pseudosuchier Brasiliens und Europas. Ferner kommen die gleichen Gattungen von Muscheln, Schnecken und Reptilien am Nord- und Südufer der Tethys vor. Auch im Jura gibt es am Nordrand und südlich der Tethys viele gemeinsame Arten und Gattungen (Abb. 239). Daneben kommen sowohl nördlich wie südlich der Tethys viele eigenständige Elemente vor.

Ausgeprägter als die N-S-Verbindungen sind die Beziehungen in E-W-Richtung. Chile, Peru, Mexico und Kuba weisen in Jura und Kreide viele Gemeinsamkeiten mit Mitteleuropa auf; ebenso dieses mit Persien und Indien. Trotzdem scheint die Tethys kein einheitlicher Meeresraum gewesen zu sein. Ihre Faunen zeigen örtlich recht unterschiedliche ökologische Bedingungen an. Schelfgürtel und/oder Tiefseezonen isolierten zeitweise einzelne Teilmeere. Ganze Organismengruppen wurden dadurch in ihrer Ausbreitung behindert (Abb. 240). Sie drangen erst allmählich in neue Räume ein. Ein Beispiel ist der Vorstoß der Trigonien von Südamerika nach Europa im Oberlias.

Die Tethys war im Mesozoikum und Alttertiär von ausgesprochenen Warmwasser-Organismen bevölkert. Im Mesozoikum waren Kalkalgen, Hydrozoen, Riffkorallen und dickschalige Muscheln und Schnecken auf ihren Schelfen verbreitet (Abb. 241). In der Kreide war sie die Heimat der Rudisten, im Alttertiär der Nummuliten. Die weit nach Norden (England) und Süden (Madagaskar) vorgeschobenen Verbreitungsgrenzen der Warmwassertiere zeigen ein milderes und ausgeglicheneres Klima an als es in der Gegenwart besteht.

Klima und Verteilung von Land und Meer wandelten sich im Tertiär grundlegend. Im Gefolge der alpidischen Orogenese verlandeten große Teile der ehemaligen Tethys. Im Jungtertiär schloß sich die Meeresstraße vom Persischen Golf über Anatolien zum Mittelmeer.

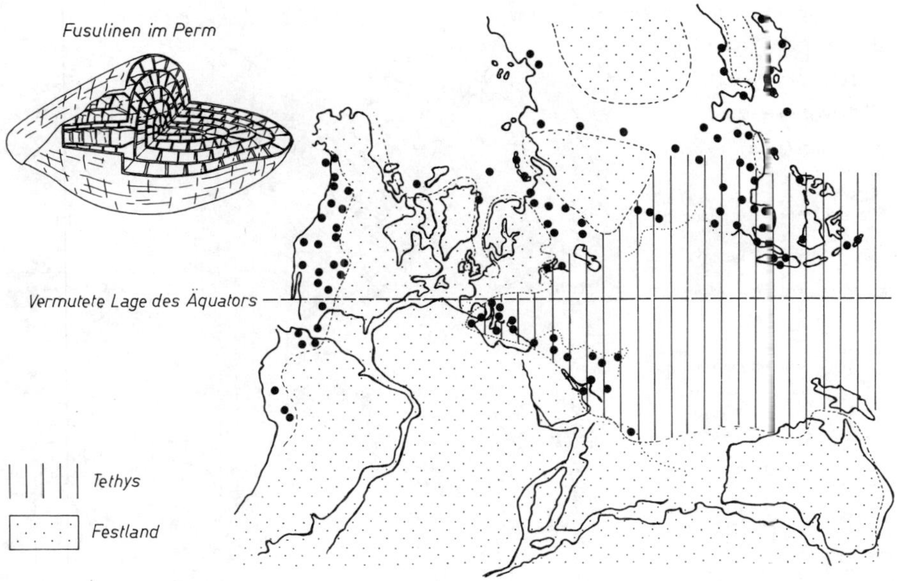

Abb. 238. Verbreitung der Foraminiferen-Gruppe der Fusulinen als Hinweis auf die Ausdehnung der Tethys im Perm. Nach D. J. GOBBETT und M. L. THOMPSON. Rekonstruktion der Lage der Kontinente nach A. G. SMITH, J. C. BRIDEN & G. E. DREWRY.

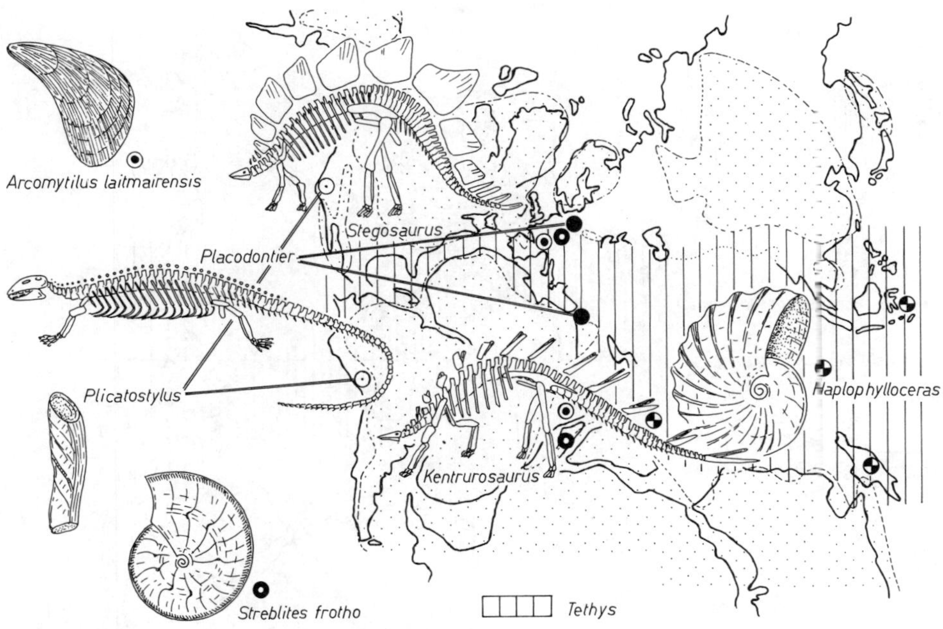

Abb. 239. Gemeinsamkeiten in der marinen und terrestrischen Fauna nördlich und südlich der Tethys in Trias und Jura zeigen an, daß dieses Meer keine scharfe Faunenscheide darstellte. Rekonstruktion der Lage der Kontinente nach A. G. SMITH, J. C. BRIDEN & G. E. DREWRY.

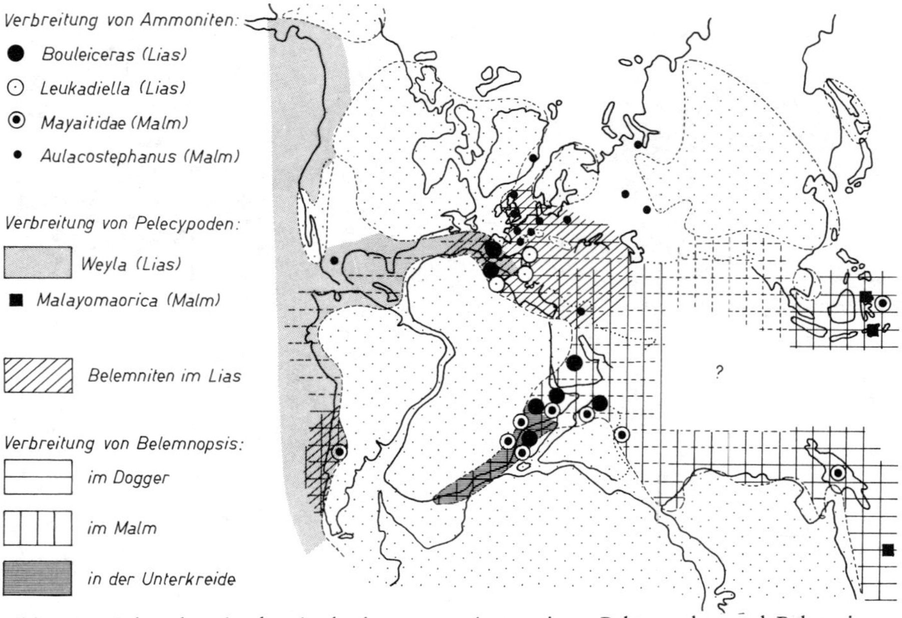

Abb. 240. Schranken in der Ausbreitung von Ammoniten, Pelecypoden und Belemniten zeigen an, daß die Tethys in sich gegliedert war. Rekonstruktion der Lage der Kontinente nach A. G. SMITH, J. G. BRIDEN & G. E. DREWRY.

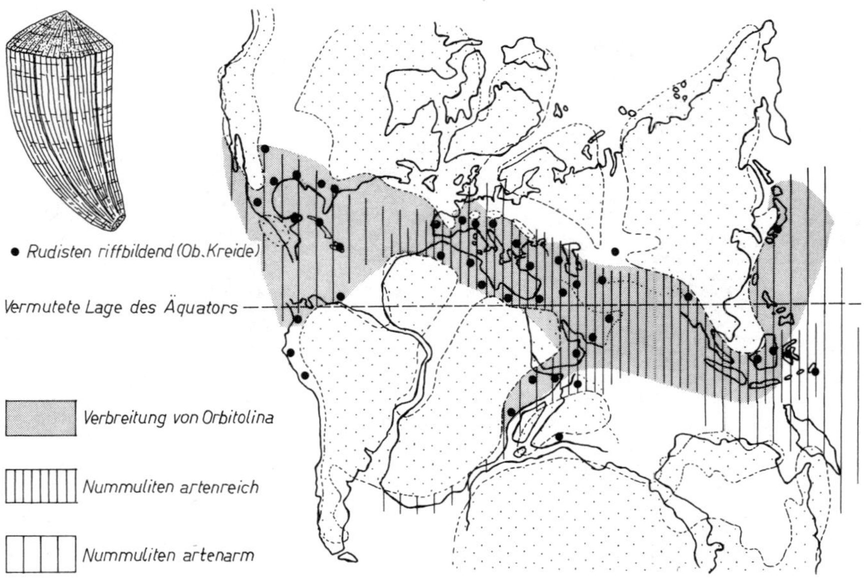

Abb. 241. Die Verbreitung von Warmwasser-Tieren zeigt an, daß die Tethys in Kreide (Rudisten und *Orbitolina*) und Alttertiär (Nummuliten) im Tropenbereich lag. Z. T. nach F. C. DILLEY. Rekonstruktion der Lage der Kontinente nach A. G. SMITH, J. C. BRIDEN & G. E. DREWRY.

Damit war erstmals seit dem Perm der äquatornahe marine Ost-West-Gürtel unterbrochen. Die ursprünglich von Indonesien bis Mittelamerika ± einheitliche Tethysfauna hatte in den Teilräumen unterschiedliche Schicksale.

Das Mittelmeer wurde im Obermiozän zeitweise vom Atlantik abgeschnitten und durchlief eine Salinarphase. Im Pliozän wurde es vom Atlantik her erneut von Warmwassertieren besiedelt, doch fanden viele tropische Elemente keinen Eingang mehr. Einen erneuten Einschnitt brachte die pleistozäne Eiszeit, die den Rest der Tethysfauna vernichtete.

Das Rote Meer wurde ab dem Pliozän vom Indik aus besiedelt. Während der Glazialzeiten war es ein Binnensee. Seine heutige marine Fauna wanderte im Postpleistozän erneut aus dem Indik ein. 1869 öffnete der Mensch durch den Suez-Kanal den Weg ins Mittelmeer. Manche Fische und Crustaceen haben ihn beschritten und sind schon bis zur Ägäis vorgedrungen.

In Mittelamerika wirkte sich die pleistozäne Vereisung schwächer aus als im Mittelmeer. Ein Teil der alten Tethysfauna überlebte. Deshalb sind die faunistischen Beziehungen zwischen dem karibischen Raum und dem südostasiatischen Rest der Tethys noch recht deutlich. Dort wurde die tropische Fauna am wenigsten beeinträchtigt. Es haben sich zahlreiche Relikte von Gruppen erhalten, die z. T. noch bis ins Jungtertiär hinein auch in Europa heimisch waren (Abb. 242).

4. Das Sarmatische Meer
(Abb. 243)

Im nördlichen Vorland der Tethys und der alpinen Faltengebirge entstand im Tertiär von Südfrankreich bis Innerasien eine Kette von Becken. Sie schloß sich im Mittelmiozän zur „Paratethys" zusammen. Diese stand mit der Tethys über den Molassetrog und u. U. über Ägäis und Ostanatolien in Verbindung. Ursprünglich war sie marin, wie Korallen, Seeigel und Haie im Torton des Wiener Beckens beweisen.

Im Obermiozän schlossen sich die Straßen zur Tethys. Die Paratethys wurde zum großen Brackwassersee, zum „Sarmatischen Meer". Seine Fauna war reich; euryhaline Muscheln und Schnecken bestimmten das Faunenbild; Haie und Korallen fehlten. Während des Pliozäns zerfiel es in drei Teilbecken. Das Pannonische Becken (Ungarische Tiefebene) verlandete rasch. Das Pontische (Schwarzmeer-) und das Aralokaspische Becken blieben bestehen. In beiden lebte die sarmatische Fauna fort. Ihre charakteristischen Vertreter sind u. a. die Muscheln *Adacna, Monodacna, Didacna* und *Dreissena* sowie der Stör.

Im Pleistozän standen pontisches und aralokaspisches Becken in wechselndem Zusammenhang. Die Manytsch-Senke diente mehrfach als Verbindung. Am Ende der Glazialzeiten stand der aralokaspische See hoch und floß zum Schwarzen Meer über. Während der Interglazialzeiten war es umgekehrt. In Mittelpleistozän brach der Hellespont zwischen Ägäis und Pontus durch. Marines Wasser strömte ins pontische Becken ein. Die Sarmatische Fauna wurde durch mediterrane Elemente verdrängt. In Resten lebt sie im Asowschen Meer und in den Limanen der Ukraine, Rumäniens und Bulgariens fort. Einzelne mediterrane Elemente (z. B. *Cardium*) gelangten im Eem-Interglazial bis ins Kaspische Meer.

Im Spätpleistozän bildete sich vor dem Eisrand im Unterlauf von Ob und Jenissei (Nordsibirien) ein großer Eisstausee. Er war von Brackwasser-Arten bevölkert, die während der Glazialzeiten aus dem arktischen Meer in südlicher gelegene Refugien verdrängt wurden. Dieser Westsibirische Eisstausee scheint zeitweise zum Aralsee übergeflossen zu sein. Dabei gelangten einige hocharktische Arten in den Aralokaspik. Dort bildeten sie sich seither zu eigenen geographischen Rassen um (z. B. Kaspirobbe und einige Crustaceen).

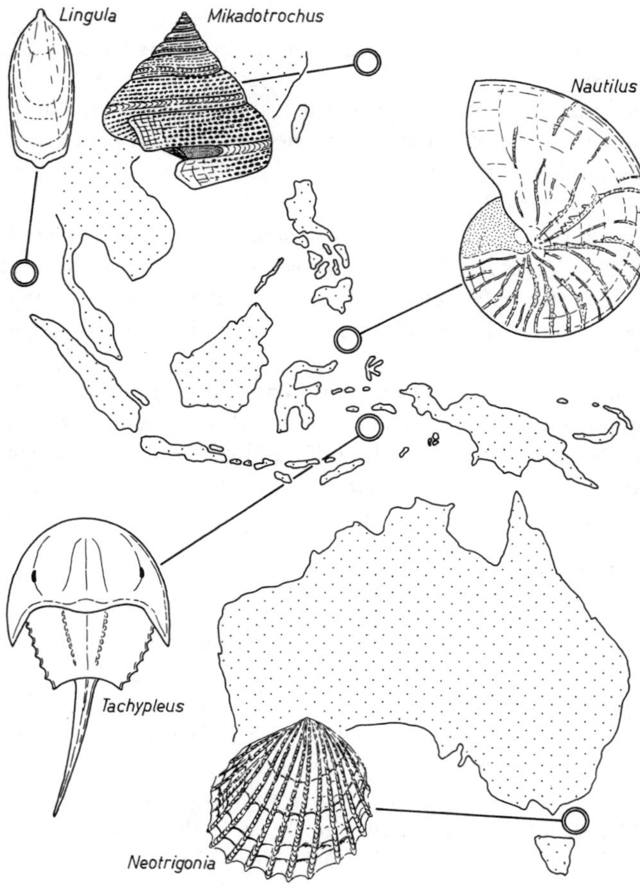

Abb. 242. Reliktvorkommen einstiger Tethys-Elemente im rezenten südostasiatisch-australischen Raum. Nach E. THENIUS.

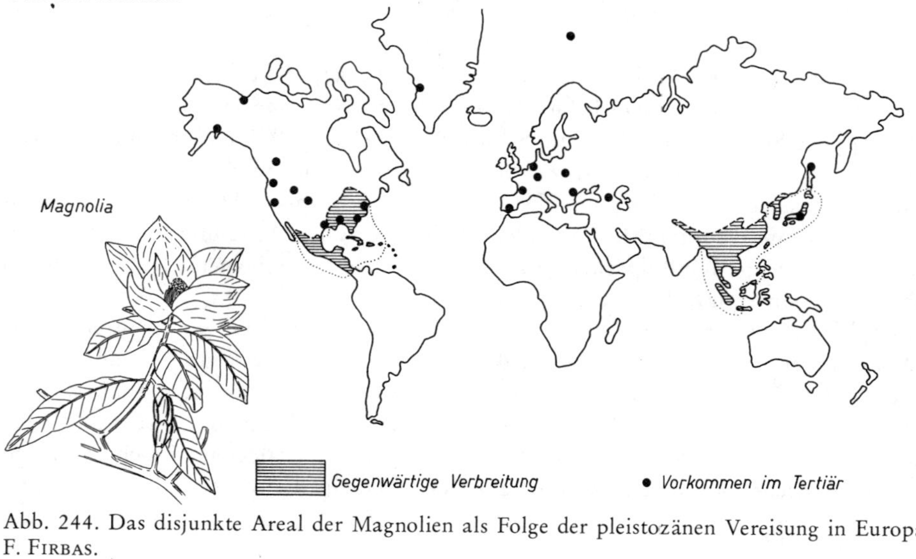

Abb. 244. Das disjunkte Areal der Magnolien als Folge der pleistozänen Vereisung in Europa. Nach F. FIRBAS.

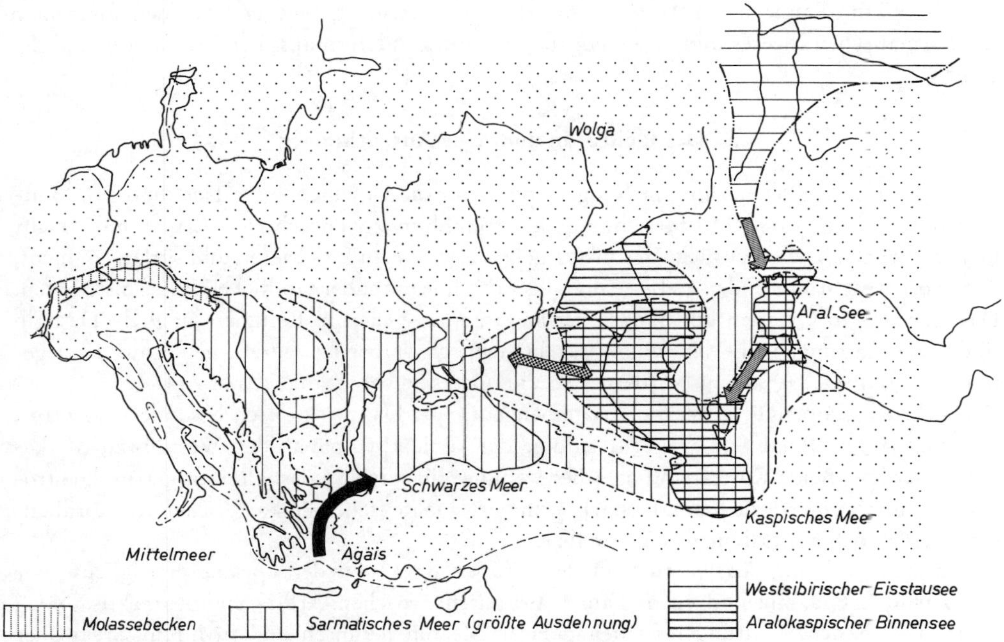

Abb. 243. Ausdehnung und Beziehungen der jungtertiär-pleistozänen Paratethys. Z. T. nach G. DE LATTIN.

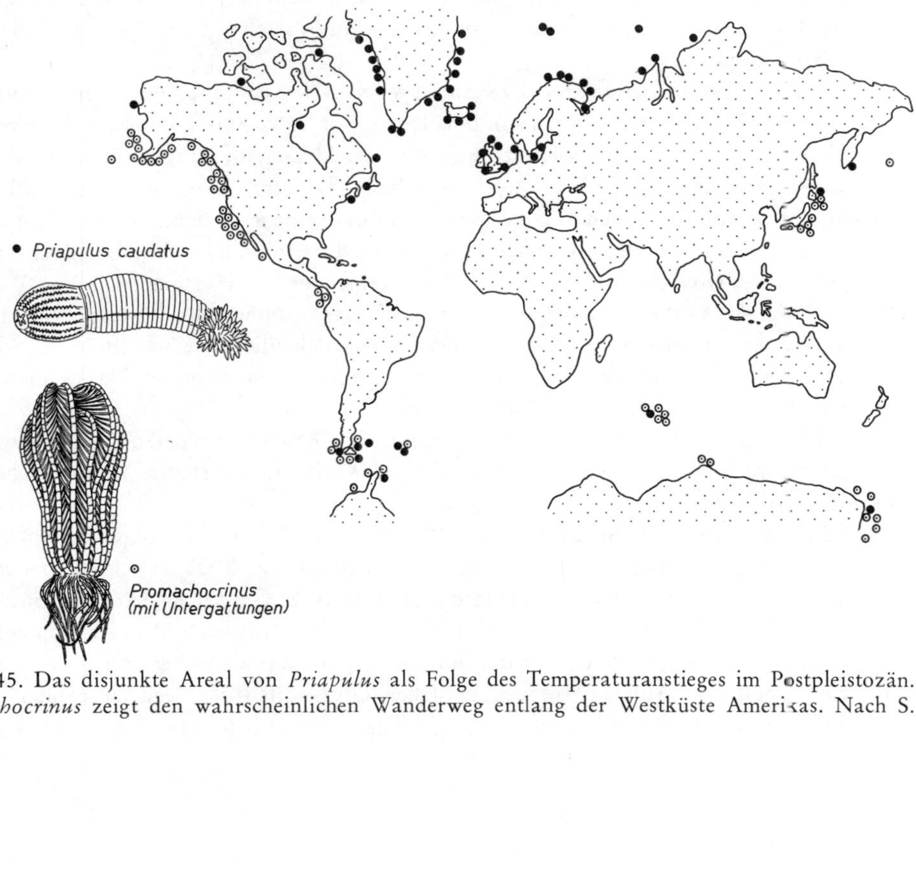

Abb. 245. Das disjunkte Areal von *Priapulus* als Folge des Temperaturanstieges im Postpleistozän. *Promachocrinus* zeigt den wahrscheinlichen Wanderweg entlang der Westküste Amerikas. Nach S. EKMAN.

Die rezente Fauna des Kaspischen Meeres besteht also überwiegend aus den Elementen des Sarmatischen Meeres und untergeordnet aus Einwanderern aus dem Mittelmeer und der Arktis.

5. Das Pleistozän und seine Auswirkungen

Die Klimaverschlechterung im Neogen spielte für die Geschichte der Tier- und Pflanzenwelt eine wichtige Rolle. Mit fortschreitender Abkühlung zogen sich viele Arten immer mehr in äquatornahe Breiten zurück. In Europa gelang dies vielen Landtieren und -pflanzen nicht, da die ost-west-streichenden Gebirge und das Mittelmeer unüberwindliche Hindernisse boten. Dagegen war in Ostasien und Nordamerika ein Ausweichen in Refugien möglich. Deshalb sind viele Gattungen, die im Jungtertiär holarktisch verbreitet waren, heute auf zwei getrennte (disjunkte) Areale in Nordamerika und Ostasien beschränkt (Abb. 244).

Auch der Tropengürtel wurde zusammengedrängt. Das wirkte sich besonders dort aus, wo er ohnehin schmal war, wie z. B. infolge der kühlen Ströme an den Westküsten Afrikas und Amerikas. Beide Küsten sind überdies wenig gegliedert und deshalb biotoparm. Die tropische Schelffauna wurde hier sehr stark dezimiert. Heute stehen 26 karibischen Riffkorallen-Gattungen noch 5 ostatlantische gegenüber.

Das relativ kühle Wasser auch in den Tropen im Osten der Ozeane ermöglichte vor allem in den Glazialzeiten einen Faunenaustausch zwischen Arktis und Antarktis. Noch heute sind manche Gattungen in den polaren Meeren heimisch und in ihrem Areal über den Ostpazifik verbunden. Andere ertrugen den postpleistozänen Temperaturanstieg schlechter. Ihre Areale sind heute disjunkt (Abb. 245). Faunenwanderungen zwischen Arktis und Antarktis kommen — bei eurybathen Arten — allerdings auch auf dem Weg über die kalten Tiefseeböden zustande.

Während der Glazialzeiten war der Raum zwischen den Eiskappen der Alpen und Skandinaviens eine Tundra. Arktische Tiere bevölkerten sie (Moschusochse, Ren, Mammut). In den Eiskappen war so viel Wasser festgelegt, daß der Meeresspiegel im Würmglazial um ca. 90 m abgesenkt war. Vor etwa 12 000 Jahren hatte die letzte Vereisung ihren Höhepunkt überschritten. Es folgte, wie schon vor ca. 30 000 Jahren, ein ziemlich plötzlicher Temperaturanstieg. Die Wälder breiteten sich nach Norden aus. Das Inlandeis schmolz jedoch nicht im gleichen Tempo. Dadurch wurde das Verbreitungsgebiet der Tundra stark eingeengt. Vielleicht steht damit das Aussterben mancher Tundrenbewohner (Mammut, Wollhaariges Nashorn) im Zusammenhang. Zugleich bedeckten die Wälder auch trockenliegende Schelfflächen. So konnten Organismen des Waldes z. B. die Beringstraße zwischen Sibirien und Alaska überqueren. Auch der Mensch hat damals Amerika betreten.

Der Rückzug der Tundra folgte dem Eisrand. Ihre Bewohner wichen deshalb sowohl in die Arktis als auch ins Hochgebirge zurück. Das erklärt die zahlreichen alpin-arktischen Disjunktionen (Abb. 246).

Auf die rasche Erwärmung am Ende des Pleistozäns (Alleröd-Zeit) folgte ein Rückschlag. Schon bald stiegen jedoch die Temperaturen wieder (ab ca. 8000 v. Chr.). In der postglazialen Wärmezeit (Atlantikum) lagen sie sogar um einige Grad über den heutigen Werten. Damals wanderten Organismen aus Süd- und Südosteuropa bis nach Mitteleuropa ein (Abb. 247, vgl. auch Abb. 133). Auch auf den mitteleuropäischen Menschen wirkte sich Wärme und Trockenheit aus. Auf den trockengefallenen Uferstreifen der Seen entstanden Dörfer („Pfahlbauten"). Leben war in den Alpen bis über 3 000 m ü.M. möglich. Um etwa 2 500

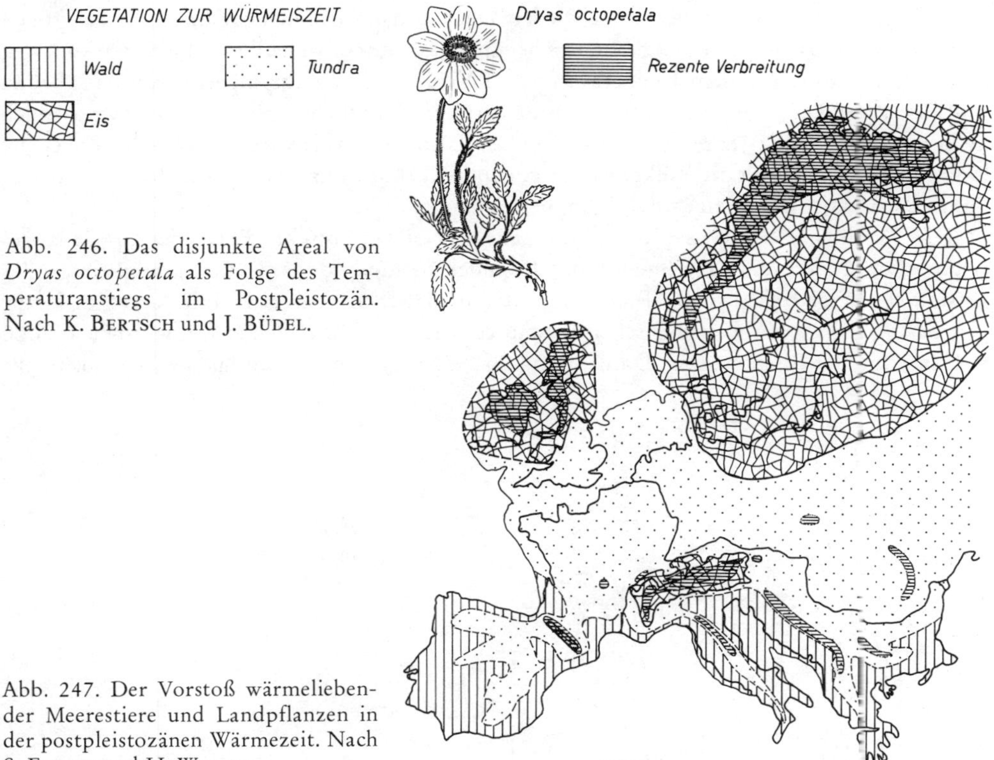

Abb. 246. Das disjunkte Areal von *Dryas octopetala* als Folge des Temperaturanstiegs im Postpleistozän. Nach K. Bertsch und J. Büdel.

Abb. 247. Der Vorstoß wärmeliebender Meerestiere und Landpflanzen in der postpleistozänen Wärmezeit. Nach S. Ekman und H. Walter.

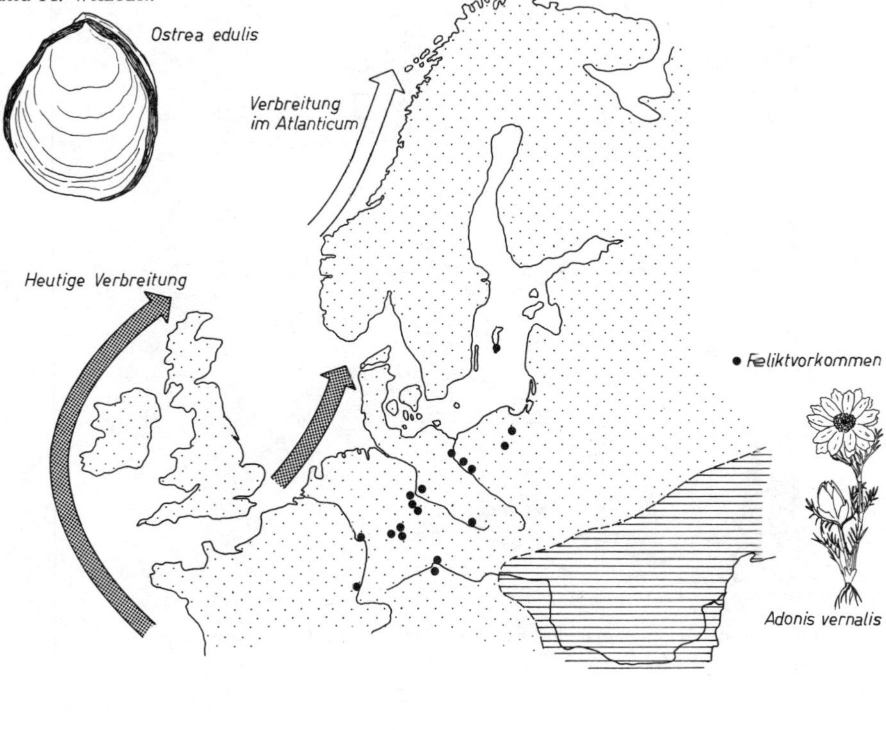

v. Chr. verschlechterte sich das Klima wieder. Die wärmeliebenden Tiere und Pflanzen zogen sich nach Süden zurück. Nur an besonders begünstigten Standorten blieben Reliktvorkommen erhalten. Seither schwanken Temperaturen und Niederschläge in geringerem Ausmaß, Fauna und Flora wurden weniger betroffen. Für den frühgeschichtlichen Menschen konnten jedoch auch vorübergehende Jahre der Nässe oder der Dürre ein Anlaß sein, bessere Wohngebiete aufzusuchen. Inwieweit die Völkerwanderungen der Frühzeit und der Antike hierauf zurückzuführen sind, ist jedoch nur unvollkommen bekannt.

Die Geschichte der Ostsee und ihrer Lebewelt ist eine direkte Folge des Eisrückzuges (Abb. 97, 132). Vor dem abschmelzenden Inlandeis bestand vor ca. 10 000 Jahren ein großer Eisstausee. Er bedeckte große Teile der heutigen südlichen Ostsee. In ihm lebten z. T. die gleichen Arten wie im westsibirischen Eisstausee. Als Mittelschweden eisfrei wurde (ca. 7000 v. Chr.) floß der Eisstausee ab. Dafür drang über die wegen der Eisauflast tiefliegende Senke

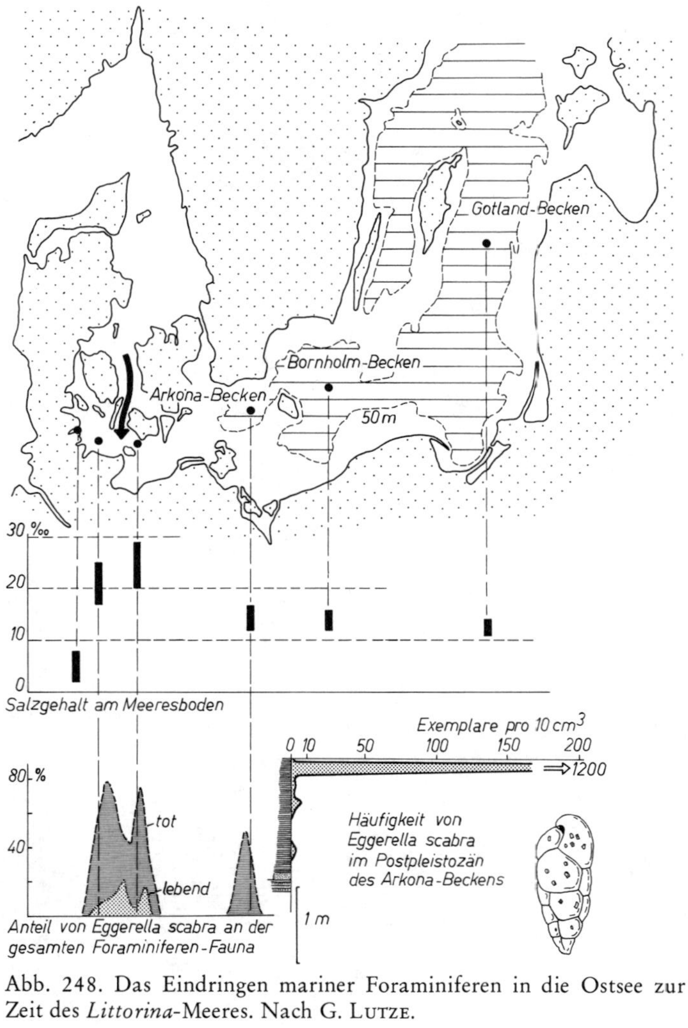

Abb. 248. Das Eindringen mariner Foraminiferen in die Ostsee zur Zeit des *Littorina*-Meeres. Nach G. LUTZE.

Salzwasser ein. Es entstand das „*Yoldia*-Meer“ (benannt nach „*Yoldia*“ = *Portlandia arctica*). Es wurde von der nördlichen Nordsee her mit arktischen Elementen besiedelt.

Je stärker das Inlandeis abschmolz, desto mehr hob sich der skandinavische Block. Die Meeresstraße über Mittelschweden wurde unterbrochen. Die Ostsee süßte aus und erhielt eine rein limnische Fauna (*Ancylus*-See). Die marinen Elemente der *Yoldia*-Zeit wurden bis ins Skagerrak und Kattegat zurückgedrängt. Im Vorland des aufsteigenden Skandinaviens senkte sich die südwestliche Ostsee und die Nordsee ein. Das Gebiet der heutigen südlichen Nordsee wurde überflutet, der Ärmelkanal brach durch, und boreale Elemente strömten aus Südwesten ein. Im Bereich Dänemarks entstand ein neuer mariner Zugang zur Ostsee, durch den die borealen Formen einwanderten (*Littorina*-Meer).

Während der *Littorina*-Zeit, die mit dem Atlantikum zusammenfällt, war die Ostsee salziger und wärmer als heute. Organismen, die heute kaum über die Dänischen Inseln hinaus vorstoßen, waren damals im Bottnischen Meerbusen heimisch (z. B. *Littorina littorea*). Seither verengten sich die marinen Straßen durch Dänemark. Das Wasser der Ostsee wurde süßer (Abb. 248, vgl. auch Abb. 189). Die marinen Tiere zogen sich in die Nordsee oder den Eingang zur Ostsee zurück (*Lymnaea*-Zeit).

Weiterführende Literatur:

C. G. ADAMS & D. V. AGER (1967), P. J. DARLINGTON (1957), S. EKMAN (1967), A. HALLAM (1973), N. F. HUGHES (1973), L. JOLEAUD (1939). G. DE LATTIN (1967), F. A. MIDDLEMISS, P. F. RAWSON & G. NEWALL (1971). P. MÜLLER (1974), CH. A. ROSS (1974). G. G. SIMPSON (1965), E. THENIUS (1972, 1976).

Geschichte des Lebens auf der Erde

Das Leben auf der Erde muß uralt sein. Man kennt Strukturen, die als Reste von Einzellern gedeutet werden, schon aus 3,5 Milliarden Jahren alten Gesteinen Afrikas. Dem eigentlichen Leben muß jedoch eine lange Anlaufphase mit chemischen Evolutionsprozessen vorangegangen sein. Nimmt man das Alter der Erde mit etwa 5 Milliarden Jahren an und veranschlagt man die Zeitdauer der Abkühlung auf tragbare Temperaturen auf 0,5 Milliarden Jahre, so stehen für die Entwicklung der Vorstufen des Lebens etwa 1 Milliarde Jahre zur Verfügung.

Die Uratmosphäre war sehr wahrscheinlich reduzierend. Sie enthielt keinen freien Sauerstoff, sondern Stickstoff, Wasserstoff, Ammoniak, Methan, Blausäure und Wasserdampf. Vergleichbare Verhältnisse herrschen noch heute auf den äußeren Planeten (Jupiter, Saturn). Unter dem Einfluß von UV-Strahlung und elektrischen Entladungen kann man aus solchen Gasgemischen im Labor u. a. Aminosäuren, Zucker, sowie Purin- und Pyrimidin-Basen synthetisieren. Damit ist auch die Voraussetzung zum Aufbau von Nucleotiden gegeben.

Bei genügender Konzentration (ab etwa 15 %), wie sie lokal in flachen Tümpeln vorhanden gewesen sein kann, bilden sich aus den Syntheseprodukten Makromoleküle. Es entstehen Proteinoide und Polynucleotide. Sofern Energiezufuhr durch (ursprünglich wohl anorganische, später organische) Polyphosphate gewährleistet und Nachschub von Einzelnucleotiden vorhanden ist, können sich die Polynucleotide identisch reproduzieren. Ferner sind sie in der

Lage, die Synthese von Aminosäuren zu steuern. Damit sind die wichtigsten Anforderungen, die an die Träger von Erbanlagen zu stellen sind, erfüllt.

Makromoleküle können sich im Labor organisieren. Sie sind nur kolloidal löslich, neigen zu Entmischungen und zur Bildung von Aggregaten und Hüllen. Haben ihre Proteinoide und Polynucleotide katalytische Eigenschaften, d. h. können sich die Polynucleotide identisch reproduzieren und Proteine synthetisieren, so sind diese Makromoleküle selbstreproduzierende Systeme und damit erste primitive Lebewesen (Eobionten).

Die Eobionten lebten ohne freien Sauerstoff. Auch Photosynthese war ihnen nicht möglich. Die für ihr Leben notwendige Energie entnahmen sie der Oxydation von Elementen wie Stickstoff, Eisen oder Schwefel. Die heutigen Eisen- und Schwefelbakterien sind Modelle der ersten Lebewesen auf der Erde. Schon damals unterlag die Evolution der Organismen der Selektion. Mit dem — zufälligen — Auftreten des Chlorophylls und der dadurch ermöglichten Photosynthese waren neue Lebensformen bevorteilt. Ihre Energie deckten sie vermutlich zuerst durch Gärung, später durch Atmung. Vorangegangen mußte jedoch eine lange Zeit sein, in der durch Photosynthese Sauerstoff freigesetzt wurde. Das Auftreten freien Sauerstoffs mußte allerdings eine Fülle vorher existierender Organismen vernichten.

Ein nächster für die Evolution des Lebens überragend wichtiger Schritt war die Entwicklung des Zellkerns, bzw. der Eucaryoten-Zelle. Es ist ungeklärt, ob ihre Organellen sich durch allmähliche Spezialisation einer Procaryoten-Zelle entwickelt haben oder ob die Eucaryoten-Zelle das Produkt einer Symbiose verschiedener Procaryoten-Zellen (z. B. Plastiden = Cyanophyceen, Mitochondrien = lebhaft atmende Bakterien) darstellt.

Alle bisher geschilderten Vorgänge sind hypothetisch. Durch Fossilfunde lassen sie sich nicht nachweisen. Ihre Erforschung ist darum durch die Paläontologie nicht möglich. Die Biochemie kann jedoch im Verein mit der Cytologie (Zellkunde) die möglichen Wege der Entstehung des Lebens aufzeigen.

Fossilbelegt sind Einzeller sowie Abbauprodukte von Chlorophyll in etwa 3,5 Milliarden Jahre alten Gesteinen Afrikas. Diese ältesten Einzeller waren sehr klein; man glaubt, daß ihr Volumen nicht für die Aufnahme der Organellen der Eucaryoten ausgereicht habe, und deutet sie entsprechend als Procaryoten (Cyanophyceen oder Bakterien). Vor etwa 2 Milliarden Jahren traten erstmals Zellfäden auf. Mindestens ebenso alt sind die ältesten Stromatoliten (z. B. *Collenia,* Abb. 1), die als Kalkkrusten von Cyanophyceen gedeutet werden. Vor etwa 1—1,5 Milliarden Jahren waren sie weit verbreitet und formenreich.

Die ältesten Eucaryoten-Zellen sollen vor etwa 1,5 Milliarden Jahren aufgetreten sein, jedenfalls kommen in Gesteinen dieses Alters erstmals größere einzellige Gebilde vor, die so gedeutet werden. Selbst Zellkerne wurden beschrieben, doch sind wegen der Unwahrscheinlichkeit der Erhaltung solcher Strukturen erhebliche Zweifel am Platz. Höheres Leben ist erst im späten Präkambrium, vor etwa 700—900 Millionen Jahren, belegt. Die Fauna von Ediacara (Südaustralien) besteht aus skelettlosen Organismen, die überwiegend als Coelenteraten und Anneliden aufgefaßt werden. Bemerkenswert ist, daß zur gleichen Zeit die Stromatoliten stark zurückzutreten beginnen. Als Ursache hierfür gilt die erstmalige Beweidung durch herbivore Benthonten.

Der Beginn des Kambriums bringt die plötzliche Entfaltung der Tierwelt. Mit Ausnahme der Wirbeltiere sind alle erhaltungsfähigen Tierstämme fertig ausdifferenziert vorhanden. Ihre Entstehung muß ins späte Präkambrium fallen. Da Urkunden fast völlig fehlen, gibt es über ihre Verwandtschaftsbeziehungen nur Vermutungen, die sich auf anatomische und embryologische Beobachtungen am rezenten Material stützen. Umstritten ist, weshalb sie im späten Präkambrium fast nirgends nachzuweisen sind. Wären sie nur skelettlos, sonst jedoch ähnlich wie heute organisiert gewesen, so müßten sie Lebensspuren hinterlassen haben. Die Spurenfauna des Präkambriums ist jedoch sehr arm. Wahrscheinlich ist deshalb, daß die meisten Tiergruppen erst mit Beginn des Kambriums zum benthischen Leben übergingen und im Zusammenhang damit Skelette entwickelten. Die Organismen des Präkambriums wären dann überwiegend planktisch gewesen.

Die Radiation der Tiere im Altpaläozoikum vollzog sich allerdings nicht schlagartig. Die Mannigfaltigkeit nahm durch das ganze Kambrium bis ins Ordovicium hinein zu. Manche Gruppen blühten erst im Ordovicium auf (Abb. 249). Die bezeichnendsten Tiergruppen des Altpaläozoikums waren die Trilobiten, Graptolithen, Brachiopoden, Crinozoen und Nautiloideen. Auch die ersten sicheren Chlorophyceen und Rhodophyceen sind altpaläozoisch.

Mit dem Beginn des Jungpaläozoikums (Wende Silur/Devon) wurden manche der herrschenden marinen Organismengruppen durch andere abgelöst. Die Graptolithen (außer den Dendroideen) verschwanden im Unterdevon; die Trilobiten verloren im Devon immer mehr an Bedeutung, ebenso die Nautiloideen. Dafür blühten die Ammonoideen und die Korallen auf. Ferner wurden die altpaläozoischen Panzerfische, die seit dem Ordovicium nachgewiesen sind, durch die höheren Fische abgelöst. Ebenfalls an die Basis des Devons fällt die Besiedelung des Landes. Mit den ersten Landpflanzen (Rhyniophyta) gingen auch die Arthropoden, wenig später manche Schnecken und die Tetrapoden (Amphibien und Reptilien) ans Land. Verbreitete Landpflanzen des Jungpaläozoikums waren die Pteridophyten. Ins Jungpaläozoikum fällt auch die erste Eroberung des Luftraumes durch die Insekten.

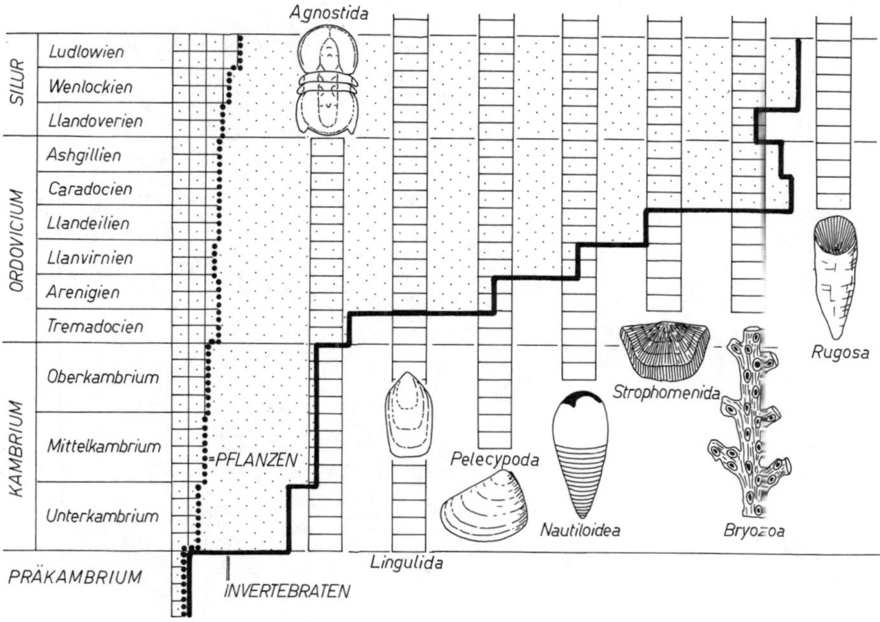

Abb. 249. Die Zunahme der Mannigfaltigkeit (Zahl der Taxa) fossil erhaltener Invertebraten und Pflanzen im Altpaläozoikum und das Einsetzen einiger Tiergruppen. Z. T. nach J. L. Cutbill & B. M. Funnell.

Die Wende Jungpaläozoikum/Mesozoikum sah manche einschneidenden Veränderungen in der Tier- und Pflanzenwelt. Während des Perms blühten die schon seit Mitteldevon nachgewiesenen Gymnospermen mächtig auf. Sie bildeten die Grundlage für die Radiation der Reptilien (Saurier) in der Trias (Abb. 116), die mit Flugsauriern und Vögeln (ab Jura) erneut fliegende Tiere sowie die ersten Säuger (ab Trias) hervorbrachte. Im Meer wurden viele jungpaläozoische Gruppen bei Ammonoideen, Korallen (Abb. 80) und Crinoideen durch andere ersetzt. Einen starken Rückgang erlitten die Brachiopoden (Abb. 117), an deren Stelle die Pelecypoden und Gastropoden traten. Die letzten Trilobiten und Blastoideen verschwanden. Dafür blühten die malakostraken Krebse auf. Ebenso entfalteten sich die Echinoideen und die dibranchiaten Cephalopoden.

Die einschneidenden Veränderungen an der Grenze Kreide/Tertiär (Abb. 136) wurden durch die Entstehung der Angiospermen im Jungmesozoikum vorbereitet. Sie ermöglichte den Säugern ihre Entfaltung nach dem Erlöschen der großen Saurier-Gruppen sowie die Radiationen der Vögel, Insekten und pulmonaten Schnecken. Im Meer verschwanden die marinen Saurier, die Ammonoideen und Belemnoideen (dibranchiate Cephalopoden mit Kalkrostren) sowie manche typisch mesozoischen Muschel- und Schneckengruppen (z. B. Rudisten und Nerineen). Dafür blühten im Tertiär die heterodonten Muscheln, die stenoglossen Schnecken, die modernen Dibranchiaten und die modernen Fische sowie die spatangiden Seeigel auf.

Mit dem Pleistozän erschien der Mensch. Sein Einfluß auf die Tier- und Pflanzenwelt war lange gering. Erst seit kurzem bedroht er durch seine Bevölkerungszunahme, seine Technik und die damit zusammenhängende Vergiftung der Umwelt nicht nur das tierische und pflanzliche Leben, sondern auch seine eigene Zukunft.

Literatur

In Anbetracht des Umfangs der einschlägigen Fachliteratur ist es nicht möglich, sämtliche Quellen anzugeben. Das Literaturverzeichnis muß deshalb auf eine Auswahl weiterführender Werke beschränkt werden. In ihnen sind i. d. R. weitere Arbeiten zitiert.

ABEL, O.: Grundzüge der Paläobiologie der Wirbeltiere. — Stuttgart (Schweizerbart) 1911.

—: Vorzeitliche Lebensspuren. — Jena (G. Fischer) 1935.

ADAMS, C. G. & AGER, D. V. (Hrsg.): Aspects of Tethyan Biogeography. — The Systemat. Assoc. Publ., **7**, London 1967.

AGER, D. V.: Principles of Paleoecology. — New York (McGraw-Hill) 1963.

BEKLEMISCHEW, W. N.: Grundlagen der vergleichenden Anatomie der Wirbellosen. 2 Bde. — Berlin (VEB Deutsch. Verl. Wissensch.) 1958—60.

BEURLEN, K.: Die stammesgeschichtlichen Grundlagen der Abstammungslehre. — Jena (G. Fischer) 1937.

BÖKER, H.: Einführung in die vergleichende biologische Anatomie der Wirbeltiere. 2 Bde. — Jena (G. Fischer) 1935—37.

BOUREAU, E. (Hrsg.): Traité de Paléobotanique. — Paris (Masson) 1964 ff. (noch nicht abgeschlossen).

BRINKMANN, R.: Grundriß der Geologie, II: Historische Geologie. — Stuttgart (Enke), 9. Aufl. 1966.

BUDDENBROCK, W. VON: Vergleichende Physiologie. 6 Bde. — Basel und Stuttgart (Birkhäuser 1952—67.

CRIMES, T. P. & HARPER, J. C. (Hrsg.): Trace fossils. — Geolog. J. Spec. Iss., **3** und **9**, Liverpool 1970 und 1977.

DACQUÉ, E.: Vergleichende biologische Formenkunde der fossilen niederen Tiere. — Berlin (Borntraeger) 1921.

DARLINGTON, P. J.: Zoogeography. — New York (Wiley) 1957.

DEECKE, W.: Die Fossilisation. — Berlin (Borntraeger) 1923.

DENFFER, D. VON et al.: Lehrbuch der Botanik. — Stuttgart (G. Fischer), 30. Aufl. 1971.

DOBZHANSKY, T.: Die genetischen Grundlagen der Artbildung. — Jena (G. Fischer) 1939.

EKMAN, S.: Zoogeography of the Sea. — London (Sidgwick & Jackson) 1967.

ERBEN, H. K.: Die Entwicklung der Lebewesen. — München (Piper) 1975.

FREY, R. W. (Hrsg.): The study of trace fossils. — Berlin und New York (Springer) 1975.

FRIEDRICH, H.: Meeresbiologie. — Berlin (Borntraeger) 1965.

FÜCHTBAUER, H. & MÜLLER, G.: Sedimente und Sedimentgesteine. — Stuttgart (Schweizerbart) 1970.

GEYER, O. F.: Grundzüge der Stratigraphie und Fazieskunde, I: Paläontologische Grundlagen I, Das geologische Profil, Stratigraphie und Geochronologie. — Stuttgart (Schweizerbart) 1973.

GRASSÉ, P. P. (Hrsg.): Traité de Zoologie. — Paris (Masson) 1948 ff. (noch nicht abgeschlossen).

GÜNTHER, E.: Grundriß der Genetik. — Stuttgart (G. Fischer), 2. Aufl. 1971.

HADORN, E.: Erbanlage und Umweltwirkung. — Neujahrsblatt naturf. Ges. Zürich, **177**, Zürich 1975.

HADORN, E. & WEHNER, R.: Allgemeine Zoologie. — Stuttgart (Thieme), 18. Aufl. 1972.

HÄNTZSCHEL, W.: Trace Fossils and Problematica. — Treatise on Invertebrate Paleontology, **W**, Boulder und Lawrence 1975.

HALLAM, A. (Hrsg.): Atlas of Palaeobiogeography. — Amsterdam, London und New York (Elsevier) 1973.

HARLAND, W. B. et al. (Hrsg.): The Fossil Record. — London (Geol. Soc.) 1967.

HEBERER, G. (Hrsg.): Die Evolution der Organismen. 3 Bde. — Stuttgart (G. Fischer), 3. Aufl. 1967 bis 1974.

HECKER, R. F.: Introduction to Paleoecology. — New York (Elsevier) 1965.
HEDGPETH, J. W. (Hrsg.): Treatise on Marine Ecology and Paleoecology, I: Ecology. — Mem. geol. Soc. Amer., **67**, 1, New York 1957.
HENNIG, W.: Phylogenetic Systematics. — Urbana (Univ. Illinois Press) 1966.
HÖLDER, H.: Geologie und Paläontologie in Texten und ihrer Geschichte. — Freiburg und München (Alber) 1960.
HUGHES, N. F. (Hrsg.): Organisms and Continents through Time. — Special Pap. Palaeont., **12**, London 1973.
IMBRIE, J. & NEWELL, N. D. (Hrsg.): Approaches to Paleoecology. — New York (Wiley) 1964.
JOLEAUD, L.: Atlas de Paléobiogeographie. — Paris (Lechevalier) 1939.
KAESTNER, A.: Lehrbuch der speziellen Zoologie, I: Wirbellose. — Stuttgart (G. Fischer), 2. Aufl. 1965—67 (letzte Lieferung nur 1. Aufl.).
KALMUS, H.: Genetik. — Stuttgart (Thieme) 1966.
KINNE, O. (Hrsg.): Marine Ecology. — London (Wiley) 1970 ff. (noch nicht abgeschlossen).
KRAUS, O.: Internationale Regeln für die Zoologische Nomenklatur. — Frankfurt (Kramer), 2. Aufl. 1970.
KÜHN, A.: Grundriß der Vererbungslehre. — Heidelberg (Quelle & Meyer), 5. Aufl. 1971.
KÜHNELT, W.: Grundriß der Ökologie. — Stuttgart (G. Fischer), 2. Aufl. 1970.
KUHN-SCHNYDER, E.: Geschichte der Wirbeltiere. — Basel (Schwabe) 1953.
KULL, U.: Evolution. — Studienreihe Biologie, **3**, Stuttgart (Metzler) 1977.
LADD, H. S. (Hrsg.): Treatise on Marine Ecology and Paleoecology, II: Paleoecology. — Mem. geol. Soc. Amer., **67**, 2, New York 1957.
LAPORTE, L. F. (Hrsg.): Reefs in Time and Space. — Soc. econom. Paleont. Mineral. Spec. Publ., **18**, Tulsa 1974.
LATTIN, G. DE: Grundriß der Zoogeographie. — Stuttgart (G. Fischer) 1967.
LEHMANN, U.: Paläontologisches Wörterbuch. — Stuttgart (Enke) 1964.
MARSAL, D.: Statistische Methoden für Erdwissenschaftler. — Stuttgart (Schweizerbart) 1967.
MAYR, E.: Artbegriff und Evolution. — Hamburg und Berlin (Parey) 1967.
—: Principles of Systematic Zoology. — New York (McGraw-Hill) 1969.
MIDDLEMISS, F. A., RAWSON, P. F. & NEWALL, G. (Hrsg.): Faunal Provinces in Space and Time. — Geol. J. Spec. Issue, **4**, Liverpool 1971.
MOORE, R. C. (Hrsg.): Treatise on Invertebrate Paleontology. — Lawrence, Kansas (Univ. Kansas Press) 1952 ff. (noch nicht abgeschlossen).
MÜLLER, A. H.: Grundlagen der Biostratonomie. — Abh. dt. Akad. Wiss., Klasse Math. allg. Naturwiss., 1950, 3, Berlin 1951.
—: Der Großablauf der stammesgeschichtlichen Entwicklung. — Jena (VEB Gustav Fischer) 1955.
—: Lehrbuch der Paläozoologie, I: Allgemeine Grundlagen. — Jena (VEB Gustav Fischer) 1957.
MÜLLER, P.: Aspects of Zoogeography. — Den Haag (Junk) 1974.
PFLUGFELDER, O.: Lehrbuch der Entwicklungsgeschichte und Entwicklungsphysiologie der Tiere. — Stuttgart (G. Fischer), 2. Aufl. 1970.
PIVETEAU, J. (Hrsg.): Traité de Paléontologie. — Paris (Masson) 1952—69.
REMANE, A.: Die Grundlagen des natürlichen Systems der vergleichenden Anatomie und der Phylogenetik. — Leipzig (Akad. Verlagsges.), 2. Aufl. 1956.
RICHTER, R.: Einführung in die Zoologische Nomenklatur durch Erläuterung der Internationalen Regeln. — Frankfurt (Kramer), 2. Aufl. 1948.
ROSS, CH. A. (Hrsg.): Paleogeographic Provinces and Provinciality. — Spec. Publ. Soc. econ. Paleont. Mineral., **21**, Tulsa, Oklah., 1974.
SCHÄFER, W.: Aktuo-Paläontologie nach Studien in der Nordsee. — Frankfurt (Kramer) 1962.
SCHINDEWOLF, O. H.: Wesen und Geschichte der Paläontologie. — Berlin (Wiss. Editionsges.) 1948.
—: Grundlagen und Methoden der paläontologischen Chronologie. — Berlin (Borntraeger), 3. Aufl. 1950 (1950 a).
—: Grundfragen der Paläontologie. — Stuttgart (Schweizerbart) 1950 (1950 b).
SCHMIDT, G. A.: Evolutionäre Ontogenie der Tiere. — Berlin (Akademie-Verlag) 1966.
SCHWERDTFEGER, F.: Ökologie der Tiere, I: Autökologie, II: Demökologie. — Hamburg und Berlin (Parey) 1963—68.

SEILACHER, A.: Studien zur Palichnologie, I: Über die Methoden der Palichnologie. — N. Jb. Geol. Paläont. Abh. **96**, Stuttgart 1953.
—: Begriff und Bedeutung der Fossil-Lagerstätten. — N. Jb. Geol. Paläont., Mh. 1970, Stuttgart 1970.
SIMON, W.: Zeitmarken der Erde. — Braunschweig (Vieweg) 1948.
SIMPSON, G. G.: Tempo and mode in evolution. — New York (Columbia Univ. Press) 1944.
—: Principles of animal taxonomy. — New York (Columbia Univ. Press) 1961.
—: The geography of evolution. — Philadelphia (Chilton) 1965.
—: Leben der Vorzeit. Einführung in die Paläontologie. — Stuttgart (Enke) 1972.
STAFLEU, F. A. et al.: Internationaler Code der Botanischen Nomenklatur. — Regnum vegetabile, **82**, Utrecht 1972.
STEBBINS, G. L.: Evolutionsprozesse. — Stuttgart (G. Fischer) 1968.
TAIT, R. V.: Meeresökologie. — Stuttgart (Thieme) 1971.
THENIUS, E.: Versteinerte Urkunden. — Verständl. Wiss., **81**, Berlin, Göttingen und Heidelberg (Springer) 1963.
—: Paläontologie. Die Geschichte unserer Tier- und Pflanzenwelt. — Stuttgart (Franckh) 1970.
—: Grundzüge der Verbreitungsgeschichte der Säugetiere. — Stuttgart (G. Fischer) 1972.
—: Allgemeine Paläontologie. — Eisenstadt (Prugg) und Wien (Brüder Hollinek) 1976.
VOGEL, G. & ANGERMANN, H.: dtv-Atlas zur Biologie. — München (dtv) 4./5. Aufl. 1971.
WEIGELT, J.: Rezente Wirbeltierleichen und ihre paläobiologische Bedeutung. — Leipzig (Weg) 1927.
ZIMMERMANN, W.: Geschichte der Pflanzen. — Stuttgart (Thieme), 2. Aufl. 1969.
ZITTEL, K. A. VON: Geschichte der Geologie und Paläontologie bis Ende des 19. Jahrhunderts. — München und Leipzig (Oldenbourg) 1899.

Personenregister

Namensregister (Fossilien-, Pflanzen- und Tiernamen)

Kursiv gesetzte (schräggestellte) Seitenzahlen verweisen auf abgebildete Organismen.

Sachregister